高等学校文科教材

新编法学概论

（第三版·2007年）

主　编　吴祖谋　李双元
撰稿人　（按姓氏笔画排列）
王应瑄　吴祖谋
李双元　张　茂
欧福永　黄惠康
韩长印　温世扬

武汉大学出版社

图书在版编目(CIP)数据

新编法学概论/吴祖谋,李双元主编.—3版.—武汉:武汉大学出版社,2007.8

高等学校文科教材

ISBN 978-7-307-05738-8

Ⅰ.新… Ⅱ.①吴… ②李… Ⅲ.法学—高等学校—教材 Ⅳ.D90

中国版本图书馆CIP数据核字(2007)第105963号

责任编辑:张 琼 田红恩　　责任校对:黄添生　　版式设计:詹锦玲

出版发行:武汉大学出版社 (430072 武昌 珞珈山)
(电子邮件:cbs22@whu.edu.cn 网址:www.wdp.com.cn)

印刷:湖北民政印刷厂

开本:720×1000 1/16 印张:29.25 字数:566千字

版次:1992年6月第1版 1997年10月第2版
2007年8月第3版 2012年1月第3版第3次印刷

ISBN 978-7-307-05738-8/D·748 定价:34.00元

初版说明

《新编法学概论》是国家教委组织编写的高等学校文科教材中的一种。它主要供高等学校政治、行政、财政、经济、新闻、图书、档案等专业和其他非法律专业使用。

为了适应我国进一步发展社会主义民主、健全社会主义法制和改革开放的需要，高等学校的社会主义法制课程亟待加强。本着这一目的，本书的编写力求以马克思主义为指导，在现有法学概论教材的基础上，从体系到内容都作了一些新的探索，俾使这一课程的教学质量能有所提高。

考虑到党的十一届三中全会以来我国社会生活和社会关系发生的重大变化，以及各个部门法在现实生活中所发挥的作用，同时为使我国高等学校非法律专业学生的法学知识结构更趋合理，我们在编写中，对法学概论论及的一些主要部门法学的排列和在书中所占的比重作了新的调整。

也正是基于上述考虑，本书对一些部门法学的阐述，根据多年来法学概论的教学实践，并且吸收了我国近年来法学研究的重要成果，作了某些增删和结构上的变动。例如本书的民法学篇，不仅介绍了一些比较法知识和适当加强了它的实用性，而且把婚姻家庭法作为社会主义民法的一个有机组成部分纳入了民法学篇。又如本书诉讼法学篇，改变了传统的把刑事诉讼法、民事诉讼法和行政诉讼法分别予以论述的框架，将三者糅为一体，按问题加以论述。我们认为，这种写法对学习法学概论的学生来说，既有利于从总体上了解诉讼法学的实质，也有利于对诉讼法学基本内容的掌握。

参加本书编写的有：吴祖谋、李双元、王应瑄、黄惠康、金彭年，本书由吴祖谋、李双元主编。

由于水平所限，书中缺点错误在所难免，竭诚欢迎专家学者和广大读者批评指正。

编　者

1991 年 9 月

第二版说明

本书1992年初版至今已近五年。在此期间，国家为适应社会主义市场经济的发展和深化改革开放的需要，加快了立法步伐，不仅对不少已经颁布实施的法律法规作了修改，而且还制定了一系列新的法律法规，这样，初版中某些内容不免陈旧，因而有必要对初版进行修订。

本书第二版在保持内容和体系相对稳定的基础上，对初版作了如下修改：(1)增写了商法学篇；(2)重写了刑法学篇、经济法学篇和诉讼法学篇中有关刑事诉讼法的部分；(3)调整了篇章顺序。除此之外，对其他各篇也都根据新的法律法规和教学实践中的经验作了修改、增补或删节。

参加第二版撰写和修订工作的有：吴祖谋、李双元、王应瑄、黄惠康、金彭年、韩长印、张茂、温世扬。全书由吴祖谋、李双元、王应瑄统稿定稿。

编　者

1997年4月

第三版说明

这是武汉大学出版社出版《新编法学概论》的第三版。

在最近四年中，我国法制建设的大事之一，当属2004年第十届全国人大第二次会议的修订。此次修订把“三个代表”重要思想作为国家的指导思想载入宪法，还增加了“三个文明”协调发展和保护公民私有财产权等重要内容，尤其是宣告“国家尊重和保障人权”，这些在我国宪政和宪法历史上均属创举，具有里程碑意义。

在最近四年中，国家还出台了许多新法律，如监督法、行政许可法、物权法、企业所得税法等，并对不少实施中的法律根据实际情况适时地进行了修改，如公司法、企业破产法等，在法学研究方面也取得了可喜的进展。

因而，对第三版教材再作一次全面修订，如实地、及时地反映我国法制建设的现状，就显得十分必要了。

参加此次修订工作的有：吴祖谋、李双元、王应瑄、韩长印、欧福永。由吴祖谋、李双元、王应瑄统稿定稿。

本版引用的法律法规，截止2007年3月。

编　者

2007年4月

目　录

绪 言

一

法学概论，顾名思义，是对法学的概要论述。

什么是法学?

法学，简言之，就是以法这一社会现象为其研究对象的一门科学。

人们往往把法学理解为是专门研究各种法律条文的。诚然，法律条文是法学所要研究的，但它并不是法学研究的全部内容。法是一种极其复杂的社会现象，如果对法这种现象的本质及其发展规律缺乏了解，如果不能从法与其他社会现象诸如经济、政治、道德等的联系上来认识法，要想正确理解法律条文是不可能的。所以，不能把法学研究的对象仅仅归结为法律条文。除了法律条文外，它还要研究法的产生和发展规律，法的本质、特征、形式和作用，法的制定和实施，以及与法有密切联系的其他种种社会现象。

法学的研究对象既然是法，没有法的产生和发展，也就不会有法学。法学是在社会发展到一定阶段，出现了法和比较完整的法律体系，特别是出现了成文法以后，才逐渐形成和发展起来的。恩格斯曾经指出："随着立法发展为复杂和广泛的整体，出现了新的社会分工的必要性：一个职业法学者阶层形成起来了，同时也就产生了法学。"①

法学是一个有着悠久历史的古老学科。不过，在古代和中世纪，法学并没有形成为一门独立的学科，人们对法的研究包含在其他的著述之中。我国法学源远流长，古代称之为"刑名法术之学"、"刑名之学"或"律学"。我国不少古籍诸如四书五经中，就记载了我国奴隶制社会和封建制社会早期奴隶主贵族和封建贵族的法律思想，但这些古籍中的任何一部都不是专门论述法学的。即使是主张"不别亲疏，不殊贵贱，一断于法"的法家，他们的著述如《商君书》、《韩非子》等，除竭力抨击儒家的"人治"，大力提倡"法治"外，还讲了许多其他治国安邦的道理，因此，也并非专门的法学论著。西方也是如此。例如，古希腊思想家德谟克利

① 《马克思恩格斯选集》第2卷，人民出版社1972年版，第539页。

特、柏拉图、亚里士多德、伊壁鸠鲁等，在他们众多的著作中，曾广泛论及法律问题。他们的法律思想对西方法律的发展产生了深远的影响。但这些著作，与其说是法学著作，不如说是哲学著作。在中世纪的欧洲，法学是与神学糅为一体的，并从属于神学。即使到17、18世纪资产阶级革命时期，还很难说有专门的法学论著。例如，英国洛克的《政府论》、法国卢梭的《社会契约论》和孟德斯鸠的《论法的精神》，就兼有哲学、政治学和法学的性质。直到19世纪，随着资产阶级政权的巩固，特别是资产阶级国家立法活动的大规模展开，法学作为一门独立学科的地位才最终确立起来。清代末年，西方文化广泛传入中国，法学一词在我国才得到普遍使用。

二

从法学产生到出现马克思主义法学的漫长时期里，法学领域是为剥削阶级所独占的。最早的法学是奴隶主阶级法学，以后又相继出现封建主阶级法学和资产阶级法学。剥削阶级法学反映剥削阶级法律思想，是为剥削阶级的利益服务的，具有鲜明的阶级性。

历史唯物主义表明，当剥削阶级处在上升阶段时，他们的利益在客观上反映了社会发展的需要，因此，他们中的某些人有可能对某些法律现象作出符合科学的解释，他们的某些法律思想对社会发展起到了一定的积极作用，从而为丰富和发展法律文化作出了重大贡献，这无疑是应该肯定的。但是，由于剥削阶级所处的阶级地位，决定了他们的法学不敢也不可能科学地揭示和阐明法的本质及其发展规律。而一门学科是否堪称为科学，归根到底，要看它究竟在多大程度上揭示了它所研究的对象的规律性。所以，从总体上、根本上来说，剥削阶级的法学是不科学的，它的阶级性与科学性是对立的。

19世纪40年代，随着马克思主义的诞生，出现了马克思主义法学。马克思主义法学是无产阶级法律观的科学表现，是无产阶级进行革命和建设的思想武器。它的出现，打破了几千年来剥削阶级对法学的垄断，使法学领域发生了根本性的变革。

马克思主义的创始人马克思、恩格斯一向重视法学。早在他们创立马克思主义时，就对法学领域中的一系列重大问题进行了深入的探讨。他们运用无产阶级的世界观和方法论——辩证唯物主义和历史唯物主义，研究了法律发展的全部历史，批判地继承了人类法律文化遗产，剖析了当时的英、法等欧洲国家的法律制度，揭露了剥削阶级法学反科学、反人民的本质，在此基础上，科学地阐明了法的起源、本质、作用及其发展规律，创立了马克思主义法学，在法学发展史上第一次把法学的阶级性与科学性统一了起来，使法学成为一门真正的科学。阶级性和科学性的统一，是马克思主义法学独具的特点，也是马克思主义法学区别于一切剥削阶级法学的根本之处。

三

法是一种复杂的社会现象，人们对它的认识是逐步深入的，所以法学的发展也经历了一个由简到繁的过程。随着社会经济、文化的发展，人们对法的认识不断深入，法学研究的范围日益扩大，门类的划分也日趋细密。到今天，法学已经发展成为一门体系庞大、结构严密、门类众多的学科。

法学作为社会科学中的一门独立学科，包含了若干门类和分支学科。但由于人们的研究方法有别，在法学门类的划分上就不尽一致。一般认为，根据法学研究的范围，大体可以把法学划分为五大门类，每一大门类又都包含了若干分支学科。

（1）理论法学。主要研究法的本质、特征、形式和作用；法的起源、发展和消亡的规律；法的制定和实施的一般原理、原则等。理论法学为研究其他门类的法学提供理论指导，在整个法学体系中占有重要地位。理论法学通常包含法理学或称法学基础理论、法哲学、法社会学等分支学科。有的学者把研究历史上各种法律思想、观点、理论、学说的产生、发展和沿革的中外法律思想史，也归并在理论法学这个门类之中。

（2）应用法学。主要研究现行的国内法和国际法规范的涵义和具体应用问题。对现行法律规范的研究从来是法学研究的重点，因为它直接关系到统治阶级的利益和现存的统治秩序。现行国内法规范依据其调整对象，可以划分为宪法、行政法、民法、商法、经济法、刑法、诉讼法、环境法等若干法律部门。与此相对应，就有宪法学、行政法学、民法学、商法学、经济法学、刑法学和诉讼法学、环境法学等分支学科。现行国际法规范在调整国家间的关系和维护国际秩序方面发挥着重要作用。依据其调整对象，国际法通常划分为国际（公）法、国际私法、国际经济法等。相应地，也就有国际（公）法学、国际私法学、国际经济法学等分支学科。

（3）法律史学。任何国家的法律制度都有其历史渊源。考察各国法律的历史，了解它的来龙去脉，对于研究法的基本原理及其发展规律，正确认识各国现行法律制度及其发展趋势，具有重要意义。属于这个门类的分支学科有本国和外国的法律制度史、法律思想史和法学史等。

（4）比较法学。对本国法与外国法、历史上的法与现行法以及不同类型、不同法系的法作比较研究，既是法学研究的一种方法，也是法学研究的一个领域。这种研究有助于了解和借鉴其他国家的法律，促进本国法律的发展和各国法律文化的交流。由于比较研究的对象不同，比较法学又可以分为众多的分支学科。如比较宪法学、比较民法学、比较刑法学等。

(5) 介于法学与其他学科之间的边缘学科。作为一种社会现象的法并非孤立存在的，它与其他许多社会现象诸如阶级、国家、民族、经济、道德、宗教、家庭等，以及许多自然现象诸如地理现象、天文现象、生理现象、病理现象、自然资源和环境等都以不同的方式，程度不同地联系在一起。对这种联系的研究，有的属于法学研究的范围，有的属于其他学科（如政治学、社会学、民族学、宗教学）研究的范围，有的则形成介于法学与其他科学之间的边缘学科。如犯罪心理学、犯罪社会学、青少年保护法学、刑事侦查学、司法鉴定学、法医学、司法精神病学、司法统计学、司法会计学、法律教育学等。

法学从它产生起就处在不断的发展过程中。人们对它的认识也不会永久停留在某一水平之上。随着社会政治、经济、文化、科学技术的发展和人们认识能力的提高，将会不断地出现一些新的法学分支学科，这是可以断言的。

四

社会主义法学就是以马克思主义为指导的法学，就是马克思主义法学。马克思主义是一种科学的世界观。学习法学不以马克思主义为指导，就不能真正掌握法学的真谛，法学研究也会走上歧路。

强调坚持马克思主义的指导，并不是要把马克思主义创始人在一定历史条件下的某些论断都当成解决一切问题的现成药方。正如恩格斯所指出的，马克思主义的理论是发展的理论，而不是背得烂熟并机械地加以重复的教条。我们强调学习法学要坚持马克思主义的指导，“最重要的是掌握它的精神实质，运用它的基本原理和立场、观点、方法观察分析问题”。①

坚持马克思主义的指导，在当前就是要坚持以邓小平理论和“三个代表”重要思想为指导，邓小平理论是马克思列宁主义基本原理同当代中国实践和时代特征相结合的产物，是毛泽东思想在新的历史条件下的继承和发展，是当代中国的马克思主义。“三个代表”重要思想则是对马列主义、毛泽东思想、邓小平理论的继承和发展。邓小平理论和“三个代表”重要思想指导着我国宪法和法律的制定，并且已经在我国的宪法和法律中得到充分的体现。学习法学如果不以邓小平理论和“三个代表”重要思想为指导，就不可能正确理解我国宪法和法律的精神实质和内容，当然也就谈不上正确运用法律和遵守法律了。

---

① 江泽民：《在庆祝中国共产党成立七十周年大会上的讲话》。

五

我国目前正处在社会主义初级阶段，全国人民的根本任务就是在中国共产党的领导下，以经济建设为中心，坚持四项基本原则和改革开放的政策，沿着建设有中国特色的社会主义道路，自力更生，艰苦创业，把我国建设成为富强、民主、文明的社会主义现代化国家。为了实现上述根本任务，很重要的一条，就是要健全我国的社会主义法制。

一个国家的法制是否健全，取决于许多因素，其中一个具有决定意义的因素，是人民群众的法律意识。很难设想，在一个人民群众法律意识水平普遍低下的国度里，会有健全的法制。但是，以马克思主义为指导的社会主义法律意识是不可能自发产生的，而必须向人民群众进行灌输。实际情况表明，一个人即使有较高的政治觉悟，如果没有接受过系统的法制教育，却未必会具有与其政治觉悟相当的法律意识。

还必须看到，旧中国是一个半殖民地半封建的社会，缺乏法制传统，小生产者自由散漫不愿受任何法律约束的思想，以言代法，重“人治”、轻“法治”的思想，以及形形色色的封建特权思想都严重存在。中华人民共和国成立以后，由于长期对法制建设和法制教育缺乏应有的重视，尤其在“文化大革命”期间，由于极左思想和无政府主义的泛滥，社会主义法制遭到严重破坏，人们的法制观念淡漠了。因而，开展法制教育，增强公民的法律意识，就具有更加紧迫的性质。

党的十一届三中全会以来，党和国家为增强人民群众的法制观念。培养人们的社会主义法律意识，进行了大量工作，并取得了可喜的成绩。但有法不依的现象仍然普遍存在。为此，党中央提出，要在全体人民中间反复进行法制宣传教育，全国人民代表大会常务委员会也作出《关于在公民中基本普及法律常识的决议》，要求在大学、中学、小学以及其他各级各类学校，设置法制教育课程，对包括在校学生在内的全体公民，进行系统化的法制教育。这不仅对提高全民的社会主义法律意识，而且对加强社会主义物质文明、社会主义政治文明和精神文明建设，都具有重要的现实意义和深远的历史意义。

六

本书作为高等学校非法律专业的法学教材，由绪言和十四章组成。它包括以下几部分的内容：

第一部分：绪言。在这部分中，简要地说明了法学研究的对象；法学发展的历史梗概；法学的研究范围和学科的划分；学习法学的指导思想；学习法学的重要意义以及本书的结构和主要内容等问题。

第二部分：法理部分。任何一门学科都有它的基础理论学科。本书第一章至第四章就是对法学基础理论的概述。在这部分中，概要地论述了法的一般原理，特别是我国社会主义法的基本原理和一般规律。在论述这些基础理论时，还阐明了一系列法学基本概念。这些原理、规律和概念，对于学习这门课程的其他部分，具有理论指导意义，因而必须牢固地加以掌握。

第三部分：国内法部分。从第五章至第十一章概要地叙述了以宪法为核心的包括行政法、民法、商法、经济法、刑法、诉讼法等我国现行主要部门法的基本内容。这些法律是党的路线、政策的具体化、条文化，它反映了我国当前社会主义现代化建设的需要，也是人们现实生活中的行为准则。正确理解并掌握它的基本内容，对于正确执行法律、自觉遵守法律和运用法律手段同一切违法现象作斗争，都是非常必要的。

第四部分：国际法部分。本书第十二、十三、十四章概略地介绍了有关国际（公）法、国际私法和国际经济法的基本知识。随着对外开放政策的深入实施，我国与外国在政治、经济、文化等各个领域里的交往日益增多，许多关系需要国际法来调整，因而对于当代大学生来说，掌握一些国际法方面的知识，无疑也是十分必要的。

第一章 法的一般原理

第一节 法的产生、本质和其他属性

一、法和法律的词源、词义

在论述法的概念时，需要先对法和法律的词源、词义作一些必要的考查。

汉字中的“法”，古体为“灋”。东汉许慎的《说文解字》说：“灋，刑也，平之如水，从水；廌所以触不直者去之，从去。”我国奴隶社会，“法”统称“刑”。不过，这里的“刑”与“典型”、“范型”的“型”相通，含有常规、规范的意思。“平之如水”，是说不高不低，不偏不倚，像水一样平。“廌”是传说中的一种神兽，形似牛，独角，生性公正，能辨曲直，古时审判案件，以被廌触者为败诉。律，《说文解字》说：“律，均布也。”清人段玉裁注释：“律者，所以范天下之不一而归于一。”古代“法”、“律”二字原可互训。《尔雅·释诂》：“法，常也。律，法也。”《唐律疏议》也说：“律之与法，文虽有殊，其义一也。”可见，“法”和“律”都含有规范、划一、公平、公正的意思。

我国在先秦时，“法”专指各个朝代和各个诸侯国的刑典。自战国李悝“集诸国刑典，造《法经》六篇……商鞅传授，改法为律”后，我国封建社会各代刑典，一般都称为“律”，如《秦律》、汉《九章律》、《唐律》等。

把“法”和“律”合为“法律”一词，这在我国古代就有了。不过，广泛使用“法律”这个词则是近代的事情。在现代汉语中，“法律”一词有广义和狭义两种理解。广义的法律是指法律的整体，即法律规范的总和。不少法学著作称之为“法”。狭义的法律则专指由特定的国家机关制定的规范性文件。本书在广义上使用“法律”一词时，根据具体的语言环境，有时称“法”，有时称“法律”，而它们的内涵和外延是完全一致的。

二、法的产生

法是一个历史范畴，是社会发展到一定历史阶段上的产物。它的产生以阶级的出现为前提。而阶级的出现决不是偶然的，它是社会基本矛盾——生产力和生产关系、经济基础和上层建筑运动的结果。

人类历史上最初的社会形态是原始社会。那时生产工具极其简陋，生产力水平十分低下。与这种生产力状况相适应的生产关系的基础，是生产资料的原始公社公有制。这种公有制决定了人们在生产中的地位与相互关系必然是一种原始的平等和互助合作的关系，因为如果不是人人都平等地参加劳动，勉力合作，人们就无法与自然界作斗争并获得生活资料，从而也就无法生存下去。既然生产资料是公有的，产品是集体劳动的成果，那么产品当然也就归原始公社全体成员所有。由于生产力水平极端低下，劳动产品异常匮乏，人们的全部劳动成果除维持社会成员生存的必需外，几乎没有任何剩余，因而只能按照严格的平均原则来进行产品的分配，否则一部分人就不能生存，集体也将遭到削弱和破坏。在这种情况下，当然不会有剥削、私有制和阶级的划分。既然没有阶级，那么作为阶级统治工具的国家和法也就无从产生了。

但这并不是说原始社会就没有自己的社会组织和社会规范。和原始社会的经济基础相适应，它的社会组织是以氏族为基本单位组成的。若干个氏族组成胞族，若干个胞族组成部落，若干个部落组成部落联盟。氏族是按血缘关系来划分的。在氏族内部，成员之间是平等的。一切重大的事务都由全体氏族成员参加的议事会决定。氏族首领由氏族成员大会选举产生，并且随时可以撤换。他不脱离生产，没有任何特权。他的权力不是靠特殊的暴力机关而是靠他的威望以及氏族成员对他的尊敬来维持的。

在原始社会里，调整氏族成员相互关系的社会规范是世代相传的习惯。它是人们在长期共同劳动和生活中逐渐地、自发地形成的。这种习惯，既是氏族成员共同遵守的行为规则，又是宗教的戒条，同时也是道德和礼仪的要求。由于这种行为规则体现了全体氏族成员的共同意志和利益，因而虽然没有国家的强制，却能为人们自觉遵守。当然，氏族首领的威望和尊严、舆论和传统的力量等，对于保证这些行为规则的遵守，也起了重大的作用。

原始社会末期，生产工具有了较大的改进，特别是金属工具的出现，使个体生产成为可能。这种个体生产不仅能够比原先的共同劳动生产出更多的产品，而且还出现了剩余产品，这就为私有制和人剥削人现象的产生提供了物质前提。于是集体劳动开始向个体劳动过渡，生产资料公有制开始转变为生产资料私有制，产品由公有财产逐渐转变为私有财产。

生产力的发展引起了社会分工。起初是畜牧业与农业的分离，其后是手工业与农业的分离。社会分工促使劳动生产率不断提高，人的劳动已经能够提供越来越多的剩余产品。在这种情况下，将过去通常被杀掉的战争俘虏保存下来并把他们变成奴隶，强迫他们从事劳动，不仅成为有利可图的事，而且也成为生产进一步发展的必然。这样，社会开始分裂为奴隶主和奴隶、剥削者和被剥削者。

随着社会分工的发展，交换变成了经常的经济活动。开始交换是由氏族首领代表氏族在氏族之间进行的，交换的物品是公共财产。在交换过程中，氏族首领利用自己的权力，逐渐把公共财产当作自己的财产来支配；他们自己也由氏族中的平等一员逐渐变为氏族贵族。后来，交换渗入氏族内部，氏族成员之间出现了贫富差别。氏族贵族和富有者不仅压榨俘虏，而且还把氏族中的贫穷者变为奴隶。于是奴隶的数量剧增，奴隶劳动成了社会生产的基础；私有制得到了发展和巩固，并最终代替了公有制。这样，建立在生产资料公有制基础上的没有剥削、没有阶级的原始社会，终于被人类历史发展中的第一个阶级社会——奴隶制社会所取代。

奴隶主阶级和奴隶阶级的物质利益是根本对立的。奴隶主对奴隶的残酷压榨，激起了奴隶的强烈反抗。原先建立在氏族基础上的社会组织以及调整氏族成员相互关系的习惯，在这种不可调和的阶级矛盾和激烈的阶级斗争面前，已经失去它的作用。奴隶主阶级为了镇压奴隶的反抗，确保它的经济利益，不仅需要建立起一套特殊的暴力机构，凭借它取得政治上的统治权力，而且需要有一种反映其阶级意志和利益的特殊社会规范，迫使社会成员一体遵行，用以调整社会分裂为阶级之后的社会关系，确立起有利于奴隶主阶级的社会秩序，从而实现对整个社会的领导。这种特殊的暴力机构就是国家，这种特殊的社会规范就是法。如前所述，即使在原始社会，人们也有共同遵守的社会规范，那就是习惯。这就表明，只要是人类社会，只要是人们共同生活在一起，为了使生活、生产（包括人类自身的生产）得以延续下去，共同的行为规则是必需的。正如恩格斯所说的："在社会发展某个很早的阶段，产生了这样的一种需要：把每天重复着的生产、分配和交换产品的行为用一个共同规则概括起来，设法使个人服从生产和交换的一般条件。这个规则首先表现为习惯，后来变成了法律。随着法律的产生，就必然产生出以维护法律为职责的机关——公共权力，即国家。"① 可见，法的产生及其存在，除有其阶级根源外，还有其社会根源，这个社会根源就是人类社会共同生活的客观需要。

当然，法不可能在一个早晨出现，它的产生经历了长期的复杂的过程。最初的法是由原始社会的习惯演变而来的，即由奴隶主阶级把某些早已存在并有利于它的习惯以国家的名义加以认可，或者对某些旧习惯注人新的阶级内容，这就是通常所说的习惯法。最初的习惯法是不成文的，后来才逐渐出现了成文的习惯法。例如公元前20世纪西亚地区亚述王朝的《亚述法典》，公元前18世纪的古巴比伦的《汉谟拉比法典》，公元前5世纪古罗马的《十二铜表法》，多是习惯法的记录和汇编。

法和原始社会的习惯虽然有着历史联系，但它们却是两种不同性质的社会规范。它们之间的区别，归纳起来主要有以下几个方面：

(1) 两者赖以建立的经济基础不同。剥削阶级法是建立在以生产资料私有制

---

① 《马克思恩格斯选集》第2卷，人民出版社1972年版，第538～539页。

为核心的经济基础之上的上层建筑。原始社会的社会规范则是建立在以生产资料原始公社公有制为核心的经济基础之上的上层建筑。

(2) 两者体现的意志不同。法是统治阶级意志的体现，反映了阶级力量的对比关系，具有强烈的阶级性。原始社会的社会规范是全体社会成员意志的体现，反映了人们之间的平等和互助合作关系，不具有阶级性。

(3) 两者产生的方式不同。法是由国家制定或认可的。原始社会的社会规范则是人们在长期共同劳动和生活中逐渐地、自发地形成的。

(4) 两者实施的保证力量不同。法以国家的强制力保证其实施。原始社会的社会规范的实施，则是依靠社会成员的自觉遵守、氏族首领的威望以及舆论和传统的力量。

(5) 两者的效力范围不同。法的效力通常及于一定地域内的全体居民，而不论其属于哪一个社会组织。原始社会的社会规范则仅适用于本氏族或部落的成员，而不论其居住在何处。

三、法的本质

法的本质是法所固有的、决定法的形式和发展方向的最根本的属性。法的本质问题是法学中的一个根本问题。法学中的一系列基本概念和基本问题，无不与这个问题紧密联系在一起。人类社会自有法律以来，许多思想家、法学家曾从不同的方面对这个问题进行探讨和研究，有关的论著可谓浩如烟海。然而答案却莫衷一是，并且由此形成众多的学派。在这些学派中，有的在历史上确曾起过进步作用，有的对法或法律现象的某些问题所作的说明，至今仍然是很有价值的。但所有这些学派一旦涉及法的本质问题时，就都陷入谬误。只有马克思主义才对这个问题作出了真正科学的回答。

(一) 法的阶级性本质

一个半世纪前，马克思主义的创始人马克思、恩格斯在《共产党宣言》中剖析资产阶级的意识形态时指出："你们的观念本身是资产阶级的生产关系和所有制的产物，正像你们的法不过是被奉为法律的你们这个阶级的意志一样，而这种意志的内容是由你们这个阶级的物质生活条件来决定的。"① 这一论断虽然是针对资产阶级法律而言的，但却揭示了一切类型法律的共同本质：法律是统治阶级意志的表现，即法的阶级性本质。

把法的本质归结为某种意志，这在剥削阶级的法律思想中是常见的。它们把法的本质或者归结为"神的意志"、"上帝的意志"，或者归结为"公共意志"、"自由意志"、"纯粹意志"，惟独不承认法体现的是统治阶级的意志。否认法的阶级意

① 《马克思恩格斯选集》第1卷，人民出版社1972年版，第268页。

志性，掩盖法的阶级本质，这是一切剥削阶级法学的共同特点。

意志是一种有目的的意识，即人们的愿望和要求。在阶级社会中，各个阶级由于所处的经济地位不同，它们的愿望和要求就不同。这就是说，每个阶级都有自己的阶级意志。法所体现的不是任何一个阶级的意志，也不是各个阶级的共同意志，而只是统治阶级的意志。因为统治阶级掌握了国家政权，只有它才有可能把自己的阶级意志奉为法。列宁明确指出："法律就是取得胜利、掌握国家政权的阶级的意志的表现。"①

说法是统治阶级意志的表现，是说法体现了整个统治阶级的意志，而不是统治阶级中个别人或少数人的意志，尽管法通常总是由统治阶级中的少数人或个别人制定的。在封建专制制度下，君主掌握了极大的权力，一切基本法律皆出自君主。他所发布的法律文件具有最高的法律效力。但这决不是说君主可以不顾他所代表的那个阶级的阶级意志任意立法。无论君主是否自觉，他所制定的法律如果违背了封建地主阶级的共同愿望和要求，就会遭到整个封建地主阶级的抵制和反对，君主本人甚至因此而被废黜。这在历史上是不乏先例的。马克思说过：对统治阶级全体成员来说，"通过法律形式来实现自己的意志，同时使其不受他们之中任何一个单个人的任性所左右，这一点之不取决于他们的意志，如同他们的体重不取决于他们的唯心主义的意志和任性一样。他们的个人统治必须同时是一个一般的统治。……由他们的共同利益所决定的这种意志的表现，就是法律"。②

法体现的是整个统治阶级的意志，但不能把整个统治阶级的意志理解为统治阶级每个成员个人意志的简单相加。这是因为，统治阶级的每个成员除有其共同的利益外，还有各自的特殊利益，要使法就统治阶级每个成员的利益作出规定是不可能的。法反映的只能是统治阶级的共同的、根本的利益。惟其如此，所以法对统治阶级的每个成员来说都是必须遵守的；他们的违法行为也要受到法律的制裁。因为任何违法行为都是对统治阶级共同利益和根本利益的侵害。

法是统治阶级意志的表现，但法所体现的不是一般的统治阶级意志，而是被奉为国家意志的统治阶级意志。马克思和恩格斯在《德意志意识形态》中指出：统治阶级"除了必须以国家的形式组织自己的力量外，他们还必须给予他们自己由这些特定关系所决定的意志以国家意志即法律的一般表现形式"。③ 这就是说，统治阶级为了实现它的统治，不仅需要国家，而且需要法。法就是被奉为国家意志的统治阶级意志的表现。统治阶级要把自己的意志变为国家意志，也必须借助法律的形式。列宁讲得很清楚："意志如果是国家的，就应该表现为政权机关所制定的法

① 《列宁全集》第13卷，人民出版社1959年版，第304页。

② 《马克思恩格斯全集》第3卷，人民出版社1960年版，第378页。

③ 《马克思恩格斯全集》第3卷，人民出版社1960年版，第378页。

律，否则‘意志’这两个字只是毫无意义的空气震动而已。”①

马克思主义认为，法体现统治阶级意志，但这种意志的内容并不是统治阶级的随心所欲，而是由这个阶级的物质生活条件决定的。

统治阶级的物质生活条件，主要是指统治阶级所代表的、与一定生产力发展水平相适应的生产关系。生产关系不仅是一种社会关系，而且是一种客观的物质关系，一种人与人之间的经济关系。恩格斯说：“每一个社会的经济关系首先是作为利益表现出来的。”② 在阶级社会中，这种物质利益集中体现为阶级的物质利益。各个阶级所进行的社会活动，从根本上说，都是为了本阶级的物质利益。所谓统治阶级的意志，实质上就是从统治阶级的物质利益中产生出来的意愿和要求。例如，建立在生产资料私有制基础上的资本主义生产关系，是资产阶级物质利益的根本所在。因此，维护这种生产关系就成为整个资产阶级的共同愿望和要求。资产阶级法律从根本上和总体上说，就是这种愿望和要求的反映。

（二）法的社会性本质

法具有阶级性，这个论断无疑是科学的、正确的，但是如果把法的本质仅仅归结为它的阶级性，那就失之偏颇了。法的本质除了它的阶级性一面外，还有它的社会性的一面。

马克思在谈到剥削阶级国家时曾指出：“在那里，政府的监督劳动和全面干涉包括两个方面：既包括由一切社会的性质产生的各种公共事务，又包括由政府同人民大众相对立而产生的各种特殊职能。”③ 既然国家有两种职能，那么作为国家意志主要表现形式的法，必然也具有两种职能。这就是说，国家和法都执行着“由政府同人民大众相对立而产生的各种特殊职能”，也就是直接维护统治阶级的利益，实现统治阶级专政的种种职能，即政治职能；同时又都执行着“由一切社会的性质产生的公共事务”，也就是与全体社会成员都休戚相关的事务，即公共职能。如果说执行政治职能是法的阶级性的表现，那么，法所执行的公共职能正是它社会性本质的具体体现。

所有的法都具有社会性，这个道理并不难理解。设想一下，假如一个国家完全背离人们生存、繁衍的需要，置社会各种公共事务于不顾，无法满足其统治下全体居民的起码生存条件，那么，还有什么政治职能可言呢？法律调整也就无从谈起了。举例来说，合理利用水资源是人类生存和繁衍所必需的，在古代的波斯、印度和中国，国家为了管理全国性的河谷灌溉以及渠道和水闸，就曾颁布各种相关的法律。在现代，为了保证交通顺畅，避免交通事故，就要制定交通方面的法律；为了

① 《列宁全集》第25卷，人民出版社1958年版，第75页。

② 《马克思恩格斯选集》第2卷，人民出版社1972年版，第537页。

③ 《马克思恩格斯全集》第25卷，人民出版社1974年版，第432页。

防止环境污染和保证自然资源的合理开发和利用，就要制定保护环境和自然资源的法律。法在管理上述种种公共事务中所显现的作用，正是法的社会性本质的表征。

（三）法的本质是法的阶级性和法的社会性的统一

综合上文对法的阶级性和法的社会性所作的分析，可以看出，法的本质不只是它的阶级性，也不只是它的社会性，而是它的阶级性和社会性的统一。从古到今，世界上从来就不存在只具阶级性而不具社会性的法，同样也不存在只具社会性而不具阶级性的法。

那么，法的阶级性即其政治职能，与法的社会性即其社会职能又是一种怎样的关系呢？恩格斯说得很明白："政治统治到处都是以执行某种社会职能为基础，而且政治统治只能在它执行了它的这种社会职能时才能持续下去。"① 这就是说，法的阶级性的实现，有赖于法的社会性的实现。法的社会性是法的阶级性的基础。

在法的本质问题上，还应注意的是，法运行的历史规律表明，法的阶级性和社会性就其量的对比来说，并不是一成不变的。一般的情况是，随着人类文明的发展，特别是社会生产力水平的不断提高，法的阶级性的分量在不断地减弱，法的社会性的分量则不断地增多。资产阶级法较之奴隶制法和封建制法，就要多一些人性，对公共事务的管理也显著增强；当代西方的法较之资本主义初始阶段的法，就更多一些人性，对公共事务的管理也更具体、繁杂，这说明，它的社会性在不断加强。社会主义政权在建立初期，由于政治斗争极其尖锐，它的法的阶级性确实很突出，但这只是某个特定时期的情况。之后，伴随着复辟势力的败北和剥削阶级的消灭，社会主义法的本质的主导方面，逐渐由阶级性转向社会性。尤其重要的是，社会主义国家和法一开始就掌握在人民手中，它实行的是"以人为本"的社会制度，它担负的历史使命是通过消灭剥削和消灭阶级，彻底实现人的全面发展和人类的解放。这就决定了社会主义法的本质中，社会性必然是具有目的意义的、总体上占主导地位并长期起作用的因素，而阶级性则是手段意义的、总体上占从属地位的、相对地说是在较短时期内起明显作用的因素。这样看来，我国社会主义现阶段，当社会主要矛盾已经从阶级斗争转变为广大人民群众日益增长的物质和文化需求与落后生产力之间的矛盾时，仍然坚持把阶级性作为法的本质中的第一位的甚至是惟一的因素，而讳言法的社会性，是不对的。当然，在剥削阶级残余势力尚未完全消灭、敌视社会主义中国的力量还存在的情况下，完全抹杀法的阶级性，也是错误的。

四、法的其他属性

要了解法的概念，仅仅掌握它的本质属性是不够的，还必须进一步掌握法的其他属性。正是由于法具有了这些属性，才把法与其他上层建筑现象区别开来。因

---

① 《马克思恩格斯选集》第3卷，人民出版社1972年版，第219页。

而，这些属性也就是法所独具的用以区别于其他上层建筑现象的基本特征。

第一，法是一种行为规范。

行为规范又称行为规则，是人类共同生活的必需。不能想像，人类社会在没有任何行为规范的条件下能够延续下去。

人们的行为规范基本上可以分为两类。一类是技术规范，另一类是社会规范。前者调整人与自然界之间的关系，是人们在运用自然力、劳动工具和劳动对象时应遵守的规则，如常见的技术标准、操作程序和操作方法等。后者调整人与人之间的关系即社会关系，如法、道德、礼仪、宗教教规、社会组织的规章等。可见，法是众多社会规范中的一种。当然，某些技术规范经由国家以法的形式表现出来，它就成了社会规范。

规范性是所有的行为规则都具有的一个重要属性。法既然是一种行为规则，自无例外。它以明白、肯定的方式告诉人们，什么行为是可以作的，什么行为是必须作的，什么行为是禁止作的，法以其规范性为人们的行为提供了一种模式。我国春秋时代著名的政治家、思想家管仲就说过，“尺寸也，绳墨也，规矩也，衡石也，斗斛也，角量也，谓之法”。① 这就是对法的规范性的形象比喻。

作为一种行为规范的法，并不是为特定的具体的人和事而设立的。它向人们提供的行为模式具有一般性的特征。

法的规范性及其规范的一般性特征，使人们在行为前就有可能测知自己或他人的行为是否符合一定的要求，以及这种行为将会给行为人带来什么样的后果，此即法的可预测性。正是由于法具有这种属性，所以人们在社会生活中才会有意识地去作一定的行为或不作一定的行为。

需要指出的是，规范性、一般性和可预测性，并不是法所独具的属性。其他行为规范诸如习惯、道德、礼仪和社会组织的章程等，也都不同程度地具有这些属性。因此，要把法同其他行为规范区别开来，还必须认清法的另外一些属性。

第二，法是由国家制定或认可的。

在众多种类的行为规范中，除法以外，没有任何一种行为规范是由国家制定或认可的。如前所述，法是上升为国家意志的统治阶级意志。制定或认可，是国家创制法的两种方式。

所谓国家制定法，就是国家机关根据统治阶级的意愿和要求，按照一定的程序，创制具有各种不同法律效力的规范性文件。不同社会制度和政治制度的国家，制定法的方式有所不同。所谓国家认可，就是国家机关通过一定的形式，赋予某些已经存在的有利于统治阶级的行为规范（如习惯、道德规范等）以法律效力，使之成为法律规范。在法产生的初期，国家认可的习惯是法的主要形式。随着社会的

① 《管子·七法》。

发展，需要用法律调整的社会关系越来越多，也越来越复杂，于是由国家制定的法律规范在一国的法律体系中所占的比重也越来越大，远远超过了国家认可的习惯。

第三，法是由国家强制力保证其实施的。

任何行为规范都具有一定的强制力，否则就很难指望人们都去遵守它，法当然也不例外。但除了法以外，没有一种行为规范是以国家强制力来保证它的实施的。法既然是统治阶级意志的表现，而统治阶级的利益同被统治阶级的利益是根本对立的，那就不可能指望被统治阶级会自觉自愿地遵守法律；即使是统治阶级中的某些成员，出于一己私利，也往往会置法律于不顾。所以，为了保证法的实施，强制力是不可少的，但法的强制力不同于其他行为规范的强制力，它是以国家暴力为后盾的，是一种国家强制力。当然，这并不是说法的一切规定只有通过国家的强制措施才能得到实现。在多数情况下，法的实施并不需要国家采取某种强制措施，特别是在社会主义制度下，法主要是依靠人们的自觉遵守而获得实现的。惟其如此，法的这一属性往往并不显著。但一旦人们的行为越出了法律设定的界限，这个属性就赫然在目了。它的表现主要是国家对违法者所采取的各种强制性的惩罚措施即法律制裁。

第四，法具有普遍的约束力。

所有的行为规范都具有一定的约束力，但没有任何一种行为规范具有像法那样的普遍约束力。例如，在阶级社会里，道德规范通常只能使该阶级的成员受到约束。宗教戒律只能约束它的信仰者。政党、社会团体的章程也只能要求它的成员遵守。法则不然，它对于一定空间范围内的每个人都具有普遍的约束力，也就是说，一国的法在该国领域内，具有一体遵循的性质，不仅约束被统治阶级，而且也约束统治阶级。

第五，法规定人们的权利和义务。

以权利和义务的方式来规范人们的行为，也是法区别于其他行为规范的一个重要特征。权利和义务是法律上的概念。一般地说，凡是规定人们可以做什么或不做什么的，通常表现为法律上的权利；凡是规定人们必须做什么或者不得做什么的，通常表现为法律上的义务。人类社会在法产生以前，原本是无所谓权利和义务的。恩格斯在《家庭、私有制和国家的起源》一书中形象地指出："在氏族制度内部，权利和义务之间还没有任何差别；参加公共事务，实行血族复仇或为此接受赎罪，究竟是权利还是义务这种问题，对印第安人来说是不存在的；在印第安人看来，这种问题正如吃饭、睡觉、打猎究竟是权利还是义务的问题一样荒谬。"① 只是在出现了国家和法以后，才有权利和义务的划分。

法律上的权利和义务不同于其他社会规范诸如政党、工会等社会团体的章程所

① 《马克思恩格斯选集》第4卷，人民出版社1972年版，第155页。

规定的权利和义务。法律上的权利和义务是国家确认并受到国家强制力保障的。当权利享有者的权利受到侵害时，或者当义务承担者拒不履行义务时，有关的国家机关可以采取强制性的措施，来保证权利的实现或义务的履行。至于有些社会规范则只有应当不应当的问题，而没有权利和义务的问题，例如道德规范、宗教规范。

正因为法具有上述一系列重要属性，这就使它明显地与其他众多的社会规范区别开来。人们常说法是一种特殊的社会规范，其特殊性也在于此。

五、法的定义

综合上面对法的种种属性所作的分析，我们可以把法定义为：法是由国家制定或认可，体现由特定物质生活条件决定的统治阶级意志和社会共同生活的需要，以权利义务为其内容，并以国家强制力保证其实现的一种行为规范。

第二节　法的规范、渊源和分类

一、法的规范

法的规范又称法律规范，是构成法的“细胞”。一国的法就是该国全部法律规范的总和。因此，在上一节中关于法的本质属性和其他属性的原理，都可以用来说明法律规范。

（一）法律规范的结构

任何一个法律规范都由以下三个部分构成，即：(1) 适用条件部分；(2) 行为模式部分；(3) 法律后果部分。兹分述如下：

一个法律规范并非在任何条件下和任何情况下都能适用。适用某一法律规范，必须具备一定的条件或出现一定的情况。凡是规定在何种条件或情况下可以适用该规范的那个部分，就是法律规范的适用条件部分。

行为模式部分是法律规范的核心，它为人们的行为提供一种模式和标准，即允许、禁止或要求主体作一定的行为或不作一定的行为。

法律后果部分是指主体的行为符合或违反该规范行为模式部分的要求将会产生的结局即法律后果。这种法律后果大体上可以分为两类：一类是积极性的法律后果，即这种行为将得到法律的认可、保护乃至奖励；另一类是消极性的法律后果，即这种行为将不为法律所承认、保护，有时甚至要予以撤销或制裁。

法律规范和法律条文并不是同一个概念。法律条文是法律规范的文字表述形式。一个法律规范的三个组成部分，既可以在一条法律条文中表述出来，也可以分别在几条条文甚至几个不同的规范性文件中表述出来。所以不能把法律规范等同于法律条文。

（二）法律规范的分类

法律规范是用以调整社会关系的。社会关系的复杂性，决定了法律规范的多样性。把多种多样的法律规范，根据一定的标准加以分类研究，有助于对法律规范性质、内容和特点的了解，这对正确制定和实施法律都是很有意义的。

(1) 根据对主体的要求的性质，法律规范可以分为授权性规范、义务性规范和禁止性规范。

授权性规范是授予主体某种权利的法律规范。它既不规定主体必须作某种行为，也不规定主体不得作某种行为，而是赋予主体作或不作某种行为的可能性，至于是否作或不作这种行为，由主体自行抉择。表述这类规范多用"有权"、"可以"、"得"等字样。

义务性规范是规定主体必须作某种行为的规范。表述这类规范的法律条文中多有"义务"、"必须"、"应当"等字样。

禁止性规范是规定主体不得作某种行为的规范。在这类规范的文字表述形式中，多有"禁止"、"不得"、"不准"等字样。

(2) 根据对主体的约束程度，法律规范可以分为强行性规范和任意性规范。

强行性规范（又称命令性规范）要求主体必须严格按照它的规定去作或不作一定的行为，不允许作任何变通。强行性规范多属义务性规范或禁止性规范。

任意性规范（又称允许性规范）允许主体在不违反法律和社会公德的前提下，按照自己的意志，作或不作一定的行为，或设定一定的权利和义务。任意性规范多属授权性规范。

(3) 根据内容确定的方式，法律规范可分为确定性规范、准用性规范和委任性规范。

确定性规范是直接、明确地规定规范内容的一种法律规范。绝大多数的法律规范都是这类规范。

准用性规范没有直接规定规范的内容，只是规定在适用该规范时，准予援用该规范所指定的其他有关规范。准用性规范只需列入它所准用的规范的内容，就可以成为确定性规范。

委任性规范也没有直接规定规范的内容，但它指出了它的内容将由其他规范（包括尚未制定的）加以规定。

法律规范之所以兼采准用或委任的表述方式，多半是为了避免文字冗长、重复，有时也出于规范性文件的分工和类别的考虑。例如，在宪法和基本法律中，关于细节问题的规定，就往往采用委任性规范的形式。

二、法的渊源

（一）法的渊源的概念

作为一种行为规则的法，必须由特定的国家机关通过一定的形式把它表现出来，才能为人们所了解，也才具有法律上的效力。这种用以表现法的各种具体形式，法学上称为法的渊源。

法的渊源与法的本质的关系，是形式与内容的关系。内容决定形式。但这并不是说本质上相同的法，其形式也必然相同。由于各国的具体条件不同，本质一致的法，它们的形式往往有别。例如，同是封建制类型的法，我国的封建法与欧洲的封建法，在形式上就有显著的区别；同是资产阶级类型的法，法、德等国以成文法典为主要形式，英、美等国则大量采用习惯法和判例的形式。这是问题的一个方面。另一方面，同一形式也可以为不同的内容所利用。例如，社会主义法和资产阶级法本质上是迥然不同的，却普遍采取“法律”① 这种形式。但是尽管形式相同，由于它们的本质有别，它们在国家生活中的作用和实际效力就不会一样。因此，我们在研究法的形式问题时，既要看到它的多样性和复杂性，又要透过复杂多样的形式，认清法的本质。

（二）法的渊源的种类

从历史上看，法的渊源是多种多样的，但基本上可以分为两大类：一类是国家机关制定的各种规范性文件。所谓规范性文件，是指国家机关在其职权范围内，按照法定程序制定和颁布的含有一定的具有普遍约束力的行为规则的法律文件，② 即通常所说的成文法或制定法。由于制定的国家机关不同，规范性文件的名称和法律效力也不同。以我国唐代封建法律为例，当时就有律、令、格、式③之分；现代则有宪法、法律、法令、条例、决定、命令等。另一类是国家认可的但不具备文字形式的习惯，即通常所说的习惯法或不成文法。在法产生的初期阶段，习惯是法的主要的甚至是惟一的形式。随着法的演变和发展，不成文的习惯法逐渐为成文的规范性文件所取代。到了近代，成文法已成为法的主要形式。即使是在习惯法仍然起着重要作用的英美法系的国家中，成文法所占的比重也越来越大。

判例也是一种不成文法。所谓判例，就是可以作为判案依据的判决。例如在英

---

① 这里是指狭义的法律。

② 和规范性文件相对的是非规范性文件，即国家机关在其职权范围内发布的只对个别人或个别事有效而不包含具有普遍约束力的行为规则的文件，如判决书、任免令、逮捕证、结婚证书等。

③ 律，主要是关于定罪断刑的法规。令是关于国家各种制度的法规。格是皇帝对国家机关分别颁行的以及因人因事随时发布的敕，经过整理汇编的法规，故又称敕格。式是国家机关办事细则和公文程式。

国，权威的法院判决，作为先例，对下级法院就具有约束力。我国古代封建社会的法律中有称之为“比”的法律形式，如“决事比”等，即凡律无正条的，则比附以为罪。这实际上也是运用判例来审案件。

除上述基本形式外，在奴隶社会和封建社会里，某些著作或学说，乃至宗教的经典等，都可以成为法的渊源。例如。古罗马的一些著名法学家的著作，就被认为是罗马法的渊源。在中世纪的欧洲和阿拉伯国家，《圣经》、《古兰经》等宗教典籍，也是重要的法的渊源。甚至在现代，《古兰经》在某些信奉伊斯兰教的国家里，仍具有法律效力，我国封建社会儒家思想长期居于统治地位，儒家的一些经典诸如《春秋》等，被奉为决狱断案的依据，成为我国封建法的一种特殊的渊源。

三、法的分类

根据不同的标准，可以对法作不同的分类。

（一）成文法和不成文法

这是根据法的创制方式和发现形式所作的分类。

成文法是指有权制定法律的国家机关，依照法定程序所制定的具有条文形式的法律文件，即规范性文件。成文法因其是国家机关制定的，所以又称制定法。

不成文法是指国家机关认可的、不具有条文形式的习惯。不成文法又称习惯法。由于它不是经国家制定的，所以也称非制定法。有的法学著作把判例法也称为不成文法。

（二）根本法和普通法

这是根据法的内容、效力和制定程序所作的分类。

根本法即宪法，它规定国家制度和社会制度的基本原则，具有最高的法律效力，是普通法立法的依据。惟其如此，它的制定和修改通常需要经过比普通法更为严格的程序。

普通法泛指宪法以外的所有法律，它根据宪法确认的原则就某个方面或某些方面的问题作出具体规定，效力低于宪法。

（三）实体法和程序法

这是根据法的内容所作的分类。

实体法是从实际内容上规定主体的权利和义务的法律。如民法、刑法等。

程序法是为了实体权利和义务的实现而制定的关于程序方面的法律。如刑事诉讼法、民事诉讼法、行政诉讼法等。

（四）一般法和特别法

这是根据法的空间效力、时间效力或对人的效力所作的分类。

凡是在一国领域内对全体居民和所有的社会组织普遍适用、而且在它被废除前始终有效的法律，就是一般法。如民法、刑法。

凡是只在一国的特定地域内（如某个行政区域）或只对特定的主体（如公职人员、军人）或在特定的时期内（如战争时期）有效的，是特别法。

（五）国际法和国内法

这是根据法的主体、调整对象和渊源所作的分类。

国际法的主体主要是国家。它调整的对象主要是国家间的相互关系。它的渊源主要是国际条约和各国公认的国际惯例。它的实施则是以国家单独或集体的强制措施为保证的。

国内法的主体主要是该国的公民和社会组织。它调整的对象是一国内部的社会关系。它的渊源主要是制定国立法机关颁布的规范性文件。它的实施则是以该国的强制力加以保证的。

（六）公法和私法

把法律划分为公法和私法，始于古罗马法学家。这种分类方法在资产阶级法学中得到广泛应用。但划分公法和私法的标准却众说纷纭。比较普遍的说法是以法律运用的目的为划分的依据，即凡是以保护公共利益为目的的法律为公法；凡是以保护私人利益为目的的法律为私法。西方国家通常把宪法、行政法、刑法、诉讼法等归于公法，而把民法、商法等归于私法。

（七）法系

法系是西方法学著作中一个常见的概念。但法系的含义究竟是什么，却没有一致的意见。一般认为，凡是在内容上和形式上具有某些共同特征，形成一种传统或派系的各国法律，就归属于同一个法系。所以西方法学所谓的法系，主要是按照法律的特点和历史传统对各国法律进行分类的一种方法。它和我们通常所说的“法律体系”是不同的，前者并不是后者的简称。

西方法学家在法系的划分上也很不统一。西方法学著作在论述法系问题时，多举中国法系、印度法系、伊斯兰法系、英国法系和大陆法系等五大法系。这五大法系除大陆法系和英国法系外，其余的法系基本上已经成为法制史上的概念。

大陆法系是指欧洲大陆上源出于罗马法、以1804年《法国民法典》为代表的各国法律，所以大陆法系又称罗马法系或民法法系。1896年，德国以《法国民法典》为蓝本，制定了《德国民法典》，并为一些国家所仿效，所以大陆法系又称罗马—德意志法系。属于这个法系的除法、德两国外，还有奥地利、比利时、荷兰、意大利、瑞士、西班牙、明治维新后的日本以及亚、非、拉部分法语国家或地区的法。旧中国的法受德、日等国的法的影响较大，因而也属大陆法系。

英国法系是指中世纪以来的英国法律和仿效英国法律传统的各国法律。由于英国法律是以中世纪英国“普通法”（相对“衡平法”而言）为基础发展起来的，因此也称普通法系。美国原为英国殖民地，独立后基本仿照英国法律，它的法律被认为是英国法系中与英国法并列的两个支系之一，故这一法系又称英美法系。属于这一法系的除英、美外，主要是曾经沦为英国殖民地的一些国家和地区，诸如印度、巴基斯坦、缅甸、马来西亚、新加坡、澳大利亚、新西兰等。

大陆法系和英国法系的不同之处，主要在于：

(1) 在英国法系中，除制定法外，判例也是法律的一个重要渊源，即判例法。“维持前例”是英国法系的一项重要原则。就是说，下级法院在审理案件时，必须遵从上级法院特别是最高法院的判决，而不得作出与之相左的判决。在大陆法系中，判例一般不认为是法律的渊源。上级法院的判决对下级法院来说，至少在法律上是没有约束力的。

(2) 大陆法系国家，继承古罗马《查士丁尼国法大全》特别是《法国民法典》的传统，多采用法典形式。英国法系国家虽然也有大量制定法，但一般不采法典形式。

(3) 在法律部门的划分上，这两个法系也有所不同。在大陆法系中，一般将法律划分为宪法、民法、商法、刑法、诉讼法等几个大的部门。在英国法系中，则没有明确统一的划分，在法律编纂和法律教学中，除宪法、刑法、诉讼法外，尚有侵权行为法、契约法、财产法、继承法等，然而却没有民法这一法律部门。

此外，这两个法系在诉讼形式、法律术语等方面也有某些差别。但是必须看到，尽管大陆法系和英国法系在形式上有这样那样的差别，本质上却都是资产阶级法律。

(八) 法的历史类型

法的历史类型也叫法的类型，是以经济基础和阶级本质为标准，对法所作的基本分类。

法总是具体的，不是这个国家的法，就是那个国家的法；不是这个阶级的法，就是那个阶级的法；不是现行的法，就是历史上的法。然而，具体的法又是千差万别的。但不管它们的差别如何大，一定的法总是一定阶级的意志的表现，它的性质归根到底是由产生它的经济基础决定的。这就为我们对形式上千差万别的法进行科学的分类，提供了一个最基本的根据，即以经济基础和阶级本质为标准，把法律划分为若干历史类型，只要是建立在同一性质经济基础之上、反映同一阶级意志的法，就是同一历史类型的法。反过来说，凡属同一历史类型的法，不管它们在形式上有多大的差别，它们赖以建立的经济基础和阶级本质则是一致的。

法的历史类型是马克思主义法学中的一个重要概念，是历史唯物主义基本原理在法学中的具体运用，对于深刻了解法的本质及其发展规律有着重要的意义。

根据划分法律历史类型的标准，马克思主义法学把自有法以来的全部法划分为四种历史类型：奴隶制类型的法、封建制类型的法、资产阶级类型的法和社会主义类型的法。这四种不同类型的法的依次更替，反映了法由低级向高级的发展。前三种类型的法，虽然各具特征，由于都是建立在生产资料私有制的基础之上的，体现的都是剥削阶级的意志，所以统称为剥削阶级类型的法。社会主义类型的法建立在生产资料社会主义公有制的基础之上，体现工人阶级和广大人民的意志，是最高也是最后一种类型的法。

需要注意的是：不同历史类型的法的依次更替，是社会基本矛盾运动的结果，有其客观规律性。但是这种更替并不是自发实现的。在阶级对抗的社会里，新的经济基础代替旧的经济基础，一个阶级的政权为另一个阶级的政权所取代，必须经过社会革命。这就是说，只有通过社会革命，建立了新的社会制度和国家政权，才会实现法的历史类型的更替。企图舍弃革命而用改革法律制度的办法来达到变更社会制度的目的，无异于本末倒置，是行不通的。剥削阶级国家的统治者，为了维护和巩固其统治，也会对现行的法律制度作较大的改革。有时由于统治阶级内部争斗的加剧，通过内战或政变，使政权从一个集团转移到另一个集团的手中，从而引起法律制度的某些变化。但是不论其改革、变化的程度如何，也不论它们给自己的法律贴上什么主义的标签，只要这个国家的法赖以建立的经济基础以及它所体现的阶级意志没有改变，就不能认为这个国家的法在历史类型上发生了变化。

第三节 法与其他社会现象的关系

一、法与经济基础

经济基础是一定历史阶段上占统治地位的生产关系各个方面的总和。上层建筑是建立在经济基础之上的社会意识形态以及与之相适应的制度和设施。每一种社会形态都是一定的经济基础和上层建筑的具体的历史的统一。

在经济基础和上层建筑这个统一体内，经济基础居于主导地位，起着决定的作用。恩格斯指出："每一时代的社会经济结构形成现实基础，每一个历史时期由法律设施和政治设施以及宗教的、哲学的和其他的观点所构成的全部上层建筑，归根到底都是应由这个基础来说明的。"① 因此，要真正了解法的本质及其产生和发展的规律，必须追根求源，深入剖析法律赖以产生和发展的经济基础。这是历史唯物主义的要求，也是学习和研究法学惟一正确的方法。

经济基础对法的决定作用首先表现在：经济基础的性质决定法的性质。就是说，有什么性质的经济基础，就有什么性质的法。但是不能由此简单地认为，法除受经济基础的制约外，不受其他社会因素的影响。实际上社会的政治观点、伦理观点、阶级力量的对比关系以及历史传统、风俗习惯等，都在不同程度上影响着法。恩格斯就曾经驳斥过把经济因素说成是惟一决定性的因素的观点，认为这是对经济

① 《马克思恩格斯选集》第 3 卷，人民出版社 1972 年版，第 66 页。

基础决定上层建筑这一历史唯物主义命题的歪曲。他说："经济状况是基础，但是对历史斗争的进程发生影响并且在许多情况下主要是决定着这一斗争的形式的，还有上层建筑的各种因素。"① 所以，我们在研究某一国家的法及其发展变化时，仅仅剖析它的经济基础是不够的，同时还要充分注意到其他各种因素对该国法的影响。否则就无法理解：为什么建立在同一性质的经济基础之上、处于同一发展水平的国家，它们的法在形式上竟存在如此大的差别。

其次，法是随着经济基础发展变化而发展变化的。这种变化不仅表现在经济基础发生根本质变的时候，就是在同一社会形态里，经济基础发生部分质变的时候，也会引起法的相应变化。

经济基础决定上层建筑，但是上层建筑对产生它的基础并不是消极的，无所作为的。恰恰相反，它一经出现，就积极地反作用于自己的基础，成为促进自己的基础形成、巩固和发展的巨大力量。人类社会发展的历史表明，当旧的经济基础被新的经济基础代替以后，作为上层建筑重要组成部分的国家政权和政治、法律制度总是首先改变，因为只有建立起新的国家政权和政治、法律制度，才能保证新的经济基础的确立和巩固。可见，法对经济基础的反作用是十分明显的。

生产关系的基础是生产资料所有制，它在法律上表现为财产所有权。为了维护自己的基础，无论是剥削阶级法还是社会主义法，都把保护一定的生产资料所有制当作自己的首要任务。例如社会主义法就明确规定，社会主义公共财产神圣不可侵犯，并且相应地规定了对侵占和破坏社会主义公共财产的制裁办法。即使是一贯掩盖其阶级本质的资产阶级法，也都毫不含糊地宣称：私有财产神圣不可侵犯。

法积极作用于它的经济基础，但这种反作用的社会效果却不一定总是积极的、进步的。衡量法对于社会的发展是起积极的、进步的作用，还是起消极的、反动的作用，主要看它是促进还是阻碍社会生产力的发展。然而法和上层建筑的其他部分一样，并不直接反作用于生产力。它对生产力的反作用要通过生产关系这个中间环节才能实现。所以法起到什么性质的作用，就取决于它所维护的生产关系的性质。如果法所维护的生产关系适合生产力发展的要求，那么，这种法就是进步的，就应该予以肯定；反之，就是落后的，甚至是反动的，就应该改革它或者废除它。一般说来，任何一种剥削阶级类型的法在其产生初期，由于它所维护的生产关系是适合生产力发展要求的，因而具有进步性。可是随着生产力的不断发展，这种生产关系就会逐渐地束缚生产力的发展，最终成为生产力发展的桎梏。在这种情况下，维护这种性质的经济基础的法，就是反动的了。正如恩格斯所说的，"它照例总是在经济发展的压力下陷于崩溃"②。

---

① 《马克思恩格斯选集》第4卷，人民出版社1972年版，第477页。

② 《马克思恩格斯选集》第3卷，人民出版社1972年版，第222页。

在社会主义制度下，生产关系和生产力是既相适应又相矛盾的，而相适应是主要的、基本的。因此，从总体上看，社会主义法对经济基础的反作用客观上始终起着促进生产力发展的进步作用。这是社会主义优越性的表现。但是，社会主义法的这种进步作用并不是自觉实现的，需要通过人们的自觉活动才能充分发挥出来。如果人们的主观认识违背了客观规律的要求，把生产关系中某些不适应生产力发展的因素用法律的形式固定下来，或者不顾生产力发展的水平，企图用法律手段强行改变生产关系中本来不需要改变的部分，那么，这样的法律就会对生产力的发展产生消极的影响，就应该加以修改或废除。

二、法与政治

了解法与政治的关系，是了解法的本质的一个重要方面。

什么是政治？概括地说，政治主要是指阶级关系和阶级斗争。它既包括敌对阶级之间的斗争关系和同盟阶级之间的合作关系，也包括一个阶级内部各个阶层和各个集团之间的关系。政治的中心问题是政权问题，因为阶级之间的联合和斗争，以及协调本阶级内部各个组成部分之间的关系，都是围绕着夺取和巩固国家政权这个问题进行的。而阶级关系和阶级斗争问题的实质，则是各个阶级的经济利益。所以，政治以经济为其内容，是经济的最直接、最集中的表现。

由于各个阶级的经济地位和经济利益不同，它们的政治要求就不同。这种政治要求集中地体现在各个阶级的政策上。所谓政策，就是一定阶级为了自己的经济利益，从具体的阶级关系和斗争形势出发而制定的路线、方针和原则。各个阶级为了推行自己的政策，总是要设法利用一切可供利用的工具。但是，只有统治阶级才有可能利用法律这个有力的工具来推行它的政策，因为国家政权掌握在这个阶级的手里。

所以，法和统治阶级的政策的联系最为密切。统治阶级的政策是法的制定的直接依据，并且指导着法的实施。法把统治阶级的政策具体化、条文化、定型化，使之成为具有普遍约束力的法律规范，以保证统治阶级政策的实现。正是在这个意义上，列宁说："法律是一种政治措施，是一种政策。"① 可见，统治阶级的意愿和要求，总是首先体现为政策，然后才体现为法律。国家的立法活动，实质上就是把体现为政策的统治阶级意志变为国家意志的活动。因此，脱离政治的法是不存在的。不从政治上去看待法律问题，就不能理解为什么国家要这样立法而不那样立法，为什么那时要制定这个法律，此时又要修改或者废除这个法律。一些资产阶级的法学家力图割裂政治与法的联系，把法律描绘成超政治、超党派的，不偏不倚的，这是欺人之谈。目的在于掩盖资产阶级法从属于并服务于资产阶级政治这一无

---

① 《列宁全集》第28卷，人民出版社1990年版，第140页。

可辩驳的事实。

三、法与道德

道德是社会意识形态的一种。它以关于善与恶、公正与偏私、正义与非正义、诚实与虚伪、光荣与耻辱等观念为标准，来评价、褒贬人们的行为，借以调整人们之间的关系。所以，道德也具有规范性，也是一种社会规范。

法和道德既然都属于上层建筑的范畴，而且又都是社会规范，它们之间就必然会有许多相同和相似的地方。但是，法和道德是两种不同的社会现象，它们之间又有着质的差别。这些差别主要表现为：

（1）法是阶级社会特有的现象。道德则存在于人类社会发展的每一个历史阶段。原始社会没有法，却有自己的道德；在未来的共产主义社会中，法消亡了，道德则依然存在。

（2）法由国家制定或认可，通常以国家机关颁布的各种规范性文件的形式表现出来。道德是人们在社会实践中基于一定的物质生活条件逐渐形成的，它存在于人们的社会意识之中。人们虽然可以借助文字来表述某些道德规范，但即使没有这种文字形式，相应的道德规范仍然存在。

（3）法的实施是以国家强制力保证的。道德的实现则靠人们的内心信念、社会习俗和社会舆论。这些虽然也是强制力量，但与国家强制力在性质上是迥然不同的。

（4）法是表现为国家意志的阶级意志，只有掌握国家政权的统治阶级才能把本阶级的意志提升为国家意志，所以一国之内只有一个法律体系。道德则不然。各个阶级有各个阶级的道德。因此，在一国之内就有几个道德体系并存。当然，占统治地位的必然是统治阶级道德。

（5）法和道德调整的范围也不同。法调整的只限于必须由国家强制力加以保护的那部分社会关系；而且法通常只对人们的行为提出要求，只起到规范人们行为的作用。道德调整的范围要比法律广泛。一般说来，凡是受法律调整的社会关系，同时也为道德所调整。但是道德所调整的社会关系，如友谊关系、爱情关系等，都不在法律调整之列。不仅如此，道德除规范人们的行为外，还对人们的思想提出要求，它深入到人们的精神世界，起着潜移默化的作用。

在阶级社会里，统治阶级和被统治阶级由于所处的经济地位不同，阶级利益是根本对立的。它们从各自的阶级利益出发，所提出的道德标准，从总体上说势必也是对立的。统治阶级认为是合乎道德要求的，被统治阶级却往往认为是违反道德要求；反之也是一样。在阶级社会里，“道德始终是阶级的道德”①。它和法律一样，

① 《马克思恩格斯选集》第3卷，人民出版社1972年版，第134页。

具有强烈的阶级性。超阶级的道德是不存在的。

因此，在探讨法与道德的关系时，首先应该分清是哪个阶级的道德。在一个国家里，法律与被统治阶级的道德始终是对立的，它们都以抵制和破坏对方为己任。而法与统治阶级的道德本质上则是一致的。它们建立在共同的经济基础之上，体现同一个阶级的意志，有着相同的目的，所以它们在内容上是相互渗透的，而在作用上是相互促进、相互补充的。法以其独具的国家强制性维护着统治阶级道德的统治地位，统治阶级为了统治的需要，有时甚至赋予某项道德规范以法律效力。统治阶级的道德则以社会舆论、内心信念等特殊的强制方式，敦促人们恪守法律的规定，对维护法制起了重要的作用。

四、法与法律意识

法律意识是人们关于法的观点、思想的总称。任何法都是一定阶级的法律意识的最直接的表现。在现实生活中，不论是法的制定、修改和废除，还是法律的执行、遵守，乃至违法犯罪，无不受一定的法律意识的支配。所以了解法律意识，对于了解法的本质和作用是十分重要的。

法律意识的内容，主要包括人们对法的本质和作用的看法，对法律的评价和解释，对行为是否合法的理解，以及在法律方面的愿望和要求等。

法律意识是一种社会意识，它的内容归根到底是由社会存在即社会物质生活条件决定的。物质生活条件不同的各个阶级，它们的法律意识是不同的，有时往往是针锋相对的。法律意识的这种不同和对立，集中表现在对待现行法律的态度上。对于同一部法律，剥削阶级与被剥削阶级、统治阶级与被统治阶级的评价可能截然相反。所以在一个国家里，虽然只有一个法律体系，却不存在统一的法律意识。

不仅如此，即使是同一阶级的各个阶层或集团，它们的法律意识往往也不总是一致的。这是因为同一阶级的各个阶层或集团，除有其共同利益外，还有各自的特殊利益。因而它们对法律的评价和在法律方面的要求就不会完全相同。

在一国之内，人们的法律意识无论怎样不同，占统治地位的法律意识只能是统治阶级的法律意识。因为只有掌握政权的统治阶级才可能把自己的法律意识以法律的形式表现出来。所以，要了解一国的法律，就要研究在这个国家中占统治地位的法律意识。

法律意识作为一种上层建筑现象，固然最终是受经济基础的制约，但是其他形式的社会意识，诸如政治思想、道德、哲学、宗教等，对于法律意识的影响也是不能低估的。我国封建社会，儒家思想长期居于统治地位。儒家代表人物孔子从封建的伦理原则出发，认为父亲包庇儿子的罪行，或者儿子包庇父亲的罪行，是最正直的美德，即所谓“父为子隐，子为父隐，直在其中矣”。儒家的这种道德观念对封建法律意识具有很大的影响。自两汉至明清，历代封建王朝都推崇关于父子相隐的思想，并把它推广为亲属也应当相隐。《汉律》就规定“亲亲得相首匿”。《唐律疏议》中也有关于同居相隐不为罪的规定。这是封建道德观念作用于法律意识的一个典型例证。

法律意识既可以表现为人们关于法的自发的、零散的、不系统的，有时甚至是自相矛盾的感觉和情绪，即法律感；也可以表现为关于法的自觉的、系统的、理论化了的学说和思想，即法律观。有的法学著作称前者为法律心理活动，称后者为法律思想体系。其实，法律意识这两种表现形式，是同人们认识过程的两个阶段相适应的。前者是法律意识的低级阶段即感性阶段，后者是法律意识的高级阶段即理性阶段。统治阶级法律意识的理性形式较之感性形式能够更集中地反映本阶级的利益和要求，对于法律的制定、执行和遵守起着重大的作用。所以统治阶级总是通过各种形式和渠道，向全社会各个阶级灌输反映其阶级利益的法律思想和学说，为其法律的实施创造思想条件。

第二章 我国社会主义法的本质及其与共产党的政策、社会主义道德的关系

第一节 我国社会主义法的产生和本质

一、我国社会主义法的产生

（一）建立社会主义法的必要性

无产阶级取得政权是社会主义法产生的前提。我国社会主义法是我国无产阶级和广大人民在中国共产党领导下，经过长期革命斗争，在推翻反动统治阶级的统治，夺取政权之后，由人民民主专政国家创立的。

无产阶级在夺取政权后之所以必需创立自己的法律，是因为：

首先，以生产资料的社会主义公有制为基础的社会主义经济制度不可能在旧社会内部自发地产生。它只有在无产阶级革命胜利后，运用国家政权和法律手段，通过“剥夺剥夺者”和对非社会主义经济实行社会主义改造，才能建立起来。这是一个极其复杂和充满斗争的过程，它不仅会遭到敌对阶级的破坏，而且还会遇到小生产习惯势力的顽强抵抗，这就需要运用社会主义法律来打击阶级敌人的破坏，克服小生产的自发倾向，调节各种经济关系。否则，社会主义经济制度就无从建立起来。

还必须看到，社会主义社会是刚刚从旧社会脱胎出来的，在许多方面还带有旧社会的痕迹，“如果不愿陷入空想主义，那就不能认为，在推翻资本主义之后，人们就能立即学会不需要任何法权规范而为社会劳动，况且资本主义的废除不能立即为这种变更创造经济前提。”①

社会主义战胜资本主义和一切旧制度，归根结蒂，在于能够创造比资本主义更高的劳动生产率。因此，社会主义国家必须始终把发展生产，提高劳动生产率作为自己的首要任务。在实现这一任务中，社会主义法无疑是一种不可缺少的重要手段。

---

① 《列宁选集》第3卷，人民出版社1972年版，第252页。

其次，如前所述，不建立无产阶级自己的政权固然不可能创立社会主义法。但是，如果不创立社会主义法，无产阶级的政权同样不可能建立和巩固。这是因为，不仅社会各阶级在无产阶级国家政权中的地位需要法来确认，而且国家的各项制度以及国家机关的组织和活动，都有赖于法作出明确的规定。所以，只有借助法，才能使整个国家机器按照无产阶级的意志协调一致地运转，从而使无产阶级专政的国家制度得到巩固和发展。

最后，社会主义建设除了物质文明建设外，还包括精神文明建设。这也同样需要借助社会主义法的力量，清除旧意识形态的影响，确立以马克思主义为指导的社会主义意识形态在社会中的统治地位，传播社会主义思想，倡导社会主义道德，宣传社会主义法律意识，促进和保障社会主义精神文明建设。

总之，创立社会主义法既是建立和巩固社会主义经济制度的需要，也是建立和巩固社会主义法国家制度的需要，又是建设社会主义精神文明的需要。

（二）社会主义法创立的规律

无产阶级和广大人民在创立社会主义法时，首先遇到的问题是如何对待被推翻阶级的旧法。历史上一切剥削阶级在取得政权后，并不需要彻底废除旧法，而是把它保留下来，加以修改、补充，赋予它新的阶级内容，就可以用它来为本阶级的统治服务。这是因为剥削阶级革命的结局只是以一个剥削集团的统治取代另一个剥削集团的统治，以一种剥削制度代替另一种剥削制度。一切剥削阶级的法尽管在形式上有这样那样的差别，但都是建立在生产资料私有制基础上的，都是剥削阶级用以维护剥削制度和压迫劳动人民的工具，所以英国资产阶级在革命胜利取得政权后，“可以把旧的封建法权形式的很大一部分保存下来，并且赋予这种形式以资产阶级的内容，甚至直接给封建的名称加上资产阶级的含义”①。即使在资产阶级革命比较彻底的法国，“人们也可以在资产阶级大革命以后，以同一个罗马法为基础，创造像法兰西民法典这样典型的资产阶级社会的法典。”②外国如此，中国也是如此。我国封建社会的秦律、唐律等，就保留了大量奴隶制法律的内容。

无产阶级革命是人类历史上最伟大、最深刻、最广泛的革命。它的主要任务是推翻反动剥削阶级的统治，建立无产阶级的国家政权，用社会主义公有制代替资本主义私有制，消灭剥削阶级和剥削制度，在巩固和发展社会主义经济的基础上，使生产力得到高度发展，进而消灭一切阶级和阶级差别，实现共产主义。这就决定了无产阶级在夺取政权后，必须采取革命的态度来对待旧法，即彻底废除旧法律体系，终止它的一切法律效力。道理很明显，旧法是旧社会关系中产生出来的。对于无产阶级来说，那“是资产阶级给他准备的鞭子”③，它的使命首先是保护有产

①② 《马克思恩格斯选集》第4卷，人民出版社1972年版，第248页。

③ 《马克思恩格斯全集》第2卷，人民出版社1960年版，第515～516页。

者，反对无产者。企图利用这样的法来达到无产阶级自己的目的，是不可能的。因而，彻底摧毁旧法是社会主义法产生的一般规律。

但是，由于各国的国情和无产阶级革命的具体条件不同，社会主义法产生的一般规律在各国的表现就各具特点。

由于我国的特殊国情，我国的革命必须分两步走。第一步是进行新民主主义革命，第二步是进行社会主义革命。我国的民主革命走的是一条以农村包围城市、武装夺取政权的道路。在民主革命时期，革命根据地的人民，在中国共产党的领导下，摧毁了根据地内的国民党反动国家机器，废除了国民党压迫人民的法律，建立了人民革命政权，颁布了各种反映人民利益的新民主主义法律。尽管由于当时正处在剧烈的战争环境中，各根据地又被反动政权割裂，这些法律还很不完备，也没有形成全国范围的统一法制，但它对于巩固和发展革命根据地，保证民主革命的胜利进行，仍然发挥了重大作用。它不仅为民主革命在全国范围内取得胜利后立即全面、彻底地废除国民党旧法创造了条件，而且也为我国社会主义法制建设提供了宝贵的经验。

1949年初，人民解放战争即将取得全国性的胜利，1月，在《中共中央关于接管平津司法机关之建议》中指出："国民党政府一切法律无效，均依据军管会公布之法令及人民政府之政策处理。"2月，中共中央发布《关于废除国民党的六法全书与确定解放区的司法原则的指示》，宣布在无产阶级领导的工农联盟为主体的人民民主专政的政权下，国民党的《六法全书》① 应该废除。人民的司法工作不能以国民党的《六法全书》为依据，而应该以人民的新法律作依据。新中国成立前夕制定的起临时宪法作用的《中国人民政治协商会议共同纲领》中，明确规定："废除国民党反动政府一切压迫人民的法律、法令和司法制度。"正是根据上述指示和纲领的精神，新中国成立之后，便立即在全国范围内彻底摧毁了国民党反动政权的法律体系，并着手有步骤地创制在全国范围内适用的新法律。这些法律是我国民主革命时期革命根据地法律的继续和发展。与我国历史发展阶段相适应，这些法律的性质虽然还不是完全社会主义的，但就其历史类型来说，则是社会主义的。1956年，生产资料所有制的社会主义改造基本完成，我国法的性质也随之发生变化，成为社会主义性质的法。经过四十多年的法制建设，我国社会主义法律体系已初步形成。

需要指出，无产阶级在革命胜利后，对于作为剥削阶级专政工具的旧法固然不能因袭、沿用，而只能彻底摧毁它。但是，法作为一种观念形态的社会文化，它的发展又具有历史的继承性。对于旧的法律文化，无产阶级不仅可以而且必须加以批

---

① 《六法全书》是国民党反动政权的宪法、民法、商法、刑法、民事诉讼法、刑事诉讼法等六种法规的汇编。

判地继承，否则社会主义法律体系就无从建立。从这个意义上说，没有奴隶制、封建制和资产阶级的旧法，也就没有社会主义新法。所以，废除旧法，同把旧法作为一种文化遗产加以批判地继承是并行不悖的。因为法自身发展的辩证法就是如此。

二、我国社会主义法的本质及其重要特点

我国是人民民主专政的社会主义国家。人民民主专政实质上就是无产阶级专政。在这个政权中，工人阶级居于领导地位。因此，我国社会主义法必然首先反映工人阶级的意志。工人阶级的物质生活条件决定它的阶级意志的最主要的内容是要消灭剥削，消灭阶级，建设社会主义，进而过渡到共产主义。这一内容反映了人类社会发展的客观规律，集中体现了工人阶级的根本利益。

人民民主专政的基础是工人阶级和农民阶级的联盟。农民和其他劳动人民都是社会主义国家的主人。消灭剥削制度，建设社会主义，也是他们的根本利益所在。这就是说，工人阶级和广大劳动人民在根本利益上是一致的。所以，社会主义法在体现工人阶级的意志的同时，也体现广大劳动人民的意愿和要求。

我国在完成了生产资料所有制的社会主义改造以后，社会阶级结构发生了深刻变化，剥削阶级作为阶级已经被消灭。近年来，随着改革开放的深入，我国的社会阶层也发生了新变化，出现了中国特色社会主义事业的建设者。如今，人民这个概念不仅包括工人、农民、知识分子等社会主义劳动者，也包括一切社会主义事业的建设者、拥护社会主义的爱国者和拥护祖国统一的爱国者。这就是说，我国社会主义法不仅体现全体社会主义劳动者、社会主义事业建设者和拥护社会主义的爱国者的意志，而且也反映了拥护祖国统一的爱国者要求祖国统一的愿望。

可见，我国社会主义法是工人阶级和广大人民意志的表现。但是，如果没有工人阶级的先锋队共产党的领导，没有共产党在人民群众中所进行的长期的艰巨的和细致的思想政治工作，包括农民在内的广大人民是不可能真正认识到自己的根本利益的。即使是工人阶级，也只有在自己的先锋队的领导下，用社会主义思想武装起来，才能形成统一的有组织的力量，并使自己的意志正确反映社会发展的客观要求。因此，共产党的领导对于工人阶级和广大人民共同意志的形成，具有决定性的意义。

总之，我国社会主义法既有鲜明的阶级性，又有广泛的人民性，是阶级性和人民性的统一。这种统一的基础是工人阶级和广大人民根本利益的一致，统一的保证是共产党的领导。这是我国社会主义法的重要特点。

三、我国社会主义法律与客观规律

规律，或称法则，是事物发展过程中的本质联系和必然趋势。它规定事物发展的基本过程和方向，具有普遍性和重复性的特点。规律是客观的，是事物本身所固

有的，人们既不能创造它，也不能任意加以改变或消灭。但是，人们可以认识它并利用它来改造自然、改造社会。

法与客观规律不同。法是由国家根据统治阶级的意志创制的，是人们意识的产物。法要在社会生活中发挥作用，就必须使它的内容符合客观规律的要求。马克思说过："法律只是在自由的无意识的自然规律变成有意识的国家法律时才起真正法律的作用。"① 因此，任何一种法律在社会生活中究竟能发挥多大的作用，最终取决于它在何种程度上反映了客观规律的要求。

剥削阶级当它们处在上升阶段时，由于它们的利益在一定程度上反映了社会发展规律的客观要求，因此体现它们意志的法能够起到促进社会发展的作用，尽管对于剥削阶级来说，这并不是自觉的。但是当剥削阶级发展到腐朽、没落阶段时，它们的法就成了它们用来抵制客观规律的工具。剥削阶级凭借手中的国家权力，虽然可以延缓社会的发展于一时，但最终仍无法逃避彻底覆灭的命运。这是社会按其自身规律发展的必然结果。

社会主义法是工人阶级和广大人民意志的体现。工人阶级和广大人民的根本利益同社会发展客观规律的要求是一致的，这就为工人阶级和广大人民自觉地认识和利用客观规律，为社会主义法充分反映客观规律的要求，提供了可能。实践证明，在社会主义制度下，人们不仅可以把属于主观意志范畴的法和客观规律的要求一致起来，而且应该自觉地运用法律手段，为某些规律实现自己的要求开辟广阔的场所，或限制其作用的程度和范围。

但是，即使在社会主义制度下，人们对客观规律的认识也不可能始终是正确的。由于受到主观和客观种种条件的限制，人们的认识同客观规律的要求不相一致的情况是时有发生的。因此社会主义法在制定时，就必须以马克思主义为指导，充分发扬民主，加强调查研究，并在实施的过程中，不断总结经验，结合实际情况，适时进行修改和补充。只有这样，才能使社会主义法尽可能地反映客观规律的要求，成为改造社会、造福人民的有力工具。

第二节 我国社会主义法与共产党的政策

一、党的政策对社会主义法的指导作用

在人民民主专政的社会主义国家中，工人阶级对国家的领导是通过共产党来实现的。党的领导首先是政治领导，即路线、方针和政策的领导。党的政策规定了社会主义国家活动的方向，指导着社会主义法的制定和实施。党的政策和社会主义法

---

① 《马克思恩格斯全集》第1卷，人民出版社1960年版，第72页。

的关系，实质上就是工人阶级先锋队和全体人民的关系、党和国家政权的关系。

党的政策在社会主义法制定中的指导作用，集中表现为社会主义法无不以党的政策为其制定的直接依据。社会主义法就是党的政策的具体化、条文化、定型化。我国的宪法就集中体现了党在社会主义初级阶段的基本路线以及党在政治、经济、文化、教育、科学技术、军事、社会、民族关系、对外关系等各个方面的基本政策。我国的其他法律也都是以党的有关政策为依据而制定的。当然，这并不是说党的所有政策都要制定为法。

党的政策之所以能够转化为社会主义法，就在于二者本质上的一致性。首先，它们都植根于社会主义经济基础，并都服务于社会主义经济基础；其次，它们都体现工人阶级和广大人民的愿望和要求；再次，它们都以马克思列宁主义、毛泽东思想为指导，反映了我国社会主义各个发展阶段的客观要求。

社会主义法既然是根据党的政策制定的，那么它的实施也必须以党的政策为指导。正确理解党的政策的精神实质，是正确实施法律的重要保证。不能设想，一个对党的民族政策一无所知的人，会很好地贯彻实施有关调整民族关系的法律。

所以，任何贬低党的政策对社会主义法的指导作用，或者把党的政策与社会主义法对立起来的观点都是错误的，是同马克思主义关于社会主义法的本质的学说相悖的。

二、社会主义法是推行党的政策的有力工具

党的政策对于社会主义法的制定和实施具有重大的指导作用。这是问题的一个方面。问题的另一个方面是，社会主义法在推行党的政策中的重要作用同样是不能抹煞或低估的。要正确理解后一方面，必须了解社会主义法不同于党的政策的种种特征：

首先，社会主义法是由国家制定或认可的，具有国家意志的属性和普遍的约束力。党的政策则是由党的领导机关制定，它虽然指导着社会主义法的制定和实施，但却不具有国家意志的属性和普遍的约束力。当然，这并不意味着人们可以不必遵守党的政策。列宁曾经指出："我们的党是一个执政党，党的代表大会所通过的决议，对于整个共和国都是必须遵守的。"① 然而列宁又说："在党的代表大会上是不能制定法律的。"②要使党的政策具有普遍的约束力，就必须把它提升为国家意志。而"意志如果是国家的，就应该表现为**政权机关**制定的**法律**"③。

其次，社会主义法以国家强制力保证其实施。党的政策的贯彻执行，主要靠宣传教育，靠深入细致的思想工作和组织工作。党员违反党的政策的行为有时要受到

① ② 《列宁全集》第32卷，人民出版社1958年版，第207、216页。

③ 《列宁全集》第25卷，人民出版社1958年版，第76页。

党的纪律制裁，这虽然也是一种强制，但与法律所凭借的国家强制力，在性质上是不同的。

再次，社会主义法和党的政策虽然都具有规范性，但政策的规定一般比较原则、概括，法的规定则比较具体、明确。它不仅对人们的行为提出具体要求，而且还向人们指出违反了它将会遭致怎样的后果。所以，法更便于人们了解、执行和遵守。

正因为社会主义法具有上述种种区别于党的政策的特征，诸如它的普遍约束力，它的国家强制性以及它的规范的明确性，所以它能够成为实现党的政策的有力工具。看不到社会主义法与党的政策的上述差别，把二者等同起来，就往往会导致以政策代替法甚至取消法的错误。从形式上看，以政策代替法似乎是在强调党的政策，实际上是对社会主义法在实现党的政策中所独具的重大作用的否定，这对党的政策的贯彻实施是十分不利的。

第三节 我国社会主义法与社会主义道德

一、社会主义法与社会主义道德之间的联系

社会主义法和社会主义道德是社会主义社会中两种不同的社会规范，二者之间有着密切的联系。它们互相影响，互相促进，互相补充。

社会主义道德对于社会主义法的制定和实施具有指导作用。社会主义法在制定时，必须充分考虑社会主义道德的要求，所以，社会主义法渗透了社会主义道德的精神。可以这样说：举凡社会主义法所禁止的行为，必然是社会主义道德所谴责的；举凡社会主义法所提倡的行为，也必然是社会主义道德所赞许的。社会主义国家根据社会主义法律意识，往往把某些社会主义道德规范直接确认为法律规范，因而二者在内容上出现重合现象是常见的。例如，我国宪法规定："国家提倡爱祖国、爱人民、爱劳动、爱科学、爱社会主义的公德"；"父母有抚养教育未成年子女的义务，成年子女有赡养扶助父母的义务"；"禁止破坏婚姻自由，禁止虐待老人、妇女和儿童"。这里的每一项规定，既是社会主义法的要求，也是社会主义道德的要求。对上述规定的违反，既是对社会主义法的违反，也是对社会主义道德的违反。因而行为人不仅要受到法律的制裁，而且必然会受到舆论的谴责。

社会主义道德在社会主义法实施中的作用也是十分显著的。可以断言，一个社会主义道德水平低下的国家机关工作人员或公民，是不可能忠实地执行法律、遵守法律的。

正因为社会主义法和社会主义道德在基本原则上是一致的，在内容上是互相渗透的，所以，加强社会主义道德教育，倡导"八荣八耻"的社会主义荣辱观，不

断提高人们的道德水平，就能够提高人们的社会主义法律意识和遵纪守法的自觉性。大量事例表明，人们的违法犯罪行为，尤其是青少年的失足，往往正是道德沦丧的结果。而加强社会主义法制，充分发挥社会主义法的作用，对于传播社会主义道德，提高人们的道德水平，树立社会主义道德风尚，无疑会起到极大的促进作用。

二、社会主义法与社会主义道德的区别

社会主义法和社会主义道德虽然有许多共同之处，但它们毕竟是两种不同的社会现象。它们互相促进，互相补充，却不能互相代替。这不仅因为它们调整的范围不尽相同，而且它们作用的方式也有很大差别。

社会主义法调整的对象只限于必须用国家强制力加以保障的那部分社会关系。它着重对人们的行为提出要求。社会主义道德调整的范围却几乎涉及社会生活的一切领域和所有方面。它不仅对人们的行为作出评价，而且更着重于从行为的动机和思想品质方面向人们提出要求。所以社会主义道德不仅调整的范围要比社会主义法调整的范围广泛，而且它向人们提出的要求也要比社会主义法高得多。一般说来，违反社会主义法的行为，通常也都是对社会主义道德的违反；但是违反社会主义道德的行为，却不一定都是违法行为。当然，这并不是说，一切不符合法律要求的行为都是不道德的行为。例如，违反某些程序性或技术性法律规范的行为，未必都与行为人的道德水平有联系。所以在实践中，应当划清法律责任与道德责任的界限。在许多情况下，法律责任与道德责任是一致的。但有时应承担道德责任的行为，并不一定都要承担法律责任；反之也是一样。

社会主义法和社会主义道德在实现的方式上有很大差别。前者的实现以国家强制力为后盾，后者的实现主要依靠社会舆论和人们的内心信念。所以对于某些道德败坏、鲜廉寡耻的人和刑事犯罪分子来说，仅仅依靠道德的力量是不足以制止和制裁他们危害社会的行为的，而必须绳之以法，采取强有力的法律措施，才能和他们进行有效的斗争。因此，在社会主义初级阶级，轻视法的作用，以为只需发挥道德的力量，就可以把一切安排得井然有序，那是不切实际的。但是，如果忽视道德的作用，以为一切问题都可以运用法律手段得到解决，同样也是错误的。

三、把依法治国和以德治国结合起来

社会主义国家在加强法治的同时，必须大力宣传社会主义道德，提高人民群众的道德水平，把法律调整和道德调整这两种手段紧密地结合起来，这样才能充分发挥社会主义法和社会主义道德的作用。江泽民指出：我们在建设有中国特色社会主义，发展社会主义市场经济的过程中，要坚持不懈地加强社会主义法制建设，依法治国，同时也要坚持不懈地加强社会主义道德建设，以德治国。依法治国和以德治

国是一个紧密结合的整体。法治属于政治建设，属于政治文明；德治属于思想建设，属于精神文明。两者都有其独特的地位和功能。法治以其权威性和强制性手段规范社会成员的行为，德治以其感召力和劝导力提高社会成员的思想认识和道德觉悟，它们是相辅相成、相互促进的。二者缺一不可，不能偏废。①

① 《人民日报》评论员文章《把依法治国与以德治国结合起来》，载《人民日报》2001年2月1日第1版。

第三章　我国社会主义法制和法治

第一节　社会主义法制概述

一、社会主义法制的概念

“法制”一词，由来甚久。早在先秦时期，法家一些代表人物的言论中就有关于法制的议论，如“法制不议，则民不相私”①；“法制明则民畏刑。法制不明，而求民之行令也，不可得也”②；释法制而妄怒，虽杀戮而奸人不恐”③。这些议论中的法制，主要是指制定成文法和“以法治国”，是针对儒家的“礼治”、“人治”而言的，和我们今天对法制的理解不同。

及至现代，法制一词更为人们所广泛使用，但对法制的理解却很不一致。拿新中国建立后的情况来说，法制这个词就曾在不同意义上使用过。有时把法制当作法律的同义语来使用，如“法制史”（相当英语中的 law）；有时把法制理解为立法即法律的制定，如“法制局”（相当英语中的 legistation）；有时把法律理解为守法，即对法律的遵守，如“加强法制观念”（相当英语中的 legality）；有时则理解为法律制度，如“健全法制”（相当英语中的 legal system）。对于法制概念的表述，也是众说不一。有的认为，法制就是法律制度。有的认为，法制是统治阶级的法律意识、法律缺席和法律文件的总称。有的认为，法律是统治阶级把国家事务制度化、法律化，并严格依法办事的一种原则。还有一种说法是把法制分作广义和狭义来理解。广义的法制就是按照统治阶级意志建立起来的用以维护其阶级专政的法律和制度。从这个意义上讲，一切历史类型的国家，不论是奴隶制国家、封建制国家、资本主义国家还是社会主义国家，都有自己的法制。狭义的法制即近代意义上的法治。这样，“法制”与“法治”就成了同义语。而近代意义上的法治是与一定的民主制度相联系的。奴隶制国家和封建制国家虽然有法，但它们的法恰恰容许统治者

① 《管子·禁法》。

② 《商君书·君臣》。

③ 《韩非子·国人》。

的独断专横，公开承认少数人的特权地位，因此，不能认为奴隶制国家、封建制国家也有法制。1957年董必武在讲到法制问题时说："现在世界上对法制的定义，还没有统一的确切的解释。我们望文思义，国家的法律和制度就是法制。什么叫制度，制度就是在一个国家里，包括社会的组织，大家都要遵守一定的秩序。""国家没有法制，就不能成为一个国家"。①

根据董必武的有关论述和法学界讨论的情况，我们认为，法制的概念应包括如下的含义：

（1）法制是统治阶级通过国家所确立的法律和制度。这是对法律阶级本质的揭示。

（2）法制包括法律的制定，法律的执行和遵守以及监督法律的实施。这是对法制内容的概括。

（3）法制的中心环节是依法办事。这是对法制的要求的集中表述。

（4）法制的目的在于建立起维护统治阶级的统治所必不可少的法律秩序。这是建立法制的出发点和归宿。

根据上述概括，社会主义法制的概念可以表述为：社会主义法制是社会主义国家按照工人阶级和广大人民意志所确立的法律和制度，是立法、执法、守法和监督法律实施等几个方面的统一。其中心环节是依法办事，要求一切国家机关、社会团体和全体公民严格遵守法律，以确立和维护工人阶级和广大人民的民主地位及进行社会主义建设所必需的法律秩序。

二、社会主义法制的基本要求

"有法可依，有法必依，执法必严，违法必究"，是中国共产党十一届三中全会对社会主义法制的基本要求所作的科学概括。

有法可依，就是要求有完备的法律可供遵循。没有法律就谈不上法制；法律不完备，法制也不可能健全。所以必须加强立法工作，根据国家生活和社会生活的需要，适时进行立、废、改，使一切国家机关、企业事业单位、社会组织和公民在活动中都有法可依，有章可循，有制度可遵守。

有法必依，就是要求不折不扣依法办事。法律无论如何完备，如果不能付诸实施，无异一纸空文。社会主义法制的威力和作用，只有当法律得到全面贯彻执行时，才能充分发挥出来。我国自中华人民共和国建立到党的十一届三中全会召开前的三十年间，法律虽然很不完备，但决不是完全无法可依。据统计，"文革"前的十七年，全国人大及其常委会制定或经全国人大常委会批准颁布执行的法律、法令，就有1500余项。问题的症结在于有法不依，法律的许多规定不仅被弃置一旁，

① 董必武：《论社会主义民主和法制》，人民出版社1979年版，第154页。

有时甚至把它当作资产阶级的东西横加批判。这方面的历史教训是十分沉痛的。

执法必严，就是说在执法中必须严格、严肃、严明，准确无误地实施法律。具体地说，就是要求执法机关和执法人员必须忠于法律，严格按照法律的规定办案；必须忠于事实真相，正确适用法律，该从严的从严，该从宽的从宽，不枉不纵，以维护法制的严肃性；同时也要求严明执法纪律，执法人员必须刚直不阿，廉洁公正，敢于和一切违法犯罪行为作不懈的斗争。

违法必究，就是说一切国家机关、社会组织及其工作人员和公民如果违犯了法律，都应该毫无例外地追究其法律责任，依法予以应有的制裁，而不允许任何组织或个人凌驾于法律之上，享受法外特权，逃避法律制裁。如果对违法犯罪行为听之任之，不予追究，或者对群众和干部、对一般干部和领导干部的违法犯罪行为不能平等对待，那么社会主义法制就将遭到破坏，社会主义法制的严肃性和权威性也将丧失殆尽。

"有法可依，有法必依，执法必严，违法必究"，这四个方面是密切联系不可分割的。"有法可依"是健全社会主义法制的前提，"有法必依"是健全社会主义法制的关键，"执法必严"是健全社会主义法制的条件，"违法必究"是健全社会主义法制的保障，只有全面做到这几个方面，社会主义法制才能健康地发展。

第二节　社会主义民主与社会主义法制

一、社会主义民主的概念

民主一词源自于古希腊文 demokratia，由"人民"（demos）和"权力"（kratos）两个词组成，直译为人民的权力，或多数人的统治，原指古代奴隶制国家一种有别于君主制和贵族制的国家制度。按照古希腊人的解释，在民主制度下，治理国家的不是一个人（君主）或少数人（贵族），而是全体公民（当然只能是奴隶主）。我们今天常说的"人民当家作主"，倒是比较确切地表述了民主的原意。

马克思主义运用历史唯物主义的观点和阶级分析的方法，揭示了民主的实质。列宁说："民主是一种国家形式，一种国家形态。因此，它同任何国家一样，也是有组织有系统地对人们使用暴力，这是一方面。但另一方面，民主意味着在形式上承认公民一律平等，承认大家都有决定国家制度和管理国家的平等权利。"①

民主是一个阶级范畴。在阶级社会中，任何一种民主都是阶级的民主，超阶级的、纯粹的民主是根本不存在的。无论是古代奴隶主阶级的民主，还是近代资产阶级的民主，虽然在法律上承认公民享有平等的民主权利，声称实现了多数人的统

① 《列宁选集》第3卷，人民出版社1958年版，第257页。

治，或者标榜“主权在民”，但这都不过是少数剥削者阶级的民主。对于一无所有的被剥削劳动群众来说，他们或是处于完全无权的地位，或是在享受民主权利方面受到种种限制，以致使法律上规定的民主权利几乎成为一个空壳。

社会主义民主或称无产阶级民主、人民民主，就是全体人民在共同享有对生产资料的不同形式的所有权、支配权的基础上，真正享有管理国家、管理社会经济文化的权力和其他各项公民权利的一种国家制度。

二、社会主义民主与社会主义法制的关系

社会主义民主与社会主义法制的关系非常密切，二者互相依存、互相配合。它们的关系可以用这样两句话来概括：社会主义民主是社会主义法制的前提和基础，社会主义法制是社会主义民主的体现和保障。

为什么说社会主义民主是社会主义法制的前提和基础？这是因为：

第一，社会主义法制是随着社会主义民主的产生而产生的。就是说，工人阶级和广大人民只有通过革命，夺取了政权，争得了民主，成了国家的主人之后，才能把自己的意志提升为法律，建立社会主义法制。综观历史，一切事实上还没有真正掌握政权的阶级或集团，它们建立新法制的尝试和活动，无不以失败而告终。戊戌变法就是一例。所以，社会主义法制的建立，是以社会主义民主的存在为前提。没有社会主义民主事实的存在，就不可能有社会主义法制。

第二，法制的性质直接取决于民主的性质。有什么性质的民主，就有什么性质的法制。社会主义法制的人民民主性质，就是由社会主义民主的本质决定的。社会主义法制所坚持的每一项原则，都可以从社会主义民主的要求中找到它的根据。社会主义法制无非是社会主义民主的制度化、法律化而已。

第三，社会主义法制的发展和健全，也是同社会主义民主的发展和健全分不开的。社会主义法制建设的实践表明，只有发展社会主义民主，才能集中人民群众的正确意见，制定出真正反映工人阶级和广大人民意志的法律，才能充分发挥人民群众参加国家管理、监督法律贯彻执行的积极性，也才能提高人民群众遵守法律的自觉性和同一切违法犯罪行为作斗争的主动精神。可见，无论是社会主义法律的制定、执行和遵守，还是监督社会主义法律的实施，都离不开社会主义民主。“文化大革命”中正是由于社会主义民主遭到破坏，社会主义法制也就不复存在了。它从反面证明了：不发展社会主义民主，社会主义法制就得不到发展；没有健全的社会主义民主，也就没有健全的社会主义法制。

那么，为什么说社会主义法制是社会主义民主的体现和保障？这是因为：

第一，无产阶级和广大人民在取得革命胜利后，也需要像其他阶级一样，把经过艰苦斗争而取得的民主成果，用法律的形式固定下来。用法律的形式固定革命成果，首先和最主要的是确认人民的民主地位即人民的国家主人的地位。我国宪法总

纲开宗明义第一条就规定，“中华人民共和国是工人阶级领导的、以工农联盟为基础的人民民主专政的社会主义国家”，接着又规定，“中华人民共和国一切权力属于人民”。这就是对人民民主地位的确认。

民主和专政是紧密联系的，只有对人民的敌人实行强有力的专政，才能确保人民当家作主的权利。社会主义法律在确认人民民主地位的同时，也对专政的对象及其法律地位作了明确的规定。这对维护人民的民主地位是绝对不可少的。

第二，国家的一切权力属于人民，是社会主义民主的核心。人民为了行使国家权力，就需要按照一定的原则，采取一定的形式，组织起各级各类国家机关。在这方面，社会主义法制起着重大的作用。我国的宪法和法律明确规定了我国国家政权的组织形式、国家机关的组织和活动的原则以及国家机关之间、国家机关与公民之间的关系。这些规定实质上是对人民行使国家权力的形式、程序和方法的规定。没有适宜的形式、程序和方法，人民就无法行使国家权力，国家的一切权力属于人民也就成了一句空话。严格实施法律的这些规定，就能够使国家权力牢牢地掌握在人民手中，并使一切国家机关听命于人民，按照人民的意愿和利益进行活动，从而确保人民当家作主的地位。

第三，社会主义民主是有组织有领导的民主，是法律规定范围内的民主，它与极端民主化和无政府主义没有丝毫共同之处。社会主义法律在赋予公民以广泛民主权利的同时，也规定了公民应尽的义务。公民履行法律规定的义务，是公民享有民主权利的必要条件，社会主义法制既保障公民平等地享有法律赋予的民主权利，也要求公民忠实地履行法律规定的各项义务。例如，我国宪法规定，公民行使自由和权利的时候，不得损害国家的、社会的、集体的利益和其他公民的合法的自由和权利。这是公民在行使自由和权利的时候必须承担的一项义务。很明显，如果公民在行使自由和权利时，可以不承担这项义务，那么，民主权利就可能被滥用，社会主义民主就会遭到破坏。

第四，社会主义社会由于还存在着敌视和破坏社会主义的敌对势力和敌对分子，同时，由于受剥削阶级腐朽思想的影响，在人民内部也不可避免地会产生损害社会主义民主的行为。因此，必须运用社会主义法制这个武器，同一切破坏和损害社会主义民主的行为进行斗争。在这方面，我国刑法起着重要的作用。刑法不仅规定了哪些行为是破坏和损害社会主义民主的犯罪行为，而且还根据不同的情节，给予应得的惩罚，从而使人民的民主地位得到切实的法律保障。

综上所述，可见社会主义法制是实现社会主义民主的必不可少的手段，是保障社会主义民主的锐利武器。从这个意义上说，没有社会主义法制，也就没有社会主义民主。

第三节　依法治国，建设社会主义法治国家

一、依法治国基本方略的提出

依法治国即法治。“法治”一词由来已久，它相对“人治”而言。古希腊思想家亚里士多德极力主张法治即“法律的统治”，并从多方面论证“法治应当优于一人之治”。他认为，法治包含两重意义：已成立的法律获得普遍的服从，而大家所服从的法律又应该本身是制定得良好的法律①。这是对法治的经典界定。及至近代，随着资本主义商品经济的发展，法治则成为日益壮大的资产阶级反对封建专制、等级特权，鼓吹君主立党、自由、平等、民主共和国等政治主张的理论武器。

早在先秦时期，我国就有“人治”与“法治”之争。儒家主张人治（或礼治、德治），法家主张法治。不过，法家把法单纯地当作君主统治国家的手段和工具，他们主“法治”、“严刑峻法”的实质，是为了维护和强化王权的专制主义的人治，与西方所说的法治的涵义是不同的。

我国的封建专制统治延绵二千余年，实行的是地地道道的人治。新中国的建立，迎来了社会主义民主与法制的新纪元。但是新中国的民主与法制建设却经历了曲折的道路，“文化大革命”期间，民主与法制遭到严重破坏。“文化大革命”后，深受其害的广大人民群众和干部，强烈呼唤民主与法制，如何对待法治已成为不容回避的问题。

1978 年，邓小平在一次讲话中指出：“为了保障人民民主，必须加强法制。必须使民主制度化、法律化，使这种制度和法律不因领导人的改变而改变，不因领导人的看法和注意力的改变而改变。”他还针对当时的情况，提出了“有法可依，有法必依，执法必严，违法必究”十六字方针②。此后，他曾反复强调要发展社会主义民主，严格遵守社会主义法制。

以江泽民为核心的第三代领导集体形成后，不断坚持和发展邓小平的法制理论。1996 年，江泽民发表《实行和坚持依法治国，保障国家长治久安》的重要讲话；同年 3 月，八届全国人大四次会议批准的《国民经济和社会发展“九五”计划和 2010 年远景目标纲要》将“依法治国，建设社会主义法制国家”作为战略目标加以规定。江泽民在讲话中指出：“依法治国，是邓小平同志建设有中国特色社会主义理论的重要组成部分。”③ 1997 年，在党的十五大报告中，江泽民对法制建

① 亚里士多德：《政治学》，吴寿彭译，商务印书馆 1965 年版，第 199 页。

② 《邓小平选集》，人民出版社 1983 年版，第 136 页。

③ 《人民日报》1996 年 2 月 6 日，第 1 版。

设问题作了精辟论述，明确提出“依法治国，建设社会主义法治国家”，将“法制国家”这一表述改为“法治国家”。“法治”与“法制”虽然只是一字之差，但二者的内涵和外延却是有区别的。法治强调的是通过法制对国家和社会事务的管理，它与“人治”是直接对立的。报告中还把“依法治国”确定为“党领导人民治理国家的基本方略”。1999 年，九届全国人大第二次会议通过宪法修正案，用根本法的形式把这一治国基本方略固定下来。这是我国社会主义法制建议中的一个重要里程碑。

二、依法治国的概念及其必要性

什么是“依法治国”？

江泽民在党的十五大报告中指出：“依法治国，就是广大人民群众在党的领导下，依照宪法和法律规定，通过各种途径和形式管理国家事务，管理经济文化事业，管理社会事务，保证国家各项工作都依法进行，逐步实现社会主义民主的制度化、法律化，使各种制度和法律不因领导人的改变而改变，不因领导人的看法和注意力的改变而改变。”这就为依法治国作了一个科学的界定。

为了有效地坚持和贯彻“依法治国，建设社会主义法治国家”的基本方略，就必须搞清楚为什么要依法治国即依法治国必要性和重要性。

第一，依法治国是建立和完善社会主义市场经济的需要。

纵观历史，在不发达的商品交换的条件下，交换行为和秩序主要依靠习惯和道德来维系，法律的作为比较有限。但当商品经济得到广泛发展而形成大的规模即市场经济的时候，法律的作为就极大地提高了。近代史实证明，市场经济必须是法治经济。这个道理也适合于社会主义市场经济。离开了法治，社会主义市场经济便不可能建立，即使建立了，也不可能坚持下去。这是因为：（1）市场经济是主体多元化的经济。对进入市场的主体的资格，当然必须由法律加以确定；对主体间各种复杂关系，也只有用法律加以规范，使各自的责、权、利明晰化，才能为市场经济的运行提供必要的前提。（2）市场经济是公平竞争的经济，而各种公平竞争的规则和秩序，只有通过法律的形式才能有效地确立起来。（3）市场经济是契约化经济。市场经济的运行必然使各种合同的信用关系得到广泛发展，而这种合同、信用关系只有得到法律上的确认，才能有效地实现。（4）市场经济是受国家宏观调控的经济，宏观调控手段是多种多样的，但不论何种调控手段，只有在相应的法律保障下，才能有效地发挥作用。（5）市场经济是开放型的经济。它的发展必然会在经济上打破一切地区和国家的界限，形成世界市场和多种形式的国际联系。要使本国经济有效地参与国际竞争，就必须实现本国市场经济的法治化，并使之与世界市场经济运行的一般规则对接。可见，市场经济必须是一种法治经济。在市场经济走向成熟的过程中，法的重要作用必将空前显示出来。

第二，依法治国是扩大社会主义民主，实现国家政治体制改革的需要。

社会主义国家是人民当家作主的国家，它当然地要求民主制。而政治体制改革，其核心就在于扩大和完善社会主义民主制。然而，民主制并不是由每个公民自行其是地来决定国家大事，它必须依靠体现人民整体意志的法来管理国家。这就是民主的法律化、制度化。只有在法的统一的、正确的指引下，人民才可能有序地参与国家管理，包括人民按照法定程序选举自己信任的代表，组成国家权力机关，并通过国家权力机关制定法律，组成其他各级各类国家机关，行使管理国家事务、经济文化事业和社会事务的权力，切实保障人民的自由和权力，同时对国家机关和公职人员实行有效的监督，使公职人员真正成为人民的公仆；当人民的这些权益受到侵害时，可以依靠法律获得救济。所以，依法治国是发展社会主义民主，使人民真正成为国家主人翁的有力手段。

第三，依法治国是社会主义精神文明建设的需要。

法本身就是社会文明发展的产物，更直接的是精神文明的产物。反过来，法对精神文明建设又具有巨大的推进作用。社会主义制度高于资本主义制度的重要标志之一，是人的精神面貌的高尚。社会主义法承担着引导公民进行精神文明建设的使命。它要启发人们树立社会主义道德观念，摆脱利己主义、享乐主义和极端个人主义；培养遵纪守法的风气，克服社会生活中的散乱状态；繁荣文学艺术，涤荡精神污秽。法还要借助于普及公民教育和提高公民的科学水平，使之掌握现代科学技术，以促进生产力的迅速增长，实现“科教兴国”的战略方针。

综上所述，可见，依法治国，建设社会主义法治国家，既是建设社会主义物质文明的必需，也是建设社会主义政治文明和精神文明的必需。

三、实现依法治国的必备条件

实现依法治国必须具备一定的条件，这些条件主要是：

第一，维护法的极大权威。法的极大权威有内在和外在两个方面。内在方面表现为人们普遍地对法律的正义、自由、效益、秩序价值的认同，以及由于崇尚法而形成的情结即对法的信仰。外在方面表现为人们普遍地借助自觉的行为来实践法。有了这两方面的统一，法就成为毋庸置疑、不容动摇的社会调整力量。

第二，完善法的体系。法是依法治国必需的、基本的手段，而且法的体系也必须是完善的。这就要求在社会生活的多个领域中，都要有事先制定好的完备的法律可供遵循，尽量避免法律的空白和漏洞。任何法律的空白和漏洞，都会使人们在行为时因无所遵循而不知所措，更会使不轨者得到可乘之机，从而或者不能形成法治状态，甚或使已有的正常法治状态遭到破坏。

第三，强化民主政治。法治国家的法，是人民意志的集中体现和人民主权的产物。所以，法治和民主是密切相关的。没有民主就没有法治，没有法治也就意味着没有民主。民主对法的要求在于：首先要使法体现人民的意志和法律，又要使法的创制符合严格的程序。只有通过忠诚于选民的人民代表遵照民主程序制定出来的法，才能被认为具有合法性与合理性。由此不难看出，不论实体民主或者程序民主，对于法进而对于法治都是极端重要的。

第四，坚持依法行政。国家的行政机关和公务员，是人民的公仆，其手中的权力来自于法，是法所赋予的。一切行政行为只能在法所规定的界限内，遵照法所规定的程序实施。因滥用行政权力而给行政相对人造成损害的，应依法予以赔偿，并对滥用权力的相关责任人依法追究其责任。

第五，保障司法公正。司法是公民权益受到非法侵害而获得法律救济的最后窗口，所以，司法公正对于维护公民的权益进而对于国家的法治都非常重要。保障公正司法，取决于多种因素，但归结起来说，就是司法机关及其工作人员，严守法律标准线，既不夹杂任何私利，又绝不屈从或迁就外来力量的强制和干预。为此，就需要有真正的司法独立制度；有在政治思想、道德品质和业务能力上过硬的高素质的司法人员队伍；有对于司法机关及其工作人员行使权力的严格的监督机制和纠错机制。

第六，搞好法律监督。从广义上说，法律监督是指一切法律关系法体，包括党、国家机关、社会团体、企业事业单位及广大公民，对各种主体行为是否合乎法律要求实行的监督。狭义的法律监督，亦即国家机关之间法定的监督，是具有直接法律效力的监督。法律监督，特别是人民群众的监督，对于国家机关和公职人员公正、廉洁、有效地开展工作，对于全社会一体地守法，都是极为重要的。因而，法律监督是实现依法治国的重要保证。

第四章　我国社会主义法的制定和实施

第一节　我国社会主义法的制定

一、法的制定的概念

法的制定即立法，是指国家机关根据统治阶级的意志，依照法定的权限和程序，制定、修改和废除法律的活动。

立法可作广义和狭义两种理解：广义的立法，是指国家机关依法制定法律、法规和其他规范性文件的活动。狭义地说，则是专指享有国家立法权的最高国家权力机关制定法律的活动。

任何统治阶级都非常重视立法，因为只有通过这项活动，统治阶级才能使自己的意志上升为国家意志，变成人人都必须遵守的法律规范。统治阶级为使国家机关制定的法律能够真正反映它的根本利益，并成为维护和巩固其统治地位的锐利武器，不仅为立法确立了指导原则，而且还对立法的权限和立法的程序用法律加以确定。

二、我国社会主义法制定的指导思想和基本原则

在中国共产党的领导下，团结全国各族人民，以经济建设为中心，坚持四项基本原则，坚持改革开放，自力更生，艰苦创业，为把我国建设成为富强、民主、文明的社会主义现代化国家而奋斗。这是中国共产党在社会主义初级阶段的基本路线，也是我国立法的总的指导思想和最高原则。只有在上述指导思想的指引下，我国的立法才能正确反映历史发展的方向和客观规律的要求，真正体现广大人民的意志。

根据我国立法的指导思想以及宪法、立法法等有关法律的规定，我国立法的基本原则可以概括为：

第一，维护社会主义法制的统一和尊严。

宪法第5条规定："国家维护社会主义法制的统一和尊严。"法制的统一是民主集中制和法律权威的体现，是法律得到有效实施的前提条件和保证。我国是一个

幅员辽阔、人口众多的大国，如果法制不统一，各级立法机关自行其是，势必造成对法制的破坏，法律的尊严也将荡然无存。具体地说，维护法制统一和尊严的重要意义在于：在政治上，它关系到党和国家的领导与方针政策能否得到贯彻的大问题。在经济上，它关系到能否适应社会主义市场经济对法治的需要，能否形成统一、开放、有序的市场和正当的公平的竞争的大问题。

维护法制的统一和尊严，就要求在立法时，从国家整体利益出发，从全体人民的全局利益出发，防止和杜绝任何狭隘的部门主义和地方主义。

维护法制的统一和尊严，立法就必须依照法定的权限和程序。超越法定权限制定出来的法是违法的，因而也是无效的。立法程序体现立法精神，国家的民主程度越高，就越强调立法程序。没有严格的程序，就会导致立法质量低劣、法律体系混乱乃至对公民权益的损害。

第二，发扬社会主义民主，保障人民通过多种途径参与立法活动。

社会主义国家的一切权力属于人民，法是人民意志的体现，是人民自己治理自己国家不可或缺的工具。广大人民对国家需要制定什么法、为什么要制定这些法有切身体会，因而最有发言权。参与制定法的人民代表和国家机关都是人民的受托者。他们的立法活动如果脱离人民群众，就不可能制定出真正体现人民意志和利益以及符合社会实际情况的法，便不能期望这些法能得到人民群众的拥护和切实的实施。

人民群众通过各种途径参与立法活动，其实质是充分发展社会主义立法民主。它包括由群众提出立法建议，立法机关征询群众对立法活动的意见，群众对法律案的各种形式的讨论，必要时甚至进行全民公决，等等。

第三，从实际出发，科学合理地规范主体的权利与义务或权力与责任。

从实际出发，实事求是，是唯物主义思想的基本点。立法只有从实际出发，尊重我国社会的客观现实，充分考虑我国社会主义初级阶段的特点，正确估量我国社会的经济、政治等形势及其发展变化，才能使立法符合我国社会主义事业的需要，更好地发挥法在社会主义现代化建设中的作用。

公民、法人和其他社会组织的权利与义务，国家机关的权力与责任，乃是法律规范和法律关系的主要内容，关系到社会利益的分配是否公平、公正。因而法律在这方面的规定必须科学、合理，并且坚持权利与义务、权力与责任相统一的原则。只有这样，才能使主体的正当权益得到切实保护，也才能体现社会公平和正义。

第四，原则性与灵活性相结合。

原则性与灵活性相结合是辩证唯物主义思想在立法工作中的体现。所谓原则性，就是要坚持马克思主义的普遍真理。所谓灵活性，就是要考虑中国的具体情况，对某些问题采取灵活的规定。原则性必须坚持，否则，我国的立法工作就会迷失方向，我国法的性质就会改变。但是在贯彻原则性时，必须根据我国的具体历史条件和生产力发展水平以及民族状况，采取不同的步骤和形式，作出不同的规定，否则，原则性就无从实现。原则性是灵活性的基础，灵活性是原则性的体现，原则性只有通过必要的灵活性才能实现。

第五，保持法的稳定性、连续性与及时立、改、废相结合。

法制定并付诸实施后，必须保持其稳定性和连续性。朝令夕改，立废无常，不仅有损社会主义法的严肃性和权威性，而且影响社会生产的发展和社会秩序的安定。但法的这种稳定性和连续性又是相对的，随着政治、经济的发展和建设任务的变化，法也应发生相应的变化。只有及时进行立、改、废，才能使法适应形势发展的需要，在社会主义各项建设事业中发挥它应有的作用。

三、我国社会主义法制定的权限

法的制定权限即立法权限，是指宪法和法律赋予的有关国家机关分别能够制定什么级别和种类的法的权力范围。

依据宪法和法律的规定，我国实行的是中央统一领导和一定程度的分权、多级并存、多类结合的立法权限划分体制。

（一）法律①的制定权限

依据我国宪法的规定，国家立法权由最高国家权力机关即全国人民代表大会及其常务委员会统一行使。全国人大制定和修改基本法律。所谓基本法律，是指规定国家、社会和公民生活中具有重大意义的基本问题的法律，如刑法、民法、民族区域自治法、诉讼法等。全国人大常委会制定和修改由全国人大制定的法律以外的其他法律。在全国人大闭会期间，对全国人大制定的法律进行部分补充和修改，但不得同该法律的基本原则相抵触。基本法律和基本法律以外的法律在效力上是相同的。全国人大及其常委会还有权就有关问题作出规范性决议或决定，它们与法律具有同等效力。

我国立法法进一步就全国人大及其常委会的专属立法事项作了具体规定，即：(1) 国家主权事项。主要指国防、外交等方面关系到国家主权的事项。(2) 各级人民代表大会、人民政府、人民法院、人民检察院的产生、组织和职权。这属于国家根本政治制度问题，在宪法中已有明确规定。(3) 民族区域自治制度、特别行政区制度、基层群众自治制度。这是关系到国家统一，少数民族权利、维护“一国两制”，基层群众当家作主和自己管理自己的具体事务的大事。(4) 犯罪和刑罚。(5) 对公民政治权利的剥夺、限制人身自由的强制措施和处罚。前项和此项，属于对有过错公民的人权所进行的干预，同时也是对无过错的公民人权的保障。(6) 对非国家财产的征收。这一事项是关于国家权力对私人经济利益的干预；其

① 此处“法律”一词，是指狭义的法律。

基本精神在于，既要维护国家的整体需要，又要确保公民的财产不受损害。(7) 民事基本制度。目的是要实现正常的社会民事交往和国民经济流转。(8) 基本经济制度以及财政、税收、海关、金融和外贸的基本制度。(9) 诉讼和仲裁制度。(10) 必须由全国人大及其常委会制定法律的其他事项。

需要说明的是，上述十方面的专属事项"只能"由法律加以规定，它不同于"可以"由法律加以规定的事项，后者的外延大于前者。如文化、科技、教育等，就没有明确列入十个专属事项中。但是，如果它们被全国人大及其常委会认为必须制定为法律时，就属于第(10)项中的内容。

(二) 行政法规的制定权限

依据宪法的规定，国务院有限制定行政法规。立法法规定，行政法规可以就下列事项作出规定：(1) 为执行法律的规定需要制定行政法规的事项。这一般可分为两种情况：一种是把相关的法律具体化，通常是制定"实施细则"；另一种是按照相关法律的要求，作出专门的规定，主要是制定单行的行政法规。上述两种情况均为使相关的法律具有可操作性。(2) 宪法第89条规定的国务院行政管理职权的事项。

(三) 地方性法规、自治条例和单行条例的制定权限

依据宪法规定，省、自治区、直辖市的人大及其常委会可以制定地方性法规。此后，修改后的地方组织法规定了省、自治区人民政府所在地的市和经国务院批准的较大的市可以制定地方性法规，报省、自治区人大常委会批准后施行。其后的立法法又规定，经济特区所在地的市的人大及其常委会也可以制定地方性法规。立法法还把上述三种市通称为"较大的市"。

地方性法规可以规定的事项是：(1) 为执行法律、行政法规的规定，需要根据本行政区域的实际情况作出具体规定的事项；(2) 属于地方性事务需要制定地方性法规的事项。

依据宪法和立法法的规定，民族自治地方的人大，有权依照当地民族的政治、经济和文化的特点，制定自治条例和单行条例。民族自治地方的自治条例和单行条例，应依法报上级人大常委会批准后方能生效。

自治条例和单行条例可以依照当地民族的特点，对法律和行政法规的规定作出变通规定，但不得违背法律或行政法规的基本原则，不得对宪法和民族区域自治法的规定以及其他法律、行政法规专门就民族自治地方所作的规定作出变通规定。

(四) 部门规章、地方政府规章的制定权限

依照立法法的规定，国务院各部、委员会、中国人民银行、审计署和具有行政管理职能的直属机构，可以根据法律和国务院的行政法规、决定、命令，在本部门的权限范围内，制定规章。此即部门规章。部门规章规定的事项应当属于执行法律或者国务院的行政法规、决定、命令的事项。

依照立法法的规定，省、自治区、直辖市和较大的市的人民政府，可以根据法律、行政法规和本省、自治区、直辖市的地方性法规，制定规章。此即地方政府规章。地方政府规章可以就下列事项作出规定：（1）为执行法律、行政法规、地方性法规的规定需要制定规章的事项；（2）属于本行政区域的具体行政管理事项。

（五）关于授权立法

授权立法，主要是指有权制定法律的国家机关把本属自己的立法权，部分地授予行政机关（总统或内阁等）；但有时也指对地方国家机关的授权。在西方，20世纪、特别是第二次世界大战以来，随着经济的突飞猛进、持续发展和社会生活的复杂化，授权立法呈现不断增长的趋势。在我国，授权立法是“文化大革命”结束后，从1979年开始适应国家改革开放的新形势的要求出现的。全国人大及其常委会曾先后就有关利改税和税制改革、经济体制改革和对外开放以及经济特区等方面的问题，分别授权国务院和部分省、市人大及其常委会立法。

此次国家制定立法法时，根据20年来授权立法方面的经验，对授权国务院立法进行了规范，规定：（1）由全国人大及其常委会立法的专属事项尚未制定法律的，全国人大及其常委会有权作出决定，授权国务院可以根据实际需要，对其中的部分事项先制定行政法规，但是有关犯罪和刑罚、对公民政治权利的剥夺和限制人身自由的强制措施和处罚、司法制度等事项除外。（2）授权决定应明确授权的目的、范围。被授权机关应当严格按照授权目的和范围行使该项权力。（3）国务院根据授权制定的法规，应当报全国人大常委会备案。（4）被授权机关不得将该项权力转授给其他国家机关。（5）授权立法事项经过实践检验，制定法律条件成熟时，应由全国人大及其常委会及时制定法律。（6）法律制定后，相应立法事项的授权终止。

四、我国社会主义法制定的程序

法的制定程序即立法程序，是指有权的国家机关制定、修改和废止法的法定过程或步骤。严格按照法定程序进行立法活动，是社会主义法治原则的要求，也是保证立法质量的重要条件。

由于各国的政治制度和立法制度不同，法的制定程序也各异。根据我国立法法和其他有关法律的规定，我国最高国家权力机关制定法律的程序包含法律案的提出、法律案的审议、法律案的表决和法律的公布四个步骤。

（一）法律案的提出

法律案是关于制定、修改或废止某项法律的提案，由享有提案权的国家机关或人员向立法机关提出。在我国，有权向全国人大提出法律案的有：全国人大主席团，全国人大常委会，国务院，中央军委，最高人民法院、最高人民检察院，全国人大各专门委员会、一个代表团或30名以上代表联名。有权向全国人大常委会提出法律案的有：委员长会议、国务院、中央军委、最高人民法院、最高人民检察院、全国人大各专门委员会、常委会组成人员 10 人以上联名。法律案提出后，由大会主席团或者委员长会议决定是否列入人大会或者常委会的议程。

在法律案提出前，要先行起草。在实践中，基本法律多由全国人大常委会起草，一般法律多由国务院起草。起草应采取立法工作部门、实际工作部门和专家三结合的形式。法律的起草部门不一定拥有提案权。

（二）法律案的审议

列入全国人大大会会议议程的法律案一般先由有关的专门委员会审议并提出审议意见。继而，法律委员会根据各代表团和有关的专门委员会的审议意见，对法律案进行统一审议，向主席团提出审议结果报告和法律草案修改稿，对重要的不同意见应当在审议结果报告中予以说明。

列入常委会会议议程的法律案，法律委员会、有关的专门委员会和常委会工作机构可采用座谈会、论证会、听证会等多种形式，听取各方面意见。常委会工作机构应将法律草案送发有关机关、组织、专家征求意见。

列入常委会会议议程的法律案，一般应当经过三次常委会会议审议后再交付表决。

（三）法律案的表决

列入全国人大大会会议议程的法律案、法律草案修改稿经各代表团审议，由法律委员会根据各代表团的审议意见进行修改，提出法律草案表决稿，由主席团提请大会全体会议表决，由全体代表过半数通过。列入常委会会议议程的法律案，法律草案修改稿经常委会会议审议，由法律委员会根据常委会组成人员的审议意见进行修改，提出法律草案表决稿，由委员长会议提请常委会全体会议表决，由常委会全体组成人员的过半数通过。

全国人大和全国人大常委会的议事规则规定，法律案的表决采取投票、举手或其他方式。但现今通常是采取按电钮的无记名方式表决，增强了表决的民主性。

（四）法律的公布

宪法和立法法规定，全国人大及其常委会通过的法律，一律由国家主席签署主席令予以公布。国家主席对于法定的由他公布的法律，没有否决权。

签署公布法律的主席令要载明该法律的制定机关、通过和施行日期，并及时在全国人大常委会公报和全国范围内发行的报纸上刊登，其中以常委会公报上刊登的文本为标准文本。

经过上述四个步骤，法律的创制便告完成。

此外，立法法等法律对行政法规、地方性法规、部门和地方政府规章的制定程序也作了具体规定。

五、我国社会主义法的渊源

我国社会主义法以规范性文件为其主要渊源。由于制定规范性文件的国家机关不同，规范性文件的名称、效力也就有所不同，从而形成各种类别的法的渊源。

（一）规范性文件的类别

规范性文件按其制定的国家机关的权限及其效力可以划分为三类：第一类是宪法；第二类是法律；第三类是从属于宪法和法律的其他规范性文件。

1. 宪法

宪法是我国的根本法，是我国最主要的法的渊源。它具有最高的法律效力。

2. 法律

法律根据宪法制定。它的效力低于宪法。

我国的法律有两类，一类是基本法律，另一类是基本法律以外的其他法律。前者由全国人大制定，如刑法、刑事诉讼法、婚姻法、选举法等，后者由全国人大常委会制定，如森林法、商标法、专利法、食品卫生法等。

3. 从属于宪法和法律的规范性文件

从属于宪法和法律的规范性文件，是由中央国家行政机关和地方国家权力机关以及地方国家行政机关为执行法律并根据法律而制定的。由于制定的国家机关不同，它们的效力也有所差别。总的说来，中央国家机关制定的规范性文件效力高于地方国家机关的；上级国家机关制定的规范性文件效力高于下级国家机关的；在同级国家机关之间，权力机关制定的规范性文件效力高于行政机关的。

从属于宪法和法律的规范性文件主要有：

（1）行政法规和部门规章

国务院根据宪法和法律制定的行政法规，以及国务院发布的规范性的决定和命令，是我国法的重要渊源之一。其效力仅次于宪法和法律，并及于全国。

国务院所属各部、各委员会在其权限内发布的部门规章也属于我国法的渊源的范畴。行政规章必须符合宪法、法律和行政法规的规定。

（2）军事法规

军事法规是中央军事委员会依据宪法和法律制定的调整和规定关于国防建设和军事方面关系的规范性文件，是我国重要的法的渊源之一。

（3）地方性法规和地方规章

省、自治区、直辖市以及省级人民政府所在地的市和经国务院批准的较大的市的人民代表大会及其常委会制定和颁布的地方性法规和其他规范性文件，在我国法的渊源中也占有重要地位。地方性法规不得与宪法、法律和行政法规相抵触。而且只在该制定机关的管辖范围内生效。

省、自治区、直辖市以及省级人民政府所在地的市和经国务院批准的较大的市的人民政府所制定的地方规章，也是我国法的渊源之一。地方规章不仅应符合宪法、法律和行政法规，而且应符合同级国家权力机关制定的地方性法规。

(4) 自治条例、单行条例

民族自治地方的人民代表大会依照当地特点制定的自治条例和单行条例，属于我国法的渊源的范畴。自治条例和单行条例应报上一级国家权力机关批准后才能生效。

(5) 特别行政区的法

根据一国两制的构想和宪法关于设立特别行政区的规定，特别行政区与中央的关系是地方和中央的关系。因而特别行政区的法亦应属于我国法的渊源的范畴。

(6) 国际条约

我国同外国缔结的或我国加入并生效的国际条约，虽然不属于我国国内法的范畴，但它对我国国家机关、社会组织和公民均具有约束力，就这一点来说，它也属于我国法的渊源之一。

(二) 规范性文件的名称、结构和语言文字

在我国，属于法律类别的规范性文件一般都称“法”，如《中华人民共和国全国人民代表大会组织法》、《中华人民共和国刑法》、《中华人民共和国森林法》、《中华人民共和国商标法》等。

行政法规和规章以及地方性法规的名称过去在使用上一直比较混乱，如条例、规定、办法、决定、通告、命令、指示、通则、规则、细则等多达十余种。1987年国务院办公厅公布《行政法规制定程序暂行条例》，规定了行政法规只使用“条例”、“规定”、“办法”三种名称。对某一方面的行政工作作比较全面系统的规定，称条例。对某一方面的行政工作作部分的规定，称“规定”。对某一项行政工作作比较具体的规定，称“办法”。但对部门规章和地方性法规以及地方规章的名称，法律至今尚无规定。

我国规范性文件的正文，其结构通常分为章、节、条、款、项。一般地，每章至少包含两节，每节至少包含两条。条是规范性文件的基本单位，条以下为款，款以下为项。章和节一般都有标题，以标明该章、节的调整对象。款不冠数字，项冠数字。有些规范性文件因内容多，在章之上设编。有些规范性文件因内容少，可以不分章、节，仅由条文组成。

无论何种类别和名称的规范性文件，都是人们活动所必须遵循的行为准则。因而对规范性文件所使用的语言文字，要求特别严格，必须用词准确，概念明确，语言简洁，明白易懂。

(三) 规范性文件的系统化

国家机关每年都要制定和颁布相当数量且内容非常庞杂的规范性文件。随着客观形势的发展变化，原有的规范性文件有的经过了修改和补充，有的则被废除或被

新的规范性文件所取代，加之制定规范性文件的国家机关不同，制定的时间有先有后，因此各种规范性文件在内容上难免会发生不一致甚至相互矛盾的情况。为了有利于法的制定和实施，就有必要对各种规范性文件进行整理，使之系统化。法律汇编和法律编纂就是规范性文件系统化的两种方式。

法律汇编（或称法规汇编）是在不改变内容的前提下，将现行规范性文件或按其颁布的年代顺序，或按其所属的法律部门，分门别类地加以系统排列，并汇编成册，如《中华人民共和国××××年至××××年法律汇编》、《税法汇编》、《劳动法规汇编》等，都属于法律汇编。

法律编纂不同于法律汇编。它不是对已有的规范性文件作一些外部的整理和汇总，而是对某一部门法律的全部现行规范根据一定的原则进行审查，既要剔除其中过时的、重叠的、前后不一致甚至相互矛盾的部分，又要根据新情况对原有的规范作修改、补充，或制定新规范以填补空白，从而形成一部结构严密、规范之间协调一致、内容系统完整的新的规范性文件。这种规范性文件，有的国家称之为“法典”。法律编纂是一种立法活动，只能由享有立法权的国家机关按照法定程序进行。

六、我国社会主义法的体系

（一）法的体系的概念

法的体系或称法律体系，是指一个国家所有的法律部门的全部现行规范组成的有机统一整体。

任何国家为了适应社会生活各方面的需要，照例要制定许许多多法律规范。这些现行的法律规范的内容虽然不同，但并不妨碍人们把内容不同的法律规范按照一定标准划分为若干法律部门。各个法律部门的调整的对象不同，调整的方法有别，因而各具特点。但是它们之间又是互相配合、互相照应的，并且组成为一个内容和谐一致、形式完整统一的有机整体。这个以现行法律规范为基础、由各个法律部门组成的有机整体，就是一个国家的法律体系。

一个国家的法律体系从内容到形式应该是和谐统一的。这是因为组成该国法律体系的所有法律规范都是建立在同一经济基础之上，遵照共同的指导原则制定的。它们体现了共同的阶级意志，担负着共同的历史使命。但是，在剥削阶级国家里，劳动人民反对剥削阶级的斗争，剥削阶级内部各个集团之间的相互倾轧，往往迫使剥削阶级不得不自己破坏自己法律体系的和谐和统一。在社会主义国家里，由于社会主义公有制的建立和剥削制度的消灭，国家、集体和个人根本利益的一致，这就使社会主义国家有可能自觉地根据客观规律的要求和广大人民的根本利益，对社会主义法律规范及时进行立、废、改，使社会主义法律体系得以在发展中逐步趋于完善，从而保证了社会主义法律体系的和谐一致。

法律体系和法学体系是既有联系又有区别的两个概念。它们虽然都是上层建筑现象，但前者属于上层建筑中国家的政治法律制度部分，后者则属于上层建筑中社会意识形态部分。有法律才有法学，有法律体系才有法学体系。一定的法学体系是按照一定的法律体系建立起来的。从这个意义上讲，法律体系决定了法学体系。但是，法学体系对于法律体系并不是消极的。一个国家法律体系是否科学、合理、完备，在很大程度上又取决于这个国家法学体系完善的程度。因此，这两者是相辅相成、互相促进的。

（二）划分法律部门的标准

根据什么标准来划分法律部门，这个问题对于建立和完善社会主义法律体系具有重大意义。社会主义法律部门划分的标准主要是法律规范调整的对象即社会关系。通常把调整同一类性质的社会关系的法律规范归并为一类，成为一个法律部门。例如，作为社会主义法律部门之一的行政法，就是由调整国家行政机关在进行行政管理活动过程中所发生的各种社会关系的法律规范构成的。可见，法律部门就是调整同类社会关系的法律规范的总和。

社会关系是复杂的，各种社会关系往往互相交错，因此，调整各类社会关系的各个不同的部门法也往往会出现交叉和部分重叠的现象。而且同一类性质的社会关系并不总是由一个部门法来调整。例如，财产关系就同时受到宪法、行政法、民法、商法、经济法、刑法等好几个部门法的调整。当然，它们在调整财产关系时又各有其侧重的方面，调整的手段也不尽相同。

但是，法律规范调整的对象并不是划分法律部门的唯一标准，有时调整的方法也是划分法律部门的重要依据。例如，刑法这个法律部门所调整的社会关系涉及政治、社会安全和秩序、人身、财产、婚姻家庭等许多方面，刑法之所以能够并且需要成为一个独立的法律部门，就在于它的调整手段的特殊性。刑法是以刑罚的方法来实现对上述各种社会关系的调整的。

在划分法律部门时，也需要考虑法律规范的数量和它调整范围的广泛程度。某些法律规范尽管调整的是同一类社会关系，由于它们的数量不多，所调整的社会关系缺乏广泛性，因此，没有必要也不宜将这些规范单独划分为一个法律部门，而可以将它们作为一项法律制度归入某一法律部门，成为该法律部门的一个组成部分。例如，有关证据的法律规范，就可以构成诉讼法这个法律部门中的一项法律制度——证据制度。

（三）我国社会主义法律部门

法律体系作为一种上层建筑，最终是由经济基础决定的，所以，建立在同一类型的经济基础之上的各国法律体系所包含的基本的法律部门，大体上是相同的。但是，世界各国由于社会经济、文化的发展水平不同，民族特点和历史传统不同，它们的法律体系就各具特色，所包含的法律部门也不尽相同。

我国社会主义法律体系究竟包含哪些法律部门，这个问题同怎样建立具有中国特色的社会主义法律体系有着密切的关系。对于这个问题，法学界还没有一致的意见。不过在基本法律部门的设立问题上，不存在大的分歧。多数意见认为，我国基本法律部门应包括：（1）宪法；（2）行政法；（3）民法；（4）商法；（5）经济法；（6）刑法；（7）诉讼法。

第二节 我国社会主义法的实施

一、法的实施的概念

法的实施或称法律的实施，是指法在现实生活中的贯彻和实现。

法是表现为国家意志的统治阶级意志的体现。法的实施，实质上就是把国家意志转化为人们的行为。具体地说，就是要把法律上的权利义务关系，转化成为现实生活中的权利义务关系，即把法律的规定变成现实的法律关系和法律秩序。

国家制定法律，目的就在于运用法律来规范人们的行为，调整一定的社会关系，以维护和巩固有利于统治阶级的社会关系和社会秩序。如果法律制定后，在现实生活中不能得到贯彻实施，那么，制定法律就成为毫无意义的事情了。所以，从某种意义上来说，保证法律的实施比法律的制定更为重要。

法律的实施不外两种方式，即法律的遵守和法律的适用。

二、社会主义法的适用

（一）法的适用的概念

法的适用或称法律的适用，是指被授予专门职权的国家机关，依照法定的程序，实现法对特定社会关系的调整的活动。

在社会主义制度下，由于法律体现了广大人民的根本利益，因而能为大多数人自觉遵守，所以，法律的遵守是社会主义法律实施的主要方式。但是，由于种种原因，为法律所保护的社会关系和社会秩序经常会在不同程度上遭到人们的破坏；而且在现实生活中，人们之间也会常常发生关于权利归属的争端。在这种情况下，就需要由被授予专门职权的国家机关，依照法律的规定，采取某种带有强制性的措施，来保证法律的实施。这种活动，就是法律的适用，是法律实施的重要方式之一。

在社会主义法律的适用中，司法机关（审判机关和检察机关）起着重要作用。但是，不能把法律的适用理解为仅仅是司法机关的活动。国家行政机关也有适用法律的问题。例如，公安机关对违反治安管理的公民依法进行制裁；工商管理机关对企业间的合同纠纷进行仲裁；公证机关根据当事人的申请依法作出公证等。在实践中，通常把司法机关适用法律的活动称为“司法”，而把行政机关适用法律的活动，称为“执法”。

法律的适用是一个过程，一般经历如下几个阶段：（1）由有权的国家机关对案件的具体情况作全面了解，以认定事实。（2）选择有关的法律规范。在选择时，既要正确解释该规范的含义，又要考虑该规范的时间、空间和对人的效力。有时由于法律没有明文规定，在这种情况下，还可能发生法律的类推适用问题。（3）根据认定的事实和有关的法律规范，对案件作出处理决定。（4）对处理决定的执行。上述适用法律的每一个阶段，都必须按照一定的程序来进行。这种程序，通常由程序法加以规定。准确无误地执行程序法，对于保证实体规范的实现，具有重要的意义。

（二）社会主义法适用的基本要求和基本原则

根据我国社会主义法律适用的实践经验，法律适用的基本要求可以概括为：正确、合法、及时。

正确，就是要实事求是地办案，这就首先要在查清案件事实的基础上，准确地确定案件的性质，并作出恰如其分的处理。合法，就是要严格依法办案，不仅定性、处理要符合法定标准和规格，而且办案程序还必须合乎法律的规定。及时，就是要在正确、合法的前提下，提高办案效率，尽早结案。正确、合法、及时这三者是统一不可分割的，不能片面强调某一个方面而忽略其他方面。

为了达到正确、合法、及时的要求，在适用法律时必须坚持下列基本原则：

1. 公民在法律面前一律平等

这是我国宪法所确认的一项原则，也是我国社会主义法的适用的一项原则。这项原则的含义，包括下述四个方面：（1）公民平等地享有法律赋予的权利，国家对法律赋予公民的权利平等地予以保障；（2）公民平等地履行法律规定的义务，国家平等地要求每个公民忠实履行法律规定的义务；（3）任何公民都不得有超越法律的特权；（4）任何公民的违法行为都必须平等地受到追究和制裁。

从上述含义中不难看出，社会主义法律在实施过程中之所以要坚持这项原则，主要在于反对一切特权。如果公民由于民族、种族、性别、职业、家庭出身、宗教信仰、教育程度、居住期限的不同，或者由于社会地位、职务高低有别，法律规定该享有的权利不能享有，该履行的义务不去履行；如果有的公民可以置身于法律之外，甚至凌驾于法律之上，纵令违法犯罪，也不受追究和制裁，那还有什么社会主义法制可言。

按照这一原则，国家在处理案件时，对于一切公民，不论是否处于被控告的地位，不论是否犯罪，也不论是属于人民内部矛盾还是敌我矛盾，在适用法律上一律平等，依法应予保护的就要保护，应予惩处的就要惩处，应从轻的就要从轻，应从重的就要从重。否则公民的合法权益就得不到保障，社会主义民主和社会主义法制就要遭到破坏。

2. *以事实为根据，以法律为准绳*

这项原则是在总结了我国从革命根据地时期起的长期司法实践经验的基础上提出的，它既符合马克思主义，又具有中国特色。

以事实为根据，就是说执法机关在办理案件时，只能依据客观事实，而不能依据别的任何东西。案件的事实是客观存在的，它既不允许扩大或缩小，也不允许抹杀或虚构。这是唯物主义思想路线的要求，也是社会主义法制的要求。以事实为根据，就必须：(1) 重证据，不轻信口供，严禁刑讯逼供。证据是证明案件真实情况的一切事实。诉讼中查明案情的过程，就是一个收集和利用证据、认定事实的过程。只有掌握了确凿充分的证据，才有可能据以作出正确的裁决。(2) 端正办案作风，克服主观主义，深入实际，搞好调查研究，在详尽占有案件材料的基础上，实事求是地作出判断和结论。

以法律为准绳，就是说，执法人员的一切活动都必须符合法律的要求，并且严格按照法律的规定处理案件。在办案中，如果不以法律为准绳，事实就往往搞不清楚。以证据而言，如果不是按照法定的程序和要求去进行收集、审查、鉴别，就无法保证证据的真实性。例如，用刑讯、威胁、引诱或欺骗等非法手段去收集证据，这种证据往往是虚假的。以这种虚假的证据作为判决的根据，就不可能不出错案。在办案中，即使事实搞清楚了，如果不以法律这个准绳来衡量事实，就无法确定这一事实的是与非，是合法还是违法，是有罪还是无罪，是此罪还是彼罪，是罪轻还是罪重，那么，要正确处理案件是不可能的。在司法实践中，事实虽然已经查清，但由于适用法律不当，从而导致判决的错误是常见的。所以，要正确处理案件，不仅要查明事实真相，而且还要准确无误地掌握和适用法律，二者缺一不可。

3. *司法机关依法独立行使职权*

我国宪法和法律对这项原则作了明确的规定。这项原则包含以下几个方面的意思：(1) 国家的审判权和检察权只能分别由人民法院和人民检察院行使；(2) 人民法院独立行使审判权，人民检察院独立行使检察权，不允许国家行政机关、社会团体和个人以公开或隐蔽的方式干涉和影响司法机关办案；(3) 司法机关行使职权必须依据法律，而且只服从法律。

司法机关依法独立行使职权，是正确发挥审判机关和检察机关职能的基本条件，也是健全法制的重要保证。实践证明，只有坚决实施这一原则，才能保证司法机关正确处理案件。这是因为，正确处理案件，一是要查清事实，二是要正确适用法律。而要做到这两点，就要排除一切外来干扰。但司法机关依法独立行使职权，决不意味司法机关可以不要党的领导，不受人民群众的监督。司法机关只有在党的领导下，充分贯彻群众路线，倾听群众的意见，才能正确行使审判权和检察权。党对司法机关的领导，并不是由党来行使审判权和检察权。党的领导主要是政治、思想和组织的领导。党组织要经常检查司法机关贯彻执行党的方针政策和法律的情况，加强对司法工作人员的思想政治教育，以保证司法机关依法独立行使职权。我国的法律本来就是党的政策的具体化、法律化，司法机关排除一切干扰，严格依法办事，使法律的规定在每一个具体案件中都得到落实，也就体现了党的领导。

三、社会主义法的效力、法的解释和法的冲突

（一）法的效力

法的效力即法律有效的范围，指法在什么地域和时间内，对什么人具有约束力。国家机关在适用法律时，首先需要检查法律的效力。超出法律有效范围的则不能适用，否则就构成违法。因此，正确理解法律效力的问题，对于正确适用法律至为重要。

1. 法的空间效力

法的空间效力，是指法律在什么地域范围内发生效力。

一般地说，一个主权国家的法，其效力及于该国主权管辖范围内的全部领域，包括领土、领海、领空以及延伸意义上的领域，如驻外使馆、航行或停泊于国境外的飞机、船舰等。但由于法的制定机关和内容不同，其效力范围也不相同。在我国，最高国家权力机关制定的宪法、法律，最高国家行政机关制定的行政法规，除本身有特别规定者外，它们的效力及于我国全部领域。地方国家权力机关和行政机关颁布的地方性法规、地方规章、自治条例和单行条例，只在其管辖范围内生效。

此外，我国的某些法律，如《刑法》、《国籍法》等，除在我国领域内生效外，还有其域外效力。

2. 法的时间效力

法的时间效力，是指法何时开始生效、何时终止效力，以及对法生效前的事件和行为是否具有溯及力。

我国法律一般自公布之日起生效。有些法律为了做好实施前的准备工作，自公布到生效还要经过一段时间。法律生效的具体时间，有的由该法律本身加以规定，有的由公布机关规定。

法律终止生效的日期，一般有以下几种情况：（1）自新法颁布实施日起，相应的旧法自然停止生效；（2）在新法中明文规定相应的旧法停止生效的日期；（3）由于形势的发展变化，某项法律已失去了它存在的条件而自行失效；（4）有权的国家机关明令宣布废除某项法律及其废除日期。

法的溯及力问题，就是法律对它生效前的事件和行为是否适用的问题。如果适用，就是有溯及力，即溯及既往；反之，则是没有溯及力，即不溯及既往。

一般地说，法不溯及既往，这已成为世界各国公认的一项法制原则。这是因为，人们只能根据现行法律来规范自己的行为，而难以预见自己的行为是否符合尚

未制定的法律的需求。但这并不是一项绝对的原则。有时国家根据其政治的需要，也会赋予某项法律以溯及既往的效力。

3. 法的对人的效力

法的对人的效力，是指法对哪些人具有约束力。

这个问题同法的空间效力问题是相联系的，因为人总是生活在一定的空间范围内。就一国来说，法的对人效力不外以下几种情况：一是本国公民在本国领域内或本国领域外适用本国法的问题；二是外国人（包括无国籍人）在该国领域内或该国领域外适用该国法的问题。对上述情况，世界各国所采取的原则不尽相同。有采属地主义原则的，即只要是在本国领域内，不论是否本国公民，一律适用本国法。有采属人主义原则的，即只要是本国公民，不论其是否在本国领域内，一律适用本国法。有采保护主义原则的，即只要侵犯了该国利益，不论其是否本国公民，也不论其是否在本国领域内，一律适用本国法。上述三种原则均有其片面性，在实践时常常会遇到困难。现代许多国家都以属地主义为基础，以属人主义和保护主义为补充。

根据我国法律的规定，我国公民在我国领域内一律适用我国法律。我国公民在我国领域外，原则上也适用我国法律。但我国法律如与该公民所在国的法律发生矛盾时，则应根据相互尊重国家主权的原则，按照各该国的法律规定和国际条约或国际惯例予以解决。

外国人在我国领域内，除法律有特别规定者（如享有外交特权和豁免权）外，也适用我国法律。至于外国人在我国领域外对我国或我国公民犯有我国刑法规定的最低刑为三年以上有期徒刑的罪的，可以适用我国法律，但是按照犯罪地的法律不受处罚的除外。

（二）法的解释

法的解释即法律解释，是指对法律条文的含义和适用条件所作的说明。

法律条文的文字一般都比较概括、简约，并且多含专有的名词和术语。为了不致因对法律条文的含义和适用条件误解或理解不一致，从而影响法律的正确实施，就需要对某些法律条文作出必要的说明，来阐明其立法宗旨或应有的含义和适用条件。

法律解释是统治阶级的法律意识在法律适用中的具体反映。资产阶级常常以法律解释来弥补其立法上的不足，“把法律解释得使工人和一般农民永远逃不出法网”①，借以加强对广大被剥削劳动群众的统治。我国社会主义法的解释，必须以党在社会主义初级阶段的基本路线为指导，从工人阶级和广大人民的根本利益出发，以宪法为准则，坚持立法的宗旨，尊重客观实际，严格法定的权限，科学地、

---

① 《列宁选集》第3卷，人民出版社1972年版，第660页。

确切地阐明法律条文的含义，以达到正确适用法律和保证法制统一的目的。

法律解释按照不同的标准，可以划分为若干种类：

1. 法律解释按照解释的主体和效力，可以划分为正式解释和非正式解释

正式解释又称有权解释、法定解释，是指由专门授权的国家机关和公职人员对法律条文所作的具有法律效力的解释。正式解释通常可以分为立法解释、司法解释和行政解释三种。根据我国宪法和 1981 年第五届全国人大常委会通过的《关于加强法律解释工作的决议》，在我国，正式解释可以划分为立法解释、司法解释、行政解释和地方性解释。

立法解释是指享有国家立法权的最高国家权力机关对法律条文所作的解释或补充规定。这种解释实质上是国家立法权的延伸，具有与法律同等的效力。我国宪法规定，全国人民代表大会常务委员会有权解释宪法和法律。它所作的解释就是立法解释。

立法解释既可以和被解释的法律条文包含在同一个规范性文件中，也可以采用说明报告的形式，或公布专门的解释文件。

司法解释是指最高国家审判机关即最高人民法院在审判工作中具体运用法律的问题和最高检察机关即最高人民检察院在检察工作中具体运用法律的问题所作的解释。这类解释对于下级人民法院或人民检察院在审判工作或检察工作中具体运用法律时，具有约束力。

司法解释的形式有批复、解答、规定、通知等，但不论何种形式的解释，都不得与宪法和法律相违背，而且上述两机关的解释必须是协调一致的，如果两机关的解释有原则性分歧，应报请全国人大常委会解释或决定。

行政解释是指最高国家行政机关即国务院及其主管部门在依法行使职权时，对不属于审判或检察工作中的其他法律如何具体应用的问题，以及由其制定的行政法规或规章所作的解释。这种解释与行政法规或规章具有同等的效力，但必须符合宪法、法律和立法解释的精神。国务院及其主管部门对法律、法规、规章所作的行政解释往往包含在它们所制定的实施细则中。

地方性解释是指地方政权机关对地方性法规所作的解释。这有两种情况：一种是属于地方性法规条文本身需要进一步明确界限或作补充规定的，由制定法规的省、自治区、直辖市等人民代表大会常务委员会进行解释或作出规定；另一种情况是属于地方性法规如何具体应用的问题，由省、自治区、直辖市人民政府主管部门进行解释。地方性解释不仅只限于对其所制定的地方性法规或规章作出解释，而且这种解释必须符合宪法、法律和行政法规，其效力也只及于其管辖的范围之内。

非正式解释是指国家宣传、文化机构、社会团体、报刊、法学工作者和公民对法律条文所作的不具有法律效力的解释。非正式解释包括学理解释、法制宣传性解释和任意解释。学理解释是法学工作者对法律或法律条文进行学术性探讨时所作的

解释，侧重理论性。法制宣传性解释是有关部门对法律或法律条文进行宣传教育时所作的解释，侧重知识性。任意解释实际上是社会团体或公民个人对法律条文的理解。非正式解释虽然不具有法律效力，不能作为执法的依据，但是对于正确理解和实施法律，提高广大干部和人民群众的法律意识，增强法制观念，加强社会主义法制，具有不可忽视的作用。

2. 法律解释按照解释的方法，可以划分为文理解释、逻辑解释、历史解释和系统解释

文理解释是对法律条文从字义或语法上所作的解释。

逻辑解释是指运用逻辑的规律来分析法律条文的内容及其使用的概念的含义。

历史解释是指通过对法律颁布的历史条件的研究，来阐明法律条文的内容和意义。

系统解释是指把某一法律条文与其他相关的法律条文乃至法律文件（包括现行的或历史的）联系起来加以研究，以确切地阐明该条文的真正含义。

3. 法律解释按照解释的尺度，可以划分为扩张解释、限制解释和字面解释

根据立法精神，对法律条文内容的阐明较之它的字面表述广泛时，这种解释叫扩张解释。

根据立法精神，对法律条文的阐明较之它的字面表述狭窄时，这种解释叫限制解释。

对法律条文既不予扩张，也不予限制，而是严格按照它字面的意义加以阐明，这种解释叫字面解释。

（三）法的冲突

法的冲突是指各种类别和层次或相同类别和层次的规范性文件，在内容上发生抵触或不一致的情况。

如前所述，我国实行的是中央统一领导和一定程度分权、各级并存、多类结合的立法权限划分体制，因而不仅中央政权机关而且地方政权机关都有依法制定规范性文件的权力，且数量极其浩大，从而法的冲突时有发生。

依照我国宪法和法律的有关规定，解决法的冲突的原则和办法是：

（1）上位法与下位法发生冲突时，下位法服从上位法。宪法对于所有的法律、法规、规章来说，都是它们的上位法，因而在它们与宪法发生冲突时，都必须服从宪法。

（2）同位法中特别法的规定与一般法相冲突时，特别法的效力优于一般法，因为特别法是针对特别情况制定的，而且其内容更详尽，操作性更强。

新的一般法与旧的特别法发生冲突时，如果属于法律之间的事项，由全国人大常委会裁决；如果属于同一机关制定的规范性文件之间的事项，原则上由制定机关裁决。

(3) 地方性法规与部门规章之间发生冲突时，由国务院提出意见。如果国务院认为应适用地方性法规时，国务院可以裁决；如果国务院认为应适用部门规章时，则应提请全国人大常委会裁决。这是因为只有全国人大常委会才有权改变或撤销地方性法规。

(4) 部门规章之间、部门规章与地方政府规章之间发生冲突时，由国务院裁决。

(5) 授权立法与法律的冲突，由全国人大常委会解决。

四、社会主义法的遵守

法的遵守即守法，就是恪守现行法律的规定，严格依法办事。

守法是健全法制的核心。国家制定了法律，如果不能为人们遵守，法律也就成了一纸空文，那也就没有法制可言。

我国宪法规定："中华人民共和国公民必须遵守宪法和法律。""一切国家机关和武装力量、各政党和各社会团体、各企业事业组织都必须遵守宪法和法律。"这表明，在我国，守法的主体不只是公民，而且还包括国家机关在内的一切社会组织。

守法是每个公民的义务。在公民守法问题上，最重要的一点在于弄清个人利益和人民整体利益的一致性。遵守法律就意味着服从包括个人利益在内的整体利益即根本利益和长远利益。只有树立起这样的观念，才会有守法的自觉性。那种认为守法是对个人自由的限制的观点是不正确的。

党和国家的干部要带头守法，特别是担任领导职务的干部更要模范地遵守法律，执行法律，严格依法办事。这不仅因为，只有他们守法，才能要求和带动群众守法，而且还因为，他们掌握了一定的权力，掌管着一定范围的工作，他们守法与否，直接关系到广大人民的利益，关系到国家政权的巩固。在干部守法问题上，最主要的是要克服封建主义特权思想，树立人民公仆的观念。

守法，首先要求遵守宪法。这是由宪法在国家生活中的地位和作用决定的。当然，除了遵守宪法外，其他所有的法律、法规也都是必须遵守的。

实践表明，遵守社会主义法律，是巩固人民民主专政和社会主义制度的需要，是保障人民群众充分享受民主自由权利和在人民内部贯彻民主集中制的需要，也是维护正常的生产、工作、学习和生活秩序的需要。

五、违法

(一) 违法的概念和种类

违法是指违反法律的规定，依法应承担法律责任的行为。

违法的实质是对统治阶级意志和利益的违反和侵害。统治阶级为了维护其统治，就要以国家的名义，追究违法者的责任，并对违法者加以惩处，这就发生法律责任和法律制裁的问题。因此，搞清楚怎样才构成违法，无论在理论上还是实践上都是很重要的。

构成违法必须具备以下几个要件：

第一，违法必须是人的行为。

人的行为不论采取什么形式，都受到一定思想的支配。但是仅仅是思想而没有见诸行为，不能构成违法，因为仅仅是思想而没有行为是不会改变任何客观事物的，因而也不可能造成任何危害社会的结果。况且思想是看不见、摸不着的，如果允许根据思想而不是根据行为来判断是否违法，那就会给非法专横大开方便之门，直接导致对法制的破坏。马克思在揭露反动的普鲁士法律时说过："凡是不以行为本身而以当事人的思想方式作为主要标准的法律，无非是对非法行为的公开认可。"①

第二，违法必须是侵害法律所保护的社会关系的行为。

一切违法行为都具有社会危害性，因为它们在不同程度上侵害了某种社会关系。但这不是说，一切侵害社会关系的行为都是违法行为。譬如，某些违反道德规范的行为，虽然也在一定程度上使某种社会关系受到损害，却未必构成违法。构成违法的行为必须是侵害了受法律保护的社会关系的行为。这种由法律加以保护而为人们的行为所侵害的社会关系，就是违法行为的客体。如果不存在违法行为的客体，就是说，如果行为没有使法律所保护的社会关系受到侵害，当然也就不构成违法。

第三，行为人有过错。

所谓过错，是指人的故意或过失的心理状态。一般地说，一个人只有在主观上确实具有故意或过失时，他的行为才会构成违法。如果行为人在主观上既无故意又无过失，而是由于某种不可抗拒的原因（如自然灾害），或者由于行使法律赋予的权利（如正当防卫）等，纵令行为人的行为在客观上造成一定的损害结果，也不能认为是违法。当然，虽无过错，而法律规定应承担无过错责任的，则应视为违法。

第四，违法的主体必须是具有法定责任能力的人。

违法固然必须是行为人危害社会的行为，但并非任何人的危害社会的行为都构成违法。只有具有法定责任能力的人，才能成为违法的主体。所谓责任能力，就是理解、辨认自己行为的性质和后果的能力。自然人通常在达到一定年龄时，才具有这种能力。法人或其他社会组织则在其依法设立之时，就具有这种能力。

在上述四个要件中，第一和第二是构成违法的客观方面的要件，第三和第四是

① 《马克思恩格斯全集》第1卷，人民出版社1956年版，第16页。

构成违法的主观方面的要件。违法是主观要件和客观要件的统一。就是说，构成违法，必须同时具备上述四个要件，缺少了其中的任何一个，都不能构成违法。

违法行为按其对社会造成危害的程度，可以分为一般违法行为和严重违法行为。严重违法行为就是犯罪。所以犯罪也是一种违法行为。严重违法行为即犯罪的重要标志，就在于这种行为违反了刑法。如果行为违反的不是刑法，而是其他诸如民法、经济法、行政法等法律，那么，这种行为就属于一般违法行为。当然，行为的社会危害性的大小是相对而言的。同属一般违法行为或者同属犯罪，也有个危害性大小的问题。人们习惯把“违法”、“犯罪”这两个词连接起来使用。在这种情况下，“违法”实际上指的是一般违法行为。

违法行为按其违反的法律的性质不同，可分为违宪行为、刑事违法行为（即犯罪）、民事违法行为和行政违法行为。

不同的违法行为，它们应负的法律责任和应受的法律制裁是不同的。

（二）法律责任和法律制裁

法律责任是指由违法行为引起的依法应承担的责任①。违法行为是法律责任的前提和依据，没有违法行为就不会发生法律责任的问题。法律责任只能由实施违法行为的个人承担，不许株连。这是一项重要的社会主义法制原则。法律制裁是指特定的国家机关对应承担法律责任的违法者依法实施的强制性惩罚措施。法律制裁的方式与法律责任的性质相适应，最终取决于违法行为的性质及其社会危害性的大小。不依据违法行为随意追究法律责任，或者不以法律责任为依据滥施制裁，都是对社会主义法制的破坏，本身就是违法。

按照违法行为的性质，法律责任可以分为刑事法律责任、民事法律责任、行政法律责任和违宪责任。与此相适应，法律制裁可分为刑事制裁、民事制裁、行政制裁和违宪制裁。刑事制裁和民事制裁均由司法机关实施，所以又可以统称为司法制裁。

六、社会主义法律关系

（一）法律关系的概念

法律关系是指由法律所调整的表现为人们之间的权利和义务关系的一种特殊的社会关系。

在社会中，每个人都生活在各种社会关系之中。但不是所有的社会关系都是法律关系。某一社会关系只有当它受到法律的调整时，这种社会关系才是法律关系。

---

① 法理学界通常把法律责任分为广义的法律责任和狭义的法律责任。前者就是一般意义上的法律义务的同义词，后者就是指由违法行为引起的依法应承担的责任。此处的法律责任是指后者。

可见，法律的存在是法律关系产生的前提，没有法律也就没有法律关系。但是仅仅有法律并不一定产生法律关系。只有把法律与社会关系结合起来，即用一定的法律去调整一定的社会关系，才会出现一定的法律关系。

某一社会关系当它受到法律的调整成为一种法律关系时，就在这一社会关系（即法律关系）的参加者之间，确立起一定的法律上的权利义务关系。这种权利义务关系构成法律关系的实际内容。法律的实施，实质上指的就是由法律加以规定的、以法律关系的形式出现的主体间的权利义务在现实生活中的实现。所以，法律的实施离不开法律关系，法律是通过法律关系的形式来实现的。

法律关系是一种思想关系。因为：

（1）法律关系是受法律调整的社会关系，而法律是统治阶级意志的体现，所以，法律关系也都体现着统治阶级的意志。什么社会关系应由法律加以调整，什么人可以成为法律关系的主体，主体间的权利义务关系如何，无不以统治阶级的意志为转移。统治阶级的意志正是借助法律关系才得以在现实生活中得到实现。

（2）每个具体法律关系的产生，通常都需要以该法律关系参加者的意思表示为条件。即令某些法律关系的产生无须当事人的意思表示，但这些法律关系内容的实现，仍有赖当事人作出相应的意思表示。

既然法律关系是一种思想关系，那么，它归根到底是要受物质生活条件的制约。马克思说："法的关系正像国家的形式一样，既不能从它们本身来理解，也不能从所谓人类精神的一般发展来理解，相反，它们根源于物质的生活关系。"①

不同的社会关系需要不同的法律规范去调整，从而形成不同的法律关系。例如，民事法律关系，刑事法律关系，行政法律关系，诉讼法律关系等。但无论哪一种法律关系，都由法律关系的主体、法律关系的内容和法律关系的客体这三个要素构成。缺少其中任何一个要素，就构成不了法律关系。其中一个要素发生变化，原来的法律关系也随之改变。

（二）法律关系的主体

法律关系的主体，又称权利主体或义务主体，即法律关系中权利的享有者和义务的承担者。

任何一种具体的法律关系，没有一定数量的主体参加就不可能成立。各个具体法律关系的主体数量不尽相同，但至少不能少于两个，否则就没有"关系"可言。

法律关系的主体既可以是特定的，也可以不是特定的。在不同性质的法律关系中，主体的法律地位也有所不同。一般地说，主体各方既享有一定的权利，也承担一定的义务，而且往往一方的权利正是另一方的义务。

在不同历史类型的国家里，法律关系主体范围也不一致。根据我国法律，可以

① 《马克思恩格斯选集》第2卷，人民出版社1972年版，第82页。

成为我国社会主义法律关系主体的有：

（1）公民（自然人）公民是最常见的法律关系主体，他可以参加的法律关系非常广泛。在我国，还有一类由公民集合的特定主体，如个体户、农户、合伙人等，也可参与某些特定的法律关系。

（2）国家机关、社会团体、企业事业组织。国家机关、社会团体、企业事业组织也是常见的法律关系主体。不过，它们参加民事法律关系或经济法律关系时，通常以“法人”的身份出现。

（3）国家。国家作为一个整体也可以成为某些法律关系的特殊主体。例如，在国内，国家是国家财产所有权唯一的和统一的主体。在国际法上国家则是国际法关系的主体。

（4）外国人和外国社会组织。外国人和外国社会组织，也可以成为我国某些法律关系的主体。

无论公民或社会组织，要成为具体法律关系的主体，必须具有权利能力。权利能力是指法律赋予的能够依法享有权利承担义务的能力或资格。

权利能力有一般权利能力和特殊权利能力之分。一般权利能力是法律赋予每一个公民的。公民的这种权利能力始于出生，终于死亡。特殊权利能力法律只赋予特定的公民（如达到特定年龄或担任特定职务的公民）或依法成立的社会组织。

法律关系的主体如果要按照自己的意志并通过自己的行为取得权利和承担义务，除必须具有权利能力外，还必须具有行为能力。所谓行为能力，就是法律确认的权利主体能按照自己的意志并通过自己的行为取得权利和承担义务的能力或资格。

对于公民来说，行为能力并不是一出生就具有的，也不是每个公民都具有的；所以有权利能力的人，不一定都具有行为能力。公民是否具有行为能力，这是由法律加以规定的。而法律的规定又是以行为人是否能辨认自己行为的性质及其法律后果为客观依据的。一般地说，凡是精神正常的成年人都具有这种能力。我国法律根据人们的年龄和智力对公民的行为能力作出不同的规定。

在主体的权利能力和行为能力上，社会组织和公民有所不同：

（1）社会组织从它依法成立之日起，到结束之日止，都具有权利能力和行为能力，不存在如某些公民那样的有权利能力而无行为能力的问题。

（2）各个社会组织由于法律规定的或主管机关批准的业务范围不同，它们的权利能力的内容也不同，而法律赋予公民的一般权利能力则是相同的。

（3）社会组织的某些权利能力，如国家行政机关行使行政管理权的权利能力，国有企业经营国家专有财产的权利能力等，是公民所没有的；而公民的某些权利能力，如婚姻、继承遗产等权利能力，则专属公民，不为社会组织所具有。

（三）法律关系的内容——权利和义务

权利和义务构成法律关系的内容。权利是指法律关系主体依法享有的权益，表现为权利享有者有权作出一定的行为或者要求他人作出一定的行为，在必要时可请求有关国家机关以强制性的协助实现权益。

权利和权利能力不同。权利能力作为一种资格，对于依法获得权利能力的人来说，不论他是否参加一定的法律关系，这种资格总是存在的。而作为法律关系内容的权利，只存在于具体的法律关系之中。具有权利能力的人，要取得实际的权利，必须根据一定的法律事实，并参加到某个具体的法律关系中去。所以，权利能力只是给人们取得实际权利提供一种可能性和前提条件。再者，权利主体对于自己依法享有的某些权利可以放弃或转让，但却不能以任何方式放弃或转让权利能力。

义务是指法律关系的主体依法应承担的某种责任，表现为义务的承担者必须作出一定的行为或者抑制一定的行为，当义务人拒绝履行义务时，国家可采取某种强制措施，强制其履行。

权利和义务是互为条件、互相依存的。“没有无义务的权利，也没有无权利的义务。”① 一方享受权利，另一方就必定要承担义务；反过来，正因为一方承担了义务，另一方才得以享受权利。所以权利的内容总是通过与之相适应的义务表现的，而义务的内容又总是由权利的实质来决定的。它们从不同角度表现同一法律关系。

在划分为对抗阶级的社会里，权利和义务被割裂了。它“几乎把一切权利赋予一个阶级，另方面却几乎把一切义务推给另一个阶级”②。社会主义社会消灭了剥削阶级和剥削制度，从而也就消灭了权利和义务之间的阶级对立。任何人、任何社会组织要享受权利就要承担义务；只有履行了义务，才允许享受权利。不允许有只享受权利不承担义务的公民或社会组织存在。

（四）法律关系的客体

法律关系的客体，又称权利客体或义务客体，即法律关系主体的权利义务指向的对象。

任何一种权利义务，如果没有它指向的具体对象，就将成为空洞和毫无意义的了。由于国家的阶级本质不同，在一定性质的法律关系中，何者可以成为权利客体，何者不能成为权利客体，法律的规定有很大差别。例如，在奴隶制国家中，奴隶被视为“会说话的工具”，是奴隶主的私有财产，法律允许买卖、赠送，所以奴隶不是法律关系的主体，而是法律关系的客体。在封建社会里，农民对地主处于人身依附的地位，地主可以把土地连同农民一起转让给他人，农民依然不能摆脱权利

① 《马克思恩格斯全集》第16卷，人民出版社1964年版，第16页。

② 《马克思恩格斯选集》第4卷，人民出版社1972年版，第174页。

客体的命运。资产阶级法律虽然不承认人是买卖的对象，似乎把人排除在财产性法律关系的客体之外，但在一切都是商品的社会里，不仅劳动力可以买卖，就连人格、人的尊严、良心等都可以用金钱来衡量，因此，在实质上人和物一样，都可以成为买卖关系的客体。社会主义法律严禁把人当作财产性法律关系的客体，并且制裁一切买卖人的行为。

一般认为社会主义法律关系的客体包括：(1) 物；(2) 精神财富；(3) 行为；(4) 人体。

物，作为权利客体，无论是天然的还是人工创造的，也无论其形态如何，首先必须能为人们所支配，其次必须能满足人们的某种需要。不具备这两个条件，就不能成为法律关系的客体。但是，并不是任何物都可以成为任何法律关系的客体。不同性质的法律关系，对于作为权利客体的物，在性质上或种类上是有所选择的。这一方面取决于统治阶级的意志，一方面取决于物本身的特点。例如，根据我国宪法的规定，土地不能成为买卖关系的客体，矿藏、水流不能成为劳动群众集体所有权和公民个人所有权的客体。

精神财富是人们从事脑力劳动，发挥智慧和才能所取得的结果，故也称智力成果。智力成果诸如著作、发明、发现、技术改进等，可以成为著作权、发明权、专利权、技术改进权等法律关系的客体。一定的智力成果总是同一定的人身相联系的。

行为即人的有意识的活动。它有两种形式，即作为和不作为。例如，我国法律规定，夫妻有互相扶养的义务，父母有抚养教育未成年子女的义务，成年子女有赡养扶助父母的义务，双方都不得虐待和遗弃。在这些法律关系中，权利客体就是一系列的行为——扶养行为、扶养教育行为、赡养扶助行为（以上均为作为）以及对虐待、遗弃行为的抑制（不作为）。

人体是指由人的全部生理器官组成的有机体。它是人的生命的载体，也是人的精神利益的物质体现。随着现代科技和医学的发展，器官移植、精子或卵子提取、人体解剖等现象已越来越普遍，因而人体器官的买卖和捐赠等活动也日趋频繁，人体（部分或整体）成为法律关系的客体已成为不争的事实。作为法律关系客体的人体不同于物，它与人的生命密切联系，但不论在何种性质的法律关系中，当人体（部分或整体）成为该法律关系的客体时，均不得危及人的生命，否则将为法律所禁止。同时，认可人体为法律关系的客体，也绝不意味有生命的人可以成为法律关系的客体。

（五）法律事实

法律事实是指由法律规定的能够引起法律关系发生、变更和消灭的客观情况。

任何法律关系的发生、变更和消灭必须有一定法律事实的存在。法律事实是引起法律关系发生、变更和消灭的原因，法律关系则是法律事实引起的结果。

法律事实按是否包含当事人的意志，可以分为事件和行为两大类：

(1) 事件，是指与当事人意志无关的客观现象。例如，人的出生、死亡，自然灾害的发生，时间的经过等。这些都是与当事人意志无关的客观现象，都可以引起一系列法律关系的发生、变更和消灭。以人的死亡为例，如果死者生前拥有财产，就可以引起继承法律关系的发生；如果死者生前曾参与一定债权关系，由于财产为其合法继承人所继承，从而使原有的债权关系的主体发生变更；如果死者生前有配偶，就可以使原来的婚姻关系归于消灭……

(2) 行为，包括作为和不作为，是能够引起法律关系发生、变更、消灭的最普遍的法律事实。行为按其是否符合法律的规定，可分为合法行为和违法行为。合法行为引起法律关系的发生、变更和消灭是最为常见的。违法行为同样也可以成为法律关系发生、变更和消灭的原因。例如，由于一方不履行合同，致使原合同的履行成为不可能，从而使合同关系归于消灭，但却因此而发生不履行合同的一方依法向另一方赔偿损失的法律关系。

第五章 宪 法 学

第一节 宪法学概述

一、宪法的本质和概念

（一）宪法是国家的根本法

宪法是法律的一种，因而本书第一章中关于法的本质属性和其他属性的论述，都可以用来说明宪法。

但是，宪法又不同于普通法律。它是国家的根本法，在一国的法律体系中居于核心地位。作为国家根本法的宪法具有下列三个不同于普通法律的特点：

第一，宪法的内容不同于普通法律。宪法所规定的是关于国家制度和社会制度的基本原则，如国家的性质、国家政权的组织形式、国家结构形式、社会的经济制度、国家的根本任务、公民的基本权利和义务、国家机关组织和活动的基本原则等。这些问题都是国家生活中带有根本性的问题。而普通法律只就国家制度或社会制度中某一方面的问题作出规定，例如，行政法规定的主要是关于国家行政管理活动方面的问题，刑法规定的是犯罪和刑罚的问题，婚姻法规定的是婚姻和家庭关系方面的问题，诉讼法规定的是诉讼的原则和程序，等等。

第二，宪法的效力不同于普通法律。正因为宪法规定的是关于国家制度和社会制度的基本原则，而这些基本原则在国家生活中能否得到实现，对于国家来说至关重要，因而国家赋予宪法以最高的法律效力。所谓宪法的最高法律效力，包括两层意思：一是宪法为普通法律提供了立法的依据，各种普通法律都必须根据宪法的规定或者宪法所确立的原则来制定。因此，人们称宪法是“法律的法律”，或者形象地把宪法称做“母法”，把普通法律称做“子法”。二是一切普通法律的规定都不得违反宪法的规定和它所确立的原则，否则就是违宪。违宪的法律不能产生法律效力。

第三，宪法的规定和修改的程序不同于普通法律。既然宪法所规定的是国家生活中的根本问题，而且具有最高的法律效力，对它的制定和修改就应当持比普通法律更为慎重的态度，应当有比普通法律更加严格的程序。现代世界各国一般经立法机关全体成员 1/2 以上的多数赞同即可制定和修改普通法律，但是多数国家须经代表机关全体成员 2/3 以上的多数赞同才能通过新宪法或宪法修改条款，有些国家则须设立制宪会议之类的专门机关才能制定和修改宪法。

我国宪法规定：宪法的修改，由全国人民代表大会常务委员会或者 1/5 以上的全国人民代表大会代表提议，并由全国人民代表大会以全体代表的 2/3 以上的多数通过；法律和其他议案由全国人民代表大会以全体代表的过半数通过。

（二）宪法是各种政治力量对比关系的集中表现

政治力量对比首先是阶级力量对比。宪法集中表现了阶级力量的实际对比关系，具体表现为：

第一，宪法是在阶级斗争中取得胜利的居于统治地位的阶级的意志和利益的集中反映。宪法是阶级斗争的结果和产物，是由在阶级斗争中取得了胜利并且掌握了政权的统治阶级制定的，是统治阶级实现阶级统治的工具。因而，它必然反映统治阶级的意志和利益，而不可能反映全民的意志和利益。无论是资本主义国家的宪法还是社会主义国家的宪法都是如此。

第二，阶级斗争中各种力量的实际对比关系，决定着宪法的具体内容。各国宪法的具体内容，千差万别，即使是同一类型的宪法，其内容也各有不同。影响宪法内容差别的因素很多，其中具有决定性的因素，乃是阶级力量实际对比关系的具体情况。

第三，阶级斗争中各种力量的实际对比关系发生变化时，宪法的内容也要随之而发生变化。例如，法国自 1791 年制定第一部资产阶级宪法以来，有过 15 部宪法，这 15 部宪法虽然都是资产阶级宪法，但其内容却由于阶级力量对比关系的不同而有较大的发展变化。资本主义国家不同时期的宪法，不仅反映了资产阶级与无产阶级在斗争中双方力量的实际对比关系，也反映了资产阶级与封建势力以及大资产阶级与中、小资产阶级在斗争中彼此力量的实际对比关系。

必须指出，尽管阶级力量对比关系在政治力量的对比中居于首要地位，但不能把政治力量对比局限于阶级力量对比，前者的含义较之后者更为广泛。政治力量既包含着与阶级力量有直接联系的同一阶级内的各个阶层、各个派别的力量，也包含着与阶级力量虽有若干联系但又有重大区别的各种社会集团的力量。如果单纯从阶级力量对比关系来考察和说明宪法的本质，而忽视其他各种政治力量对比关系对宪法的重大影响，就未免把宪法的本质问题过于简单化了。例如，中华人民共和国成立以来宪法的制定和几次修改，就反映了各个不同历史时期阶级力量对比关系和其他政治力量对比关系所发生的变化。

（三）宪法是对民主制度的确认

宪法是和民主制度相联系的。它是民主制度的确认和保障，即在有了民主制度以后，用宪法把这一事实记载下来，并对它加以保障。

奴隶制国家和封建制国家的典型统治形式是君主专制制度。在这种制度下，国家的一切权力集中于奴隶主阶级或封建主阶级的政治代表——君主手中。君主的权力是至高无上的。在这种制度下，如果出现一个具有最高法律效力并能限制君主权力的宪法，那是君主所不能容忍的。因而在奴隶制或封建制国家中，不可能有国家根本法的宪法。

近代意义的宪法即作为国家根本法的宪法，是17～18世纪资产阶级革命的产物。资产阶级在革命胜利后，为了巩固胜利成果，就有必要制定出一种具有最高权威的法律，把在革命斗争中争得的民主制度固定下来，并予以保障。这就是宪法。所以，资产阶级宪法是同资产阶级民主制度紧密联系在一起的，是对资产阶级民主制度的确认。

社会主义宪法是无产阶级革命的产物。列宁说："工人阶级夺取政权后，像任何阶级一样，要通过改变所有制和实行宪法来掌握和保持政权，巩固政权。"① 而保持政权和巩固政权，首先就是要保持和巩固人民的民主权利和民主地位即社会主义民主制度。所以，社会主义宪法是对社会主义民主制度的确认。没有社会主义民主制度，也就没有社会主义宪法。

综合本节各目，对宪法的概念可以作如下表述：宪法是集中体现统治阶级意志、确认民主制度的国家根本法。

二、宪法的分类

（一）宪法形式上的分类

宪法形式上的分类，又称传统的宪法分类，是早期资产阶级学者对宪法所作的分类。他们从宪法的形式着眼，根据不同的标准，进行不同的分类。主要有下列几种分类方法：

第一，根据宪法是否具有统一法典的形式，把宪法分为成文宪法和不成文宪法。成文宪法具有统一法典的形式，如美国宪法。不成文宪法不具有统一法典的形式，而存在于习惯、判例和各种宪法性文献之中，如英国宪法。不成文宪法并不是没有文字，而是没有统一法典的形式。

第二，根据宪法的效力和修改程序的不同，把宪法分为刚性宪法和柔性宪法。凡效力高于普通法律，宪法的修改须经过比普通法律更为严格的程序的宪法，称为刚性宪法，如美国宪法。凡效力与普通法律相同，宪法的修改程序也与普通法律相同的宪法，称为柔性宪法，如英国宪法。英国仅实行后法优于前法的原则，并不认为宪法具有最高的法律效力。

---

① 《列宁全集》第30卷，人民出版社1959年版，第433页。

第三，根据制宪主体的不同，把宪法分为钦定宪法、协定宪法和民定宪法。由君主以诏令颁布的宪法为钦定宪法；由君主和代表民意的代议机关协议制定的宪法为协定宪法；由代表民意的立宪机关或由公民投票公决的宪法为民定宪法。现代国家的宪法多是民定宪法。

传统的形式上的宪法分类，能够根据宪法的形式或者从其某一侧面，说明各种宪法的共同点与不同点，有助于对宪法的各种不同形式的考察。但是这种分类方法只着眼于宪法的形式，而不能揭示宪法的阶级本质，具有很大的局限性。资产阶级学者往往利用这种分类方法掩盖宪法的阶级本质。

（二）宪法实质上的分类

宪法实质上的分类，是以国家类型、国家的阶级属性为标准对宪法进行的分类。根据这个标准，宪法可分为资本主义类型的宪法和社会主义类型的宪法。这种分类方法能够揭示宪法的阶级本质，因而是科学的分类方法。这种分类有助于透过纷繁复杂的形式，把握各种宪法的本质。例如，美国宪法和英国宪法在形式上各具特点，前者为成文宪法、刚性宪法，后者为不成文宪法、柔性宪法，但二者都是资本主义类型的宪法，本质是相同的；我国宪法与美国宪法同为成文宪法、刚性宪法，但是我国宪法为社会主义宪法，美国宪法为资本主义宪法，两者存在着本质上的差别。

三、我国宪法的历史发展

（一）宪法是资产阶级革命的产物

宪法一词由来很久，我国古代典籍中就有“宪”、“宪法”等词语。如《尚书·说命》：“监于先王成宪。”《国语·晋语》：“赏善罚奸，国之宪法。”不过，我国古代典籍中的“宪”、“宪法”，其含义是指典章或法度，同作为国家根本法的宪法不是一个意思。

在西方，宪法一词源出拉丁语 *Constitutio*，原意是组织或确立。古罗马帝国用它来表示皇帝颁布的诏令、谕旨，以区别市民会议通过的法律文件。在中世纪的欧洲，宪法一词有时用来确认封建领主的各种特权，有时用来说明个别城市和团体的法律地位，同近代意义的宪法也是不同的。

近代意义的宪法，即作为国家根本法的宪法，是资产阶级革命的产物。17～18世纪，随着资产阶级革命在欧、美一些国家取得胜利，出现了世界上最早的一批资本主义宪法。英国是宪法的发源地，但它却没有一部成文宪法。1787 年的美国宪法是世界上第一部成文宪法。4 年后，以《人权宣言》为序言的法国宪法诞生。其后，随着资产阶级革命的发展，资产阶级在许多国家里都建立了自己的统治。它们仿效美、法等国宪法，先后制定了自己的宪法，维护和发展了资本主义制度。

（二）我国宪法的产生和发展

1. 旧中国的制宪概况

19 世纪中叶鸦片战争后，我国的社会性质发生了变化，我国人民开始了反帝反封建的斗争。我国的宪政运动在这个过程中逐渐产生。清朝末期，以康有为、梁启超为首的改良派要求变法，揭开了中国近代宪政运动的序幕。

清朝政府在革命形势空前高涨、阶级力量对比关系发生急剧变化的情况下，被迫于 1908 年颁布了《钦定宪法大纲》，1911 年颁布了《宪法重大信条十九条》。这两次立宪活动都是徒有立宪之名，并无宪政之实的骗人把戏。

辛亥革命推翻了清王朝。中华民国临时政府成立后，孙中山于 1912 年 3 月 11 日以临时大总统的名义颁布了《中华民国临时约法》。这是中国宪法史上仅有的一部资产阶级性质的宪法性文件，具有民主性和革命性，在历史上起过进步作用。可是这部临时约法不久就被袁世凯所撕毁。

袁世凯和以后的北洋军阀政府，为了维护他们的专制统治，也演出一次又一次的制宪闹剧。1913 年有袁世凯的《天坛宪法草案》，1914 年有袁世凯的《中华民国约法》，即“袁记约法”。1923 年有曹锟的《中华民国宪法》，即“贿选宪法”。1925 年有段祺瑞的《中华民国宪法草案》。北洋军阀的制宪丑剧随着北伐战争的胜利而收场。

以蒋介石为首的国民党政府为了欺骗人民，美化其反动统治，也炮制了一系列制宪骗局。1931 年，国民党御用的“国民会议”通过了《中华民国训政时期约法》；1935 年 5 月 5 日，国民党政府公布了《中华民国宪法草案》即“五五宪草”；1946 年，伪“国民大会”通过了《中华民国宪法》。这些宪法性文件确认国民党一党专政和蒋介石个人独裁的反民主的政治制度，是维护国民党反动统治的工具。

上述事实表明，在旧中国，帝国主义和封建主义势力十分强大，资产阶级的力量十分弱小，中国不可能实行资产阶级的民主宪政，也就不可能产生资本主义性质的宪法。但是，在旧中国宪政运动破产的同时，人民民主的宪政运动正在诞生。

在中华人民共和国成立以前，中国共产党领导下的革命根据地，在建立人民民主政权和进行各种社会改革中，已为人民民主宪政积累了丰富的经验。1931 年 11 月，在江西瑞金召开了全国第一次工农兵苏维埃代表大会，宣告中华苏维埃共和国成立，并制定了《中华苏维埃共和国宪法大纲》，全文共 17 条，规定了共和国政权的性质、任务、根本政治制度和劳动群众的基本权利。这是中国历史上第一部真正代表人民意志与利益的宪法性文件。1946 年 4 月，陕甘宁边区第三届参议会第一次会议通过了《陕甘宁边区宪法原则》，规定了建立新民主主义共和国的基本原则、政权组织形式和各项基本政策，它同建国以后的制宪活动有着历史联系。

1949 年 9 月，在中华人民共和国成立前夕，中国人民政治协商会议第一届全体会议制定了《中国人民政治协商会议共同纲领》，规定了即将成立的新中国的国家制度和社会制度的基本原则，人民的基本权利以及有关政治、经济、军事、文化、教育、民族和外交等各项基本政策。《共同纲领》起到了新中国的临时宪法的作用。

2. 我国社会主义宪法发展概况

1954 年 9 月，第一届全国人民代表大会第一次会议通过了《中华人民共和国宪法》，这是我国历史上第一部社会主义类型的宪法。1954 年宪法以《共同纲领》为基础，又是《共同纲领》的发展。它确认我国是工人阶级领导的、以工农联盟为基础的人民民主国家，规定了我国的政权组织形式是人民代表大会制度；确认了我国单一制的国家结构形式，规定在统一的多民族国家内部实行民族区域自治制度。它确认了生产资料的全民所有制、合作社所有制、个体劳动者所有制和资本家所有制；规定了国营经济在国民经济中的领导地位，国家保证优先发展国营经济。它规定了过渡到社会主义的方法和步骤，即通过社会主义工业化和社会主义改造，逐步消灭剥削制度，建立社会主义社会。它确认公民在法律上一律平等和公民广泛的权利和自由。它的基本原则主要是人民民主原则和社会主义原则。

1954 年宪法是一部很好的宪法。但是，从 50 年代后期起，这部宪法的实施遭到了破坏，人民民主与社会主义法制受到了践踏，宪法被置之高阁。不久，国家陷入了“文化大革命”的沉重灾难之中。

1975 年宪法是我国的第二部宪法。这是一部内容很不完善而且存在严重缺点和错误的宪法，比起 1954 年宪法，是一个大的倒退。

1978 年宪法是我国的第三部宪法。这部宪法虽然对 1975 年宪法作了修改，但是并没有完全摆脱 1975 年宪法的影响，内容也很不完善，不能适应新的历史时期的需要。

1980 年 9 月，第五届全国人民代表大会第三次会议接受中共中央的建议，决定修改宪法，并成立宪法修改委员会，主持宪法的修改工作。1982 年 12 月，第五届全国人民代表大会第五次会议通过了《中华人民共和国宪法》。1982 年宪法即现行宪法是我国的第四部宪法，也是最好的一部宪法。

（三）我国现行宪法的修改

为了适应社会主义建设事业的发展和进一步改革开放的需要，同时也是为了把已经取得的改革成果用根本法的形式固定下来，宪法必须适时进行修改。

修改宪法的方法通常有两种：一种是全面修改，即用一个新的宪法文本代替原来的文本。我国 1975 年、1978 年和 1982 年三次修改宪法都是对宪法的全面修改，修改后的新宪法文本，通常称之为新宪法。我国现行宪法即 1982 年宪法通过并施行后，一改以往全面修改的方法，而采用修正案的方式，只对宪法个别条款或部分内容进行修改。这样既有利于保持宪法的稳定性，又能使宪法的规定适应社会实践发展的需要，从而体现了坚持稳定性和与时俱进的精神。

现行宪法施行以来，曾先后于1988年4月七届全国人大一次会议、1993年3月八届全国人大一次会议、1999年3月九届全国人大二次会议和2004年3月十届全国人大二次会议四次对宪法内容进行修改，共通过宪法修正案31条。

前三次通过的17条宪法修正案，有15条集中在宪法序言和总纲部分，主要内容是：(1) 确立了邓小平理论在国家政治和社会生活中的指导地位；(2) 明确了我国长期处于社会主义初级阶段；(3) 肯定了改革开放的基本方针，从而使党在社会主义初级阶段的基本路线在宪法中的表述更加完整；(4) 完善了社会主义初级阶段的基本经济制度和分配制度；(5) 确定了农村经济组织实行家庭承包经营为基础、统分结合的双层经营体制；(6) 确定了非公有制经济的法律地位；(7) 确定了国家实行社会主义市场经济；(8) 确定了依法治国，建设社会主义法治国家的基本方略；(9) 确定了中国共产党领导的多党合作和政治协商制度将长期存在和发展。

2004年十届全国人大二次会议第四次修宪通过的宪法修正案内容是：(1) 把"三个代表"重要思想作为国家指导思想写进宪法；(2) 增加了"推动物质文明、政治文明和精神文明协调发展"的内容；(3) 在爱国统一战线构成中增加了"社会主义事业建设者"；(4) 完善土地征用的条款，规定国家可依法对土地实行征收或征用并给予补偿；(5) 增加了国家鼓励、支持非公有制经济发展的内容；(6) 完善了私有财产保护制度；(7) 确立了国家建立健全同经济发展水平相适应的社会保障制度的目标；(8) 增加了国家尊重和保障人权的内容；(9) 变戒严的规定为紧急状态的规定；(10) 完善了政权组织制度；(11) 确认《义勇军进行曲》为国歌。此次修宪，进一步体现了科学发展观和与时俱进的精神，并为构建和谐社会提供了更加完备的宪法保障。

(四) 我国现行宪法的结构和主要内容

现行宪法由序言和四章正文构成，共138条。第一章总纲，第二章公民的基本权利和义务，第三章国家机构，第四章国旗、国歌、国徽、首都。

宪法序言总结了一百多年来我国人民在革命和建设方面所取得的伟大胜利，指出了四项基本原则是我国革命历史经验最基本的总结，规定了今后国家的根本任务。序言指出："我国将长期处于社会主义初级阶段，国家的根本任务是，沿着建设有中国特色社会主义道路，集中力量进行社会主义现代化建设。中国各族人民将继续在中国共产党领导下，在马克思列宁主义、毛泽东思想、邓小平理论和"三个代表"重要思想指引下，坚持人民民主专政，坚持社会主义道路，坚持改革开放，不断完善社会主义的各项制度，发展社会主义市场经济，发展社会主义民主，健全社会主义法制，自力更生、艰苦奋斗，逐步实现工业、农业、国防和科学技术的现代化，推动物质文明、政治文明和精神文明协调发展，把我国建设成为富强、民主、文明的社会主义国家。”为了实现国家的根本任务，序言还就新时期的阶级斗争、完成统一祖国的大业、加强民族团结以及我国在国际事务中奉行的基本原则等问题，作了精辟的说明和明确的规定。序言最后强调指出了宪法在国家生活中的地位和作用。

总纲确认和规定了我国的国家制度和社会制度。规定了发展社会主义民主，加强社会主义法制的根本原则，明确宣布我国实行依法治国，建设社会主义法治国家。总纲充实了有关社会主义精神文明的条款，强调知识分子在社会主义现代化建设中的作用。总纲还就建立健全同经济发展水平相适应的社会保障制度、计划生育、生活和生态环境的保护、武装力量的性质和任务、行政区域的划分和特别行政区的设置以及外国人在中国的法律地位等问题作了原则规定。

公民的基本权利和义务在前三部宪法中都列于国家机构章之后，现行宪法则把它列于国家机构章之前，和总纲连接起来。这是因为，公民的基本权利和义务是总纲中关于国家制度和社会制度的原则规定的延伸，同时也表明国家对公民权利的重视。本章中对公民基本权利和义务的规定，充分体现出我国公民基本权利和义务的社会主义性质。

国家机构章对我国各级各类国家机关的性质、地位、组成、任期、职权以及它们之间的相互关系作了规定。

国旗、国徽、首都章规定：我国国旗是五星红旗；我国国歌是《义勇军进行曲》；我国国徽中间是五星照耀下的天安门，周围是谷穗和齿轮；我国首都是北京。

四、监督宪法的实施

（一）监督宪法的实施概说

1. 监督宪法实施的重要性

监督宪法的实施指的是保证宪法实施的各种保障性措施。监督宪法的实施，意义十分重大。制定了宪法而不实施，则宪法无异是一纸空文。实施而无监督，实施可能会很不充分，或者得不到正确的实施。因此，必须重视监督宪法的实施，建立有效的制度以保障宪法的实施。

宪法是国家的根本法，是国家法律制度的核心，是一国制定其他法律的依据，也是对民主制度的确认和保障。所以，监督宪法实施的措施是否得力和有效，是衡量一国的政治稳定程度和民主与法制是否健全的重要标尺。

2. 监督宪法实施的主要内容

监督宪法实施主要包括下列内容：

第一，审查法律、法规和其他规范性文件的合宪性。国家立法机关所制定的普通法律和其他国家机关所制定的规范性文件，其内容必须完全符合宪法。如果违反宪法而又在国家生活中适用，势必损害宪法的权威，影响宪法的贯彻，也势必损害国家的根本利益。因此，各国宪制一般均以审查法律、法规和其他规范性文件的合宪性作为监督宪法实施的重要内容。

第二，审查全体公民、国家机关以及各政党、团体、企业事业等社会组织的行为的合宪性，特别是审查国家机关行为的合宪性。宪法是国家的最高行为准则，一切个人和社会组织都必须遵守执行。特别是国家机关及其工作人员担负着直接执行宪法所规定的各种职责，尤其应当模范地遵守执行。因此，监督国家机关及其工作人员是否根据宪法办事，是否有严重的越权行为和失职行为，是否有侵犯公民的基本权利的行为，是监督宪法实施的重要内容。

第三，处理国家机关之间重大的权限争议。国家机关直接担负着执行宪法所规定的职责，如果国家机关在权限问题上发生重大争议而不能解决，或者解决不当，势必影响宪法的实施，损害宪法的权威。所以处理国家机关之间的重大权限争议也是监督宪法实施的重要内容。

除了上述三个方面的内容之外，同监督宪法的实施关系十分密切的，还有宪法解释的问题。在监督宪法的实施中，审查法律、法规和其他规范性文件的合宪法，审查公民、国家机关和社会组织的行为的合宪性，处理国家机关之间重大的权限争议，都必须以宪法的规定为准绳。但是在审查处理过程中，对于宪法条款本身的正确含义，往往会因理解不同而发生争议。为了解决这样的争议，各国多在宪法中授权某一国家机关对宪法进行权威性的解释，如我国宪法规定由全国人民代表大会常务委员会解释宪法。宪法的解释虽然并不直接构成监督宪法实施的内容，却同监督宪法的实施有着十分密切的关系。

3. 监督宪法实施的机关

现代世界各国主管监督宪法实施的机关可分为三种类型：

第一，由国家司法机关主管。1803 年美国联邦最高法院在审理治安法官马伯里诉国务卿麦迪逊一案时，首席法官马歇尔在该案的判决中宣布：违宪的法律不是法律；同时又宣称：阐明法律的意义乃是法院的职权，从而开创了由联邦最高法院审查国会制定的法律是否违宪的先例。此后，许多资本主义国家受美国的影响，在宪法中规定由国家最高司法机关主管监督宪法的实施，而且多仿效美国，通过对具体案件的审理，审查确定其所适用的法律是否违宪。

第二，由国家权力机关主管。1918 年的苏俄宪法规定，由全俄苏维埃中央执行委员会统一协调立法工作和管理工作，并负责监督苏维埃宪法的实施情况。当时的全俄苏维埃中央执行委员会是国家最高权力机关全俄苏维埃代表大会的常设机关。此后，社会主义国家的监督宪法实施的主管机关多为国家最高权力机关或其常设机关。

第三，由专门机关主管。1799 年的法国宪法规定设立护法元老院，并赋予它以撤销违宪的法律的权力。这可说是由专门机关主管监督宪法实施的开始。现在世界上有三十多个国家以特设的专门机关主管监督宪法的实施。专门机关的名称或为宪法委员会，或为宪法法院。

（二）我国的宪法实施监督制度

我国1954年宪法规定，全国人民代表大会行使监督宪法实施的职权。但是当时尚未形成完整的宪法实施监督制度。我国现行的宪法实施监督制度，是由1982年宪法规定的。

根据宪法的规定，我国的宪法实施监督制度，包括以下五个方面的内容：

第一，确认宪法的最高法律地位。宪法在宣言中庄严宣布：本宪法是国家的根本法，具有最高的法律效力。全国各族人民、一切国家机关和武装力量、各政党和各社会团体、各企业事业组织，都必须以宪法为根本的活动准则，并且负有维护宪法尊严、保证宪法实施的职责。宪法规定：一切法律、法规和地方性法规都不得同宪法相抵触。一切国家机关和武装力量、各政党和各社会团体、各企业事业组织都必须遵守宪法和法律。一切违反宪法和法律的行为必须予以追究。宪法还把遵守宪法规定为每一个公民必须履行的义务。

第二，规定监督宪法实施的主管机关。宪法规定，全国人民代表大会及其常务委员会行使监督宪法实施的职权。这一规定继承了1954年宪法关于由最高国家权力机关监督宪法实施的规定，而又弥补了该规定的不足，保证了我国的最高国家权力机关得以经常性地行使监督宪法实施的职权。同时，根据《全国人民代表大会组织法》的规定，全国人民代表大会各专门委员会的任务之一是：审议全国人民代表大会常务委员会交付的被认为同宪法相抵触的国务院的行政法规、决定和命令，国务院各部、各委员会的命令、指示和规章，省、自治区、直辖市的人民代表大会及其常务委员会的地方性法规和决议，以及省、自治区、直辖市的人民政府的决定、命令和规章，提出报告。由全国人民代表大会各专门委员会从事具体的审议工作，我国最高国家权力机关行使监督宪法实施的职权就可以进一步落实。

第三，赋予地方各级国家权力机关保证宪法实施的职权。宪法规定，地方各级国家权力机关都必须在本行政区内保证宪法的实施。依照这一规定，由地方各级人民代表大会和县以上地方各级人大常委会在各自的行政区域内切实保证宪法的实施，宪法就能在全国的一切地方和部门得到贯彻实施。

第四，建立全国性的法制监督体系。根据宪法的规定，全国人民代表大会有权改变或者撤销全国人大常委会的不适当的决议；全国人大常委会有权撤销国务院制定的同宪法相抵触的行政法规、决定和命令，并有权撤销省、自治区、直辖市国家权力机关制定的同宪法相抵触的地方性法规和决议；国务院有权改变或者撤销各部、各委员会发布的不适当的命令、指示和规章，并有权改变或者撤销地方各级国家行政机关的不适当的决定和命令；县级以上地方各级人民代表大会有权改变或者撤销本级人大常委会的不适当的决议；县级以上地方各级人大常委会有权撤销本级人民政府的不适当的决定和命令，并有权撤销下一级人民代表大会的不适当的决议；县级以上的地方各级人民政府有权改变或者撤销所属各工作部门和下级人民政府的不适当的决定；自治区的自治条例和单行条例须报全国人大常委会批准后生效，自治州、自治县的自治条例和单行条例须报省或自治区人大常委会批准后生效。上述各个环节，构成了一个全国性的社会主义法制监督体系，有助于保证宪法的统一实施。

第五，发挥党的领导和人民群众在监督宪法实施中的重大作用。宪法是中国共产党领导全国人民制定的。党既然领导全国人民制定了宪法，也将同全国各族人民一道，同各民主党派和各人民团体一道，共同维护宪法尊严和保证宪法实施。宪法规定，全国各族人民和各政党（包括中国共产党在内）都必须以宪法为根本的活动准则，并且负有维护宪法尊严、保证宪法实施的职责。宪法还规定，公民对任何国家机关和国家工作人员的违法失职行为，有向有关国家机关提出申诉、控告、检举的权利。党为了领导全国人民监督宪法的实施，还在新的党章中规定，党必须在宪法和法律的范围内活动。中国人民和中国共产党都已深知，宪法的权威关系到政治的安定和国家的命运，决不容许对宪法的任何损害，党的领导和人民群众的维护和监督，是我国宪法实施最重要的监督和最根本的保证。

第二节 我国的国家制度和社会制度

一、国家制度和社会制度概述

国家制度是指一个国家用宪法、法律确认和规定的国家性质和国家形式两个方面的制度的总和。

国家性质又称政权性质，或称国体，即一个国家的阶级本质。国家性质方面的制度包括实现阶级领导、阶级同盟以及镇压敌对阶级、敌对分子的制度。国家形式指的是实现国家权力的政权组织形式和调整国家与其组成部分之间的关系的国家结构形式。这两种形式的制度构成国家形式方面的制度。

在国家制度中，国家性质方面的制度居于核心地位，它决定着国家形式方面的制度。例如，我国的人民代表大会制、单一制都是由我国的人民民主专政制度决定的。但是国家形式方面的制度对于国家性质方面的制度也能起重大作用，它可以促进特定阶级性质的国家的巩固和发展，也可以导致其衰落或败亡。至于究竟起到何种作用，要看它是否适应国家性质的需要。例如，我国的人民代表大会制度就因为适应我国人民民主专政的需要，而使我国得以巩固和发展。历史上也曾出现过某些国家因国家形式不适应国家性质的需要而使国家衰落或败亡的事实。

社会制度是指一个国家用宪法、法律确认和规定的关于国家生活和社会生活的各种基本制度的总和。它包括经济、政治、法律、文化、教育、军事等各个方面的制度，其中居于基础地位并决定社会制度的性质的是一国的经济制度。

经济制度又称社会经济制度，亦称社会经济基础，是指以生产资料为基础的各种社会生产关系的总和。经济制度对国家制度起着决定作用，国家总是经济上占统治地位的阶级的国家。但是国家制度对经济制度能发生反作用，统治阶级总是利用其掌握的国家权力，运用政策和法律确认、巩固和发展有利于自己的经济制度。

现代世界各国宪法都有关于经济制度方面的规定。资产阶级国家宪法对经济制度的规定比较简单，而且采取隐蔽的方式。它们或者宣布“私有财产神圣不可侵犯”，或者在公民的基本权利中对私有财产加以精心保护，而且这种保护是在“人人平等”的形式下实现的，与资产阶级宪法相反，社会主义国家宪法对经济制度的规定则是公开的，而且比较详细。我国宪法不仅确认和规定了各种生产资料所有制和它们所构成的经济成分，而且规定了国家对各种经济成分的基本政策、社会产品的分配方式和发展国民经济的基本方针。

包括经济制度在内，并以经济制度为其主要标志的社会制度，体现着社会的性质。在人类社会的发展史上，依次出现过原始公社制度、奴隶制度、封建制度、资本主义制度、社会主义制度等不同的社会制度。社会主义制度是自有人类历史以来最进步的社会制度。我国宪法规定，社会主义制度是我国的根本制度，禁止任何组织或者个人破坏社会主义制度。宪法的这一规定，确认了我国社会制度的性质和社会的性质，从而也就决定了我国国家制度的性质和国家的性质。

二、我国的国家性质

（一）国家性质概说

国家的性质，即国家的阶级本质，指的是社会各阶级在国家中的地位，即一个国家内部存在哪些阶级，哪个阶级掌握国家权力，哪些阶级是它的同盟者，哪些阶级是被统治阶级。国家性质对于国家的各种制度和国家生活的各个方面都起着决定性的作用。国家的性质决定着国家的政治、法律、文化、教育、军事等制度和国家的基本政策，也决定着公民在国家中的法律地位。

决定一国国家性质的首要因素是该国的社会经济制度。有什么性质的社会经济制度，就有什么性质的国家。但是国家性质除了决定于社会经济制度外，还受其他因素的影响。例如一个国家在革命过程中阶级关系方面存在的某些特点，也会反映到革命胜利后建立起来的国家的性质上。如我国的民族资产阶级，由于在新民主主义革命时期接受中国共产党的领导参加了革命，因而在革命胜利后建立的新国家里，民族资产阶级便是民主的主体，而非专政的对象。

一切资产阶级国家都是少数剥削者对占人口绝大多数的劳动人民的统治。资产阶级的宪法对国家性质问题或者讳莫如深，或者用“主权在民”之类的虚伪词句来掩盖其资产阶级专政的实质。社会主义国家是多数人对少数人的统治，因而社会主义国家的宪法根本无需隐瞒国家的阶级本质；相反地，要用最明确的语言，公开宣布国家的性质，以激发广大人民群众的政治热情，增强他们当家作主的政治责任心，动员他们为捍卫自己的政权而斗争。

（二）我国是人民民主专政的社会主义国家

我国宪法规定：中华人民共和国是工人阶级领导的，以工农联盟为基础的人民民主专政的社会主义国家。这一规定是对我国的国家性质的确认。

1. 人民民主专政必须由工人阶级领导

工人阶级对国家的领导，是我国人民民主专政的根本标志。人民民主专政必须由工人阶级为领导阶级，是由工人阶级的特点及其所担负的历史使命决定的。工人阶级是社会先进生产力的代表，代表着社会发展的方向。它最有远见，大公无私，具有高度的组织性、纪律性和彻底革命的精神。工人阶级只有解放全人类，才能解放自己，它的根本利益同广大人民的利益是一致的，因而只有工人阶级才能把广大人民群众团结在自己周围，彻底埋葬资本主义，实现社会主义，最终建成共产主义。我国整个革命的历史证明，没有工人阶级的领导，革命就要失败，有了工人阶级的领导，革命就胜利了。所以，工人阶级成为我国的领导阶级，是我国各族人民在长期的革命斗争中所作出的选择，是我国历史发展的必然。

建国50多年来，随着我国社会主义事业的发展，特别是“随着改革和现代化建设的发展，我国工人阶级的队伍不断壮大，思想道德素质和科学文化素质日益提高，工人阶级的先进性也在发展。”① 当前，要顺利进行社会主义现代化建设，更需要进一步加强工人阶级对国家的领导。

我国工人阶级对国家的领导，是通过自己的政党中国共产党来实现的。中国共产党是中国工人阶级的先锋队，同时是中国人民和中华民族的先锋队，是中国特色社会主义事业的领导核心，代表中国先进生产力的发展要求，代表中国先进文化的前进方向，代表中国最广大人民的根本利益。“历史证明，只有在中国共产党领导下，走社会主义道路，国家才能强盛，民族才能振兴，人民才能富裕。”② 宪法序言指出，中国新民主主义革命的胜利和社会主义事业的成就，都是中国共产党领导中国各族人民，在马克思列宁主义、毛泽东思想的指引下，坚持真理，修正错误，战胜许多艰难险阻而取得的。并且指出，中国人民将继续在中国共产党的领导下，为完成新时期的历史任务而努力奋斗。

党的领导是政治领导，即政治原则、政治方向、重大方针政策的领导和向国家

① 江泽民：《在庆祝建党80周年大会上的讲话》，人民日报2001年7月20日。

② 江泽民：《在庆祝中国共产党成立七十周年大会上的讲话》。

政权机关推荐重要干部。党不是直接管理者，也不是政权机关和生产组织，党不能包办代替政权机关的工作和企业事业单位中的行政、生产工作。为了加强党对国家的领导，必须正确解决党政职能问题。只有这样，才有利于加强党的领导和改善党的领导，才能保证国家的立法、行政、司法机关以及经济、文化、教育组织和人民团体在党的领导下积极主动地、独立负责地、协调一致地工作。

2. 工农联盟是人民民主专政的基础

人民民主专政是工人阶级领导的政权，但这决不意味着工人阶级不需要同盟军。工人阶级要完成自己的历史使命，必须依靠广大的同盟军。人民民主专政本身就是一种阶级联盟，其中主要是工人阶级同农民阶级的联盟。

我国是农业人口占多数的国家。农民问题无论在民主革命时期或是在社会主义革命和建设时期，始终是一个最重要的问题。农民是劳动阶级，是工人阶级天然的和最可靠的同盟军。在民主革命时期，我国的工农联盟是建立在反对帝国主义、封建主义和官僚资本主义的基础之上的；在社会主义现代化建设时期，我国的工农联盟是建立在坚持四项基本原则，坚持改革开放，完成新时期国家的根本任务的基础之上的。我国革命和建设的发展历程表明，工人阶级领导的工农联盟是夺取新民主主义革命胜利的重要保证，也是实现社会主义现代化的重要保证。

工农联盟作为人民民主专政的社会主义国家的阶级基础，其重要性表现在以下各个方面：(1) 工农联盟是建立、巩固和加强人民民主政权的阶级基础。(2) 工农联盟是我国社会主义建设事业的基本力量。(3) 工农联盟是巩固和发展爱国统一战线的基础。(4) 工农联盟是维护祖国统一和民族团结的可靠保证。(5) 工农联盟是党和国家制定政策和法律的主要依据。由此可见，坚固的工农联盟，乃是我们社会主义祖国不可动摇的政治基石。

在我国，知识分子是社会主义的脑力劳动者。知识分子同工人、农民的差别，不是阶级的差别，而是劳动方式的不同。知识分子是我国工人阶级的一部分，他们同工人、农民都是我国社会主义事业的依靠力量。知识分子是包括在“以工农联盟为基础”之内的。

宪法序言指出：社会主义的建设事业必须依靠工人、农民和知识分子，团结一切可以团结的力量。宪法又在《总纲》中规定：国家培养为社会主义服务的各种专业人才，扩大知识分子的队伍，创造条件，充分发挥他们在社会主义现代化建设中的作用。这是我国第一次将知识分子的重要地位和作用载入宪法，为国家的知识分子政策作出了法律保障。作为国家的社会主义建设事业的依靠力量，广大知识分子应当加强主人翁的责任感，将自己从事的工作同国家的前途和民族的命运密切联系起来，为社会主义现代化事业作出积极的贡献。

3. 人民民主专政是民主和专政的结合

任何国家政权都既有民主的一面，又有专政的一面，问题在于对谁实行民主，对谁实行专政。

在我国，人民是国家的主人，中华人民共和国的一切权力属于人民。人民依照法律规定，通过各种途径和形式，管理国家事务，管理经济和文化事业，管理社会事务。并且宪法还规定人民享有广泛的民主自由和权利。

当前，我国社会的阶级结构较之建国初期已经发生了深刻变化。剥削阶级作为阶级已经消灭，人民民主空前扩大，专政范围日益缩小，阶级斗争已不再是我国社会的主要矛盾。但是，国内的阶级斗争还将在一定范围内长期存在，国际上还存在妄图颠覆我国社会主义制度的敌对势力。中国人民对敌视和破坏我国社会主义制度的国内外的敌对势力和敌对分子，必须进行斗争。因此，专政的职能并未消失。宪法规定：国家维护社会秩序，镇压叛国和其他危害国家安全的犯罪活动，制裁危害社会治安、破坏社会主义经济和其他犯罪的活动，惩办和改造犯罪分子。

我国的人民民主专政，在政权的领导力量、政权的阶级基础、政权的职能、政权的历史任务等各个主要方面，都同无产阶级专政的基本内容相一致。因而宪法序言指出，工人阶级领导的、以工农联盟为基础的人民民主专政实质上即无产阶级专政。宪法之所以采用人民民主专政这一提法，是因为这一提法能够更明确地体现中国人民在中国共产党领导下从新民主主义革命到社会主义革命的历史进程，能够更鲜明地表现我国政权的广泛基础和民主性质，也能够更清楚地反映我国阶级状况所发生的深刻变化。可见，我国的人民民主专政乃是我国人民在中国共产党领导下创造的适合我国国情和革命传统的无产阶级专政在我国的一种表现形式。

（三）我国的爱国统一战线

宪法在序言中，对我国的爱国统一战线和人民政治协商会议的性质、地位和作用作了阐述和规定。宪法序言指出：在长期的革命和建设过程中，已经结成由中国共产党领导的，有各民主党派和各人民团体参加的，包括全体社会主义劳动者、社会主义事业建设者、拥护社会主义的爱国者和拥护祖国统一的爱国者的广泛的爱国统一战线，这个统一战线将继续巩固和发展。中国人民政治协商会议是有广泛代表性的统一战线组织，过去发挥了重要的历史作用，今后在国家政治生活、社会生活和对外友好活动中，在进行社会主义现代化建设、维护国家的统一和团结的斗争中，将进一步发挥它的重要作用。

“统一战线历来是党的总路线总政策的组成部分。在社会主义现代化建设时期，统一战线具有重要的战略地位。今天，要建设有中国特色的社会主义，实现统一祖国、振兴中华，要挫败国内外敌对势力的颠覆、渗透与和平演变战略，没有一个包括中华民族绝大多数人在内的最广泛的爱国统一战线是不可能的。

在新的历史时期，我国的统一战线已由过去四个阶级的联盟发展成为工人阶级领导的工农联盟为基础的全体社会主义劳动者、社会主义事业建设者、拥护社会主义的爱国者同拥护祖国统一的爱国者组成的，包括台湾同胞、港澳同胞和国外侨胞在内的最广泛的联盟。统一战线内部爱国主义、社会主义的一致性更为增强，统一战线的范围空前扩大。

中国人民政治协商会议是我国爱国统一战线和多党合作的重要组织形式。但它不属于我国宪法所规定的国家机构体系，不是国家机关。它设有全国委员会和地方委员会。全国委员会由中国共产党、各民主党派（中国国民党革命委员会、中国民主同盟、中国民主建国会、中国民主促进会、中国农工民主党、中国致公党、九三学社、台湾民主自治同盟）、无党派民主人士、人民团体、各少数民族和社会各界的代表、台湾同胞、港澳同胞和归国侨胞的代表以及特别邀请的人士组成。地方委员会的组成，根据当地情况，参照全国委员会的组成决定。作为我国爱国统一战线的重要组织，中国人民政治协商会议的任务就是实现爱国统一战线的任务。

（四）中国共产党领导的多党合作和政治协商制度

中国共产党领导的多党合作和政治协商制度，是我国的一项基本政治制度。中国共产党和各民主党派团结合作，互相监督，共同致力于建设有中国特色的社会主义和统一祖国、振兴中华的伟大事业。

我国实行的共产党领导、多党合作的政治体制，是我国政治制度的特点和优点。它根本不同于西方资本主义国家的多党制或两党制，也有别于一些社会主义国家实行的一党制。它是马克思列宁主义同中国革命与建设相结合的一个创造，是符合中国国情的社会主义政党制度。坚持和完善这项制度，是我国政治体制改革的一项重要内容，对巩固扩大爱国统一战线，发扬社会主义民主，促进全国各族人民大团结，实现党和国家的总任务，具有重要意义。

中国共产党是我国社会主义事业的领导核心，是执政党。各民主党派是各自所联系的一部分社会主义劳动者和一部分拥护社会主义的爱国者的政治联盟，是接受中国共产党领导的，同中国共产党通力合作、共同致力于社会主义事业的亲密友党，是参政党。我国的多党合作必须坚持中国共产党的领导，必须坚持四项基本原则，这是我国多党合作的政治基础。

“长期共存、互相监督、肝胆相照、荣辱与共”，是中国共产党同各民主党派合作的基本方针。中国共产党处于执政党的地位，领导着拥有10多亿人口的国家政权，非常需要听到各种意见和批评，接受广大人民群众的监督。各民主党派是反映人民群众意见、发挥监督作用的一条重要渠道。充分发挥和加强民主党派参政和监督的作用，对于加强和改善共产党的领导，推进社会主义民主政治建设，保持国家长治久安，促进改革开放和现代化建设事业的发展，具有重要意义。

三、我国的政权组织形式

（一）政权组织形式概述

政权组织形式又称政体或国家根本政治制度，是指统治阶级用以实现其国家权力的形式，即统治阶级为了反对敌人、保护自己而组织起来的政权机关。

政权组织形式与国家性质有着不可分割的联系，二者的关系是形式与内容的关系。内容决定形式，形式服务于内容。有什么性质的国家，就需要有与之相适应的政权组织形式。有了与国家性质相适应的政权组织形式，一国的统治阶级才便于运用其国家权力治理社会、反对敌人、保护自己。

政权组织形式虽然是由国家性质决定的，但并不意味着凡是阶级本质相同的国家，其政权组织形式就必然相同。例如，英国和美国都是资产阶级国家，英国的政权组织形式是君主立宪制，美国则是民主共和制。又如，社会主义国家从本质上说都是无产阶级专政，而它们的政权组织形式却各具特点。之所以会产生这样的现象，是因为政权组织形式除了取决于国家的阶级本质外，还要受该国的阶级力量实际对比关系、革命特点、经济文化发展水平、民族传统、历史条件和国际环境等因素的影响和制约。

（二）我国的政权组织形式是人民代表大会制度

宪法规定：中华人民共和国的一切权力属于人民。人民行使国家权力的机关是全国人民代表大会和地方各级人民代表大会。这表明，我国的政权组织形式是人民代表大会制度。

人民代表大会制度作为我国的根本政治制度，其基本内容包括下列各点：

(1) 国家的一切权力属于人民。

所谓国家的一切权力属于人民，是指国家权力属于全体人民。由于国家权力统一而不可分割，所以不能把每个公民单独地看作是一部分国家权力的拥有者，而只能认为人民作为一个整体是国家权力的拥有者。

(2) 人民经过民主选举选出代表，组成全国人民代表大会和地方各级人民代表大会，作为人民行使国家权力的机关。

人民既然是 10 多亿人的总和，当然不可能由 10 多亿人一起动手直接行使国家权力，因此必须选举代表，由他们组成各级人民代表大会，代表人民行使国家权力。作为国家权力机关的人民代表大会，代表着人民的意志和利益，亦即人民代表大会的全体成员作为一个整体，代表着人民的意志和利益。

(3) 其他国家机关都由人民代表大会产生，对它负责，受它监督。

全国人民代表大会和地方各级人民代表大会是人民行使国家权力的机关，而国家权力在本质上是统一而不可分割的，因此人民代表大会是具有全权性的国家机关。但是从国家权力的具体行使看，则是可以分解的。国家权力中有一部分是由国家权力机关即人民代表大会直接行使的，如国家立法权、对重大国家事务的决定权，以及任免权和监督权等。另一部分是由宪法授权其他国家机关如行政机关、审判机关、检察机关等行使的职权。这些机关都由国家权力机关组织产生，并要对国家权力机关负责并接受其监督。从这两部分国家权力的具体行使情况看，都表明了国家的一切权力属于人民。

(4) 各级人民代表大会对人民负责，受人民监督。选民或者原选举单位可以随时罢免自己选出的代表。

由于人民代表大会是由代表所组成，所以对代表的监督可以看作是对人民代表大会的监督。同时，宪法还规定，我国公民对于任何国家机关有提出批评和建议的权利，这当然意味着有对人民代表大会提出批评和建议的权利。

以上四点，构成了我国人民代表大会制度的基本内容。

人民代表大会制度之所以是我国的根本政治制度，是因为：(1) 人民代表大会制度是我国人民在革命斗争中创建起来的，它的产生不依赖其他任何制度。(2) 人民代表大会制度是其他制度赖以建立的依据，其他制度都是根据人民代表大会制度的运行而建立起来的。(3) 同其他各种制度相比，人民代表大会制度最直接地反映我国的国家性质，最能体现我国政治生活的全貌。

人民代表大会制度是适合于我国的国体和国情，政权组织形式有着巨大的优越性和强大的生命力，表现为：

第一，人民代表大会制度便于人民群众行使国家权力。我国各级人民代表大会都是经过民主选举产生的。通过民主选举，我国人民的各个阶级、阶层和各个民族以及各个社会集团，都有与其在国家政治生活中的地位相当的一定数量的代表参加到各级国家权力机关中去。代表来自人民，与人民群众有密切的联系。他们代表人民行使国家权力，实现对国家事务、社会事务和各项经济、文化事业的管理。同时，代表本身也必须按照人民的意志办事，接受人民群众的监督成为人民真正的公仆，这就能够激发人民参加国家管理的政治热情，发挥人民群众的智慧和创造能力，使人民民主专政的政权日益巩固。

第二，人民代表大会制度能够保证国家权力的统一行使。人民代表大会在我国国家机构系统中处于首要地位和全权地位。国家的一切重大问题都由它决定，其他一切国家机关都由它产生，对它负责，受它监督。人民代表大会既能保证人民通过人民代表大会统一行使国家权力，又能实现议事和执行的统一，即“议行合一”，使国家机关具有高度的效率。

第三，人民代表大会制度，有利于调动中央和地方两个积极性。从宪法关于中央和地方的职权划分可以看出，按照民主集中制原则组织起来的人民代表大会，不但贯彻了下级服从上级、地方服从中央的原则，同时赋予地方机关以应有的自主权。在国家事务中，凡属全国性的、需要在全国范围内作出统一决定的重大问题，都由中央决定；凡属地方性的问题，应由地方处理的，则由地方因地、因时制宜地加以解决。这样，就既能保证中央国家机关对全国的统一领导，又能充分发挥地方政权机关的积极性和主动性，共同办好国家的事情。

（三）我国的选举制度

1. 选举制度的概念

选举制度是选举国家代表机关或者公职人员所应遵循的各项制度的总称。其内容包括选举的基本原则，选举权的确定，选举的组织、程序和方法，选举经费，选民和代表的关系，对破坏选举行为的制裁，等等。这些内容均由选举法加以规定和确认。选举制度是国家政治制度的重要组成部分，选举制度的民主性是衡量一个国家政治民主程度的重要标志。

我国的选举制度是指选举全国人民代表大会代表和地方各级人民代表大会代表所应遵循的各项制度的总称，其内容主要由宪法和选举法加以规定。我国早在1953年就制定了第一部选举法即《中华人民共和国全国人民代表大会和地方各级人民代表大会选举法》，1979年对1953年选举法进行了修改，制定了新的选举法，规定了比较完备的选举制度。1982年、1986年、1995年，该法曾先后进行了三次修改。2004年十届全国人大常委会第十二次会议根据选举法的基本精神和我国民主建设的新情况对该法再次进行修改，进一步完备了我国的选举制度。

选举制度的阶级本质，取决于国家的阶级本质。资本主义国家的选举制度标榜“普遍、平等、直接选举、秘密投票”的原则，这同封建主义的授职制、终身制、世袭制相比，确是历史的巨大进步。但是，资产阶级的选举制度归根结蒂只是为了保证资产阶级在国家中的统治地位。在生产资料由资产阶级占有的社会里，资产阶级凭借所掌握的社会财富、国家机器和舆论工具，运用法律手段和其他手段，限制和剥夺广大劳动人民的选举权利，使得“普遍、平等、直接”的选举权的实现事实上成为不可能。

我国的选举制度是社会主义的选举制度，是我国的人民代表大会制度的重要组成部分。它体现我国广大人民的意志和利益，对于人民群众参加国家管理，行使国家权力，起着重要的保证作用。今后，党和国家将通过政治体制改革，进一步完善我国选举制度的各个具体环节，使之更好地为发展人民民主和巩固社会主义制度服务。

2. 我国选举制度的基本原则

我国的选举制度，着眼于实际民主，并且根据我国的实际情况，采取尽可能完善的民主形式。我国选举制度的下列基本原则，不仅体现了社会主义民主，而且具有中国特色。

（1）选举权的普遍性

选举权的普遍性是指一个国家享有选举权的公民的广泛程度。我国宪法和选举法均规定，凡年满18周岁的我国公民，不分民族、种族、性别、职业、家庭出身、宗教信仰、教育程度、财产状况、居住期限，都有选举权和被选举权，但是依照法律被剥夺政治权利的人除外。上述规定表明，在我国享有选举权和被选举权的条件只有三个，即具有中国国籍，是中国公民；年满 18 周岁；依法享有政治权利。由此可见，我国公民享有选举权的广泛程度。在 1981 年我国第一次全国县级选举中，被剥夺选举权利的和不进行选民登记的人数只占选举地区 18 周岁以上人口总数的 0.03%。今后，随着我国社会主义事业和社会主义民主的发展，拥有选举权的公民的范围将会更加广泛。

(2) 选举权的平等性

选举权的平等性是指所有的选民在选举时每人只能投一个选票，而且所有的选票其效力完全相等。我国选举法规定，每一选民在一次选举中只有一个投票权。这表明我国已经实现了一人一票的平等原则。另一方面我国各级人民代表大会代表的名额和代表的产生，都以一定的人口数为基础。按照选举法的规定，城市应选代表的名额同人口的比例，要高于农村应选代表的名额同人口的比例；少数民族应选代表名额同人口的比例，要高于汉族应选代表名额同人口的比例。如果单纯从形式上看，这样的规定似乎是不平等的，但是如果立足于我国的现实，着眼于实质上的平等，就不难看到，只有这样，才有利于保证工人阶级在国家政权中的领导地位和发挥知识分子在社会主义现代化建设中的作用，也才有利于加强我国各民族的团结。因而这样的规定不仅是必要的，而且是合理的。

(3) 直接选举和间接选举并用

直接选举是指人民代表大会的代表由选民直接选举产生。间接选举是指上一级人民代表大会的代表由下一级人民代表大会选举产生。我国选举法规定，全国人民代表大会的代表，省、自治区、直辖市、设区的市、自治州的人民代表大会的代表，由下一级人民代表大会选举；不设区的市、市辖区、县、自治县、乡、民族乡、镇的人民代表大会的代表，由选民直接选举。这一规定表明，目前我国实行直接选举与间接选举并用，并把直接选举的范围由原来的乡一级扩大到县一级。直接选举较之间接选举，能够更充分地表达选民的意愿，更有利于选民对代表的监督。但是如果不顾国家政治、经济、文化等各方面的具体情况，在不具备全面实行直接选举的条件时一律实行直接选举，则会使直接选举流于形式，起不到它应有的作用。我国的作法符合我国当前的实际情况，注重于实际民主，并且可以为进一步扩大直接选举的范围打好基础。

(4) 秘密投票

秘密投票也称无记名投票，是公开投票的对称。公开投票是指记名投票或者以举手、鼓掌、起立等公开表示自己意愿的方式进行选举。秘密投票是指选举人在选举时在选票上正式候选人姓名之下注明同意或者不同意，或者另选其他人，或者弃权，而无需署名。选票填好后，由选举人亲自投入票箱。选举人的意思表示是秘密进行的，他人无权干涉，也无从干涉。我国 1953 年选举法规定，县级以上的选举采取无记名投票的方法，基层选举则兼采无记名投票和举手表决两种方法。这是同当时我国文盲还比较多的情况相适应的。现在我国人民的文化水平较之建国初期已有很大提高，因此现行选举法规定，全国和地方各级人民代表大会代表的选举，一律采用无记名投票的方法。选民如果是文盲或者因残疾不能写选票，可以委托他信任的人代写。这一规定反映了我国选举制度的进一步民主化。

(5) 从物质上和法律上保障选民的选举权利

在物质保障方面，我国选举法规定，全国人民代表大会和地方各级人民代表大会的选举经费由国库开支。这就从物质条件上保障每一个选民能够根据自己的意愿自由投票，并且保障每一个候选人机会均等而不受经济实力差别的限制，从而保证选举能够公正和真正体现民意。在法律保障方面，我国的选举法和其他有关选举的法律规定了我国选举的原则、组织、程序和方法，使我国的选举制度法律化、条文化。它既确认了选民的实体权利，又从程序上保证选民权利的实现。同时，为了保障选民自由地行使选举权利而不受外力干涉，我国选举法还规定，对于各种破坏选举，妨碍公民行使选举权利的违法行为或犯罪行为，依法给予行政处分或刑事处分。

(6) 代表对选民或原选举单位负责并受其监督

选民对代表的监督权和罢免权是选举权不可分割的部分。选民仅有选举权是不够的，还必须用监督权和罢免权来保障选举权。我国选举法不仅规定各级人民代表大会的代表受选民和原选举单位的监督，选民或原选举单位都有权罢免自己选出的代表，而且还具体地规定了罢免的程序，这就更能确保选民行使其选举权利。

四、我国的国家结构形式

(一) 国家结构形式概述

国家结构形式是指调整国家的整体与其组成部分之间的关系的形式，亦即调整国家的整体与其所属区域之间的关系的形式。任何国家都必须建立在一定的土地上，这就产生了国家对它所赖以建立的那块土地如何划分、划分之后如何处理它和各个部分之间的权限等问题。国家结构形式就是用来解决这些问题的。

现代世界各国的国家结构形式主要有两种，即单一制和联邦制。

单一制国家是由若干行政区域单位或者自治单位组成的单一主权的国家。其特点是：(1) 从国家的法律体系看，它只有一部宪法，由统一的中央立法机关根据宪法制定法律。(2) 从国家机构的组成看，它只有一个最高立法机关，一个中央政府，一个完整的司法系统。(3) 从中央与地方的权力划分看，地方接受中央的统一领导，地方政府的权力由中央政府授予，地方行政区域单位和自治单位没有脱离中央而独立的权力。

联邦制国家是由两个以上的成员国（邦、州、共和国等）组成的国家。其特点是：（1）从国家的法律体系看，除有联邦宪法外，各成员国还有各自的宪法。（2）从国家机构的组成看，除设有联邦立法机关、政府和司法系统外，各成员国还设有各自的立法机关、政府和司法系统。（3）从联邦与各成员国的职权划分看，其职权划分由联邦宪法规定。在保证联邦行使国家的立法、外交、军事、财政等主要国家权力的同时，又规定各成员国享有较大范围的自治权。

现代世界上单一制国家有两种类型，即资本主义的单一制国家与社会主义的单一制国家。联邦制国家也有两种类型，即资本主义的联邦制国家与社会主义的联邦制国家。一个国家采取何种国家结构形式，取决于很多因素，如历史传统、民族的组成和分布状况、经济发展状况、政治文化的影响等。社会主义国家究竟采取哪一种国家结构形式为宜，应当根据该国的具体情况来决定。马克思主义认为，建立统一集中的单一制国家，有利于社会主义经济、文化的发展和无产阶级的团结统一。但是马克思主义同时认为，在特定的历史条件和民族条件下，社会主义国家为了解决民族问题，联邦制也是一种适宜的形式。

（二）我国是统一的多民族国家

宪法序言指出：中华人民共和国是全国各族人民共同缔造的统一的多民族国家。平等、团结、互助的社会主义民族关系已经确立，并将继续加强。这表明，我国是统一的多民族国家，我国采取的是单一制的国家结构形式。

我国采取单一制的国家结构形式，体现了我国两千多年来统一的多民族国家的历史传统；体现了我国汉族和55个少数民族由于大分散、小集中和大杂居、小聚居的分布状况而产生的互相影响、互相融合，在政治、经济、文化等方面都具有密切联系的民族关系；也体现了我国各族人民团结一致，并肩战斗，粉碎国际反动势力破坏我国民族团结和国家统一的罪恶阴谋，共同建设我们伟大的社会主义祖国，促进全国各民族共同发展、共同繁荣的共同愿望。实践表明，我国采取单一制的国家结构形式，有利于国家的独立和统一，有利于国家的社会主义现代化建设，也有利于全国各民族的共同繁荣和发展。

（三）维护和发展各民族的平等、团结、互助关系

在我国这个统一的多民族的社会主义大家庭里，各民族之间的关系是平等互助、团结合作、共同繁荣的社会主义民族关系。必须坚持以民族平等作为我国解决民族问题和处理民族关系的基本准则，必须重视维护和发展各民族的平等、团结和互助合作的关系。宪法规定，我国各民族一律平等，国家保障各少数民族的合法的权利和利益，维护和发展各民族的平等、团结、互助关系，禁止对任何民族的歧视和压迫，禁止破坏民族团结和制造民族分裂的行为。

民族平等是民族团结和互助合作的前提和基础。只有实现了各民族之间的平等，才能有各民族之间的团结和互助合作。

实行民族平等，首先必须实行各民族在政治上的平等，特别是要切实保障少数

民族人民的民主权利和自治权利。但是仅有政治上的平等是不够的，还必须有经济、文化上的平等。由于历史的原因，我国各少数民族的经济、文化的发展都落后于汉族。宪法规定，国家根据少数民族的特点和需要，帮助各少数民族地区加速经济和文化的发展。这对于实现我国各民族经济、文化上的平等，实现各民族的共同繁荣，具有重要意义。

宪法还规定，各民族都有使用和发展自己的语言文字的自由，都有保持或者改革自己的风俗习惯的自由。这也是实现民族平等的重要方面。民族语言文字和民族风俗习惯，是各民族人民在长期的生产和生活实践中逐渐形成的，是民族的重要标志。至于有的少数民族的一些落后的风俗习惯，只有根据该民族人民的意愿，由该民族人民自己加以改革，才有利于加强民族团结。

宪法序言指出，在维护民族团结的斗争中，要反对大民族主义，主要是大汉族主义，也要反对地方民族主义。只有坚决反对大民族主义和地方民族主义，才能有效地禁止民族歧视、民族压迫和民族分裂，维护民族平等和民族团结。反对大民族主义和地方民族主义，既要依靠思想教育，也要采取各种必要的政治、经济、文化措施，还要正确区分两种不同性质的矛盾。

（四）我国的民族区域自治制度

我国的民族区域自治制度，是指在我国领域内，在中央的统一领导下，依照宪法和法律的规定，以少数民族聚居的地区为基础建立民族自治地方，以实行区域自治的民族的公民为主组成自治机关行使自治权，由少数民族自主地管理本民族、本地区事务的制度。

民族区域自治制度是我国的一项基本政治制度，它体现了我国解决民族问题的基本政策。宪法规定，各少数民族聚居的地方实行区域自治，设立自治机关，行使自治权，各民族自治地方都是我国不可分割的部分。

根据宪法和民族区域自治法的规定，民族区域自治制度的主要内容包括以下几个方面：

（1）凡是聚居的少数民族都有权实行区域自治，也只有在少数民族聚居的地方，才能实行区域自治。

（2）在民族自治地方，按照民主集中制的原则建立自治机关。民族自治地方的自治机关是该自治地方的人民代表大会和人民政府。自治机关的负责人主要由实行区域自治的民族的公民担任。在多民族居住的民族自治地方的人民代表大会中，除实行区域自治的民族的代表外，其他民族也应有适当名额的代表。

（3）民族自治地方的自治机关除行使宪法规定的地方国家机关的职权外，还依照宪法和有关法律的规定，行使自治权。自治权的内容，将在本章第五节中予以介绍。

（4）实行民族区域自治的地方都是我国不可分割的部分，民族自治地方的自治机关都是中央统一领导下的地方政权机关。

我国的民族自治地方包括自治区、自治州和自治县。到2003年底，我国已经建立民族自治地方155个，其中5个自治区，30个自治州，120个自治县（旗）。这些民族自治地方行政区域的总面积约610万平方公里，占全国总面积约60%以上，总人口为1.2亿多人，其中少数民族的人口为5 000多万人。

长期的实践充分证明，实行民族区域自治制度，有利于把国家的统一领导同各民族的平等与少数民族的自治结合起来；有利于把贯彻国家的方针、政策同适应少数民族地区的特点结合起来；有利于把热爱祖国的感情同热爱本民族的感情结合起来；有利于把国家的富强同各民族的共同繁荣结合起来。这就表明，民族区域自治制度具有巨大的优越性，它确是经过考验的适合我国国情的重要制度。

（五）我国的行政区域

行政区域是指在一国领土内所划分的各级行政单位所管辖的区域。

一个国家不论是大是小，为了便于实现行政管理，都要把自己的领土根据政治、经济、民族状况及地理历史条件的不同，划分成大小不同、层次不同的区域，建立相应的政权机关。行政区域的划分是人为的，不是自然形成的，它是阶级社会的产物，反映着国家的阶级本质。

我国对行政区域的划分，是把便于人民群众参加国家管理放在首位加以考虑，同时还要考虑到如何有利于发展经济建设事业和各民族的共同繁荣，并且要照顾到自然条件和历史状况。

建国以来，随着我国政治、经济、文化建设的发展和民族区域自治制度的实行，我国行政区域的划分，经历过一些发展变化。当前，根据宪法的规定，我国的行政区域的划分为：（1）全国分为省、自治区、直辖市；（2）省、自治区分为自治州、县、自治县、市；（3）县、自治县分为乡、民族乡、镇；（4）直辖市和较大的市分为区、县；（5）自治州分为县、自治县、市。

由此可见，我国的行政区域基本上划分为三级，即省（自治区、直辖市）、县（自治县、市）、乡（民族乡、镇）。但有的地方则是划分为四级。国家按照行政区域的划分，相应地建立地方各级国家机关的体系。

宪法还规定，国家在必要时得设立特别行政区，在特别行政区内实行的制度按照具体情况由全国人民代表大会以法律规定。这表明，我国的行政区域，除了上述的一般行政区域之外，还包括特别行政区在内。特别行政区是指在我国版图内，根据我国宪法和法律的规定所设立的，具有特殊的法律地位，实行特别的政治、经济制度的行政区域。经济特区不是特别行政区。设立特别行政区，是为了完成祖国统一的大业，根据"一国两制"的方针，为和平解决台湾、香港、澳门问题而采取的特别措施。根据中英关于香港问题的联合声明和中葡关于澳门问题的联合声明，我国政府已于1997年7月1日和1999年12月20日先后对香港、澳门恢复行使主权，并根据宪法第31条的规定，分别设立香港特别行政区和澳门特别行政区。

特别行政区与一般行政区的共同之处是：(1) 特别行政区同一般行政区一样，都是中华人民共和国不可分离的部分，都是我国地方制度的有机组成部分。(2) 特别行政区政权同一般行政区政权一样，都是中华人民共和国的地方政权，受我国中央人民政府的统一管辖，中央人民政府依照法律规定，任命特别行政区的行政长官和行政机关的主要官员。

特别行政区与一般行政区的不同之处是：(1) 依照法律规定，特别行政区在相当长的期限内不实行社会主义制度和政策，原有的社会经济制度、生活方式予以保留。这样做，有利于特别行政区的繁荣和稳定，符合特别行政区的历史和现实情况。(2) 依照法律规定，特别行政区享有高度的自治权。主要表现为：特别行政区政府由当地永久性居民组成；中央人民政府负责管理与特别行政区有关的外交事务，同时又可授权特别行政区依法处理有关的对外事务；中央人民政府负责管理特别行政区的防务，但是派驻的军队不干预特别行政区的地方性事务；特别行政区享有行政管理权、立法权、独立司法权和终审权。

众所周知，台湾自古以来就是我国神圣领土的一部分。台湾同祖国的分离，违背了包括台湾在内的我国各族人民的共同利益和愿望。因此，我国宪法在序言中庄严宣告："台湾是中华人民共和国的神圣领土的一部分。完成统一祖国大业是包括台湾同胞在内的全中国人民的神圣职责。"为了反对和遏制"台独"分裂势力分裂国家，促进祖国和平统一，维护台湾海峡地区和平稳定，维护国家主权和领土完整，维护中华民族的根本利益，2005年3月，十届全国人大三次会议根据宪法制定和通过了《反分裂国家法》。该法规定："国家和平统一后，台湾可以实行不同于大陆的制度，高度自治。这表明，我国在维护国家主权、统一和领土完整的原则方面是坚定不移的，但是在具体政策、措施方面又有很大的灵活性。这是原则性和灵活性相结合的典范。

五、我国的经济制度

(一) 我国经济制度的基础是生产资料的社会主义公有制

我国的根本制度是社会主义制度。社会主义制度同以往任何社会制度的最根本的区别，就在于社会主义制度是建立在生产资料社会主义公有制的基础之上的。只有建立和巩固社会主义公有制，才能消灭剥削制度，实行社会主义制度，宪法规定：我国的社会主义经济制度的基础是生产资料的社会主义公有制，即全民所有制和劳动群众集体所有制。我国的生产资料公有制之所以要采取这两种形式，是同当前我国社会生产力的发展状况相适应的。

在社会主义初级阶段，必然存在着多种所有制经济并存的情况。

社会主义全民所有制的国有经济，是国民经济中的主导力量，在国民经济的发展中起着决定性的作用。它掌握着国家的经济命脉，决定着我国国民经济的性质和发展水平，左右着其他的经济形式。充分发挥全民所有制经济在国民经济中的主导作用，是保证劳动群众集体所有制沿着社会主义方向前进，保证个体经济、私营经济为社会主义服务，保证整个国民经济的发展符合全体人民的整体利益和长远利益的决定性条件。因此宪法规定，国家保障国有经济的巩固和发展。

劳动群众集体所有制经济是由集体经济组织内的劳动者共同占有生产资料的一种公有制经济。它主要适合于我国现阶段农业生产力的状况。宪法规定，农村集体经济组织实行以家庭承包经营为基础、统分结合的双层经营体制。统分结合的双层经营体制，是指在农村集体经济组织内部实行的集体统一经营和家庭承包经营相结合的经营体制，家庭承包经营是双层经济体制的基础。宪法对这种经营体制作出规定，将有利于这种经营体制长期稳定、不断完善和农村集体经济的不断发展。宪法还确认农村中的生产、供销、信用、消费等各种形式的合作经济，城镇中的手工业、工业、建筑业、运输业、商业、服务业等行业的各种形式的合作经济，都是社会主义劳动群众集体所有制经济。劳动群众集体所有制经济在我国社会主义现代化建设中占有重要地位，发挥着重要作用。它不仅为国家提供了90%以上的商品粮以及大量的工业原料和出口商品，而且在发展日用工业品生产，满足城乡人民生活需要，扩大劳动就业等方面，发挥着越来越重要的作用。因此宪法规定，国家保护城乡集体经济组织的合法的权利和利益，鼓励、指导和帮助集体经济的发展。

宪法还规定，参加农村集体经济的劳动者，有权在法律规定的范围内经营自留地、自留山、家庭副业和饲养自留畜。这一规定，有利于进一步调动参加农村集体经济组织的劳动者的劳动热情，增加农副产品的生产，以满足农民的家庭生活和城镇人民的需要。

土地所有制是生产资料所有制的一个重要方面。与我国社会主义公有制两种形式相适应，宪法明确规定：城市的土地属于国家所有；农村和城市郊区的土地，除由法律规定属于国家所有的以外，属于集体所有。宅基地和自留地、自留山，也属于集体所有。国家为了公共利益的需要，可以依照法律规定对土地实行征用或者征收并给予补偿。任何组织或个人不得侵占、买卖或者以其他形式非法转让土地。土地使用权可以依照法律的规定转让。宪法的这些原则规定，为我国土地立法提供了依据，对于保证国家的社会主义经济建设，特别是保证农业经济发展的社会主义方向，具有重大意义。

（二）坚持以公有制为主体、多种所有制经济共同发展的基本经济政策

我国正处在社会主义初级阶段，在生产资料所有制方面，除上述两种形式的公有制经济外，还必然存在其他多种非公有制经济：个体经济、私营经济等。

我国现阶段的个体经济和私营经济，不同于资本主义制度下的个体经济和私营经济。它们与社会主义公有制经济相联系，并且具有如下优点和特点：（1）产权

明晰，自负盈亏，自担风险，而无需国家投资和承担风险；（2）可以从劳动与最简单的生产资料相结合开始，进行原始积累，易于调动广大劳动者的积极性，发挥我国人力资源雄厚的优势，充分、合理利用各种资源，加快经济发展；（3）组织简单，开办容易，经营机制灵活，具有很强的市场适应能力和资本增值能力；（4）遍布全国城乡各地区各行业，能适应我国经济发展不平衡的国情，有利于资源的合理配置；（5）能为各类消费层次的人们提供多种多样的商品和服务，拾遗补阙，繁荣城乡市场，推动经济增长，增加财政收入，扩大就业，促进社会稳定。可见，个体、私营经济是适应我国生产力水平和社会主义市场经济发展需要，具有旺盛生命力和广阔发展天地的经济成分。

但是，在一段时期内，特别是在“文化大革命”时期，由于受极左思潮的影响，个体、私营经济日趋萎缩，濒临灭绝，这不仅给经济发展造成重大损失，也给人民生活带来极大不便。党的十一届三中全会以后，在邓小平理论指引下，我国个体、私营经济逐步恢复了它们的生机和活力。

党的十五大明确了邓小平理论是党的指导思想，并以邓小平理论为依据，深刻阐述了我国长期处于社会主义初级阶段及其基本特征和纲领，确立了“公有制为主体、多种所有制经济共同发展”的我国社会主义初级阶段的基本经济制度，明确指出，非公有制经济是我国社会主义市场经济的重要组成部分。对个体、私营经济等非公有制经济要继续鼓励、引导，使之健康发展。1999 年九届全国人大二次会议审议通过的宪法修正案，确认了党的十五大的重要精神和论述，明确规定：“国家在社会主义初级阶段，坚持公有制为主体，多种所有制经济共同发展的基本经济制度。”（第 6 条）“在法律规定范围内的个体经济、私营经济等非公有制经济，是社会主义市场经济的重要组成部分。”“国家保护个体经济、私营经济等非公有制经济的合法的权利和利益。国家鼓励、支持和引导非公有经济的发展，并对非公有制经济依法实行监督和管理。”（第 11 条）

对外开放是我国的一项长期的基本国策。为了促进和加速我国社会主义现代化建设，我国在独立自主、自力更生的基础上，坚持实行对外开放政策，按照平等互利的原则，利用外资，引进先进技术和科学管理经验，吸引外国企业和经济组织同我国企业和经济组织举办合资、合作经营企业或者由它们进行独资经营。因此宪法规定：“中华人民共和国允许外国的企业和其他经济组织或者个人依照中华人民共和国法律的规定在中国投资，同中国的企业或者其他经济组织进行各种形式的经济合作。”“在中国境内的外国企业和其他外国经济组织以及中外合资经营的企业，都必须遵守中华人民共和国的法律，它们的合法的权利和利益受中华人民共和国法律的保护。”（第 18 条第 1、2 款）

总之，在社会主义初级阶段，必须坚持公有制为主体、多种所有制经济共同发展的基本经济政策，发挥个体经济、私营经济和其他经济成分在社会主义市场经济中的积极作用，以利于整个国民经济的发展。

（三）国家保护社会主义公共财产和公民的私有财产权

1. 国家对社会主义公共财产的保护

社会主义公共财产，从所有权来说，包括全民所有的财产和劳动群众集体所有的财产；从其具体内容来说，包括国家机关、人民武装力量、社会团体所有的一切财产，全民所有制和集体所有制的企业和事业单位的全部生产资料、产品、公用设施和其他一切财产，以及国家所有和集体所有的自然资源。

社会主义的公共财产是巩固和发展社会主义制度和建设社会主义现代化国家的物质基础，是逐步提高我国各族人民的物质生活水平和文化生活水平的物质源泉，也是我国人民享有各项权利和自由的物质保证。任何侵犯社会主义公共财产的行为，都将使社会主义事业受到危害。因此宪法宣告："社会主义的公共财产神圣不可侵犯。"（第 12 条第 1 款）"国家保护社会主义的公共财产，禁止任何组织或者个人用任何手段侵占或者破坏国家的和集体的财产。"（条 12 条第 2 款）

2. 国家对公民私有财产权的保护

我国自改革开放以来，随着经济发展和人民生活水平的提高，公民拥有的私有财产普遍有了不同程度的增加，特别是越来越多的公民已经或者将拥有私人的生产资料，因而群众对于保护自己的财产有了更加迫切的要求。2004 年修宪时，将国家保护公民的合法财产所有权，修改为"公民的合法的私有财产不受侵犯"（第 13 条第 1 款）。这一修改，（1）加大了对私有财产保护的力度；（2）明确了保护范围，既包括生活资料，也包括生产资料；（3）用"财产权"代替原有条文中的"所有权"，从而在权利的含义上更加准确、全面。可以预见，对私有财产提供宪法保护，既有利于人们增强对私有财产的安全感，也有利于拉动民间投资，防止私人资产非投资性外流，促进非公有制经济的发展。

宪法还规定，国家依照法律规定保护公民的私有财产权和继承权。（第 13 条第 2 款）国家为了公共利益的需要，可以依照法律规定对公民的私有财产实行征收或者征用并给予补偿。（第 13 条第 2、3 款）

（四）坚持按劳分配为主、多种分配方式并存的分配制度

宪法规定，"社会主义公有制消灭人剥削人的制度，实行各尽所能，按劳分配的原则。"（第 6 条第 1 款后段）

各尽所能，按劳分配，是社会主义制度下最主要的分配原则。它既是社会主义制度的产物，又是社会主义公有制的体现。这一原则要求每个有劳动能力的公民都要尽自己的能力积极地为社会劳动，努力生产，勤奋工作，然后社会按照劳动者所提供的劳动数量和质量来分配消费品。这一原则的实现，是社会分配制度的一次深刻革命，是对几千年来建立在生产资料私有制基础上的"劳者不获，获者不劳"

的分配制度的根本否定。

但是，在社会主义初级阶段，分配方式不可能是单一的。我国既然实行以公有制为主体、多种所有制经济共同发展的基本经济制度，就必然要求在分配上实行以按劳分配为主体、多种分配方式并存的制度，把按劳分配和按生产要素分配结合起来。在我国现阶段，除了按劳分配这种方式和个体劳动所得以外，企业发行债券筹集资金，就会出现凭债权取得利息；随着股份经济的产生，就会出现股份分红；企业经营者的收入中，包含部分风险补偿；私营企业雇用一定数量的劳动力，会给企业主带来部分非劳动收入。以上这些收入，只要是合法的，就应当允许。因此，在社会主义初级阶段，按照宪法规定必须坚持按劳分配为主体、多种分配方式并存的分配制度。一方面，允许和支持一部分人、一部分地区通过诚实劳动和合法经营先富起来；另一方面，又要防止贫富悬殊，坚持共同富裕的方向。因而，在当前，必须改革收入分配制度，着力提高低收入者收入水平，扩大中等收入者比重，有效调节过高收入，取缔非法收入，努力缓解地区之间和部分社会成员之间收入分配差距扩大的趋势，以利于全体公民和各个地区逐步实现共同富裕，构建和谐社会。

（五）我国发展国民经济的基本方针

1. *在发展生产的基础上逐步改善人民的生活*

社会主义社会的根本任务是发展生产力。社会主义生产的目的，就是要在不断发展生产的基础上，逐步改善人民的物质生活和文化生活。发展社会生产力的关键，在于提高劳动生产率和经济效益。为此，宪法规定，国家通过提高劳动者的积极性和技术水平，推广先进的科学技术，完善经济管理体制和企业经营管理制度，实行各种形式的社会主义责任制，改进劳动组织，以不断提高劳动生产率和经济效益，发展社会生产力。宪法还规定，要厉行节约，反对浪费，合理安排积累和消费，兼顾国家、集体和个人的利益。2004 年修宪时，又把“国家建立健全同经济发展水平相适应的社会保障制度”作为单独一款，写进宪法（第 14 条第 4 款），因为，只有这样，才能使生产得到长足发展，国家也才能在发展生产的基础上，逐步改善人民的物质生活和文化生活。

2. *实行改革开放*

实行改革和开放是我国的强国之路。20 世纪 80 年代，我国社会经济生活中最引人注目的是经济体制改革和对外开放。这是我国 80 年代所发生的最深刻的变化，也是我国取得社会主义建设事业巨大成就的最基本的推动力。今后，要继续坚定不移地深化改革，扩大开放。要通过改革，不断完善社会主义的经济、政治体制和其他领域的管理体制，充分调动中央、地方、企业和广大劳动人民的主动性、积极性和创造性。要采取发展对外经济贸易关系、利用外资和引进先进技术等多种形式，通过创办经济特区、经济开发区和实行必要的特殊政策与灵活措施，不断扩大对外开放。

在经济体制改革中，增强企业活力的关键是企业依法享有自主权和实行民主管理。为此，宪法规定：国有企业在法律规定的范围内，有权自主经营（第16条第1款）；集体经济组织在遵守有关法律的前提下，有独立进行经济活动的自主权。（第17条第1款）国有企业依照法律规定，通过职工代表大会和其他形式，实行民主管理（第16条第2款）；集体经济组织实行民主管理，依照法律规定选举和罢免管理人员，决定经营管理的重大问题。（第17条第2款）

3. 实行社会主义市场经济

过去由于受传统观念的影响，认为市场经济是资本主义特有的东西，计划经济才是社会主义经济的基本特征，因而1982年制定现行宪法时，规定“国家在社会主义公有制基础上实行计划经济”。其实，正如邓小平同志提出的，计划经济不等于社会主义，资本主义也有计划，市场经济不等于资本主义，社会主义也有市场。计划和市场都是手段。改革开放十多年来，市场范围逐步扩大，计划直接管理的领域显著缩小，市场对经济活动调节的作用大大增强。实践表明，市场作用发挥比较充分的地方，经济活力就比较强，发展态势也比较好。实践的发展和认识的深化，要求我们明确提出建立社会主义市场经济体制，以利于进一步解放和发展生产力。因而，1993年宪法修正案明确规定，国家实行社会主义市场经济。为了保证社会主义市场经济的健康发展，修正案还规定：“国家加强经济立法，改善宏观调控，依法禁止任何组织或者个人扰乱社会经济秩序。”

第三节 我国的社会主义物质文明、政治文明和精神文明建设

一、“三个文明”的协调发展

（一）“三个文明”协调发展问题的提出

文明是指人类改造世界的成果，与人类社会同时产生。改造世界包括两个方面：改造客观世界和改造主观世界。但在以往相当长的一段时期里，人们对改造客观世界的理解，往往局限于对自然界的改造，并把人类对自然界的改造，理解为物质文明建设的全部，这样的认识是失之偏颇的。实际上，改造客观世界不仅包括改造自然界，还包括改造社会。改造自然界的物质成果就是物质文明，它表现为人们物质生活的进步和物质生活水平的提高；而改造社会即对社会制度改造的成果，则属于政治文明，它表现为新的社会制度的建立和发展以及人们政治行为的进步和政治生活的提高。改造主观世界的成果就是精神文明，它表现为社会的精神生产和精神生活得到发展，具体包括教育、科学、文化知识的发达，理论、思想、道德水平的提高。当然，物质文明、政治文明和精神文明的不同内涵是相对而言的，三者之间既有区别又有联系，它们互相渗透，互相交叉。

早在一百多年前，马克思、恩格斯把社会生活分为物质、政治、精神三个方面，因而文明也包含三个方面的含义即物质方面、政治制度方面和精神方面。马克思在《政治经济学批判》中说："物质生活的生产方式制约着整个社会生活、政治生活和精神生活的过程。"① 这段话明确地把社会生活划分为物质生活、政治生活和精神生活三大领域。恩格斯在《反杜林论》中揭示了社会主义社会的发展，就是"经济、政治和智力的发展"，就是"经济、政治和精神"的发展。②

毛泽东在《新民主主义论》中指出，建设新民主主义国家的纲领，由建设新的政治、经济、文化"三大纲领"组成，并阐明了经济、政治、文化三者的辩证关系。之后，在《论联合政府》、《正确处理人民内部矛盾》等论著中，都曾论及经济、政治和思想文化的建设。

邓小平在改革开放之初就已经提出要把物质文明、精神文明和民主法制建设作为社会主义现代化建设"三位一体"的总目标。

在新的历史条件下，江泽民在前人论述的基础上，完整地提出了社会主义物质文明、政治文明和精神文明建设的思想，特别是明确提出了政治文明的概念。他指出：要促进有中国特色社会主义经济、政治、文化的协调发展；法治属于政治建设、属于政治文明；建设社会主义政治文明，是社会主义现代化建设的重要目标。2002 年 7 月 16 日，他在考察中国社会科学院时明确提出，建设有中国特色社会主义，应当是我国经济、政治、文化全面发展的进程，是我国物质文明、政治文明、精神文明全面建设的进程。

党的十六大不仅把发展社会主义民主政治、建设社会主义政治文明同建设社会主义物质文明、精神文明一起确定为全面建设小康社会的重要目标，而且把"三个文明"建设的思想写入党章，从而明确了"社会主义物质文明、政治文明和精神文明协调发展"的思想。可见，"三个文明"协调发展，不仅体现了中国人民在建设有中国特色社会主义的过程中始终坚持马克思主义，而且丰富和发展了马克思主义关于人类社会发展的理论。正如胡锦涛在 2003 年"七一"重要讲话中指出的："三个文明"协调发展的思想是对马克思主义理论的重大贡献。

宪法是国家的根本法，具有最高的法律地位、法律效力和法律权威。此次修宪把"三个文明"协调发展写进宪法，从国家根本法的高度肯定了"三个文明"在建设有中国特色社会主义过程中的地位，为"三个文明"协调发展提供了宪法保障。

(二) 以"三个代表"重要思想为指南，推进"三个文明"建设

"三个代表"重要思想是中国共产党的行动指南，它以马克思主义观点结合我

① 《马克思恩格斯选集》第 2 卷，人民出版社 1995 年版，第 32 页。

② 《马克思恩格斯选集》第 3 卷，人民出版社 1995 年版，第 524、632 页。

国社会主义现代化建设的实践，回答了在长期执政和改革开放的情况下，应该把中国共产党建设成什么样的党和怎样建设党的问题。“三个文明”协调发展则是从国家建设的角度，回答了什么是社会主义和怎样建设社会主义的问题。具体地说，就是要以物质文明、政治文明、精神文明“三个文明”的协调发展，去推进社会主义现代化建设。因此，作为领导党、执政党的中国共产党的指导思想的“三个代表”重要思想，它既是党的建设的纲领，同时也必然成为社会主义现代化建设的纲领，是党的建设纲领与社会主义现代化建设纲领的统一；而“三个文明”协调发展则是贯彻“三个代表”重要思想的必然要求。

“三个代表”重要思想同“三个文明”在内涵上是相对应、相吻合的。“三个代表”重要思想中的“先进生产力”，对应的是物质文明；“三个代表”重要思想中的“先进文化”，对应的是精神文明；“三个代表”重要思想中的“人民的根本利益”则与政治文明相对应，因为政治文明的实质问题是社会主义民主政治，是人民当家作主，这是人民利益的集中表现。可见，“三个代表”重要思想与“三个文明”是相辅相成的，只有按照“三个代表”重要思想的要求，推动“三个文明”协调发展，才能使党的建设纲领与社会主义现代化建设纲领真正统一起来并得到全面落实。①

（三）“三个文明”协调发展是构建社会主义和谐社会的必需

社会和谐，是人类共同的美好理想。构建社会主义和谐社会是我国全体人民的共同愿望。

党的十六届六中全会不仅确立了构建社会主义和谐社会必须遵循的六项原则，而且提出了更加完善社会主义民主与法制，全面落实依法治国的基本方略；逐步扭转城乡、区域发展差距扩大的趋势，基本形成合理有序的分配格局，家庭财产普遍增加，人民过上更加富足的生活；全民族的思想道德素质、科学文化素质和健康素质明显提高，良好道德风尚、和谐人际关系进一步形成等九个方面的任务。综观这些原则和任务，其落实与完成，无不与“三个文明”协调发展息息相关，只有“三个文明”得到充分地协调发展，以充满活力、团结和睦为重要特征的社会主义和谐社会，才得以真正实现。为此，必须不断加强物质文明建设，进一步加强社会主义精神文明建设，着力推进社会主义政治文明建设。

1. 不断加强物质文明建设

我国正处于并将长期处于社会主义初级阶段，人民日益增长的物质文化需要同落后生产力之间的矛盾，仍然是我国社会的主要矛盾。“三个文明”一起抓，最根本的是坚持以经济建设为中心，不断解放和发展生产力，集中力量把经济搞上去，

---

① 参见朱峻峰：《执政兴国的基本方略——按照“三个代表”要求推进“三个文明”建设》，载《求是》2003年第13期。

创造出更多更好的物质文明成果，不断提高人民的生活水平和质量，为政治文明、精神文明建设创造物质条件，也是为构建和谐社会奠定坚实的物质基础。

2. 进一步加强精神文明建设

社会主义精神文明建设是社会主义社会的重要特征，也是社会主义优越性的重要表现。没有社会主义精神文明，就不可能建设社会主义现代化。这就是说，我国的现代化作为一个社会过程，不仅是物质文明的发展，而且是由社会主义政治文明和社会主义精神文明来保证这种发展的社会主义方向的，如果忽视了社会主义精神文明建设这个伟大任务，人们对社会主义的理解就会陷入片面性，就会使人们的注意力仅仅限于物质文明建设，甚至仅仅限于物质利益的追求，那么，我国的现代化社会就会失去理想和目标，就不能抵制各种腐化因素的侵袭，最终就很难避免走上畸形发展和变质的邪路。

社会主义精神文明建设包括思想道德建设和教育科学文化建设两个方面。我国宪法对这两方面都作出了明确、详尽的规定（第 19 条至第 24 条）。社会主义精神文明建设的根本任务，是适应社会主义现代化建设的需要，培养有理想、有道德、有文化、有纪律的社会主义公民，提高整个中华民族的思想道德素质和科学文化素质。

因此，推动“三个文明”协调发展，就必须全面贯彻宪法关于社会主义精神文明建设的规定，进一步加强社会主义精神文明建设，努力提高人们的思想道德素质、科学文化素质和健康素质，促进人的全面发展；大力弘扬和培育以爱国主义为核心的民族精神，加强社会主义思想道德建设，把依法治国和以德治国紧密结合起来；大力发展社会主义教育、科学、文化、卫生、体育事业，积极发展和繁荣面向现代化、面向世界、面向未来的民族的、科学的大众的社会主义文化、不断丰富人们的精神世界，提高人民群众的精神文化生活水平和质量。

3. 着力推进政治文明建设

推动“三个文明”协调发展，应当把政治文明建设放在更加突出的位置，着力加强政治文明建设，从制度上、法律上促进“三个文明”协调发展。我们的党和国家一贯重视民主政治建设，先后出台了一系列建设政治文明的法律和制度，并将依法治国的基本方略载入宪法，国家的政治和社会生活日益制度化、法律化。但是，过去由于没有明确提出政治文明的规定，致使有些人的头脑里只想到经济建设，有些地方的政治文明建设与物质文明建设相比明显滞后。此次修宪，明确地把政治文明作为社会主义现代化建设目标之一写入根本法，这是对我国国情认识的一次飞跃，既填补了理论上的空白，又具有很强的实践性，使社会主义现代化建设的体系更加完整，使政治文明建设具有坚实的政治基础和坚强的宪法保障。

推进政治文明建设，必须把党的领导、人民当家作主和依法治国有机地统一起来。坚持党的领导、人民当家作主和依法治国的统一性，是我国社会主义民主政治建设最根本的特征。党的领导是人民当家作主和依法治国的根本保证。人民当家作主是社会主义民主政治的本质要求，政治文明建设的核心内容就是民主与法制建设。邓小平指出："没有民主就没有社会主义，就没有社会主义的现代化。"建设社会主义民主政治，要始终把人民当家作主作为出发点和落脚点，这样才能充分调动广大人民群众参与社会主义建设的积极性、主动性和创造性。依法治国，最根本的是依宪法国，树立宪法的最高权威；要坚持法律面前人人平等，任何组织和个人都必须以宪法为活动准绳；要依法保障公民权利、约束公共权力，以法治来保障和促进政治文明。

加强政治文明建设，关键在于制度建设和制度创新。制度问题带有根本性、全局性、稳定性和长期性，因而政治文明建设的重点是加强制度建设和制度创新，要按照党的十六大的要求，大胆探索，进行制度创新，完善有关制度，推进社会主义政治文明建设。

政治文明建设要从实际出发，积极稳妥地进行。所谓从实际出发，就是政治文明建设要与经济、社会的全面进步相适应，如果超越国情、超越历史发展阶段来追求政治文明，不仅政治文明建设搞不好，还会影响政治稳定和国家长治久安。在政治文明建设中，要注意总结自己的经验，同时也要有选择地借鉴人类政治文明的有益成果，但绝不能照抄西方政治制度模式。所谓积极稳妥，就是既要有时代紧迫感，又要强调工作的稳妥性。政治文明建设是一个逐步发展的历史过程，急于求成是行不通的，一定要有步骤、有领导、有秩序地进行，使政治文明建设既积极、又稳妥，与社会主义物质文明、精神文明建设协调发展。①

二、发挥知识分子在"三个文明"建设中的作用

知识分子同工人、农民一样，是建设社会主义事业的依靠力量。"三个文明"建设离不开知识分子。没有一支宏大的有社会主义觉悟和专业知识的知识分子队伍，不充分发挥知识分子的作用，国家落后面貌就不能改变，社会主义现代化就无法实现。所以宪法设专条规定："国家培养为社会主义服务的各种专业人才，扩大知识分子队伍，创造条件，充分发挥他们在社会主义现代化建设中的作用。"（第23条）

要充分发挥知识分子在社会主义现代化建设中的作用，必须纠正在对待知识分子问题上的"左"的思想。要做到这一点，首先必须铲除蔑视科学文化的愚昧思想。尊重科学文化，就必须尊重知识分子；蔑视科学文化，就必然歧视知识分子。一个国家、一个民族，如果蔑视科学文化，歧视知识分子，就会受到客观规律的惩罚，这已经为我们过去的沉痛教训所证实。对待知识分子，还必须在政治上一视同

① 本节第（一）（二）（三）参见乔晓阳《"三个文明"协调发展入宪意义重大深远》，载2004年4月5日《人民日报》。

仁，工作上放手使用，生活上关心照顾，充分信任和爱护他们，充分发挥他们的聪明才智，使他们能够实现建设社会主义祖国的伟大抱负。

知识分子作为社会主义建设大军中的一员，应当努力学习，重视自身的思想建设，把自己培养成既有高度政治觉悟、思想觉悟和高尚道德情操，又有高度科学文化修养的社会主义建设的生力军。

第四节 我国公民的基本权利和义务

一、我国公民的基本权利和义务概述

（一）公民的基本权利和义务的概念

在现代国家中，凡属具有某个国家的国籍的自然人，就是该国的公民。是否具有某个国家的国籍，是成为这个国家的公民的前提条件。我国宪法规定："凡具有中华人民共和国国籍的人都是中华人民共和国公民。"（第33条第1款）

公民这一概念在我国宪法性文件中的使用，经历过一个变化的过程。建国初期，我国曾将"国民"作为"公民"的同义语使用过。《中国人民政治协商会议共同纲领》中使用的是国民一词。从1953年《中华人民共和国全国人民代表大会和地方各级人民代表大会选举法》开始改用"公民"一词取代"国民"。

在我国，公民和人民是两个不同的概念。公民是一个法律概念，与之相对应的概念是外国人（包括无国籍人）；人民是一个政治概念，与之相对应的概念是敌人。人民在不同的历史时期有着不同的内容，在现阶段是指全体社会主义劳动者、社会主义建设者、拥护社会主义的爱国者和拥护祖国统一的爱国者。凡是人民都是公民，但是公民除包括人民外，还包括人民的敌人。公民中的人民，享有宪法和法律规定的一切公民权利，并履行全部的公民义务；公民中的敌人，则不能享有全部公民权利，也不能履行公民的某些光荣义务。此外，公民一词一般表达的是个体的概念，人民一词所表达的是群体的概念。在我国宪法中，凡涉及国家主权或者从总体上说明国家权力的归属时，经常使用人民这一概念；而在涉及个人的法律地位时，则使用公民这一概念。

公民的基本权利和义务，不同于普通法律规定的权利和义务，它是由宪法规定的，是公民的权利和义务中最基本、最重要的那一部分。它集中反映公民在国家中的法律地位，表现公民和国家之间最本质的联系。它是公民其他一切权利和义务的基础。普通法律所规定的公民的各种权利和义务，都是宪法所规定的公民的基本权利和义务的具体化。

（二）我国公民的基本权利和义务的社会主义性质

公民的基本权利和义务的性质，取决于国家的性质。我国是人民民主专政的社

会主义国家，国家的一切权力属于人民。人民有权管理国家事务，管理社会事务，管理经济和文化事业，有权对国家生活中的各种问题充分发表自己的意见。我国宪法对公民的基本权利和义务的确认，正是从立法上反映我国公民在国家生活中的地位，从而体现了国家的社会主义性质。

我国公民的基本权利和义务的社会主义性质，具体地表现在以下四个方面：

1. 公民权利的广泛性

我国公民基本权利的广泛性，既表现为享受权利的主体非常广泛，也表现为公民享有的权利的范围非常广泛。

人民民主专政的国家是绝大多数人对极少数敌人实行专政的国家，这就决定了我国享受权利的主体的广泛性。在我国，依法被剥夺政治权利或其他权利的人，在全体公民中只占极少数。今后随着我国社会主义现代化建设事业的发展和人民民主专政的加强和巩固，我国的权利主体的范围将不断扩大，权利受到限制的人将越来越少。而且，就是那些极少数被剥夺政治权利的公民，他们仍然享有与其身份相适应的某些公民权利，因为公民的政治权利虽然是一项极其重要的基本权利，但它毕竟是公民基本权利的一部分而不是全部。

我国宪法所确认并保障的公民的权利和自由的范围也是十分广泛的。宪法除了在《公民的基本权利和义务》章中规定的公民所享有的政治、经济、文化、宗教等各个方面的权利和自由外，在《总纲》章和《国家机构》章中还确认了公民一些重要的权利和自由，如民主管理权、私有财产权、继承权，等等。

当然，任何权利都要受到社会物质条件和文化条件的制约。正如马克思所指出的，“权利永远不能超出社会经济结构以及由经济结构所制约的社会的文化发展”。① 我国宪法也正是从我国经济、文化发展的实际状况来规定公民的基本权利的。

2. 公民权利的真实性

我国宪法不仅赋予公民以广泛的权利和自由，而且这些权利和自由是有法律保障和物质保障的，因而是真实的。例如，作为公民一项重要的政治权利的选举权，不仅得到法律保障，而且得到国家物质保障。再如，宪法在规定公民有劳动的权利的同时，又规定国家通过各种途径，创造劳动就业条件，加强劳动保护，改善劳动条件，并在发展生产的基础上，提高劳动报酬和福利待遇。宪法在规定公民在年老、疾病或者丧失劳动能力的情况下，有从国家和社会获得物质帮助的权利的同时，又规定国家发展为公民享受这种权利所需要的社会保险、社会救济和医疗卫生事业。根据宪法的规定，我国各级政府进行了大量的、卓有成效的工作，从而使得公民的劳动权和物质帮助权在现实生活中逐步得到实现。

---

① 《马克思恩格斯选集》第3卷，人民出版社1972年版，第12页。

诚然，我国目前由于社会生产力水平还比较低，因而还不能保证每一个公民都充分地享受社会经济和文化教育等权利，但是，随着我国社会主义现代化建设的发展和生产力水平的不断提高，国家将为保障公民享受各项权利提供更加坚实可靠的物质保证。

3. 公民权利和义务的平等性

我国公民权利和义务的平等性，表现为公民在享受权利和履行义务时，不因其民族、种族、性别、职业、家庭出身、宗教信仰、教育程度、财产状况和居住期限等的不同而有所差别。在我国，任何公民都可以平等地享有法律赋予的权利，也应当平等地履行法律所规定的义务。国家机关对公民依法享有的权利和自由，必须平等地予以保护；对公民的违法行为，必须平等地予以追究和制裁。

现行宪法规定“公民在法律面前一律平等”（第 33 条第 2 款），“任何组织或者个人都不得有超越宪法和法律的特权”（第 5 条第 5 款），这都充分显示出我国公民权利和义务的平等性。

4. 公民权利和义务的统一性

公民权利和义务的统一性，是指公民的权利和义务互相依存、互相促进、互为条件的辩证统一关系。宪法规定，任何公民享有宪法和法律规定的权利，同时必须履行宪法和法律规定的义务。（第 33 条第 4 款）因而，我国公民在享受权利的同时，必须忠实地履行义务；而只要履行了义务，也就可以享受权利。在我国，决不允许只享受权利而不履行义务，或者只能履行义务而不能享受权利的现象存在。同时，我国公民的某些基本权利和义务是相互结合的，如劳动权、受教育权等，它们既是公民的权利，又是公民的义务。而且，公民的权利和义务又是相互促进的。我国社会主义事业的发展，保证了公民权利的实现，激发了公民自觉地、忠实地履行自己义务的积极性，公民也只有认真履行自己的义务，才能促进社会主义事业的发展，从而为实现公民权利创造更加有利的条件。

二、我国公民的基本权利

（一）国家尊重和保障人权

2004 年，十届全国人大二次会议修宪，首次将“人权”概念引入宪法，明确规定“国家尊重和保障人权”，这是我国宪政发展史上和政治文明建设中的一件大事，具有重要意义。

什么是人权，至今并没有一个普遍认同的定义。有人认为，“人权就是人作为人应该有的权利”；有人认为，“人权是指那些人的生存所不可或缺的、不可剥夺的基本权利”。但这些权利包含哪些内容，也没有定论。一般认为，人权至少应包含生存权、发展权、公民权即政治权利以及经济、社会、文化等权利。人权与公民权相比较，前者不仅在主体上而且在内容上都比后者宽泛。因而，人权涵盖了宪法上的公民基本权利是没有疑义的。

在新中国成立后相当长的时期内，我国讳言人权，认为那是资产阶级的口号，因而对人权持批判态度。改革开放以后，党对社会主义进行了再认识，提出了建设有中国特色社会主义的理论，为正确认识人权问题提供了理论基础。

1989 年江泽民等中央领导明确提出，要从思想上解决“如何用马克思主义观点看待‘民主、自由、人权’问题”，“中国的人权体现在宪法第二章：公民的基本权利和义务”。

1991 年 11 月 1 日，国务院新闻办公室发表了《中国的人权状况》白皮书，这是我国政府向世界公布的第一份以人权问题为主题的官方文件。白皮书突破了“左”的禁锢，将人权称为“伟大的名词”，强调实现充分的人权“是长期以来人类追求的理想”，是“中国社会主义所要求的崇高目标”，鲜明地举起人权旗帜，并且结合中国的实际，以“生存权是中国人民的首要人权”等基本观点为线索，树立起中国的人权观。此后，人权成为中国对外宣传的一个重要主题，在历年国务院总理的政府工作报告中，都对人权问题有所阐述。

1997 年，在党的十五大会议上，人权概念首次被写入党代会的正式文件中，“尊重和保障人权”被明确作为共产党执政的基本目标纳入党的行动纲领之中。2002 年党的十六大再次将“尊重和保障人权”确定为新世纪新阶段党和国家发展的重要目标而写进了党的十六大主题报告。

2004 年修宪时，将“尊重和保障人权”写入宪法，首次将“人权”由一个政治概念提升为法律概念，将尊重和保障人权的主体由党和政府提升为国家，从而使之由党和政府的意志上升为人民和国家的意志，由党和政府的文件的政策性规定上升为国家根本法的一项原则。

人权入宪不仅体现了国家“以人为本”的价值观，有利于推动我国社会主义事业的发展，促进人的个性解放和全面发展，而且对发展和完善我国民主宪政也具有重大意义。这是因为，尊重和保障人权是宪政的根本目的和最高原则，是宪法和宪政得以存在和发展的前提、基础和归宿，也是衡量是否真正实行宪政的根本标准。

（二）公民的政治权利和自由

政治权利和自由是指管理国家、参加国家政治生活的权利和自由。这是公民的一项极其重要的基本权利。一国的宪法关于公民的政治权利和自由是怎样规定的，以及公民能在多大程度上实际享有这种权利和自由，直接反映该国的阶级本质及其民主化的程度和公民在国家中的法律地位。

我国公民的政治权利和自由，包括选举权和被选举权及言论、出版、集会、结社、游行、示威的自由。

选举权是指公民依法享有按照自己的意愿选举组成国家权力机关代表的权利；

被选举权是指公民依法享有被选举为组成国家权力机关代表的权利。人民通过民主选举产生代表，组成人民代表大会，行使国家权力，这是人民最大的、最根本的权利。依法被剥夺政治权利的人，不能享有这项权利。

宪法规定，公民有言论、出版、集会、结社、游行、示威的自由。（第35条）言论自由是指公民对于政治和社会的各种问题，以口头方式或书面方式发表意见、表达意愿的自由。出版自由是指公民以出版物的形式发表意见、表达意愿的自由。出版自由是言论自由的一种表现形式。集会自由是指公民聚集在一定场所，发表意见、表达意愿的自由（我国《集会游行示威法》中所称的集会，特指公民聚集于露天公共场所，发表意见、表示意愿的活动）。结社自由是指公民为一定的宗旨组织或者参加具有持续性的社会团体的自由。游行自由是指公民在公共道路、露天公共场所列队行进，表达共同意愿的自由。示威自由是指公民在露天公共场所或者公共道路上以集会、游行、静坐等方式，表达要求、抗议或者支持、声援等共同意愿的自由。政治自由是公民关心国家和社会事务，参与国家政治生活所不可缺少的。

（三）公民的人身自由

公民的人身自由，有狭义和广义之分。狭义的人身自由是指公民的人身不受非法逮捕、拘禁、搜查、审问、限制和侵害。广义的人身自由除了包括狭义的人身自由外，还包括公民的人格尊严不受侵犯，公民的住宅不受侵犯，公民的通信自由和通信秘密受法律保护。

宪法规定，公民的人身自由不受侵犯。任何公民，非经人民检察院批准或者决定，或者经人民法院决定，并由公安机关执行，不受逮捕。（第37条第1、2款）这就是说，在我国，只有人民检察院和人民法院才有权批准或者决定逮捕，只有公安机关才有权执行逮捕，其他任何国家机关或个人都无权批准、决定或者执行逮捕。宪法还规定，禁止非法拘禁和以其他方法非法剥夺或者限制公民的人身自由，禁止非法搜查公民的身体。（第37条第3款）

宪法规定，公民的人格尊严不受侵犯，禁止用任何方法对公民进行侮辱、诽谤和诬告陷害。（第38条）人格是指公民作为权利和义务主体的资格。公民的人格尊严不受侵犯，即是公民的人格权不容侵犯。对他人的身体施加暴力或肉刑，给以非人道的待遇，对他人进行侮辱、诽谤，丑化他人形象，诋毁他人名誉，或者诬告陷害他人的行为，都是侵犯人格尊严的行为，都是宪法和法律所禁止的。

宪法规定，公民的住宅不受侵犯，禁止非法搜查或者非法侵入公民的住宅。（第39条）非法搜查公民住宅是指国家机关工作人员或者公民违反法律规定的条件和程序，对公民（包括刑事被告人、犯罪嫌疑人以及可能隐藏罪犯和犯罪证据的有关人员在内）的住宅进行任何形式的搜寻和检查。非法侵入公民住宅是指违反法律规定的条件和程序，或者未经公民允许，强行进入公民住宅。

宪法规定，公民的通信自由和通信秘密受法律的保护。（第40条前段）公民的通信自由是指公民有权通过信件、电报、电话等形式，自由地与他人进行交往，任何组织或者个人都不得非法阻碍、干涉或者弃毁、涂改、隐匿。公民的通信秘密是指公民通信的内容，作为公民个人的秘密受国家法律保护，任何组织或者个人都无权私自拆阅或者窃看、窃听他人的信件、电报或电话。宪法还规定，除因国家安全或者追查刑事犯罪的需要，公安机关或者检察机关有权依照法律规定的程序对通信进行检查外，其他任何组织或者个人不得以任何理由侵犯公民的通信自由和通信秘密。(第 40 条后段)

（四）公民的宗教信仰自由

宪法规定，公民有宗教信仰自由。(第 36 条第 1 款) 宗教信仰自由的含义是：(1) 每个公民有按照自己的意愿信仰宗教的自由，也有不信仰宗教的自由；(2) 每个公民有过去不信仰宗教而现在信仰宗教的自由，也有过去信仰宗教而现在不信仰宗教的自由；(3) 信仰宗教的公民有信仰这种宗教的自由，也有信仰那种宗教的自由；在同一宗教里，有信仰这个教派的自由，也有信仰那个教派的自由；有按宗教信仰参加宗教仪式的自由，也有不参加宗教仪式的自由。

宗教是一种社会意识形态，就其本质来说是反科学的，是同马克思主义的思想体系相对立的。我国宪法之所以规定信仰自由，是因为：第一，作为一种社会意识形态，宗教的产生、发展和消亡，有其自身的规律。“只要人们还有一些不能从思想上解释和解决的问题，就难以避免有宗教信仰现象。……按照唯物论的观点，当社会还没有发展到使宗教赖以存在的条件完全消失的时候，宗教就会存在的。”① 因此，马克思主义者应当从实际出发，实事求是地对待宗教问题。第二，宗教信仰属于思想范畴的问题，对待公民的思想认识问题，只能采取民主的方法、思想教育的方法去解决，决不能强迫命令，粗暴压制。我们只能通过发展社会生产力，普及和提高科学文化知识，宣传马克思主义科学的世界观，不断提高公民的经济文化水平和思想觉悟，才能使人们从宗教的影响和束缚下逐步解脱出来。第三，宗教信仰具有长期性、群众性、民族性和国际性等特点。我国的宗教有悠久的历史，信仰宗教的人数达2000多万。在少数民族中，往往一个民族信仰一种宗教，或者几个民族信仰同一种宗教，如回、维吾尔、哈萨克、乌兹别克、塔吉克等族都信仰伊斯兰教，蒙、藏、傣等族几乎都信仰佛教（包括喇嘛教）。宗教问题与民族问题的关系十分密切，如果对宗教的问题处理不当，就有可能激起民族间的矛盾和纠纷，进而损害民族团结，危及政治安定。同时，宗教信仰还具有国际性，当前全世界约有30 亿人信仰宗教，占世界总人口的 60% 到 70%。佛教、伊斯兰教、基督教号称世界三大宗教，这三大宗教在我国都有大量信徒。因此，处理好宗教问题，对于国家的统一、民族的团结和国际间的交往，都有重要意义。

---

① 周恩来：《关于我国民族政策的几个问题》，《新华月报》1979 年第 12 期，第 11 页。

信仰宗教是公民个人的私事，因此宪法规定，任何国家机关、社会团体和个人不得强制公民信仰宗教或者不信仰宗教，不得歧视信仰宗教的公民和不信仰宗教的公民。（第36条第2款）

为了保障公民的宗教信仰自由，宪法还规定国家保护正常的宗教活动，同时也规定不允许任何人利用宗教进行破坏社会秩序，损害公民身体健康，妨碍国家教育制度的活动。（第36条第3款）

根据宪法对宗教信仰自由的规定，我国宗教团体和宗教界可以而且应当同各国宗教团体和宗教界人士进行互访和友好往来，开展宗教方面的学术文化交流活动。但是这种交往必须坚持独立自主、自办教会的原则。宪法规定，宗教团体和宗教事务不受外国势力的支配。（第36条第4款）

（五）公民的社会经济权利

社会经济权利是指公民享有的经济物质利益方面的权利。我国公民的社会经济权利，除了包括宪法的《公民的基本权利和义务》章中所规定的劳动权、劳动者的休息权、退休人员生活保障权、物质帮助权外，还包括《总纲》章中所规定的公民的私有财产权。宪法赋予公民以社会经济权利，旨在保障公民的物质生活，提高公民的物质生活水平，并为公民实现其他权利提供物质保证。

劳动权是指凡有劳动能力的公民都有获得工作和取得劳动报酬的权利。宪法规定，公民有劳动的权利。为了保证这一权利的实现，宪法还规定，国家通过各种途径，创造劳动就业条件，加强劳动保护，改善劳动条件，并在发展生产的基础上，提高劳动报酬和福利待遇。（第42条第1、2款）

世界上的一切财富都是劳动创造的，国家的富强，人民生活水平的提高，只有通过人们的辛勤劳动才能实现。因此，宪法在确认公民的劳动权利的同时，还规定劳动是公民的义务，是一切有劳动能力的公民的光荣职责，并且要求劳动者以国家主人翁的态度对待自己的劳动。为了激发劳动者的劳动热情，国家提倡社会主义劳动竞赛，奖励劳动模范和先进工作者。宪法还提倡公民从事义务劳动，以培养公民的劳动精神。

劳动者的休息权是指劳动者在享受劳动权的过程中，有为保护身体健康，提高劳动效率，根据国家的法律和制度的有关规定而享有的休息和休养的权利。为了保证这一权利的实现，宪法还规定，国家发展劳动者休息和休养的设施，规定职工的工作时间和休假制度。（第43条第1、2款）

退休制度是指根据国家有关部门的规定，国有和集体等企业、事业组织的职工和国家机关的工作人员达到一定年龄时，离开劳动或工作岗位，进行休息或休养，并按照规定领取一定的离休金或退休金的制度。宪法规定，国家依照法律规定实行企业事业组织的职工和国家机关工作人员的退休制度，退休人员的生活受到国家和社会的保障。（第44条）

物质帮助权是指公民在失去劳动能力或者暂时失去劳动能力时，有从国家和社会获得生活保障，享受集体福利的权利。宪法规定，公民在年老、疾病或者丧失劳动能力的情况下，有从国家和社会获得物质帮助的权利。为了保证这一权利的实现，宪法还规定，国家发展为公民享受这些权利所需要的社会保险、社会救济和医疗卫生事业。（第 45 条第 1 款）

（六）公民的文化教育权利和自由

公民享有的文化教育权利和自由，包括公民受教育的权利和义务以及公民进行科研、文艺创作和其他文化活动的自由。实现这些权利和自由，对于提高全民族的文化科学水平，促进两个文明的建设，有着重大意义。

宪法规定，公民有受教育的权利和义务。（第 46 条第 1 款）这就是说，受教育既是公民的一项基本权利，也是公民的一项基本义务。受教育作为公民的一项权利，是指公民（无论成年或未成年）有权接受文化、科学、品德、体质等方面的教育或训练。受教育作为公民的一项义务，是指公民在达到一定年龄后，必须接受规定年限的学校教育。依照我国《义务教育法》的规定，凡是满六周岁的儿童，不分性别、民族、种族，应当入学接受九年制义务教育。条件不具备的地区，可以推迟到七周岁入学。国家对接受义务教育的学生免收学费，并设立助学金，帮助贫困学生就学。

宪法规定，公民有进行科学研究、文学艺术创作和其他文化活动的自由。（第 47 条前段）这是公民在科学文化领域中的一项基本权利。科学研究自由，是指公民有权通过各种方式从事各种科学研究工作，并有权在科学研究中自由地探讨问题，发表意见，对各种科学问题和各种学派持有自己的见解。文学艺术创作和其他文化活动的自由，是指公民有权按照自己的意愿和兴趣从事文学艺术创作活动和其他文化活动，并有权在文学艺术创作活动和其他文化活动中，按照自己的特点，发展自己的风格。宪法关于科学研究、文学艺术创作和其他文化活动的自由的规定，体现了党的“百花齐放，百家争鸣”方针的精神，是这一方针的具体化、法律化。

为了促进我国科学技术和文化教育事业的发展，宪法还规定，国家对于从事教育、科学、技术、文化、艺术和其他文化事业的公民的有益于人民的创造性工作，给以鼓励和帮助。（第 47 条后段）

（七）公民的批评、建议、申诉、控告、检举和取得赔偿的权利

批评权是指公民对国家机关和国家工作人员工作中的缺点和错误有提出批评意见的权利。建议权是指公民对国家机关和国家工作人员的工作有提出建设性意见的权利。申诉权是指公民因行政机关或司法机关错误的或违法的决定、判决，或者因国家工作人员的违法失职行为，致使他或他的亲属的合法权益受到损害时，有向有关国家机关申述理由，提出改正或撤销决定、判决，或者赔偿损失的请求的权利。控告权是指公民对国家机关和国家工作人员的违法失职行为有向有关国家机关进行

指控或告诉，请求有关国家机关对违法失职者予以制裁的权利。检举权是指公民对国家机关和国家工作人员的违法失职行为有向有关国家机关揭发事实，请求依法处理的权利。控告人一般是受国家机关或国家工作人员的违法失职行为的不法侵害，为了保护自己的权益而提出控告的人；检举人则一般是与事件无直接利害关系，出于正义感和维护公共利益的目的而进行检举揭发的人。

宪法规定，公民对于任何国家机关和国家工作人员，有提出批评和建议的权利；对于任何国家机关和国家工作人员的违法失职行为，有向有关国家机关提出申诉、控告或者检举的权利。为了保障公民的申诉、控告和检举的权利，宪法规定，对于公民的申诉、控告或检举，有关国家机关必须查清事实，负责处理，任何人不得压制和报复。同时，也要求公民在行使申诉、控告或检举权利时，必须实事求是，不得捏造或者歪曲事实进行诬告陷害。（第 41 条第 1、2 款）

宪法还规定，由于国家机关和国家工作人员侵犯公民权利而受到损失的人，有依照法律规定取得赔偿的权利。（第 41 条第 3 款）根据宪法这一规定，国家制定了《国家赔偿法》，对行政赔偿、刑事赔偿以及赔偿方式、计算标准等作了规定。我国民法通则规定，国家机关或国家工作人员在执行职务中，侵犯公民、法人的合法权益造成损害的，应当承担民事责任。

（八）特定公民的权利

我国宪法除了对一切公民所应普遍享有的权利和自由作出全面而明确的规定外，还对具有特定情况的公民设置专条，给予特别保护。宪法的这些规定鲜明地体现出了社会主义制度的优越性。

我国宪法对于具有特定情况的公民给予的特别保护，包括：保障妇女的权利；保护婚姻、家庭、母亲、儿童和老人；关怀青少年和儿童的成长；照顾残疾公民；保障残废军人和烈军属的权利；保护华侨的正当权益和归侨、侨眷的合法权益。

宪法规定，我国妇女在政治的、经济的、文化的、社会的和家庭的生活等各方面享有同男子平等的权利。国家保护妇女的权利和利益，实行男女同工同酬，培养和选拔妇女干部。（第 48 条）宪法的上述规定，表现出国家对妇女权益的高度重视和巨大关怀。这不仅有利于克服轻视妇女的封建思想，而且对于动员广大妇女群众积极参加社会主义现代化建设，具有重大意义。

宪法规定，婚姻、家庭、母亲和儿童受国家的保护；夫妻双方有实行计划生育的义务；父母有抚养教育未成年子女的义务，成年子女有赡养扶助父母的义务；禁止破坏婚姻自由，禁止虐待老人、妇女和儿童。（第 49 条）宪法的这些规定，对于树立社会主义道德风尚，清除封建思想和资产阶级思想，建设社会主义精神文明，贯彻落实计划生育的国策，建立和发展社会主义的新型家庭关系，具有重大意义。

宪法规定，国家培养青年、少年、儿童在品德、智力、体质等方面全面发展。

（第46条第2款）这表明了国家对青少年和儿童的成长的关怀。

宪法规定，国家和社会帮助安排盲、聋、哑和其他有残疾的公民的劳动、生活和教育。（第45条第3款）盲、聋、哑和其他残疾公民是具有特殊困难的群体，他们有着参与社会生活的强烈愿望，他们中的绝大多数人也具有参与社会生活的能力，其中很多人还为社会发展作出了贡献。国家和社会有责任帮助安排盲、聋、哑和其他残疾公民的劳动、生活和教育，使他们切身感受到社会主义大家庭的温暖。

宪法规定，国家和社会保障残废军人的生活，抚恤烈士家属，优待军人家属。（第45条第2款）残废军人和烈军属对革命和建设事业作出了重大贡献，国家和人民理应尊敬他们，并努力作好优抚工作。这对鼓舞士气，增强国防力量，对提高烈军属、残废军人、复员退伍军人的积极性，对提高广大群众的爱国主义思想，有着重要意义。

宪法规定，国家保护华侨的正当的权利和利益，保护归侨和侨眷的合法的权利和利益。（第50条）这一规定体现了国家对广大侨胞的关怀。华侨是侨居在外国的中国公民。国家一方面要求华侨遵守所在国法律，同所在国的人民和睦相处，为发展所在国的经济文化事业，为促进所在国人民同中国人民的友谊和两国之间的经济文化交流起积极的作用；另一方面维护华侨的正当权利和利益，对于一切反华、排华、迫害华侨和损害华侨正当权利和利益的行为，通过外交途径予以保护。华侨返回祖国定居的称为归侨，华侨在国内的亲属称为侨眷。国家对于归侨和侨眷，按照"一视同仁，适当安排"的方针，尽一切可能予以妥善安置，对他们的合法权利和利益，采取各种措施予以有效保护。

（九）正确行使公民权利

我国宪法所规定的公民基本权利，既不是"天赋"的，也不是什么人恩赐的，而是我国人民在中国共产党的领导下，经过长期英勇奋斗争得的，每一项权利都凝结着革命先烈的鲜血和人民群众的汗水。这些权利实在来之不易，每个公民都应该百倍地珍惜它，正确地行使它。

在我们这个人民群众当家作主的社会主义国家里，宪法所规定的公民基本权利，范围是广泛的，内容是真实的。但是，宪法在规定公民基本权利的时候，不能不受到社会经济、文化条件的限制。马克思曾经指出："权利永远不能超出社会的经济结构以及由经济结构所制约的社会的文化发展。"① 我国的宪法和法律正是根据我国经济、文化发展的实际状况来规定我国公民的权利的。例如，我国实行九年制义务教育，为什么把义务教育的年限定为九年，而不定为12年或者更长一些时间，当然同我国现阶段经济和文化的发展水平密切相关。

每个公民还应当懂得，任何权利和自由都是相对的而非绝对的，都是受到限制

① 《马克思恩格斯选集》第3卷，人民出版社1972年版，第12页。

的而非不受任何限制的。权利是相对于义务而言的，自由是相对于纪律而言的，无义务即无所谓权利，无纪律即无所谓自由。马克思曾经指出："自由就是从事一切对别人没有害处的活动的权利。每个人所能进行的对别人没有害处的活动的界限是由法律规定，正像地界是由界标确定的一样。"① 我国宪法既规定公民在享有宪法和法律规定的权利的同时必须履行宪法和法律规定的义务，又规定公民在行使自由和权利的时候，不得损害国家的、社会的、集体的利益和其他公民的合法的自由和权利。（第 51 条）因此，每个公民都应当努力提高自己作为国家和社会主人的自觉性，把维护和行使自己的权利和自由同维护国家的、社会的、集体的和他人的利益结合起来。决不可滥用自己的权利和自由，致使国家的、社会的、集体的利益和其他公民的合法的自由和权利受到损害。例如，公民的言论自由是受到宪法和法律保障的，但是公民的言论自由只能在法律规定的范围内行使，公民不得利用言论自由煽动群众反对政府，危害国家和社会的安宁，也不得利用言论自由对他人进行侮辱诽谤，侵犯他人的人格尊严。

三、我国公民的基本义务

（一）我国公民基本义务的主要内容

根据宪法的规定，我国公民的基本义务主要有以下各项：

1. 维护国家统一和全国各民族的团结（第 52 条）

国家的统一，人民的团结，国内各民族的团结，是我们的事业必定要胜利的基本保证。宪法规定，公民有维护国家统一和全国各民族团结的义务。这一规定反映了全国人民的共同意愿和根本利益，是对一切妄图分裂我国，破坏我国的民族团结的敌对势力的有力打击。

2. 遵守宪法和法律，保守国家秘密，爱护公共财产，遵守劳动纪律，遵守公共秩序，尊重社会公德

我国宪法和法律体现我国工人阶级和广大人民的意志和利益。任何违反宪法和法律的行为都将危害国家和人民的利益，因而任何公民都必须严格遵守宪法和法律。

保守国家秘密，对于维护国家安全，保障社会主义现代化建设，有着重大意义。每个公民都必须提高警惕，严守国家政治、经济、军事、文化和科学技术等各方面的秘密，粉碎敌人妄图偷窃我国国家秘密的破坏活动。

公共财产是建设社会主义现代化强国，不断提高人民物质和文化生活水平，保证公民得以在事实上享受宪法和法律所赋予的各项权利的物质基础。因此，每个公民都应当爱护公共财产，反对浪费，厉行节约，并且要同一切侵犯公共财产的行为

---

① 《马克思恩格斯全集》第 1 卷，人民出版社 1956 年版，第 438 页。

进行斗争。

劳动纪律是组织社会劳动的基础，是有效地进行生产和工作的重要保证。我国的社会主义劳动纪律体现出国家利益和劳动者个人利益的一致性，也反映了社会主义劳动生产的客观规律，因此宪法把遵守劳动纪律规定为公民的一项基本义务。

公共秩序即社会秩序，是按照统治阶级意志建立起来的社会生活的一种有条不紊的状态，通常包括工作秩序、生产秩序、教学科研秩序和人民群众的生活秩序。在社会主义制度下，遵守公共秩序不仅是社会安定的重要因素，而且是个人安全的保障。因此，每个公民都应当遵守公共秩序，不允许有任何破坏公共秩序的行为。

社会公德是指一定社会里占统治地位的道德。社会主义的社会公德的基本要求是：爱祖国、爱人民、爱劳动、爱科学、爱社会主义。宪法之所以把尊重社会公德作为公民的一项基本义务加以规定，是因为它是我国社会主义精神文明的一项重要内容，而加强社会主义精神文明建设正是我国社会主义现代化建设的一个重要方面。

3. 维护祖国的安全、荣誉和利益（第54条）

祖国的安全、荣誉和利益同每个公民的安全、荣誉和利益是息息相关的，没有前者，就没有后者。所以宪法规定，公民有维护祖国的安全、荣誉和利益的义务，不得有危害祖国的安全、荣誉和利益的行为。为了一己的私利或一小部分人的利益，损害国家的利益，是同爱国主义的要求背道而驰的，也是法律所不能容许的。

4. 保卫祖国，依法服兵役和参加民兵组织（第55条）

保卫祖国、抵抗侵略是我国每一个公民的神圣职责，依照法律服兵役和参加民兵组织是我国公民的光荣义务。每一个中华儿女，都应当承担这一神圣职责；每一个适龄公民，都应当履行这一光荣义务。

5. 依法纳税（第56条）

宪法规定，公民有依照法律纳税的义务。税收是国家取得财政收入的一种重要形式，也是国家调节社会生产、监督经济活动的重要手段。剥削阶级国家通过税收的形式，剥削和压榨劳动人民；我国的税收则是取之于民，用之于民。公民依法纳税，既为国家积累了资金，支援了社会主义现代化建设，自己也将从中得到利益，体现出国家利益和公民个人利益的一致性。

除了以上五项之外，宪法还规定了公民有劳动的义务和受教育的义务；夫妻双方有实行计划生育的义务；父母有抚养教育未成年子女的义务，成年子女有赡养扶助父母的义务。宪法的这些规定，也都是我国公民的基本义务。

（二）忠实履行公民义务

宪法所规定的公民基本义务，是国家向公民提出的基本要求，也是公民对国家和社会应尽的责任。每一个公民都应当提高自己作为国家的主人翁对国家、社会和其他公民的责任感，树立社会主义的公民意识，深深懂得行使公民权利和履行公民义务的统一性，自觉地、忠实地履行各项公民义务。

第五节 我国的国家机构

一、我国的国家机构概说

（一）国家机构的概念

国家机构是统治阶级为了实现国家权力而建立起来的一整套国家机关体系的总称，是实现国家职能的重要工具。作为上层建筑的重要组成部分的国家机构，它的活动集中体现了它赖以建立的经济基础的要求，是为巩固和发展经济基础服务的。

国家机构的阶级本质取决于国家的阶级本质，因而社会主义的国家机构同剥削阶级的国家机构具有迥然不同的阶级本质。我国的国家机构体现了人民民主专政的本质，是维护人民民主，镇压叛国和其他反革命活动，防御外部敌人的颠覆和侵略，组织社会主义物质文明和精神文明建设，实现国家总任务的有力工具。

作为一种社会组织的国家机构，具有不同于其他社会组织的下列特点：（1）国家机构是国家的主要标志，是实现国家职能的重要工具，没有国家机构，国家就无从体现。（2）国家机构同国家的强制力相联系，国家的强制力是通过国家机构实施的。（3）国家机构具有严密的组织体系，它根据宪法和法律的规定组成，并按照宪法和法律的规定行使职权。各级各类国家机关既有分工，又有联系，彼此协调活动，构成一个完整的系统。（4）国家机构的一切费用，包括国家工作人员的薪金，均由国库开支，即由全社会负担。（5）国家机构是一个历史的范畴，它随着国家的出现而出现，也将随着国家的消亡而消亡。

社会主义的国家机构有广义和狭义之分。狭义的国家机构是指由宪法加以规定的国家机构；广义的国家机构是指全部无产阶级专政机构，或称无产阶级专政体系。我国的人民民主专政体系，除了包括狭义的国家机构外，还包括我国人民民主专政的领导力量中国共产党，以及工会、青年团、妇女联合会、各民主党派和中国人民政治协商会议等社会组织，它们都负有巩固人民民主专政，实现社会主义现代化的任务。本章所介绍的是狭义的国家机构，即我国宪法《国家机构》一章中所规定的国家机构。

（二）我国国家机构的体系

我国国家机构的体系是适应我国政治、经济、文化发展的需要，逐步发展和完备起来的。根据宪法的规定，我国现行的国家机构体系由以下几类国家机关组成：

（1）国家权力机关。包括最高国家权力机关和地方各级国家权力机关。最高国家权力机关是全国人民代表大会及其常务委员会。地方各级国家权力机关是地方各级人民代表大会及其常务委员会。民族自治地方的人民代表大会及其常务委员会属于地方国家权力机关。上级国家权力机关与下级国家权力机关的关系为监督关系。

(2) 国家主席，即中华人民共和国主席。

(3) 国家行政机关。包括最高国家行政机关和地方各级国家行政机关。最高国家行政机关是国务院。地方各级国家行政机关是地方各级人民政府。民族自治地方的人民政府属于地方国家行政机关。上级国家行政机关与下级国家行政机关的关系为领导关系。

(4) 国家军事领导机关，即中央军事委员会。

(5) 国家审判机关即人民法院，包括最高人民法院、地方各级人民法院和专门人民法院。上级国家审判机关与下级国家审判机关的关系为监督关系。

(6) 国家检察机关，即人民检察院，包括最高人民检察院、地方各级人民检察院和专门人民检察院。上级国家检察机关与下级国家检察机关的关系为领导关系。

(三) 我国国家机关组织和活动的基本原则

我国国家机关组织和活动的基本原则是：民主集中制原则；为人民服务原则；社会主义法制原则；精简原则。

宪法规定，我国的国家机构实行民主集中制的原则。(第3条第1款) 民主集中制是指“在民主基础上的集中，在集中指导下的民主”。这一原则是我国国家机关组织和活动的最重要最基本的原则，是党的政治原则和组织原则在国家制度中的体现。

民主集中制原则在国家机关与人民群众的关系方面，表现为国家权力机关由人民通过民主选举产生，对人民负责，受人民监督；在国家权力机关与其他国家机关的关系方面，表现为其他国家机关都由国家权力机关产生，对它负责，受它监督；在中央国家机关与地方国家机关、上级国家机关与下级国家机关的关系方面，表现为地方服从中央，下级服从上级，同时中央和上级国家机关也要尊重地方和下级国家机关的意见，充分发挥它们的主动性、积极性。

由于各类国家机关的情况有所不同，因而在贯彻民主集中制原则的方式上也会有所差别。我国的国家权力机关以会议方式进行工作，根据少数服从多数的原则决定问题；国家审判机关和国家检察机关分别设立审判委员会和检察委员会，实行少数服从多数的原则；国家行政机关则实行首长负责制，在决定问题时，首长意见起决定作用。由于行政首长在作出最后决定之前，都要采取适当的形式发扬民主，以集思广益，而且国家行政机关必须对国家权力机关负责并受其监督。所以国家行政机关实行的首长负责制乃是民主集中制的一种具体运用。

在我国，人民是国家的主人，国家工作人员是人民的“公仆”。国家机关的各种任务，归结到一点，就是为人民服务。国家机关的一切工作，只有得到人民群众的支持才能作好。所以宪法规定，一切国家机关和国家工作人员必须依靠人民的支持，经常保持同人民的密切联系，倾听人民的意见和建议，接受人民的监督，努力为人民服务。（第 27 条第 2 款）为了保证国家机关和国家工作人员更好地为人民服务，宪法还规定，国家机关实行工作责任制，实行工作人员的培训和考核制度，不断提高工作质量和工作效率，反对官僚主义。（第 27 条第 1 款）

我国的法律是广大人民意志的体现，国家机关按照法律的规定进行活动，就是按照人民的意志进行活动。因而社会主义法制原则是我国国家机关组织和活动的基本原则之一。宪法规定，一切国家机关和武装力量、各政党和各社会团体、各企业事业组织都必须遵守宪法和法律，一切违反宪法和法律的行为必须予以追究。（第 5 条第 4 款）

社会主义的国家机构应该是高效率的、接近人民群众的和便于人民群众参加国家管理的。而机构臃肿，层次繁多，人浮于事，是国家机关工作责任不明，工作效率低和脱离群众，滋生官僚主义的一个重要原因。因而宪法规定，一切国家机关实行精简的原则。（第 27 条第 1 款）

二、全国人民代表大会

（一）全国人民代表大会的性质、地位、组成、任期和职权

全国人民代表大会是我国最高国家权力机关。它代表全国人民统一行使国家最高权力，其他最高国家机关均由它产生，并受它监督。全国人民代表大会在我国国家机构体系中具有全权的地位。

全国人民代表大会由省、自治区、直辖市和军队选出的代表组成。各少数民族都应当有适当名额的代表。

全国人民代表大会每届任期 5 年，以会议方式进行工作。全国人民代表大会会议每年举行一次，由全国人民代表大会常务委员会召集。如果全国人大常委会认为必要，或者有 1/5 以上的全国人大代表提议，可以临时召集全国人大会议。

全国人民代表大会的职权，包括以下各个方面：

第一，修改宪法和监督宪法的实施。

第二，行使国家立法权，即制定和修改基本法律。

第三，选举、决定和罢免国家机关的重要领导人。选举全国人民代表大会常务委员会委员长、副委员长、秘书长和委员；选举国家主席和副主席；根据主席的提名，决定国务院总理的人选；根据国务院总理的提名，决定国务院其他组成人员的人选；选举中央军事委员会主席；根据中央军委主席的提名，决定中央军委其他组成人员的人选；选举最高人民法院院长和最高人民检察院检察长。全国人大对上列由它选举或决定的人员，有权依照法律规定的程序予以罢免。罢免案须有全国人民代表大会 3 个以上的代表团或者 3/10 以上的代表提出，由主席团提请大会审议，

并经全体代表的过半数同意，才能通过。

第四，决定国家重大问题。包括审查和批准国民经济和社会发展计划以及计划执行情况的报告；审查和批准国家预算和预算执行情况的报告；批准省、自治区和直辖市的划分；决定特别行政区的设立及其制度；决定战争与和平的问题；等等。

第五，行使最高监督权。全国人民代表大会有权监督由其产生的其他国家机关的工作。全国人民代表大会常务委员会对全国人民代表大会负责并报告工作，全国人民代表大会可以改变或者撤销全国人大常委会不适当的决定；国务院要对全国人民代表大会负责并报告工作；中央军事委员会主席、最高人民法院、最高人民检察院也要对全国人民代表大会负责。

第六，应当由最高国家权力机关行使的其他职权。

（二）全国人民代表大会常务委员会的性质、地位、组成、任期和职权

全国人民代表大会常务委员会是全国人民代表大会的常设机关，是在全国人民代表大会闭会期间行使国家权力的机关，因此它是经常性的最高国家权力机关，也是行使国家立法权的机关。全国人民代表大会常务委员会与全国人民代表大会的关系是隶属关系，全国人民代表大会常务委员会必须服从全国人民代表大会。

全国人大常委会由委员长、副委员长若干人、秘书长、委员若干人组成。每届任期与全国人大相同，即5年。委员长、副委员长连续任职不得超过两届。全国人大常委会的组成人员不得担任国家行政机关、审判机关和检察机关的职务。

全国人大常委会以会议方式进行工作。全国人大常委会会议一般两个月举行一次。

我国宪法对全国人大常委会职权的规定，较之以往有所扩大，从而加强了全国人大常委会的地位。全国人大常委会的职权包括以下各个方面：

第一，解释宪法和监督宪法的实施。

第二，在宪法规定的范围内行使国家立法权。制定和修改除应由全国人大制定的法律以外的其他法律；在全国人大闭会期间，对全国人大制定的法律有权进行部分补充和修改，但是不得同该法律的基本原则相抵触。

第三，解释法律。所解释的法律并不限于全国人大常委会所制定的法律，也包括全国人大所制定的法律。

第四，审查和监督行政法规、地方性法规的合宪性和合法性。全国人大常委会有权撤销国务院制定的同宪法、法律相抵触的行政法规、决定和命令；有权撤销省、自治区、直辖市的国家权力机关制定的同宪法、法律和行政法规相抵触的地方性法规和决议。

第五，在全国人大闭会期间，审查和批准国民经济和社会发展计划以及国家预算在执行过程中所必须作的部分调整方案。

第六，监督国务院、中央军事委员会、最高人民法院和最高人民检察院的工

作。全国人大常委会对上述国家机关行使监督权的具体形式有三：一是在全国人大常委会会议期间，常委会组成人员有 10 人以上就可以向国务院各部委提出书面的质询案；二是国务院、最高人民法院、最高人民检察院每年向全国人大常委会作工作报告；三是全国人大常委会有权撤销国务院制定的同宪法、法律相抵触的行政法规、决定和命令。

第七，决定、任免国家机关领导人员。在全国人大闭会期间，根据国务院总理的提名，决定部长、委员会主任、审计长、秘书长的人选；根据中央军事委员会主席的提名，决定中央军事委员会其他组成人员的人选；根据最高人民法院院长的提请，任免最高人民法院副院长、审判员、审判委员会委员和军事法院院长；根据最高人民检察院检察长的提请，任免最高人民检察院副检察长、检察员、检察委员会委员和军事检察院检察长，并且批准省、自治区、直辖市的人民检察院检察长的任免。

第八，国家生活中其他重要事项的决定权。决定批准或者废除同外国缔结的条约和重要协定；决定驻外全权代表的任免；规定军人和外交人员的衔级制度和其他专门衔级制度；规定和决定授予国家的勋章和荣誉称号；决定特赦；在全国人大闭会期间，如果遇到国家遭受武装侵犯或者必须履行国际间共同防止侵略的条约的情况，决定宣布战争状态；决定全国总动员或者局部动员。

2004 年修宪前，全国人大常委会职权中有“决定全国或个别省、自治区、直辖市的戒严”一项。2004 年修宪将“戒严”修改为“进入紧急状态”。通常国家为应付大规模动乱或骚动、严重自然灾害、重大人为事故、突发性公共卫生事件、恐怖事件，往往需要宣布整个国家或部分地区进入紧急状态。这种制度的法律特征是：一旦宣布进入紧急状态，公民可能立即失去依法享有的权利，而相应的国家机关立即获得某些平时没有的权力。我国宪法原来只有关于戒严的规定，而戒严只是紧急状态中适用于对付大规模动乱、骚乱的一种形式，难以适应其他紧急情况。这一缺陷在 2000 年突发的“非典”过程中充分暴露出来。所以，很有必要变宪法关于“戒严”的规定为“紧急状态”的规定，为我国紧急状态制度提供宪法依据。

第九，全国人大授予的其他职权。

（三）全国人民代表大会各专门委员会

为了加强全国人大的工作，根据宪法规定，全国人大设立若干专门委员会。

全国人大设立的专门委员会有两种：一种是常设性的委员会，一种是临时性的委员会。常设性的委员会有民族委员会、法律委员会、财政经济委员会、教育科学文化卫生委员会、外事委员会、华侨委员会和其他需要设立的专门委员会。它们受全国人大领导，在全国人大闭会期间受全国人大常委会领导。它们的任务是研究、审议和拟订有关议案。临时性的委员会是全国人大及其常委会认为必要时所组织的关于特定问题的调查委员会。调查委员会进行调查的时候，一切有关的国家机关、社会团体和公民都有义务向它提供必要的材料。

（四）全国人民代表大会代表

全国人民代表大会代表是受人民的委托，代表人民行使最高国家权力的使者。他们代表着全国人民的利益和愿望，为人民服务，对人民负责，受人民监督。

根据宪法和《全国人民代表大会组织法》的规定，全国人民代表大会代表享有下列权利：（1）出席全国人民代表大会会议，参与讨论和决定国家重大问题。（2）按照法定程序提出议案、建议和意见。（3）按照法定程序提出质询案或者提出询问。（4）非经全国人大主席团的许可，在全国人大闭会期间非经全国人大常委会的许可，不受逮捕和刑事审判。（5）在全国人大各种会议上的发言和表决，不受法律追究。（6）在履行职务时，可以根据实际需要得到适当的补贴和物质上的便利。（7）其他权利，如视察、参观等。

根据宪法和《全国人民代表大会组织法》的规定，全国人大代表必须履行下列义务：（1）模范地遵守宪法和法律。（2）同原选举单位和群众保持密切联系。（3）保守国家秘密。（4）在自己参加的生产、工作和社会活动中，协助宪法和法律的实施。（5）接受原选举单位和群众的监督。

三、中华人民共和国主席

中华人民共和国主席是国家机构的重要组成部分。国家主席对外代表国家。

宪法规定，中华人民共和国主席、副主席由全国人大选举，每届任期与全国人大每届任期相同，连续任职不得超过两届。

2004 年修宪，关于国家主席的职权作了修改，一是改“发布戒严令”为“宣布进入紧急状态”；二是增加了代表国家“进行国事活动”。修改后的国家主席职权是：根据全国人大的决定和全国人大常委会的决定，公布法律，任免国务院总理、副总理、国务委员、各部部长、各委员会主任、审计长、秘书长，授予国家的勋章和荣誉称号，发布特赦令，宣布进入紧急状态，宣布战争状态，发布动员令；代表国家进行国事活动，接受外国使节；根据全国人大常委会的决定，派遣和召回驻外全权代表，批准和废除同外国缔结的条约和重要协定。从上述规定可以看出，我国国家元首的职权，是由国家主席和全国人大及其常委会结合起来行使的。

副主席协助主席工作，受主席委托，可以代行主席的部分职权；主席缺位时，由副主席继任主席的职位。

四、国 务 院

国务院即中央人民政府，是最高国家权力机关的执行机关，是最高国家行政机关。它对全国人大负责并报告工作，在全国人大闭会期间，对全国人大常委会负责并报告工作。

国务院由总理，副总理若干人，国务委员若干人，各部部长，各委员会主任，审计长，秘书长组成。它的每届任期同全国人大每届任期相同。总理、副总理、国务委员连续任职不得超过两届。

总理领导国务院的工作。副总理、国务委员协助总理工作。总理、副总理、国务委员、秘书长组成国务院常务会议。总理召集和主持国务院常务会议和国务院全体会议。国务院工作中的重大问题，必须经国务院常务会议或国务院全体会议讨论决定。

国务院担负着执行最高国家权力机关制定的法律和通过的决议，领导全国行政工作的繁重任务，因而它的职权非常广泛。根据宪法的规定，国务院的职权包括下列各个方面：

(1) 根据宪法和法律，规定行政措施，制定行政法规，发布决定和命令。

(2) 向全国人大或全国人大常委会提出议案。

(3) 规定各部、委的任务和职责，统一领导各部、委的工作，并且领导不属于各部和各委员会的全国性的行政工作。

(4) 统一领导全国地方各级国家行政机关的工作；规定中央和省、自治区、直辖市的国家行政机关的职权的具体划分。

(5) 编制和执行国民经济和社会发展计划及国家预算。

(6) 领导和管理经济工作和城乡建设、教育、科学、文化、卫生、体育、计划生育、民政、公安、司法行政和监察等工作以及国防建设事业；领导对外事务，同外国缔结条约和协定；领导和管理民族事务，保障少数民族的平等权利和民族自治地方的自治权利；保护华侨的正当权益，保护归侨和侨眷的合法权益。

(7) 改变或撤销各部、委发布的不适当的命令、指示和规章以及地方国家行政机关的不适当的决定和命令。

(8) 批准省、自治区、直辖市的区域划分，批准自治州、县、自治县、市的建制和区域划分。

(9) 决定省、自治区、直辖市范围内部分地区进入紧急状态。

(10) 审定行政机构的编制，依法任免、培训、考核和奖惩行政人员。

(11) 最高国家权力机关授予的其他职权。

为了适应行政工作的特点和现代化建设的需要，提高行政工作的效率，国务院实行总理负责制。国务院各部、委实行部长、主任负责制。根据法律和国务院的决定，主管部、委可以在本部门的权限内发布命令、指示和规章。

国务院还设立审计机关，对国务院各部门和地方各级政府的财政收支，对国家的财政金融机构和企业事业组织的财务支出，进行审计监督。审计机关在国务院总理领导下，依法独立行使审计权，不受其他行政机关、社会团体和个人的干涉。

五、中央军事委员会

中央军事委员会是全国武装力量的最高领导机关。

宪法规定，国家设立中央军事委员会，领导全国武装力量。中央军委由主席，副主席若干人，委员若干人组成，每届任期与全国人大每届任期相同。中央军委实行主席负责制。军委主席对全国人大和全国人大常委会负责。

军队是国家机器的重要组成部分，在国家生活中起着极为重要的作用。宪法关于中央军委的规定，明确了人民武装力量在国家机构中的地位，对于中央国家领导机关分工行使国家权力，加强武装力量的建设，具有重要意义。

六、地方各级人民代表大会和地方各级人民政府

（一）地方各级人民代表大会

地方各级人民代表大会是地方国家权力机关。它包括省、自治区、直辖市、自治州、设区的市、县、自治县、不设区的市、市辖区、乡、民族乡、镇人民代表大会。省、自治区、直辖市、自治州、设区的市的人民代表大会代表由下一级人民代表大会选举，其他的地方各级人民代表大会代表由选民直接选举。根据宪法修正案第30条的规定，地方各级人民代表大会每届任期均为5年。地方各级人民代表大会会议每年至少举行一次。

根据宪法和《地方各级人民代表大会和地方各级人民政府组织法》的规定，地方各级人民代表大会的职权包括以下各个方面：

（1）在本行政区域内，保证宪法、法律、行政法规和上级人民代表大会及其常务委员会决议的遵守和执行。

（2）决定重大的地方性国家事务。如县级以上的地方各级人民代表大会审查和批准本行政区域内的国民经济和社会发展计划、财政预算以及它们执行情况的报告；讨论、决定本行政区域内的政治、经济、教育、科学、文化、卫生、民政、民族等各方面工作的重大事项。乡级人民代表大会根据国家计划，决定本行政区域内的经济、文化建设和公共事业建设的计划；审查和批准本行政区域内的财政预算和预算执行情况的报告；决定本行政区域内民政工作的实施情况。

（3）选举和罢免本级国家机关的负责人。如县级以上人民代表大会选举并有权罢免本级人大常委会的组成人员；选举并有权罢免本级人民政府的省长和副省长、自治区主席和副主席、市长和副市长、州长和副州长、县长和副县长、区长和副区长、乡长和副乡长、镇长和副镇长；县级以上人民代表大会选举并有权罢免本级人民法院院长和本级人民检察院检察长。选举或者罢免人民检察院检察长，须报上级人民检察院检察长提请该级人民代表大会常委会批准。

（4）行使对本级人大常委会、人民政府、人民法院和人民检察院的监督权。

如县级以上人民代表大会有权听取和审查本级人大常委会的工作报告；有权听取和审查本级人民政府和人民法院、人民检察院的工作报告；有权改变或者撤销本级人大常委会的不适当的决议；有权撤销本级人民政府的不适当的决定和命令。乡、镇人民代表大会有权听取和审查乡、民族乡、镇的人民政府的工作报告，有权撤销本级人民政府不适当的决定和命令。

(5) 依照法律规定的权限，通过和发布决议。

(6) 省、自治区、直辖市和较大的市（省、自治区人民政府所在地的市和经国务院批准的较大的市）的人民代表大会可以制定和颁布地方性法规。

为了加强地方政权机关的建设，充分发挥地方国家权力机关的作用，宪法规定在县级以上各级人民代表大会设置常务委员会。它是本级人民代表大会的常设机关，对本级人民代表大会负责并报告工作。

县级以上各级人大常委会的组成人员包括主任，副主任若干人和委员若干人，均由同级人民代表大会选举产生，并且不得担任国家行政机关、审判机关和检察机关的职务。

县级以上各级人大常委会的职权包括以下各个方面：

(1) 在本行政区域内，保证宪法、法律、行政法规和上级人民代表大会及其常务委员会决议的遵守和执行。

(2) 领导或者主持本级人民代表大会的选举；召集本级人民代表大会会议。

(3) 讨论、决定本行政区域内政治、经济、教育、科学、文化、卫生、民政、民族等各方面工作的重大事项；决定对本行政区域内的国民经济和社会发展计划、预算的部分变更。

(4) 对本级人民政府、人民法院、人民检察院和下一级人民代表大会及其常务委员会行使监督权；受理人民群众对国家机关和国家工作人员的申诉和意见。

(5) 按照法律规定决定国家行政机关、人民法院和人民检察院有关工作人员的任免。

(6) 在本级人民代表大会闭会期间，补选上一级人民代表大会出缺的代表和撤换个别代表。

(7) 省、自治区、直辖市和较大的市（省、自治区人民政府所在地的市和经国务院批准的较大的市）的人大常委会可以制定地方性法规。

(二) 地方各级人民政府

地方各级人民政府是地方国家权力机关的执行机关，是地方各级国家行政机关。地方各级人民政府对本级人民代表大会负责并报告工作。县级以上的地方各级人民政府在本级人民代表大会闭会期间，对本级人民代表大会常务委员会负责并报告工作。地方各级人民政府同时还对上一级国家行政机关负责并报告工作。全国地方各级人民政府都是国务院统一领导下的国家行政机关，都服从国务院。

省、自治区、直辖市、自治州、设区的市的人民政府分别由省长和副省长、自治区主席和副主席、市长和副市长、州长和副州长，以及秘书长、厅长、局长、委员会主任等组成。

县、自治县、不设区的市、市辖区的人民政府分别由县长和副县长、市长和副市长、区长和副区长以及局长、科长等组成。

乡、民族乡的人民政府设乡长和副乡长。民族乡的乡长由建立民族乡的少数民族的公民担任。镇人民政府设镇长和副镇长。

省长和副省长、自治区主席和副主席、市长和副市长、州长和副州长、县长和副县长、区长和副区长、乡长和副乡长、镇长和副镇长分别由本级人民代表大会选举产生。秘书长、厅长、局长、主任、科长分别由本级人大常委会任免。

地方各级人民政府每届任期与本级人民代表大会每届任期相同。地方各级人民政府分别实行省长、自治区主席、市长、州长、县长、区长、乡长、镇长负责制。省长、自治区主席、市长、州长、县长、区长、乡长、镇长分别主持地方各级人民政府的工作。

地方各级人民政府的职权包括以下各个方面：

(1) 执行本级权力机关的决议和上级行政机关的决定和命令。

(2) 执行本行政区域的国民经济和社会发展计划及预算，管理本行政区域内的政治、经济、文化等各个方面的行政工作，规定行政措施，发布决定和命令。

(3) 依法保护和保障本行政区域内公民各方面的权利。

(4) 省、自治区、直辖市和较大的市（省、自治区人民政府所在地的市和经国务院批准的较大的市）的人民政府，可以依法制定规章。

(5) 县级以上地方各级人民政府领导并监督其下属工作部门和下级人民政府的工作；任免、考核、奖惩行政机关工作人员。

地方各级人民政府根据工作需要和精干的原则，设立必要的工作部门，如厅、局、委员会、办公室、科等。但乡级人民政府一般不设工作部门。

县级以上的地方各级人民政府设立审计机关，对本级人民政府和政府各部门的财政收支，对本行政区域内的财政金融机构和企业事业组织的财务收支，进行审计监督。地方各级审计机关依照法律规定独立行使审计监督权，对本级人民政府和上一级审计机关负责。

省、自治区、县、自治县、市辖区、不设区的市的人民政府，在必要的时候，经上一级人民政府批准，可以分别设立行政公署、区公所、街道办事处，作为其派出机关。

（三）基层群众性自治组织

在我国，城市和农村按居民居住地区设立的居民委员会或者村民委员会，不是一级政权机构，而是我国的基层群众性自治组织。宪法对于居民委员会、村民委员会的性质、组成和任务作了规定。这对于加强基层群众性自治组织的建设，发动群众自己管理自己的公共事务和公益事业，发展社会主义民主，具有重要意义。

宪法规定，居民委员会、村民委员会的主任、副主任和委员均由居民选举产生。居民委员会、村民委员会设人民调解、治安保卫、公共卫生等委员会，办理本居住地区的公共事务和公益事业，调解民间纠纷，协助维护社会治安，并且向人民政府反映群众的意见、要求和提出建议。

七、民族自治地方的自治机关

民族自治地方的自治机关是指自治区、自治州、自治县的人民代表大会和人民政府。

民族自治地方的自治机关具有双重性质：一方面，它们是我国地方国家机关的组成部分，因而行使我国宪法规定的地方国家机关的职权，即行使各该级人民代表大会和人民政府的职权；另一方面，它们是聚居的少数民族实行区域自治的机关，因而依照宪法、《民族区域自治法》和其他法律所规定的权限行使自治权，根据本民族的实际情况执行国家的法律和政策。

民族乡不是民族自治地方，因而民族乡的人民代表大会和人民政府不行使自治权。但是民族乡的人民代表大会和乡人民政府可以依照法律规定的权限采取适合本乡的民族特点的具体措施。

根据宪法的规定，民族自治地方的自治机关行使下列自治权：

(1) 根据本地区的实际情况贯彻执行国家的法律、政策。如果上级的决议和命令不适合本地情况，经过批准可以变通执行或者停止执行。

(2) 民族自治地方的人民代表大会有权依照当地民族的政治、经济和文化的特点，制定自治条例和单行条例。

(3) 管理地方财政。凡是依照国家财政体制属于民族自治地方的财政收入，都应当由民族自治地方的自治机关自主地安排使用。

(4) 在国家计划的指导下自主地安排和管理地方性的经济建设事业。

(5) 自主地管理本地方的教育、科学、文化、卫生、体育事业，保护和整理民族的文化遗产，发展和繁荣民族文化。

(6) 依照国家的军事制度和当地的实际需要，经国务院批准，可以组织本地方维护社会治安的公安部队。

(7) 在执行职务的时候，依照本民族自治地方自治条例的规定，使用当地通用的一种或者几种语言文字。

为了保障少数民族的自治权利，宪法规定，民族自治地方的人民代表大会常务委员会中应当有实行区域自治的民族的公民担任主任或者副主任；自治区主席、自治州州长、自治县县长由实行区域自治的民族的公民担任。宪法还规定，国家在民族自治地方开发资源、建设企业的时候，应当照顾民族自治地方的利益；国家从财政、物资、技术等方面帮助各少数民族加速发展经济建设和文化建设事业；国家帮助民族自治地方从当地民族中大量培养各级干部、各种专业人才和技术工人。

八、人民法院

（一）人民法院的性质、任务和组织系统

人民法院是国家审判机关，依法行使审判权。审判权是指依照法律审理和裁判刑事案件、民事案件和行政案件的权力，它是国家权力的重要组成部分。在我国，审判权只能由人民法院代表国家统一行使，其他任何国家机关、社会团体和个人都无权行使。

人民法院的任务是审判刑事案件、民事案件和行政案件，并且通过审判活动，惩罚犯罪分子，保障无罪的人不受刑事追究，解决民事纠纷和行政纠纷，以保卫人民民主专政制度，维护社会主义法制和社会秩序，保护全民所有制和劳动群众集体所有制财产以及公民私人所有的合法财产，保护公民、法人和其他组织的各种合法权益，维护和监督行政机关依法行使行政职权，保障社会主义建设事业的顺利进行。人民法院用它的全部活动，教育公民忠于社会主义祖国，自觉地遵守宪法和法律。

根据宪法和人民法院组织法的规定，人民法院的组织系统由最高人民法院、地方各级人民法院和专门人民法院构成。

最高人民法院是最高国家审判机关。它对全国人大及其常委会负责，并统一监督地方各级人民法院和专门人民法院的审判工作。

地方各级人民法院包括：高级人民法院（省、自治区、直辖市的高级人民法院）、中级人民法院（在省、自治区内按地区设立的中级人民法院；在直辖市内设立的中级人民法院；省、自治区辖市的中级人民法院；自治州的中级人民法院）、基层人民法院（县、自治县、市、市辖区人民法院）。地方各级人民法院对产生它的国家权力机关负责。上级人民法院监督下级人民法院的审判工作。

专门人民法院包括：军事法院、铁路运输法院、海事法院、森林法院和其他专门人民法院。

（二）人民法院行使审判权应遵循的原则

宪法和人民法院组织法规定了人民法院在行使国家审判权时应当遵循的原则和制度主要有：人民法院依照法律规定独立行使审判权；对于一切公民在适用法律上一律平等；以事实为根据，以法律为准绳；实行两审终审、公开审判、合议、回避等制度；各民族公民有权用本民族的语言文字进行诉讼；人民法院、人民检察院和公安机关办理刑事案件，应当分工负责，互相配合，互相制约；被告人有权获得辩护等。上述的原则和制度，有些是在本书的其他篇章中进行介绍。这里仅就其中的

几项原则和制度进行简略说明。

(1) 人民法院依法独立行使审判权。这一原则要求人民法院必须独立行使审判权，依法办案，不受行政机关、社会团体和个人的干涉。这是社会主义法制的要求，是正确行使审判权的重要保证。当然，人民法院依法独立行使审判权，并不是不要党的领导，也不是不受产生它的国家权力机关的监督和国家专门的法律监督机关的监督。但是，党对人民法院的领导主要是方针、政策的领导，而不是审理具体案件或者就具体案件的处理作出决定。国家权力机关和国家检察机关对人民法院的监督，也只能根据法律规定的程序进行。

(2) 实行两审终审制度。两审终审制度是指一个案件经过两级人民法院审判即告终结的诉讼制度。具体地说，对地方各级人民法院第一审的判决和裁定，当事人如果不服，可以按照法律规定的程序，向上一级人民法院上诉；同级人民检察院也可以按照法律规定的程序，向上一级人民法院抗诉。上一级人民法院按照第二审程序进行审理后所作的判决和裁定，是终审的判决和裁定，即发生法律效力的判决和裁定。此外，最高人民法院审判案件所作的判决和裁定，以及超过上诉期限没有上诉、抗诉或者法律规定不准上诉的判决和裁定，也是发生法律效力的判决和裁定。实行两审终审制度，是为了及时纠正第一审判决和裁定的错误，使法律得到正确的适用，以切实保障当事人的合法权益，同时也不致因审级过多而使案件久拖不决。

(3) 实行公开审判制度。人民法院审理案件，除涉及国家机密、个人隐私、未成年人犯罪等案件以及法律另有规定的案件（如离婚案件、涉及商业秘密的民事案件，当事人申请不公开审理的）以外，一律公开进行。实行公开审判，可以把人民法院的审判活动置于人民群众的直接监督之下，有利于提高审判工作的质量，保护当事人的合法权益，同时也便于向广大人民群众进行社会主义法制的宣传教育。

(4) 实行合议制度。人民法院审判案件实行合议制度，是民主集中制原则在审判工作中的体现。根据这一制度，人民法院审判第一审案件，除简单的民事案件、轻微的刑事案件和法律另有规定的案件（如一般的认定财产无主案件）以外，均由审判员组成合议庭或者由审判员和人民陪审员组成合议庭进行；人民法院审判上诉和抗诉的案件，由审判员组成合议庭进行。合议庭由院长或庭长指定审判员一人担任审判长；院长或庭长参加审判案件时，自己担任审判长。合议庭的组成人员的权利是平等的，人数必须是单数。同时，为了在审判工作中贯彻民主集中制的原则，保证办案质量，各级人民法院均设立审判委员会。审判委员会的任务是总结审判经验，讨论重大案件、疑难案件和其他有关审判工作的问题。但是审判委员会不直接审判案件，它的决定由合议庭出面执行。

(5) 实行回避制度。回避制度是指根据法律规定，办案人员不参加处理与自己有利害关系或者其他关系的案件，以防止利用职权徇私舞弊，并可避开嫌疑，以利于司法工作的正常进行。我国的刑事诉讼法、民事诉讼法、行政诉讼法中都有实行回避制度的规定。我国刑事诉讼法规定，侦查、检察、审判人员和书记员、翻译人员、鉴定人有下列情形之一的，应当自行回避，当事人及其法定代理人也有权要求他们回避：①是本案的当事人或者当事人的近亲属的；②本人或者本人的近亲属与本案有利害关系的；③担任过本案的证人、鉴定人、辩护人或者附带民事诉讼当事人的代理人的；④与本案当事人有其他关系，可能影响公正处理案件的。我国民事诉讼法中也有类似的具体规定。

(6) 各民族公民有权用本民族的语言文字进行诉讼。这一原则是民族平等原则在诉讼制度中的体现。根据这一原则，各民族公民都有用本民族语言文字进行诉讼的权利。人民法院对于不通晓当地通用语言文字的诉讼参与人，应当为他们配备翻译。在少数民族聚居或者多民族杂居的地区，应当用当地通用的语言文字进行审讯，用当地通用的文字发布判决书、布告和其他文件。实行这一原则，不仅可以保证各民族公民在诉讼中享有平等的诉讼权利，而且有助于加强人民法院与各族人民的联系，接受各族人民的监督。

九、人民检察院

（一）人民检察院的性质、任务和组织系统

根据宪法和人民检察院组织法的规定，我国人民检察院是国家的法律监督机关。在我国，除了由国家权力机关对法律的实施实行监督之外，还设立专门的法律监督机关监督法律的实施，人民检察院就是专门的法律监督机关。

根据人民检察院组织法的规定，人民检察院的基本任务是：通过行使检察权，镇压一切叛国的活动、分裂国家的活动和其他反革命活动，打击反革命分子和其他犯罪分子；维护国家的统一，维护人民民主专政制度；维护社会主义法制；维护社会秩序、生产秩序、工作秩序、教学科研秩序和人民群众生活秩序；保护社会主义的全民所有的财产和劳动群众集体所有的财产，保护公民私人所有的合法财产；保护公民的人身权利、民主权利和其他权利；保卫社会主义现代化建设的顺利进行。人民检察院通过检察活动，教育公民忠于社会主义祖国，自觉地遵守宪法和法律，积极同违法行为作斗争。

人民检察院的组织系统由最高人民检察院、地方各级人民检察院和专门人民检察院构成。

最高人民检察院是最高国家检察机关。它对全国人大及其常委会负责，并统一领导地方各级人民检察院和专门人民检察院的检察工作。

地方各级人民检察院包括：省、自治区、直辖市人民检察院；省、自治区、直辖市人民检察院分院，自治州和省辖市人民检察院；县、市、自治县和市辖区人民

检察院。地方各级人民检察院对产生它的国家权力机关和上级人民检察院负责，上级人民检察院领导下级人民检察院的检察工作。

专门人民检察院包括：军事检察院、铁路运输检察院和其他检察院。

（二）人民检察院的职权

根据宪法和人民检察院组织法的规定，人民检察院行使下列职权：

（1）法纪监督。法纪监督的主要内容有：①对于叛国案、分裂国家案以及严重破坏国家的政策、法律、政令统一实施的重大犯罪案件，行使检查权。这也称为特种法纪监督。②对于直接受理的刑事案件（如贪污案件、渎职案件、侵犯公民的民主权利案件以及认为需要由自己直接受理的其他案件）进行侦查。这也称为一般法纪监督。

（2）侦查监督。对于公安机关侦查的案件进行审查，决定是否逮捕、起诉或者免予起诉；对于公安机关的侦查活动是否合法，实行监督。

（3）支持公诉和审判监督。对于刑事案件，提起公诉，支持公诉；对于人民法院的审判活动是否合法，人民法院审理案件所作的判决和裁定是否正确，实行监督。

（4）监所监督，也称劳动改造监督，即对刑事案件判决、裁定的执行和监狱、看守所、劳动改造机关的活动是否合法，实行监督。

（三）人民检察院的工作原则

人民检察院行使检察权，必须遵循下列工作原则：

（1）依照法律规定独立行使检察权，不受其他行政机关、社会团体和个人的干涉。

（2）在行使检察权时对于一切公民在适用法律上一律平等。不允许有任何特权。

（3）在检察工作中必须坚持实事求是，重视调查研究，重证据而不轻信口供。

（4）在检察工作中必须依靠群众，倾听群众意见，接受群众监督，实行专门的业务工作与群众路线相结合。

（5）保障各族公民用本民族的语言文字进行诉讼。

第六章 行政法学

第一节 行政法概说

一、行政法的概念、渊源及其历史发展

（一）行政与行政法

行政一词的英文是 administration，源出于拉丁文 administratre，原意是“执行事务”。

西方学者对行政的含义各说不一。有的认为，行政是国家意志的执行。有的认为，行政是指除国家立法、司法以外的一类国家职能。比较普遍的是把行政理解为国家事务的管理。马克思认为：“行政是国家的组织活动。”① 这一论断揭示了行政的两个基本特点：第一，行政是一种国家活动，属于国家的范畴。这就把行政与一般社会组织或个人的活动区别开来。第二，行政以组织、执行等方式为其活动的主要特征。这就把行政与国家的立法、司法等活动区别开来。

任何国家为了实现其国家意志，都必须通过一定的国家机关进行有效的组织、执行活动。这个国家机关就是行政机关（或称政府），它所进行的组织、执行活动，就是行政管理活动。所以，行政的概念，往往既指执行国家意志的国家行政机关，也指政府事务的决策、组织、领导和调控，即通常所说的国家行政管理。

行政与行政法的关系至为密切。现代国家的行政管理活动都必须依法进行。行政法就是规范国家行政管理活动的法律规范的总称。

行政的性质决定行政法在内容和形式上都具有自身的特点。从内容上看，由于国家行政管理活动的范围十分广泛，涉及政治、经济、文化教育、科学技术、军事、外交等各个方面，加之国家的行政管理总是处在不断的变动之中，因而较之其他部门法，行政法的内容不仅繁杂，而且变动性也较大。从形式上看，行政法规范性文件既可以由国家权力机关制定，也可以由国家行政机关制定，因而行政法的表现形式繁多，其名称、效力等问题也比较复杂。掌握行政法的这些特点，将有助于

① 《马克思恩格斯全集》第1卷，人民出版社1956年版，第479页。

正确理解和适用行政法。

（二）行政法的调整对象

行政法的调整对象是国家行政机关在行使行政职能的过程中所发生的各种社会关系。这种社会关系通常称做行政关系。

我国行政法调整的各种行政关系，可以概括为四大类：

一是行政机关与其他国家机关的关系。包括行政机关与权力机关、审判机关、检察机关的关系。

二是行政机关内部的关系。包括上级行政机关与下级行政机关的关系，同级行政机关之间的关系，行政机关与其工作人员之间的关系。

三是行政机关与其他社会组织的关系。包括行政机关与企业事业单位的关系，行政机关与各种社会团体的关系。

四是行政机关与个人的关系。包括行政机关与公民、外国人和无国籍人的关系。

在上述四类关系中，有的属于领导与被领导的关系，有的属于监督与被监督的关系，有的属于管理与被管理的关系，有的则属于分工协作关系，情况错综复杂，不能一概而论。但所有这些关系，都应由行政法加以规定，受行政法的调整。

需要明确的是：上述四类关系并非在任何情况下都属于行政关系，都受行政法调整。例如，某行政机关与某企业订立了一项买卖合同，此时，订立合同的行政机关与企业之间的关系就不属行政关系，而是一种买卖合同关系。这种关系自应由合同法调整。这就是说，主体之间只有在行政机关行使行政管理职权时所发生的关系，才属于行政关系，也才是行政法调整的对象。

（三）行政法的渊源

如前所述，由于国家行政管理的范围极其广泛，变动十分频繁，因而行政法规范的内容非常繁杂，数量尤多，这就很难制定一部如同民法典、刑法典那样的统一的完整的行政法典。在这个问题上，世界各国的情况大体相同。

由浩繁的行政法规范组成的行政法，其渊源见诸于宪法、法律、行政法规和行政规章、地方性法规和地方规章等各种类别的规范性文件。这又有两种情况：一种情况是由调整某一方面的行政关系的规范构成单一的行政法规范性文件，即行政管理单行法律、法规。另一种情况是有关的行政法规范与其他部门法规范包含在同一个规范性文件之中。在这种情况下，该规范性文件就成为包括行政法在内的几个部门法的渊源。

宪法是国家的根本法。宪法所确认的国家各项根本制度、根本任务和一系列基本原则，都是行政法的立法依据和基本渊源。宪法中的部分条款，如关于国务院和地方各级人民政府的规定，又是行政法的具体规范。

法律（包括基本法律和基本法律以外的法律）是我国行政法的主要渊源。法律作为行政法的渊源，有时一项法律仅仅是或者主要是行政法的渊源，如《中华人民共和国国务院组织法》、《中华人民共和国地方各级人民代表大会和地方各级人民政府组织法》、《中华人民共和国治安管理处罚法》、《中华人民共和国食品卫生法》等；有时一项法律就其主要内容而言，虽然并非行政法规范，但其中却包含了若干行政管理方面的规定，例如，《婚姻法》中关于结婚、离婚登记的条款，《商标法》中关于商标登记、管理、争议裁决的条款，就属于行政法规范，因而《婚姻法》、《商标法》等既是民法的主要渊源，也是行政法的渊源。

我国行政法的另一主要渊源，是国务院制定的行政法规，以及国务院各部、委制定的行政规章。前者如国务院发布的《中华人民共和国价格管理条例》、《信访条例》等；后者如公安部发布的《对部分刀具实行管制的暂行规定》。行政法规和行政规章的内容广泛，数量尤多，发布行政法规和行政规章，是中央国家行政机关对国家实施行政管理的主要手段。

我国省、自治区、直辖市的人民代表大会及其常委会以及省、自治区人民政府所在地的市和经国务院批准的较大的市的人民代表大会及其常委会所制定的地方性法规，省、自治区、直辖市以及省、自治区的人民政府所在地的市和经国务院批准的较大的市的人民政府所制定的地方性政府规章，民族自治地方的人民代表大会制定的自治条例和单行条例，只要其中包含行政法规范，也都是我国行政法的渊源。不过它们只在一定的地域范围内生效。

(四) 行政法的分类

根据不同的标准，对行政法规范可作不同的分类。

以行政法规范在行政管理中的作用为标准，可以把行政法分为：

(1) 行政组织法。主要由有关行政机关的设置、编制、职权、职责、活动程序和方法，以及有关行政工作人员的录用、培训、考核、奖惩、晋升、调动及其职务上的权利义务等方面的规范所组成。

(2) 行政行为法。主要由行政机关与个人和组织之间的权利（职权）义务（职责）关系的规范所组成。

(3) 行政监督法和监督行政法。前一类是行政作为监督主体实施监督的规范；后一类是其他监督主体对行政实施监督的规范。

上述分类方法有利于从整体上研究行政法，故常用于研究行政法的一般原理原则，从而构成行政法学的总论部分。

以行政法规范调整的具体对象为标准，可以把行政法分为若干部门，如经济行政法、科技行政法、公安行政法、司法行政法、民政行政法、文化行政法、教育行政法、卫生行政法、军事行政法，等等。这种分类有利于具体研究各具体部门行政法，并构成行政法学各论部分的主要内容。

以行政法规范的性质为标准，可以把行政法分为行政实体法和行政程序法。前者是行政法律关系中的实体权利义务的规范；后者是关于如何实现实体法所规定的权利义务的规范。行政程序包括行政立法程序、行政执法程序和行政司法程序。在一项行政法规范性文件中，往往既包含了实体法规范，也包含了程序法规范，如《治安管理处罚法》、《食品卫生法》等。

（五）行政法的历史发展

行政法和国家行政管理活动一样古老，但是，行政法作为一个独立的法律部门，则是资产阶级民主制度确立以后的事。在资产阶级革命以前，无论是在中国还是在外国，无论是奴隶制国家还是封建制国家，国家权力并没有严格的划分，而为君主或少数人所集中掌握。体现国家意志的各种法律往往混合在一起，也无严格的划分，其中尽管不乏国家行政管理方面的法律规范，却不存在专门的行政法。我国在封建统治时期，诸法合体，民、刑、行政、诉讼等法不分。如我国典型的封建法典《唐律》基本上是一部刑法典，但其中也包含了不少民事、行政和诉讼方面的法律规范。唐代以来，各代封建统治阶级为了提高统治效能，也曾制定了《唐六典》、《元典章》、《明会典》、《清会典》等比较完整的行政法典，不过，这些行政法典只是对行政机构的职掌和官吏的任免、奖惩等作出规定，而且还夹杂许多刑事和刑事诉讼方面的规范。同现代意义的行政法相比，仍有很大区别。

现代意义的行政法是资产阶级革命的产物。18 世纪末欧洲大陆资产阶级在革命胜利掌握政权后，根据洛克、孟德斯鸠等资产阶级启蒙思想家所创立的“三权分立”学说，把国家的行政权交由政府依法独立行使。自此，国家制定的有关行使行政权力方面的法律规范，逐渐形成一个独立的法律部门——行政法。法国则是现代意义行政法的发源地。

我国在北洋军阀和国民党统治时期，仿效西方法制，虽然开始分门创制法律，颁布了一些行政法律，但多抄自法、德和日本等国，并沿袭了我国的某些封建旧制，反映了它的半殖民地半封建的性质。

1949 年新中国建立，国家机构初创，首要任务是建立各级政权。以起临时宪法作用的《共同纲领》为依据，在总结革命根据地行政法制经验的基础上，国家制定了一系列行政法律，如《中央人民政府组织法》、《政务院所属各机关组织通则》、各大行政区、省、市、县、大城市的区、乡等各级人民政府组织通则，《政务院关于任免工作人员的暂行办法》等，同时，还颁布了不少有关行政管理基本制度方面的法规。这些法规对于行政机关的建立，完成中华人民共和国成立初期国家行政管理的任务，促进从新民主主义向社会主义过渡，发挥了重要作用。1957 年后，由于受“左”的思想的影响和干扰，包括行政法制在内的我国社会主义法制遭到严重破坏。直到 1978 年党的十一届三中全会以后，通过拨乱反正，我国的行政法制才得到恢复和发展。

二、行政法律关系

（一）行政法律关系的概念和构成要素

国家行政机关在进行行政管理活动中所发生的各种社会关系即行政关系，经行政法规范确认，从而具有行政法上的权利和义务内容的，就成为行政法律关系。简言之，行政法律关系，指的就是国家行政机关在行政管理过程中发生的由行政法规范调整的各种社会关系。

和所有的法律关系一样，行政法律关系由主体、客体和内容这三个要素所构成。

行政法律关系主体即行政法律关系当事人，他们是行政法权利的享有者和行政法义务的承担者。行政法律关系的主体由行政主体和与行政主体相对应的个人、组织构成。行政主体可以是国家行政机关，也可以是经授权行使行政职能并对其行为承担责任的其他组织。与行政主体相对应的个人、组织，包括国家机关、企事业单位、社会团体、公民以及在我国境内的外国组织、外国人和无国籍人等。作为行政法律关系主体的个人、组织，应具有行政法的权利能力和行为能力。

行政法律关系客体是行政法律关系参加者的权利、义务所指向的对象。行政法律关系客体的范围极其广泛，概括起来可以分为三大类，即物、精神财富和行为。

行政法律关系的内容即行政法上的权利义务，是行政法律关系的核心。不同的行政法律关系主体所享有或承担的行政法上的权利、义务是不同的。这些权利、义务由于范围过于广泛，很难一一列举，只能作一般的概括：

关于行政机关的主要权利（职权），学者们所作的概括不尽相同。有的概括为命令权、制裁权、形成权、公务权和经营权；有的概括为组织与管理权、强制与处罚权以及委托与监督权等；有的概括为制定行政规范权、决策权、决定权、命令权、强制权、制裁权、行政司法权等。行政机关的义务（职责），主要的是遵守法律、法规，正确履行职务，即不仅要遵守法定权限和程序，而且裁量要合理，符合行政目的。归结为一点，就是要依法行政。

公民的主要权利有：参加国家管理的权利，对行政机关监督的权利和合法权益受国家保护的权利等。公民的主要义务有：遵守各种行政管理规范的义务，接受委托代理执行的义务，承担由于违法而受处罚的义务等。

企业事业单位、社会组织的权利义务与公民的权利义务基本相同。外国人、无国籍人的权利义务，除政治性的外，一般略同于公民。

和其他法律关系一样，行政法律关系的产生、变更和消灭，也必须有一定的法律事实（包括事件和行为）的存在。行政法律关系的产生、变更和消灭，正是法律事实所引起的法律后果。

(二) 行政法律关系的种类

行政法律关系按照不同的标准可以作不同的分类:

行政法律关系以主体的地位及其相互间关系的性质为标准,可以划分为纵向关系、横向关系和斜向关系。纵向关系又称垂直关系,表现为领导与被领导、管理与被管理的关系,如上级行政机关与下级行政机关、行政机关首长和该机关工作人员之间的关系,就属于此类关系。这在行政法律关系中是最普遍、最常见的。横向关系又称平行关系,即两个法律地位平等的行政法律关系主体之间的关系,如国务院所属各部之间的关系;在行政复议中双方当事人之间的关系。斜向关系主要是指上级行政机关与非直属下级行政机关之间的关系,如某省财政厅与邻省某市财政局之间的关系。

行政法律关系以存在的时间长短为标准可以划分为经常性关系和偶然性关系。前者如上级行政机关与下级行政机关之间的固定的领导与被领导的关系。后者如公民或组织因向主管行政机关提出某项申请所引起的行政法律关系。

行政法律关系以调整的法律规范的性质为标准,可以划分为实体性关系和程序性关系。前者是指受实体性行政法规范所调整的行政关系,它包括一切直接涉及当事人实体权利义务的行政法律关系。后者是指由于受程序性法律规范调整而发生的行政法律关系。它是不直接涉及当事人实体权利义务的行政法律关系。

(三) 行政法律关系的特点

与其他性质的法律关系相比较,行政法律关系具有如下特点:

第一,行政法律关系主体的一方必定是国家行政机关或由法律授权代行某种行政职能的社会组织。这是因为,行政法律关系是在国家行政机关进行行政管理活动中基于一定的法律事实产生的。没有国家行政机关的行政管理活动,就不会产生行政法律关系。这是行政法律关系最显著的一个特点。

第二,行政法律关系的成立,往往是以行政机关单方面的行为为根据。这是因为,在行政管理过程中,主体双方通常处于命令与服从的不平等地位,而居于命令地位的又总是国家行政机关一方。它经常能够以自己单方面的行为引起行政法律关系的产生、变更或消灭,而无需双方当事人意思表示的一致。例如,行政机关不经对方当事人的同意,既可以为对方当事人增设某项权利,也可以限制、剥夺对方当事人的某项权利;既可以为对方当事人增设某项义务,也可以豁免对方当事人某项义务。这也是行政法律关系的一个显著特点。当然,行政法律关系中当事人双方的这种不对等性,决不意味行政机关享有超越法律的特权。相反,行政机关在行使行政职能时,必须严格遵守法律,并接受包括人民群众在内的各方面的监督。

第三,行政法律关系的内容具有国家先定力。即行政法律关系主体双方间的权利义务都是由行政法律规范事先规定的,主体双方既不能相互约定,也不能自由选择。这是行政法律关系区别于民事法律关系的一个特征。

第四，在行政法律关系中，主体一方的国家行政机关往往可以直接运用国家强制力，强制对方当事人履行义务或接受制裁。例如，公安机关可以对违反治安管理的公民给予罚款或拘留处分。而在民事法律关系中，权利主体对义务主体违反民事义务的行为，除提起民事诉讼请求法院予以保护外，是不能直接施行制裁或予以强制执行的。

第五，行政法律关系主体间的争议，通常都通过一定的行政程序或准司法程序予以解决，只有在行政相对人不服行政解决或者法律另有规定的情况下，才能诉诸法院，依司法程序解决。这一点也是显然有别于民事法律关系和刑事法律关系的。

第二节　行政组织法

行政组织是国家实施行政管理的主体，包括国家行政机关和行政工作人员(公务员)。行政组织法就是关于行政机关的组织机构和行政工作人员（公务员）的法律规范的总称。

一、行政机关

（一）行政机关与行政机关组织法

行政机关又称政府，是国家依法设立并代表国家行使国家行政权，掌管国家行政事务的机关。

行政机关按其行使职权的效力范围，可以分为中央行政机关和地方行政机关。在我国，前者包括国务院、国务院各部、各委员会以及国务院的直属机关。后者则指地方各级人民政府及其职能机关。行政机关按其职权的性质，可以分为一般行政机关和专门行政机关。前者指各级政府。它的行政活动带有全面性和综合性。后者是指在一般行政机关领导下的职能机关，如政府所属各部、委、厅、局等。它的行政活动带有局部性和专门性。

行政机关组织法是规定行政机关的设置程序及其任务、组成、编制、职权职责和活动原则等法律规范的总称。它既包括实体方面的规范，也包括程序方面的规范。行政机关组织法是行政机关产生和行使职权的法律依据。严格执行行政机关组织法，是行政机关及其活动科学化和法制化的重要条件。

（二）行政机关组织法的基本内容

我国至今虽然还没有一部适用于所有行政机关的组织法，但单个的或某一类行政机关的组织法为数则不少。前者如《中华人民共和国国务院组织法》，后者如《中华人民共和国地方各级人民代表大会和地方各级人民政府组织法》等。

根据行政法的理论和中外行政组织的实践，行政机关组织法应包括下述基本内容：

（1）制定的法律依据

任何一项行政机关组织法都必须首先指明制定该法的法律依据。这是行政机关组织法合法性的要求。例如，现行《中华人民共和国国务院组织法》开宗明义第1条就规定："根据中华人民共和国宪法有关国务院的规定，制定本组织法。"

（2）隶属关系

隶属关系是指上下级行政机关之间的领导关系或指导关系。领导关系可分为垂直领导（或称单一领导）和双重领导两种。我国的行政机关除少数业务联系极为密切、权力需要高度集中的如海关部门、金融部门、国税部门、外汇管理部门等实行垂直领导外，一般都实行双重领导。依照地方组织法的规定，省一级人民政府的各工作部门受人民政府统一领导，并且受国务院主管部门的领导或业务指导；市、县一级人民政府的各工作部门受人民政府统一领导，并且受上级人民政府主管部门的领导或业务指导。在领导关系中，作为领导的行政机关对被领导的行政机关享有指挥命令权，可以直接改变或撤销被领导机关的行政行为。在我国，有些行政机关由于其业务具有较大的独立性和较强的地方性，如国家体育总局、国家科技部等，则实行业务指导关系。指导的行政机关对被指导的行政机关享有指导权，但无指挥命令权，也不能直接撤销或改变被指导机关的行政行为。

行政机关的隶属关系是一种纵向关系。除此之外，行政机关之间还存在无隶属关系的横向关系和斜向关系，如同级政府之间、省级政府与他省的市、县级政府之间的关系。在横向关系和斜向关系中，不存在领导或指导关系，但有公务协助关系。不过，我国行政机关组织法对行政机关的横向关系和斜向关系尚无明文规定。

（3）职权职责

行使职权职责是行政机关在行政法上的权利和义务。行政机关的法律地位，就是其职权职责的综合体现。

行政职权是国家行政权的转化形式，只属于行政机关，其他组织和个人均不得具有。行政机关的职权通常随行政机关依法设立而产生，有的由有权机关授予。前者称固有职权，后者称授予职权。

行政职权的具体内容因行政机关的不同而异。概括起来，大致有：行政性规范性文件制定权（如制定行政法规、行政规章等）；行政决策权（如对重大行政管理事宜作出决策等），行政命令权（如指示、命令等）；行政处置权（如扣押、查封等）；行政决定权（如行政许可等）；行政强制执行权（如行政执行等）；行政制裁权（包括行政处罚、行政处分）；行政司法权（包括调解、复议、仲裁等）。

根据权利义务一致的原则，法律要求行政机关在行使职权时，必须承担一定义务。这种义务即行政职责。行政职责的具体内容也因行政机关的不同而异，主要有：依法行使职权和履行职责；保护公民和组织的合法权益；因执行的需要致使公共利益或个人、组织合法权益受到损失，或因行政机关的违法行为侵犯个人、组织的合法权益使之遭受损失时，应依法补偿或赔偿。

为使行政机关有效地行使职权，履行职责，法律往往赋予行政机关以职务上的优先条件，此即行政优先权。如《人民警察使用武器和警械的规定》中规定：“人民警察正在执行公务的各种警车，可以使用特殊音响警报器和红色回转警灯。对使用特殊音响警报器和回转警灯的警车，其他车辆应当避让。”行政机关只有在从事公务所必需的情况下，方能享有行政优先权，而且必须依法行使。

(4) 任职期限

行政机关组织法应对行政机关的任期作出规定。任期不宜过长，也不宜过短。必须反对行政首脑终身制。依照我国宪法和法律的规定，各级政府每届的任期与产生它的权力机关每届的任期相同。国务院总理、副总理、国务委员连续任职不得超过两届。但对各级地方行政首长的任期，法律未作规定。

(5) 机构设置

行政机关组织法对行政机关内部机构的设置通常采用两种方式：一为列举式；一为概括式。以国务院组织法为例，1954 年的国务院组织法采列举式，对国务院所设机构逐一列举；现行国务院组织法则采概括式，对国务院所设机构只作了概括性的规定。

(6) 组织活动原则

行政机关根据什么原则组织并进行活动，是行政机关组织法的一项重要内容。依照宪法规定，我国包括行政机关在内的所有国家机关一律实行民主集中制的原则。但具体到行政机关，根据行政管理的特点和要求，这一原则表现为行政首长负责制。当然，实行行政首长负责制仍要求发扬民主、集思广益。如国务院组织法就规定，“国务院工作中的重大问题，必须经国务院常务会议或者国务院全体会议讨论决定”。

除首长负责制外，法制原则、合理性原则、精简和效率原则等，也是行政机关活动中必须遵循的原则。

(7) 员额编制

员额编制包括两方面的内容，即人员定额和人员结构。根据精简的原则，行政机关人员的数量必须有一定的限制，不得突破，而且在结构上各类人员应保持合理的比例。这是行政机关任用工作人员的依据，也是高效率地开展工作的基本条件。

此外还有一些内容，诸如副职设置、行政组织法的生效条件，特别是行政首长对行政机关违反组织法应负的法律责任等，也是行政机关组织法应有的内容。

(三) 行政机关法定代表人

作为一种组织的行政机关，其活动必须由一定的个人来代表。依法代表行政机关从事行政行为和诉讼活动的个人就是行政机关的法定代表人。

我国行政机关的法定代表人通常是指该行政机关的正职行政负责人。在没有正职的情况下，由主持工作的副职行政负责人担任法定代表人。在正副职都没有的情况下，由主持工作的行政负责人担任法定代表人。可见，行政机关的法定代表人与行政首长实质上指的是同一个人。只是在诉讼活动中，行政机关的负责人不是以行政首长的身份而是以法定代表人的身份参加到诉讼活动中去。

二、公务员

公务员是指依法履行公职、纳入国家行政编制、由国家财政负担工资福利的工作人员。

我国从20世纪80年代之初开始酝酿公务员制度。1993年《国家公务员暂行条例》的颁布，表明我国的公务员制度已具雏形。最近《中华人民共和国公务员法》出台，标志着我国的公务员制度已臻成熟。该法由第十届全国人大常委会第十五次会议于2005年4月27日通过，自2006年1月1日起施行。该法共18章，107条，对我国公务员制度的基本原则、公务员的条件、义务与权利、职务与级别、录用、考核、职务任免、职务升降、奖励、惩戒、培训、交流、回避、工资福利保险、辞职辞退、退休、申诉控告、职位聘任、法律责任，都作了明确的规定。简介如下：

（一）我国公务员制度的基本原则

我国会务员制度有下列基本原则：(1) 公务员制度贯彻中国共产党的干部路线和方针，坚持党管干部原则。(2) 公务员的录用，坚持公开、平等、竞争、择优的原则，依照法定的权限、条件、标准和程序进行。(3) 公务员的管理，坚持监督约束与激励保障并重的原则。(4) 公务员的任用，坚持任人唯贤、德才兼备的原则，注重工作实绩。(5) 国家对公务员实行分类管理，提高管理效能与科学化水平。(6) 公务员依法履行职务的行为，受法律保护。

（二）公务员的条件、义务与权利

公务员应当具备的条件是：(1) 具有我国国籍；(2) 年满18周岁；(3) 拥护我国宪法；(4) 具有良好的品行；(5) 具有正常履行职责的身体条件；(6) 具有符合职位要求的文化程度和工作能力；(7) 法律规定的其他条件。

公务员应当履行的义务是：(1) 模范遵守宪法和法律；(2) 按照规定的权限和程序认真履行职责，努力提高工作效率；(3) 全心全意为人民服务，接受人民监督；(4) 维护国家的安全、荣誉和利益；(5) 忠于职守，勤勉尽责，服从和执行上级依法作出的决定和命令；(6) 保守国家秘密和工作秘密；(7) 遵守纪律，恪守职业道德，模范遵守社会公德；(8) 清正廉洁，公道正派；(9) 法律规定的其他义务。

公务员享有的权利有：(1) 获得履行职责应当具有的工作条件；(2) 非因法

定事由、非经法定程序，不被免职、降职、辞退或者处分；（3）获得工资报酬，享受福利、保险待遇；（4）参加培训；（5）对机关工作和领导人员提出批评和建议；（6）提出申诉和控告；（7）申请辞职；（8）法律规定的其他权利。

（三）职务与级别

国家实行公务员职位分类制度。公务员职位类别划分为综合管理类、专业技术类和行政执法类等类别。

国家根据公务员职位类别设置公务员职务序列。公务员职务分为领导职务和非领导职务。

领导职务的层次分为：国家级正职、国家级副职、省部级正职、省部级副职、厅局级正职、厅局级副职、县处级正职、县处级副职、乡科级正职、乡科级副职。

（四）奖励与惩戒

公务员或者公务员集体有下列情形之一的，给予奖励：（1）忠于职守，积极工作，成绩显著的；（2）遵守纪律，廉洁奉公，作风正派，办事公道，模范作用突出的；（3）在工作中有发明创造或者提出合理化建议，取得显著经济效益或者社会效益的；（4）为增进民族团结、维护社会稳定做出突出贡献的；（5）爱护公共财产，节约国家资源有突出成绩的；（6）防止或者消除事故有功，使国家和人民群众利益免受或者减少损失的；（7）在抢险、救灾等特定环境中奋不顾身，做出贡献的；（8）同违法违纪行为作斗争有功绩的；（9）在对外交往中为国家争得荣誉和利益的；（10）有其他突出功绩的。

奖励分为：嘉奖；记三等功、记二等功、记一等功、授予荣誉称号。

公务员必须遵守纪律，不得有下列行为：（1）散布有损国家声誉的言论，组织或者参加旨在反对国家的集会、游行、示威等活动。（2）组织或者参加非法组织，组织或者参加罢工；（3）玩忽职守，贻误工作；（4）拒绝执行上级依法作出的决定和命令；（5）压制批评，打击报复；（6）弄虚作假，误导、欺骗领导和公众；（7）贪污、行贿、受贿，利用职务之便为自己或者他人谋取私利；（8）违反财经纪律，浪费国家资财；（9）滥用职权，侵害公民、法人或者其他组织的合法权益；（10）泄露国家秘密或者工作秘密；（11）在对外交往中损害国家荣誉和利益；（12）参与或者支持色情、吸毒、赌博、迷信等活动；（13）违反职业道德、社会公德；（14）从事或者参与营利性活动，在企业或者其他营利性组织中兼任职务；（15）旷工或者因公外出、请假期满无正当理由逾期不归；（16）违反纪律的其他行为。

公务员因违法违纪应当承担纪律责任的，依照公务员法给予处分。处分分为：警告、记过、记大过、降级、撤职、开除。

(五)我国公务员法中一些新设的重要规定

1. 建立职位聘任制

机关根据工作需要，经省级以上公务员主管部门批准，可以对专业性较强的职位和辅助性职位实行聘任制。机关聘任公务员可以参照公务员考试采用的程序进行公开招聘，也可以从符合条件的人员中直接选聘。

机关聘任公务员应当按照平等自愿、协商一致的原则，签订书面聘任合同，确定机关与受聘公务员双方的权利、义务。

2. 建立引咎辞职制度

领导成员因工作严重失误、失职造成重大损失或者恶劣社会影响的，或者对重大事故负有领导责任的，应当引咎辞去领导职务。

领导成员应当引咎辞职或者因其他原因不再适合担任现任领导职务，本人不提出辞职的，应当责令辞去领导职务。

3. 公务员可以对上级的错误决定说“不”；公务员执行明显的违法决定不得免责

公务员执行职务时，认为上级的决定或者命令有错误的，可以向上级提出改正或者撤销该决定或者命令的意见；上级不改变该决定或者命令，或者要求立即执行的，公务员应当执行该决定或者命令，执行的后果由上级负责，公务员不承担责任；但是，公务员执行明显违法的决定或者命令的，应当依法承担相应的责任。

4. 公务员不得利用兼职或原职挣钱

公务员因工作需要在机关外兼职，应当经有关机关批准，并且不得领取兼职报酬。

公务员辞去公职或者退休的，原系领导成员的公务员在离职3年内，其他公务员在离职2年内，不得到与原工作业务直接相关的企业或者其他营利性组织任职，不得从事与原工作业务直接相关的营利性活动。

第三节 行政行为法

行政行为是国家行政机关依法实施的行政管理活动。行政行为按其方式可以划分为行政立法行为、行政执法行为和行政司法行为。行政行为法是关于行政行为的法律规范的总称。

一、行政立法

(一)行政立法的概念

近年来行政立法一词在我国得到广泛的使用，但对于什么是行政立法的问题，学术界在理解上殊不一致。一种是把国家权力机关和国家行政机关依法制定关于国家行政管理活动的法律、法规、规章等规范性文件的活动统称为行政立法。另一种是把行政立法理解为最高国家权力机关行使国家立法权制定行政法律的活动。还有一种则是把行政立法理解为国家行政机关依法制定行政法规和规章的活动。对于行政立法的理解之所以有分歧，这与人们对立法的含义和我国立法体制的理解不同有关。本书是在上述最后一种意义上使用行政立法的概念的。当然，把行政立法理解为国家行政机关依法制定行政法规和规章的活动，并不意味行政机关制定的行政法规和规章都是行政法。例如，1991 年 6 月 30 日国务院发布的《中华人民共和国外商投资企业和外国企业所得税法实施细则》，就既是行政法的渊源，又是经济法的渊源，而且主要是后者。

行政立法的出现有其历史的必然性。从上世纪以来，特别是二次世界大战以后，经济和科学技术迅猛发展，社会关系日趋复杂，整个社会运行的节律加快，从而对行政机关在管理社会生活方面提出越来越广泛的要求。行政机关为了有效地实施对社会的管理，必须更多地采用规范性的管理方法，而这个问题的解决，仅仅依靠专门的立法机关是远远不够的，行政立法的重要性遂日益显示出来。国家行政机关不仅由于分工比较细密、明确，各个部门对于其所管理的领域具有较丰富的专门知识和技术，能够胜任行政立法工作，而且还由于它的议事程序比较灵活、简便，这就使得行政立法能够适应多变的和快节奏的现代社会生活的要求。可见，当代行政立法的广泛发展，乃是社会发展的必然趋势。

（二）行政立法的分类

根据不同的标准，对行政立法可作不同的分类。

1. 根据行政立法权的来源，可以把行政立法分为职权立法和授权立法

职权立法是行政机关依据宪法和法律的规定所进行的立法。如宪法规定，国务院有权根据宪法和法律，制定行政法规；地方组织法规定，省、自治区、直辖市以及省、自治区的人民政府所在地的市和经国务院批准的较大的市的人民政府，有权根据法律和国务院的行政法规，制定规章。这类立法是宪法和法律所确认的，是各该政府职权范围内的事，所以称之为职权立法。

授权立法是行政机关依据特定的法律、法规的授权或有权国家机关的专门授权所进行的立法。通常把法律、法规的授权称为一般授权，把有权机关的专门授权称为特别授权。如《中华人民共和国矿产资源法》第 48 条规定："本法实施细则由国务院制定。"国务院发布的《全民所有制矿山企业采矿登记管理暂行办法》第 32 条规定："各省、自治区、直辖市人民政府和国务院有关主管部门可以根据本办法的规定，制定具体实施办法。"这些都属于一般授权立法。又如，1983 年国务院就曾根据全国人大常委会《关于授权国务院对职工退职退休办法进行部分修改和补充的规定》，制定了若干有关职工退职退休的规范性文件；1985 年以后，国务院根据全国人大常委会《关于授权国务院在经济体制改革和对外开放方面可以制定暂

行规定或者条例的决定》，制定了一系列有关改革开放的规范性文件，就都属于特别授权立法。至于上级行政机关委托或授权下级行政机关制定某项行政规章，更是常见的事。

2. 根据行政立法的主体不同，可以分为中央行政立法和地方行政立法

中央行政立法包括国务院制定行政法规和国务院各部、各委员会制定行政规章。国务院对行政规章的批准或撤销，也应包含在中央行政立法的范围之内。地方行政立法包括省、自治区、直辖市人民政府和省、自治区人民政府所在地的市的人民政府以及国务院批准的较大的市的人民政府制定地方规章。

3. 根据行政立法的内容，可以分为执行性立法和创制性立法

为了执行宪法和法律、法规或上级行政机关发布的规范性文件而进行的行政立法谓之执行性立法。如 1985 年 1 月 19 日国务院批准的中国专利局公布的《中华人民共和国专利法实施细则》就是为了执行《中华人民共和国专利法》而制定的，属于执行性立法。而行政机关根据最高国家权力机关的授权，就法律尚未规定的事项制定规范性文件，确定某项新的权利义务，这种立法则称创制性立法。正因为创制性立法所确立的权利义务是法律尚未规定的，因此，必须严格掌握，非经有权机关的专门授权，行政机关无权制定。

此外，还可以根据行政立法的部门效力，把行政立法分为部门立法和跨部门立法，前者如林业立法、水利立法等，后者如计划立法、环境立法等。

（三）行政立法的原则和程序

行政立法既然是国家的一种立法活动，行政立法所立之法既然是我国社会主义法律体系的有机组成部分，因而本书第四章第一节所述的社会主义法制定的原则，当然也是行政立法的原则。由于行政机关制定的规范性文件，无论是行政法规还是规章，都是为了执行宪法和法律，在效力上低于宪法和法律，这就决定了行政立法还必须遵循如下重要原则：行政立法不得与宪法和法律的内容和精神相违背，凡与此项原则相悖的行政立法，均属无效。当然行政立法的各种渊源其效力也有高低之分，如行政法规的效力就高于规章的效力，因而后者不得与前者相违背，这是保证行政立法的统一所必须的。同时也应该看到，为了适应现代快节奏的社会生活和处于经常变化中的行政事务，行政立法较之权力机关制定法律，在灵活性方面必然要大一些，在稳定性方面则不可避免地要小一些。惟其如此，所以从另一角度看，行政立法具有更强的针对性和适应性。这正是行政立法的特点和优点。

行政立法必须遵循一定的程序，这是贯彻行政立法原则的重要保证。1987 年 4 月国务院批准颁布《行政法规制定程序暂行条例》，国务院各部、委和各省、市也发布了本部门、本地区行政规章制定程序的有关规定。2001 年 11 月，国务院公布了经对原暂行条例修订后的《行政法规制定程序条例》和《规章制定程序条例》。

根据这两个条例的规定，我国行政立法应当遵循如下程序：

（1）立项。这是行政立法的第一个步骤，也是行政立法的必经程序。实践经验表明，根据轻重缓急和需要与可能，于每年年初编制本年度的立法工作计划，是使行政立法适应经济和社会发展的需要，并使行政法规与规章之间协调一致的重要保证。

（2）起草。列入计划需要制定的行政法规或规章，由政府一个部门或几个部门负责起草，也可以由政府法制机构起草或组织起草。起草规章可以邀请有关专家、组织参加，也可以委托有关专家起草。为使行政立法能体现广大人民的意志和利益，起草行政法规和规章，应当深入调研，总结实践经验，采取召开座谈会、论证会、听证会等多种形式，广泛听取有关机关、组织和公民的意见。对于涉及其他主管部门的业务或者与其他部门关系密切的规定，应当在上报送审稿时说明情况和理由。

（3）审查。报送的行政法规、规章送审稿，由政府法制机构按规定要求负责审查。除可以缓办或退回起草部门的外，应将送审稿等发送有关部门和专家，并广泛听取及协调有关部门的意见。必要时，应召开座谈会、论证会研究论证，也可以举行听证会或经同意后向社会公布，征求意见。最后由法制机构形成行政法规、规章草案。

（4）决定与公布。行政法规草案由国务院常务会议审议，或由国务院审批，通过后由总理签署国务院令公布施行。规章应分别经部务会议或委员会会议和本级地方政府常务会议或全体会议决定，并由本部门首长或地方政府首长签署命令公布。公布后应及时在政府公报和报纸上刊登。

（四）行政立法的效力和名称

行政立法一经公布实施即发生法律效力。本书第四章第二节中关于社会主义法的效力的论述，也适用于行政立法。

我国行政立法的名称相当繁杂，既有称决议、决定、条例、命令的，也有称规则、规定、守则、办法的，还有称章程、细则、意见、公告、布告、通告的。有时不同的国家机关（如国务院和省一级人民政府）所发布的行政管理方面的规范性文件可能名称相同（如都称为条例或决定），然而它们的法律效力却有高低之别。因而在考察各种行政管理法规的效力时，首先应着眼于制定该项规范性文件的国家机关的法律地位。

关于行政法规和规章的名称，根据上述两个条例的规定，行政法规的名称一般称“条例”，也可以称“规定”、“办法”等，经授权制定的称“暂行条例”或“暂行规定”。规章的名称一般称“规定”、“办法”，但不得称“条例”。

二、行政执法

（一）行政执法的概念

行政执法是指国家行政机关依法执行法律、法规，实施国家行政管理的活动。具体地说，行政执法就是主管行政机关依照法定程序对相对人采取的直接影响其权利义务的行为。如果说行政立法是一种抽象行政行为的话，那么行政执法则是行政机关在其职权范围内对特定的人和事所实施的一种具体行政行为。它是引起具体行政法律关系的最普遍的法律事实。

作为国家权力机关的执行机关的行政机关，它的基本职能就是执法。尽管在行政机关的活动中也有立法和司法活动，但行政机关主要的和基本的活动仍是行政执法活动。由于行政执法直接影响到公民的权利和义务，关系到经济和社会的发展，因此人们都很关心行政执法的状况，并且往往通过行政执法来评价政府。因此，行政执法是否依法进行，它的效率如何，行政执法人员是否廉洁公正，都直接关系到政府的威望和形象。还由于行政执法所引起的行政机关与相对人之间的权利义务关系，通常只需要行政机关单方面的意思表示即告成立，而且行政机关在执法过程中又拥有较大的自由裁量权，特别在行政法制不太健全、行政人员素质还比较低的情况下，就更易于产生官僚主义、徇私舞弊等弊端。因此，如何从制度上来保证行政执法的质量，无疑是行政法学应该研究的一个重要课题。

行政执法的内容很广泛，包括行政执法的生效要件、行政决定、行政指导、行政奖励、行政强制执行、行政还罚、行政处分、行政合同等。这里仅就行政执法的生效要件、行政决定、行政强制执行、行政处罚等问题，作一简要说明。

（二）行政执法的生效要件

行政执法的生效要件是指行政机关实施的执法行为发生法律效力的必要条件。

行政执法的生效要件有：

（1）行政执法行为的主体合法，即行政执法行为的主体必须是依法组成并具有该项行政执法权力的行政机关。

（2）行政执法的内容合法，即所实施的行政执法行为必须是该行政机关法定职权和权限范围内的。

（3）行政执法行为的意思表示真实，即行政执法行为的实施是出于行政主体的真实意思表示，而不是在被胁迫、被欺诈或在其他不正常的情况下所为。

（4）行政执法行为的相对人具有法定的权利能力和行为能力。例如，不能使幼儿或精神病患者承担行政责任。

（5）行政执法的程序合法。例如，实施治安管理处罚必须符合治安管理处罚法的处罚程序。

（6）行政执法形式合法。例如，颁发的许可证必须是书面形式的。

以上（1）（2）（3）（4）为实体要件，（5）（6）为程序要件。行政执法缺少了其中任何一项要件，该行为就是无效的或者是可撤销的，因而不具有法律效力。

有效的行政执法行为的效力表现为：

（1）确定力，即有效的行政执法行为，非依法不得变更或撤销。

（2）拘束力，有效的行政执法行为的拘束力不仅及于相对人，而且及于行政机关本身。

（3）执行力，即具有依法采取一定手段，实现行政执法行为内容的效力。

（三）行政决定

行政决定是指行政机关在行政管理活动中针对特定的事项而采取的处理决定。行政决定一经作出和实施，就会对特定的人或组织的权利和义务产生直接的影响。行政决定是行政执法行为中最常采用的方式。

行政决定的形式很多，常见的有命令、指示、审批、许可、免除、赋予、剥夺、确认、证明、通知等。这里只对我国的行政许可制度进行简略介绍。

行政许可是指行政机关根据公民、法人或者其他组织的申请，经依法审查，准予其从事特定活动的行为。当前规范我国行政许可制度的规范性文件是《中华人民共和国行政许可法》。该法由第十届全国人大常委会于 2003 年 8 月 27 日通过，自 2004 年 7 月 1 日起施行。它是继国家赔偿法、行政处罚法之后又一部规范政府行为的重要法律，也是世界上第一部专门的行政许可法。

作为行政机关依法对社会、经济事务实行事前监督管理的一种重要手段，行政许可多年来在行政管理中起了重要的作用，但也存在着过多过滥的问题。办一个企业，搞一个工程，动辄需要盖几十个甚至几百个公章，给老百姓带来许多烦恼。新出台的行政许可法，是改革原有行政许可制度的重大举措，它对于保护公民、法人和其他组织的合法权益，规范和促进行政机关依法行政，从源头上预防和治理腐败，都有重要意义。

1. 行政许可法的基本原则。包括：（1）合法与合理原则（设定和实施行政许可，应当依照法定的权限、范围、条件和程序；应当遵循公开、公平、公正的原则）；（2）效能与便民原则；（3）监督与责任原则。

2. 行政许可的设定。为了从制度上防止作为公权力的行政许可对社会经济生活和公民个人生活的过度干预，行政许可法按照妥善处理政府与市场、政府与社会、权力与权利之间关系的要求，明确规定什么事项可以设定行政许可，什么情形可以不设定行政许可。

依照行政许可法的规定，可以设定行政许可的事项有：

（1）直接涉及国家安全、公共安全、经济宏观调控、生态环境保护以及直接关系人身健康、生命财产安全等特定活动，需要按照法定条件予以批准的事项；

（2）有限自然资源开发利用、公共资源配置以及直接关系公共利益的特定行业的市场准入等，需要赋予特定权利的事项；

（3）提供公共服务并且直接关系公共利益的职业、行业，需要确定具备特殊信誉、特殊条件或者特殊技能等资格、资质的事项；

（4）直接关系公共安全、人身健康、生命财产安全的重要设备、设施、产品、物品，需要按照技术标准、技术规范，通过检验、检测、检疫等方式进行审定的事项；

（5）企业或者其他组织的设立等，需要确定主体资格的事项；

（6）法律、行政法规规定可以设定行政许可的其他事项。

同时，该法还规定，上述各事项，通过下列方式能够予以规范的，可以不设定行政许可，从而可使老百姓有更多的自主权：

（1）公民、法人或者其他组织能自主决定的；

（2）市场竞争机制能有效调节的；

（3）行业组织或中介机构能自律管理的；

（4）行政机关采用事后监督等其他行政管理方式能解决的。

关于行政许可的设定权，行政许可法规定，只有全国人大及其常委会、国务院和省级地方人大及其常委会可以依法设定行政许可，省级人民政府可以依据法定条件设定临时性行政许可，其他国家机关（包括国务院各部门）均不得设定行政许可。

3. 行政许可的实施。关于行政许可的实施机关和实施程序，行政许可法第 22 条至第 57 条作了明确而具体的规定。这些规定既体现了合法与合理原则，也体现了效能与便民原则，对原有的行政许可制度中的一些弊病，进行了有力的针砭。例如下列一些规定，对效能与便民原则的体现就非常鲜明：

（1）经审批，一个行政机关可以行使其他有关行政机关的行政许可权；

（2）行政许可需要一个行政机关内设的多个机构办理的，该行政机关应当确定一个机构统一受理申请，统一送达决定，“一个窗口对外”；

（3）依法需要几个部门办理几道行政许可的，可以确定一个部门受理行政许可申请并转告其他有关部门分别提出意见后统一办理，或者实行联合办理、集中办理；

（4）申请行政许可可以通过信函、电报等方式提出，申请人不必事事都到行政机关办公场所提出申请；

（5）行政机关应当在网站上公布行政许可事项，方便申请人提出申请，并且应当与其他行政机关共享有关行政许可信息，提高办事效率；

（6）除法律、行政法规另有规定外，行政机关原则上应当自受理之日起 20 日内作出决定；

（7）申请人提交的申请材料齐全，不需要对行政许可申请作实质性审查、核实的，行政机关原则上应当当场作出决定；

(8) 对涉及申请人与第三人重大利益的行政许可事项，行政机关应当告知申请人、利害关系人听证的权利。

4. 行政许可的监督检查和法律责任。为了解决重许可、轻监管或者只许可、不监管的问题，行政许可法设专章规定了对从事需要行政许可的活动的严格监督检查，把事前行政审批与事后严格监管有机统一起来。同时，行政许可法对行政机关该许可的不许可、不该许可的乱许可等行为，规定了严格的法律责任。

行政许可法还规定：行政机关实施行政许可，不得向申请人提出购买指定商品、接受有偿服务等不正当要求；行政机关工作人员办理行政许可，不得索取或者收受申请人财物，不得谋取其他利益；实施行政许可和对行政许可事项进行监督检查，除法律、行政法规另有规定外，不得收取任何费用。这样，就确保了权力与责任挂钩，权力与利益脱钩，从源头上预防和治理腐败。

(四) 行政强制执行

行政强制执行是指相对人不履行行政法规定的义务，行政机关依法采取一定的方法强制其履行义务的行政执法行为。

由于行政强制执行必然会对相对人的权利义务产生直接的影响，因而，在实施强制措施之前，主管行政机关应按法定程序作出行政强制执行的决定，这种决定必须是要式的，以作为采取强制措施的依据。

行政机关作出强制执行的决定，必须具备下列条件：(1) 相对人确实承担了某项法定义务；(2) 相对人确有不履行该项法定义务的故意，而并非客观上不能履行；(3) 法律有在上述情况下可以采取强制措施的规定；(4) 作出或执行强制执行决定的机关必须是有权的行政机关。

行政强制执行既然是一种行政执法行为，因而行政机关对此种行为并无自由处分的权利。在行政强制执行中，不得实行和解。

行政强制执行可以分为间接强制和直接强制。

间接强制即通过间接方式强制相对人履行义务的一种办法。间接强制可分为代执行和执行罚两种。代执行就是行政机关将相对人应履行的义务先交由他人代为履行后，再由相对人负担费用的一种强制办法。例如，相对人在限期内拒不拆除违章建筑，由行政机关先请人代为拆除，再由不履行拆除义务的相对人负担拆除费用。执行罚就是行政机关通过对不履行法定义务的相对人使其持续不断地承担新的给付义务，以促使其履行法定义务的一种强制办法。例如，对到期不依法纳税者，课以每天增加原税款2‰的滞纳金，以促使其纳税。

直接强制即对相对人的人身或财物实施直接强制，迫使其履行义务的一种办法。直接强制通常是在无法采用间接强制的情况下才采用的。由于直接强制不仅会直接影响到相对人的财产权利，而且还往往会直接影响到相对人的人身权利，因此必须依法慎重使用。

行政强制执行的方法有：强制传唤、强制拘留、强制履行、限期出境、加收滞纳金、强制划拨、强制扣缴、强制收费、强行退还、强行拆除、强制检定、强制变卖财产、强制收购等。

行政机关强制执行一般要经过下列程序：

（1）主管行政机关在认真调查研究的基础上作出强制执行的决定。

（2）报请主管领导或上级行政机关审查。

（3）主管行政机关在实施强制前，应向相对人发出通知和告诫，规定履行义务最后期限，旨在给相对人再一次主动履行义务的机会。

（4）如相对人仍拒不履行义务，主管机关即可依法强制执行。

（五）行政处罚

1. 行政处罚的基本原则

行政处罚是指特定的行政机关，对于有违反行政管理秩序行为的公民、法人或者其他组织，依法给予处罚的行政行为。

行政处罚是行政机关依法行政的手段之一，是国家法律责任制度的重要组成部分。《中华人民共和国行政处罚法》（1996 年 3 月 17 日全国人大常委会通过，同年 10 月 1 日起施行）对行政处罚的设定和实施，作了统一的规定。行政处罚的基本原则主要有：

（1）法定原则。包含四个方面的内容：①公民、法人或其他组织的行为，法有明文规定应予行政处罚的，才受处罚。②行政处罚由法律规定有权设定行政处罚的国家机关在职权范围内依法设定，无权设定的不得设定，有权设定的也不得越权设定。③行政处罚由具有行政处罚权的行政机关实施，行政处罚法规定的授权的或者委托的组织也可以在法定授权或者委托的范围内实施行政处罚，行政处罚法规定以外的机关和组织不得实施行政处罚。④行政机关实施行政处罚，必须以法律为准绳，必须严格遵守法定程序。

（2）公正、公开原则。实施行政处罚，必须以事实为根据，与违法行为的事实、性质、情节及社会危害程度相当。有关行政处罚的规定要公布，实施行政处罚要公开，以便人民群众了解和监督。

（3）处罚与教育相结合原则。行政处罚的目的重在纠正违法行为，教育公民、法人或其他组织自觉守法。

（4）保障当事人的权利原则。当事人有知情权、陈述和申辩权、申请行政复议权、提起行政诉讼权、要求行政赔偿权等，这些权利都依法受到保护。

（5）监督制约原则。办案的组织与决定处罚的组织要分开，决定罚款的机关与收缴罚款的机构要分开。这样做，有利于提高行政处罚的质量，克服和防止腐败现象。

2. 行政处罚的种类和设定

行政处罚的种类有：（1）警告；（2）罚款；（3）没收违法所得、没收非法财物；（4）责令停产停业；（5）暂扣或者吊销许可证、暂扣或者吊销执照；（6）行政拘留；（7）法律、行政法规规定的其他行政处罚。

法律和行政法规都可以设定行政处罚，但是限制人身自由的行政处罚只能由法律设定。

地方性法规可以设定除限制人身自由、吊销企业营业执照以外的行政处罚。

行政规章和地方性规章可以在法律、行政法规规定的给予行政处罚的行为、种类和幅度的范围内作出具体规定。

3. 行政处罚的实施机关、管辖和适用

行政处罚由具有行政处罚权的行政机关在法定职权范围内实施。

国务院或者经国务院授权的省、自治区、直辖市人民政府可以决定一个行政机关行使有关行政机关的行政处罚权，但是限制人身自由的行政处罚只能由公安机关行使。

法律、法规授权的具有管理公共事务职能的组织可以在法定授权范围内实施行政处罚。

行政机关依照法律、法规或者规章的规定，可以在其法定权限内委托符合行政处罚法规定条件的组织实施行政处罚。行政机关不得委托其他组织或个人实施行政处罚。

行政处罚由违法行为发生地的县级以上人民政府具有行政处罚权的行政机关管辖。法律、行政法规另有规定的，从其规定。

行政机关实施行政处罚时，应当责令当事人改正或者限期改正违法行为。违法行为构成犯罪的，行政机关必须将案件移送司法机关，依法追究当事人刑事责任。

对当事人的同一违法行为，不得给予两次以上罚款的行政处罚。违法行为在两年内未被发现的，除法律另有规定的外，不再给予行政处罚。

4. 行政处罚的决定和执行

公民、法人或其他组织有违反行政管理秩序的行为，依法应当给予行政处罚的，行政机关必须查明事实；违法事实不清的，不得给予行政处罚。

行政机关在作出行政处罚决定之前，应当告知当事人作出行政处罚决定的事实、理由及依据，并告知当事人依法享有的权利。当事人有权陈述和申辩，行政机关必须充分听取当事人的意见，对当事人提出的事实、理由和证据，应当进行复核；当事人提出的事实、理由或证据成立的，行政机关应当采纳。行政机关及其执法人员不按照上述规定告知当事人给予行政处罚的事实、理由和依据，或者拒绝听取当事人的陈述、申辩的，行政处罚决定不能成立。行政机关不得因当事人申辩而加重处罚。

行政处罚的决定程序包括简易程序和一般程序。违法事实确凿并有法定依据，对公民处以50元以下，对法人或其他组织处以1 000元以下罚款或者警告的行政处罚的，可以依照简易程序当场作出行政处罚的决定。不符合简易程序的（即不可以当场作出处罚决定的），必须进入一般程序，在进行调查、取证后，才能作出处罚决定。对情节复杂或者重大违法行为给予较重的行政处罚，行政机关的负责人应当集体讨论决定。

行政机关在作出责令停产停业、吊销许可证或者执照、较大数额罚款等行政处罚决定之前，应当告知当事人有要求举行听证的权利；当事人要求举行听证的，行政机关应当依照行政处罚法规定的听证程序组织听证。当事人不承担行政机关组织听证的费用。

行政处罚决定依法作出后，当事人应当在行政处罚决定的期限内予以履行。当事人对行政处罚决定不服，申请行政复议或者提起行政诉讼的，行政处罚不停止执行，但是法律另有规定的除外。

当事人逾期不履行行政处罚决定的，作出行政处罚决定的行政机关可以依法强制执行或者申请人民法院强制执行。

5. 法律责任

为了使行政机关严格遵守行政处罚法的规定，制止乱处罚、乱罚款的现象，保护公民、法人或其他组织的合法权益不受侵犯，行政处罚法对行政机关及其执法人员滥用行政处罚权的行为，规定了各种严格的法律责任。

三、行政司法

（一）行政司法的概念

行政司法是指国家行政机关依法对特定的案件和争议按照准司法程序进行裁决的活动。

行政司法虽然是一种行政行为，但它有别于行政执法行为。这是因为：（1）行政执法是行政机关行使行政执法权的行为，在行政执法过程中，形成的是执法的行政机关与相对人之间的管理与被管理的关系。而行政司法是行政机关行使行政裁判权的行为，在行政司法过程中，行政机关是居于争议双方之外的裁判者的地位，它与争议双方的关系，近似法院与当事人的关系。（2）行政执法适用一般的行政程序，而行政司法适用的则是一种准司法程序。所谓准司法程序，是指具有司法程序的某些形式（如传唤、讯问、控告、答辩、陈述、听证、辩论、对质、裁决、上诉等）而非完全的司法程序。

行政司法也有别于法院的普通司法：（1）普通司法的主体是法院，它行使完全的司法权，适用完全的司法程序。而行政司法的主体是行政机关，它的司法权是不完全的，它管辖的只限于法定的某些案件和争议，适用的是准司法程序。（2）

普通司法通常在经过两审后所作出的裁决是终局的，即使当事人不服，仍然发生法律效力。而行政司法所作出的裁决一般不具有终局性质，当事人如不服，在多数情况下还可以向人民法院起诉。(3) 普通司法的机构即人民法院有其全国统一的体系。而行政司法的机构是分散的，它分设于相应的行政机关之下，没有全国统一的体系。

行政司法制度是解决行政争议的重要途径和方式。所谓行政争议，就是行政机关在行使行政职权过程中与相对人之间发生的争议以及行政机关相互之间发生的争议。在我国，行政司法所要解决的主要是前一种争议。后一种争议（即行政机关相互之间的争议）通常由其上级行政机关按普通行政程序解决。

行政司法制度包括行政复议制度、行政仲裁制度、行政调解制度等。正确实施行政司法制度对于监督行政机关及其工作人员依法行政，防止其违法、越权和滥用权力，保障公民和社会组织的合法权益，及时、公正地解决争议，促进社会的安定团结，都具有重要意义。我国目前虽已建立一定的行政司法制度，但还不完善，因此，进一步发展和完善我国的行政司法制度，是健全我国的行政法制的一个重要方面。

本节仅就行政复议制度作如下简单介绍。

（二）行政复议

行政复议是指公民、法人或其他组织认为行政机关的具体行政行为侵犯其合法权益，向有关的行政复议机关提出行政复议申请，行政复议机关受理申请后，对有争议的具体行政行为进行审查并作出行政复议决定的行政司法活动。

当前，规范我国行政复议制度的规范性文件是《中华人民共和国行政复议法》，该法由九届全国人大常委会于 1999 年 4 月 29 日通过，自 1999 年 10 月 1 日起施行。

行政复议法规定，行政复议机关覆行行政复议职责，应当遵循合法、公证、公开、及时、便民的原则，坚持有错必纠，保障法律、法规的正确实施。行政复议机关受理行政复议申请，不得向申请人收取任何费用。公民、法人或者其他组织对行政复议决定不服的，可以依照行政诉讼法的规定向人民法院提起行政诉讼，但是法律规定行政复议决定为最终裁决的除外。

行政复议法对于行政复议的范围、申请、受理、决定以及有关的法律责任，都作出了具体的规定。

关于行政复议的范围，行政复议法规定，有下列情形之一的，公民、法人或者其他组织可以依照本法申请行政复议：（1）对行政机关作出的警告、罚款、没收违法所得、没收非法财物、责令停产停业、暂扣或者吊销许可证、暂扣或者吊销执照、行政拘留等行政处罚决定不服的；（2）对行政机关作出的限制人身自由或者查封、扣押、冻结财产等行政强制措施不服的；（3）对行政机关作出的有关许可证、执照、资质证、资格证等证书变更、中止、撤销的决定不服的；(4) 对行政机关作出的关于确认土地、矿藏、水流、森林、山岭、草原、荒地、滩涂、海域等自然资源的所有权或者使用权的决定不服的；(5) 认为行政机关侵犯合法的经营自主权的；(6) 认为行政机关变更或者废止农业承包合同，侵犯其合法权益的；(7) 认为行政机关违法集资、征收财物、摊派费用或者违法要求履行其他义务的；(8) 认为符合法定条件，申请行政机关颁发许可证、执照、资质证、资格证等证书，或者申请行政机关审批、登记有关事项，行政机关没有依法办理的；(9) 申请行政机关履行保护人身权利、财产权利、受教育权利的法定职责，行政机关没有依法履行的；(10) 申请行政机关依法发放抚恤金、社会保险金或者最低生活保障费，行政机关没有依法发放的；(11) 认为行政机关的其他具体行政行为侵犯其合法权益的。

公民、法人或者其他组织认为行政机关的具体行政行为就依据的下列规定不合法，在对具体行政行为申请行政复议时，可以一并向行政复议机关提出对该规定的审查申请：(1) 国务院部门的规定；(2) 县级以上地方各级人民政府及其工作部门的规定；(3) 乡、镇人民政府的规定。上举的各种规定，不合国务院部、委员会规章和地方人民政府规章。规章的审查依照法律、行政法规办理。

关于行政复议的申请，行政复议法规定，公民、法人或者其他组织认为具体行政行为侵犯其合法权益的，可以自知道该具体行政行为之日起60日内提出行政复议申请，但是法律规定的申请期限超过60日的除外。

对县级以上地方各级人民政府工作部门的具体行政行为不服的，由申请人选择，可以向该部门的本级人民政府申请行政复议，也可以向上一级主管部门申请行政复议。但是对海关、金融、国税、外汇管理等实行垂直领导的行政机关和国家安全机关的具体行政行为不服的，向上一级主管部门申请行政复议。

对地方各级人民政府的具体行政行为不服的，向上一级地方人民政府申请行政复议。

对国务院部门或者省、自治区、直辖市人民政府的具体行政行为不服的，向作出该具体行政行为的国务院部门或者省、自治区、直辖市人民政府申请行政复议。

对县级以上地方人民政府依法设立的派出机关的具体行政行为不服的，向设立该派出机关的人民政府申请行政复议。

关于行政复议的受理，行政复议法规定，行政复议机关收到行政复议申请后，应当在5日内进行审查，对不符合本法规定的行政复议申请，决定不予受理，并书面告知申请人；对符合本法规定，但是不属于本机关受理的行政复议申请，应当告知申请人向有关行政复议机关提出。除上述两种情况外，行政复议申请自行政复议机关负责法制工作的机构收到之日起即为受理。

公民、法人或者其他组织依法提出行政复议申请，行政复议机关无正当理由不予受理的，上级行政机关应当责令其受理；必要时，上级行政机关也可以直接受理。

行政复议期间具体行政行为不停止执行；但是有下列情形之一的，可以停止执行：(1) 被申请人认为需要停止执行的；(2) 行政复议机关认为需要停止执行的；(3) 申请人申请停止执行，行政复议机关认为其要求合理，决定停止执行的；(4) 法律规定停止执行的。

关于行政复议的决定，行政复议法规定，行政复议机关负责法制工作的机构应当对被申请人作出的具体行政行为进行审查，提出意见，经行政机关的负责人同意或者集体讨论通过后，按照下列规定作出行政复议决定：(1) 具体行政行为认定事实清楚，证据确凿，适用依据正确，程序合法，内容适当的，决定维持；(2) 被申请人不履行法定职责的，决定其在一定期限内履行；(3) 具体行政行为有下列情形之一的，决定撤销、变更或者确认该具体行政行为违法，决定撤销或者确认该具体行政行为违法的，可以责令被申请人在一定期限内重新作出具体行政行为（被申请人不得以同一的事实和理由作出与原具体行政行为相同的或者基本相同的具体行政行为）：第一，主要事实不清、证据不足的；第二，适用依据错误的；第三，违反法定程序的；第四，超越或者滥用职权的；第五，具体行政行为明显不当的。(4) 被申请人不按照本法的规定提出书面答复，提交当初作出具体行政行为的证据、依据和其他有关材料的，视为该具体行政行为没有证据、依据，决定撤销该具体行政行为。

申请人在申请行政复议时，可以一并提出行政赔偿请求，行政复议机关对符合国家赔偿法的有关规定应当予以赔偿的，在决定撤销、变更具体行政行为或者确认具体行政行为违法时，应当同时决定被申请人依法给予赔偿。

申请人在申请行政复议时没有提出行政赔偿请求的，行政复议机关在依法决定撤销或者变更罚款，撤销违法集资、没收财物、征收财物、摊派费用以及对财产的查封、扣押、冻结等具体行政行为时，应当同时责令被申请人返还财产，解除对财产的查封、扣押、冻结措施，或者赔偿相应的价款。

第四节　行政监督法与监督行政法

一、行政监督

在国家行政管理中有两种不同性质的监督，一种是行政机关实施的监督，即行政监督；另一种是其他国家机关、社会组织和公民对行政机关的监督，即监督行政。行政监督法与监督行政法就是关于这两种监督的法律规范的总称。

（一）行政监督的概念

行政监督是指行政机关作为监督主体依法实施的监督。行政监督实际上就是行政机关以监察、督促的方式行使国家行政权力的一种行政行为。但它有别于行政执法行为，因为行政监督一般不直接影响监督对象的权利义务。

行政监督的主体是行政机关，这是行政监督的最主要特征。行政监督的内容相当广泛，既包括行政机关及其工作人员的行政行为是否合法、合理，也包括个人和组织是否正确行使和履行行政法规范和行政决定所规定的权利义务。正确实施行政监督对于健全行政法制具有重要意义。

行政监督按监督的范围可以分为外部行政监督和内部行政监督。

（二）外部行政监督

外部行政监督是指行政机关在实施行政管理的过程中，对被管理的个人、组织是否遵守行政法规范和行政决定所进行的监督检查。所以外部行政监督又称行政监督检查。它是保证行政执法行为顺利实施的重要手段，也是作出正确的行政强制决定和行政处罚决定的前提和基础。

外部行政监督可以根据不同标准作不同的分类：

(1) 根据监督检查对象是否特定，可分为一般监督和特定监督。前者如计量部门对市场计量器具所进行的普遍监督检定；后者如税务部门根据举报对某个特定企业的纳税状况所进行的监督检查。

(2) 根据监督检查的时间阶段，可分为事先监督和事后监督。前者如食品卫生管理部门对正在制作尚未出售的食品所进行的卫生检查；后者如医药管理部门对已出售的药品所进行的成分、药效等检查。

(3) 根据监督检查的专门性质，可以分为公安监督、工商行政监督、财政监督、银行监督、税务监督、海关监督、劳动技术安全监督等。可以这样说，任何一种行政管理都有与之相适应的行政监督。

由于外部行政监督的种类繁多，因而决定了监督方法的多样化。归纳起来，主要方法有检查、审查、调查、登记、统计、调阅文件或账目、自查等。

（三）内部行政监督

内部行政监督是指行政机关系统内部所进行的监督。

内部行政监督又可分为一般职能的内部行政监督和专门职能的内部行政监督。

1. 一般职能的内部行政监督

一般职能的内部行政监督是指上下级行政机关间依法进行的监督以及各级政府对所属工作部门依法所进行的监督。

一般职能的内部行政监督有以下几种：

(1) 上级行政机关对下级行政机关的监督。包括国务院对所属部、委和地方各级人民政府的监督，以及地方各级人民政府中，上级人民政府对下级人民政府的监督。监督的主要方式是下级行政机关对上级行政机关负责并报告工作。

(2) 下级行政机关对上级行政机关的监督。1955 年国务院《关于各省、自治区、直辖市人民委员会工作报告制度的规定》提出：各地方政府对国务院的批评和建议，应随时整理和报送，国务院对这种批评和建议应认真处理和答复。这是我国政权社会主义民主性质的具体表现。

(3) 各个部门的监督。这是政府各职能部门就其所主管的工作在其职权范围内所进行的监督。如公安部对各地公安工作实施的监督。

2. 专门职能的内部行政监督

专门职能的内部行政监督是指专门的行政监督机关依法实施的监督。目前，在我国有两种专门的行政监督机关，即监察机关和审计机关。与此相适应，有两种专门职能的内部行政监督，即行政监察监督和审计监督。

(1) 行政监察监督

行政监察监督是指国家行政监察机关依法对行政机关及其工作人员和行政机关任命的其他人员的执法情况以及违法乱纪行为所进行的专门监察活动。

行政监察是国家行政不可缺少的组成部分。当代世界许多国家都设置专门的监察机关，监督行政活动，以改善行政管理，提高行政效能，促进行政机关及其工作人员廉洁奉公。我国的监察制度源远流长，对世界有很大影响。我国在 1950 年政务院就设立人民监察委员会，并在各级政府中设立相应的监察机关。后由于种种原因，1959 年各级监察机关被撤销。

为健全行政法制，1986 年 11 月，第六届全国人大常委会第 18 次会议通过决议，决定恢复并建立国家行政监察体制。国务院设立监察部，县以上地方各级人民政府设立监察厅、局。

1990 年 12 月，国务院发布《中华人民共和国行政监察条例》。条例规定，监察机关是人民政府行使监察职能的专门机构，它对本级人民政府和上级监察机关负责并报告工作，监察业务受上级监察机关领导。监察机关依法独立行使职权，不受其他行政机关、社会团体和个人的干涉。行政监察在工作中实行行政监察与群众监督相结合，监督检查与改进工作相结合，惩处与教育相结合的原则。

监察机关的主要职责是：监督检查行政机关及其工作人员和行政机关任命的其他人员贯彻执行国家法律、法规和政策以及决定、命令的情况；受理对行政机关及其工作人员和行政机关任命的其他人员违反法律、法规及违反政纪行为的检举、控告；调查处理行政机关及其工作人员和行政机关任命的其他人员违反法律、法规以及违反政纪的行为；受理行政机关工作人员和行政机关任命的其他人员不服行政处分的申诉；以及法律、法规规定的其他由监察机关受理的申诉。监察机关履行职责的主要方式是检查和调查。

监察机关进行监察活动首先应制定监察计划及实施方案。确定进行检查的，应在检查前书面通知被检查部门和有关人员；确定进行立案调查的，应通知被调查部门的上级机关或被调查人员的所在单位。监察机关立案调查的案件，一般应在6个月内结案。监察机关作出监察决定和监察建议，应以书面形式送达有关部门或有关人员。对监察决定不服的，可依法向作出决定的监察机关申请复审，对复审决定仍不服的，可依法向上一级监察机关申请复核。对监察建议有异议的，也可依法向有关单位提出。行政机关工作人员和行政机关任命的其他人员对其主管部门作出的行政处分决定不服的，可向同级监察机关申诉；申诉人对同级监察机关的复审决定仍不服的，可向上一级监察机关申请复核。但对监察决定或行政处分决定不服，向监察机关提出申诉的，在申诉复审、复核期间，不停止原决定的执行。

(2) 审计监督

审计监督是指国家审计机关依法对行政机关和国营企事业单位的财政收支活动、经济效益和财政法纪的遵守情况所进行的监督检查活动。

审计是国家对财政经济活动实施监督的重要手段。为适应国家经济体制改革和行政体制改革的需要，1982年宪法在总结我国建国以来的财政经济监督的经验基础上，用根本法的形式确立了我国的审计制度。这是健全我国行政监督法制的一个重要步骤。1983年9月审计署成立，隶属于国务院。此后在县以上地方各级人民政府先后设立了审计机关。审计机关实行双重领导体制，独立行使审计监督权，不受其他行政机关、社会团体和个人的干涉。

根据国务院关于审计工作的暂行规定，审计机关的主要职权有：(1) 检查被审计单位的账目、资财和有关文件等。被审计单位必须如实提供，不得拒绝或隐匿。(2) 参加被审计单位的有关会议。对审计中发现的问题，进行调查研究并索取证明材料。有关部门、单位和个人应当积极配合，不得设置障碍。(3) 责成被审计单位纠正违反国家规定的收支，制止严重的损失浪费。被审计单位和有关部门不得拒绝执行。(4) 对违反财经法纪的单位，依照国家法律和行政法规的规定，分别作出没收其非法所得、处以罚款、扣缴款项、停止财政拨款、停止银行贷款等处理决定，通知和监督被审计单位和有关部门执行。被审计单位和有关部门不得拒绝执行。(5) 对阻挠、拒绝和破坏审计工作的被审计单位，必要时可以采取封存账册和资财等临时措施，并追究直接责任人员和有关领导人的责任。(6) 通报违反财经纪律的重大案件，表扬遵守和维护财经法纪成绩显著的单位和个人。

审计程序分为三个阶段，即准备阶段；实施审计阶段；终结阶段。

被审计单位对审计机关作出的审计结论和决定如有异议，可在法定期限内向上一级审计机关请求复审。上级审计机关应在法定限期内进行复审。被审计机关如对复审结论和决定不服，可以向上一级审计机关直至审计署提出申诉。

二、监督行政

（一）监督行政的概念

监督行政是指行政机关以外的国家机关或社会组织、公民对行政机关及其工作人员所实施的监督。

监督行政与行政监督是两种不同性质的监督，二者不同之处主要在于：

一是监督主体不同。行政监督的监督主体是国家行政机关，而监督行政的监督主体则是行政机关以外的国家机关、社会组织和公民。

二是监督对象不同。行政监督的对象不限于行政机关及其工作人员，而监督行政的对象则仅限于行政机关及其工作人员。

三是监督的法律效力不同。行政监督只要是依法实施的，都具有直接的法律效力。而监督行政，有的具有直接法律效力，有的则不具有直接法律效力。

此外，行政监督与监督行政在程序、方式上也有所区别。行政监督与监督行政虽然有诸多不同之处，但它们都是我国整个国家监督体系中的重要组成部分，对于构成监督机制的整体和健全行政法制来说，都是不可或缺的。

任何权力的行使都必须受到监督，否则就会产生腐败或导致专制。由于行政权力具有广泛性、强制性、行使的经常性和较大的自由裁量性，因而行政权力是否能够得到正确的行使，往往直接关系到国家和公民的利益。实践表明，要完善监督机制，健全行政法制，仅有行政系统内部的监督是不够的，还必须有其他国家机关、社会组织和公民对行政的监督。当然，这种监督也必须依法进行，使监督行政制度化、法律化。

监督行政可分为行政机关以外的国家机关的监督和非国家机关的监督。前者包括国家权力机关的监督、国家检察机关的监督、国家审判机关的监督；后者包括党的监督和社会监督。

（二）国家权力机关的监督

我国宪法第2、3条规定："中华人民共和国一切权力属于人民。""人民行使国家权力的机关是全国人民代表大会和地方各级人民代表大会。""国家行政机关……由人民代表大会产生，对人民负责，受人民监督。"宪法还规定，全国人大常委会有权监督宪法的实施，监督国务院的工作。县级以上的地方各级人大常委会监督本级人民政府的工作。这些规定是我国权力机关监督行政机关的宪法依据。

为了保障国家权力机关行使监督职权，第十届全国人大常委会于2006年8月27日通过了监督法（全称为《中华人民共和国各级人民代表大会常务委员会监督法》），于2007年1月1日起施行。各级人大常委会按照民主集中制的原则，集体行使监督职权，做到既不失职，又不越权。监督的对象主要是行政机关和司法机关，即一府两院（政府、法院和检察院）。关于对人民政府的监督，主要规定为：

(1) 听取和审议人民政府的专项工作报告。

(2) 审查和批准决算，听取和审议国民经济和社会发展计划、预算的执行情况报告，听取和审议审计工作报告。

(3) 检查法律、法规的实施情况。

(4) 办理规范性文件的备案、审查和撤销。县级以上地方各级人大常委会有权撤销本级人民政府发布的不适当的决定和命令。

(5) 询问和质询。

(6) 对特定问题组织调查。

(7) 对撤职案进行审议和作出决定。县级以上地方各级人大常委会在本级人大闭会期间，可以决定撤销本级人民政府个别副首长、自治区副主席、副市长、副州长、副县长、副区长和由它任命的本级人民政府其他组成人员的职务。

(三) 国家检察机关和审判机关的监督

国家检察机关和审判机关的监督又称司法监督，是指检察机关和审判机关依照法定职权和程序对行政机关及其工作人员是否违法实施的监督。

检察机关是国家的法律监督机关。它对国家行政机关及其工作人员的监督范围是:

(1) 法纪检察。检察机关依法对严重破坏国家的政策、法律、法规、政令统一实施的重大犯罪案件，侵犯公民民主权利案件，渎职案件以及检察院认为需要自己直接受理的案件行使检察权。

(2) 经济检察。检察机关依法对贪污案、行贿受贿案、玩忽职守案、重大责任事故案、挪用国家抢险救灾物资案等经济犯罪案件行使检察权。

(3) 对公安机关的侦查活动是否合法实行监督。

(4) 对监狱、看守所、劳改机关、劳教机关的活动是否合法实行监督。

人民法院是国家审判机关。它通过审判行政诉讼案件对行政机关及其工作人员实行监督。关于行政诉讼问题本书第七篇将专门论及。

(四) 社会监督

社会监督包括人民群众的监督和各社会组织的监督，一般地说，这种监督虽然不具有直接的法律效力，但却是监督行政系统的重要组成部分。

人民群众是国家的主人，他们除选举代表参加各级人民代表大会对国家行政机关实行监督外，还有权以公民个人的身份依法对行政机关及其工作人员的活动提出批评、建议、申诉、控告、检举和揭发。

处理人民来信和接待人民来访是各级国家机关的一项经常的重要政治任务，是人民的一种民主权利，是人民监督政府工作的一种方法。我国信访工作有长期传统，党的十一届三中全会后得到了进一步加强。

各种社会组织的监督，主要是指政协和各民主党派、工会、共青团、妇联、居民委员会、村民委员会以及舆论机关等对国家行政机关的监督。这些社会组织与人民群众有广泛的联系，它们的监督具有广泛的代表性，但一般不具有直接的法律效力。

（五）中国共产党的监督

中国共产党是执政党，对国家政治生活的各个方面和各个环节实施全面的领导和监督。

党对国家行政的监督，主要是监督行政机关及其工作人员是否认真执行党的方针政策和法律、法规，及时提出意见和建议。监督的方式多种多样。如各级党组织对同级和下级行政机关实行监督；各级党组织和党的专门纪律检查机构通过对在行政机关中任职的党员的监督以实现党的监督；特别是党的基层组织是党的监督中一个非常重要的环节，中国共产党党章对此作了专门规定。

第七章 民 法 学

第一节 民法概说

一、民法的概念

（一）民法的调整对象

在我国社会主义法律体系中，民法所调整的社会关系，与其他法律部门，如行政法、刑法等，存在着质的区别。正是基于这种区别，我国民法通则在第2条中明确规定："中华人民共和国民法调整平等主体的公民之间、法人之间、公民和法人之间的财产关系和人身关系。"

我国民法所调整的财产关系，是指人们在社会主义商品生产、分配、交换和消费过程中所发生的含有物质利益内容的社会关系，即主体之间就特定的物或具有财产性质的其他标的所发生的社会关系。但是，财产关系的范围是十分广泛的，在性质上也有种种的差别，不可能只由一个法律部门或运用一种法律手段来进行调整。民法尽管是调整财产关系的一个基本法律部门，但它终究只调整"一定范围"的财产关系，即只调整处于平等法律地位的民事主体（公民、法人）之间的财产关系，这种财产关系可以基于主体之间意思表示的一致而发生、变更或消灭，而且在利益上往往是等价、有偿的。其他如行政法或经济法所调整的财产关系就不一定是这样了。它们或是直接基于国家计划而发生，或是表现为国家以主权者身份直接组织和管理经济活动的结果。主体之间有一种行政或经济隶属关系存在，法律地位不是平等的，经济利益上也并非必得等价、有偿；而且作为权利主体的国家机关或企事业单位，不能自由处分有关权利。

人身关系也包括十分广泛的范围，性质上也有种种的不同。我国民法所调整的人身关系，或是建立在主体是自然人或法人就必须直接享有的权利的基础之上（如生命、健康权，姓名、名称权，名誉、荣誉权等），或是建立在与主体特定的身份或地位有紧密的联系的权利的基础之上（如著作权、发明权、发现权和专利权中的人身权，婚姻双方之间的人身权以及亲权或监护权等）。受民法调整的人身关系，在主体之间，也具有法律地位上的平等性，在受到侵犯而得对行为人进行追究时，主要也是责令其停止侵害或承担损害赔偿的责任。至于其他不同性质的人身关系，则分别由刑法、行政法、劳动法等来调整。

（二）民法的定义

根据以上分析，可以把民法定义为调整平等主体的公民之间、法人之间、公民和法人之间的财产关系和人身关系的规范的总称。但是民法这个用语，除上述定义外，还可以作另一种理解，即指系统编纂的民事立法文件，如许多国家的民法典（就这一角度而言，可称为形式意义上的民法）。它对民法的调整对象、原则、适用以及各种有关的民事法律制度，作出比较全面、系统的规定。不过，事实上，即使是在有民法典的国家，民事法律规范也不可能被民法典包括无遗。如在我们国家，除在民法通则中就我国民事法律制度最主要、最基本的规范作有规定外，许多民事法律规范，均散见于其他各种有关的单行法律法规之中（就民法乃指国家民事法律规范的总称而言，可称为实质意义上的民法）。

由于在传统上，民法、商法①均属私法，而在立法上，有的国家采民商合一的制度，有的国家采民商分立的制度，所以，实质意义上的民法又有广义狭义之分。狭义的民法是指除去商法的那部分私法，广义的民法则将商法也包括在内。

在社会主义国家对婚姻家庭法、知识产权法、合同法，均有学者主张将其置于民法范围之外。但在我国，目前较普遍的观点是认为，从广义的角度看，这些都应属于民法的范围，只是在后二者中都包含有不同数量的行政法或经济法规范。

二、民法的渊源

这里讲的民法的渊源，是指民法的表现形式。

在我国，由于民法通则的颁布，民法也已主要表现为以各种立法或法律文件形式存在的成文法。此外，便是国家的民事政策。

我国法律因其制定的机关和效力的不同而分为若干层次，因而在讲到我国民法的渊源时，当然首先应是宪法中的有关规定。它们具有最高的效力，一切其他民事立法或民事政策均不得与之相抵触。如宪法关于确认和保护各种所有制与所有权的规定，关于保护公民私有财产继承权的规定，关于公民在法律面前一律平等的规定，关于确认男女平等以及保护婚姻、家庭的规定，以及关于国家维护社会主义法制的统一和尊严，国家禁止任何组织和个人扰乱社会经济秩序的规定等，都是调整我国民事活动的重要宪法原则。

我国民法渊源的第二个层次应是全国人民代表大会和它的常务委员会制定的各种民事基本法和法律。如《中华人民共和国民法通则》、《中华人民共和国婚姻法》、《中华人民共和国继承法》、《中华人民共和国合同法》、《中华人民共和国专

① 商法一般包括公司法、票据法、海商法、保险法、破产法等。

利法》、《中华人民共和国商标法》和《中华人民共和国著作权法》、《中华人民共和国物权法》等。

作为我国民法渊源的再次一个层次的，便是国务院颁布的各种调整民事关系的行政法规。

根据民法通则第9章第151条的规定，凡我国民族区域自治地方的人民代表大会，均可根据本法规定的原则，结合当地民族的特点，特定变更的或者补充的民事单行条例或规定。因而在这些地方，这类单行条例或规定也是民法的渊源。

在许多国家，民事习惯曾是民法的一个重要渊源。但是，由于社会的进步，立法的发达，习惯作为民法的渊源已渐渐失去其价值。不过有一些国家，在民法典中至今仍明文规定，对民事立法所未规定的事项而有习惯者，只要该习惯不违背公共秩序和善良风俗，也可作为民法的渊源。我国民法通则第6条规定，"民事活动必须遵守法律，法律没有规定的，应当遵守国家政策"，从而排除了习惯的适用。

判例在普通法国家的私法中，是一个主要的渊源，我国则不承认判例具有渊源的作用。但司法解释则是具有法的渊源的性质的。如最高人民法院对下级法院就某一具体案件中民事权益的争议应作如何处理的请示报告的批复，以及它就贯彻实施某一民事立法所发布的"意见"、"解答"或"指示"，都是具有民法渊源的作用的。因此，如1986年该院《关于继母与生父离婚后仍有权要求已与其形成抚养关系的继子女履行赡养义务的批复》、1985年关于贯彻继承法的《意见》、1988年关于贯彻执行民法通则的《意见（试行)》等，都是我国民法的渊源。

三、民法的任务和基本原则

（一）我国民法的任务

我国民法的基本任务可以概括为：通过正确调整各种民事关系，维护以社会主义公有制为主体的经济基础，保障公民和法人的公法民事权益，促进社会主义现代化建设事业的顺利发展。

（二）我国民法的基本原则

我国民法的基本原则可见于民法通则第3条至第7条的规定，它们是：

1. 当事人法律地位平等原则

民法通则第3条关于"当事人在民事活动中的地位平等"的规定，便是这一原则的体现。正如前面已经讲到的，在民事法律关系中，当事人处于平等的法律地位，是它区别于其他法律关系的本质特征之一。

根据这一原则，在民事立法和司法活动中必须确认民事主体的权利能力是完全平等的，应该平等地受到法律的保护，并且不得非法加以限制或剥夺。

但在现代社会，主张权利和义务的一致性，权利的存在必伴随相应的义务，所以这一原则也表明，在具体的民事活动中，既不允许民事主体只享有权利而不承担义务，也不允许对民事主体只加以民事义务而剥夺其民事权利。

2. 自愿、公平、等价有偿和诚实信用原则

这一原则，可以说是从上一原则中派生出来的，但它本身也从另一个侧面反映了民事活动的本质特征。

在民事法律关系中当事人地位既然是完全平等的，因而在进行具体的民事活动时，当然便应该尊重当事人的自主自愿。民事法律关系之所以区别于其他法律关系，特点之一就在于民事主体在不违反法律的前提下，可以根据自己的意志处分自己的民事权益。

同时，在双方当事人间设定、变更民事权利义务关系时，也应该是公平合理的。公平原则反映在商品交换关系中，就是要求等价有偿。等价有偿是价值规律在民法所调整的商品交换关系中的具体表现。

这一原则还要求当事人在行使民事权利和履行民事义务时，应该本着诚实信用的精神进行。诚实信用在许多国家的民法制度中又被称为“诚信原则”。

我国民法这一原则中的上述几个方面的内容是互为补充的。比如说，既不能以当事人自愿为借口而主张成立对对方显失公平或严重违反等价交换的合同关系；反之，也不能认为只要权利义务相当，就可违背自愿原则而强迫成立财产或人身方面的法律关系。同时，为了尊重当事人的自愿和保证具有财产内容的民事法律关系在公平和等价的基础上进行，还必须在民事活动中做到诚实信用。这一原则，在我国当前的经济生活中，具有重大的现实意义。

3. 公民和法人的合法民事权益受法律保护的原则

这一原则表明，国家确认一切公民和法人的一切合法民事权益，不允许任何组织和个人加以侵犯，否则，受害人可以要求得到国家的法律保护，国家也将追究侵权行为人的民事责任。当然，从另一方面讲，这一原则也表明，凡不合法的民事权益，就不可能得到国家法律的保护。

通过成立各种各样的民事法律关系来开展民事生活，在人类的全部社会生活中占有极为重要的地位。作为社会的细胞的家庭需要靠民事法律来维护，人们的衣、食、住、行的解决，需要靠成立民事法律关系来实现。至于社会商品的生产和流通，更要靠成立民事法律关系来保护。因此，在我国民事立法和司法方面，明确地把保护公民和法人的合法民事权益列为基本原则，是具有重要意义的。

4. 民事活动必须遵守法律和国家政策的原则

依民法通则的规定，在我国进行民事活动，必须遵守法律，法律没有规定的，应当遵守国家政策。

在前面讲到民法的渊源时已指出，民事习惯曾是许多国家民法的渊源，后来随着社会的进步和立法的发展，渐渐失去了作为渊源的价值，但有些国家仍认为凡民事立法所未规定而有习惯的，只要该习惯不违背公序良俗，还可作为民法的渊源。

我国在早期的民事立法中，也有明确规定允许适用习惯的。现在由于有了民法通则的上述规定，应认为习惯已在我国失去其作为民法渊源的地位，对于法律没有规定的事项，则只能而且必须适用国家政策。

5. 尊重社会公德和社会公共利益的原则

这一原则在民法通则第 7 条中表述为"民事活动应当尊重社会公德，不得损害社会公共利益，破坏国有经济计划，扰乱社会经济秩序"。

我国是社会主义国家，社会公德和社会秩序都有着社会主义的内容。在民事活动中要求贯彻这一原则，对于建设社会主义精神文明和保障商品经济的发展，无疑具有十分重要的意义。

四、民事法律关系和民事法律事实

（一）民事法律关系

经民法调整而具有民事权利义务内容的财产关系和人身关系，可统称为民事法律关系。或者也可以说，凡平等主体之间就一定的物或其他对象（包括行为和智力成果）而发生的受民事法律保护的财产关系和人身关系，都是民事法律关系。

民事法律关系包括三个不可缺一的要素，即主体、客体、内容。

民事法律关系的主体是指那些享有民事权利和承担民事义务的人，包括自然人和法人。而自然人和法人之所以能参加民事法律关系并成为权利义务主体，是因为他们具有民事权利能力。但是，民事法律关系的主体要通过自己的行为取得某种权利和承担某种义务，还必须具有民事行为能力。

在特殊情况下，国家也是民事法律关系的主体。如在我国，国家就是全民所有财产所有权的惟一的主体。国家还通过发行国库券的形式参加到国家为一方、国库券持有人为另一方的民事法律关系中去。在国家机关或其工作人员于职务活动中发生侵权行为时，国家也因而成为承担民事责任的主体。

民事法律关系的客体是主体之间民事权利义务所指向的对象。能成为民事法律关系客体的有物、行为（包括行为和不行为，或称作为和不作为）、智力成果和人体等由于权利的性质和种类不同，权利的客体也不一样。如物权以物为客体，债权的客体既可以为物，也可以为行为和智力成果，而知识产权的客体只为智力成果。但物为民事法律关系最普遍最重要的客体。

民法上的物，一般认为具有三个法律特征，即：首先必须是物质资料，而不是精神的东西；其次必须有某种经济意义，即能满足人们生产和生活上的需要，具有使用价值和交换价值；最后必须能为人们所管理和支配。

物从不同的角度，可以作不同的分类。从法律的角度，物可分为不动产和动产、主物和从物、原物和孳息，等等。一般认为，凡土地及土地上的定着物为不动产，而除不动产以外，其他的物均为动产；凡数物在经济上是相互补充才能发挥其功用的，其中被补充的为主物，起补充作用的为从物，在法律上，只要当事人间无其他意思表示，应认为凡对主物的处分，也当然及于从物；由物产生的经济上的收益为孳息，而产生孳息的物为原物，孳息分自然孳息（如果实、子畜）和法定孳息（如房租和利息）。此外，有时还需要对物作特定物和种类物、可分物和不可分物、消费物和非消费物、流通物和限制或禁止流通物等不同种类的划分。这些不同的划分方法，都在法律上有着一定的意义。

民事法律关系的内容是指主体之间就一定的客体所发生的权利义务关系。

民事权利是指民事主体享有的受法律保障的利益或权益（包括他在法律允许的范围内可依自己的意志为或不为某种行为，或要求义务人为或不为某种行为）。

民事权利可依不同根据划分为不同的种类。如以权利的效力范围为标准，有绝对权和相对权（前者可对抗一般的人，而后者仅能对抗特定的人）；以权利标的为标准，有人格权、财产权、亲属权、继承权等；以权利的作用为标准，有支配权、形成权（即得因权利人一方的意思表示而使权利发生、变更、消灭等，如债权人的撤销权）、请求权、抗辩权。此外，尚有原权利和救济权、主权利和从权利之分。

与民事权利相对应的是民事义务，它是指法律上加予的应为一定行为（作为）或不行为（不作为），且不问自己意思如何而必得履行的约束。凡有民事权利的发生，必有民事义务的存在。但一类民事权利的实现是以义务主体为一定行为为条件的，而另一类则是仅以义务主体不妨害权利人对权利的享有为条件的。所以前种义务可称为积极义务，后种义务可称为消极义务。此外，尚可有主义务和从义务（即相对于主权利和从权利）的区分等。

（二）民事法律事实

所谓民事法律事实，是指依民法规定能引起民事法律关系发生、变更或消灭的各种客观情况。如引起继承关系发生的被继承人的死亡，引起损害赔偿责任发生的侵权行为，引起合同关系发生的当事人之间的合意，以及可使特定的义务人免除义务和责任的不可抗力等，都是民事法律事实。

民事法律事实可分为事件和行为两大类。其中事件是指依民法的规定，不以主体意思为转移而能引起民事法律关系发生、变更或消灭的各种客观情况。如人的出生与死亡、物的自然孳息和消灭以及时间的迁移等。能引起民事法律关系发生、变更或消灭的行为又可分为两大类，一为民事合法行为，一为民事违法行为。民事合法行为是指与法律的要求相符合的行为，即行为一旦具备法律规定的要件，即能发生预期的民事法律效果。合法行为又分为法律行为和事实行为。法律行为必有行为人的意思表示，且其目的即在于依法设定或变更或消灭特定的民事权利义务关系；而事实行为则不问行为人的意思的内容和表现，更不必与对方当事人有意思表示的一致，但法律承认此种行为具备一定要件时也能发生民事法律效果（如无因管理及住所的设定和废止等)。

最后还应注意，民事法律关系虽因民事法律事实而发生或变更和消灭，但有时依法律的规定或当事人的约定，一定民事法律关系的发生或变更和消灭，需要两个或两个以上法律事实的出现。如根据我国专利法的规定，要成立有效的转让专利申请权或者专利权的合同关系，必得有当事人的书面合同，且经专利局登记和公告后始为生效，便要求同时有上述三个法律事实。

第二节 民事法律关系的主体

一、公民（自然人）

（一）公民的民事权利能力

1. 公民民事权利能力的概念

公民的民事权利能力是指法律赋予公民享有民事权利和承担民事义务的资格。具有这种资格，即具有法律上的人格，可以成为民事法律关系的主体。

公民的民事权利能力与公民实际上享有的民事权利是既有区别又有联系的。其区别主要在于，如果一个人具有民事权利能力，法律上赋予公民的一切民事权利，他便都有可能享有，可见，民事权利能力指的是一种法律上的资格或地位；而民事权利则仅指公民根据这种法律上的资格，在具体的法律关系中实际享有的各种具体权益。在现代社会中，民事权利能力是作为自然人的公民，自出生起，到死亡止，应终身具备的，既不得加以限制或剥夺，也不得加以抛弃或作其他处分；至于各种具体的民事权利的取得，必须待一定法律事实的出现，发生具体的法律关系后，才得而为主体所取得。因而，在各个主体之间，并非在任何具体民事权利的享有上都完全一致。民事权利还可以由法律加以限制（如患有某种法律禁止结婚的疾病的人就不能结婚等）或由自己作出转让或其他处分。至于二者的联系，主要在于民事权利能力的具备是取得具体民事权利的前提，而民事权利的实际享有又是具备民事权利能力的具体表现。

2. 公民民事权利能力的开始和终止

民法通则规定，公民从出生时起到死亡时止，具有民事权利能力。可见公民民事权利能力是始于出生终于死亡，终身享有的。

自然人出生即取得民事权利能力，是现代民法一致采取的立场，然而一个胎儿究竟于何种状态下为出生，在各国实践中有不同观点。如有所谓“阵痛说”、“产出说”、“断带说”、“泣声说”和“独立呼吸说”等。依我国户籍制度，凡出生后有呼吸的婴儿（即存活的），即使立即死亡，也认为已经出生，应作出生登记，因而在此存活期间即取得民事权利能力。其出生的时间，以记载于户口簿上者为准；

没有户籍证明的，以医院出具的出生证明为准；没有医院证明的，可参照其他有关证明认定。

公民之所以因出生取得民事权利能力，是因为他既已存活着离开母体，便应在法律上具有独立的主体资格，以取得民事权利，满足其生存和生活的需要。反之，如果胎儿还未离开其母体，或离开其母体时已为死体，当然便不需要有法律上的独立人格，也不需要享有何种民事权利。因此，尽管我国继承法第28条规定，在分割被继承人的遗产时，为保护胎儿出生后的生存和生活的需要，应当给他保留应继承份额，但并不能据此认为，胎儿亦具有民事权利能力。

公民的权利能力随其死亡而终止，而且由于死亡这种法律事实，引起诸多重要民事法律关系的发生、变更或消灭（如引起继承关系的发生，夫妻关系的消灭，人寿保险金的支付，抚恤费的开始和年金的停止等），确定死亡的时间，也是民法上的一个重要问题。

死亡分自然死亡和宣告死亡。

对于人的自然死亡，目前尽管也有脑死亡说，但较普遍的仍主张以呼吸和心脏跳动的停止为死亡之时，权利能力也从此终止。在我国，公民死亡的时间一般以医院签署的死亡证所记载的时间为准。

公民的权利能力还可因宣告死亡或宣告失踪而终止。在只有宣告失踪一种制度的国家，宣告失踪的效力和宣告死亡相同。但在同时设有上述两种制度的国家，则在失踪人受失踪宣告后未受死亡宣告前，仅发生对其财产的管理问题，并不引起权利能力的终止。

3. 宣告失踪和宣告死亡

如果公民离开其住所并获知其最后消息时起长时间下落不明，从而使涉及他的各种民事法律关系处于不确定状态，对于其近亲属和其他利害关系人产生不利的影响，并且不利于社会正常民事生活秩序的开展和进行。所以早从罗马法时代起，即有宣告失踪并为失踪人设置财产管理人以管理其财产的制度。

(1) 宣告失踪

公民下落不明经过法律规定的一段时间，其利害关系人可提出申请，由法院审查属实后，依法宣告其失踪。这里所讲的法律所规定的期间，分为普通期间和特别期间。前者指在一般情况下下落不明应届满的期间，后者指在战争或其他意外事故中下落不明应届满的期间。二者的长短和起算均可能不同。我国民法通则和民事诉讼法对下落不明应届满的期间均规定为两年，但在一般情况下失踪者，其起算时间为公民音讯消失之次日，而在战争中失踪的，其起算时间为战争结束之日。

失踪宣告应由失踪者的利害关系人向法院申请。依民法通则，利害关系人包括失踪者的配偶、父母、子女、兄弟姐妹、祖父母及外祖父母、孙子女及外孙子女，以及其他与被宣告人有民事权利义务关系的人（如其债权人）。宣告失踪属于非讼事件，适用民事诉讼法所规定的特别程序，由被宣告人住所地的基层人民法院管辖。住所地和居所地不一致时，由最后居住地基层人民法院管辖。法院在受理这类申请之后作出宣告之前应进行公告，公告期间依民事诉讼法规定为三个月。然后根据有关事实能否得到确认而作出宣告失踪或驳回申请的判决。

在我国，因另有宣告死亡制度，所以宣告失踪不引起权利能力的终止，也不消灭被宣告人既存的婚姻关系，其财产也只能由其配偶、父母、成年子女或关系密切的其他亲属或法院指定的人代管。这种代管失踪人的财产属于一种代理关系，代管人有权为失踪人的利益经营其财产。但如不履行代管职责或侵犯失踪人的财产权益，失踪人的利害关系人可以要求法院追究代管人的民事责任。

民法通则和民事诉讼法还规定，被宣告失踪者如重新出现或确知其下落时，经本人或利害关系人的申请，人民法院应撤销对他的此种宣告。

(2) 宣告死亡

公民失踪达法律规定的一定期间，其利害关系人可提出申请，由法院审查属实后，依法宣告失踪人死亡。

依我国民法通则和民事诉讼法的规定，可申请宣告死亡的普通期间为四年，其起算时当是公民音讯消失的次日。但最高人民法院在《关于贯彻执行〈中华人民共和国民法通则〉若干问题的意见（试行)》中，则指出此种普通期间亦适用于战争期间下落不明的，只是其起算当是战争结束之日。而对因意外事故下落不明所适用的特别期间为两年，其起算为事故发生之日，并且，这里所讲的意外事故乃指自然灾变及火车、飞机、船舶遇难失事等。此外，凡因意外事故下落不明经有关机关证明该公民不可能生存时，依民事诉讼法第 167 条的规定，可径行依利害关系人的申请作出此种宣告。

根据民事诉讼法的有关规定，死亡宣告亦属非讼事件，适用特别程序，由被宣告人的利害关系人提出申请，并附公安机关对被宣告人失踪已届满法定期间的证明，由被宣告人住所地基层人民法院受理后公告一年，然后根据有关的事实是否能得到确认而作出宣告死亡或驳回申请的判决。

由于宣告死亡引起民事权利能力的终止，因而如何确定死亡宣告开始发生效力的时间十分重要。对于这个问题，各国实践大体有以下四种不同做法：(1) 以宣告作出之日为死亡之时；(2) 以判决所确定之日为死亡之时；(3) 以获得被宣告人最后消息之日为死亡之时；(4) 以法定的下落不明期间届满之日为死亡之时。依我国最高人民法院 1985 年 9 月 11 日《关于贯彻执行〈中华人民共和国继承法〉的意见》，应以判决上所确定的日期为死亡之日，从这一天起，继承开始。但依同一法院于 1988 年 1 月 26 日发布的《关于贯彻执行〈中华人民共和国民法通则〉的意见（试行)》，则应以判决宣告之日为其死亡的日期。

依我国最高人民法院的上述两个《意见》中的有关规定，宣告死亡具有与自然死亡同样的效力，即引起继承的开始，并消灭夫妻关系。只是如死亡宣告被人民法院撤销，而其配偶尚未再婚的，婚烟关系自撤销之日起自行恢复。

宣告死亡是法院根据一定事实的出现作出的一种法律上的推定，其意义在于使某些长期处于不确定状态的法律关系得到确定，以保护利害关系人的利益，因而，如被宣告死亡和自然死亡的时间不一致的，被宣告人只要有行为能力，他在受宣告期间所实施的民事法律行为仍是有效的，而且在其自然死亡前所实施的民事法律行为与被宣告死亡引起的法律后果相抵触时，应以其实施的民事法律行为为准，以保护相对人的利益。

宣告死亡可以因被宣告人的重新出现或确知其并未死亡，而经本人或其利害关系人的申请而撤销。死亡宣告的撤销，其效力不但及于被宣告人，而且一般地及于第三人。其次，撤销宣告原则上具有溯及力，即等于当事人从未为死亡宣告，所以因受宣告而消灭的身份关系应予恢复，因继承和其他原因而转移的财产应予返还，但也应同时保护善意人的利益。因此，如其配偶已再婚，除非能证明他（她）于再婚时明知受宣告人尚在，否则应保护再婚；其子女如已被他人合法收养，除非收养人和被收养人均同意收养关系无效，被宣告人不得以死亡宣告已被撤销而主张收养无效。继承人如于死亡宣告撤销前已就其取得的遗产作了处分，且属善意行为，被宣告人不得主张此种处分无效。凡因宣告死亡而取得被宣告人财产的，如于撤销前，财产已灭失或消费掉，也不再返还；即使返还，也并非原来财产的全部，而仅限于现实所受利益范围之内，当然这也只适用于善意取得人。因此，如利害关系人隐瞒真实情况使他人被宣告死亡而取得其财产的，不仅应返还原物及孳息，还应承担损害赔偿责任。我国民法通则规定，按照继承法取得被宣告人财产的公民或组织，于死亡宣告撤销后，应当返还原物，原物不在的，应给予适当补偿。

（二）公民的民事行为能力

1. 公民民事行为能力的概念

公民的民事行为能力（亦称行为能力），是指公民得依自己的意思活动，通过自己独立的行为，取得与实现享有民事权利和设定与承担民事义务的能力，亦即公民独立为发生法律上效果的民事行为的资格。行为能力与权利能力一样，也不得加以抛弃。

2. 公民民事行为能力的分类

由于民事行为能力指的是公民通过自己的行为取得民事权利承担民事义务的能力，因而不但不是每个自然人都得享有，而且不是始于出生。根据人的一般意思能力即智力发育的不同阶段及其他条件，法律赋予自然人的行为能力是有所差别的。

根据我国民法通则的规定，18 周岁以上的公民为成年人，具有完全民事行为能力，可以独立进行民事活动。10 周岁以上的未成年人是限制民事行为能力人，只可进行与其年龄、智力相适应的民事活动，其他民事活动则应由其法定代理人代理或征得其法定代理人的同意。至于不满 10 周岁的未成年人，则是无民事行为能力人。但是为了有利于接近成年的青年人参加独立劳动并保护他们的利益，民法通则还规定，16 周岁以上不满 18 周岁的公民，以自己的劳动收入为主要生活来源的，视为完全民事行为能力人。尽管在许多国家的民法中均有未达成年的人因结婚而获得完全行为能力的规定，但我国提倡晚婚，成年年龄已低于结婚年龄，故不采此制度。

划分完全行为能力、限制行为能力及无行为能力的一般依据，既然是人的意思能力的发育和健全状况，所以年龄并不是惟一的标准。我国民法通则就规定："不能辨认自己行为的精神病人是无行为能力人，由他的法定代理人代理民事活动"；而"不能完全辨认自己行为的精神病人是限制民事行为能力人，可以进行与他的精神健康状况相适应的民事活动；其他民事活动由他的法定代理人代理，或征得他的法定代理人的同意"。在大陆法系一些国家的民法中，把上述精神缺损或不健全的人依法宣告为无行为能力和限制行为能力人称为宣告"禁治产者"和"准禁治产者"。其中有的国家还可以把挥霍无度或酗酒成性或吸毒成癖危及其家庭生活的人宣告为"准禁治产者"。

精神病人既有完全不能辨认自己行为和不能完全辨认自己行为之分，且后者又有处于发作状态和处于间歇状态之分，当其处于完全不能辨认或不能完全辨认自己行为的状态时所为的行为，为了保护他们的利益，固可主张为无效或可撤销，但就间歇性精神病人而言，在其恢复常态时所为的行为，应可认为有效。对于这些情况，在实际生活中，相对人常不易加以辨别和证明，法定代理人或利害关系人也难承担举证责任，从而在民法上产生了宣告无行为能力和限制行为能力的制度，借以保护其本人和相对人双方的利益和交易的安全。对于精神缺损或不健全的人一旦宣告为无行为能力或限制行为能力，并经公告于世，任何第三人对被宣告人为法律行为，都必以其意思表示已通知被宣告人的法定代理人为有效成立的条件，且被宣告人超过允许他能为一定范围法律行为的限制，所为行为如于其不利，其利害关系人可径行主张撤销这种行为而不必再承担举证责任。反之，如未为宣告，其利害关系人欲撤销其行为，则必须承担举证责任。

依民法通则和民事诉讼法的规定，精神病人的近亲属或其他利害关系人可以向人民法院申请宣告精神病人为无行为能力人或限制行为能力人。近亲属包括精神病人的父母、配偶、子女等亲属，而其他利害关系人当指与被申请宣告人存在民事权利义务关系的人。此种申请应向被申请宣告人住所即户籍所在地基层人民法院提出。申请书应写明该公民无民事行为能力或限制民事行为能力的事实和根据。人民法院审理认定公民无行为能力的案件，应由被申请宣告人的近亲属为代理人。被申请人健康情况许可的，还应询问其本人的意见，并进行医学鉴定。经审查如判决被申请人为无行为能力或限制行为能力人，应当依法为他指定监护人；而在认为申请没有事实根据时，应驳回申请。

根据最高人民法院的解释，精神病人（包括痴呆症人）如果没有判断能力和自我保护能力，不知其行为后果的，可以认定为不能辨认自己行为的人（即无行为能力人）；对于比较复杂的事物或者比较重大的行为缺乏判断能力和自我保护能力，并且不能预见其行为后果的，可以认定为不能完全辨认自己行为的人（即限制行为能力人）。

民法通则和民事诉讼法还规定，被人民法院宣告为无民事行为能力或限制民事行为能力的人，根据其健康恢复状况，经本人或监护人的申请，并证实宣告的原因已经消除，可作出新判决，撤销原判决，改而宣告其为限制民事行为能力人或恢复其为完全民事行为能力。

3. 监护

监护是指为了无行为能力人、限制行为能力人的人身及财产等方面的合法权益而设置的一种对其行为和权益进行监督和保护的法律制度。担负此种职责的人为监护人，受其监护的人为被监护人。依我国民法通则的规定，对于因未成年而无行为能力或仅有限制行为能力的人，以及虽已成年却因精神缺损或不健全而被宣告为无行为能力人或限制行为能力人，均应为他们设置监护人。但也有些国家的法律规定仅得为不处于亲权之下的未成年人和宣告为无行为能力或限制行为能力人设立监护人。

监护人既然要承担监督和保护无行为能力和限制行为能力人的责任，因而他自己必须具有监护能力。同时，除父母或祖父母或配偶为监护人者外，监护人的职责，几近于社会义务，为防止有监护能力的人不愿担任监护人的情况发生，民法上均有相应的规定。我国民法通则也就法定监护人和指定监护人两种不同情况作了详细规定。其中由被监护人的父母、配偶、成年子女等人担任监护人的为法定监护人；由行政机关或法院在一定范围内的人中指定的人担任监护人的为指定监护人。法定监护人因正当理由不能亲自履行监护职责的，虽可以委托他人代为履行监护职责，但法定监护人的地位不因此而改变。

依民法通则的规定，未成年人的父母是其监护人，而在父母死亡或没有监护能力时，则应依顺序由下列人员中有监护能力的担任监护人：（1）祖父母、外祖父母；（2）兄、姐；（3）关系密切的其他亲属、朋友中愿意承担监护责任并经未成年人的父、母所在单位或未成年人住所地居民委员会、村民委员会同意的人。上列人员如对担任监护人有争议，由未成年人的父、母所在单位或未成年人住所地居民委员会、村民委员会在其近亲属中指定。对指定不服的，由人民法院裁定。而在没有上面规定的人可担任监护人时，应由未成年人的父、母所在单位或未成年人住所地居民委员会、村民委员会或民政部门担任监护人。

对精神病人的监护人，依据我国民法通则的规定，其顺序和范围为：（1）配偶；(2) 父母；(3) 成年子女；(4) 其他近亲属；(5) 关系密切的其他亲属、朋友中愿意担任监护人且经精神病人所在单位或其住所地的居民委员会、村民委员会同意的人。至于在发生争议时的指定办法以及无上述所指定的可担任监护人的人时的解决办法，与前述为未成年人指定监护人的办法相同。

此外，民法通则还允许通过有监护资格的人之间的协议来确定监护人。协议不成的，才适用指定制度。

监护人可以是一人，也可以是同一顺序中的数人。

监护人的职责，包括保护被监护人的身体健康，照顾其生活，管理其财产，以及代理进行民事活动和进行诉讼等。依民法通则第133条的规定，被监护人造成他人损害的，应由监护人承担责任，但如已尽了监护职责，可适当减轻其民事责任。当然，如被监护人有财产，应先从其财产中支付赔偿，不足部分，才由监护人适当赔偿，但单位担任监护人的除外。

监护人依法履行监护的权利，受法律保护。但不履行职责或侵害被监护人合法权益的，亦应承担责任以至赔偿损失。

(三) 公民的住所

在我国，公民必有其住所，这不但在民事关系中具有重要意义，在其他性质的法律关系中亦复如此。如按照《全国人民代表大会和地方各级人民代表大会选举法》的规定，公民应在其住所地参加选举活动。依《中华人民共和国个人所得税法》的规定，在我国境内没有住所的人，不论在中国境内或境外取得的所得，都应依法缴纳所得税。住所是否在中国，也是取得或恢复中国国籍的条件之一。在未规定债务履行地时，我国和许多国家均推定债务人的住所地为履行地。住所还常是确定民事案件一般地域管辖的重要根据以及诉讼文书送达的处所。

依我国民法通则的规定，公民以其户籍所在地的居住地为住所。但如经常居住地与住所不一致的，经常居住地视为住所。公民的经常居住地，一般是指他最后连续居住满一年以上的地方。

二、法　　人

(一) 法人概说

1. 法人的概念

法人在民法上是除自然人以外的另一类民事主体。它是指具有民事权利能力和行为能力，可依法独立享有民事权利和承担民事义务的组织。

法人这类社会组织，可以是由不同来源的出资而组成的企业、事业单位和各种基金会，可以是为实现一定社会目的或社会职能而由个人结合起来的社会团体，也可以是行使国家职能的国家机关。但它既然是一种独立主体，就必须独立于任何自然人以外而得以自己的名义和独立的身份参加民事活动，所以它必须具有民事权利能力和行为能力，并独立享有民事权利和承担民事义务。在现代社会，各种各样的组织是很多的，但显然不是任何一个组织都能成为法人，具有法律上的独立人格。在法人之外，还有各种非法人团体或组织。

法人可以作各种不同的分类。如以是否实现国家统治职能为标准可把法人分为公法人和私法人；以是否以社员的存在为标准可把法人分为社团法人和财团法人；以是否以实现公益为目的可把法人分为公益法人即非营利法人和营利法人。我国民法通则则只将法人区分为企业法人及机关、事业单位和社会团体法人两大类。

2. 法人的成立

法人的成立，必须符合一定的条件。依我国民法通则的规定，法人成立的条件是：

第一，法人必须依法定程序成立。

早在中世纪商业公司勃兴的时代，法人的设立，不需任何法定程序，而可由设立人自由设立，故称自由设立主义。后来为加强控制，需要经行政机关对法人的设立，个个予以审查许可，故称行政许可主义。但实行起来，手续麻烦，不利于法人的设立，从而产生准则主义的做法，即由法律规定设立法人的要件，凡具备者，经登记即为法人，故称准则主义。但从中世纪起，也有以君王或政府的特别法令设立少数重要法人之例。如目前各国成立中央银行及国家公司等，仍是这样。故称特许主义。

我国目前一般采以下几种程序设立法人：

(1) 依特别法律或行政法规成立法人。如组建国家银行。(2) 由国家主管部门依照有关法律或行政法规审查批准成立法人。如成立中外合资经营企业等。(3) 依有关规定成立某类法人的标准成立法人。如依《中华人民共和国企业法人登记管理条例》设立企业法人等。此外，我国近年来也有由个人或单位捐赠、遗赠或专门提供资金成立各种具有法人资格的基金会的，但均必须符合有关的法律规定。

第二，法人必须有必要的财产或经费。

法人之所以能成为自然人以外的另一类民事主体，关键就在于它有独立于任何个人或社会组织的财产或经费，从而能独立参加民事活动并承担民事责任。所以，可以说，无独立财产即无法人，不管它要实现的职能是什么以及它属于什么性质的法人。至于其独立财产或经费的数额，视不同性质的法人，法律往往有不同规定，但得保证其足以独立进行民事活动和承担相应的民事责任。

第三，法人必须有自己的名称、组织机构和场所。

法人要具有独立的民事主体的资格，它当然必须有自己的名称。而且正如自然人必须有自己的姓名一样，法人的名称也是使它的法律人格个性化的决定性条件。

法人必须有自己的名称，既是其取得法人资格的实质要件之一，同时也是法律赋予它的一项人身权利，一旦以它自己的名称成立为法人后，它就有权对侵犯其名称权的行为人追究民事责任。

法人的名称一般来说均具有专有性、地域性、行业性的特点。即在特定地域特定行业之内，不允许其他组织或机关以同一名称成立同类性质的法人。如国务院1991年批准由国家工商行政管理局公布的《企业名称登记管理规定》中指出："企业名称在企业申请登记时，由企业名称的登记主管机关核定。企业名称经核准登记注册后方可使用，在规定的范围内享有专用权。"

法人既是一种组织，它除必须有自己的名称外，当然还得有自己的组织机构或机关。法人以独立主体为法律行为，是特定的自然人（即法人代表）依据法人的组织机构或机关而形成的意思去进行的。所以，也可以说，无组织机构或机关也无法人，法人依其组织机构或机关而存在。但这种组织机构或机关本身不具法人资格，它只是法人的一部分，即或者是产生或形成法人意思的权力机关，或者是贯彻法人意思的执行机关，或者是根据法人意思代表法人对第三人为法律行为的代表机关，或者是监督法人的执行机关或法人代表机关是否依法人章程或意思进行活动的监督机关。

依民法通则的规定，法人还必须有自己的场所。依有关规定，这里所讲的场所，就企业法人而言就是固定的、生产经营或服务场所，如固定厂房或店面。就机关、事业单位和社会团体法人而言，就是固定的办公场所。

第四，法人必须能独立承担民事责任。

法人在民事法律关系中作为主体，不但必须独立享有民事权利，还必能独立承担民事义务，并于不履行此种义务时能以自己独立的财产承担相应的民事责任。

法人成立必须具备的上述四个条件是相互联系而且缺一不可的。但这是对一般法人来讲的，亦即无论何种法人，都必须具备这四个条件。但由于法人的性质不同，有些组织要成为法人，国家法律规定尚需符合其他一些条件（如我国的企业法人，详见下文）。

3. 法人的权利能力和行为能力

（1）法人的权利能力

法人的权利能力和自然人的权利能力一样，都是指其得为民事主体的资格。法人自其成立即具有权利能力，直至法人的解散或终止。但是，法人既只是一种社会组织，自然人的某些人身权法人便不需要享有。反之，某些民事权利在我们国家又只赋予特定种类和性质的法人（如经营银行及保险业务的权利），而不为自然人所享有。在不同性质的法人之间，由于它们要实现的目的和职能不同，在权利能力上亦有差异。

（2）法人的行为能力

法人的行为能力同其权利能力一样，也是始于其成立，终于其终止。所以，法人行为能力的享有是与自然人不同的。自然人对行为能力的享有是以达到一定年龄而且具备必要的认识自己行为的后果的意思能力为条件。

法人的行为能力还有另一个特征，就是它的范围与权利能力的范围相当，即除法人均具有诉讼能力外，法人在什么范围内享有权利能力，也在什么范围内享有行为能力。法人的行为能力不能超出其权利能力的范围，而各种不同性质、不同种类的法人，它们的权利能力范围常有差异，因而它们的行为能力也不能不有差异。

法人虽有行为能力，但由于它是一种社会组织，参加各种民事活动以取得权利承担义务，都只能由其代表机关来进行，所以它的行为能力由法人代表机关实现。法人代表机关（或法定代表人）为实现法人的意志所实施的法律行为，即法人本身的行为。

最后，还应注意，法人的违法行为，虽不属实现法人目的的行为，但并不能免除其承担损害赔偿的民事责任。所以，法人的行为能力同样也包括了法人的侵权责任能力。如我国民法通则就明确规定，国家机关或其工作人员在执行职务中，侵犯公民、法人的合法权益，造成损害的，应当承担民事责任。

4. 法人的法定代表人和住所

（1）法人的法定代表人

如前所述，法人的民事行为能力是由其代表机关来实现的。而所谓法人的代表机关，即是依照法律或法人组织章程的规定，不需要特别授权或指定而能以法人的名义代表法人进行民事活动的法定代表人。民法通则规定，依照法律或法人组织章程规定，代表法人行使职权的负责人，是法人的法定代表人。

法人的法定代表人的职权可分两种：一为对内职权，即在法人内部行使管理权；一为对外职权，即代表法人以法人名义参加民事活动，并在法人诉讼时，代表法人参加诉讼。

（2）法人的住所

依民法通则和最高人民法院《关于适用〈民事诉讼法〉若干问题的意见》的规定，法人以其主要办事机构所在地或主要营业地为其住所。这里所指的主要办事机构，应包括管理中心、主要事务所等机构。

5. 法人的变更、终止和清算

（1）法人的变更

法人的变更，主要指法人的合并和分立。但法人名称、组织机构、性质、住所或活动范围的改变，也属法人的变更。

法人的合并是指两个以上的法人合并成立一个新法人，或将其他法人合并入某一法人的情况。而法人的分立是指将某一法人分立为两个以上的新法人而原法人不再存在，或从某一法人中分立出另一个或多个新法人而原法人仍继续存在的情况。在发生法人的分立或合并时，最重要的问题是要处理好原法人债权债务的继承问题。民法通则仅就企业法人的合并或分立原则规定，它的权利义务由变更后的法人享有和承担。

在发生上述各种不同情况的变更时，均需要进行变更登记。如依1988年颁布的《企业法人登记管理条例》的规定，凡工商企业合并、分立、转业或者迁移，应按照有关规定于批准后，分别不同情况，办理开业登记、变更登记或者注销登记手续。该条例还规定，工商企业改变企业名称、经济性质、生产经营范围、生产经营方式，也应于批准后向登记主管机关办理变更登记。

（2）法人的终止

导致法人终止的原因是很多的，如：

① 依照法律或有关行政主管机关的决定而撤销。这种方式多适用于依照特别程序或行政程序而成立的法人。

② 法人的解散。这通常在法人成立的目的已经实现或任务已经完成或不能完成或已无完成的必要时发生。如1983年发布、2001年修订的《中华人民共和国中外合资经营企业法实施条例》第90条便规定：合营企业于合营期限届满；企业发生严重亏损，无力继续经营；合营一方不履行合营企业协议、合同、章程规定的义务，致使企业无法继续经营；因自然灾害、战争等不可抗力遭受严重损失，无法继续经营；合营企业未达到其经营目的，同时又无发展前途等情况时解散。

③ 因资不抵债而宣告破产。

④ 因法人行为严重违法而被取缔。

此外，如法人成立章程所规定的解散的原因已经出现，也是常见的终止的原因。

法人终止后，其权利能力原则上即告终止，但因尚需进行清算，故在清算范围内，仍可享有为进行清算所需要的权利能力。而且在此范围内，也可享有行为能力。但正如民法通则所规定的，此时应“停止清算范围以外的活动”。

（3）法人的清算

清算是对应该终止的法人所有债权债务进行全面的清理，从而结束该法人各方面法律关系的一种程序。清算人的权限大体包括：为处理清算事务而享有决定法人意思的能力；代表清算法人对外为清算活动；了结法人未了事务，收取债权，清偿债务，移交剩余财产，并于发现资不抵债时申请宣告法人的破产；以及为清算终结进行注销登记等。

在企业法人因被撤销或因宣告破产而进行清算的情况下，应由主管机关或人民法院成立专门的清算组织进行清算。在通常情况下，清算活动应由人民法院组成的清算组织或法人自己组成的清算组织进行。

（二）企业法人

在我国，企业法人是指具有民事权利能力和行为能力，依法能独立享有民事权利和承担民事义务的企业。在民法通则第41条中列举了全民所有制企业、集体所有制企业、中外合资经营企业、中外合作经营企业及外资企业，符合我国有关法律规定的条件的，均可取得法人资格。改革开放以来，我国的私人企业规模不断扩大，已成为一种重要的企业法人。

（三）机关、事业单位和社会团体法人

依民法通则的规定，机关、事业单位和社会团体法人在性质上是与企业法人完全不同的，它们是以实现国家职能或社会公益为目的的，因而其取得法人资格的程序和条件也与企业法人不完全相同。如就机关而言，只要有独立的经费，它们从成立之日起即取得法人资格。这是因为，国家既决定成立某一机关，已有相应的法律或行政命令作了规定，其名称、组织机构和场所也均已决定，因而只要拨给独立的经费，它们一旦成立，即可以自己的名义参加民事活动并承担民事责任。

对于事业单位和社会团体法人而言，根据1998年《事业单位登记管理暂行条例》和1999年《社会团体登记管理条例》的规定，在具备规定的各项条件时，少部分可以不需要办理登记即可取得法人资格，其他则尚需办理登记后才取得法人资格。

机关、事业单位和社会团体，从其取得法人资格时起即具有民事权利能力和行为能力，但都只能从事为实现其政治的或社会的职能而必须进行的民事活动。

三、个体工商户、农村承包经营户、个人合伙

（一）个体工商户

民法通则规定，“公民在法律允许的范围内，依法核准登记，从事工商业经营的，为个体工商户。个体工商户可以起字号”。个体工商户的债务，如系个人经营的，以个人财产承担责任；如系家庭经营的，即以家庭共有财产投资，或收益的主要部分供家庭成员享用的，以家庭财产承担，但在夫妻关系存续期间，一方从事个体经营，其收入为夫妻共同财产，债务以夫妻共有财产清偿。

公民经核准从事个体工商业经营后，可起字号，并以该字号的名称参加民事活动，在银行或信用社开立账户。对起有字号的个体工商户，在民事诉讼中，应以营业执照上登记的户主（业主）为诉讼当事人。

（二）农村承包经营户

民法通则规定，“农村集体经济组织的成员，在法律允许的范围内，按照承包合同规定从事商品经营的，为农村承包经营户”。与个体工商户比较，农村承包经营户具有以下特征：首先，它是农村集体经济组织的成员或其家庭从事个体商品经营的一种经济形式；其次，其成立的法律依据是有关集体经营组织和它的成员所签订的承包经营合同，其经营活动的范围亦由承包合同加以规定。

农村承包经营户中，凡属个人经营的，其债务以其个人财产承担；以家庭经营的，即以家庭共有财产投资，或者收益的主要部分供家庭成员享有的，其债务应以

家庭共有财产承担。

（三）个人合伙

依民法通则的规定，个人合伙是指两个以上公民按照协议，各自提供资金、实物、技术等，合伙经营，共同劳动，其收入按一定比例在合伙人之间分配的一种经济形式。

我国法律所规定的个人合伙，具有以下主要法律特征：（1）个人合伙是两个以上公民自愿组成的一种非法人经济实体，他们之间对外虽发生一种连带关系，但彼此仍是独立的；（2）个人合伙成立的法律依据是公民之间的合伙协议，这种协议的内容应当包括出资数额、盈余分配、债务承担、入伙、退伙及合伙终止等主要事项；（3）个人合伙的经营活动应由合伙人共同决定，而且一般应共同经营、共同劳动。

合伙可以起字号。凡起字号的个人合伙，在民事诉讼中，以依法核准登记的字号为诉讼当事人，合伙的负责人为诉讼代表人，其诉讼行为对全体合伙人发生效力；未起字号的个人合伙，则全体合伙人在民事诉讼中为共同诉讼人，但他们可推举诉讼代表人参加诉讼。全体合伙人对合伙经营的亏损额，对外承担连带责任，对内则按约定的比例承担责任。

合伙可因合伙合同约定的合伙期限届满，或合伙的目的事业已经完成或已不可能完成，或合伙人全体同意提前终止合伙合同等情况而终止。

合伙终止时，对合伙财产的处理，有书面协议的，按协议处理；无书面协议且协商不成的，如各合伙人出资额相等，应按多数人的意见处理；如各合伙人出资额不等，可按出资额占全部合伙额多的合伙人的意见处理，但亦应保护其他合伙人的利益。

第三节　民事法律行为和代理

一、民事法律行为

（一）民事法律行为的概念

依民法通则的规定，民事法律行为是指公民或法人设立、变更、终止特定民事权利义务关系的合法行为。或者也可以说，它是公民或法人以设立、变更、终止特定民事权利义务关系为目的而有意所为的合法行为。这种行为，既可以是积极的作为（又称积极行为），也可以是消极的不作为（又称消极行为）。

在社会生活中，公民和法人的许多民事权利义务关系的产生、变更和消灭（如合伙的设立、承包经营的发生、法人的产生、物权的取得和转移、合同的缔结、婚姻的成立、遗嘱的作出，等等），都是通过当事人有意识地为一定的法律行为来实现的。民事法律行为具有以下特征：

第一，民事法律行为是行为人以发生民法上的效力即以引起民事关系发生、变更或终止为目的的行为。其他如诉讼的提起、行政处分的作出、国家公职人员的任命等，尽管也可能引起民法上的后果，但它们与民事法律行为终究存在着本质上的区别。此种行为即必须以民事权利义务关系的发生、变更或终止为目的，凡无此目的，即不能构成民事法律行为。至于这种目的能否实现，则还需看此种行为是否具备成立为有效法律行为的要件。

第二，民事法律行为必须以行为人的意思表示为构成的基本要件。民事法律行为即以产生行为人所预期的私法上的效果为目的，则这种目的，作为一种内在的意思，必须以适当的方式表示出来，从而为相对人所知晓，才具有法律意义。而这种内在意思依一定方式作出的客观的外在的表现，便叫意思表示。意思表示是民事法律行为的基本要件或要素，没有意思表示，也没有民事法律行为。民事法律行为是根据意思表示的内容而确立和发生效力的。无意思表示而能发生一定民法上的效力的行为只是一种事实行为，而不是民事法律行为。而且凡在意思表示上存在瑕疵的各种行为，都可能使该行为归于无效或被撤销。

第三，民事法律行为要发生行为人预期的效果，还必须是合法行为。称民事法律行为是一种合法行为，在于表明它是民法所允许的行为，行为人可通过为这种行为而设立、变更或终止一定的民事法律关系。因此，它与违法行为在性质上是不同的：违法行为也能带来一定的法律后果，也是一种能产生民事法律关系的法律事实，但它是为法律所禁止的行为，它所带来的法律后果只是法律加予行为人的一定民事责任或惩罚；而民事法律行为则不是这样。

（二）民事法律行为有效成立的要件

民事法律行为有效成立必须符合法律所要求的形式的和实质的要件。

民法通则规定了民事法律行为有效成立的三个实质要件：（1）行为人具有相应的民事行为能力；（2）意思表示真实；（3）不违反法律或者社会公共利益。

人的行为能力可区分为一般行为能力和特殊行为能力，对某些具体法律行为，法律常要求行为人不仅应具备一般行为能力，而且应具备为该行为的特殊行为能力，如自然人成立婚姻关系的行为、企业法人从事特定经营活动的行为，便都属此种情况。所以民法通则规定行为人必须具备相应的民事行为能力，乃民事法律行为有效成立的第一个实质要件。

行为能力在一定意义上讲，本亦可称意思能力或判断能力，即对于行为及其法律上的效果或事实上的结果，行为人有合理的认识和预期能力。故通常讲到某人有行为能力即指他有独立为发生法律上后果的意思表示的能力。但是在一些情况下，出于主客观方面的原因，如因受诈欺、胁迫，或因误解和错误，所为的意思表示并非行为人真实的意愿，在这种情况下，如令其承担行为的法律上的后果，显然是不符合法律的要求的。所以，民法通则规定，民事法律行为有效成立的第二个实质要件便是行为人意思表示的真实。

民事法律行为能得到国家的确认和保护，还要求它的内容必须合法，即其内容必不为法律所禁止，不与社会公共利益相抵触。因而民法通则进一步规定，即使行为人有相应的民事行为能力，意思表示亦为真实，但如行为的内容不合法，也不能成立有效的民事法律行为。

在讲到民事法律行为的内容必须合法时，还必须注意法律行为的内容应该是“确定的”、“可能的”。所谓行为的内容应该是确定的，即在内容上不应该前后矛盾或不能确定，因为法律行为的目的本在于设定、变更、终止特定的权利义务关系。所谓行为的内容应该是可能的，是因为行为人不能设定为法律所禁止或事实上根本不可能发生的权利和义务。

民法通则还规定，民事法律行为的有效成立，必须符合法律允许或规定的形式。而且，凡法律规定意思表示必须用特定形式的，只有依照该特定形式，才能满足其有效成立的形式要件。

民事法律行为的形式可依不同标准作不同的划分。如依是否必依特定形式为行为而可分为要式行为和非要式行为；如依是否必以书面方式表达而可分为书面形式和口头形式。此外，还常区分明示和默示的形式。

由于科技的发达，现在已有越来越多的人以录音、录像等视听资料形式为民事法律行为。但为保证这种形式不至被滥用，最高人民法院在《关于贯彻执行〈中华人民共和国民法通则〉若干问题的意见（试行）》中要求，凡以此种方式为民事行为，必有两个以上无利害关系人作为证人或有其他证据证明该行为符合民法通则关于民事法律行为成立要件的规定，方可认定为有效。而对于不作为的默示的意思表示，该《意见》也认为只有在法律有规定或当事人双方有约定的情况下，才可视为意思表示。此外，一方当事人向对方当事人提出民事权利的要求，对方虽未用语言或文字明确表示意见，但已通过为某种积极行为（作为）表示接受的，亦得认定为默示同意。

（三）无效的和可撤销的民事行为

民事法律行为在具备有效成立的要件时，即发生法律上的效力，行为人得受其约束，而不得主张撤销其行为或主张该行为为无效。但是，如果不具备法律所要求的要件，便不能发生法律上的效力，或当事人可主张撤销此种行为或宣告其为无效。对此类行为，民法通则称之为无效的民事行为和可撤销的民事行为。

1. 无效的民事行为

无效的民事行为是指不具备有效成立的要件因而法律上不允许发生行为人预期的民事法律后果的行为。

无效的民事法律行为和民事法律行为未成立是不同的。后者是指缺乏法律所要求的成立的事实，如订立合同本应有明确的双方当事人，并应有他们的合意，即要约与承诺，而现在或无明确的当事人或仅有要约却无承诺，或无具体内容和标的行为。对于这种还未成立的民事法律行为，当然不发生宣告其无效的问题，仅需确认其尚未成立。无效的民事法律行为在外观上具备有足以使其成立的各种事实，只是这些事实存在某种缺陷，如订立合同时，虽有明确的当事人，却一方无行为能力；或虽有要约和承诺，却有意思表示的瑕疵；或虽有内容和标的，却不合法或违反公共利益，故而国家不赋予此种行为以法律上的效力。

民事行为的无效既是因其不符合法律上的规定而当然发生的，因而当事人可随时诉请宣告此种行为无效，既不因事后的追认或障碍的除去而变成有效，也不发生消灭时效的问题。

我国民法通则规定了七种无效民事行为，即：

（1）无民事行为能力人实施的民事行为。这既包括无一般民事行为能力，也包括无特殊民事行为能力。如代理人超出其代理权限或无代理权而为（且不被本人追认）的行为；对某项财产无处分权的人对该财产所作的处分行为等。

（2）限制行为能力人为依法不能独立实施的行为。对此，也有许多国家并不认为一概无效。即除限制行为能力人为单独行为（即单方行为），未得到其法定代理人的同意则绝对无效（即不因法定代理人的追认而变为有效）外，其他如为契约行为，得因法定代理人的追认成为有效。

（3）一方以欺诈、胁迫的手段或乘人之危使对方在违背其真实意思下所为的行为。欺诈的构成，除必须欺诈人有故意掩盖真实事实或虚构事实以欺骗相对人的行为存在外，还必须欺诈人有意思能力，且相对人已因欺诈而陷人错误的认识或理解，并基于这种错误认识或理解而为意思表示。

胁迫的构成，除必须有胁迫人故意以正在发生或将来可能发生的危及相对人或其亲属的生命健康、荣誉、名誉及财产安全与利益的不正当的或违法的损害要挟相对人的事实存在外，同时，胁迫人本身应有意思能力，且相对人也确因受此种胁迫产生恐惧，从而迎合胁迫人的要求，违背自己的真实意思而为意思表示。

乘人之危是指行为人出于故意，利用对方正处于危难的境地而有某种急迫的需要，为牟取不正当利益，使对方在违背真实意思的情况下为意思表示。行为人当然也应有意思能力。

（4）恶意串通，以损害国家、集体或第三人的利益为目的而为的民事行为。恶意串通又可称为通谋的虚伪意思表示或假装行为，它与单独的虚伪表示是不同的。其成立必须具备以下条件：有意思表示的存在；但所表示者与真实意思不一致，表意人明知其表示与真实意思不一致；对此种非真实表示，双方存在着通谋；目的在于损害国家、集体或第三人的利益。

（5）违反法律或社会公共利益的行为。在许多国家，又称此为违反公共秩序的行为。

(6) 经济合同违反国家指令性计划的。

(7) 以合法形式掩盖非法目的的行为。

民法通则规定，无效的民事法律行为，从行为开始起就不发生法律上的效力。但这只是指该法律行为本身。实际上，无效行为还可发生其他非当事人预期的效力或后果。如无效行为之当事人于行为时，明知或应知其行为无效，他即应承担返还不当得利或损害赔偿的责任。

无效可分为各种不同的种类，如：绝对无效和相对无效；确定的无效和不确定的无效；全部无效和部分无效；当然无效和裁判上的无效等。

如为绝对无效，则不独对于当事人，而且对于一切的人皆为无效。有关这种无效，得由任何人对于任何人主张之，故而又称无限制的无效。相对无效即为限制无效，只能对于特定的人主张之或只能由特定的人主张之。如通谋为虚伪的意思表示，便不得以其无效对抗善意的第三人。

确定的无效，即原则上不得依承认而使其发生效力的无效。凡无效的行为可因承认或补全可使成为有效的，便是不确定的无效。

民事法律行为部分无效，且该无效部分不影响其他部分的效力的，就是部分无效的情况。我国民法通则和经济合同法均规定遇有此种情况，其余部分仍属有效。

无效一般为当然无效，但也有必须通过诉讼主张其无效并经确认和宣告的。后者便称为裁判上的无效。

2. 可撤销的民事行为

可撤销的民事行为虽是一种已成立或已生效的行为，但因其存在某种瑕疵，为使一定的人免因此种瑕疵行为遭受不利，法律允许其诉请撤销的行为。所以，这种行为，实际上处于一种不确定的状态，即：如有关人不行使其撤销权，则仍受其约束；如行使其撤销权并得而裁定撤销，则失去其约束力。

可撤销的民事行为具有以下法律特征：(1) 与无效行为不同，它有适合其内容的效力，只是其效力可因撤销而丧失；(2) 它既经撤销，则溯及既往，也自始无效，即如同从未为此法律行为（但如婚姻或收养关系的撤销，则只向将来发生效力）。

民法通则规定，以下两种情况下所为的民事行为得撤销之：

(1) 行为人对行为的内容有重大误解的。所谓误解，一般是指受领意思表示一方对于相对人意思表示的内容标的有错误理解的情况。如误以借贷为赠与而承诺接受，误以承担连带责任为一般保证责任而承诺担保等。但这里所讲的误解，还应包括为错误的意思表示而又不知其内容有错误的情况（即如果表意人知道，他就不会为这样的意思表示，如误以甲物为自己所需要的乙物而承诺购买，或误以为非善本书而许诺将善本书赠送他人，或误认乙为甲而与之签订劳务合同等）。正如最高人民法院在上述《意见》中所指出，“行为人对行为的性质、对方当事人、标的物的品种、质量、规格和数量等的错误认识，使行为的后果与自己的意思相悖”，皆属误解。

但对行为的内容发生误解的情况在现实生活中不免时有所见，如不问误解是否重大一概可以撤销，则人们在民事生活中便会轻率从事。所以民法通则规定，只有对行为的内容产生“重大误解”的才得主张撤销。而所谓“重大误解”，依上述《意见》，乃指因而造成“重大损失”的误解。

其次，如行为人因自己存在过失而致发生误解或错误的，在法理上多主张不可以撤销。

（2）显失公平的民事行为。如一方当事人利用自己的优势地位，或利用对方没有经验，致使双方的权利义务显然违反公平、等价有偿原则的，可以认定为显失公平。

根据民法通则的规定，对于这种民事行为，当事人一方有权请求人民法院或仲裁机关予以变更或撤销。但当事人只请求变更的，人民法院应根据情况予以变更；当事人请求撤销的，人民法院根据情况，或者予以变更，或者予以撤销。

由于可撤销的民事行为虽存在上述两种情况，但其成立的基本要件并不缺乏，为求法律关系的稳定，且促使因此种行为遭受不利后果的一方当事人及时行使其请求变更或撤销的权利，在司法实践中，对超过一定期限（如一年）才提出变更或撤销请求的，人民法院可不予保护。

3. 民事行为被确认无效或被撤销的后果

对于民事行为被确认无效或被撤销后的救济，就财产行为而言，依民法通则的规定，有以下几种方法：

（1）返还所得和赔偿损失。由于民法通则规定，无效行为和可撤销行为被撤销后，均自始无效，故在一般情况下，当事人中因该行为取得利益的一方，应返还其所得给对方；如双方互有所得，应相互返还。但如一方存在过错，则有过错的一方还应赔偿对方因此所受的损失；如双方互有过错，则按过失分摊处理。而所谓返还所得包括返还不当得利、返还原物。在原物灭失、毁损或已转移给善意第三人时，应折价偿还。总的原则是恢复到该无效行为以前的状况。

（2）追缴财产。凡恶意串通以损害国家、集体或第三人利益的，应当追缴双方非法取得的财产和收入，以收归国家、集体所有，或返还第三人。

（四）附条件和附期限的民事法律行为

民法通则规定，民事法律行为可以附条件。附条件的民事法律行为在所附条件成就时生效或解除。同时，依最高人民法院上述《意见》，民事法律行为还可附期限。附期限的民事法律行为，在所附期限到来时生效或解除。

在附条件或附期限的民事法律行为中，其所附条件或期限，对于该民事法律行为本身来说，它并不是一种从属法律行为，它与该民事法律行为的关系，也不是主法律行为与从法律行为的关系，而是二者共同构成一个民事法律行为。

条件可分为“延缓条件”和“解除条件”。延缓条件又称停止条件，是相对于解除条件而言的，意思是指法律行为产生法律上的效果，并不在为法律行为之时，而是取决于所附条件是否成就（出现）和何时成就。如甲和乙签订一租房合同，本身虽符合形式要件和实质要件，但甲方要求在合同中附加一条件，称“该合同只有在甲方的户口迁入房屋所在城市后生效”，从而该合同的生效当然只能在甲方户口迁入该城市的这一条件成就之时。而解除条件则指民事法律行为生效后，于所附条件成就时，即停止或终止其效力的情况。如甲乙于所订立的租房合同中，甲要求附一条件，称“该合同于甲之户口迁往他地后终止”，从而于甲之户口迁往他地这一条件成就时，该租房合同终止其效力。

民事法律行为所附条件，必须符合以下要求：

（1）所附条件必须是未来可能发生的客观事实（包括自然现象和人的行为）。如果某种事实是已经发生了的，或未来根本不可能发生的，都不能作为附加的条件。

（2）该客观事实将来是否发生以及何时发生，在为法律行为时不能确知。如系将来肯定发生的事实，便无作为附加条件的意义。

（3）此种事实属于当事人可任意选择的范围。如果某种条件是法律所规定的有关法律行为成立的必备条件，也不构成这里所讲的附加条件。

（4）所附条件必须不违反法律和道德的基本准则。

（5）所附条件不得有害于相对人的法律上的利益。

凡附条件的民事法律行为，如因其成就而无利益或应为支付的一方当事人，以不正当手段有意阻止该条件的成就，应视为条件已成就。反之，如因其成就而受利益或受支付的一方当事人，以不正当手段有意促成该条件的成就，应视为条件尚未成熟。所以基本原则是，当事人不得恶意地阻止或促成条件的成就。

在附期限的法律行为中，法律行为效力的发生或消灭，取决于将来一定发生的（即确定的）某一客观事实。期限可分为始期和终期两种。附以始期的是指被约定的期限到来之前，法律行为不发生效力。如立遗嘱人约定，于自己死亡之时，才将某项财产赠与某人或某福利机关。附以终期的是指被约定的期限一旦到来，法律行为的效力即行终止。如赠与人约定，于受赠人死亡时，即终止受赠人管领、使用和收益赠与财产的权利。由于人的死亡是一定要到来的，所以在附期限中约定的事实与附条件中所约定的事实是不相同的，后者并不必然到来。

二、代理

（一）代理的概念

代理是指代理人在代理权限内以被代理人（又称“本人”）的名义实施法律行

为，而此法律行为的后果直接归属于被代理人的行为。

代理具有如下法律特征：

(1) 代理行为必须是代理人以被代理人的名义进行的行为。在由代理行为产生的法律关系中，主体只能是被代理人和第三人，而不是代理人和第三人。所以，代理行为必须以被代理人的名义进行。这就是代理与行纪的区别。行纪是以自己的名义，为了他人的利益，进行商业交易而获取报酬的行为。在行纪行为中，行纪人首先是自己取得权利义务，然后将其移转于他人。

(2) 在代理行为中，代理人必须独立为意思表示或受意思表示。这又把代理、传达和居间区别开来。传达是仅将已完成或已决定的他人的意思表示传达于他的相对人，居间是按约定向他人报告订立契约的机会或为订立契约的媒介，至于是否订立该契约的意思表示，仍需由他人直接作出。

(3) 代理行为所产生的权利义务，直接归属于被代理人。目前，在我国，主要有适用于国内外的商业贸易代理、知识产权代理、诉讼代理等。但是根据民法通则，凡依照法律规定或者按照当事人的约定，应当由本人实施的民事法律行为，不得代理。由法律规定不得代理的法律行为多具有属人的性质，如成立遗嘱、婚姻登记、成立收养等，一般应由本人亲自为有关的法律行为。

(二) 代理的种类

依不同的标准，可以对代理作不同种类的划分，如：

积极代理与消极代理。前者指以他人名义向第三人为意思表示，后者指以他人名义从第三人接受意思表示。

一般代理与特别代理。如果代理权经特别限定的为特别代理（或特定代理），否则为一般代理（或总括代理）。特别代理又可称部分代理。

单独代理与共同代理。代理权仅属于一人的，为单独代理。反之，如代理权共同属于二人以上的代理人，则为共同代理。

本代理和复代理（或再代理）。如代理人为处理其权限内的行为的全部或一部，以自己的名义，委托他人为代理，而其行为的后果仍直接由被代理人承受，称为复代理。在复代理中，其原来的代理称为本代理。由于代理是基于对代理人的信任，故如无法律规定或本人之授权，不得再行选定复代理人。我国民法通则亦采限制态度，它规定：委托代理人为代理人的利益需要转托他人代理的，应当事先取得被代理人的同意。事先没有取得这种同意的，应在事后及时告知被代理人。如果被代理人不同意，由代理人对自己所转托的人的行为负民事责任。但在紧急情况下，为了保护被代理人的利益，代理人亦可不经被代理人同意而委任复代理人。

委托代理、法定代理和指定代理。委托代理又称意定代理或任意代理，是根据本人的授权而发生的代理。

委托代理的授权方式，可以是口头的，也可以是书面的。如法律规定应用书面形式的，必须用书面形式。依照民法通则第 65 条第 1、2 款规定，委托代理的书面授权，应载明代理人的姓名或名称、代理事项、权限和时间，并由委托人签名或盖章。委托书授权不明的，被代理人应向第三人承担民事责任，代理人亦负连带责任。

法定代理的代理权的发生，不是基于本人的授权，而是由法律直接规定的。法定代理人的确定，大多以被代理人无行为能力或限制行为能力等情况的存在为前提，如民法通则第 14 条便规定，无民事行为能力人和限制民事行为能力人的监护人是他们的法定代理人。

指定代理的代理权是直接根据人民法院的指定而发生的。它多发生在无法定代理人或法定代理人对担任代理人有争议的情况之下。

（三）代理权的行使和终止

1. 代理权的行使

在代理关系中，代理权既是代理人实施代理行为的法律依据，也是被代理人承担代理人所为代理行为的后果的法律依据。所以，没有代理权、超越代理权或者代理权终止后所为的行为，只有经过被代理人的追认，被代理人才承担民事责任。但如本人知道他人以本人的名义实施法律行为而不作否认表示的，得视为同意其代理。第三人如知道行为人无代理权、超越代理权或代理权已终止仍与之为法律行为而给本人造成损害的，行为人和第三人应负连带责任。

代理人负有忠实履行代理行为的义务，如果代理人不履行职责，而给被代理人造成损害的，代理人应承担民事责任。

代理人恶意与第三人串通以损害被代理人的利益的，代理人与第三人负连带责任。代理人亦不得代表被代理人与自己为法律行为。

代理人须进行合法行为。代理人如明知被委托代理的事项违法而仍进行代理的，或被代理人知道代理人的代理行为违法而不表示反对的，被代理人和代理人承担连带责任。

2. 代理权的终止

（1）委托代理的终止

委托代理权因代理期限届满或特定代理任务之完成或已不能完成，被代理人取消委托或代理人辞去代理，代理人死亡或丧失行为能力，作为被代理人或代理人的法人终止等情况而终止。在外国立法中，尽管有规定被代理人死亡也终止代理权的（如日本民法第 111 条），但我国司法实践认为，被代理人死亡后有下列情况之一的，委托代理人实施的代理行为有效：（1）代理人不知道被代理人已死亡；（2）被代理人的继承人予以承认的；（3）被代理人与代理人约定到特定代理事项完成后终止代理权的；（4）在被代理人死亡前已在进行而其死亡后为了被代理人的继承人的利益继续完成的。

(2) 法定代理和指定代理的终止

其条件包括：(1) 被代理人取得或者恢复民事行为能力；(2) 被代理人或代理人死亡；(3) 代理人丧失民事行为能力；(4) 指定代理被取消；(5) 引起法定代理发生的被代理人与代理人之间的监护关系消灭等。

第四节 物 权

一、物权概说

(一) 物权和物权法的概念

物权作为一个法律范畴，是由法律确认的主体对物依法享有的支配权利。我国2007年通过的物权法第2条第3款规定，本法所称物权，是指权利人依法对特定的物享有直接支配和排他的权利，包括所有权、用益物权和担保物权。

物权具有如下特征：(1) 支配性。物权的支配性是指物权人可以直接对物进行支配，不需要借助其他任何人的行为。(2) 对世性。物权的对世性是指物权的权利主体是特定的，而义务主体则是不特定的，除权利人外，其他任何人都负有不得侵害他人物权的义务，他们都是物权的义务主体，承担不侵害他人物权的不作为义务。(3) 排他性。物权的排他性主要表现在两个方面。第一，物权具有直接排除他人不法侵害的效力，当物权遭到侵害时，物权人凭借物权即可以直接请求侵害人排除侵害。第二，同一物上不能同时设立两个内容相互冲突的物权。但所有权的排他性并不妨碍数人对同一物共同享有所有权，也不妨碍同一物上存在几个内容互不冲突的物权。(4) 绝对性。民事权利有绝对权和相对权之分。绝对权的行使不需义务人的积极协助行为，仅有权利人的合法支配行为即能实现。物权作为一种民事主体对特定之物直接进行管领支配，并排除他人干涉的权利，属绝对权的范畴。

物权法是大陆法系的概念，英美法系国家，有关物权的法律规定称为财产法。物权法的概念分为广义物权法和狭义物权法。广义的物权法，亦称实质意义的物权法：所有规范和调整物的支配关系的法律规范的总和。它不仅包括民法中关于物权的规定，而且包括宪法、法律、法规中关于物权的规定。狭义的物权法，亦称形式意义的物权法：专指民法中关于物权的规定。

(二) 物权的分类

在民法理论上，物权可依不同的标准加以分类，最基本的分类是：

1. 所有权与其他物权

所有权是指所有人依法对其财产享有占有、使用、收益和处分的权利，是一种最完整、最充分的物权，因而又称“完全物权”；其他物权是指基于所有权产生的、非所有人对他人之物享有的一定程度的直接支配权，也称“他物权”，由于其支配范围受到一定的限制，故也称为“限制物权”。

2. 用益物权与担保物权

这是对他物权的再分类。用益物权是指以物的使用收益为目的的物权，包括地上权、地役权、永佃权等；担保物权是指以担保债权为目的，即以确保债务的履行为目的的物权，包括抵押权、留置权、质权等。

3. 动产物权与不动产物权

这是按物权的客体的性质而作的分类，其意义主要在于明确二者在取得方法、成立要件和效力等方面的差别。在上述物权类型中，本章重点阐述所有权和用益物权，后文中（“合同担保”部分）将涉及担保物权。

在立法上，根据物权法定原则，物权的类型，各类物权的内容及创立方式，均由法律直接规定，禁止任何人创设法律没有规定的物权和不按法律有关物权内容及创立方式的规定法律已作规定的物权。我国 2007 年通过的物权法第 5 条规定，物权的种类和内容，由法律规定。

（三）物权的效力

1. 物权的排他效力

物权的排他效力是指在同一标的物上不能同时存在两个以上的内容不相容的物权，亦即在同一物上已存在的物权有排除在该物上再成立与其内容互不相容的物权效力。物权的排他效力是由物权的支配性所决定的。

2. 物权的优先效力

物权的优先效力，主要是指在一物之上债权与物权并存时，无论物权成立先后，物权优先于债权的效力，物权优先效力仍源于物权的对物支配权和排他性。法律赋予物权以优先效力，有利于维护既存的财产占有关系，充分发挥物质财富的效用。此外，物权的优先效力还包括物权相互间的优先效力，它是指在同一标的物上同时存在两个以上相同内容或性质的物权时，先成立的物权具有优先于后成立的物权的效力。这就是物权法称的“成立在先，权利在先”原则。

3. 物权的追及效力

物权的追及效力，是指物权的标的物只要为不法占有人占有，物权人原则上可以依法向物的不法占有人索取，请求其返还原物。但是，如果该物为他人善意占有，则无权无偿地请求返还。

4. 物权的妨害排除效力

物权的妨害排除效力又称为物上请求权或物权的请求权，是指物权人于其物被侵害或有被侵害的危险时，物权人得请求排除侵害或防止侵害，以恢复其物权的圆满状态的权利。

（四）物权的变动

1. 物权变动的概念

物权的变动，指物权的设立、变更、终止。物权的设立，亦称物权的发生，是指民事主体依法设立新的物权。为自己设立物权的，通常称为物权的取得；为他人设立物权的，通常称为物权的设定。物权的变更，是指物权的客体、内容的部分变更。如果发生物权主体的更迭，或者物权客体、内容的完全变化，实际上是发生了物权的取得或终止，因而不属于物权的变更。

物权变动是物权法上的一种民事法律效果。和其他民事法律效果一样，物权的变动也是由一定民事法律事实引起的。能引起物权变动的民事法律事实有两类：物权法律行为和物权行为以外的法律事实。前者如：通过买卖、互易、赠与、遗赠等行为取得自物权；通过物的所有人与他人的设定行为为他人设定典权、地役权、抵押权、质权等他物权。后者如：因取得时效取得物权；因公用征收和没收；因法律规定（如留置）；因附和、混合、加工；因先占、拾得遗失物、发现埋藏物。

2. 物权变动的原因

（1）物权的取得。①原始取得，即依据法律的直接规定取得物权，不以原所有人意志为转移的物权取得方式。物权原始取得方法通常有：通过生产而取得产品的物权；通过收益而取得物之天然孳息的物权；国家通过税收、国有化、征收、征用、没收而取得物权；国家按法定程序取得无人继承的遗产、无人认领的遗失物和所有人不明的埋藏物、隐藏物的所有权；集体组织取得其成员的无人继承的遗产的所有权；在法律允许的范围内通过先占有取得无主动产的所有权；取得添附物的物权；通过时效限制取得物权。②继受取得，即以物的所有人意志为转移的物权的取得方式。如通过买卖、互易、赠与、遗赠和继承等取得物权。

（2）物权的消灭。物权的消灭是指特定主体的物权不复存在，物权消灭有广义、狭义之分。广义的物权消灭包括以下两种情况：①物权的绝对消灭，即物权与特定主体分离，而他人又未取得其权利。物权标的物灭失、物权人抛弃其物权，他物权与所有权的混合等，能引起物权的绝对消灭。②物权的相对消灭，即物权与原主体分离而归于新主体。例如转让人因转让而丧失物权。

3. 物权变动的要件

物权的变动除须有当事人之间的同意外，还须有其他要件才能生效。当事人之间的债权合同，是物权变动的原因，债权合同无效自不能发生物权变动的效果，但物权未发生变动，不应影响其他原因关系的效力。物权的变动除其原因行为应为有效外，还须履行登记或交付，才能生效。因此，登记或交付是物权变动的特殊生效要件。

（1）登记。登记是指主管部门在相关的登记簿上记载物权变动的情况。依我国物权法第9条规定，不动产物权的设立、变更、转让和消灭，经依法登记，发生效力；未经登记，不发生效力，但法律另有规定的除外。依法属于国家所有的自然资源，所有权可以不登记。

（2）交付。依法律行为发生动产物权变动的，以交付为生效要件。我国物权法第23～27条规定，动产物权的设立和转让，自交付时发生效力，但法律另有规定的除外。船舶、航空器和机动车等物权的设立、变更、转让和消灭，未经登记，不得对抗善意第三人。动产物权设立和转让前，权利人已经依法占有该动产的，物权自法律行为生效时发生效力。动产物权设立和转让前，第三人依法占有该动产的，负有交付义务的人可以通过转让请求第三人返还原物的权利代替交付。动产物权转让时，双方又约定由出让人继续占有该动产的，物权自该约定生效时发生效力。

（五）物权的民法保护

1. 请求确认物权

当物权归属不明或是否存在发生争执时，当事人可以向法院提起诉讼，请求确认物权。在我国，由于土地、房屋等不动产设有专门的行政管理机关，因此，有关不动产物权的争执也可以先申请行政主管部门解决。

2. 请求排除妨碍

当他人的行为非法妨碍或者可能非法妨碍物权人行使物权时，物权人可以请求妨碍人排除妨碍或者消除危险，也可请求法院责令妨碍人排除妨碍或者消除危险。

3. 请求恢复原状或者重作、更换

当物权的标的物因他人的侵害行为为损坏时，如果能够修复，物权人可以请求侵权行为人加以修理恢复物之原状。恢复原状物的请求，可以由物权之所有人基于物之所有权提出（不管所有人是否直接占有其所有物），也可以由物之合法占有人（如质权人、保管人）与使用权人（如承包人、承包经营人）提出。造成不动产或者动产毁损的，权利人还可以请求重作或者更换。

4. 请求返还原物

当所有人的财产被他人非法占有时，财产所有人或合法占有人，可以依照法律的规定请求不法占有人返还原物，或者请求法院责令不法占有人返还原物。

5. 请求赔偿损失

当他人侵害物权的行为造成物权人的经济损失时，特权人可以直接请求侵害人赔偿损失，也可请求法院责令侵害人赔偿损失。物权人赔偿损失之请求既可以单独提出，也可以在行使物权上请求时同时提出。

以上物权保护方式，可以单独适用，也可以根据权利被侵害的情形合并适用。此外，我国物权法第38条还规定，侵害物权，除承担民事责任外，违反行政管理规定的，依法承担行政责任；构成犯罪的，依法追究刑事责任。

二、财产所有权概述

（一）财产所有权的概念

依我国民法通则和物权法的有关规定，财产所有权是指所有人依法对自己的不动产或动产享有占有、使用、收益和处分的权利。

财产所有权是所有制在法律上的表现。在任何社会中，所有制都是存在的，只是它们的性质和类型各不相同而已。而所有权则是一个历史范畴，是阶级社会出现以后伴随着国家的出现而产生的。

财产所有权包括占有、使用、收益和处分四项权能。或者反过来说，这四项权能共同构成财产所有权的内容。

占有，是指所有人对财产的事实上的控制或管领。在一般情况下，财产只能归所有人占有。但也可能和所有人脱离而为非所有人占有。这又分两种情况。其一为合法占有，即有法律上的依据或经所有人的同意而为他人管领，如国有企业依法对国家财产实行占有，或因合同的约定而让财产由非所有人占有。这种占有受法律的保护，即便是所有人也不得任意加以干涉或妨碍他人的这种合法占有权。其二为非法占有，即不但没有法律上的根据，也未经所有人的同意而占有他人的财产。非法占有又分善意占有和非善意（即恶意）占有两种。凡不知道或无从知道自己为无权占有人而占有他人的财产的为善意占有。为了保障财产所有权的稳定，法律上一般多推定占有人的占有是以为其所有的意思，善意而公然进行的，占有人不负举证责任。凡明知或应该知道自己为无权占有人而仍占有他人的财产的，为恶意占有。以上不同的区分，其意义在于判定占有人是否应承担返还原物和赔偿损害的法律后果。

使用，是指对财产的营利的和非营利的运用和利用。使用应以不毁损客体物或变更客体物的性质为条件，否则即属于处分的权能而非使用了。使用权同占有权一样，在通常情况下属于所有人，但也可以和所有人脱离而归非所有人享有。如国有企业使用属于国家所有的财产，农村集体经济组织的成员使用属于集体所有的宅基地、自留地等。

收益，是指收取财产的法定的孳息或自然的孳息。前者如租金、利息等，后者如子畜、果实等。收益权在一般情况下应归所有人，但也可与所有人分离而属于非所有人。

对财产的使用权和收益权，亦可合称为用益权。

处分，是指在法律规定的范围内，决定财产的事实上和法律上的命运，所以又可分为事实上的处分和法律上的处分。对财产的处分权是所有人最重要的权利，因为它可使财产所有权发生转移或归于消灭，可使对财产的占有、使用、收益的权能转移给他人。处分权一般也属于所有人，但在法律规定的个别情况下，也可由非所有人行使（如法院判决拍卖或没收等）。

上述四种权能又可称为所有权的“积极权能”。除此而外，所有权还有若干种“消极权能”。由于所有权是一种绝对权，任何其他人均不得侵害、干涉或妨害所有人对所有权的行使，因而，在其行使受到或可能受到他人不正当的侵害、干涉或妨害时，得享有返还请求权、除去妨害请求权、防止妨害请求权。这些权能可统称为所有权的“消极权能”。

（二）所有权的主要类型

1. 国家财产所有权

(1) 国家财产所有权的概念与性质

生产资料的社会主义全民所有制，即国家所有制，是社会主义公有制的高级形式。国家财产所有权制度是全民所有制在法律上的表现，是巩固和发展社会主义全民所有制的重要法律武器。保护国家所有的财产并使其不断发展，对实现我国社会主义四个现代化，具有重大的意义。正因为如此，不但在我国宪法第7条中规定，国有经济是社会主义全民所有制经济，是国民经济的主导力量，国家保障国有经济的巩固和发展；而且在其第73条中进一步确认：国家财产神圣不可侵犯，禁止任何组织或者个人侵占、哄抢、私分、截留、破坏。

(2) 国家财产所有权的主体和客体

我国宪法规定，“国家财产属全民所有”。因此，在我国，国家财产的主体只能是中华人民共和国。国家作为全民所有制财产的主体，具有惟一性和统一性。具体表现为，国家财产不能分别属于社会的任何成员或组织，国家享有对全民所有财产进行统一调配、统一领导和统一使用的权力。

国家财产所有权在客体上讲，则具有无限的广泛性，即在我们国家，不论以何种形式或形态存在的财产，都可以成为国家财产所有权的客体。根据我国宪法和有关法律、法规的规定，国家所有权的客体包括：(1) 为国家所有的资源。如矿藏、水流、土地、森林、山岭、草原、荒地、滩涂、水面等。(2) 国家所有的各种交通、通讯及军事设施和企事业单位。(3) 国家所有的固定资产和流通资金。(4) 国家所有的文化、教育、卫生、科学、体育等设施和文物古迹、风景游览区、自然保护区等。(5) 所有人不明的埋藏物、隐藏物及不能证实属于任何个人或集体的财产。(6) 国家在国外的财产。(7) 国家所有的其他财产。

(3) 国家财产所有权的内容

国家财产所有权包括国家对其所有财产所享有的占有、使用、收益和处分等四项基本权能。但国家作为全民财产所有权的主体，它仅授权国家机关及企事业单位具体行使这些权能，亦即实行国家财产所有权和经营权分离的制度。

国家对其财产主要采用统一领导、分级管理的原则。而在管理国家财产方面，全民所有制企业占有极其重要的地位。民法通则明确规定，“全民所有制企业对国家授予它经营管理的财产，依法享有经营权，并受法律保护”。

民法通则还规定，国家所有的土地、森林、山岭、草原、荒地、滩涂、水面等自然资源，可以依法由全民所有制单位使用，也可以依法确定由集体所有制单位使用。国家保护它们的使用和收益的权利，同时，使用单位也有管理、保护和合理使用的义务。公民、集体依法对国家所有由集体使用的土地享有的承包经营权，受法律保护。承包双方的权利义务，依照法律由承包合同加以规定。

2. 集体财产所有权

（1）集体财产所有权的概念和性质

社会主义劳动群众集体所有制是生产资料社会主义公有制的另一种重要形式。集体财产所有权是集体所有制在法律上的表现，指的是劳动群众的合作组织对其财产所享有的占有、使用、收益和处分的权利。

（2）集体财产所有权的主体和客体

集体财产所有权的主体，在我国主要是指各种形式的合作经济组织，它们在现阶段大体有以下几种：从事农业经营的集体组织，如各种农业集体组织或合作组织；从事非农业经营的各种集体或合作组织，如运输合作社、合作商店、手工业合作社等；村社集体企业；城镇集体企业等。由于各种合作经济的性质不同，集体财产所有权的主体表现出多样性和复杂性，不像国家财产所有权主体那样具有惟一性。

集体财产所有权的客体。与国家财产所有权的客体具有无限广泛性不同，集体财产所有权的客体是有一定局限性的。依民法通则和物权法的规定，可属于集体所有的财产包括：①法律规定为集体所有的土地、森林、山岭、草原、荒地、滩涂等。②集体所有的建筑物、生产设施、农田水利设施。③教育、科学、文化、卫生、体育等设施。④集体所有的其他财产。

集体财产所有权的内容。首先，集体经济组织在遵守法律的前提下，对自己所有的财产享有完全的占有、使用、收益和处分的自主权，任何组织或个人都不得侵犯这种自主权或侵占、哄抢、私分、破坏或者非法查封、扣押、冻结或没收属于集体所有的财产。其次，集体经济组织有权通过承包或租赁合同，将其所有的自然资源或工商企业交由其成员个人经营。根据 2002 年农村土地承包法第 35 条的规定，在土地承包期内，发包方不得单方面解除承包合同。集体农业组织有权将其土地的一部分分配给其成员作宅基地、自留地、自留山，但其成员只享有使用权，且集体组织有权根据具体情况和统一规划，加以收回或作合理调整。

3. 公民个人财产所有权

公民个人财产所有权是指公民依法享有对其财产的占有、使用、收益和处分的权利。社会主义国家的法律确认和保护公民个人财产所有权，是由社会主义社会的性质决定的，也是社会主义客观经济规律的要求。所以，在我国，公民个人财产所有权是社会主义所有权制度的组成部分。

公民可以利用个人财产进行合法的买卖、租赁、借贷等民事活动，也可以从事法律规定的有益于社会的生产经营活动或其他社会事业。但我国法律不允许任何人利用个人财产破坏社会经济秩序和国家经济计划。

可属于我国公民个人所有的财产包括：公民的合法收入、房屋、储蓄、生活用品、生产工具、原材料、投资及其收益等合法财产。

公民的合法财产受法律保护，禁止任何组织或个人侵占、哄抢、破坏或非法查封、扣押、冻结、没收。

三、业主的建筑物区分所有权

（一）业主的建筑物区分所有权的概念

根据我国物权法第 70 条规定，业主的建筑物区分所有权，是指业主对建筑物内的住宅、经营性用房等专有部分享有所有权，对专有部分以外的共有部分享有共有和共同管理的权利。

（二）业主的建筑物区分所有权的内容和行使

我国物权法第 6 章对业主的建筑物区分所有权主要作了如下规定：

业主对其建筑物专有部分享有占有、使用、收益和处分的权利。业主行使权利不得危及建筑物的安全，不得损害其他业主的合法权益。业主对建筑物专有部分以外的共有部分，享有权利，承担义务；不得以放弃权利不履行义务。业主转让建筑物内的住宅、经营性用房，其对共有部分享有的共有和共同管理的权利一并转让。

建筑区划内的道路，属于业主共有，但属于城镇公共道路的除外。建筑区划内的绿地，属于业主共有，但属于城镇公共绿地或者明示属于个人的除外。建筑区划内的其他公共场所、公用设施和物业服务用房，属于业主共有。建筑区划内，规划用于停放汽车的车位、车库应当首先满足业主的需要。建筑区划内，规划用于停放汽车的车位、车库的归属，由当事人通过出售、附赠或者出租等方式约定。占用业主共有的道路或者其他场地用于停放汽车的车位，属于业主共有。

业主可以设立业主大会，选举业主委员会。业主不得违反法律、法规以及管理规约，将住宅改变为经营性用房。业主将住宅改变为经营性用房的，除遵守法律、法规以及管理规约外，应当经有利害关系的业主同意。业主大会或者业主委员会的决定，对业主具有约束力。业主大会或者业主委员会作出的决定侵害业主合法权益的，受侵害的业主可以请求人民法院予以撤销。

业主可以自行管理建筑物及其附属设施，也可以委托物业服务企业或者其他管理人管理。对建设单位聘请的物业服务企业或者其他管理人，业主有权依法更换。物业服务企业或者其他管理人根据业主的委托管理建筑区划内的建筑物及其附属设施，并接受业主的监督。

业主大会和业主委员会，对任意弃置垃圾、排放污染物或者噪声、违反规定饲养动物、违章搭建、侵占通道、拒付物业费等损害他人合法权益的行为，有权依照法律、法规以及管理规约，要求行为人停止侵害、消除危险、排除妨害、赔偿损失。业主对侵害自己合法权益的行为，可以依法向人民法院提起诉讼。

四、财产共有

（一）财产共有的概念和法律特征

物权法规定，财产可以由两个以上的单位、个人共有。所谓财产共有，是指几个民事主体同时就一项财产享有所有权的情况。

财产共有具有以下法律特征：

第一，从主体方面来看，共有财产必须同时为多数主体所有，单个的权利主体不能产生共有关系。

第二，从客体方面来看，共有只能建立在某一单个财产所有权的基础上，即多数主体共同享有某一单个财产所有权。如多数主体分别享有多个财产所有权，不是共有；同时，多数主体分别享有某一单个财产所有权的几项权能（如甲享有占有和使用的权能，乙享有收益的权能等），也不是共有。

第三，共有不像国家所有权、集体所有权、公民个人所有权那样是一种独立的所有权类型。它既可以是多数主体之间就某一项财产享有同一性质所有权所发生的共有关系（如夫妻共同财产制、个人合伙等），也可以是多数主体之间就某一项财产享有不同性质所有权所发生的共有关系（如跨所有制的合伙式联营）。

共有分按份共有和共同共有。

（二）按份共有

按份共有是指共有人按照各自的份额，对共有财产享有所有权的一种共有关系。至于共有人各自的份额，或按照法律的规定，或按照共有人之间的协议，已经明确。

我国物权法第 94 条规定，按份共有人对共有的不动产或者动产按照其份额享有所有权。其第 102 条规定，因共有的不动产或者动产产生的债权债务，在对外关系上，共有人享有连带债权、承担连带债务，但法律另有规定或者第三人知道共有人不具有连带债权债务关系的除外；在共有人内部关系上，除共有人另有约定外，按份共有人按照份额享有债权、承担债务，共同共有人共同享有债权、承担债务。偿还债务超过自己应当承担份额的按份共有人，有权向其他共有人追偿。

按份共有人有权分出或转让自己的份额。而在按份共有人出卖自己的份额时，其他共有人在同等条件下有优先受让的权利。

按份共有可依共有人的协议而终止或协议转让整个共有财产而终止，也可因共有财产的灭失或毁损而终止。在按份共有关系终止时，应在不损害财产的经济价值的前提下，根据财产的不同性质，对共有财产进行分割。其分割方法有：（1）实物分割；（2）变价分割；（3）作价补偿。

（三）共同共有

共同共有是在未对共有财产进行分割以前，共有人对某项财产不明份额或不分份额的共有，故又可称“不分份额的共有”。共同共有人对共有财产共同享有所有权。

共同共有常因共同劳动、共同生活或共同继承某项财产而发生。或者说，共同共有必以一定的共同关系（如夫妻关系、亲子关系、合伙关系）的成立为前提。在我国，典型的共同共有形式当推夫妻共同共有和家庭共同共有。我国物权法第99条规定，共有人约定不得分割共有的不动产或者动产，以维持共有关系的，应当按照约定，但共有人有重大理由需要分割的，可以请求分割；没有约定或者约定不明确的，按份共有人可以随时请求分割，共同共有人在共有的基础丧失或者有重大理由需要分割时可以请求分割。因分割对其他共有人造成损害的，应当给予赔偿。

共同共有人对外就共有债权或共同债务享有连带请求权或承担连带责任，即不得向债务人请求仅对自己为给付而成为单独所有财产，而只能请求向全体为给付而成为共同共有财产。亦不得仅主张给付自己应承担的部分而不对共同债务的全部负责。

在共同共有关系存续期间，部分共有人擅自处分共有财产的，一般应认定为无效，但第三人如系善意、有偿取得该财产的，应维护第三人的合法权益，对其他共有人的损失应由擅自处分共有财产的人赔偿。

共同共有也只因共同关系的解除或终止而终止。在共同共有关系终止时，对共有财产的分割，有协议的按协议处理，没有协议的按平等原则处理，并应考虑共有人对共有财产的贡献大小，适当照顾共有人生产、生活的实际需要等情况。分割夫妻共有财产，还应根据婚姻法的有关规定处理。

五、相邻关系

物权法规定，不动产的相邻各方，应当按照有利生产、方便生活、团结互助、公平合理的精神，正确处理相邻关系。不动产权利人因用水、排水、通行、铺设管线等利用相邻不动产的，应当尽量避免对相邻的不动产权利人造成损害；造成损害的，应当给予赔偿。故所谓相邻关系，乃指不动产的相邻各方在经营、使用其不动产时，一方负有不妨碍对方权利合理行使的义务，同时也享有要求对方不妨碍和不侵犯自己行使基于该不动产而发生的权利的关系。

相邻关系的主体必须是相互毗邻的不动产的所有人或占有人（使用人）。但相互毗邻仅指地理位置上的邻接，并不必须彼此直接相接，如在河流的上下游之间，亦可发生相邻关系。另外，相邻关系的客体不是相邻的不动产，而是在行使这种相毗邻的不动产的所有权或占有（使用）权时彼此应享有的权益。相邻关系应当按照有利生产、方便生活、团结互助、公平合理的精神来处理。

依民法通则的规定，相邻关系主要有以下几种：

1. 相邻用水、排水关系。在这种相邻关系中，相邻各方对于自然流水的排放，应当尊重自然流向，不得擅自堵截和改向，居于下游的人亦不得随意堵水以抬高水位从而损害上游人的利益，否则应排除妨碍并赔偿对方因此而遭致的损失。相邻一方必须使用另一方土地排水的，另一方应予允许，但排水一方应控制在必要的限度内，并采取适当的保护措施，否则，对造成的损失，应合理补偿。

2. 相邻通行关系。相邻建筑物或土地由于自然条件或行政区划等原因而不得不通过邻人的土地、通道的，邻人应当准许。对历史上形成的通道，尽管属于自己所有，也不得任意堵塞、关闭。因堵塞历史形成的必须通道，影响他人生产、生活的，他人有权请求排除妨碍或恢复原状。但有条件另辟通道的，也可另辟通道。

3. 相邻通风、采光关系。相邻人在修造建筑物时，不得违反国家有关工程建设标准，妨碍相邻建筑物的通风、采光和日照。

4. 相邻污染物排放关系。不动产权利人不得违反国家规定弃置固体废物，排放大气污染物、水污染物、噪声、光、电磁波辐射等有害物质。

5. 共同使用、受益关系。相邻各方共同使用、受益的道路、桥梁、水渠、凉亭等，各方都应养护，且任何一方都不得擅自改变其位置、功能，或不承担养护义务，或将其据为己有。

6. 相邻修建施工关系。不动产权利人因建造、修缮建筑物以及铺设电线、电缆、水管、暖气和燃气管线等必须利用相邻土地、建筑物的，该土地、建筑物的权利人应当提供必要的便利。不动产权利人挖掘土地、建造建筑物、铺设管线以及安装设备等，不得危及相邻不动产的安全。但安设方应选择使他方受损失最小的线路，且对占用他方的土地应给予适当补偿。施工后应清理现场，恢复原状。

7. 土地疆界上的竹木共有关系。相邻地界上的竹木、分界墙、沟等，如所有权归属不明，推定为相邻各方按份共有。

六、用益物权和担保物权

（一）用益物权

1. 土地承包经营权

根据民法通则的规定，土地承包经营权是指农村集体组织、农户或个人对集体所有或者国家所有集体使用的土地、森林、山岭、草原、荒山、滩涂、水面等自然资源，依照承包合同可享有的从事经营并获取收益的权利。

我国物权法规定，农村集体经济组织实行家庭承包经营为基础、统分结合的双层经营体制。农民集体所有和国家所有由农民集体使用的耕地、林地、草地以及其他用于农业的土地，依法实行土地承包经营制度。土地承包经营权人依法对其承包经营的耕地、林地、草地等享有占有、使用和收益的权利，有权从事种植业、林业、畜牧业等农业生产。耕地的承包期为 30 年。草地的承包期为 30 年至 50 年。林地的承包期为 30 年至 70 年；特殊林木的林地承包期，经国务院林业行政主管部门批准可以延长。前款规定的承包期届满，由土地承包经营权人按照国家有关规定继续承包。土地承包经营权人依照农村土地承包法的规定，有权将土地承包经营权采取转包、互换、转让等方式流转。流转的期限不得超过承包期的剩余期限。未经依法批准，不得将承包地用于非农建设。承包期内发包人不得收回承包地。农村土地承包法等法律另有规定的，依照其规定。承包地被征收的，土地承包经营权人有权依照本法第 42 条第 2 款的规定获得相应补偿。

2. 建设用地使用权

建设用地使用权是指利用土地营造建筑物、构筑物和其他设施的权利。建设用地使用权同农用地使用权相区别，是对土地进行非种植业、林业、畜牧业和渔业而从事建设的权利。

我国物权法规定，建设用地使用权人依法对国家所有的土地享有占有、使用和收益的权利，有权利用该土地建造建筑物、构筑物及其附属设施。建设用地使用权可以在土地的地表、地上或者地下分别设立。设立建设用地使用权，可以采取出让或者划拨等方式，应当向登记机构申请建设用地使用权登记。建设用地使用权自登记时设立。登记机构应当向建设用地使用权人发放建设用地使用权证书。建设用地使用权人应当合理利用土地，不得改变土地用途；需要改变土地用途的，应当依法经有关行政主管部门批准。建设用地使用权人应当依照法律规定以及合同约定支付出让金等费用。建设用地使用权人有权将建设用地使用权转让、互换、出资、赠与或者抵押，但法律另有规定的除外。住宅建设用地使用权期间届满的，自动续期。非住宅建设用地使用权期间届满后的续期，依照法律规定办理。集体所有的土地作为建设用地的，应当依照土地管理法等法律规定办理。

3. 宅基地使用权

宅基地使用权是指公民个人在集体所有的宅基地上所享有的建造房屋以使用居住的一种物权。宅基地使用权与传统民法上的地上权相比，在许多方面是相同的，所不同的是，地上权是土地所有人与地上权人通过协议方式设定的，而宅基地使用权则直接根据法律规定而产生；地上权可以转让、出租和抵押，而宅基地使用权的取得、行使和转让，适用土地管理法等法律和国家有关规定。

根据我国法律规定，公民（包括城市和农村居民）有权申请取得宅基地使用权。城市居民建造房屋需要宅基地，向所在地的土地管理部门申请、经批准后取得宅基地使用权；农村居民需建房用地的，由乡级人民政府批准取得宅基地使用权

（需用耕地的、经乡级人民政府审核后，报县级人民政府批准方能取得宅基地使用权）。

4. 地役权

地役权是指按照合同约定，利用他人的不动产，以提高自己的不动产的效益的权利。他人的不动产为供役地，自己的不动产为需役地。

我国物权法规定，设立地役权，当事人应当采取书面形式订立地役权合同。地役权自地役权合同生效时设立。当事人要求登记的，可以向登记机构申请地役权登记；未经登记，不得对抗善意第三人。供役地权利人应当按照合同约定，允许地役权人利用其土地，不得妨害地役权人行使权利。地役权人有下列情形之一的，供役地权利人有权解除地役权合同，地役权消灭：违反法律规定或者合同约定，滥用地役权；有偿利用供役地，约定的付款期间届满后在合理期限内经两次催告未支付费用。已经登记的地役权变更、转让或者消灭的，应当及时办理变更登记或者注销登记。

（二）担保物权

我国物权法规定了抵押权、质权和留置权这三种担保物权，本书将在后文中（“合同担保”部分）进行阐述。这里只阐述我国物权法未规定的典权。

典权是中国固有的一种物权，意指承典人支付典价而占有、使用、收益出典人的不动产，出典人在一定期间内有权回赎的民事权利。新中国成立后，废除了土地出典制度，但对农民之间具有互助性质的房屋典权关系仍给予法律保护。

房屋典权具有以下法律特征：（1）标的物是出典人个人所有的房屋；（2）承典人只有在支付典价后才能占有出典人的房屋；（3）在双方约定的典期届满后，出典人可以回赎出典房屋，在出典人回赎典物或典权人抛弃典权后，典权人应返还出典的房屋。

第五节 债 权

一、债权概述

（一）债的概念

债是按照合同的约定或依照法律的规定，在当事人之间所发生的一方享有请求他方为或不为一定行为的权利，他方负有满足该项请求的义务的法律关系。这种法律关系通常亦称债权（债务）关系。在债权关系中，享有权利的一方是债权人，负有义务的一方是债务人。

债具有以下三个主要法律特征：

一是债的主体是两方特定的当事人，即债权人和债务人。他们均可以各为一人，也可以各为多人，但必须是特定的人。这是债权关系和所有权关系相区别的第一个方面。因为在所有权关系中，权利主体虽是特定的，而义务主体却是所有人以外的不特定的任何人。

二是债的内容表现为一方享有请求他方为或不为一定行为的权利和他方负有实现这一请求的义务的直接结合。在大多数情况下，债权人的权利只能通过债务人为一定的行为才能得到实现。而在所有权关系中，其所有权的实现，只需以义务主体不妨碍或不侵犯所有人行使其权利为条件，并不需要义务人为一定的行为。这是债和所有权关系相区别的第二个方面。

三是债的标的，即债权人的权利和债务人的义务共同指向的标的，可以是物或某项财产（包括智力成果），也可以是特定的行为或不行为。而财产所有权的标的在通常情况下只是物，并不包括行为。这是债和所有权关系相区别的第三个方面。

债权与财产所有权同是民法上的重要制度。债权主要反映社会经济生活中流通、分配和交换方面的财产关系，所有权则主要反映对社会物质财富的占有、使用、收益和处分方面的财产关系。但债权关系常常是基于所有权而发生的，而所有权权能的发挥，也往往要借助债权关系的成立。

（二）债的种类

债可以从不同角度作不同种类的划分。如依发生债的根据的不同，划分出合同之债和非合同之债，非合同之债又可分侵权行为之债、无因管理之债和不当得利之债。依主体人数的多少不同，划分出单一之债和多数人之债。其中多数人之债又可依主体各自权利义务及相互间的关系划分为按份之债和连带之债。依据客体即标的物来区分，可有特定物之债和种类物之债。依债务人应为的行为可否选择来区分，则有债务人只能为约定的一种行为的简单之债和债务人可选择为约定的数种行为中的一种的选择之债，等等。

（三）债的发生、变更和消灭

1. 债的发生

债的发生是指于某种法律事实出现时，在特定人之间，产生一方取得债权、一方承担债务的结果。

对能够发生债的法律事实，各国民法常有不同的分类或概括。我国民法通则规定债的发生的原因为合同、侵权行为、不当得利和无因管理四种。

2. 债的变更

债的变更乃指在债的关系不失其同一性的前提下，变更债的当事人即债权人和债务人或债的内容。债的变更与债的消灭是不同的，它不是消灭既存之债而成立新债。所以债的变更对于债权的担保不产生影响。

债的当事人的变更又有两种不同情况，即一为新的债权人取代原来的债权人，一为新的债务人取代原来的债务人。它们或因债权债务的转让而发生，或因债权债务的继承而发生。除依性质不得让与的债权（如因债权人的更替而完全变更其给付的内容的债及扶养请求权等）或依事前约定不得转让的债权外，债权人可以转让其债权。且在债权人转让其债权时，在一般情况下，无需征得债务人的同意，仅因当事人之间的让与合同，便发生债权移转的效力。但非经让与人或受让人通知债务人或经债务人的承认，对于债务人不发生约束力，即债务人仍可向原债权人履行。

不失债的同一性而由第三人承受或加入债务，从而使债务人发生变更，称为债务承担。但在前一种情况下，原债务人已脱离债务关系，原债务完全由第三人承担（又称狭义的债务承担）；在后一种情况下，第三人仅因加入而与原债务人共同承担债务（又称并存的债务承担）。债务承担的方法大体有两种：一为承担人与债权人订立承担债务的合同；一为承担人与债务人订立承担债务的合同。在承担人与债务人订立承担债务的合同时，应以债权人的承认或同意为对其生效的条件。

债的内容的变更，可因以下几种原因而发生：(1) 给付标的物的减少，如给付标的物的一部分灭失，或当事人合意降低原债务的金额或利率；(2) 给付标的物的种类发生变更，如非因不可抗力致给付不能使原来的债权变为损害赔偿债权；(3) 给付标的物的扩张或增加，如因给付迟延而需增加对迟延给付所造成的损失的赔偿。

3. 债的消灭

债的消灭，乃指债的关系在客观上不再存在。其原因大致为两种：一是基于当事人意思的消灭，如免除或订立消灭合同的合同（亦称“反对合同”）；一是基于目的的消灭，如目的已达到（包括清偿和混同）或已给付不能等。具体包括：

(1) 债因清偿而消灭。所谓清偿，乃指债务人依债权的目的而实现债务标的的给付行为，从而使债权因达到目的而消灭。

(2) 债因更替或更改而消灭。所谓更替或更改，乃指成立新债而使旧债归于消灭，因而其成立必须符合以下要件：必须有应消灭的债务的存在；必须有新债务的发生；新债务与旧债务在要素上（即债务标的的给付上）不同；必须有当事人间更改的合意。

(3) 债因提存而消灭。所谓提存，乃指债务人或其他清偿人将清偿的标的物为债权人提存于一定的机关或处所。这发生于债权人不为受领或受领不能等情况下，为保护债务人及担保人的利益，法律允许依债务人一方行为为清偿的代用方法以消灭债务。

(4) 债因抵消而消灭。所谓抵消，乃指二人互负债务且给付的种类相同，从而得以自己的债务与对方的债务按对等数额使之归于消灭。

(5) 债因免除而消灭。所谓免除，乃债权人为消灭债权而向债务人采取的单独行为——意思表示，其成立不以债务人的承诺为必要。

(6) 债因混同而消灭。所谓混同，乃指债权债务归于同一人的情况。

二、合同

(一) 合同的概念

合同又称契约，是当事人之间设立、变更、终止特定民事权利义务关系的协议。它是设立、变更或终止债的最常见的法律事实。根据 1999 年 3 月 15 日公布的《中华人民共和国合同法》第 2 条的规定，它所称的合同“是平等主体的自然人、法人、其他组织之间设立、变更、终止民事权利义务关系的协议”。由于这一条的第 2 款明确规定，婚姻、收养、监护等有关身份关系的协议，适用其他法律的规定，可见这部新合同法仍以调整发生于经济活动中的各种合同关系为主要内容。

合同具有以下法律特征：

(1) 合同是一种双方法律行为，必须以双方当事人意思表示的一致（即合意）为其成立的条件。单独行为不构成合同。

(2) 合同的目的在于设立、变更、终止特定当事人之间的债权债务关系。

(3) 合同只能是合法行为，不能是违法行为。

(4) 合同双方当事人处于完全平等的法律地位。

合同既然是当事人之间设立、变更或终止一定债权债务关系的协议，因而在商品生产出现以后，它就是实现商品生产和流通的重要法律手段。而且随着商品经济的日趋发达，合同在社会经济和生活中的作用也会越来越大。在任何国家里，只要商品生产还存在，民法就必须存在，而民法总是建立在物权法和债权法这两大基石之上的。在物权法中，是所有权制度占有主导地位，而在债权法中，则是合同法制度占主导地位。

(二) 合同的种类

不同的合同，具有不同的性质，其成立条件和内容也会有所差异。在民法学上，常按照不同标准，把诸多具体的合同作如下不同的分类：

(1) 双务合同与单务合同。前者合同双方互负对价债务，如互易、买卖、租赁合同等便是。后者乃双务合同以外的如赠与、消费或使用借贷、无偿寄托合同等。同时履行的抗辩以及对待给付请求权等只存在于双务合同关系中。

与双务合同和单务合同相近的为有偿合同与无偿合同。双务合同均为有偿合同，单务合同原则上为无偿合同。但如有息消费借贷合同虽是单务合同非互负对价债务，却又是有偿合同。

(2) 诺成合同与实践（或要物）合同。前者之成立仅需双方意思表示的一致，如买卖、租赁、承揽、委任合同等；而后者之成立除意思表示一致外，尚得有物的交付，如借用、赠与合同等。

(3) 要因合同与无因合同。前者指财产上的给付以有原因之存在为前提的合同。不以原因之存在为必要的即为无因合同。在实际生活中，大部分合同为要因合同，反映在证券或票据上的债权债务关系，则多为无因合同。

（4）有名合同与无名合同。前者又称典型合同，乃指法律上已有特别规定或已有定型的合同。后者又称非典型合同，乃指法律上未有特别规定的合同。在合同法中，就买卖，供用电、水、气、热，赠与，借款，租赁，融资租赁，承揽，建设工程，运输，技术，保管，仓储，委托，行纪及居间等15种有名合同分别作了系统的规定。在实践中，订立有名合同，其合同条款和内容，当根据法律的规定，而在订立无名合同时，则只有依据合同的一般法律制度和生活中形成的通例，来考虑合同的条款和内容。

（5）要式合同与不要式合同。前者指法律规定意思表示必须以一定的方式为之的合同。反之，凡意思表示的方式不受限制的，谓之不要式合同。

（6）主合同与从合同。凡独立成立的合同为主合同，以主合同的存在为前提而订立的合同为从合同。在主合同与从合同之间，主合同无效，从合同必然无效。但从合同的无效却并不当然引起主合同无效。

（7）格式合同与非格式合同。凡合同的内容，已预先由一方当事人以标准格式拟定，他方当事人仅得依其既定的内容表示同意而加入的为格式合同，反之为非格式合同。现代社会中，格式合同已大量存在，如各种保险合同，运输合同，收购合同等。

（三）合同的订立

1. 要约与承诺

作为一种双方法律行为，合同的订立必然包括要约和承诺两阶段或步骤。

所谓要约，也可称为“订约建议”，乃一方当事人以订立合同为目的向另一方当事人作出的一种确定的意思表示。在国际商业活动中，又称“发盘”或“发价”。要约作为建议订约的法律行为，于到达受要约人时生效，并具有一定的法律后果。主要表现在：要约人在一定时间内要受自己发出的要约的限制，不能随意撤销或变更，且如受要约人于此时间内接受其订约建议，应认为合同即已成立。

构成一项具有以上效力的要约，必须符合一定的条件，包括：

（1）订立合同的旨意必须十分确定。即要约人必须向受要约人清楚地表明在其要约得到承诺时受其约束的意思。如果这种意思表示不清楚、不确定，则不能构成有效的要约，而只是“要约邀请”（在外贸实务中又称“虚盘”）。

（2）要约中的必要合同条件必须十分确定。因为要约既供受要约人表示接受即可成立合同，所以如必要的合同条件不确定，则达不到上述目的，当然就不具有要约的效力。

（3）要约应向一个或一个以上特定的人发出。但在某些领域，也可向不特定的人发出要约（如某些公共使用设施的开设和利用，货物目录或广告货样的寄送等)。

要约在符合一定条件的情况下，也不是不可以撤回、撤销或变更的。在要约未送达受要约人之前收回，或此种收回的通知至少和要约同时到达受约人，从而使要约不发生效力，叫要约的撤回。所以，要约的撤回是对尚未生效的要约而言的。要约已送达受要约人，但在受要约人尚未表示承诺（接受）之前，解除要约或变更要约的条件，叫要约的撤销或变更。

要约因受约人拒绝接受或到期未表示接受而失效。

所谓承诺，又称接受，是指受要约人对要约表示完全接受的一种肯定的意思表示。承诺一经作出并到达要约人，便产生合同成立的法律后果。但构成有效的承诺，也得具备以下条件：

(1) 承诺必须是由要约人的相对人即受要约人或其代理人作出的。其他任何人作出的接受的意思表示都不是承诺，除非要约是向不特定的人发出的。

(2) 承诺必须是向要约人作出的接受其要约的肯定的意思表示。

(3) 承诺必须与要约的内容相一致。因而，如对要约表示接受但另有添加、限制或其他的更改，一般应认为是对要约的拒绝或构成反要约。

(4) 承诺须于要约有效期限内作出并以合适的传递方式到达要约人。超过要约有效期作出的承诺叫“过期的承诺”，其效力仅等于向要约人发出的新要约。虽未超过有效期作出但到达要约人时已超过有效期限的承诺叫“迟到的承诺”，应视不同情况决定其效力。在实践中，对于承诺生效的时间，有的国家采“发信主义”，认为承诺于发出时生效，但许多国家采“收信主义”或“到达主义”，认为承诺应于到达要约人（从而为要约人所了解）时生效。

承诺人在承诺未生效前也是可以撤回承诺的。

在诺成合同中，承诺一经生效，合同即告成立，但法律另有规定的除外。如我国《合同法》就规定，“当事人采用合同书形式订立合同的，自双方当事人签字或者盖章时合同成立”。“当事人采用信件、数据电文等形式订立合同的，可以在合同成立之前要求签订确认书。签订确认书时合同成立。”

2. 合同的主要条款

合同的主要条款，是指合同所必须具备的条款。缺乏这些条款，当事人双方的权利义务就不明确，从而可导致合同被确认为无效或不能成立。合同主要条款以外的其他条款则可称为合同的一般条款或普通条款。

合同主要条款包括三种不同的类型：一为法律规定合同必须具备的条款；一为依合同性质不可缺少的条款；一为当事人要求必须作出明确约定的条款。

我国合同法明确规定，合同的内容由当事人约定。一般应包括的条款为：(1) 当事人的名称或姓名和住所；(2) 标的；(3) 数量；(4) 质量；(5) 价款或者报酬；(6) 履行期限、地点和方式；(7) 违约责任；(8) 解决争议的方法。

3. 合同的形式

合同形式乃指当事人之间设定合同权利义务关系的合意或协议所采取的形式。

合同法规定，除法律、法规规定和当事人约定合同必须采用书面形式订立的外，还可以采取口头形式和其他形式（有的学者认为，它包括公证形式、鉴证形式、批准形式、登记形式等。但这些都只是书面形式的特殊附加条件。可以认为，其他形式主要是指默示形式等）。

(1) 口头形式。即只需通过口头意思表示达成协议便属合同已经成立，而不需以书面表达，更不需经其他程序或手续。这种形式一般适用于公民的日常民事活动和经济组织之间能及时清结的合同关系。

(2) 书面形式。由于在较复杂或不能及时清结的民事流转中，口头合同不易全面明确双方当事人的权利义务，或在发生纠纷时不易分清责任，难于调查取证，因而对于这类合同，法律或已规定必须用书面形式（如根据合同法的规定，融资租赁合同、建议工程合同、技术开发合同、技术转让合同等应当采用书面形式），或者当事人要求采用书面形式。

书面形式包括书面形式的正式合同和以书信、数据电文（包括电报、电传、传真、电子数据交换和电子邮件）达成的协议（但如当事人特别要求签订确认书的，它们应与确认书共同构成书面合同）。

此外，对于许多重要经济活动，有时法律还规定，其书面合同还需要经过公证、鉴证、审批或登记。在法律有此规定时，有关书面合同尚须经过以上程序才能成为有效的形式。

(四) 合同的履行和合同不履行的责任

1. 合同的履行

合同一经成立，即在法律上具有拘束双方当事人的效力，双方当事人必须按照合同的约定，全部地履行自己的义务。合同的履行是发挥合同社会功能的惟一途径。

合同法规定："当事人应当遵循诚实信用原则，根据合同的性质、目的和交易习惯，履行通知、协助、保密等义务。"合同就质量、价款或报酬、履行地点、履行期限、履行方式、履行费用未作出明确约定，事后又不能就未明确约定的问题达成补充协议的，合同法还规定了应予适用的规定（第 62 条）。合同通常应由签订合同的当事人亲自履行，但除依合同约定或根据法律的规定不能由他人代替履行者外，也可由第三人代为履行。履行合同，在我国必须贯彻以下各项原则：

(1) 诚实信用原则

根据诚信原则，当事人应当严格按照合同的约定履行各自的义务，不得擅自主张变更或解除合同。履行中，不得为有损于债权人利益的不正当行为或规避法律的行为；履行不符合合同约定的条件，应当采取补救措施并承担由此而给对方造成的损失；一方因他方违反合同而受到损失时，应当及时采取适当的措施防止损失的扩大；因不可抗力而不能履行合同的全部或部分义务时，应及时通知对方，而对方应全部或部分地免除给付义务；对于履行所花费的费用，除法律另有规定或合同另有约定外，应由债务人承担，但因债权人变更住所或其他行为而使履行费用增加的，其增加部分应由债权人承担；债权人在接受履行方面应提供协助或方便，等等。

(2) 实际履行原则

根据这一原则，合同当事人应按照法律规定或约定的标的履行合同，不得任意主张用其他标的来代替，也不能在有能力履行合同而对方又要求实际履行时故意不作实际履行而主张用支付违约金或赔偿损失的办法来代替。

但在下列情况下，当事人也可请求以其他方法履行原合同义务：合同标的物是特定物的，特定物已灭失，使实际履行成为不可能；因债务人迟延履行，使按原标的履行合同，对债权人已失去意义；根据法律规定，债务人可以赔偿损失的办法代替实际履行（如在运输中标的物灭失，法律常规定承运人只需按灭失货物的价值赔偿）。

合同法还就双务合同履行中的抗辩权作了规定。“同时履行抗辩权”是指当事人互负债务，没有先后履行顺序的，应同时履行。一方在对方履行之前，有权拒绝其履行要求；一方在对方的履行不符合约定时有权拒绝其相应的履行要求。“先履行抗辩权”是指当事人互负债务，有先后履行顺序的，先履行一方未履行的，后履行一方有权拒绝其履行要求。先履行一方履行债务不符合约定的，后履行一方有权拒绝其相应的履行要求。“不安抗辩权”是指应当先履行一方当事人，如有确切证据证明对方有下列情形之一的，可以中止履行：①经营状况严重恶化；②转移财产，抽逃资金，以逃避债务；③丧失商业信誉；④有丧失或可能丧失履约能力的其他情形。但中止履行时，应及时通知对方。在对方提供适当担保时，应恢复履行。在合理期限内对方仍未恢复履约能力且未提供适当担保的，中止履行一方可解除合同。但当事人没有确切证据中止履行的，应承担违约责任。

2. 合同不履行的责任

合同如因可归责于债务人的事由而不能按合同约定的履行标的、履行地点、履行时间和履行方式加以完全履行时，即发生合同不履行的责任即违约责任的问题。

构成违反合同的责任，首先必须有不履行或不完全履行合同的事实存在。不履行是指根本不履行合同义务的情况，而不完全履行则仅指在履行主体、履行标的、履行时间、履行地点、履行方式诸方面有一种或多种不合约定的履行，大体上可分为不适当履行或迟延履行两种情况。

其次，此种不履行或不完全履行合同是出于债务人的过错造成的，即存在可归责于债务人自身主观上的原因。但关于违约者的过错问题，按我国民法通则的规定，过错是被推定的，即违约事实出现后，法律直接推定违约方有过错，债权人不负证明违约方有过错的义务，但如违约方举证证明自己并无过错，则可推翻法律的推定。凡由于不可归责于债务人自身主观上的原因（如因不可抗力或因由可归责于债权人的原因）而不能履行或不能完全履行合同的，债务人可免除违约责任。

以上是构成违反合同的两个不可缺少的条件。但如要求违约人赔偿损害时，则尚须有损害发生的事实和违约行为与损害事实之间存在因果关系两项要件。

民法通则第 6 章第 1、2 节对违反合同的民事责任作了规定。在总结过去立法经验的基础上，新合同法第 7 章专门对违约责任作了较为系统全面的规定。由于特别法（合同法）优于普通法（民法通则），并且合同法的新规定基本上已取代了民法通则的有关规定，故此处主要依合同法来阐述违约责任。

合同法规定，当事人一方不履行合同义务或履行合同义务不符合约定的，即构成违约，应当承担继续履行、采取补救措施或者赔偿损失等违约责任。如果双方当事人都违反合同，应当由各自承担相应的责任，除非不履行合同或其履行不符合约定是由于不可抗力造成的。而且即使发生了不可抗力，也只能根据不可抗力的影响（程度），部分或全部免除其责任，但法律、法规另有规定的除外。当事人迟延履行后发生不可抗力的，不能免除其责任。

该法还规定，当事人因不可抗力不能履行合同的，应当及时通知对方，以减少可能给对方造成的损失，并在合理的期间内提供有关发生了不可抗力的证明。当事人因第三人的原因造成违约的，应当向对方承担责任，他与第三人之间的纠纷，依法律规定或按照约定，另行加以解决。

根据诚信原则，在一方违约，或因不可抗力不能继续履约时，对方应当采取适当措施防止损害的进一步扩大。因没有采取这种措施而致损害扩大的，不得就扩大的部分请求损失赔偿。

当事人一方不履行合同义务或者履行合同义务不符合约定的，在履行义务或者采取补救措施后，对方还有其他损失的，应当赔偿损失。当事人一方不履行合同义务或者履行合同义务不符合约定，给对方造成损失的，损失赔偿额应相当于因违约所造成的损失，包括合同履行后可以获得的利益，但不得超过违反合同一方订立合同时预见或者应当预见到的因违反合同可能造成的损失。经营者对消费者提供商品或者服务有欺诈行为的，依照消费者权益保护法的规定承担损害赔偿责任。

合同法还规定，为了防止违约的发生，可以事先约定违约金和支付定金。在约定违约金时，如约定的违约金低于或高于造成的损失的，可以请求人民法院或仲裁机关予以增加或减少。如当事人就迟延履行约定违约金的，支付违约金后，仍应履行其债务。

支付了定金的，在支付方发生违约时，无权要求返还定金，收受定金方违约的，应双倍返还定金。当事人既约定了违约金，又约定了定金的，一方违约时，对方可以选择适用违约金条款或定金条款。

因当事人一方的违约行为，侵害对方人身、财产权益的，受损害方有权选择依照合同法要求其承担违约责任或者依照其他法律要求其承担侵权责任。

（五）合同的担保

合同的担保是由法律规定或当事人约定，为保证合同义务人切实履行合同而由义务人向权利人提供的，或权利人依法享有的各种保障。合同担保的目的在于出现违约情况时，权利人可以不经过诉讼或仲裁便可直接从义务人提供的保障中实现自己的权利，或请求第三人代为履行义务。

民法通则和担保法规定了合同担保的五种主要方式，即：

1. 保证

保证是合同当事人以外的第三人（保证人）与合同双方当事人达成的由其担保债务人履行债务的协议。作为合同担保的保证，其自身也是一种合同。在这种合同关系中，保证人向债权人保证债务人履行债务；债务人不履行债务的，按照约定由保证人履行或者承担连带责任。保证人于履行债务后，有权向债务人追偿。

保证具有以下法律特征：

第一，保证人是被保证的主合同关系当事人以外的第三人，相对于主合同的债权人，他与主合同债务人一样，也是债务人，只是作为从合同的保证合同中的债务人。但一旦在主债务人不履行合同而由保证人清偿了债务后，他即成为主债务人的债权人。

第二，保证合同是一种依附于主合同的从合同，它的成立和存在是以主合同的成立和存在为前提的。主合同如果被宣告无效或撤销，它也就无效或不存在了；主合同被履行，保证合同也随之消灭。主合同债务人所享有的对于债权人的抗辩，保证人也同样享有。保证的范围也以主债务的范围为限，只能等于或小于主债务。主债务人如在未经保证人同意的情况下扩大了主债务，保证人也只对原来的保证范围承担责任。

第三，保证既可采取由保证人履行债务的补充责任形式，也可采取保证人与主债务人承担连带责任的形式。在前一种情况下，只有在债务人不履行债务时，债权人才有权要求保证人代为履行。如债权人请求保证人履行债务时，保证人可以请求先向主债务人为催告；即使在催告以后，主债务人仍不履行，如保证人能证明主债务人有清偿能力，仍应先就主债务人的财产予以执行。而在后一种情况下，债权人既可向主债务人请求履行，也可直接向保证人请求履行，并无先后顺序的限制。

第四，不管采取何种责任形式，保证人于清偿债务后，均成为主债务人的债权人，有权向债务人追偿。

正是基于保证的以上法律特征，保证人必须是有代为清偿债务能力的法人、其他组织或者公民。担保法规定，国家机关一般不得为保证人，学校、幼儿园、医院等以公益为目的的事业单位、社会团体及企业法人的分支机构、职能部门（除非有法人书面授权）也不得为保证人。

保证人在向债权人为保证时，一般应订立书面合同，明确对主债务的保证范围。公民之间的口头保证，应有两个以上无利害关系人的证明，才能承认保证合同已经成立。保证范围不明确约定的，视为对全部主债务提供保证。保证人也可与债权人约定只在一定期限内承担保证责任。如约定债务在到期时，债权人必须接受债务人的履行或要求债务人履行，否则，保证人即可不负保证责任。保证人有两人以上时，无论按份保证或连带保证，也应有事先约定，否则，视为各保证人承担连带保证责任。

2. 抵押

抵押是合同债务人或第三人向债权人提供一定的不移转占有的财产，以保证债务人不履行债务时，债权人可依照法律的规定以抵押财产折价或以变卖抵押财产的价款优先得到偿还的合同担保方式。在抵押关系中，接受抵押的债权人称抵押权人，将财产交付抵押的债务人或第三人称抵押人。

根据我国担保法的规定，下列财产可以抵押：（1）抵押人所有的房屋和其他地上定着物；（2）抵押人所有的机器、交通运输工具和其他财产；（3）抵押人依法有权处分的国有的土地使用权、房屋和其他地上定着物；（4）抵押人依法有权处分的国有的机器、交通运输工具和其他财产；（5）抵押人依法承包并经发包方同意抵押的荒山、荒沟、荒丘、荒滩等荒地的土地使用权；（6）依法可以抵押的其他财产。抵押人所担保的债权不得超出其抵押物的价值；财产抵押后，该财产的价值大于所担保债权的余额部分，可以再次抵押，但不得超出其余额部分。该法同时规定，下列财产不得抵押：土地所有权；耕地、宅基地、自留地、自留山等集体所有的土地使用权；学校、幼儿园、医院等以公益为目的的事业单位、社会团体的教育设施、医疗卫生设施和其他社会公益设施；所有权、使用权不明或有争议的财产；依法被查封、扣押、监管的财产；依法不得抵押的其他财产。

设立抵押担保，抵押人和抵押权人应当以书面形式订立抵押合同，载明被担保的主债权种类和数额、债务人履行债务的期限、抵押物的有关情况、抵押担保的范围及当事人认为需要约定的其他事项。当事人以土地使用权、城市房地产或乡（镇）村企业的厂房等建筑物、林木、航空器、船舶、车辆及企业的设备和其他动产抵押的，应当办理抵押物登记，抵押合同自登记之日起生效；以其他财产抵押的，可以自愿办理抵押物登记，抵押合同自签订之日起生效，但未经登记不得对抗第三人。

抵押担保的范围，包括主债权及利息、违约金、损害赔偿金和实现债权的费用。抵押合同另有约定的，按照约定。抵押期间，抵押人转让已办理登记的抵押物的，应当通知抵押权人并告知受让人转让物已经抵押的情况，否则，该转让行为无效。转让抵押物的价款明显低于其价值的，抵押权人可以要求抵押人提供相应的担保，抵押人不提供的，不得转让抵押物。抵押人转让抵押物所得的价款，应当向抵押权人提前清偿所担保的债权或向与抵押权人约定的第三人提存；超过债权数额的部分，归抵押人所有，不足部分由债务人清偿。当抵押人的行为足以使抵押物的价值减少时，抵押权人有权要求抵押人停止其行为；抵押物价值减少时，抵押权人有权要求抵押人恢复抵押物的价值，或者提供与减少的价值相当的担保。抵押权的上述效力，随其担保的债权消灭而消灭。

合同履行期限届满抵押权人未受清偿的，可以与抵押人协议以抵押物折价或者以拍卖、变卖该抵押物所得价款受偿；协议不成的，抵押权人可以向人民法院起诉，以实现其抵押权。抵押物折价或者拍卖、变卖后，其价款超过债权数额的部分归抵押人所有，不足部分由债务人清偿。同一财产向两个以上的债权人抵押的，拍卖、变卖抵押物所得价款按照以下规则清偿：抵押合同已登记生效的，按照抵押物登记的先后顺序清偿，顺序相同的，按照债权比例清偿；抵押合同自签订之日起生效的，该抵押物已登记的，按照前述规则清偿，未登记的，按照合同生效的时间顺序清偿，顺序相同的，按照债权比例清偿（抵押物已登记的先于未登记的受偿）。

3. *质押*

质押是指债务人或第三人将其动产或依法可以出质的财产权利作为债权的担保，债务人不履行债务时，债权人有权依照法律规定以该动产折价或者拍卖、变卖该动产或兑现该权利，从所得价款中优先受偿。质押依其标的的不同，分为动产质押和权利质押。

动产质押以出质人将质物移交质权人（债权人）占有为基本特征。质押合同亦自质物移交质权人占有时生效。质权人有权收取质物所生的孳息（质押合同另有约定的从其约定），同时负有妥善保管质物的义务，并对保管不善所致质物灭失或毁损承担民事责任。质物有损坏或者价值明显减少的可能，足以危害质权人权利的，质权人可以要求出质人提供相应的担保；出质人不提供的，质权人可以拍卖或者变卖质物，并与出质人协议将拍卖所得的价款用于提前清偿所担保的债权或者向与出质人约定的第三人提存。债务履行期满债务人履行债务的，或者出质人提前清偿所担保的债权的，质权人应当返还质物。债务履行期满质权人未受清偿的，可以与出质人协议以质物折价，也可以依法拍卖、变卖质物。所得价款超过债权部分归出质人所有，不足部分由债务人清偿。

质权因质物灭失而消灭。因灭失所得的赔偿金，应当作为出质财产。

我国担保法规定，汇票、支票、本票、债券、存款单、仓单、提单、依法可以转让的股份或股票、依法可以转让的商标专用权、专利权、著作权中的财产权及依法可以质押的其他权利可以质押。以汇票、支票、本票、债券、存款单、仓单、提单出质的，应当在质押合同约定的期限内将权利凭证交付质权人，质押合同自权利凭证交付之日起生效。以依法可以转让的股票出质的，出质人与质权人应当订立书面合同，并向证券登记机构办理出质登记，质押合同自登记之日起生效。以依法可以转让的商标专用权、专利权、著作权中的财产权出质的，亦应订立书面合同并向管理部门办理出质登记。

4. 留置

留置是合同债权人对已占有债务人的财产，于债务未清偿以前，可加扣押，以保证合同履行的一种担保方式。债权人所享有的这种权利称为留置权。留置也是一种物权担保的方式。依照合同约定，一方对所占有的另一方的财产如享有留置权，不但于对方不履行债务时，可扣押所占有的财产，经催告，在合理期限内仍不履行的，债权人可依照法律将留置财产折价或出售，并从价款中得到优先受偿。

留置的构成，必以债权人占有债务人具有所有权或经营权的财产为前提。如不占有债务人的财产或占有的是债务人不具所有权或经营权的财产，则不可能发生留置的情况。而且如占有物一旦灭失，留置权也即告结束。其次，此种留置权是根据合同而发生的，因而债权与留置财产本来就有一定的联系存在，如运输、加工等合同关系中，便常就运输的货物及加工的物件设定留置权。

留置权人应负妥善保管占有物之责，且原则上对占有物无使用权。否则，应赔偿对方因此而蒙受的损失。至于保管中所支出的必要的费用，得请求留置物所有人偿还。

5. 定金

定金是合同之债的一方当事人为保证履行债务向他方交付的一定数额的金钱，约定于履行债务后，该笔金钱应予退回或抵作价款，而在未履行时即无权请求返还，在接受定金一方不履行合同时，应负双倍返还责任的一种合同担保方式。

定金可起到以下作用：

首先，支付和接受定金足以证明合同已在有关当事人之间订立，即起到证明合同存在的作用。这种定金叫“证约定金”。

其次，有些合同，依据法律规定，只有交付了定金，合同才算成立。这种定金叫“成约定金”。

再次，定金还具有惩罚违约人的作用。这种定金称为“违约定金”。

最后，定金也可起预付款的作用。但定金和预付款到底是两个不同的概念，具有不同的法律性质，只有在双方均履行合同义务的情况下，定金才能冲抵价款。

（六）合同的变更和转让

合同法规定，经当事人协商同意，可以变更合同。法律、法规规定变更合同应经批准或登记的，应依其规定。债权人在不存在下列三种情况时，有权将合同权利全部或部分转让给第三人：（1）根据合同性质不得转让的；（2）根据当事人约定不得转让的；（3）根据法律规定不得转让的。但在转让时，应当通知债务人。未经通知，对债务人不发生转让的效力。但债务人转让债务时，应当取得债权人的同意。

（七）合同的解除和合同权利义务的终止

合同的解除是指合同成立后，在合同未得到履行或未得到完全履行的情况下，享有解除权的一方当事人行使此种权利而产生的终止合同效力的后果，而合同权利义务的终止是指合同当事人之间权利义务的消灭或结束。因此，这是两个虽有一定联系但内涵不同的法律概念。尽管合同也因解除而终止，但合同解除仅为终止合同权利义务的一种原因。

合同解除基于两种原因发生，其一为基于法律上规定的原因（因此种原因出现而享有的解除权称为法定解除权），其二为基于合同上约定的原因（因此种原因出现而享有的解除权称为约定解除权）。

我国合同法规定，经当事人双方协商一致，合同可以解除。在下列情况之一，当事人一方可要求解除合同：（1）不可抗力的发生致使不能实现合同目的；（2）在履行期限届满之前，当事人一方明确表示或以自己的行为表明不履行主要债务；（3）当事人一方延迟履行主要债务，经催告后在合理期限内仍未履行；（4）当事人一方迟延履行或有其他违约行为使合同的目的不能实现；（5）法律规定的其他情形。合同权利义务关系的解除，不影响合同中结算和清理条款的效力。

合同权利义务的终止除因合同解除而发生外，尚因债务已按约定履行、债务相互抵消、债务人依法将标的提存、债权人免除债务、债权债务归于一人和法律、法规规定或当事人约定终止的其他情形而终止。

当事人互负债务且债务的标的物种类、品质相同的，任何一方可以将自己的债务与他方的债务抵消，但法律规定或按合同性质不得抵消的除外。在以下情况下，使债务人难以履行债务的，债务人可以将标的物提存：（1）债权人无正当理由拒绝接受履行的；（2）债权人下落不明的；（3）债权人死亡未确定继承人或丧失民事行为能力未确定监护人的；（4）法律规定的其他情形。

三、侵权行为、不当得利、无因管理

（一）侵权行为

凡不法侵害他人人身或财产权利并致他人以损失，因而依法承担损害赔偿责任的行为称为侵权行为。它是仅因单方面的不法行为而发生债权债务关系的一种最常见的法律事实。在这种债权债务关系中，受不法侵害因而享有请求行为人赔偿损害的权利的一方为债权人，不法行为人为债务人。

侵权行为分一般侵权行为和特殊侵权行为。凡国家机关、公职人员在执行职务中发生的侵权行为、法定代理人的责任、产品责任、高度危险作业人的责任、环境责任、修建人的责任、动物饲养人的责任等，均属特殊侵权行为的范畴，其成立的要件，往往与一般侵权行为的构成要件有所不同。一般侵权行为的构成，有以下几个要件：

（1）行为的违法性。它是构成侵权的先决条件。如果行为不违法，即无民事责任可言。

（2）有损害事实的存在。侵权行为的民事责任固有多种形式，但赔偿损害是其必要形式，凡无损害事实发生，也不构成侵权行为。

（3）违法行为与损害事实之间存在因果关系。

（4）行为人有过错。行为人只对自己的过错行为承担民事责任，这是民法上的传统理论和原则。但目前，因科学技术的发达，产品及劳务、服务种类繁多，为了加强提供产品、劳务或服务的人的责任感和更好地保护广大消费者和第三人的利益，已在越来越多的领域，适用“无过错责任”或“严格责任”。在举证方面，对许多侵权行为，将证明行为人存在过错的举证责任由享有损害赔偿请求权的原告承担（即传统上所谓谁主张权利，谁负责证明）转而适用推定原则，即凡有损害发生，便推定行为人存在过错，除非他能举证证明自己并无过错或过错在于受害人自己，从而将举证责任转移到行为人方面（即所谓举证责任倒置）。

我国民法通则比较详尽地列举了侵权行为的种类，包括：（1）侵占、损坏国家、集体、他人财产的行为；（2）侵犯公民和法人的知识产权的行为；（3）侵害公民身体造成伤害的行为；（4）侵犯人格权的行为；（5）国家机关、公职人员在执行职务中的侵权行为；（6）因制造、销售质量不合格产品而致人财产及人身损害的行为；（7）因进行高度危险作业而非由于受害人自己的原因致人损害的行为；（8）因污染环境而致人损害的行为；（9）在修建中无明显标志而设置障碍致人损害的行为；（10）建筑物或其他设施上设置搁置物而发生倒塌、脱落等致人损害的行为；（11）饲养的动物致人损害的行为；（12）合法行为过当（正当防卫、紧急避险过当）而致人损害的行为。

二人以上共同侵权致人损害的，承担连带赔偿责任。受害人对于损害的发生自己也有过错的，与行为人按责任比例分担民事责任。

承担民事责任的方式依我国民法通则的规定，有：（1）停止侵害；（2）排除妨碍；（3）消除危险；（4）返还财产；（5）恢复原状；（6）修理、重作、更换；（7）赔偿损失；（8）支付违约金；（9）消除影响，恢复名誉；（10）赔礼道歉等。上述各种方式，既可单独适用，也可合并适用。特别是因侵权而致人损害时，于责令行为人承担其他民事责任的同时，均可请求赔偿损失。

（二）不当得利

凡无法律上的原因，自他人处取得利益而致他人损害的，此种得利即为不当得利，应返还受损害人。这种债也是法定之债。

不当得利的构成，首先必须有一方获得利益的事实。这是它与侵权之债的主要区别所在。在侵权行为中，尽管一方使他方遭受损害，但行为人并不一定由此而得到利益。

其次，须使他人蒙受损害。如果一方得利并不使他方遭到损失，也不构成不当得利。如拾得他人抛弃的财物即是这种情况。

再次，自己得利与他人受损害之间存在因果关系。即一方得利是他方受损的原因，或他方受损是一方受利的结果。但二者范围不一定完全相等，只是如利益大于损害时，应以损害为准，利益小于损害时，应以利益为准，负返还之责。

最后，获利并致他人损害无法律上的根据。这又有两种情况：其一为非债清偿，如就不存在的合同履行，就已清偿的债务再行给付等；其二为因受领人一方存在不法原因而受领给付，如公职人员收受金钱而为职务上的正当行为；为不告发他人而收受金钱等。

不当得利人虽原则上应负返还之责，但也应依情况的不同而作区别处理。如不当得利人获利时不知其无法律上的根据（即属于善意情况），应仅就其得利的尚存部分返还；如系恶意得利（即获利时明知无法律上的根据），则即使得利已全部不存在，也应以价款返还。不当得利人受益时不知情，后来才知情，应以知情的时间为界，分别按善意恶意受益处理。

（三）无因管理

凡无法定的或约定的义务，为避免他人利益受到损失而进行事务管理，因而得请求受益人偿付由此而支出的必要费用，称为无因管理（或无因管理之债）。其中为他人管理事务者为债权人，其事务受人管理而受益者为债务人。

无因管理在构成上，首先须有为他人管理事务的行为存在。这种行为，属于事实行为，而非法律行为。

其次，须有为他人谋利益的意思。这种意思也只要是“事实上的意思”，而不是“效力上的意思”（如有委托合同那样）。但同时存在为自己谋利益的意思也无妨，如为邻人修缮危房，自己也因此受益，仍构成无因管理。

最后，须无法律上或合同上的义务。法定代理人、委托代理人、遗产管理人依其义务应为的行为不构成无因管理。但虽原有合同存在，超出合同义务之外，仍可构成无因管理。

管理人在为事务管理行为时，应以最适合于本人利益的方法进行，而且在已知或可推知本人意思时，应依此意思进行管理。此外，管理人尚负有尽快通知本人的义务，并将管理所得的利益交付本人。

第六节 知识产权

一、知识产权概述

知识产权是指公民或法人对其创造性的智力成果依法享有的权利，在我国又被称为智力成果权。

知识产权,在国际上,一般认为主要包括著作权、专利权和商标权。而专利权和商标权又合称工业产权。但我国民法通则在讲到知识产权时,除包括上述三者外,还将发明权、发现权也列入其中。这里只就一般意义上的知识产权加以阐述。

知识产权具有以下法律特征：

（1）知识产权首先是一种财产权，但由于它是以智力成果为客体，而智力成果是一种无形财产，故属于无形财产权。在一些国家的民法学中，据此而把它列入“准物权”的范畴。但知识产权中的著作权和专利权，还具有人身权的性质，即作者享有在自己的作品上署名、不署名或署以笔名的权利，发明人或设计人享有在专利文件中写明自己是发明人或设计人的权利。知识产权中的商标权则仅具财产权的性质，商标设计人要取得其商标设计中工艺美术创造方面的人身权，需另按著作权保护方法才能得到实现。知识产权的财产权可依法转让和继承，而知识产权的人身权则不能转让和继承。

（2）知识产权具有专有性（或独占性、排他性）。这种权利既然只能由特定的主体享有，因而除非经权利享有人（持有人）许可或有法律上的依据，任何其他人均不得使用其著作、专利和商标，以谋取利益。

（3）知识产权具有地域性。这表现在在一国取得的知识产权，只在该国境内有效，受该国法律的保护。如果要得别国保护，则需按国际条约和该国国内法的规定，在别国重新取得知识产权或得到承认。而且目前国际条约多肯定有关各国仍按自己国内法予以保护（故又称保护独立原则）。

（4）知识产权具有时间性。智力成果在一定意义上讲，是整个人类的共同财富，为了鼓励人们从事创造性的脑力劳动，现代国家一般虽均赋予特定主体对其智力成果拥有专有权，但无论国际条约或国内立法，都要求权利人承担在一定时间内使用其专利和商标，或在一定条件下允许他人使用其著作的义务。如果权利人不履行这项义务，或可强制其许可他人使用，或最终导致权利失效。而且专利权一般只准作有限次数的续展，著作权的财产权也于作者死亡后若干年消灭，此后，即成为全社会的共同财富。

二、著作权

（一）著作权的概念

著作权又称版权，是指作者对自己的科学、文学和艺术等创作成果所享有的专有权。

根据1990年9月7日全国人民代表大会常务委员会通过、2001年10月27日全国人民代表大会常务委员会修正的《中华人民共和国著作权法》，著作权人首先包括作者，其次尚有其他依法享有著作权的公民、法人或其他组织。著作权的内容包括人身权和财产权。就人身权而言，包括：（1）发表权，即决定作品是否公之于众的权利；（2）署名权，即表明作者身份，在作品上署名的权利；（3）修改权或者授权他人修改作品的权利；（4）保护作品完整权，即保护作品不受歪曲、篡改的权利。就财产权而言，包括：（1）复制权；（2）发行权；（3）出租权；（4）展览权；（5）表演权；（6）放映权；（7）广播权；（8）信息网络传播权；（9）摄制权；（10）改编权；（11）翻译权；（12）汇编权；（13）应当由著作权人享有的其他权利。著作权人可以许可他人行使上述财产权，并依照约定或者著作权法有关规定获得报酬，也可以全部或者部分转让上述财产权，并依照约定或者著作权法有关规定获得报酬。

所谓作品，包括下列各种形式创作的文学、艺术和自然科学、社会科学、工程技术等作品：（1）文字作品；（2）口述作品；（3）音乐、戏剧、曲艺、舞蹈、杂技艺术作品；（4）美术、建筑作品；（5）摄影作品；（6）电影作品和以类似摄制电影的方法创作的作品；（7）工程设计图、产品设计图、地图、示意图等图形作品和模型作品；（8）计算机软件；（9）法律、行政法规定的其他作品。但依法禁止出版、传播的作品，不受法律保护。

为了加强对著作权的保护，我国还先后加入了《保护文学艺术作品的伯尔尼公约》、《世界版权公约》等重要的国际公约。

（二）著作权的取得、归属和期限

1. 著作权的取得

各国著作权法对著作权的取得规定不一，但大致可分为两类，一为适用无手续自动保护主义，另一类则是有手续客观保护主义。采取前一种制度的有西欧一些国家、日本及《保护文学艺术作品的伯尔尼公约》，它们都认为，随着作品的创作完成，著作权即自动产生，无需履行任何手续。采取后一种制度的国家则均认为著作权的产生必须先履行一定的手续，只是这种手续各国规定不一。

我国著作权法基本上采用第一种制度，如它规定：“中国公民、法人或者其他组织的作品，不论是否发表，依照本法享有著作权。”但“外国人、无国籍人的作品首先在中国境内出版的，依照本法享有著作权”；该法还规定，“外国人、无国籍人在中国境外发表的作品，根据其所属国或者经常居住地国同中国签订的协议或者共同参加的国际条约享有的著作权，受本法保护”。“未与中国签订协议或者共同参加国际条约的国家的作者以及无国籍人的作品首次在中国参加的国际条约的成员国出版的，或者在成员国与非成员国同时出版的，受本法保护。”

2. 著作权的归属

我国著作权法规定，著作权属于作者，但法律另有规定的除外。而作者乃指“创作作品”的公民。

由法人或其他组织主持，根据法人或其他组织的意志创作，并且由法人或其他组织承担责任的作品，该法人或其他组织视为作者。

在一般情况下，如无相反证明，在作品上署名的公民、法人或其他组织，即为作者。

改编、翻译、注释、整理已有作品而产生的作品，其著作权由改编、翻译、注释、整理人享有；两人以上合作创作的作品，由创作者共同享有，合作作品可分割使用的，作者对各自创作的部分可单独享有著作权；编辑作品由编辑人员享有著作权；但上述各种著作权人在行使自己的著作权时，均不得侵犯原作品或合作作品整体的著作权。

电影作品和以类似摄制电影的方法创作的作品的著作权由制片者享有，但导演、编剧、作词、作曲、摄影等作者享有署名权，并有权按照与制片者签订的合同获得报酬。但其中的剧本、音乐可以单独使用的作品，作者有权单独行使其著作权。

公民为完成法人或其他组织的工作任务所创作的作品为职务作品。除法人或其他组织视为作者的外，著作权由作者享有。但法人或其他组织有权在其业务范围内优先使用该作品。且作品在完成后两年内，未经单位同意，作者不得许可第三人以与单位使用相同的方式使用该作品。

如果是主要利用法人或其他组织提供的物质技术条件进行创作，且由它们承担责任的工程设计、产品设计图纸及说明、计算机软件、地图等职务作品，或依据法律规定或合同约定著作权由法人或其他组织享有的职务作品，作者仅享有署名权，著作权的其他权利应由法人或其他组织享有，但可给予作者以奖励。

3. 著作权的期限

由于著作权所包含的权益十分广泛，它们的保护期限并不可一律对待。即使如著作权中的各种人身权也不宜统一定其享有期限，其中某些权益应具有永久的性质，而其中另一些权益则与著作权中的财产权的保护期限相同。

保护期限的计算也常有差异。如有的权益的保护期限是从作品首次发表起算，而另一些权益的保护期限则是从作者死亡时起算的。

我国著作权法便是区别不同权益不同主体确定其保护期限的。如规定，作者的署名权、修改权、保护作品完整权永久受到保护。此外，公民的作品，其发表权、使用权和获得报酬权的保护期为作者终生及其死亡后50年。法人或其他组织的作品、著作权（署名权除外）由法人或其他组织享有的职务作品，其发表权、使用权和获得报酬权的保护期为50年，截止于作品首次发表后第50年的12月31日，但作品自创造完成后50年内未发表的，法律不再保护。电影作品和以类似摄制电影的方法创作的作品、摄影作品的发表权、使用权和获得报酬权的保护期及计算方式与上项相同。

（三）著作权的合理使用和许可使用合同

各国著作权法一般均允许合理使用他人作品，并不需经著作权人同意和向他支付报酬。我国著作权法也规定了12种合理使用的情况，主要包括为个人目的使用作品；为介绍、评论他人作品或报道新闻、为了说明某一问题而适当引用他人作品；为课堂教学和科学研究翻译或少量复制他人作品；国家机关为执行公务而使用作品以及图书馆等为本馆需要复制本馆藏品等。此外，为实施九年制义务教育和国家教育规划而编写出版教科书，除作者事先声明不许使用的外，可以不经著作权人许可，在教科书中汇编已经发表的作品片段或者短小的文字作品、音乐作品或者单幅的美术作品、摄影作品，但应当按照规定支付报酬，指明作者姓名、作品名称，并且不得侵犯著作权人依照本法享有的其他权利。上述规定适用于对出版者、表演者、录音录像制作者、广播电台、电视台的权利的限制。

在其他情况下使用他人作品，应同著作权人订立许可使用合同。著作权许可使用合同应包括下列主要条款：（1）许可使用的权利种类；（2）许可使用的权利是专有使用权或非专有使用权；（3）许可使用的地域范围和期限；（4）付酬标准和办法；（5）违约责任；（6）双方认为需要约定的其他内容。此外，转让著作权财产权利的，也应当订立书面合同。

（四）侵犯著作权及其法律责任

著作权法规定，有下列侵权行为的，应当根据情况，承担停止侵害、消除影响、赔礼道歉、赔偿损失等民事责任：（1）未经著作权人许可，发表其作品的；（2）未经合作作者许可，将与他人合作创作的作品当作自己单独创作的作品发表的；（3）没有参加创作，为谋取个人名利，在他人作品上署名的；（4）歪曲、篡改他人作品的；（5）剽窃他人作品的；（6）未经著作权人许可，以展览、摄制电影和以类似摄制电影的方法使用作品，或者以改编、翻译、注释等方式使用作品的，本法另有规定的除外；（7）使用他人作品，应当支付报酬而未支付的；（8）未经电影作品和以类似摄制电影的方法创作的作品、计算机软件、录音录像制品的著作权人或者与著作权有关的权利人许可，出租其作品或者录音录像制品的，本法另有规定的除外；（9）未经出版者许可，使用其出版的图书、期刊的版式设计的；（10）未经表演者许可，从现场直播或者公开传送其现场表演，或者录制其表演的；（11）其他侵犯著作权以及与著作权有关的权益的行为。

著作权法规定，有下列侵权行为的，应当根据情况，承担停止侵害、消除影响、赔礼道歉、赔偿损失等民事责任；同时损害公共利益的，可以由著作权行政管理部门责令停止侵权行为，没收违法所得，没收、销毁侵权复制品，并可处以罚款；情节严重的，著作权行政管理部门还可以没收主要用于制作侵权复制品的材料、工具、设备等；构成犯罪的，依法追究刑事责任：（1）未经著作权人许可，复制、发行、表演、放映、广播、汇编、通过信息网络向公众传播其作品的，本法另有规定的除外；（2）出版他人享有专有出版权的图书的；（3）未经表演者许可，复制、发行录有其表演的录音录像制品，或者通过信息网络向公众传播其表演的，本法另有规定的除外；（4）未经录音录像制作者许可，复制、发行、通过信息网络向公众传播其制作的录音录像制品的，本法另有规定的除外；（5）未经许可，播放或者复制广播、电视的，本法另有规定的除外；（6）未经著作权人或者与著作权有关的权利人许可，故意避开或者破坏权利人为其作品、录音录像制品等采取的保护著作权或者与著作权有关的权利的技术措施的，法律、行政法规另有规定的除外；（7）未经著作权人或者与著作权有关的权利人许可，故意删除或者改变作品、录音录像制品等的权利管理电子信息的，法律、行政法规另有规定的除外；（8）制作、出售假冒他人署名的作品的。

著作权法还规定，著作权人或者与著作权有关的权利人可以在起诉前向人民法院申请采取责令停止有关行为、财产保全和证据保全等措施。

三、专利权

（一）专利权的概念

专利权是指对某项发明创造依法享有的独占权。专利权也具有人身权和财产权两方面的内容。其人身权包括有权在专利文件中写明自己是发明人或设计人，有权在专利产品或其包装上标明专利标记和专利号。其财产权则包括在有效期限内，就该项发明创造进行生产、使用和销售的权利，并可将专利权或专利使用权转让他人以获取报酬。财产权还可以继承。

我国于1984年颁布了专利法，后来鉴于形势和发展的需要，于1992年和2000年分别对它进行了重要修改。此外，为了推进专利技术的国际交流和合作，加强专利权的国际保护制度，我国还参加了《保护工业产权的巴黎公约》、《专利合作条约》等国际条约，并是世界知识产权组织的成员国。

专利权的主体在我国可包括：（1）执行本单位的任务或主要利用本单位的物质技术条件所完成的职务发明创造，该单位为专利权人。执行本单位的任务或者主要是利用本单位的物质技术条件所完成的发明创造，单位与发明人或者设计人订有合同，对申请专利的权利和专利权的归属作出约定的，从其约定。（2）非职务发明的发明人和设计人。所谓发明人或设计人，是指对一项发明或设计的实质性特点作出了创造性贡献的人。在完成发明创造的过程中，只负责组织工作的人，在物质条件上为发明创造提供方便的人，只从事其他辅助工作的人，均不应认为是发明人或设计人。发明人和设计人包括个人发明、设计人，共同发明、设计人，职务发明、设计人。而所谓职务发明或设计人，乃指在履行自己的职务时，完成与自己的职务有关的发明创造的法人工作人员。(3) 专利权受让人。我国法律允许发明人、设计人及专利权人通过合同转让其专利申请权和专利权。(4) 专利权的继承人或受遗赠人。

在我国没有经常居所或者营业所的外国人、外国企业或者外国其他组织也可以在中国申请专利，从而成为专利权的主体。但其所属国应与我国签订有这方面的协议，或同为有关国际条约的参加国，或双方存在互惠。在与以上相同的条件下，并经国务院有关主管机关同意，中国单位或个人也可以将其在国内完成的发明创造向外国申请专利，但应先向国务院专利行政部门在国内申请专利，并委托其指定的专利代理机构办理国外的专利申请。

可申请专利权的，在我国有发明、实用新型和外观设计三种。发明是指对产品、方法或其改进所提出的新的技术方案，但必须具有新颖性、创造性和实用性。实用新型是指对产品的形状、构造或组合所提出的适于实用的新的技术方案。实用新型也应具备上面三性，但就创造性而言，并不像发明那样具有“突出的实质性特点和显著进步”，而仅要求有“实质性特点和进步”。外观设计是指对产品的形状、图案、色彩或其结合所作出的富有美感并且适于工业上实用的新设计。能获得专利的外观设计，也应当同申请日以前在国内外出版物上公开发表过或者国内公开使用过的外观设计不相同和不相近似，并不得与他人在先取得的合法权利相冲突。

但是，对违反国家法律、社会公德或妨害公共利益的发明创造，不得授予专利权。此外，如系科学发现，智力活动的规则和方法，疾病的诊断和治疗方法，动植物新品种，用原子核变换方法获取的物质，也不授予专利权。

（二）专利权的取得、终止和无效

1. 专利权的取得

专利权的取得，在任何国家，都必经一定的程序，只是其程序各有差异而已。我国对发明专利权的授予采取“早期公布、延迟审查”的制度。我国对专利权的授予大体分为两大阶段：

(1) 提出申请。发明、实用新型和外观设计要取得专利，必须先由发明人或其他有关的人提出申请，包括提交请求书、说明书及其摘要、权利要求书及外观设计的图片或者照片等文件。在国际申请中要求优先权的，还应在申请时于书面声明中写明在外国提出申请的日期和受理的国家。

(2) 专利申请的审查。受理申请的机关首先对专利申请仅进行形式审查（即初步审查)，认为符合专利法要求的，自申请日起满 18 个月，即行公布。国务院专利行政部门可以根据申请人的请求早日公布其申请。申请后 3 年内，国务院专利行政部门可根据申请人随时提出的请求，对其申请进行实质审查。必要时，国务院专利行政部门也可自行决定对有关申请进行实质审查。申请人无正当理由逾期不请求实质审查的，视为撤回申请。经实质审查，认为不符合专利法规定的，应当通知申请人，要求其在指定的期限内陈述意见，或者对其申请进行修改，无正当理由逾期不答复的，视为撤回其申请。经申请人陈述意见或者进行修改后，仍然认为不符合专利法规定的，应当予以驳回。经实质审查未发现驳回理由的，应作出授予发明专利权的决定，发给发明专利证书，同时予以登记和公告。发明专利权自公告之日起生效。

对实用新型和外观设计专利的申请，经初步审查未发现驳回理由的，应作出授予实用新型专利权或者外观设计专利权的决定，发给相应的专利证书，同时予以登记和公告，其专利权自公告之日起生效。

国务院专利行政管理部门设立专利复审委员会。专利申请人对国务院专利行政部门驳回申请的决定不服的，可以自收到通知之日起 3 个月内，向专利复审委员会请求复审。专利复审委员会复审后，作出决定，并通知专利申请人。专利申请人对专利复审委员会的复审决定不服的，可以自收到通知之日起 3 个月内向人民法院起诉。

在我国，凡有两人或两人以上分别就同样的发明创造申请专利的，专利权授予最先申请人，即适用“申请在先”原则，而不适用“发明在先”原则。

取得专利权的人，在法律规定的保护期限内（发明专利为 20 年，实用新型和外观设计专利为 10 年)，可独占地制造、使用其专利产品或专利方法，其他人欲制造、使用的，必须经其许可，并有权收取专利使用费。专利权人应承担缴纳年费的义务。

2. 专利权的终止和无效

专利权的终止指专利权最后归于消灭。其原因有专利期限届满和专利权人放弃其专利。专利权人不按规定缴纳年费以维持其专利的，属于自愿放弃专利权。专利权终止，也应由国务院专利行政部门登记和公告。

专利权的无效是指业已批准并授予的专利权，由于不符合专利法的规定，经复审而被宣告不具备法律效力。凡被宣告无效的专利权，视为自始即不存在。宣告专利权无效的决定，也应登记和公告。

（三）专利实施的强制许可

我国专利法规定，具备实施条件的单位以合理条件请求发明或者实用新型专利权人许可实施其专利，而未能在合理长的时间内获得这种许可时，自专利权被授予之日起满 3 年后，可以请求专利局给予强制许可。在国家出现紧急状态或者非常情况时，或者为了公共利益的目的，国务院专利行政部门可以给予强制许可。申请人应当提出未能以合理条件与专利权人签订实施许可合同的证明。国务院专利行政部门作出的给予实施强制许可的决定，应当予以登记和公告。取得实施许可的单位或个人不享有独占的实施权，无权允许他人实施，并且应付给专利权人合理的使用费，其数额由双方商定；双方不能达成协议的，由国务院专利行政部门裁决。专利权人对上述决定或裁决不服的，可以在收到通知之日起3个月内向人民法院起诉。

（四）侵犯专利权及其法律责任

凡未经专利权人的许可（包括未得到强制许可）而实施其专利的行为；假冒他人专利的行为；以非专利产品冒充专利产品、以非专利方法冒充专利方法的行为；侵夺发明人或设计人的非职务发明创造专利申请权和专利法规定的其他权益的行为，均属侵权行为。对前一种侵权行为，专利权人或利害关系人可以请求管理专利工作的部门进行处理，也可向人民法院起诉。管理专利工作的部门或人民法院于查证属实后，应责令侵权人停止侵权行为并赔偿损失。对于第二种侵权行为，如情节严重，除追究上述责任外，还可以追究刑事责任。对第三种侵权行为，由管理专利工作的部门责令改正并予以公告，并可处以5万元以下的罚款。对于最后一种侵权行为，应由侵权人所在单位或上级主管机关给予行政处分。

（五）专利权的限制

有下列情形之一的，不视为侵犯专利权：（1）专利权人制造、进口或者经专利权人许可而制造、进口的专利产品或者依照专利方法直接获得的产品售出后，使用、许诺销售或者销售该产品的；（2）在专利申请日前已经制造相同产品、使用相同方法或者已经作好制造、使用的必要准备，并且仅在原有范围内继续制造、使用的；（3）临时通过中国领陆、领水、领空的外国运输工具，依照其所属国同中国签订的协议或者共同参加的国际条约，或者依照互惠原则，为运输工具自身需要而在其装置和设置中使用有关专利的；（4）专为科学研究和实验而使用有关专利的。为生产经营目的使用或者销售不知道是未经专利权人许可而制造并售出的专利产品或者依照专利方法直接获得的产品，能证明其产品合法来源的，不承担赔偿责任。

四、商标权

（一）商标权的概念

商标注册人在法定保护期限内所享有的对其注册商标的专有权即为商标权。商标权也具有独占性质，即自己对注册商标有专用权，未经商标所有人许可，禁止他人使用其注册商标。但商标所有人可通过许可合同允许他人使用其注册商标。商标权的财产权可以转让和继承。商标权不具有人身权内容，因而商标权人欲保护其体现于商标中的工艺美术设计，应另通过版权法来实现。商标权的时间性也具有其特点，与专利权和著作权有所不同。如许多国家都规定，只要不违反法律，注册商标可以无限期地使用下去；而另一些国家虽规定有期限，但可无限次申请续展。我国采取后一种制度。

《中华人民共和国商标法》是在1982年8月23日第五届全国人大常委会第二十四次会议通过并于1983年3月1日起施行的，1993年3月和2001年10月全国人大常委会对它分别作出了重大修改。我国还参加了有关保护注册商标的国际公约。

商标权的主体，在我国，是自然人、法人或者其他组织。外国人（包括法人）按照有关国际条约或对等原则，也可以在我国取得商标注册权。

商标权的客体，仅限于注册商标。未经注册的商标，不能成为商标法保护的商标权的客体。我国商标法所指的“注册商标”包括商品商标、服务商标和集体商标、证明商标。任何能够将自然人、法人或者其他组织的商品与他人的商品区别开的可视性标志，包括文字、图形、字母、数字、三维标志和颜色组合，以及上述要素的组合，均可以作为商标申请注册。申请注册的商标，应当有显著特征，便于识别，并不得与他人在先取得的合法权利相冲突。商标不得使用法律禁止使用的文字、图形及其他标志。

商标权既经取得，其所有人于享有上述权利的同时，也得承担法律规定的义务。这些义务主要有：保证使用注册商标的商品的质量；依法使用注册商标；实际使用注册商标；按规定缴纳注册商标的各种费用。

使用未注册商标，有下列行为之一的，地方工商行政管理部门有权予以制止，限期改正，并可予以通报或处以罚款：（1）冒充注册商标；（2）商标使用了商标法第10条禁止使用的文字、图形；（3）粗制滥造，以次充好，欺骗消费者。

（二）商标权的取得

商品生产者或经营者依法将其使用的商标向商标局提出申请，经核准注册，即取得商标权。但也可通过转让或继承而取得商标权。故分商标权的原始取得和继受取得两种。

在国际上，商标权的原始取得，一般适用以下几种原则：

（1）使用在先原则。即对于同一商标，其商标权授予最先使用该商标的人。因此，在采用这一原则时，办理商标注册手续仅起宣示的作用，其他人均可以证明其已在先使用该商标而请求撤销在后使用的人的商标权。在这种制度下，商标权处于一种不稳定状态，不利于商标管理。目前已很少国家采用。

（2）申请在先原则。即对于同一商标，其商标权授予最先注册的人。我国基本上采此原则。如我国商标法规定，两个或两个以上的申请人，在同一种商品或类似商品上，以相同或近似的商标申请注册的，初步审定并公告申请在先的商标；但同一天申请的，初步审定并公告使用在先的商标，驳回其他人的申请，不予公告。

(3) 混合原则。采用这一原则，商标虽经注册，但仍允许其他人在规定的期限内以使用在先为理由而主张取消已注册的相同或近似的商标。但过此期限，商标注册人便取得了无可辩驳的商标专用权。

我国对注册商标申请的审核和批准程序包括：审查（商标与主体本身是否合格），驳回或初步审定并公告（如商标或主体本身不合格，即驳回申请；否则，根据申请在先原则，予以初步审定并公告），异议及复审（公告之日起 3 个月内，任何人均可提出异议，异议能成立的驳回申请；对驳回的申请，申请人不服可以在收到驳回通知之日起 15 日内请求复审；当事人对商标评审委员会的复审决定不服的，可自收到通知之日起 30 日内向人民法院起诉。）；核准注册（3 个月内无人提出异议，或异议经审查不能成立，即应予以注册、登记、公告）等几个阶段。

外国人或外国企业在我国申请商标注册和办理其他商标事宜的，应当委托国家认可的具有代理资格的组织代理。代理委托书应当载明代理内容、权限和委托人的国籍。

我国对注册商标的保护（即有效）期限，虽规定为 10 年，但经申请，可以续展，且续展次数不限。但于每 10 年有效期届满前 6 个月未申请续展，或申请续展未被核准，期限届满，即行终止。此外，注册商标权尚可因申请注销或被撤销而提前终止。

（三）侵犯商标权及其法律责任

商标法规定，下列各种情况均属于侵犯注册商标专用权的行为：(1) 未经商标注册人的许可，在同一种商品或者类似商品上使用与其注册商标相同或者近似的商标的；(2) 销售侵犯注册商标专用权的商品的；(3) 伪造、擅自制造他人注册商标标识或者销售伪造、擅自制造的注册商标标识的；(4) 未经商标注册人同意，更换其注册商标并将该更换商标的商品又投入市场的；(5) 给他人的注册商标专用权造成其他损害的。但销售不知道是侵犯注册商标专用权的商品，能证明该商品是自己合法取得的并说明提供者的，不承担赔偿责任。

对商标侵权行为，商标权人既可以向侵权人所在地或侵权行为地的县级以上工商行政管理部门要求处理，也可以直接向人民法院起诉。

对于侵犯注册商标专用权的行为，工商行政管理部门应责令其立即停止侵权行为，没收、销毁侵权商品和专门用于制造侵权商品、伪造注册商标标识的工具；赔偿被侵权人的损失，还可以并处罚款。涉嫌犯罪的，应当及时移送司法机关依法追究刑事责任。

第七节　婚姻家庭法

一、婚姻家庭法概述

（一）婚姻家庭法的概念

有关调整婚姻和家庭的法律规范，在不同法系国家中，所处的地位是有所不同的。如法国、德国、瑞士、日本等大陆法系国家，概将其称为亲属法，并且明确地纳入民法的范畴，在它们的民法典中，专列编章，加以规定。而自1918年苏俄专门颁布有关婚姻、亲属、监护方面的立法后，在社会主义国家，则认为婚姻家庭法乃独立于民法之外的一个法律部门。英美国家本无民法典，因而仅在其私法体系中，以若干单行特别法（如婚姻条例、已婚妇女财产法、收养法或家庭法等）来规定婚姻家庭方面的诸多法律制度。

新中国成立后，我国理论界亦多称婚姻家庭法乃有别于民法的一个部门法。但在1986年颁布的《中华人民共和国民法通则》于第5章“民事权利”的第4节“人身权”中，设立了第103条，规定，“公民享有婚姻自主权，禁止买卖、包办婚姻和其他干涉婚姻自由的行为”；设立了第104条第1款，规定，“婚姻、家庭、老人、母亲和儿童受法律保护”；设立了第105条，规定，“妇女享有同男子平等的民事权利”；同时，在民法通则第2章“公民”中，又规定了监护制度。因而，我们认为，将婚姻家庭法纳入我国民事立法的范围，也是有法律上的根据的。

我国婚姻法的渊源不仅包括1980年通过并于2001年修正的《中华人民共和国婚姻法》，还包括宪法、民法通则中有关调整婚姻家庭关系的原则规定，以及1991年通过并于1998年11月修正的《中华人民共和国收养法》、2003年颁布的《婚姻登记条例》等。此外，1991年颁布的《中华人民共和国未成年人保护法》、1992年颁布的《中华人民共和国妇女权益保障法》等也有婚姻家庭关系方面的规定。

（二）我国婚姻家庭法的任务和基本原则

在婚姻家庭关系方面，历来深受封建的家长制度和夫权观念的影响。因此，新中国成立后，1950年颁布的第一部婚姻法，即以解决妇女，废除一切封建包办、强迫和买卖婚姻，实行婚姻自由和一夫一妻、男女平等为宗旨。到1980年新婚姻法的颁布，仍以在婚姻家庭关系内继续同残存的封建主义的旧思想、旧制度、旧传统、旧习俗以及腐朽思想作斗争，发扬共产主义道德风尚，促进计划生育，保障公民在婚姻家庭方面的合法权益，进一步巩固并发展社会主义的婚姻家庭，促进安定团结，以调动公民的社会主义积极性为基本任务。

基于上述任务，我国婚姻家庭法的基本原则应包括以下五项：

第一，婚姻自由。根据这一原则，不论是缔结或解除婚姻关系，都必须坚持男女双方自主自愿，严禁包办、强迫及买卖婚姻。

第二，一夫一妻。根据这一原则，任何人都不得同时有两个以上的配偶。任何人在婚姻关系存续期间，均不得再与他人结婚，或以其他公开或隐蔽的方式，发生实际上的一夫多妻或一妻多夫的关系。

第三，男女平等。男女平等不但是婚姻法所确定的一项基本原则，也是我国宪法所确定的公民基本权利义务方面的一项基本原则。根据这一原则，首先在婚姻关系中男女双方的权利义务是平等的；其次，在家庭关系中，不同性别的家庭成员之间的权利义务是平等的。因而在夫妻关系中，无论在人身权利或财产权利方面，不得对妻子实行歧视；在父母子女关系中，不得对女性成员实行歧视。

第四，保护妇女、儿童和老人的合法权益。我国妇女虽在法律地位上取得了与男子平等的地位，但在实际生活中，仍存在忽视妇女合法权益的种种现象。同时，由于儿童与老人的合法权益也常被忽视，因而婚姻法进一步把保护妇女、儿童和老人的合法权益作为一项基本原则加以强调，是很有必要的。

第五，实行计划生育。实行计划生育是我国的一项基本国策。在家庭中，夫妻双方均有实行计划生育的义务，这不但是婚姻法确认的原则，也是我国宪法确认的原则。

二、结婚

（一）结婚的条件

结婚是男女双方依法自愿结为夫妻的法律行为。其有效成立，一般要求必须符合法律所规定的实质要件和形式要件。

就结婚的实质要件而言，它包括必须具备的条件（又称积极条件）和不得违反法律禁止结婚的规定（又称消极条件）。根据我国法律的有关规定，结婚必须具备的条件有三项：一为符合一夫一妻制度；一为男女双方必须完全自愿；一为结婚必须达到法定婚龄。对于法定结婚的年龄，有些国家规定得比成年年龄低，有些国家规定得和成年年龄相同，我国则规定为男 22 周岁，女 20 周岁，均比成年年龄高。

至于法律规定在具备上述必备条件时仍然禁止结婚的情况，在我国婚姻法中，一为结婚双方不得属于直系血亲和三代以内旁系血亲的亲属范围，一为不得患有医学上认为不应当结婚的疾病。

为了说明婚姻法所规定的禁止近亲结婚的制度，有必要了解亲属和亲等的一些基本知识。

亲属乃血亲、配偶、姻亲的总称，而所谓亲属关系即发生于上述亲属之间的关系。亲等是计算亲属关系亲疏远近的单位。我国目前则采世代计算法，即一辈为一代，在计算直系血亲时，以自己为一代，然后再由己身上数或下数，向上数至父母为两代，祖父母、外祖父母为三代，向下数至子女为两代，孙子女、外孙子女为三代。旁系血亲，同源于父母的为两代以内旁系血亲，同源于祖父母、外祖父母的为三代以内旁系血亲。

直系亲属间禁止结婚，目前为各国立法的通例。但我国还禁止拟制的直系血亲之间的婚姻，因而养父母与养子女，继父母与受其扶养的继子女之间，均不得结婚。

三代以内的旁系血亲则包括：(1) 兄弟姐妹，包括同胞的和同父异母或同母异父的兄弟姐妹（但不包括并无血缘联系的异父母兄弟姐妹）；(2) 伯、叔与侄女，姑与侄，舅与甥女，姨与甥；(3) 堂兄弟姐妹和表兄弟姐妹。

医学上认为不应结婚的疾病，主要是指精神失常未经治愈和先天性痴呆及已被实践证明不应结婚的传染病和遗传性疾病。

结婚的形式要件，乃指法律规定的结婚所必须遵守的程序。根据各国的立法和实践，对结婚的形式从大的方面来看，可分为宗教婚姻、民事婚姻及普通法婚姻三种。宗教婚姻以结婚必依当事人所属宗教要求的仪式举行方为有效。民事婚姻则要求当事人必于婚姻登记机关或官员前进行登记或举行必要的仪式方为有效。普通法婚姻目前主要在英国以及美国一些州存在，它仅要求当事人具有结婚能力，并以建立夫妻关系为目的在一起公开同居和生活，即为有效，既不需进行登记，也不需举行任何仪式，故类似于我国所称的事实婚姻。

我国婚姻法未规定结婚必须举行何种仪式，而仅以经过婚姻登记并领取结婚证为婚姻正式成立的形式要件。因而只要完成了上述程序，即使领取结婚证后仍未同居，要解除婚姻关系，仍得依离婚程序处理。登记的程序包括申请和审查与登记三个步骤，并应按照2003年民政部发布的《婚姻登记条例》的规定办理。内地居民办理婚姻登记的机关是县级人民政府民政部门或者乡（镇）人民政府，省、自治区、直辖市人民政府可以按照便民原则确定农村居民办理婚姻登记的具体机关。中国公民同外国人，内地居民同香港特别行政区居民（以下简称香港居民）、澳门特别行政区居民（以下简称澳门居民）、台湾地区居民（以下简称台湾居民）、华侨办理婚姻登记的机关是省、自治区、直辖市人民政府民政部门或者省、自治区、直辖市人民政府民政部门确定的机关。

内地居民结婚，男女双方应当共同到一方当事人常住户口所在地的婚姻登记机关办理结婚登记。中国公民同外国人在中国内地结婚的，内地居民同香港居民、澳门居民、台湾居民、华侨在中国内地结婚的，男女双方应当共同到内地居民常住户口所在地的婚姻登记机关办理结婚登记。

办理结婚登记的内地居民应当出具下列证件和证明材料：本人的户口簿、身份证；本人无配偶以及与对方当事人没有直系血亲和三代以内旁系血亲关系的签字声明。办理结婚登记的香港居民、澳门居民、台湾居民应当出具下列证件和证明材料；本人的有效通行证、身份证；经居住地公证机构公证的本人无配偶以及与对方当事人没有直系血亲和三代以内旁系血亲关系的声明。办理结婚登记的华侨应当出具下列证件和证明材料：本人的有效护照，居住国公证机构或者有权机关出具的、经中华人民共和国驻该国使（领）馆认证的本人无配偶以及与对方当事人没有直系血亲和三代以内旁系血亲关系的证明，或者中华人民共和国驻该国使（领）馆出具的本人无配偶以及与对方当事人没有直系血亲和三代以内旁系血亲关系的证明。办理结婚登记的外国人应当出具下列证件和证明材料：本人的有效护照或者其他有效的国际旅行证件；所在国公证机构或者有权机关出具的、经中华人民共和国驻该国使（领）馆认证或者该国驻华使（领）馆认证的本人无配偶的证明，或者所在国驻华使（领）馆出具的本人无配偶的证明。

婚姻登记机关应当对结婚登记当事人出具的证件、证明材料进行审查并询问相关情况。对当事人符合结婚条件的，应当当场予以登记，发给结婚证；对当事人不符合结婚条件不予登记的，应当向当事人说明理由。男女双方补办结婚登记的，适用本条例结婚登记的规定。

复婚应按结婚程序办理，并退回离婚证件。

（二）婚姻的效力

男女因依法结为夫妻而发生法律上的效力。婚姻的效力一般可分为关于身份上的效力和关于财产上的效力。因结婚而在夫妻之间发生身份上的效力是确立了夫妻人身关系或身份关系，因结婚而在夫妻之间发生财产上的效力是确立了夫妻财产关系。

1. 夫妻人身关系

夫妻人身关系，包括他们处于婚姻中各自在社会上和家庭中的身份、地位关系。一般涉及婚后使用姓氏、选择职业和住所、从事社会活动、参加各种民事活动和进行诉讼等方面的权利义务关系。此外，还包括同居、贞操以及相互扶助方面的权利义务关系。依我国婚姻法的规定，因贯彻男女平等原则，首先，夫妻双方虽已结婚，而仍享有各自使用自己姓名的权利。其次，夫妻双方均有参加生产、工作、学习和社会活动的自由。再次，根据计划生育原则，夫妻双方都有实行计划生育的义务。最后，夫妻之间也应当有同居、保持贞操和互相扶助的义务。

2. 夫妻财产关系

夫妻财产关系通过夫妻财产制而得到体现。对于夫妻财产制，可以根据不同的标准作不同种类的划分。如从财产制的内容来看，在历史上有基于“夫妻一体主义”而产生的吸收财产制，即认为因结婚妻的人格被吸收于夫的人格之内，在财产上，无论婚前取得的或于婚姻存续中取得的，均属于丈夫所有。后来又经过基于财产共有主义的财产共同制，而发展到因“夫妻别体主义”的确立而产生夫妻分别财产制。

我国婚姻法第 17 条规定：夫妻在婚姻关系存续期间所得的下列财产，归夫妻共同所有：（1）工资、奖金；（2）生产、经营的收益；（3）知识产权的收益；（4）继承或赠与所得的财产，但本法第18条第3项规定的除外；（5）其他应当归共同所有的财产。夫妻对共同所有的财产，有平等的处理权。

婚姻法第18条明确规定，下列财产为夫妻一方的财产：（1）一方的婚前财产；（2）一方因身体受到伤害获得的医疗费、残疾人生活补助费等费用；（3）遗嘱或赠与合同中确定只归夫或妻一方的财产；（4）一方专用的生活用品；（5）其他应当归一方的财产。

婚姻法第19条规定了夫妻对财产归属的约定：夫妻可以约定婚姻关系存续期间所得的财产以及婚前财产归各自所有、共同所有或部分各自所有、部分共同所有。约定应采用书面形式。没有约定或约定不明确的，适用本法第17条、第18条的规定。夫妻对婚姻关系存续期间所得的财产以及婚前财产的约定，对双方具有约束力。夫妻对婚姻关系存续期间所得的财产约定归各自所有的，夫或妻一方对外所负的债务，第三人知道该约定的，以夫或妻一方所有的财产清偿。

至于夫妻间相互扶养的义务和相互继承财产的权利，则在本章“扶养”一节及下一章“财产继承法”中分别予以讨论。

（三）无效婚姻和可撤销婚姻

修正后的婚姻法增加了无效婚姻和可撤销婚姻制度。无效婚姻是指违反婚姻成立法定条件的婚姻。根据婚姻法第10条的规定，有下列情形之一的，婚姻无效：（1）重婚的；（2）有禁止结婚的亲属关系的；（3）婚前患有医学上认为不应当结婚的疾病，婚后尚未治愈的；（4）未到法定婚龄的。

可撤销婚姻是指成立之时有违某项婚姻要件的婚姻。婚姻法第11条规定：“因胁迫结婚的，受胁迫的一方可以向婚姻登记机关或人民法院请求撤销该婚姻。受胁迫的一方撤销婚姻的请求，应当自结婚登记之日起一年内提出。被非法限制人身自由的当事人请求撤销婚姻的，应当自恢复人身自由之日起一年内提出。”

此外，婚姻法还对无效婚姻与可撤销婚姻的法律后果作了规定：无效或被撤销的婚姻，自始无效。当事人不具有夫妻的权利和义务。同居期间所得的财产，由当事人协议处理；协议不成时，由人民法院根据照顾无过错方的原则判决。对重婚导致的婚姻无效的财产处理，不得侵害合法婚姻当事人的财产权益。当事人所生的子女（由于两种婚姻自始无效，故所生子女为非婚生子女），适用本法有关父母子女的规定。

三、离婚

（一）离婚的条件

有效成立的婚姻受法律的保护，它只因一定法律事实的出现而终止（或消灭）。在大多数情况下，婚姻因配偶死亡而终止，而离婚则是在配偶生存期间终止婚姻关系的惟一法律途径。

在历史上，许多国家曾实行宗教婚姻，认为婚姻一经成立，即使发生各种原因，也只能请求别居（即寝食分离或司法别居），而不得要求离婚。但这种制度，目前已只在极个别的国家保留。

长期以来，即使是允许离婚的国家，也都采用“过错离婚”原则，即以存在可归责于一方的过错作为解除婚姻关系的前提条件。但现在也因妇女在家庭和社会中的地位提高，传统的道德观念发生了变化，婚姻自由已得到广泛的确认，从而“过错离婚”作为原则已为许多国家相继抛弃，夫妻感情的“不可弥补（或换回）的破裂”则成了离婚的公认的主要原因。

我国婚姻法所确认的婚姻自由原则，其本身也包括离婚自由。同时我国也以夫妻感情是否已破裂作为准或不准离婚的区分界限，而不采“过错离婚”。根据最高人民法院 1989 年 12 月 19 日发布的《关于人民法院审理离婚案件如何认定夫妻感情已破裂的若干具体意见》，对于这一情况的认定，应从婚姻基础、婚后感情、离婚原因、夫妻关系的现状和有无和好可能等方面进行综合分析。《意见》详细列举了夫妻感情已破裂的 14 种情况。在总结审判实践经验的基础上，新婚姻法第 32 条第 3 款具体规定了准予离婚的 5 种情形，只要出现这 5 种情形之一，调解无效的，应准予离婚。这五种情形为：“（1）重婚或有配偶者与他人同居的；（2）实施家庭暴力或虐待、遗弃家庭成员的；（3）有赌博、吸毒等恶习屡教不改的；（4）因感情不和分居满 2 年的；（5）其他导致夫妻感情破裂的情形。”该条第 4 款还规定：“一方被宣告失踪，另一方提出离婚诉讼的，应准予离婚。”

为了保护现役军人和妇女的特殊利益，婚姻法对他们的离婚作出如下两项特别规定：（1）现役军人的配偶要求离婚，须征得军人同意，但军人一方有重大过错的除外。（2）女方在怀孕期间、分娩后一年内或中止妊娠后 6 个月内，男方不得提出离婚。但在此期间如果女方提出离婚的，或人民法院认为确有必要受理男方离婚请求的，不在此限。

（二）离婚的程序

离婚因有两种不同情况而分两种程序。一为如双方自愿离婚，可到婚姻登记机关办理离婚登记手续，从而解除婚姻的程序，叫协议离婚程序。婚姻登记机关当然也应对离婚协议的达成进行严格的审查，并同时进行调解，如双方没有和好可能，且对子女和财产问题作了适当处理，应准予登记，并发给离婚证书。一为配偶一方要求离婚，而他方不同意离婚，则可直接诉请人民法院进行判决。人民法院在受理此类案件时，应首先进行调解（乃审理离婚案件的必经程序），调解不成，应根据上面讲到的夫妻感情是否破裂，作出准或不准离婚的判决。

（三）离婚的法律后果

男女双方离婚后，夫妻关系即告解除，相互扶养义务终止，相互继承财产的权利丧失，同时双方恢复结婚自由。离婚后，男女双方自愿恢复夫妻关系的，必须到婚姻登记机关进行复婚登记。夫妻双方与所生子女间的父母子女关系不因父母离婚而消除。离婚后，子女无论由父或母直接抚养，仍是父母双方的子女。父母对于子女仍有抚养和教育的权利和义务。哺乳期内的子女，以随哺乳的母亲抚养为原则。哺乳期后的子女，如双方因抚养问题发生争执不能达成协议时，由人民法院根据子女的权益和双方的具体情况判决。如一方已绝育，要求抚养子女时，应予照顾。如子女有选择能力时，应尊重子女的意见。

离婚后，一方抚养的子女，另一方应负担必要的生活费和教育费的一部或全部，负担费用的多少和期限的长短，由双方协议；协议不成时，由人民法院判决。关于子女生活费和教育费的协议或判决，不妨碍子女在必要时向父母任何一方提出超过协议或判决原定数额的合理要求。

新婚姻法第 38 条增加了离婚后父母对子女的探望权的规定："离婚后，不直接抚养子女的父或母，有探望子女的权利，另一方有协助的义务。行使探望权利的方式、时间由当事人协议；协议不成时，由人民法院判决。父或母探望子女，不利于子女身心健康的，由人民法院依法中止探望的权利；中止的事由消失后，应当恢复探望的权利。"

离婚不仅解除了夫妻间人身关系，而且终止了夫妻间的则产关系。离婚时，夫妻的共同财产由双方协议处理；协议不成时，由人民法院根据财产的具体情况，照顾子女和女方权益的原则判决。夫或妻在家庭土地承包经营中享有的权益等，应当依法予以保护。夫妻书面约定婚姻关系存续期间所得的财产归各自所有，一方因抚育子女、照料老人、协助另一方工作等付出较多义务的，离婚时有权向另一方请求补偿，另一方应当予以补偿。

离婚时，原为夫妻共同生活所负的债务，应当共同偿还。共同财产不足清偿的，或财产归各自所有的，由双方协议清偿；协议不成时，由人民法院判决。在确定哪些是夫妻共同财产时，还要注意区分家庭财产和夫妻共同财产。前者是家庭成员的共同财产和各自所有财产的总和，它包括：夫妻共同财产，夫妻个人所有财产，子女通过继承、受赠所得的财产，其他家庭成员的个人所有财产，以及全体家庭成员的共有财产。离婚时供分割或供清偿夫妻共同债务的，只有其中的夫妻共同财产。

离婚时，如一方生活困难，另一方应从其住房等个人财产中给予适当帮助。具体办法由双方协议；协议不成时，由人民法院判决。这不应被看成是夫妻相互扶养义务的延续，而只是原来婚姻关系派生出来的一种经济帮助责任，它的适用必须符合一定的条件。

四、父母子女关系

(一) 父母子女关系概说

父母子女关系可简称为亲子关系。它包括父母与婚生子女的关系，父母与非婚生子女关系，养父母子女关系，继父母子女关系等不同种类。这些不同种类的父母子女关系，大别之，一类为自然血亲的父母子女关系，一类为拟制血亲的父母子女关系。

此外，还可在父母子女关系的内容上把它作父母对子女的亲权关系和父母子女间的其他法律关系的划分。其中，亲权关系无疑是父母子女间最为重要的法律关系。而所谓亲权，乃指父母对未成年子女的人身和财产方面的权利和义务。

亲权包括对子女人身和财产两方面的内容。在西方法学中，如住所指定权、职业许可权、法定代理和同意权、惩戒权及子女交还请求权等均属于亲权的人身方面的内容。而父母对子女财产依法所享有的管理权、使用收益权（用于子女的生活抚养和教育)、处分权则均属于亲权的财产方面的内容。亲权可因被剥夺、失去行为能力、辞去及转移于他人等原因而丧失。

我国目前在立法上不使用亲权这一概念，但父母子女关系也包括人身和财产两方面的内容。如我国法律规定，“父母有管教和保护未成年子女的权利和义务。在未成年子女对国家、集体或他人造成损害时，父母有赔偿经济损失的义务”；“未成年人的父母是未成年人的监护人”；“监护人应当履行监护职责，保护被监护人的人身、财产及其他合法权益”；“父母不履行抚养义务时，未成年的或不能独立生活的子女，有要求父母付给抚养费的权利”等。无劳动能力的或生活困难的父母，有要求子女付给赡养费的权利。

禁止溺婴、弃婴和其他残害婴儿的行为。子女可以随父姓，可以随母姓。

父母和子女有相互继承遗产的权利。

父母子女之间的上述权利义务关系，同样适用于生父母与非婚生子女、养父母与养子女、继父母与受其抚养教育的继子女之间。

子女应当尊重父母的婚姻权利，不得干涉父母再婚以及婚后的生活。子女对父母的赡养义务，不因父母的婚姻关系变化而终止。

(二) 父母与婚生子女和非婚生子女的关系

所谓婚生子女，一般是指在婚姻关系存续期间所生的子女。

所谓非婚生子女，即指婚姻关系外受胎所生的子女。最高人民法院在 1974 年的一个专门复函中，便称“非婚生子女系指非夫妻关系的男女所生的子女”，亦即未婚男女，或已婚男女与别人发生不正当性行为所生的子女均为非婚生子女。

我国目前也无关于非婚生子女准正或认领的具体规定。但非婚生子女因生父母的事后结婚而取得婚生地位，当不待言。至于生父母如未结婚，其生母的确定应以分娩的事实为准，而生父则或由自己表示确认，或由生母提出证据加以证明，亦可确认。

在我国“非婚生子女享有与婚生子女同等的权利，任何人不得加以危害和歧视”。如生父未与非婚生子女共同生活，则依婚姻法，他仍“应负担子女必要的生活费和教育费的一部或全部，直至子女能独立生活为止”。

（三）养父母和养子女、继父母和继子女的关系

1. 养父母和养子女关系

养父母和养子女关系因收养的成立而发生。一般认为，凡依照法律规定领养他人子女为自己子女的法律行为，称为收养。它是通过法律程序，在收养人和被收养人之间创设拟制的血亲关系（或称“法亲”）的一种制度。

在我国，为了保护儿童的合法权益，也设立有收养制度。1991 年颁布并于 1998 年修正的《收养法》，对此作了全面的规定。

关于收养关系当事人的条件，收养法从被收养人、收养人和送养人三个方面作了规定。被收养人的条件是：年龄未满 14 周岁；丧失父母的孤儿或查找不到生父母的弃婴和儿童；生父母有特殊困难无力抚养的子女（第 4 条）。收养人的条件是：无子女（华侨收养三代以内旁系血亲的子女，可不受限制）；有抚养教育被收养人的能力；未患有在医学上认为不应当收养子女的疾病；年满 30 周岁（第 6 条）。收养三代以内同辈旁系血亲的子女，可以不受该法的第 4 条第 3 款、第 5 条第 3 款、第 9 条和被收养人不满 14 周岁的限制。收养法第 9 条规定，无配偶的男性收养女性的，双方年龄差应在 40 周岁以上。收养人只能收养一名子女。但收养孤儿、残疾儿童或者社会福利机构抚养的查找不到生父母的弃婴和儿童，可以不受收养人无子女和收养 1 名的限制。有配偶的人收养子女，必须夫妻共同收养。送养人的条件是：生父母送养子女，也必须共同送养（生父母一方不明或者查找不到的例外）。孤儿的监护人、社会福利机构和有特殊困难无力抚养子女的生父母可为送养人（第 5 条第 1、2、3 款）。

收养必须经双方同意。收养法规定，收养人收养与送养人送养，须双方自愿。收养年满 10 周岁以上未成年人的，应当征得被收养人的同意。监护人送养未成年孤儿的，须征得有抚养义务的人同意。继父或者继母经继子女的生父母同意，可以收养继子女。

收养关系的成立必须具备法律规定的形式要件。收养法规定，国内收养关系成立的法定程序是：收养关系当事人愿意订立收养协议的，可以订立收养协议。收养关系当事人各方或者一方要求办理收养公证的，应当办理收养公证。收养应当向县级以上人民政府民政部门登记。收养查找不到生父母的弃婴和儿童的，办理登记的民政部门应当在登记前予以公告。

我国收养法第 21 条还专门对涉外收养关系成立的法定程序作出了具体的规定：

(1) 外国人在我国收养子女，应当经其所在国主管机关依照该国法律审查同意。(2) 收养人应当提供由其所在国有权机构出具的有关收养人的年龄、婚姻、职业、财产、健康、有无受过刑事处罚等状况的证明材料，该证明材料应当经其所在国外交机关或者外交机关授权的机构认证，并经中国驻该国使领馆认证。(3) 收养人应当与送养人订立书面协议，亲自向省级人民政府民政部门登记。

收养关系一经成立，便在收养人与被收养人之间发生养父母子女关系。收养法规定，自收养关系成立之日起，养父母和养子女之间的权利义务关系，适用法律关于父母子女关系的规定；养子女与养父母的近亲属间的权利义务关系，适用法律关于子女与父母的近亲属关系的规定。同时，养子女与生父母及其他近亲属间的权利义务关系，因收养关系的成立而解除。

收养关系可基于一定的法律事实而解除。解除收养关系的方式主要有以下几种：一是收养人与送养人协议解除（但养子女年满10周岁时，应征得本人同意）；一是送养人单方解除（以收养人不履行收养义务，有虐待、遗弃等侵害未成年养子女合法权益行为为条件）；一是养父母与成年养子女协商解除（以关系恶化，无法共同生活为条件）。当事人协议解除收养关系的，应当到民政部门办理解除收养关系的登记。若当事人不能达成解除收养关系协议的，可以通过向人民法院起诉解决。自收养关系解除之日起，未成年养子女与其生父母间的权利义务关系以及与生父母的近亲属间的权利义务关系自行恢复；已成年的养子女与生父母及其近亲属间的权利义务关系是否恢复，由他们协商确定。

收养关系解除后，经养父母抚养的成年养子女，对缺乏劳动能力又缺乏生活来源的养父母，应当给付生活费。因养子女成年后虐待、遗弃养父母而解除收养关系的，养父母可以要求养子女补偿收养期间支出的生活费和教育费。因生父母要求解除收养关系的，则上述支出费用应由生父母支付，但因养父母虐待、遗弃养子女而解除收养关系的除外。

2. 继父母和继子女关系

继父母继子女关系是因生父或生母再婚从而使子女对后婚配偶所形成的关系。大体有以下三种不同的情况：一是子女成年并独立生活，父或母再婚；一是子女未成年或未独立生活，父或母再婚，未受继父或继母的抚养教育；一是子女未成年或未独立生活，父或母再婚，受继父或继母抚养教育。在第三种情况下，继父母继子女间同时又等于形成了事实收养关系。

根据我国婚姻法的规定，“继父母与继子女间不得虐待或歧视”。同时，凡继父母与受其抚养教育的继子女之间的权利关系，应适用该法对父母子女关系的有关规定，亦即只有在有抚养教育关系的继父母继子女间，其权利义务关系才适用父母子女关系的规定。因而不存在这种关系的继父母和继子女之间，仅为姻亲关系。

五、扶养

扶养是根据身份关系，在一定的亲属间有经济能力的人对于无生活能力者给予扶助以维持其生活的一种法律制度。所以，扶养具有以下法律特征：（1）扶养只在法律规定的一定亲属之间成立，法律规定以外的亲属或他人之间，即使在生活上提供了生活扶助，也只具有慈善和友谊的性质，而不是一种法律上的义务。同时，即使因订立遗赠扶养协议或因侵权而承担了扶养义务或扶养责任，也不是这里所讲的扶养。（2）扶养关系只发生于一方有扶助能力而他方有受扶养的必要的一定亲属之间。

对于哪些亲属之间应承担相互扶养的义务以及扶养的顺序，各国法律规定不尽相同。

扶养有配偶之间的扶养、父母和子女之间的扶养和其他亲属之间的扶养。在我国立法中，有时因主体之间关系的不同，常分别使用扶养、抚养、赡养等术语。如根据我国婚姻法的规定，“夫妻有互相扶养的义务；一方不履行扶养义务时，需要扶养的一方，有要求对方付给扶养费的权利”。“父母对子女有抚养教育的义务；子女对父母有赡养扶助的义务。”“有负担能力的祖父母、外祖父母，对父母已经死亡或父母无力抚养的未成年的孙子女、外孙子女，有抚养的义务。有负担能力的孙子女、外孙子女，对于子女已经死亡或子女无力赡养的祖父母、外祖父母，有赡养的义务。”“有负担能力的兄、姐，对于父母已经死亡或父母无力抚养的未成年的弟、妹，有扶养的义务。由兄、姐扶养长大的有负担能力的弟、妹，对于缺乏劳动能力又缺乏生活来源的兄、姐，有扶养的义务。”

六、违反婚姻法的救助措施与法律责任

新婚姻法增加了“救助措施与法律责任”一章，作为第5章，其中绝大部分为新增内容，主要包括：

——实施家庭暴力或虐待家庭成员，受害人有权请求居民委员会、村民委员会以及所在单位予以劝阻、调解。对正在实施的家庭暴力，受害人有权请求居民委员会、村民委员会予以劝阻；并有权请求公安机关予以制止。实施家庭暴力或虐待家庭成员，受害人提出请求的，公安机关应当依照治安管理处罚的法律规定予以行政处罚（第43条）。

——对遗弃家庭成员，受害人有权请求居民委员会、村民委员会以及所在单位予以劝阻、调解。对遗弃家庭成员，受害人提出请求的，人民法院应当依法作出支付扶养费、抚养费、赡养费的判决（第44条）。

——对重婚的，对实施家庭暴力或虐待、遗弃家庭成员构成犯罪的，依法追究刑事责任。受害人可以依照刑事诉讼法的有关规定，向人民法院自诉；公安机关应

当依法侦查，人民检察院应当依法提起公诉（第45条）。

——因重婚，有配偶者与他人同居，实施家庭暴力，虐待、遗弃家庭成员而导致离婚的，无过错方有权请求损害赔偿（第46条）。

——离婚时，一方隐藏、转移、变卖、毁损夫妻共同财产，或伪造债务企图侵占另一方财产的，分割夫妻共同财产时，对隐藏、转移、变卖、毁损夫妻共同财产或伪造债务的一方，可以少分或不分。离婚后，另一方发现有上述行为的，可以向人民法院提起诉讼，请求再次分割夫妻共同财产。人民法院对前款规定的妨害民事诉讼的行为，依照民事诉讼法的规定予以制裁（第47条）。

——对拒不执行有关扶养费、抚养费、赡养费、财产分割、遗产继承、探望子女等判决或裁定的，由人民法院依法强制执行。有关个人和单位负协助执行的责任（第48条）。

第八节 继 承 法

一、继承法概述

（一）继承法的概念

继承是指基于一定亲属关系于被继承人死亡后承受其遗产的制度。在继承关系中，遗产承受人为继承人。而继承权即指公民基于一定亲属关系对死者遗产所享有的一种承受的权利。

继承因被继承人死亡（包括自然死亡和宣告死亡）而开始，且继承人与被继承人之间必有一定的亲属关系。而继承的财产，一般应既包括权利，也包括义务，即所谓不分财产的种类，不分财产上的权利和义务，均应由继承人继承。

继承法上的权利，属于继承人的主要有继承权、继承权于被侵害时的回复请求权、继承的承认和抛弃的权利以及关于特留份的权利等；属于被继承人的主要有继承人指定权，取消继承人继承权的权利以及遗嘱及其撤消权等。此外，依我国继承法，继承人以外的依靠被继承人扶养的缺乏劳动能力又无其他生活来源的人以及受遗赠人等也享有一定的权利。

依我国继承法的规定，可以享有继承权的人包括：死者的配偶、子女、父母以及兄弟姐妹、祖父母、外祖父母。但在法定继承的情况下，他们只能依法定的顺序取得继承权。而且能成为继承人的人，如有下列行为之一的，丧失继承权：（1）故意杀害被继承人的；（2）为争夺遗产而杀害其他继承人的；（3）遗弃被继承人，或者虐待被继承人情节严重的；（4）伪造、篡改或销毁遗嘱情节严重的。无行为能力人的继承权、受遗赠权，由他的法定代理人代为行使。限制行为能力人的继承权、受遗赠权，由他的法定代理人代为行使，或征得法定代理人同意后行使。

在我国，能成为遗产而为公民继承的，是“公民死亡时遗留的个人合法财产”，包括：公民的收入；公民的房屋、储蓄和生活用品；公民的林木、牲畜和家禽；公民的可依法继承的文物、图书资料；法律允许公民所有的生产资料；公民的著作权、专利权中的财产权利；公民的其他合法财产。

（二）我国继承法的基本原则

我国继承法虽未专门系统地规定处理遗产继承的基本原则，但从宪法、民法通则和继承法的有关规定来看，以下各项应是处理遗产继承的基本原则：

第一，国家依法保护公民私有财产的继承权。这是我国宪法所确立的原则，在民法通则中，则以“公民依法享有财产继承权”的规定加以表述。《中华人民共和国继承法》正是依据这一宪法原则而制定的。

第二，男女继承权平等。这在我国继承法第9条中作了明确的规定。其具体内容应包括：继承人资格及继承顺序和遗产分配，均不受继承人性别的影响，代位继承也不因性别而有差异；男女均有同等地接受或放弃继承遗产的权利；丧偶儿媳对公婆尽了主要赡养义务的，应列入第一顺序继承人；不得干涉丧夫配偶携带所继承的财产改嫁他人。此外，继承法上的这一原则在文字表述上虽是就继承权讲的，但应认为同样包括男女均有同等的通过遗嘱处理属于自己的遗产的权利。

第三，权利与义务相一致。根据这一原则，继承人既有接受被继承人遗留下来的财产的权利，同时也有在所得遗产的实际价值范围内继承被继承人依法应缴纳的税款和所负债务的义务；遗产虽原则上应均等分配，但对被继承人尽了主要扶养义务的继承人可以适当多分，应尽而未尽扶养义务的继承人可以适当少分甚至不分；继承人遗弃或虐待被继承人的，丧失其继承权等。但有扶养能力和条件且愿尽扶养义务的继承人，只因被继承人有固定收入和劳动能力并明确表示不要求其扶养的，分配遗产时，一般不应因此而影响其应继承份额。

第四，养老育幼、保护老人和儿童合法权益。除前面已讲到的有关内容外，这一原则还体现在公民有权同法定继承人范围以外的其他人签订遗赠扶养协议以及给尚未成年无独立生活能力的继承人以适当照顾和为未出生胎儿保留应继份等规定上。

第五，互谅互让、和睦团结、协商处理遗产分配。继承法规定，遗产分割的时间、办法和份额，均应首先通过继承人协商确定，如果协商不成时，则可请求人民调解委员会调解或向人民法院起诉。

二、法定继承

（一）法定继承的概念

法定继承是与遗嘱继承相对称的一种继承制度。在普通法国家，常称为无遗嘱继承，它是指继承人的范围、顺序以及遗产的分配均由法律直接加以规定的继承。由于法定继承是仅于被继承人无遗嘱时方予适用的继承，因而遗嘱继承、遗赠扶养协议和遗赠的效力均优先于法定继承。

根据继承法的规定，法定继承适用于以下情况的遗产：(1) 公民生前未立遗嘱和与他人订立遗赠扶养协议加以处分的遗产；(2) 遗嘱继承人放弃继承或受遗赠人放弃受遗赠的遗产；(3) 遗嘱处分无效，包括遗嘱继承人、受遗赠人先于立遗嘱人死亡的遗产；(4) 遗嘱继承人丧失继承权，受遗赠人丧失受遗赠权的遗产；(5) 遗嘱部分无效所涉及的遗产；(6) 遗嘱未处分的遗产等。

（二）法定继承人的范围和顺序

法定继承人的范围是指法律直接规定在被继承人无遗嘱或遗嘱无效时能对遗产享有继承权的人的范围。在法律所规定的这个范围中的人即法定继承人。

对法定继承人的范围，有的国家规定颇宽，而有的国家则规定较窄。我国则只规定，仅配偶、子女、父母、兄弟姐妹、祖父母、外祖父母为法定继承人。

配偶包括经确认有效的事实婚姻中的配偶；已进行结婚登记但尚未同居的配偶或新婚不久一方死亡其存活的配偶；感情不和法院已判决离婚，在上诉期间一方死亡其存活的配偶。

子女包括婚生和非婚生子女、养子女以及有扶养关系的继子女。且依继承法第12条及最高人民法院《关于贯彻执行〈中华人民共和国继承法〉若干问题的意见》，丧偶儿媳对公婆、丧偶女婿对岳父、岳母，无论其是否再婚，只要尽了主要赡养义务，应作为第一顺序继承人。

父母包括生父母、养父母、有扶养关系的继父母。且根据最高人民法院上述《意见》有扶养关系的继父母和继子女之间发生了继承关系后，均不影响他们对亲生子女和生父母的继承权。

兄弟姐妹包括同父母的兄弟姐妹，同父异母或者同母异父的兄弟姐妹，养兄弟姐妹，有扶养关系的继兄弟姐妹。

为了使遗产的分配不至过分分散，而且考虑到继承人与被继承人的亲属关系中的亲疏不同、共同生活的情况不同和经济上相互依赖的程度不同，我国继承法将法定继承人划分为两个不同顺序。属于第一顺序的为配偶、子女、父母；属于第二顺序的是兄弟姐妹、祖父母、外祖父母。只要被继承人生前未有遗嘱，继承开始后，有第一顺序的继承人存在且未放弃继承权，则遗产应由他们中的未丧失继承权的人继承。只有在无第一顺序继承人或第一顺序继承人均放弃或丧失了继承权，遗产才由第二顺序继承人继承。

（三）代位继承和转继承

被继承人的子女先于被继承人死亡的，由被继承人的死亡子女的晚辈直系血亲取代其地位而继承被继承人的遗产的制度叫代位继承。代位继承人一般只能继承其父或母有权继承的遗产份额。

代位继承中所称的被继承人死亡子女的晚辈直系血亲包括晚辈直系养亲和有扶

养关系的直系继亲。而且代位继承不受辈份的限制，孙子女、外孙子女、曾孙子女、外曾孙子女都可依次取得代位继承权。但是继承人丧失继承权的，其晚辈直系血亲不得代位继承，如果他们缺乏劳动能力又无生活来源，或对被继承人尽赡养义务较多的，可适当分给部分遗产。丧偶儿媳对公婆或丧偶女婿对岳父母尽了主要赡养义务从而取得了第一顺序继承人资格的，不影响其子女的代位继承权。

根据继承法，继承从被继承人死亡时开始。但如继承已经开始，继承人已取得了实际继承遗产的权利，却在遗产分割前死亡，他的这份应得的遗产应由其法定继承人或遗嘱继承人继承，这种继承，便叫转继承。他的法定继承人或遗嘱继承人对他原本应取得而尚未取得的遗产的继承权，也不得被非法剥夺。显然，这种转继承和代位继承是不同的。

（四）应继份和特留份

在法定继承中，若同一顺序有两个或两个以上的继承人，他们在被继承人遗产中应当继承的份额，叫作法定应继份。在遗嘱继承中，继承人根据立嘱人的指定应继承的份额，叫作指定应继份。指定应继份是在不违反法律关于特留份的规定的限度内，根据遗嘱对特定的继承人继承份额所作的适当增加或削减。在被继承人未以遗嘱为应继份的指定时，或指定应继份的遗嘱为无效或被撤销时，均应依法定应继份处理。

在我国，法定应继份一般应按同一顺序的多数继承人平均分配遗产的原则处理，但如法律规定某些人于特定条件下应适当多分给或少分给遗产的，应依法律规定。

公民虽有通过遗嘱处分自己财产的自由，但是法律为了保护某些继承人的利益，规定被继承人必须为他们留下的一定的财产，这就是所谓的特留份。所以，特留份与应继份是不同的，它具有以下主要法律特征：（1）特留份为不可通过遗嘱处理的法定继承份额；（2）特留份只以积极财产为计算基础，即特留份不伴有义务。

我国法律关于必须为胎儿保留的继承份额的规定，关于遗嘱人未保留缺乏劳动能力无生活来源的继承人的继承份额，在遗产处理时，应当为该继承人留下必要的遗产的规定，便均属有关特留份的制度。

（五）相互有继承权的数人同时死亡所发生的遗产继承问题

继承关系即因被继承人死亡而发生，如果遇有相互有继承权的数人于同一事件中死亡而不能依事实判定谁死在后时，为了解决他们的遗产继承问题，各国法律均有有关的推定制度。我国最高人民法院上述《意见》规定，相互有继承关系的几个人在同一事件中死亡，如不能确定死亡先后时间的，推定没有（其他）继承人的先死；死亡者各自均尚有（其他）继承人的，如死者辈份不同，推定长辈先死；死者辈份相同，则推定同时死亡，彼此不发生继承关系，遗产由他们各自的其他继承人继承。

三、遗嘱和遗嘱继承

(一) 遗嘱和遗嘱继承的概念

遗嘱是死者生前所为的处理其死后遗产的单方法律行为。因死者生前所立遗嘱而发生的遗产继承叫遗嘱继承。遗嘱继承和法定继承的区别首先表现在，法定继承仅因被继承人死亡这一个法律事实即可发生，而遗嘱继承则除此以外尚需有被继承人生前立有遗嘱这个法律行为才能发生。其次，遗嘱指定的继承人可以是法定继承人中的任何一人或数人，并不受法定继承人顺序的限制。最后，遗嘱继承除法定应保留特定继承人的特留份以外，其他财产也不受法定继承应继份的限制。此外，被继承人还可在生前订立遗嘱，将其遗产赠送给法定继承人以外的国家、集体或其他人。

在遗嘱中，立嘱人可以对指定的继承人和受遗赠人加予一定的义务。而且依最高人民法院上述《意见》，附义务的遗嘱继承或遗赠，如义务能够履行而继承人或受遗赠人无正当理由不履行的，经受益人或其他继承人的请求，人民法院可以取消他接受附义务的那部分遗产的权利，而由提出请求的继承人或受益人负责按照遗嘱人的意志履行义务，接受遗产。

(二) 遗嘱的种类及其成立条件

遗嘱是一种要式法律行为，必须按照法律规定的一定形式作出方为有效。我国继承法规定了五种遗嘱形式：(1) 公证遗嘱。这是立嘱人立嘱后交公证机关公证或自己在公证机关办理的遗嘱。(2) 自书遗嘱。亦称亲笔遗嘱，据最高人民法院上述《意见》，公民在亲笔遗嘱中对死后财产作出的处分，确为死者真实意思的表示，有本人的签名并注明了年、月、日，又无相反证明的，可按其自书遗嘱对待。(3) 代书遗嘱。立嘱人当面口述，由他人代笔记录而成的，记录之后应向立嘱人宣读经其确认为无误，在遗嘱上签名，并经包括代书人在内的两个以上的见证人在场见证签名，即属有效。(4) 录音遗嘱。也得有两个以上的见证人在场见证。(5) 口头遗嘱。仅在立嘱人处于危急情况下允许采用，也得有两个以上的见证人在场。且于危急情况消除后，遗嘱人已能使用书面遗嘱或录音遗嘱的，所立口头遗嘱无效。

不能担任遗嘱见证人的有：无行为能力人或限制行为能力人；继承人和受遗赠人；与继承人或受遗赠人有利害关系的人。

遗嘱有效成立的实质要件包括：(1) 立嘱人必须合格。立嘱人于立嘱时必须为完全行为能力人，至于立嘱后丧失行为能力则在所不问。反之，无行为能力人于立嘱后取得行为能力，原先所立遗嘱则属无效。(2) 立嘱人意思表示无瑕疵。即凡属受胁迫、欺骗而成立的遗嘱无效。伪造的遗嘱以及篡改了的遗嘱，其全部或被篡改部分均属无效。(3) 遗嘱内容必须合法。凡违背法律有关特留份的规定的遗嘱以及遗嘱人处分了属于国家、集体或他人所有的财产，这些部分均属无效。

（三）遗嘱的变更和撤销

变更或撤销已有效成立的遗嘱，属于被继承人的权利，为法律所允许，但必须符合法律的规定。立有数份遗嘱，内容相抵触的，以最后的遗嘱为准。但是自书、代书、录音、口头遗嘱不得变更或撤销公证遗嘱，而且相反，如公证遗嘱与其他形式遗嘱同时存在，以所立公证遗嘱为准，其他形式遗嘱无效。要变更或撤销公证遗嘱，得向公证机关提出有关的申请，并由公证机关退回原立遗嘱或将该申请附于原遗嘱方具效力。

此外，如立嘱人生前行为明显与其遗嘱中的意思表示相反，如已将遗嘱撕毁或焚烧，或确已使遗嘱处分的财产在继承开始前灭失、部分灭失或所有权已转移或部分转移，遗嘱视为已全部或其相应部分被撤销。

（四）遗赠和遗赠扶养协议

遗赠是指公民生前订立遗嘱，将个人所有的财产赠给国家、集体或法定继承人以外的人，待立嘱人死亡后才发生效力的单方法律行为。其法律特征为：(1) 遗赠是通过遗嘱实现的赠与行为，因而必为遗赠人生前作出的意思表示；(2) 遗赠是一种单方法律行为，它本身的有效成立仅取决于其是否具备形式要件和实质要件，并不以与受遗赠人意思表示一致为条件；(3) 遗赠只在遗赠人死亡时发生效力，因而与一般赠与不同，受遗赠人在遗赠人死前不能提出获取遗赠的请求；(4) 受遗赠人必须是国家、集体和法定继承人以外的人，如为法定继承人以内的人，则属于遗嘱继承而非遗赠；(5) 受遗赠人除立遗嘱人在遗赠中附加义务，因而必须于履行此项义务后才有权受领遗赠财产外，只享有接受遗赠的权利，而不负清偿立嘱人生前债务的义务。

遗赠扶养协议是公民与他人之间签订的协议，依照该协议，他人承担其生养死葬的义务，而于其死亡后，受领其遗赠财产。遗赠扶养协议的法律特征为：(1) 约定承担生养死葬义务的人是法定继承人以外且依法对立嘱人无扶养义务的任何人，包括集体（法人）和公民；(2) 它是一种双方的有偿法律行为，且以一方享有权利以向对方承担一定义务为前提；(3) 协议扶养人得享有的权利到立嘱人死亡时才能实现；(4) 立嘱人死亡前双方欲变更或撤销此种协议，亦应有双方的合意。

四、遗产的分割和无人继承财产

（一）遗产的分割

继承开始后，知道被继承人死亡的继承人应及时通知其他继承人和遗嘱执行人。继承人无人知道其死亡或虽知道而不能通知的，应由被继承人生前所在单位或住所地居（村）民委员会通知。存有遗产的人，应当妥善保管遗产，任何人不得侵吞或争抢遗产。

继承人如欲放弃继承，应于遗产处理之前作出放弃的表示，否则，视为接受遗产。受遗赠人在知道其受遗赠后两个月内，应作出接受或放弃的表示，到期未表示的，视为已放弃受遗赠。

遗嘱执行人应于确认遗嘱是否有效、遗嘱继承人是否已丧失继承权、遗嘱继承人或受遗赠人是否已先于遗嘱人死亡、遗嘱继承人或受遗赠人是否放弃继承和受领遗赠、遗嘱中是否已为应享有特留份的人保留了一定的遗产、被继承人是否生前与他人订立有遗赠扶养协议等情况后，按遗嘱所作出的处分或法律的规定分配遗产。

遗产分割应当有利于生产和生活需要，不损害遗产的实际效用。且应首先清偿被继承人生前依法应当缴纳的税款和债务（以遗产的实际价值为限，但继承人自愿偿付的不在此限）。

继承人在知道自己的继承权受到侵犯之日起二年内，有权向法院起诉请求保护。如因不可抗力不能行使此项权利时，应中止此项诉讼时效。但自继承开始之日起超过20年的，不得再提起诉讼。

（二）无人继承财产的处理

凡无人继承和受遗赠的财产，均属无人继承财产，在我国亦称绝产。一般发生于下列情况：既无法定继承人和指定继承人，也无受遗赠人；所有继承人、受遗赠人均放弃继承和受遗赠；继承人和受遗赠人的有无不明，经公告期满仍无人出面接受继承和遗赠。

依据我国继承法，无人继承的财产，应归国家所有。但死者生前为集体所有制组织成员的，其绝产应归集体所有制组织所有。

第九节　人　身　权

公民除享有各种财产方面的权利外，还享有各种人身权。人身权是指与公民人身不可分离或相联系而无直接的财产内容的各种权利。公民的人身权不仅受民法保护，而且还受其他有关部门法律（如刑法、行政法、环境法等）的保护。人身权可分为人格权和身份权。

一、人格权

人格权是公民作为民事主体必须享有因而由法律直接赋予的各种人身权利。作为民事主体的法人也享有人格权，但专属于自然人的某些人格权如生命权、健康权、肖像权等，法人并不享有。

（1）生命权。公民依法享有生命不受非法侵害的权利即生命权。它是公民人身权中最基本的权利，因为生命权受法律保护是使公民作为权利主体得以存在的物质前提。

（2）健康权。公民依法享有的身体健康不受非法侵害的权利即健康权。保护公民的健康权，就是保障公民身体机能及器官不受非法侵害。

民法通则对公民的生命权和健康权合并在一条中加以规定，明确指出："公民享有生命健康权"。

（3）姓名权和名称权。公民依法享有的决定、使用、改变自己姓名，并禁止他人干涉、盗用、假冒或侮辱的权利，即为公民的姓名权。法人、个体工商户、个人合伙则依法享有名称、商号权，且可依法转让自己的名称或商号。

（4）肖像权。肖像是公民形象的人工再现，即通过摄影、录像、绘画和雕塑等手段表现自己的形象。公民可以拥有自己的肖像，保护自己的肖像，以及决定让他人有偿或无偿使用自己的肖像，如未经公民本人同意，不得以营利为目的使用公民的肖像，即为公民的肖像权的内容。

（5）名誉权。法律禁止用侮辱、诽谤等方式，损害公民和法人的名誉，即公民和法人的人格尊严受法律的保护。

（6）荣誉权。公民和法人也享有荣誉权，亦即不得非法剥夺公民和法人已获得的荣誉尤其是荣誉称号。

二、身份权

人格权是与公民作为民事主体所必须具备的权利，而身份权则仅指公民作为民事主体因有某种特定的身份而依法产生或享有的权利。法人也可享有某些身份权。

身份权在一般民事生活中，主要表现为家庭法上的亲属权、监护权等。其次则表现为著作权、专利权、商标权、发明权、发现权中的人身权。法人虽不享有亲属权、监护权，但可在上述智力成果权中，在享有财产权的同时，也享有身份权。

第十节　诉讼时效和期限

一、诉讼时效概述

权利人经过法律规定的期限未行使自己的请求权，从而丧失向人民法院提起民事诉讼以请求保护其民事权利的制度，称为诉讼时效。

诉讼时效的法律特征为：（1）存在享有诉讼请求权的权利人未行使此种请求权的事实；（2）此种未行使其权利的时间已届法律所规定的期限；（3）其后果是除非义务人仍自愿履行其义务，权利人丧失请求人民法院保护的诉讼权利。

诉讼时效的作用不在于对不及时行使其权利的人进行惩罚，也不是给不及时履行其义务的人创造利益，而是为了求得民事生活的正常进行，督促权利人及时行使其权利，并便于人民法院进行审判活动。

但我国出于培养公民高尚道德的考虑，在民法通则规定诉讼时效制度的同时，规定“超过诉讼时效期间，当事人自愿履行的，不受诉讼时效限制”。但这已属于自然债务的范围，非法院强制执行的对象了。

由于社会生活情况复杂，法律往往规定有不同种类的诉讼时效。主要有：

（1）一般诉讼时效。一般诉讼时效又称普通诉讼时效，它是由民法统一规定的、适用于一般情况下的诉讼时效。如我国民法通则规定：“向人民法院请求保护民事权利的诉讼时效期间为二年，法律另有规定的除外”，即为我国民事生活中的一般诉讼时效期间。

（2）特殊诉讼时效。民法通则特别规定的和通过特别法规定的只适用于指定事项的诉讼时效为特殊诉讼时效。前者如民法通则第136条所规定的身体受到伤害要求赔偿的，出售质量不合格的商品未声明的，延付或拒付租金的，寄存财物被丢失或损毁的请求权，其诉讼时效期间为一年。后者如我国《合同法》所规定的，因国际货物买卖合同和技术进出口合同所产生的请求权，其诉讼时效期间为4年。

（3）最长诉讼时效。一般诉讼时效期间和特殊诉讼时效期间虽应从权利被侵害之日起算，但由于在实际生活中，权利人知道其权利受到侵害已不在其权利实际受到侵害以后的一年或两年之内，而是已经过了10多年甚至20年以上，事过境迁，情况可能已发生极大变化。因而，国家如果不规定一个最长的保护期限，便会使法律关系长期处于不确定、不安全状态，同时也给法院审判工作造成困难。为此，我国民法通则规定，如从权利被侵害之日起已超过20年的，人民法院不再予以保护。这个时效期间便是最长诉讼时效期间。但依民法通则的规定，这种最长诉讼时效期间，因有特殊情况（如战争或敌对状态的存在）使权利人不能行使请求权的，人民法院还可以予以延长。

二、诉讼时效的中止和中断

诉讼时效期间届满，能引起诉讼权利的消灭，因而诉讼时效从哪一天开始起算？在何种情况下，诉讼时效得中止或中断，在民事生活和诉讼程序中便具有重要意义。

总的来说，权利人知道或应该知道自己的权利被侵害的那一天（即权利人得而行使请求权的那一天），便是诉讼时效期间开始计算的时间。

但是，为了保护权利人的请求权不至因出现法定事由不可能在时效届满前行使而丧失，民法通则规定，在诉讼时效期间的最后六个月，因不可抗力或其他障碍不能行使请求权的，诉讼时效中止。从中止时效的原因消除之日起，诉讼时效期间继续计算。

在诉讼时效期间进行中，由于发生法定事由，使以前经过的时效期间统归无效，这叫诉讼时效的中断。能中断诉讼时效期间的法定事由，一为权利人向义务人提出请求（包括催告）或义务人同意履行义务，一为权利人提起诉讼。诉讼时效中断的法律后果是使已经过的诉讼时效期间统归消灭，并从中断之时起，诉讼时效期间重新计算。

三、期限

（一）期限的概念和分类

期限，指权利义务产生、变更和终止的时间。

按照不同的标准，期限可作不同的分类：

1. 依静态或动态来表示时间为标准，期限可分为期日和期间。（1）期日。即一定的时间点，是指不可分的或者视为不可分的一定时间。如2003年11月20日、2003年11月20日下午5点等。（2）期间。指一定的时间段，即自某期日始至另期日止的时间段。如1996年5月10日至7月10日等。

2. 依确定的根据不同，期限可分为法定期限、指定期限和约定期限。（1）法定期限。是由法律直接规定的期限，如时效期间即是。（2）指定期限。是由法院或有关机关确定的期限。如法院或仲裁机关指定的债务履行期日或期间、宣告死亡的期日即是。（3）约定期限。是当事人自行约定的期限，如附期限法律行为中所附的期限即是。

（二）期限的确定和计算

1. 期限的确定

期限的确定方法有：（1）规定日历上的某一具体时刻为期限。（2）规定一定的具体时间段为期限。（3）规定某一必然发生的事件的发生时刻为期限。（4）规定以当事人提出请求的时间为期限。

2. 期限的计算

期日为不可分的特定时间点，不发生计算问题。

期间为一定的时间段，存在计算方法问题。民法通则规定，其所称的期间按照公历年、月、日、小时计算。规定按照小时计算期间的，从规定时开始计算。规定按照日、月、年计算期间的，开始的当天不算入，从下一天开始计算。期间的最后一天是星期日或者其他法定休假日的，以休假日的次日为期间的最后一天。期间的最后一天的截止时间为24点。有业务时间的，到停止业务活动的时间截止。

民法所称的“以上”、“以下”、“以内”、“届满”，包括本数；所称的“不满”、“以外”，不包括本数。

第八章　商　法　学

第一节　商法概说

一、商法的概念和特征

商法又称商事法，是与民法并列并互为补充的部门法，是调整经济关系中商自然人、商业组织的商业活动（即商人和商行为）的法律规范的总称。

从商法的历史发展进程来看，在其原本的意义上，它所指称的“商”，仅限于以营利为目的的财货的直接交易行为，学说上称之为“固有商”。但由于商品生产的规模不断扩大和社会分工的不断细化，相继出现了为财货交易服务的其他各种商业行为，如：运输、仓储、居间、行纪、代理等“第二种商”；如银行、信托、加工承揽等“第三种商”；以及如广告、信息咨询、保险、旅店、饮食服务等“第四种商”，并进而有“无业不商”之称。

商法的内容也在不断扩展。在传统上，商法的内容主要包括商人和商组织、商行为（而在商行为中，买卖行为又居首位）、商业登记、商业账簿、公司法、票据法、保险法、海商法、破产法等分属于商法总论和商法分论的法律制度。到现在，证券法、信托法和期货交易法等也已被纳入商法的范围。

关于商法的特征，一般认为，可以概括为三点：（1）商法也与民法一样，属于私法。但商法中也包括许多具有公法性质的规范与制度，尤其是调整商业登记和商业账簿的法律规范多为公法规范。（2）商法属于特别法。其之所以具有特别法的性质，乃指其与民法的关系而言。在各种商法中有规定的，得优先适用商法中的规定；而商法中无规定的，则应适用民法的规定。（3）商法具有较明显的国际性。现代各国商法中的许多制度，都是从中世纪地中海沿岸国家中盛行于商人社会的“商人法”或“商事习惯法”发展而来的，因此各国商法中多有一致的地方。目前各国适用统一的商事惯例或统一的国际立法也是十分普遍的现象。这主要是由于商业活动很少受到国界的限制。

二、商法的存在形式及其与邻近法律部门的关系

依商法规范的存在形式，商法与民法一样也可分为形式意义上的商法和实质意义上的商法。前者乃指以“商法典”形式存在的商法，而后者则指一切以商事关系为调整对象的法律规范，这种实质意义上的商法是在任何一个国家（不论其是否为成文法国家，亦不论其是否采民商合一的体制）都存在的。

对于商法的编纂，有以“商人”为根基的，被称为“主观主义”，有以“商行为”为根基的，被称为“客观主义”。依前者时，则商法仅指“商人”之法，它以不适用于商人以外的人为原则，即对同一行为，商法仅对商人适用，对非商人则适用民法中其他相关法律。在取此制度的国家中，有的国家专为商人特设商事裁判所或商事法庭（如法国）。依后者时，则不但对以商行为为业者称商人，适用商人法，对不以商行为为业者，虽非商人，也同样适用商法。

在现代社会，商法不但与民法关系密切（它们同属私法，且为一般法与特别法的关系），而且与经济法也有密切的联系。因为商行为不仅涉及其相对人的利益，亦涉及整个社会的市场与经济秩序。其具体表现就是对商事主体、商事行为、商事关系，国家均有各种具有公法性质的经济法规范加以调整。

本书限于篇幅的限制，将不涉及商法总论中的各种内容，而仅对公司法、破产法、保险法和票据法作一些基本的介绍。

第二节　公　司　法

一、公司法概述

公司是与独资企业、合伙企业相对应的企业组织形式，是指依照公司法投资设立的，采用股份有限公司或者有限责任公司形式的企业法人。

大陆法系传统公司立法一般将公司分为无限公司、两合公司、股份有限公司、股份两合公司、有限责任公司。我国现行公司法仅规定了股份有限公司和有限责任公司两种公司形式，此外，按照公司间组织关系的性质的不同，将公司分为总公司和分公司；按照公司间控制和依附关系标准，将公司分为母公司和子公司。

所谓总公司又称本公司，是指设立并管辖公司全部组织的具有法人资格的总机构；分公司是总公司的分支机构，不具有独立的法人资格，其民事责任由总公司承担。所谓母公司是指拥有其他公司一定比例的股份或者根据协议，能够对其他公司的人事、业务经营和财务等事项进行控制和支配的公司；子公司是指被母公司所控制的公司，但子公司具有企业法人资格，其民事责任一般依法由子公司自己承担。

公司法是规定公司的法律地位和调整公司内外部关系的法律规范的总称。我国

第一部公司法是1993年颁布，1994年施行的《中华人民共和国公司法》。该法施行后，为适应我国市场经济体制发展以及加入世界贸易组织等国内外新形势的需要，全国人大常委会分别于1999年、2004年、2005年，对公司法进行了三次修订。其中，2005年的修订在涉及面上为历次修订之最，在原来总共229个条文的基础上，删除46条，增加41条，修改的条款达137条，在修改理念和制度设计等方面实现了较多创新和突破。2005年公司法修改的主要内容包括：调低了对公司最低资本额标准，降低了设立公司的门槛；改善了公司治理结构方面的法律规范，强化了对公司股东尤其是中小股东的利益保护规范，允许公司章程对经营范围作出规定和调整，新增了公司社会责任、一人公司、控股股东义务等方面的规定。

二、有限责任公司

（一）有限责任公司概说

有限责任公司，简称有限公司，是由一定人数的股东依照公司法投资设立的，股东以其出资额为限对公司负责，公司以其全部资产对公司债务承担责任的企业法人。

有限公司具有以下法律特征：(1) 由定额股东所组成。关于有限公司的股东人数，各国大多有最高额限制，我国公司法规定有限公司的股东人数不得多于50人。(2) 股东以其出资额为限对公司负责。即各股东对公司负有出资义务，并以其出资额为限对公司的经营后果负责。(3) 兼有资合性和人合性。资合主要是指公司系以资本的构成和数额多寡作为公司赖以建立和存续并赖以赢得债权人信任的基础，人合是指公司主要是依靠组成公司的股东的个人人格信用作为公司赖以建立和存续并赖以赢得债权人信任的基础。有限公司性质上折中于无限公司的人合特性和股份有限公司的资合特性而别具一格，兼有两种公司的优点。除此之外，有限公司还具有封闭性（如经营状况和财务状况的不公开性）、设立程序简便、组织机构简单灵活、所有权和经营权分离程度较低等方面的特征。

有限公司是公司组织体系中产生最晚的一种公司形式，立法上最早见于1892年德国颁布的有限公司法，但又是各国发展最快、最具有生命力的公司，无论在数量上还是所拥有的资本额方面，有限公司有超过股份有限公司而呈现出进而不退的发展趋势。

（二）有限公司的设立

按国外有限公司立法通例及我国公司法的规定，有限公司只能采用发起设立的方式设立，即由全体发起人（全体股东）将公司确定的注册资本全部认足而设立公司，不向发起人之外的任何人募集资本。

设立有限公司应当具备以下条件：(1) 股东符合法定人数；(2) 股东出资达到法定资本最低限额；(3) 股东共同制定公司章程；(4) 有公司名称，建立符合有限公司要求的组织机构；（5）有公司住所。

根据公司法规定，有限公司由50个以下股东出资设立。2005年修订后的公司法取消了1993年公司法对有限公司股东人数2人以上的最低限额规定，首次在公司立法中规定了一人公司。依照第58条第2款规定，“本法所称一人有限责任公司，是指只有一个自然人股东或者一个法人股东的有限责任公司”。从实质意义上来说，修订前的公司法也存在一人公司的规定，即国有独资公司的规定，修订后的公司法延续了将国有独资公司作为有限公司的特殊类型予以规定的做法。

公司章程是公司设立必不可少的条件之一，它对公司以及公司股东、董事、监事、高级管理人员均有法律约束力。公司法规定，有限公司章程由全体股东制定，经全体股东一致同意，并在章程上签名、盖章。有限公司章程应当载明下列事项：公司名称和住所，公司经营范围；公司注册资本，股东的姓名或者名称，股东的出资方式、出资额和出资时间，公司的机构及其产生办法、职权、议事规则，公司法定代表人，股东会会议认为需要规定的其他事项。

有限公司必须在章程中确定公司的注册资本，公司法规定，有限公司注册资本的最低限额为人民币3万元，但法律、行政法规对有限公司注册资本的最低限额有较高规定的，则应遵照其规定。例如商业银行法、证券法对商业银行、证券公司注册资本最低限额作出了更高的规定。

按照公司法规定，有限公司的注册资本为在公司登记机关登记的全体股东认缴的出资额。公司全体股东的首次出资额不得低于注册资本的20%，也不得低于法定的注册资本最低限额，其余部分由股东自公司成立之日起两年内缴足；其中，投资公司可以在五年内缴足。但是，一人有限公司的注册资本最低限额为人民币十万元，股东应当一次足额缴纳公司章程规定的出资额。这一规定一改旧公司法根据公司经营类型和经营规模确定注册资本最低限额并要求一次性缴足的传统做法，不仅降低了公司设立的资本门槛，也放宽了缴纳资本的期限限制，体现了鼓励和方便投资经营，进一步推动中国经济持续发展的立法精神与旨趣。

关于有限公司股东的出资，公司法规定，股东可以用货币出资，也可以用实物、知识产权、土地使用权等可以用货币估价并可以依法转让的非货币财产作价出资；但是，法律、行政法规规定不得作为出资的财产除外。但为保证公司成立时能正常运转，公司法规定，全体股东的货币出资金额不得低于有限公司注册资本的30%。股东应当按期足额缴纳公司章程中规定的各自所认缴的出资额。股东以货币出资的，应当将货币出资足额存入有限公司在银行开设的账户；以非货币财产出资的，应当依法办理其财产权的转移手续。

股东的首次出资经依法设立的验资机构验资后，由全体股东指定的代表或者共同委托的代理人向公司登记机关报送公司登记申请书、公司章程、验资证明等文件，申请设立登记。法律、行政法规规定设立公司需要经有关部门审批的，应当在申请设立登记时提交批准文件。

公司登记机关对符合本法规定条件的，予以登记，发给公司营业执照；对不符合本法规定条件的，不予登记。公司营业执照签发日期，为有限公司成立日期。

有限公司成立后，应当向股东签发出资证明书。出资证明书应当载明下列事项：公司名称、公司成立日期、公司注册资本、股东的姓名或者名称、股东缴纳的出资额和出资日期、出资证明书的编号和核发日期。

公司法规定，有限公司成立后，发现作为设立公司出资的非货币财产的实际价额显著低于公司章程所定价额的，应当由交付该出资的股东补足其差额；公司设立时的其他股东承担连带责任。

（三）有限公司的股东

有限公司股东是组成该有限公司的出资人，既可以是自然人，也可以是法人。股东向公司出资后取得股东地位，股东依其地位享有股东权即股权。股东作为出资者按照投入公司的资本额享有所有者的资产受益、重大决策和选择管理者等权利。

股东的权利分为自益权和共益权两个方面。自益权是股东基于出资而单纯为自己的利益所享有的权利，也是股东出资的主要动因。股东的共益权是股东基于出资而参与公司管理和经营的权利，是股东为自己利益并同时为公司和全体股东的利益所享有的权利。具体说来，股东自益权包括：（1）利益分配权。股东按照实缴的出资比例分取红利。（2）剩余财产分配权。有限公司依法解散并对债权债务实施清算后，如果仍有剩余财产的，按照各股东的出资比例进行分配。（3）增资优先购买权。公司成立后的运营中，根据生产经营需要扩大规模而依法定条件和程序增加公司注册资本时，股东有权优先按照实缴的出资比例认缴出资。（4）出资转让权。股东可以将自己持有的出资份额的全部或部分转让给他人。有限公司股东的共益权主要有以下各项：（1）股东会会议的出席权和表决权。股东有权出席股东会会议，并按出资比例行使表决权（公司章程另有规定的除外）。（2）选举权和被选举权。当股东会会议选举董事、监事人选时，只要符合公司法规定的董事或监事的资格条件，股东均有权从股东中或股东以外的经营管理专家中选任董事或监事。（3）查阅、复制股东会会议记录和公司财务会计报告权。有限公司具有封闭性，不实行严格的公示主义，但股东会会议记录和财会账簿等文件应向股东公开。公司法规定，股东有权查阅、复制公司章程、股东会会议记录、董事会会议决议、监事会会议决议和财务会计报告。（4）股东会临时会议的提议召集权。股东会的首次会议由出资最多的股东召集和主持，临时股东会议可由代表1/10以上表决权的股东提议召开。

根据公司法规定，股东负有以下义务：（1）缴纳出资的义务。（2）出资填补义务。股东未缴足出资的，除应当向公司足额缴纳外，还应当向已按期足额缴纳出资的股东承担违约责任。非货币财产的实际价额显著低于公司章程所定价额的，应当由交付该出资的股东补足其差额；公司设立时的其他股东承担连带责任。(3)不得抽回出资的义务。(4) 转让出资不违反法定条件的义务。股东向股东以外的人转让股权的，除公司章程另有规定外，应当经其他股东过半数同意，股东应就其股权转让事项书面通知其他股东征求同意，其他股东自接到书面通知之日起满30日未答复的，视为同意转让，其他股东半数以上不同意转让的，不同意的股东应当购买该转让的股权，不购买的，视为同意转让，经股东同意转让的股权，在同等条件下，其他股东有优先购买权，两个以上股东主张行使优先购买权的，协商确定各自的购买比例；协商不成的，按照转让时各自的出资比例行使优先购买权。(5)请求起诉权和直接起诉权。董事、高级管理人员执行职务违反法律、行政法规、公司章程的规定，给公司造成损失的，股东可以请求监事会或者不设监事会的有限公司的监事对有关人员提起诉讼。监事给公司造成损失的，股东可以请求董事会(或者执行董事) 提起诉讼。监事会、监事、董事会、执行董事拒绝提起诉讼，或者情况紧急不立即提起诉讼将会使公司利益受到难以弥补的损害等情况下，股东可以直接提起诉讼。董事、高级管理人员违反法律、行政法规或者公司章程的规定，损害股东利益的，股东可以提起诉讼。

(四) 有限公司的股东会

有限公司股东会是由全体股东组成的公司的权力机构。由于股东会通过会议方式行使职权，因而为非常设机构。

根据公司法规定，股东会行使下列职权：(1) 决定公司的经营方针和投资计划；(2) 选举和更换非由职工代表担任的董事、监事，决定有关董事、监事的报酬事项；(3) 审议批准董事会的报告；(4) 审议批准监事会或者监事的报告；(5)审议批准公司的年度财务预算方案、决算方案；(6) 审议批准公司的利润分配方案和弥补亏损方案；(7) 对公司增加或者减少注册资本作出决议；(8) 对发行公司债券作出决议；(9) 对公司合并、分立、解散、清算或者变更公司形式作出决议；(10) 修改公司章程；(11) 公司章程规定的其他职权。

有限公司股东会会议一般分为首次会议、定期会议、临时会议。首次会议由出资最多的股东召集和主持，一般确定公司的设立、产生公司的组织机构及其人员构成和人选，共同推举履行公司设立登记的代表或共同委托指定代理人。定期会议由董事会召集，董事长主持。临时会议是因特殊情况或公司经营的需要而在定期会议以外由法定人员的提议而召开的临时不定期会议。公司法规定，代表1/10以上表决权的股东，1/3以上的董事，监事会或者不设监事会的公司的监事提议召开临时会议的，可以召开临时会议。股东会会议由董事长主持，董事长不能履行职务或者不履行职务的，由副董事长主持，副董事长不能履行职务或者不履行职务的，由半数以上董事共同推举一名董事主持。召开股东会会议，应当于会议召开15日以前通知全体股东(公司章程另有规定或者全体股东另有约定的除外)。

股东会决议分为普通决议和特殊决议。前者是对公司的一般事项所作的决议，其议决规则和表决程序由公司章程规定。后者是对公司增减注册资本、合并、分立、解散、变更公司形式、修改公司章程等特别事项所作的决议。公司法规定，股东会会议作出特别决议，必须经代表2/3以上表决权的股东通过。

公司法规定，一人公司不设股东会，由股东行使一般有限公司股东会的职权，但要求置备书面的决定并签名。国有独资公司不设股东会，由国有资产监督管理机构行使股东会职权。

（五）有限公司的董事会

董事会是由董事组成的公司的日常经营决策机关。公司法规定，有限公司设董事会，其成员为3～13人，股东人数较少或者规模较小的有限公司，可以设一名执行董事，不设立董事会。公司法定代表人依照公司章程的规定，由董事长、执行董事或者经理担任，执行董事可以兼任公司经理。董事任期由公司章程规定，但每届任期不得超过三年。董事任期届满，连选可以连任。

公司法同时规定，两个以上的国有企业或者其他两个以上的国有投资主体投资设立的有限公司，其董事会成员中应当有公司职工代表，董事会中的职工代表由公司职工通过职工代表大会、职工大会或者其他形式民主选举产生。董事会设董事长一人，可以设副董事长。董事长、副董事长的产生办法由公司章程规定。

董事会对股东会负责，行使以下职权：召集股东会会议，并向股东会报告工作；执行股东会的决议；决定公司的经营计划和投资方案；制定公司的年度财务预算方案、决算方案；制定公司的利润分配方案和弥补亏损方案；制定公司增加或者减少注册资本以及发行公司债券的方案；制定公司合并、分立、解散或者变更公司形式的方案；决定公司内部管理机构的设置；决定聘任或者解聘公司经理及其报酬事项，并根据经理的提名决定聘任或者解聘公司副经理、财务负责人及其报酬事项；制定公司的基本管理制度；公司章程规定的其他职权。

董事会会议由董事长召集和主持；董事长不能履行职务或者不履行职务的，由副董事长召集和主持；副董事长不能履行职务或者不履行职务的，由半数以上董事共同推举一名董事召集和主持。董事会应当对所议事项的决定作成会议记录，出席会议的董事应当在会议记录上签名。

公司法规定，有限公司可以设经理，由董事会决定聘任或者解聘。经理对董事会负责，行使下列职权：主持公司的生产经营管理工作，组织实施董事会决议；组织实施公司年度经营计划和投资方案；拟定公司内部管理机构设置方案；拟定公司的基本管理制度；制定公司的具体规章；提请聘任或者解聘公司副经理、财务负责人；决定聘任或者解聘除应由董事会决定聘任或者解聘以外的负责管理人员；董事会授予的其他职权。经理有权列席董事会会议。

（六）有限公司的监事会

监事会是监督公司业务和财务状况的常设机关。有限公司可以设立监事会，其成员不得少于3人。股东人数较少和规模较小的有限公司，可以设1～2名监事而不设监事会。监事会应当包括股东代表和适当比例的公司职工代表，其中职工代表的比例不得低于1/3，具体比例由公司章程规定。监事会中的职工代表由公司职工通过职工代表大会、职工大会或者其他形式民主选举产生。董事、高级管理人员不得兼任监事。

监事会设主席一人，由全体监事过半数选举产生。监事会主席召集和主持监事会会议；监事会主席不能履行职务或者不履行职务的，由半数以上监事共同推举一名监事召集和主持监事会会议。监事的任期每届为3年，任期届满，连选可以连任。

监事会或者监事行使下列职权：检查公司财务；对董事、高级管理人员执行公司职务的行为进行监督，对违反法律、行政法规、公司章程或者股东会决议的董事、高级管理人员提出罢免的建议；当董事、高级管理人员的行为损害公司的利益时，要求董事、高级管理人员予以纠正；提议召开临时股东会会议，在董事会不履行本法规定的召集和主持股东会会议职责时召集和主持股东会会议；向股东会会议提出提案；依照本法第152条的规定，对董事、高级管理人员提起诉讼；公司章程规定的其他职权。监事有权列席董事会会议，并对董事会决议事项提出质询或者建议。

（七）董事、监事、高级管理人员的资格与义务

公司法为保证称职的人员充任公司的董事、监事、高级管理人员，采用列举排除的方法规定了他们的任职资格条件。依照规定，有下列情形之一的，不得担任公司的董事、监事、高级管理人员：（1）无民事行为能力或者限制民事行为能力；（2）因贪污、贿赂、侵占财产、挪用财产或者破坏社会主义市场经济秩序，被判处刑罚，执行期满未逾5年，或者因犯罪被剥夺政治权利，执行期满未逾5年；（3）担任破产清算的公司、企业的董事或者厂长、经理，对该公司、企业的破产负有个人责任的，自该公司、企业破产清算完结之日起未逾3年；（4）担任因违法被吊销营业执照、责令关闭的公司、企业的法定代表人，并负有个人责任的，自该公司、企业被吊销营业执照之日起未逾3年；（5）个人所负数额较大的债务到期未清偿；（6）身为国家公务员的。除此之外，董事、经理、副经理、财务负责人不得兼任监事。

关于董事、监事、高级管理人员共同的义务和责任，公司法规定：（1）董事、监事、高级管理人员应当遵守法律、行政法规和公司章程，对公司负有忠实义务和勤勉义务；（2）不得利用职权收受贿赂或者其他非法收入，不得侵占公司的财产；（3）董事、监事、高级管理人员执行公司职务时违反法律、行政法规或者公司章程的规定，给公司造成损失的，应当承担赔偿责任。

除此之外，董事、高级管理人员还负有以下义务和责任：（1）不得挪用公司资金；（2）不得将公司资金以其个人名义或者以其他个人名义开立账户存储；（3）不得违反公司章程的规定，未经股东会、股东大会或者董事会同意，将公司资金借贷给他人或者以公司财产为他人提供担保；（4）不得违反公司章程的规定或者未经股东会、股东大会同意，与本公司订立合同或者进行交易；（5）不得未经股东会或者股东大会同意，利用职务便利为自己或者他人谋取属于公司的商业机会，自营或者为他人经营与所任职公司同类的业务（此即所谓“不竞业”或“竞业禁止”义务）；（6）不得将他人与公司交易的佣金归为己有；（7）不得擅自披露公司秘密。董事、高级管理人员实施上述营业或活动的，所得收入应当归公司所有。

（八）一人有限公司

一人有限公司是指只有一个自然人股东或者一个法人股东投资设立的有限公司。一人公司应当在公司登记中注明自然人独资或者法人独资，并在公司营业执照中载明。一个自然人只能投资设立一个一人有限公司，且该一人有限公司不能投资设立新的一人有限公司。

由于一个有限公司只有一名出资人，因此一人有限公司不设股东会，股东应采用书面形式行使一般有限公司股东会所享有的职权。

一人有限公司的注册资本最低限额为人民币 10 万元。股东应当一次足额缴纳公司章程规定的出资额。一人有限公司的股东不能证明公司财产独立于股东自己财产的，应当对公司债务承担连带责任。

（九）国有独资公司

国有独资公司是指国家单独出资、由国务院或者地方人民政府委托本级人民政府国有资产监督管理机构履行出资人职责的有限公司。

国有独资公司不设股东会，由国有资产监督管理机构行使股东会职权。国有独资公司设立董事会，董事每届任期不得超过 3 年，董事会成员中应当有公司职工代表。国有独资公司设经理，由董事会聘任或者解聘。经国有资产监督管理机构同意，董事会成员可以兼任经理。国有独资公司监事会成员不得少于 5 人，其中职工代表的比例不得低于 1/3，具体比例由公司章程规定。

国有独资公司章程由国有资产监督管理机构制定，或者由董事会制定报国有资产监督管理机构批准。国有独资公司的董事长、副董事长、董事、高级管理人员，未经国有资产监督管理机构同意，不得在其他有限公司、股份有限公司或者其他经济组织兼职。

三、股份有限公司的设立和组织机构

（一）股份有限公司概说

股份有限公司，是由一定人数以上的股东投资组成的，全部资本分为等额股份，股东以其所持股份为限对公司负责，公司以其全部资产对公司的债务承担责任的营利性企业法人。股份有限公司是在规模上占据主导地位的公司形式，其股东人数和资本规模往往较大，是各国大中型企业普遍采用的公司形式。

与有限责任公司相比较，股份有限公司具有如下主要特征：(1) 公司资本平分为若干均等的股份。股份是构成股份有限公司资本的最小单位，公司发行的额面股的每一股份的票面金额相等。(2) 股东人数的广泛性以及公司规模的巨大化。各国立法对股东人数通常只有最低限制，没有最高限制，并且公司资本可以通过募集的方式向社会公开发行筹集。(3) 股份有限公司的设立条件较为严格，程序较为复杂。

(二) 股份有限公司的设立

股份有限公司的设立，可以采取发起设立和募集设立两种方式。发起设立，是指由发起人认购公司应发行的全部股份而设立公司。募集设立，是指由发起人认购公司应发行股份的一部分，其余部分向社会公开募集而设立公司。以募集设立方式设立股份有限公司的，除非法律、行政法规另有规定，发起人认购的股份不得少于公司股份总数的35%，其余股份应当向社会公开募集。设立股份有限公司应当具备以下条件：(1) 发起人符合法定人数。即应当有2人以上200人以下为发起人，其中须有过半数的发起人在中国境内有住所。(2) 发起人认缴和社会公开募集的股本达到法定资本最低限额。股份有限公司采取发起设立方式设立的，注册资本为在公司登记机关登记的全体发起人认购的股本总额。公司全体发起人的首次出资额不得低于注册资本的20%，其余部分由发起人自公司成立之日起两年内缴足；其中，投资公司可以在5年内缴足。股份有限公司采取募集方式设立的，注册资本为在公司登记机关登记的实收股本总额。股份有限公司注册资本的最低限额为人民币500万元。法律、行政法规另有规定的除外。(3) 股份发行、筹办事项符合法律规定。发起人向社会公开募集股份，必须公告招股说明书，并制作认股书；应当由依法设立的证券公司承销，签订承销协议；应当同银行签订代收股款协议。(4) 发起人制定公司章程，并经创立大会通过。(5) 有公司名称，建立符合股份有限公司要求的组织机构。(6) 有固定的生产经营场所和必要的生产经营条件。

股份有限公司成立后，发起人未按照公司章程的规定缴足出资的，应当补缴；其他发起人承担连带责任。股份有限公司成立后，发现作为设立公司出资的非货币财产的实际价额显著低于公司章程所定价额的，应当由交付该出资的发起人补足其差额；其他发起人承担连带责任。

(三) 股份有限公司的股东大会

股份有限公司的股东大会是由全体股东组成的公司的权力机构。其职权与前述有限公司股东会职权大致相当。

股东大会应当每年召开一次年会。有下列情形之一的，应当在2个月内召开临时股东大会：(1) 董事人数不足本法规定人数或者公司章程所定人数的2/3时；(2) 公司未弥补的亏损达实收股本总额1/3时；(3) 单独或者合计持有公司10%以上股份的股东请求时；(4) 董事会认为必要时；(5) 监事会提议召开时；(6) 公司章程规定的其他情形。

股东大会会议由董事会召集，董事长主持；董事长不能履行职务或者不履行职务的，由副董事长主持；副董事长不能履行职务或者不履行职务的，由半数以上董事共同推举一名董事主持。董事会不能履行或者不履行召集股东大会会议职责的，监事会应当及时召集和主持；监事会不召集和主持的，连续90日以上单独或者合计持有公司10%以上股份的股东可以自行召集和主持。

召开股东大会会议，应当将会议召开的时间、地点和审议的事项于会议召开20日前通知各股东；临时股东大会应当于会议召开15日前通知各股东；发行无记名股票的，应当于会议召开30日前公告会议召开的时间、地点和审议事项。

股东出席股东大会会议，所持每一股份有一表决权。股东大会作出决议，必须经出席会议的股东所持表决权过半数通过。股东大会作出修改公司章程、增加或者减少注册资本的决议，以及公司合并、分立、解散或者变更公司形式的决议，必须经出席会议的股东所持表决权的2/3以上通过。股东大会应当对所议事项的决定作成会议记录，主持人、出席会议的董事应当在会议记录上签名。会议记录应当与出席股东的签名册及代理出席的委托书一并保存。

(四) 股份有限公司的董事会

股份有限公司设董事会，其成员为5~19人，董事会对股东大会负责。其职权与前述有限公司董事会的职权大致相当，此不赘述。董事会设董事长一人，可以设副董事长。董事长和副董事长由董事会以全体董事的过半数选举产生。董事长召集和主持董事会会议，检查董事会决议的实施情况。副董事长协助董事长工作，董事长不能履行职务或者不履行职务的，由副董事长履行职务；副董事长不能履行职务或者不履行职务的，由半数以上董事共同推举一名董事履行职务。

董事会每年度至少召开2次会议，每次会议应当于会议召开10日前通知全体董事和监事。代表1/10以上表决权的股东、1/3以上董事或者监事会，可以提议召开董事会临时会议。董事会召开临时会议，可以另定召集董事会的通知方式和通知时限。董事会会议应有过半数的董事出席方可举行。董事会作出决议，必须经全体董事的过半数通过。董事会决议的表决，实行一人一票。董事会应当对会议所议事项的决定作成会议记录，出席会议的董事应当在会议记录上签名。董事应当对董事会的决议承担责任。董事会的决议违反法律、行政法规或者公司章程、股东大会决议，致使公司遭受严重损失的，参与决议的董事对公司负赔偿责任。但经证明在表决时曾表明异议并记载于会议记录的，该董事可以免除责任。

（五）股份有限公司的监事会

股份有限公司设立监事会，其成员不得少于3人。监事会应当包括股东代表和适当比例的公司职工代表，其中职工代表的比例不得低于1/3，具体比例由公司章程规定。监事会中的职工代表由公司职工通过职工代表大会、职工大会或者其他形式民主选举产生。监事会设主席1人，可以设副主席。监事会主席和副主席由全体监事过半数选举产生。监事会会议由监事会主席召集和主持；监事会主席不能履行职务或者不履行职务的，由监事会副主席召集和主持监事会会议；监事会副主席不能履行职务或者不履行职务的，由半数以上监事共同推举一名监事召集和主持监事会会议。

监事会每6个月至少召开1次会议。监事可以提议召开临时监事会会议。监事会的议事方式和表决程序，除本法有规定的外，由公司章程规定。监事会应当对所议事项的决定作成会议记录，出席会议的监事应当在会议记录上签名。

第三节　企业破产法

一、企业破产法概说

（一）破产的概念与破产法律制度的构成

破产是指当债务人即将出现破产原因或者已经出现破产原因时，对债务人实施的挽救性程序以及就债务人的总财产实行的概括性清算程序的统称。

破产具有狭义和广义两种含义。狭义上的破产是指破产清算，是当债务人不能清偿到期债务时，为满足债权人正当合理的清偿要求，在法院的指挥和监督之下，就债务人的总财产实行的以分配为目的的清算程序；广义上的破产是指由破产清算程序与破产和解、破产整顿等预防性程序共同构成的一个统一的破产法律制度体系。

我国于2006年8月27日通过、2007年6月1日生效的《中华人民共和国企业破产法》规定了破产和解、破产和重整、破产清算等三种相互关联的破产程序制度。

所谓破产和解，是指法院受理破产案件后作出破产宣告之前，为预防和避免债务人宣告破产起见，由债务人和债权人会议，按照多数表决规则达成的中止破产程序进行的协议以及围绕该协议的履行而设置的一项破产预防制度。

破产重整是指对具有重整原因或者破产原因而又具有再建希望的债务人企业，经由利害关系人的申请，在法院的主持和利害关系人的参与下，进行营业的重组和债务上的整理，以使其摆脱财务困境，恢复营业能力的破产预防程序。

重整制度产生的根本动因，在于破产清算制度的内在缺陷使之无法满足现代社会经济发展的需求。破产重整程序赖以建立的理论依据在于，并非所有在自由竞争中遭遇财务困境的债务人企业都应当退出市场而归于清算。对于那些有市场潜力和挽救价值的企业，立法应当给他们提供喘息和复苏的机会。何况现代社会中企业的专有技术、人力资源、商誉乃至于已经成形的购销网络和商业合作关系等，较之于企业的有形资产对企业的经营越发显得重要，而这些企业经营必不可少的要素在清算程序中实际上几乎无法得以变现。重整程序不仅可以实现企业维持的目标，而且可以满足社会对就业的需求。

破产清算制度是指债务人达到破产宣告的界限后，依法宣告其破产，并对其总财产进行变价，而后在债权人之间进行分配的程序制度。破产清算的最终后果是，企业的法律人格归于消灭，如果企业财产及其营业不能整体进行转让，则企业组织体随之解散。

一般说来，破产清算程序具有如下主要特征：（1）它是债权实现的一种特殊形式。破产是债权实现和债权消灭的一种终极途径。因而，与诸如抵消、提存、混同、免除、清偿等债的其他消灭方式不同的是，破产以债务人的全部财产作为偿债对象，并多以企业营业体的解散作为偿债的结果代价。（2）它是在特定情况下所运用的偿债程序。因为破产是以终止债务人的经济生命即终止债务人的营业资格为代价，故立法有必要设定严格的适用该程序的前提条件，也即必须有破产原因的客观存在。（3）破产清算制度的基本功能和主要目的，在于公平地清偿破产人所欠债权人的债务，同时对债务人提供可能的救济。（4）它是在法院的指挥和监督之下，在特定机构或人员的参与和辅助下实施的一种债务清理程序。破产是关系到债权能否公平实现和债务人“生死存亡”之大事，因而，破产宣告只能由法院作出方为有效，整个破产程序也须在法院的指挥和监督之下进行。脱离司法裁判程序的债务整理程序除非能够体现作为私权主体的各利害关系人的利益，便不能产生相应的法律效力；由于破产案件的处理过程耗时费资，加之大量的非法律事务掺杂其间，案件的处理需要诸如破产管理人等机构或人员的参与。（5）破产程序具有总括强制执行程序的特征。总括执行又称概括执行，系将债权人的总债权就债务人的全部财产实施全盘的、统一的执行，实际上是对债务人全部财产和全部债务的一次性清算。其与个别民事执行的差异表现在：（1）程序开始的前提不同。前者以债务人存在破产原因为前提，后者则以债务人对个别债务的不及时清偿为条件。（2）执行的财产对象的范围大小不同。前者以债务人的全部财产为执行对象，后者往往以债务人的部分财产或特定财产为执行标的。（3）提出执行申请的主体不同。破产程序中，债权人和债务人均可提出申请，而个别执行程序的开始只能由债权人申请，债务人无申请权可言，相应地，个别执行程序中参与执行或分配的债权人未必是所有的债权人。（4）执行的后果存在差异。前者执行程序终结后未能满足的债权往往视为消灭，后者并不具有剩余债务免责的效果。

(二) 我国破产立法概况

1986年12月2日，第六届全国人大常委会第18次会议通过了《中华人民共和国企业破产法(试行)》，标志着我国企业破产法律制度的初步建立。① 它对于促进当时经济体制改革的进一步深入，加强企业改善经营管理状况，提高劳动生产率以及就业观念的转变等，都起到了巨大的推动作用。

由于《企业破产法》仅适用于全民所有制企业，而其他企业同样需要破产法的调整，1991年4月9日，第七届全国人大第4次会议通过施行的《中华人民共和国民事诉讼法》于第二编(审判程序编)中专设第19章"企业法人破产还债程序"，适用于全民所有制企业以外的具有法人资格的其他企业的破产案件。

随着我国经济体制改革的不断深入以及对市场经济体制改革目标的确立，现行破产法中的内容已不能完全满足经济体制改革和经济发展的需要，并日渐暴露出其诸多缺陷，主要包括：(1)受计划经济观念和体制的影响，现行立法存在立法理念和目标方面的偏差，在制度设计方面也显得不成熟；(2)立法内容过于简单、粗糙，诸多制度存在疏漏，法律规范缺少可操作性；(3)对国外已有的成功的立法经验与制度借鉴不足；(4)适用对象范围上存在较大的局限性；(5)与其他法律之间的相互协调并不到位。

1994年3月，全国人大财经委员会根据第八届全国人大常委会立法规划的要求，着手组织新破产法的起草工作。

此间，为推动破产试点工作的开展，国务院于1994年10月25日以"国发[1994]59号"文件发布了《国务院关于在若干城市试行国有企业破产有关问题的通知》，此后，国务院于1997年3月2日以"国发[1997]10号"文件又发布了《国务院关于在若干城市试行国有企业兼并破产和职工再就业有关问题的补充通知》。两个文件的主要内容在于就试点城市中职工安置与担保债权的关系方面设置了不同的处置方法。按照规定，安置破产企业职工的费用，从破产企业依法取得的土地使用权转让所得中拨付。破产企业以土地使用权为抵押物的，其转让所得也应首先用于安置职工，不足以支付的，不足部分从处置无抵押财产、抵押财产所得中依次支付。破产企业财产拍卖所得安置职工仍不足的，按照企业隶属关系，由同级人民政府负担。

---

① 此前，沈阳市人民政府于1985年2月9日颁布了《关于城市集体所有制工业企业破产倒闭处理试行规定》。该规定要求，负债超过资产或者亏损额达到固定资产总额的80%的企业，应当宣告破产。继而，沈阳市政府按照该规定对三家企业出示了黄牌警告，1986年8月3日沈阳防爆器材厂宣告破产，同年11月破产程序终结。此外，武汉、重庆等城市也曾于1986年出台了各自关于企业破产的相关规定。广东省第六届人大常委会于1986年11月通过了《深圳经济特区涉外公司破产条例》。

2006年8月27日，第十届全国人大常委会第23次会议通过了新的《中华人民共和国企业破产法》（以下简称《企业破产法》），定于2007年6月1日生效实施。

从《企业破产法》的立法结构和内容看，此次立法至少在以下方面实现了重要的突破：（1）赋予非法人组织以破产能力。新《企业破产法》继续将其适用范围局限于企业法人，但在该法的附则部分增加了一条，即“其他法律规定企业法人以外的组织的清算，属于破产清算的，参照适用本法规定的程序”。（2）设定了独立的破产清算、破产重整、破产和解程序。当事人提出破产申请时可以直接提出清算申请，也可以依法直接提出破产和解或者破产重整的申请。（3）确立了（破产）管理人在破产程序中的中心地位。规定了管理人的任职资格和条件。按照规定，管理人可以由有关部门、机构的人员组成的清算组或者依法设立的律师事务所、会计师事务所、破产清算事务所等社会中介机构担任。人民法院根据债务人的实际情况，可以在征询有关社会中介机构的意见后，指定该机构具备相关专业知识并取得执业资格的人员担任管理人。（4）对银行、非银行金融机构、保险公司等采取分离立法的模式。按照规定，商业银行、证券公司、保险公司等金融机构达到破产界限的，国务院金融监督管理机构可以向人民法院提出对该金融机构进行重整或者破产清算的申请。国务院金融监督管理机构依法对出现重人经营风险的金融机构采取接管、托管等措施的，可以向人民法院申请中止以该金融机构为被告或者被执行人的民事诉讼程序或者执行程序。金融机构实施破产的，国务院可以依据本法和其他有关法律的规定制定实施办法。（5）对破产企业所欠职工的工资及其他依照新企业破产法应当享有优先权的相关费用及补偿金，实行“新旧划段”的处理方法。按照规定，新企业破产法施行后，破产人在该法公布之日前所欠职工的工资和医疗、伤残补助、抚恤费用，所欠的应当划入职工个人账户的基本养老保险、基本医疗保险费用，以及法律、行政法规规定应当支付给职工的补偿金，依照该法规定的清偿顺序不足以清偿的部分，以该法规定的已经设定了担保权的特定财产优先于对该特定财产享有担保权的权利人受偿。（6）允许一定范围内的国有企业破产在一定期限内继续实行特殊的处理方法。按照规定，新《企业破产法》施行前国务院规定的期限和范围内的国有企业实施破产的特殊事宜，按照国务院有关规定办理。

二、破产申请与破产受理

（一）破产界限

破产界限又称破产原因，是指就债务人存在的，能够对债务人开始破产程序的原因、界限和根据。

我国《企业破产法》第2条规定：“企业法人不能清偿到期债务，并且资产不足以清偿全部债务或者明显缺乏清偿能力的，依照本法规定清理债务。企业法人有前款规定情形，或者有明显丧失清偿能力可能的，可以依照本法规定进行重整。”该法第7条同时规定：“债务人有本法第二条规定的情形，可以向人民法院提出重整、和解或者破产清算申请。债务人不能清偿到期债务，债权人可以向人民法院提出对债务人进行重整或者破产清算的申请。企业法人已解散但未清算或者未清算完毕，资产不足以清偿债务的，依法负有清算责任的人应当向人民法院申请破产清算。”

可见，新《企业破产法》采用的破产界限标准在于：其一，债务人不能清偿到期债务并且资不抵债；其二，债务人不能清偿到期债务并且明显缺乏清偿能力。只要符合两项标准中的一项，就等于债务人达到了破产界限。

但如果仅仅是开始破产预防程序，或者破产申请是由债权人提出时，恪守上述标准的结果就会影响当事人对破产程序的适用。具体说来：(1) 债权人对债务人提出破产重整申请或者破产清算申请时，只要债务人符合了《企业破产法》第7条规定的“不能清偿到期债务”的标准即可。(2) 债务人自身提出破产重整申请的，只要符合《企业破产法》第2条规定的“有明显丧失清偿能力可能的”即可；提出破产和解申请亦同。(3) 解散后的法人，仅仅适用《企业破产法》第7条规定的“资不抵债”的标准即可。

人民法院在审查当事人的申请并决定是否受理破产申请，或者决定是否开始破产和解、破产重整、破产清算程序之前，可以根据不同的标准进行衡量，并应当防止当事人滥用破产申请权。

（二）破产案件的管辖

关于破产案件的地域管辖，企业破产法规定，破产案件由债务人所在地法院管辖。这是破产案件地域管辖的普遍原则。

将破产案件的地域管辖确定为债务人住所地的理由，主要在于：其一，由于债权人和债务人均有权提出破产申请，故破产案件无如一般民事案件中的所谓原告、被告之分，不能适用民事诉讼法“原告就被告”的地域管辖原则。其二，破产案件一律由债务人住所地法院管辖，便于对债务人财产的清理、变价和分配。其三，破产案件中的债权人通常人数众多，无法确定由某一债权人所在地法院管辖。

关于破产案件的级别管辖，不宜类比采用一般民事案件以案件性质、影响范围、繁简程度或标的大小来划分管辖的做法。我国新《企业破产法》仍未对破产案件的级别管辖作出规定，而此前最高人民法院于2002年发布的司法解释《破产法规定》第2条指出，基层人民法院一般管辖县、县级市或区的工商行政管理机关核准登记企业的破产案件；中级人民法院一般管辖地区、地级市（含本级）以上工商行政管理机关核准登记企业的破产案件；纳入国家计划调整的企业破产案件，由中级人民法院管辖。

可以看出，我国破产案件的级别管辖主要是以企业核准登记的工商行政管理机关的等级高低来划定的。最高人民法院和各省、市、自治区高级人民法院对破产案件一般不享有管辖权。

破产案件的级别管辖同样可适用一般民商事案件管辖权转移的相关规定，即上级人民法院有权审理下级人民法院管辖的第一审民事案件，也可以把本院管辖的第一审民事案件交下级人民法院审理。下级人民法院对它所管辖的第一审民事案件，认为需要由上级人民法院审理的，可以报请上级人民法院审理。

本来，一般民事案件管辖权的移转限于上下级法院之间，即只能用来突破级别管辖的规则。但按照我国司法解释的规定，破产案件管辖权的移转也可突破地域管辖的规则，也就是说，省、自治区、直辖市范围内因特殊情况需对个别企业破产案件的地域管辖作调整的，须经共同上级人民法院批准。

（三）破产申请

破产程序的开始，应由债权人和债务人提出申请。破产申请对于债权人和债务人均为其权利，但清算中的法人资不抵债时，依法负有清算责任的人负有向人民法院提出破产清算申请的义务。债权人对债务人既可提出破产清算申请，也可提出破产重整申请；而债务人则可以在濒临破产，也就是有可能出现破产原因之时，提出破产和解或者破产重整的申请。

债务人或者债权人可以在人民法院受理破产案件前，请求撤回破产申请。但清算中的法人资不抵债的除外。

（四）破产申请的受理

债权人提出破产申请的，人民法院应当自收到申请之日起 5 日内通知债务人。债务人对申请有异议的，应当自收到人民法院的通知之日起 7 日内向人民法院提出。人民法院应当自异议期满之日起 10 日内裁定是否受理。除上述情形外，人民法院应当自收到破产申请之日起 15 日内裁定是否受理。特殊情况需要延长裁定受理的期限的，经上一级人民法院批准，可以延长 15 日。

人民法院裁定受理破产申请的，应当同时指定管理人。

人民法院裁定不受理破产申请的，应当自裁定作出之日起 5 日内送达申请人并说明理由。申请人对裁定不服的，可以自裁定送达之日起 10 日内向上一级人民法院提起上诉。

为防止破产财产的流失，《企业破产法》第 15 条规定：“自人民法院受理破产申请的裁定送达债务人之日起至破产程序终结之日，债务人的有关人员承担下列义务：（1）妥善保管其占有和管理的财产、印章和账簿、文书等资料；（2）根据人民法院、管理人的要求进行工作，并如实回答询问；（3）列席债权人会议并如实回答债权人的询问；（4）未经人民法院许可，不得离开住所地；（5）不得新任其他企业的董事、监事、高级管理人员。前款所称有关人员，是指企业的法定代表人；经人民法院决定，可以包括企业的财务管理人员和其他经营管理人员。”

（五）破产债权的申报

《企业破产法》规定，人民法院受理破产申请后，应当确定债权人申报债权的期限。债权申报期限自人民法院发布受理破产申请公告之日起计算，最短不得少于30日，最长不得超过3个月。债权人应当在人民法院确定的债权申报期限内向管理人申报债权，债权人未依照本法规定申报债权的，不得依照本法规定的程序行使权利。但债务人所欠职工的工资和医疗、伤残补助、抚恤费用，所欠的应当划入职工个人账户的基本养老保险、基本医疗保险费用，以及法律、行政法规规定应当支付给职工的补偿金，不必申报，由管理人调查后列出清单并予以公示。职工对清单记载有异议的，可以要求管理人更正；管理人不予更正的，职工可以向人民法院提起诉讼。

债权人申报债权时，应当书面说明债权的数额和有无财产担保，并提交有关证据。申报的债权是连带债权的，应当说明。

在人民法院确定的债权申报期限内，债权人未申报债权的，可以在破产财产最后分配前补充申报；但是，此前已进行的分配，不再对其补充分配。并且为审查和确认补充申报债权的费用，由补充申报人承担。

（六）破产案件受理的法律效力

破产程序旨在通过对债务人财产的总括执行来达到公平清偿债务的目的。基于此，《企业破产法》除了对个别执行、个别清偿、债权申报的时限及其后果等作出规定外，还就相关的债务履行及个别诉讼行为等方面效力作了规定。按照规定：(1) 人民法院受理破产申请后，债务人的债务人或者财产持有人应当向管理人清偿债务或者交付财产。债务人的债务人或者财产持有人故意违反该规定向债务人清偿债务或者交付财产，使债权人受到损失的，不免除其清偿债务或者交付财产的义务。(2) 人民法院受理破产申请后，管理人对破产申请受理前成立而债务人和对方当事人均未履行完毕的合同有权决定解除或者继续履行，并通知对方当事人。管理人自破产申请受理之日起2个月内未通知对方当事人，或者自收到对方当事人催告之日起30日内未答复的，视为解除合同。管理人决定继续履行合同的，对方当事人应当履行；但是，对方当事人有权要求管理人提供担保。管理人不提供担保的，视为解除合同。(3) 人民法院受理破产申请后，已经开始而尚未终结的有关债务人的民事诉讼或者仲裁应当中止；在管理人接管债务人的财产后，该诉讼或者仲裁继续进行。(4) 人民法院受理破产申请后，有关债务人的民事诉讼，只能向受理破产申请的人民法院提起。

企业破产法还规定，破产申请受理后，未到期的债权，在破产申请受理时视为到期。附利息的债权自破产申请受理时起停止计息。

三、破产管理人

（一）破产管理人概说

破产管理人是指依照破产法规定，在破产重整、破产和解和破产清算程序中负责债务人财产管理和其他事项的机构或个人。

关于破产管理人的任职资格，我国《企业破产法》第 24 条规定：“管理人可以由有关部门、机构的人员组成的清算组或者依法设立的律师事务所、会计师事务所、破产清算事务所等社会中介机构担任。人民法院根据债务人的实际情况，可以在征询有关社会中介机构的意见后，指定该机构具备相关专业知识并取得执业资格的人员担任管理人。有下列情形之一的，不得担任管理人：（1）因故意犯罪受过刑事处罚；（2）曾被吊销相关专业执业证书；（3）与本案有利害关系；（4）人民法院认为不宜担任管理人的其他情形。个人担任管理人的，应当参加执业责任保险。”

就破产管理人的选任方式，新《企业破产法》第 22 条规定：“管理人由人民法院指定。债权人会议认为管理人不能依法、公止执行职务或者有其他不能胜任职务情形的，可以申请人民法院予以更换。指定管理人和确定管理人报酬的办法，由最高人民法院规定。”

（二）破产管理人的职责

我国《企业破产法》第 25 条就围绕破产财产的保管、清理、估价、处理和分配等对破产管理人的职责作了如下规定，主要包括：（1）接管债务人的财产、印章和账簿、文书等资料；（2）调查债务人财产状况，制作财产状况报告；（3）决定债务人的内部管理事务；（4）决定债务人的日常开支和其他必要开支；（5）在第一次债权人会议召开之前，决定继续或者停止债务人的营业；（6）管理和处分债务人的财产；（7）代表债务人参加诉讼、仲裁或者其他法律程序；（8）提议召开债权人会议；（9）人民法院认为管理人应当履行的其他职责。

《企业破产法》同时规定，在第一次债权人会议召开之前，管理人决定继续或者停止债务人的营业或者实施《企业破产法》第 69 条规定的下列行为之一的，应当经人民法院许可：（1）涉及土地、房屋等不动产权益的转让；（2）探矿权、采矿权、知识产权等财产权的转让；（3）全部库存或者营业的转让；（4）借款；（5）设定财产担保；（6）债权和有价证券的转让；（7）履行债务人和对方当事人均未履行完毕的合同；（8）放弃权利；（9）担保物的取回；（10）对债权人利益有重大影响的其他财产处分行为。

债权人会议设立债权人委员会的，管理人实施上述行为应得到债权人委员会的许可。

(三)破产管理人的报酬与监督

管理人的报酬由人民法院确定。债权人会议对管理人的报酬有异议的，有权向人民法院提出。

对于破产管理人的一般监督，我国《企业破产法》第23条："管理人依照本法规定执行职务，向人民法院报告工作，并接受债权人会议和债权人委员会的监督。管理人应当列席债权人会议，向债权人会议报告职务执行情况，并回答询问。"该法第61条还把"监督管理人"列为债权人会议的职权之一。但为更有效地实现对管理人以及破产管理事务的监督，我国新企业破产法专门规定了"债权人委员会"制度。按照规定，债权人会议可以决定设立债权人委员会，行使下列职权：(1)监督债务人财产的管理和处分；(2)监督破产财产分配；(3)提议召开债权人会议；(4)债权人会议委托的其他职权。

债权人委员会由债权人会议选任的债权人代表和1名债务人的职工代表或者工会代表组成。债权人委员会成员应当经人民法院书面决定认可并不得超过9人。

债权人委员会执行职务时，有权要求管理人、债务人的有关人员对其职权范围内的事务作出说明或者提供有关文件。管理人、债务人的有关人员违反本法规定拒绝接受监督的，债权人委员会有权就监督事项请求人民法院作出决定；人民法院应当在5日内作出决定。

四、债权人会议

(一)债权人会议概说

债权人会议，是在破产程序进行中，为便于全体债权人参与破产程序以实现其破产程序参与权，维护全体债权人的共同利益而由全体登记在册的债权人组成的表达债权人意志和统一债权人行动的议事机构。

原则上，所有依法申报债权的债权人均为债权人会议成员，有权参加债权人会议，享有表决权，但是债权尚未确定的债权人，除人民法院能够为其行使表决权而临时确定债权额的外，不得行使表决权；有财产担保的债权人未放弃优先受偿权利的，对和解协议以及破产财产的分配方案没有表决权；债务人的保证人，在代替债务人清偿债务后可以作为债权人，享有表决权。

债权人会议的出席人员享有请求召开债权人会议以及参加会议和在会议上发言、询问、表决的权利。债权人既可以亲自出席债权人会议，行使表决权，也可以委托代理人出席债权人会议。债权人出席会议与否，法律不应加以限制。债权人委托代理人代为出席的，应向人民法院或债权人会议主席提交债权人的有效授权委托书。

债权人会议可设列席人员，自人民法院受理破产申请的裁定送达债务人之日起至破产程序终结之日，债务人的法定代表人以及人民法院决定的企业的财务管理人员和其他经营管理人员，有义务列席债权人会议并如实回答债权人的询问；管理人应当列席债权人会议，向债权人会议报告职务执行情况，并回答询问。

按照《企业破产法》第126条的规定，有义务列席债权人会议的债务人的有关人员，经人民法院传唤，无正当理由拒不列席债权人会议的，人民法院可以拘传，并依法处以罚款。债务人的有关人员违反本法规定，拒不陈述、回答，或者作虚假陈述、回答的，人民法院可以依法处以罚款。

债权人会议设会议主席1人，由人民法院从有表决权的债权人中指定，债权人会议主席主持债权人会议。

（二）债权人会议的召集与职权

按照规定，债权人会议的召集权归属于法院和会议主席，召集的根据包括：（1）第一次债权人会议由人民法院召集，自债权申报期限届满之日起15日内召开；（2）以后的债权人会议，在人民法院认为必要时，或者管理人、债权人委员会、占债权总额1/4以上的债权人向债权人会议主席提议时召开。召开债权人会议，管理人应当提前15日通知已知的债权人。并应就会议时间、地点、内容、目的等发布公告，此外应当遵守关于召集方法和通知事项的其他规定。

我国《企业破产法》第61条明确规定："债权人会议行使下列职权：（1）核查债权；（2）申请人民法院更换管理人，审查管理人的费用和报酬；（3）监督管理人；（4）选任和更换债权人委员会成员；（5）决定继续或者停止债务人的营业；（6）通过重整计划；（7）通过和解协议；（8）通过债务人财产的管理方案；（9）通过破产财产的变价方案；（10）通过破产财产的分配方案；（11）人民法院认为应当由债权人会议行使的其他职权。

债权人会议应当对所议事项的决议作成会议记录。"

（三）债权人会议的议决规则与决议效力

《企业破产法》第64条规定："债权人会议的决议，由出席会议的有表决权的债权人过半数通过，并且其所代表的债权额占无财产担保债权总额的1/2以上。但是，本法另有规定的除外。"

基于债务人财产的管理方案和破产财产的变价方案、分配方案等在特定情况下可能并无太多的选择余地，故而，《企业破产法》对这些方案的决议规定了特殊的方法。按照规定，债务人财产的管理方案以及破产财产的变价方案，经债权人会议表决未通过的，由人民法院裁定；破产财产的分配方案，经债权人会议二次表决仍未通过的，由人民法院裁定。

债权人会议的决议，对于全体债权人均有约束力。债权人认为债权人会议的决议违反法律规定，损害其利益的，可以自债权人会议作出决议之日起15日内，请求人民法院裁定撤销该决议，责令债权人会议依法重新作出决议。

五、破产重整

(一) 重整制度概说

重整是指经由利害关系人的申请，在法院的主持和利害关系人的参与下，对具有重整原因和重整能力的债务人进行生产经营上的整顿和债权债务关系上的清理，以使其摆脱财务困境，重获经营能力的破产预防制度。

根据我国《企业破产法》第 2 条规定，企业法人不能清偿到期债务，并且资产不足以清偿全部债务或者明显缺乏清偿能力的，或者有明显丧失清偿能力可能的，可以依照本法规定进行重整。

可见，债务人即便没有达到破产清算的界限，但有可能丧失清偿能力的，也可以开始破产重整程序。

关于重整申请人的范围，债务人、债权人都有直接提出重整申请的权利。同时，根据我国《企业破产法》的规定，债权人申请对债务人进行破产清算的，在人民法院受理破产申请后、宣告债务人破产前，出资额占债务人注册资本 1/10 以上的出资人，可以向人民法院申请重整。

(二) 重整程序的开始

人民法院收到申请权人的重整申请后，经审查认为重整申请符合企业破产法规定的，应当裁定债务人重整，并予以公告。

自人民法院裁定债务人重整之日起至重整程序终止，为重整期间。

为保证重整程序的顺序进行，企业破产法规定了重整期间的保全处分措施，表现在：(1) 重整期间，对债务人的特定财产享有的担保权暂停行使。但是，担保物有损坏或者价值明显减少的可能，足以危害担保权人权利的，担保权人可以向人民法院请求恢复行使担保权。(2) 债务人合法占有的他人财产，该财产的权利人在重整期间要求取回的，应当符合事先约定的条件。(3) 在重整期间，债务人的出资人不得请求投资收益分配。(4) 在重整期间，债务人的董事、监事、高级管理人员不得向第三人转让其持有的债务人的股权。但是，经人民法院同意的除外。

债务人进入重整期间后，为避免重整程序最终落空，并防止破产程序的不当拖延，《企业破产法》规定，债务人有下列情形之一的，经管理人或者利害关系人请求，人民法院应当裁定终止重整程序，并宣告债务人破产：(1) 债务人的经营状况和财产状况继续恶化，缺乏挽救的可能性；(2) 债务人有欺诈、恶意减少债务人财产或者其他显著不利于债权人的行为；(3) 由于债务人的行为致使管理人无法执行职务。

债务人进入重整期间后，为保证债务人营业的连续性，应当确定担当管理债务人财产和营业事务的重整人。《企业破产法》第 73 条规定，在重整期间，经债务人申请，人民法院批准，债务人可以在管理人的监督下自行管理财产和营业事务。

于此情形，已接管债务人财产和营业事务的管理人应当向债务人移交财产和营业事务，企业破产法规定的管理人的职权由债务人行使。债务人未提出申请或者申请未获得法院批准的，仍由管理人负责管理债务人的财产和营业事务，此时，管理人可以聘任债务人的经营管理人员负责营业事务。

（三）重整计划的制定、表决、批准与执行

我国《企业破产法》对重整计划的制定采取了“谁管理，谁制定”的原则。重整期间债务人财产和营业事务由债务人自行管理的，债务人即为重整计划的制定人；管理人负责管理财产和营业事务的，由管理人制作重整计划草案。

重整计划必须足够详细以使债权人、债务人和股东在对重整计划进行表决时能合理地作出判断。计划草案应当包括下列内容：（1）债务人的经营方案；（2）债权分类；（3）债权调整方案；（4）债权受偿方案；（5）重整计划的执行期限；（6）重整计划执行的监督期限；（7）有利于债务人重整的其他方案。

关于重整计划的制定时间，债务人或者管理人应当在人民法院裁定债务人重整之日起的6个月内制定出重整计划草案，并同时提交法院和债权人会议审查。有正当理由不能在前述6个月内制定的，可请求法院延期3个月。债务人或者管理人不能按期提出重整计划草案的，人民法院应当裁定终止重整程序，并宣告债务人破产。

关于重整计划的分组表决，我国企业破产法采取强行性分组标准，将重整债权分为四个表决组，即享有担保权的债权组、劳动债权组（限于债务人所欠职工的工资和医疗、伤残补助、抚恤费用，所欠的应当划入职工个人账户的基本养老保险、基本医疗保险费用，以及法律、行政法规规定应当支付给职工的补偿金）、税收债权组和普通债权组。对于债务人的出资人，企业破产法并未将其列为单独的有表决权的一组，仅规定重整计划草案涉及出资人权益调整事项的，应当设立出资人组，对该事项进行表决；如果不涉及出资人权益调整事项，债务人的出资人代表可以列席讨论重整计划草案的债权人会议。

企业破产法同时规定，人民法院在必要时可以决定在普通债权组中设小额债权组对重整计划草案进行表决。

人民法院应当自收到重整计划草案之日起30日内召开债权人会议，对重整计划草案进行表决。出席会议的同一表决组的债权人过半数同意重整计划草案，并且其所代表的债权额占该组债权总额的2/3以上的；即为该组通过重整计划草案。各表决组均通过重整计划草案时，重整计划即为通过。

重整计划草案经各组表决后，如果获得各组债权人或关系人的一致通过，债务人或者管理人应当在计划获得通过后10日内向法院提出批准重整计划的申请，由法院审查后决定是否批准。此为正常批准。

如果重整计划草案未获得各表决组的一致通过的，债务人或者管理人可以同未通过重整计划草案的表决组协商后由其再行表决一次。未通过重整计划草案的表决组拒绝再次表决或者再次表决仍未通过重整计划草案，但重整计划草案符合法定条件的，债务人或者管理人可以申请法院批准重整计划草案。这种情况下的批准称为强行批准。法院裁定强行批准重整计划必须符合法律规定的条件。

按照《企业破产法》的规定，人民法院裁定批准重整计划的，应终止重整程序，并予以公告。经人民法院裁定批准的重整计划，对债务人和全体债权人均有约束力。

重整计划草案未获得各表决组的表决通过且未获得法院的强制批准，或者已表决通过的重整计划未获得批准的，人民法院应当裁定终止重整程序，并宣告债务人破产。

重整计划的执行是实现重整目的的最后一个环节。企业破产法规定，重整计划由债务人负责执行，管理人负责监督。

重整计划执行完毕后，按照重整计划减免的债务，债务人不再承担清偿责任。

重整计划的执行期满，债务人不能执行或者不执行重整计划的，人民法院经管理人或者利害关系人请求，应当裁定终止重整计划的执行，并宣告债务人破产。

六、破产清算

（一）破产宣告与破产债权

破产宣告是受理破产案件的法院审查并宣告债务人破产的裁判行为。按照《企业破产法》第2条的规定，人民法院宣告债务人破产清算的，必须符合债务人“不能清偿到期债务”，并且“资不抵债”或者“明显缺乏清偿能力”的破产原因要件，否则，人民法院可以在作出破产宣告裁定之前，驳回当事人的申请。

人民法院宣告债务人破产的，应当自裁定作出之日起5日内送达债务人和管理人，自裁定作出之日起10日内通知已知债权人，并予以公告。

破产债权，是指人民法院受理破产申请时对债务人享有的依法申报并获得确认的，债务人进入破产清算程序之后有权参与分配的债权。破产债权是破产宣告后对一般无担保债权的习惯称谓，债务人被宣告破产后，破产债权只能依照破产分配程序获得清偿，不得在分配程序之外行使权利。但有财产担保的债权人可不依破产程序就担保标的物优先受偿，不足受偿部分按一般破产债权处理。

一般说来，破产债权的范围包括：（1）无财产担保的债权、有财产担保但放弃优先权的债权以及数额超过担保标的物的价值而不能受清偿的那部分债权。（2）附条件债权、附期限但破产受理时条件尚未成就或者尚未到期的债权。（3）被保证人破产时保证人享有的债权。（4）保证人破产时债权人享有的债权。（5）保证人与被保证人同时破产时债权人享有的债权。（6）破产管理人或者债务人在破产受理后解除未履行的双务合同以及收回投资给他人造成损害的，其损害赔偿额作为破产债权。(7) 票据 (含汇票、本票、支票) 的出票人破产时，付款人或承兑人不知其事而付款或承兑所产生的债权。(8) 委托人破产时，受托人不知该事实，继续处理委托事务而产生的请求权。

(二) 破产别除权

破产别除权是指，在破产程序开始之前，就债务人的特定财产设定了担保物权或者存在有其他特别优先权的，于债权人宣告破产后，权利人享有就该特定财产不依照破产清算程序而优先获得清偿和满足的权利。

与破产程序中的其他权利相比，别除权具有如下特征：(1) 别除权是针对破产人的特定财产行使的权利。(2) 别除权是担保物权和法定特别优先权。(3) 别除权或者可转化为别除权的基础权利的设定应当在破产宣告之前，因为破产宣告后，如存在需要优先照顾的债权，则多以财团债权对待，并无太大的设置财产担保的必要。(4) 别除权的行使通常会受破产程序的适当约束。

从法理上讲，担保物权是别除权重要的权利基础之一，其受偿权来自于担保物权的优先性和排他性，所以，依照我国《民法通则》和《担保法》的规定，抵押权、质押权和留置权构成别除权的权利基础当属无疑。

我国现行法律框架内，虽然《民法通则》没有规定统一的优先权制度，但特别法上的优先权规定已陆续出现，比如：(1) 我国1993年《海商法》确立了船舶优先权制度。(2) 我国1995年《担保法》和1994年颁布、1995年生效实施的《城市房地产管理法》确立了国有土地使用权出让金的优先权。(3) 1996年《民用航空法》确立了民用航空器优先权。(4) 我国1999年《合同法》确立了建设工程工程款优先权。

我国新的《企业破产法》并未对上述具体的法定优先权在破产程序中的地位作出规定，司法实务中不妨比照别除权进行处理。

(三) 破产抵消权

破产抵消权系指责权人在破产申请受理前对债务人负有债务的，可不依破产分配程序以自己享有的债权与该债务相抵消的权利。

由于破产抵消权是民法抵消权在破产法上的延伸，因而，符合民法上抵消条件的债权，其抵消自不待言；即使不完全符合，仍可按下述办法实施抵消：(1) 给付种类不同的债权，经过换价和评估后，可以抵消。(2) 附期限而未到期的债权，在减去和扣除相应的利息后，可以抵消。(3) 附停止条件的债权，不允许直接抵消，但在中间分配过程中，破产债权人可请求破产管理人将与该项债权数额相当的金额实施提存，于分配程序终结时，视停止条件成就与否再作处理。条件成就的，以提存额用作抵消，反之，视为破产债权不存在而不得抵消。(4) 附解除条件的破产债权，原则上可以抵消，但债权人必须对破产程序终结前解除条件成就时抵消财产的返还提供担保；或者由破产债权人将其对破产债务人应清偿的财产实施提存，破产程序终结时解除条件未成就的，再行抵消。

破产法对抵消权的行使作出了特殊限制，《企业破产法》第40条规定：有下列情形之一的，不得抵消：（1）债务人的债务人在破产申请受理后取得他人对债务人的债权的；（2）债权人已知债务人有不能清偿到期债务或者破产申请的事实，对债务人负担债务的，但是，债权人因为法律规定或者有破产申请一年前所发生的原因而负担债务的除外；（3）债务人的债务人已知债务人有不能清偿到期债务或者破产申请的事实，对债务人取得债权的；但是，债务人的债务人因为法律规定或者有破产申请一年前所发生的原因而取得债权的除外。

（四）破产取回权

破产取回权是指财产权利人主张自破产财团或管理人返还或交付不属于破产财产而归其支配的财产的权利。破产财产本应以法律规定的债务人财产为限，但为全体债权人利益考虑，法律不禁止管理人与破产受理后包括接管债务人占有的一切财产，这些财产可能包括破产企业基于租赁、委托、保管、承揽等合同关系或基于物上担保等其他关系而占有的他人财产，从而可能与相对人产生利害关系。作为补救，法律允许被占有财产的权利人行使取回权。

依标的物的占有情形不同，可将取回权分为一般取回权和特别取回权。一般取回权发生于标的物被债务人或管理人实际占有，特殊取回权适用于标的物即将为破产人所占有但尚未占有的场合。

下述情况下大多发生一般取回权：（1）接受定作物的加工承揽人破产；（2）接受货物的承运人破产；（3）承租人破产；（4）保管人破产；（5）质权人破产；（6）遗失物或失散物的拾得人破产；（7）商品的代销人破产；（8）占有委托购买物的行纪人破产等。

按照《企业破产法》第39条的规定，特别取回权中的卖主取回权是指人民法院受理破产申请时，出卖人已将买卖标的物向作为买受人的债务人发运，债务人尚未收到且未付清全部价款的，出卖人可以取回在运途中的标的物。但是，管理人可以支付全部价款，请求出卖人交付标的物。卖主取回权的构成包括以下要件：（1）卖主已经发送货物并且货物尚在途中；（2）买主尚未受领货物时受破产宣告；（3）买主未付或未付清全部价款。

（五）破产撤销权

破产撤销权是指，破产管理人拥有的，对于破产债务人在临近破产程序开始的期间内实施的有害于债权人利益的行为，于破产程序开始后予以撤销并将撤销利益返还破产财团的权利。

我国《企业破产法》第31条规定："人民法院受理破产申请前1年内，涉及债务人财产的下列行为，管理人有权请求人民法院予以撤销：（1）无偿转让财产的；（2）以明显不合理的价格进行交易的；（3）对没有财产担保的债务提供财产担保的；（4）对未到期的债务提前清偿的；（5）放弃债权的。”

《企业破产法》第 32 条同时规定，人民法院受理破产申请前 6 个月内，债务人有“不能清偿到期债务，并且资产不足以清偿全部债务或者明显缺乏清偿能力”的情形，仍对个别债权人进行清偿的，管理人有权请求人民法院予以撤销。但是，个别清偿使债务人财产受益的除外。

第三人因债务人的上述行为而取得财产的，管理人有权追回。追回的财产并入破产财产。

（六）破产财产的分配

破产分配是指本着债权公平原则，将破产财产按各债权人的应受偿顺序和应受偿比例在债权人之间进行的清偿程序。

依照破产分配进行的阶段的不同，可将分配分为中间分配、最后分配和追加分配。最后分配是指全部破产财产变价之后不留剩余地对一般破产债权人进行的分配，分配完毕后，破产程序终结；在此之前有可分配财产时所进行的分配称为中间分配；追加分配是在最后分配结束和破产程序终结之后，重又发现可分配的破产财产而进行的分配。

关于追加分配，《企业破产法》第 123 条规定，自破产程序因债务人财产不足以支付破产费用而终结，或者因破产清算分配而终结之日起 2 年内，有下列情形之一的，债权人可以请求人民法院按照破产财产分配方案进行追加分配：（1）发现有依照破产撤销权、破产无效行为、以及存在董事、监事和高级管理人员利用职权从企业获取的非正常收入和侵占的企业财产，应当追回的财产的；（2）发现破产人有应当供分配的其他财产的。企业破产法同时规定，可追加分配的财产数量不足以支付分配费用的，不再进行追加分配，由人民法院将其上交国库。

破产财产的分配应当以货币分配方式进行。但是，债权人会议另有决议的除外。破产财产进行分配前，管理人应当及时拟订破产财产分配方案，并将拟订的财产分配方案提交债权人会议讨论。债权人会议通过破产财产分配方案后，由管理人将该方案提请人民法院裁定认可。

破产财产的分配顺位问题，是破产清算制度中的一个核心问题，也是各国立法中存在较大差别的问题。对此，我国《企业破产法》第 113 条规定：“破产财产在优先清偿破产费用和共益债务后，依照下列顺序清偿：（1）破产人所欠职工的工资和医疗、伤残补助、抚恤费用，所欠的应当划入职工个人账户的基本养老保险、基本医疗保险费用，以及法律、行政法规规定应当支付给职工的补偿金。破产企业的董事、监事和高级管理人员的工资按照该企业职工的平均工资计算。（2）破产人欠缴的除前项规定以外的社会保险费用和破产人所欠税款。（3）普通破产债权。”

破产财产不足以清偿同一顺序的清偿要求的，按照比例分配。

（七）破产程序的终结

企业破产法规定，破产人无财产可供分配的，管理人应当请求人民法院裁定终结破产程序。

管理人在最后分配完结后，应当及时向人民法院提交破产财产分配报告，提请人民法院裁定终结破产程序。人民法院应当自收到管理人终结破产程序的请求之日起15日内作出是否终结破产程序的裁定。裁定终结的，应当予以公告。

人民法院裁定终结破产程序后，管理人应当自破产程序终结之日起10日内，持裁定书向破产人的原登记机关办理注销登记。除了存在诉讼或者仲裁未决情况外，管理人于办理注销登记完毕的次日终止执行职务。

破产清算程序终结后，破产人的保证人和其他连带债务人，对债权人依照破产清算程序未受清偿的债权，依法继续承担清偿责任。

第四节 保 险 法

一、保险法概说

（一）保险的概念与可保危险的条件

我国保险法上的保险，是指投保人根据合同约定向保险人支付保险费，保险人对于合同约定的可能发生的事故因其发生所造成的财产损失承担赔偿保险金责任，或者当被保险人死亡、伤残、疾病或达到合同约定的年龄、期限时承担给付保险金责任的商业保险行为。简言之，保险是指按照合同的约定，投保人向保险人支付保险费，保险人承担赔付保险金义务的一种合同关系。上述定义有以下含义：

（1）保险法上的保险为商业保险。广义上的保险包括商业保险和社会保险，这里所讲的保险限于商业保险。商业保险与社会保险在法律关系产生的意思基础方面、在保险活动采用的形式方面、在保险的目的、内容和赔付方式等方面都是存在差别的。

（2）商业保险包括财产保险和人身保险。保险法调整的保险范围包括两类。财产保险是指投保人按照合同约定向保险人交付保险费，保险人按照约定对所承保的财产及其有关利益因自然灾害或者其他意外事故造成损失时，承担赔偿保险金责任的保险。包括财产损失保险、责任保险、信用保险等。人身保险是以人的生命和身体为保险标的的保险，当被保险人发生死亡、伤残、疾病、年老等事故或者保险期满时，保险人承担给付保险金的责任。包括生、老、病、死、伤、残等。

（3）保险是通过合同的方式实施的。商业保险是依照保险人与投保人签订的合同而建立法律关系的。投保人有缴费的义务，享有获得保障和依约保险金赔付的权利；保险人有收取保险费的权利，有承担赔付保险金的义务。商业保险就是依赖合同来建立起法律关系的。

保险的产生源于危险的存在，危险是保险产生的前提和根源，无危险则无保险。保险是危险承担的一种方式，是危险承担社会化的一种方式，是通过危险转移而实现危险承担社会化的一种方式。然而并非所有的危险都可以通过保险的方式加以转移、分散或外化为由社会来承担。通过保险来转移的危险仅仅是符合保险法规定的危险，即所谓的“可保危险”。可保危险是指可以投保的危险，换言之，是指可为保险公司接受的危险，可向保险公司转移的危险。可保危险应当具备以下条件：

（1）纯粹性。所谓危险的纯粹性，是指不会产生收益而只会产生损失的可能性。例如洪水、地震、火灾等，一旦这类危险产生，则只会给人们带来损失。

（2）不确定性。所谓危险的不确定性，是指危险的发生及其程度的不确定性，这是针对单个危险而言的。包括：损失是否发生不确定、损失发生的时间不确定、损失发生的地点不确定、损失的大小不确定等。如果是确定能够发生的危险或者依照一般人的判断不可能发生的危险，例如机器设备的折旧和自然损耗等，保险人不予承保。

（3）意外性。意外性是指非故意行为所致的危险并且不是必然发生的危险。故意行为是可以预知的，属于道德危险，保险人不予承保也不予赔偿；不必然发生的含义是指发生的不可预知性。该项条件的适用有例外，于人寿保险场合，若合同约定被保险人自杀，保险人仍应给付保险金的，则其约定自合同成立之日起2年内生效。之所以允许一定期间（2年）之后的自杀作为可保危险，是基于投保人或被保险人在蓄意决定以自杀的方式领取保险金时，已过一段时间之后，发生的可能性必然减小甚或消失之故。

（4）未来性。未来性是指保险人承保的保险须属于将来可能发生的危险。如果合同成立之时，危险已经发生或者已经消灭，由于发生和消灭均属于已经确定的事实，则不属于可保危险。但在订立合同时主观上不知道危险已经发生的，仍有保险的可能，谓之“追溯危险”或者“无论已否发生危险”（lost or not lost)，这类危险大抵都适用于海上保险。

（5）同质性。同质性是指大量的标的均有遭受同样的或者近似的危险的可能性。同质性是满足保险经营大数法则①的要求，即某一风险必须是大量标的均有遭

① Law of large numbers，17世纪，欧洲的数学家建立了粗略死亡表，他们通过调查发现，如就出生的婴儿加以统计，各地每年出生的男孩与女孩的比率，几乎为一定的常数，此即为大数法则。其意义是，个别事物的发生可能是不规则的，但若集合众多的事物来观察，又具有相当的规则性。大数法则是近代保险事业赖以建立的数理基础，依据这一基础可以将个别危险单位遭受损失的不确定性变为多数单位可以预知的损失，从而计算出损失的概率和程度，进而计算出相对公平合理而又稳定的保险费率。

受损失的可能性，但实际出险的标的仅为少数。

（二）保险与储蓄、赌博的比较

1. 保险与储蓄

保险与储蓄都是处理经济不稳定的善后措施，并且有些人身保险具有一定的储蓄性质。但两者毕竟存在明显的差异：（1）实施方法不同。储蓄可以单独地、个别地实施；保险只能依靠多数人的互助共济。储蓄是自助行为；保险是互助合作行为。（2）给付与反给付方面的前提条件不同。储蓄在给付与反给付之间存在个别的均等（个别对等）关系，取多少必须存多少；保险不要求存在个人的均等关系，只要存在综合的、整体的均等关系（整体对等）即可。因此，储蓄受存入的本金多少和存款时间的限制；保险一般不受保险费的多少和缴纳时间长短的限制。（3）保险和储蓄的目的不同。储蓄的需要是多方面的，如婚丧葬娶、教育费用等；保险主要用于应付意外事故。（4）两者遵循的原则不同。储蓄的原则“存款自愿，取款自由”，保险虽也是“投保自愿，退保自由”，但如果退保，一般要扣除管理费、手续费，退回的退保金通常要少于所缴的保险费之和。（5）保险采用了特殊的精算方法；储蓄不需要这种复杂的计算技术。

2. 保险与赌博

保险与赌博的共同点在于：（1）在给付与反给付之间，都不需要建立个别的均等关系，局部来看，经常出现只有给付而没有反给付的情况，或者出现接受比给付更多的反给付情况。（2）两者都是射幸行为，赌博的输赢以及保险金的给付都取决于不确定事件的发生，都具有很大的偶然性。（3）在保险利益原则和损失补偿原则确定之前，两者没有明显的差异。但保险与赌博之间存在着本质的区别：（1）法律上，保险无论是在哪个国家都是合法的，是社会所倡导的；赌博在多数国家都是不合法的，是应受惩罚的。（2）道德上，保险是人类互助精神的发扬，利己利人，是道德所赞许的；赌博是人类贪婪本性的极端流露，试图不劳而获，损人利己，是应受谴责的。（3）目的和作用上，保险是收集保险费建立保险基金，通过互助共济的方式，用于对被保险人或者受益人施以救济，以达到社会安定的目的；赌博在大多数情况下给社会带来消极作用，并且是一种不会给社会带来安定的游戏。（4）保险以保险利益的存在为前提，即投保人与保险标的存在一定的利益关系；而赌博的对象可以是那些与自己没有任何利害关系的财产或事件。（5）保险的危险都是客观存在的，赌博的危险都是参与者自找的。（6）保险没有获利的可能；赌博有可能获利，所以才有不少人对赌博趋之若鹜。

（三）我国保险立法概况

保险法是指以保险关系为调整对象的一切法律规范的总称。其内容主要包括保险合同法、包含在海商法等单行法中的保险特别法、保险业组织法、保险监管法等。

我国现行保险法主要是1995年6月30日第八届全国人大常委会第十四次会议通过，同年10月1日开始实施的《中华人民共和国保险法》。2002年10月28日第九届全国人大常委会第三十次会议对该法进行了修改，修改后的保险法自2003年1月1日开始实施。

2002年对保险法的修改，主要贯穿了以下指导思想：一是履行入世承诺；二是加强对被保险人利益的保护；三是强化保险监管；四是支持保险业的改革和发展；五是促进保险业与国际接轨。

在此次修改的内容方面，主要集中在以下几点：（1）修改了保险条款和费率管理的有关规定，取消了由保险监管机构直接制定条款费率的规定；（2）扩大了财产保险公司的业务范围，将短期健康保险和意外伤害保险列为财产、寿险公司都可以经营的险种；（3）突出了有关偿付能力监管的规定，授权保险监管机构制定相关的具体办法；（4）修改和完善了保险中介尤其是保险代理人代理行为方面的规定；（5）对保险资金运用的禁止性规定作了适当修改；（6）修改了罚则部分，增加了对保险违法行为的处罚手段，加大了惩治力度。

二、保险合同与保险合同法的原则

（一）保险合同的概念与法律特征

保险合同是投保人与保险人约定保险权利义务关系的协议。也即当事人之间订立的，一方向另一方支付一定的费用，另一方承诺于特定的事件发生时，向对方赔付相应的金钱或者其他利益的合同。保险合同中的投保人是指与保险人订立保险合同，并按照保险合同负有支付保险费义务的人。而保险人则是指投保人订立保险合同，并承担赔偿或者给付保险金责任的保险公司。

保险合同除了具有一般合同的双务有偿性质以及诺成合同的特征外，还具有如下法律特征：

（1）保险合同是不要式合同。要式合同是指必须具备法定形式的合同，要式合同如果不具备法定形式，要么不具有法律效力，要么对第三人不具有对抗效力。保险合同为非要式契约。

（2）保险合同是附合合同。附合合同是指由一方提出合同的主要内容，另一方“要么接受、要么离开（take it or leave it）”，此外别无选择和商量余地的合同。保险合同之所以成为附合合同，主要取决于两方面因素：①保险经营的科学性。保险合同的主要条款，比如保险标的、保险责任、保险期限以及费率等，都是通过科学的计算而确定的，所以合同内容的随意增减或者变更容易动摇保险分摊金合理的基础。②保险业发展的客观需要。保险发展到今天，其深度广度都是前所未有的，保险公司签发的保险单数以万计，如果每份合同都要经过合同双方讨价还价、充分协商，势必影响保险业的发展。

③保险合同是射幸合同。射幸合同是指当事人全体或者其中的一人基于不确定的事件，对取得利益或者遭受损失作出约定的协议。射幸是指碰运气、赶机会，保险合同的射幸性是由保险事故的偶然性所决定的。基于保险合同的射幸性，保险法为防止以他人财产或者人身利益实施赌博行为，于第12条规定：“投保人对保险标的应当具有保险利益。”“投保人对保险标的不具有保险利益的，保险合同无效。”

（二）保险合同的分类

根据保险标的的性质不同，可将保险合同分为财产保险合同与人身保险合同。这是保险合同的基本分类之一。

财产保险合同是以财产上的利益为保险标的的合同。财产保险的种类非常繁多，主要包括三大类：（1）国内财产保险合同，主要包括家庭财产保险、企业财产保险、建筑安装工程保险、机动车辆保险、船舶保险、国内货物运输保险等；（2）农业保险合同，主要包括农作物保险、农产品保险、牲畜及家禽保险等；（3）涉外财产保险合同，主要包括机器设备损坏保险、工程保险、产品责任保险、雇主责任保险等。

人身保险是指以人的声明或者身体为保险标的的保险合同。人身保险主要包括：人寿保险、健康保险、意外伤害保险。目前，中国人寿保险市场上主要有普通人寿保险和特种人寿保险。普通人寿保险包括死亡保险、生存保险、两全保险和年金保险。特种人寿保险主要有简易人寿保险和团体人寿保险。

（三）保险合同法的基本原则

1. 保险利益原则

保险利益，又称可保利益，是指投保人对保险标的具有的法律上承认的利益，即在保险事故发生时，可能遭受的损失或失去的利益。该原则在法律上的意义在于，没有保险利益的保险合同无效。保险法上遵循保险利益原则的作用表现在：（1）消除赌博的可能性。保险区别于赌博的关键在于是否有保险利益的存在。如果投保人可以随意对他人的财产或人身进行保险，一旦发生保险事故，则其可以在无损失的情况下得到赔付，即与赌博无异。（2）防止道德危险的发生，保护保险标的的安全。道德危险是指投保人、被保险人或者受益人，为了诈取保险金的赔付，故意造成危险的发生或者损失的扩大。如果没有保险利益的限制，极有可能诱使一些人以不相关的财产或人身作为保险标的而谋财害命。（3）限制赔偿的程度。保险利益是保险人进行补偿的最高数额限度。如果没有保险利益的限制，则有可能使投保人或者被保险人获得与其所受的损失极不相称的高额赔偿。

财产保险利益的主要类型包括：（1）基于财产所有权和与财产所有权有关的财产权而产生的合法利益；（2）基于合同而产生的合法利益；（3）依法应当承担的民事赔偿责任；（4）其他法定或约定的合法利益。包括财产的所有权人（含财产共有人)、留置权人、抵押权人，货物的保管人、运送人，标的物的善意占有人、承租人、承揽人等。

关于人身保险的保险利益，我国《保险法》第53条:“投保人对下列人员具有保险利益:（一）本人；（二）配偶、子女、父母；（三）前项以外与投保人有抚养、赡养或者扶养关系的家庭其他成员、近亲属。”“除前款规定外，被保险人同意投保人为其订立合同的，视为投保人对被保险人具有保险利益。”

关于保险利益的存在期间，法律对财产保险与人身保险有不同的要求：（1）财产保险利益在保险合同订立时不一定存在，但保险事故发生时（被保险人）必须存在，即保险事故发生时被保险人对保险标的必须具有保险利益；（2）人身保险着重强调签约时投保人对保险标的具有保险利益，至于保险事故发生时是否存在，并不影响保险金的给付。

2. *最大诚信原则*

最大诚信合同又称最大善意合同，是指保险合同当事人在订立合同时及在合同的有效期内，应依法向对方提供可能影响对方是否缔结合同以及缔约条件的重要事实，同时严格信守合同中的各项承诺。我国《保险法》第5条规定:“保险活动当事人行使权利、履行义务应当遵循诚实信用原则。”

在保险合同中对诚实信用原则的遵循，主要基于以下原因：（1）影响保险合同效力的主要事项以及对方权利义务的多少，均以被保险人或投保人的告知为准。由于一般情况下，被保险人最为了解保险标的的情况，而保险人却知之甚少或者一无所知，因而保险人是否承包、承保条件、费率高低等，均要以投保人的申报、告知以及保证事项为依据，投保人的任何不实之举都可能使保险人蒙骗受损。（2）保险标的多在被保险人占有、支配和使用之下，其危险也受被保险人的控制，所以被保险人的任何放任行为均将增加保险人的风险承担。再者，保险人对费率的确定标准等方面，投保人处于信息劣势地位。这也要求保险人在合同的关键条款比如免责条款方面尽到必要的说明义务。

最大诚信原则既适用于投保人，又适用于保险人。投保人对该项原则的遵循主要体现在如实告知和履行保证的义务方面；而保险人对该原则的遵循主要体现在说明义务、弃权和禁止反言（抗辩）方面。我国《保险法》规定，订立保险合同，保险人应当向投保人说明保险合同的条款内容，并可以就保险标的或者被保险人的有关情况提出询问，投保人应当如实告知。投保人故意隐瞒事实，不履行如实告知义务的，或者因过失未履行如实告知义务，足以影响保险人决定是否同意承保或者提高保险费率的，保险人有权解除保险合同。《保险法》同时规定，保险合同中规定有关于保险人责任免除条款的，保险人在订立保险合同时应当向投保人明确说明，未明确说明的，该条款不产生效力。

三、财产保险合同

（一）财产保险合同的概念和特点

财产保险合同是指投保人与保险人之间订立的，由投保人缴付保险费，保险人对于投保标的的物质损失及其有关利益，因保险事故的发生所造成的损失承担赔偿责任的协议。

财产保险合同作为保险合同的一个重要类别，具有以下突出的特点：

（1）财产保险合同是补偿性合同。财产保险合同中，保险人承担的赔偿责任是以补偿保险标的因为保险事故造成的损失为内容，因此，当保险事故发生使投保人或被保险人遭受损失时，保险人必须在责任范围内对投保人或被保险人所受到的实际损失进行补偿，并且只有受到保险事故造成的损失，才能得到补偿，保险人给予投保人或被保险人补偿的数量等于损失的数量。

（2）财产保险合同的保险金额以保险标的的价值为限。财产保险合同的保险金额取决于保险财产本身具有的实际财产价值，即保险价值。基于财产保险的补偿性质，保险人与投保人应当在保险财产的实际价值范围内约定保险金额，发生财产损失后，保险人的赔偿限额即为保险金额。换言之，保险标的的实际价值是保险金额的最高限额，而保险金额是保险人承担赔偿责任的最高限额。如果保险事故发生时保险标的的实际价值发生变化的，以变化后的财产价值作为保险标的的实际价值。

（3）财产保险合同一般是短期保险合同。由于财产保险合同中的可保财产在市场经济条件下通常具有较大的流动性，保险人一般是按年约定财产保险合同的保险期限，按年来测算保险标的的损益结果的。此外虽然也可以以某一个经济活动的周期为标准确定保险责任的期限，但明显区别于以长期性为主的人身保险合同。

（4）代位求偿和委付制度是财产保险的特有制度。基于财产保险的补偿性特征，当财产的损失是由于第三人的责任造成的情况下，被保险人只能在侵权人和保险人两者之间择一请求赔偿，如果被保险人选择由保险人承担赔偿责任，保险人在赔偿保险金之后即取得代位求偿权，此即代位求偿制度。委付制度是指当发生保险事故造成保险标的的推定全损时，被保险人明确表示将该保险标的的一切权利转移给保险人，而有权请求保险人赔偿全部保险金额的制度。

（二）财产保险合同的主要内容

不同类别的保险合同的内容不尽相同，但各类财产保险合同一般都包括以下主要内容：

（1）保险标的。是指投保人予以投保而寻求保险保障的对象，也是保险人同意承保并负担保险赔偿责任的目标。故保险标的是财产保险合同的首要条款。保险标的一般包括物质财产与和物质财产有关的利益两大类。

(2) 投保金额。是指投保人在订立财产保险合同时，对保险标的实际投保的货币金额。保险金额既是保险人向被保险人履行保险赔偿责任的最高限额，又是计算投保人所应缴纳保险费的依据。

(3) 保险责任与除外责任。保险责任是指保险人对于保险事故造成保险标的损失，以财产保险合同的约定进行赔偿的责任。除外责任是指保险人不承担保险赔偿责任的风险损失。

(4) 赔偿方法。是指计算保险赔偿数额的方式，包括比例责任赔偿、定值赔偿方法等。

四、人身保险合同

(一) 人身保险合同的概念与特征

人身保险合同是指投保人与保险人约定，投保人向保险人交付一定数额的保险费，保险人在被保险人的生命、身体利益发生特定的事故（如死亡、伤残、意外伤害、疾病）或者达到合同约定期限时，向受益人给付保险金的协议。

人身保险合同具有以下特征：

(1) 保险主体的自然性和广泛性。主体的自然性是指合同的标的是自然人的生命、健康或者身体利益，不能是法人，不能是身体之外的任何财产。所谓主体范围的广泛性，是指缔结人身保险合同的投保人具有普遍性，任何人，无论其社会出身、性别、种族、民族、居住地以及财产状况如何，都可以成为人身保险合同的投保人或被保险人。

(2) 保险金的定值性。是指保险标的的价值和保险金额在订约时采用投保人和保险人商定的方式，不允许在事故发生后再行议定。这是由人身保险合同的性质决定的，人的生命和健康不可能有统一而确定的价格。但在人身保险合同中的医疗、意外伤害等个别险种中，保险金额可以医疗费等的花费数额作为保险金额。

(3) 保险的储蓄性，由于人身保险特别是人寿保险中，投保人交付的保险费构成了获取保险的物质基础，并决定着保险金的数额大小。合同约定的条件出现时保险人将以给付保险金的方式将投保人交付的保险费本金和利息予以返还。

(4) 保险费的非讼性。是指人身保险合同关系中，保险人不得以诉讼的方式向投保人讨要未获给付的保险费。

(二) 人身保险合同的分类

1. 人寿保险合同、意外伤害保险合同和健康保险合同

这是按照保险标的、承保危险、给付方法的不同所进行的分类，也是立法的一种分类。人身保险合同的主要内容是，当被保险人在合同期限内死亡，或者合同期限届满时被保险人生存的，保险人按照约定给付保险金。意外伤害保险合同的主要内容是，当保险人在合同期限内遭受意外伤害并致残废或者死亡的，保险人负有给

付保险金之责。健康保险合同是以被保险人的身体健康为标的，以其患病、分娩和因疾病、分娩致残或致亡为保险事故发生而签订的保险合同。

2. 普通人身保险合同与特种人身保险合同

这是依照经营方式的不同所进行的一种分类。普通人身保险合同是指采用自由协议方式订立，以个人要保为主的人身保险合同。其特征表现为，保险条款以个人要保方式为基础，具有较严格的个人主体资格限制，限定最高保险金额和最大的投保年龄。特种人身保险合同是指性质较为特殊，应采用专门方式经营的一种人身保险合同。其特征表现为，适应社会的某种特殊需要，在条款的拟定方面有特殊要求，如免除体检、增加一定比例的保险费或者强调在生存期间定期保险，或者要求总括保险。简易人身保险合同、团体人身保险合同、年金保险合同等都属于特种人身保险合同。

（三）人身保险合同的内容

1. 人身保险合同的基本内容

（1）人身保险合同的主体。人身保险合同主体的范围包括：（1）投保人。投保人是指与保险人订立合同，负担保险费交付义务的合同当事人。（2）保险人。保险人是指经营人身保险业务的商业性保险公司。（3）被保险人。是指以保险事故在其身上发生或者以其生命或身体为基础进行投保的人。（4）受益人。即保险金领取者，是指在人寿保险的死亡保险合同中，或者意外伤害保险合同和健康保险合同中附加死亡给付条款时，因保险事故的发生而有权领取保险金的人。其他保险合同，受益人就是被保险人。

（2）人身保险合同中的保险利益。人身保险合同的性质要求投保人与被保险人之间必须具有符合法律规定的保险利益，否则，投保与承保将丧失其作为保险的功能。投保人在订立人身保险合同时必须与被保险人具有保险利益，并将存在保险利益的事实确定为合同的基本内容。

（3）保险责任和除外责任。保险责任在人身保险单中称为“责任范围”，是指保险人给付保险金的事故的种类和给付的比例。除外责任是指保险人不应履行给付保险金义务的各种事由，保险单内对这些事由都采取列举形式，具体说明哪些危险造成的被保险人伤亡时保险人无赔偿义务，甚至不允许由双方协议加以变更，如战争或类似战争的行为等。

（4）保险金额和保险费。人身保险合同中的最高保险金额，由投保人和保险人双方协商。实际上是由保险人提出相应的方案。保险费事项包括保险费率和保险费数额两部分，合同中通常要约定保险费支付方式、减少或增加保险费的事由等。

（5）保险期限。即保险人承担保险责任的期限，人身保险合同中都有保险期限的规定。根据险别的不同，责任期限通常分为短期责任、长期责任和终身责任三种。

2. 人身保险合同的常用条款

在人身保险不同险种的保险单内，法律规定的常见条款包括：

(1) 不可争辩条款：又称 2 年后不否定条款，是指在被保险人生存期间，从保险合同生效之日起满一定期间（通常为 2 年），保险人不得以投保人在订立合同时违反诚信原则，未如实履行告知义务为理由而主张解除合同。我国《保险法》第 54 条规定："投保人申报的被保险人的年龄不真实，并且其真实年龄不符合合同约定年龄限制的，保险人可以解除合同，并在扣除手续费后，向投保人退还保险费，但是自合同成立之日起逾 2 年的除外。"

(2) 交费宽限期条款：是指长期寿险合同中分期支付保险费的情况下，投保人在支付了首期保险费后，对到期没有缴纳续期保险费的投保人给予一定时间的优惠，让其在宽限期内补交续期保险费的条款。我国保险法第 58 条规定："合同约定分期支付保险费，投保人支付首期保险费后，除合同另有约定外，投保人超过规定的期限 60 日未支付当期保险费的，合同效力中止，或者由保险人按照合同约定的条件减少保险金额。"在交费宽限期内，保险合同继续有效，也就是说，发生保险事故的，保险人仍应负担给付保险金的责任，不过要从给付金额中扣除欠缴的保险费。

(3) 复效条款：是指依照交费宽限期条款的规定，合同效力中止的，经保险人与投保人协商并达成协议，在投保人补交保险费后，合同效力恢复。复效条款是与宽限期条款相关联的又一常见条款。复效的条件包括：投保人提出复效申请，并与保险人达成复效协议；复效申请的时间是 2 年，超过时间的，合同效力终止；申请复效应履行告知义务，提供可保性证明；复效时应补交停效期间的保险费和利息，但保险人不承担停效期间发生的保险责任。

(4) 自杀条款：人身保险的被保险人，在合同成立后一定期限内（一般为 2 年）自杀的，保险人不承担保险金给付义务，只退还保险单的现金价值：但法定期间经过后自杀的，保险人"可以"承担保险责任。我国保险法第 66 条规定，以死亡为给付保险金条件的保险合同，自成立之日起满 2 年后，如果被保险人自杀，保险人可以按照合同给付保险金。

第五节 票 据 法

一、票据法概述

(一) 票据的概念和特征

票据是指出票人自己承诺或委托付款人在指定日期无条件支付一定款项的一种凭证。由出票人自行支付的，属于自付证券，即票据法上的本票：由出票人委托他人支付的，属于委托支付证券，即票据法上的汇票和支票。根据我国《票据法》规定，票据法上的票据，是指汇票、本票和支票。

汇票是出票人签发的，委托付款人在见票时或者在指定日期无条件支付确定的金额给收款人或者持票人的票据。

本票是出票人签发的，承诺自己在见票时无条件支付确定的金额给收款人或者持票人的票据。

支票是出票人签发的，委托办理支票存款业务的银行或者其他金融机构在见票时无条件支付确定的金额给收款人或者持票人的票据。

票据作为一种有价证券，具有如下特征：

(1) 文义性。票据的文义性是指票据上权利义务的内容完全依据票据上所记载的文义内容来决定，不得在此标准之外以任意解释或以票据以外的文件来证明变更票据上文字记载的意义。亦即票据上的记载视为出票人或背书人的真实意思表示，除取得票据有恶意或者重大过失外，票据所载事项具有绝对效力，在票据上签名的人应当按照所载事项承担责任。

(2) 要式性。票据是一种特殊的债券凭证，应当符合一定的格式，其形式和记载事项应严格依照票据法规定的要求制作和记载才能产生效力。

(3) 无因性。票据的无因性，是指不问票据权利成立的原因，票据持有人均得依照票据上所载明的文义主张票据权利。也就是说，票据权利人向票据债务人行使权利时，无须证明其取得票据的原因。票据只要具备法律规定的条件，票据权利即行成立。比如，张某向李某背书转让面额为10万元的汇票作为购买房屋的价金，李某接受汇票后背书转让给第三人。如果张某与李某之间的房屋买卖合同被合意解除，则张某只能请求李某返还10万元现金而不能请求李某或者第三人返还原已签发的汇票。

(4) 流通性。票据上的债权与民法上的一般债权不同，民法上的债权转让往往有通知等方面的要求，而票据上的权利原则上可以自由转让。无记名式票据可以依照交付而转移，记名式票据除出票人在票据上有禁止转让的记载外，票据持有人可以通过背书的方式转让给受让人，并且转让无需通知债务人。

(5) 票据是完全有价证券。票据权利的发生、转移、行使，均须依票据才能进行。票据权利与证券本身不可分离，若票据丢失，则票据权利无法行使。

(6) 票据是货币证券。票据权利以支付一定金额的货币为内容，以金钱而不是以货币以外的其他财产或利益作为给付标的。但票据不是货币，它只是一种可以替代现金支付的工具。

(7) 票据是设权证券。即票据权利是随票据的作成而产生的，在票据作成前并不存在票据上的权利。因而票据的发行目的，不是证明已经存在的权利，而是创设权利。

(二) 我国的票据立法

票据法是指国家为调整票据关系和确认票据行为而制定的法律规范的总称。票据关系是平等的主体之间因票据的发行、转让、票据权利的行使等而发生的财产关系，它代表着一种商业信用。票据法具有强行性、固定性和国际相通性的特点。

我国现行《票据法》是1995年5月10日第八届全国人大常委会第十三次会议通过，1996年1月1日开始实施的《中华人民共和国票据法》，该法除总则外，还规定了有关汇票、本票、支票的出票行为、背书、付款行为、追索权的行使等内容，并且对涉外票据法的法律适用以及违反票据法的法律责任等作出了规定。2004年对《票据法》修订时删除了第75条关于本票出票人资格的规定。现行《票据法》共7章110条，对汇票、本票、支票分别作了规定。

二、关于票据的基本规定

(一) 签章

票据上的签章，为签名、盖章或者签名加盖章。《票据法》规定，票据出票人制作票据，应当按照法定条件在票据上签章，并按照所记载的事项承担票据责任。持票人行使票据权利，应当按照法定程序在票据上签章，并出示票据。其他票据债务人在票据上签章的，按票据所记载的事项承担票据责任。

无民事行为能力人或者限制民事行为能力人在票据上签章的，其签章无效，但是不影响其他签章的效力。法人和其他使用票据的单位在票据上的签章，为该法人或者该单位的盖章加其法定代表人或者其授权的代理人的签章。在票据上的签名，应当为该当事人的本名。

(二) 记载事项

票据上的记载事项必须符合《票据法》的规定，票据金额、日期、收款人名称不得更改，更改的票据无效；票据上的其他记载事项，原记载人可以更改，更改时应当由原记载人签章证明。票据金额应当以中文大写和数码同时记载，二者必须一致，二者不一致的，票据无效。

(三) 票据和票据权利的取得、丧失

《票据法》规定，票据的签发、取得和转让，应当遵循诚实信用的原则，具有真实的交易关系和债权债务关系。票据的取得，必须给付对价，即应当给付票据双方当事人认可的相对应的代价。因税收、继承、赠与可以依法无偿取得票据的，不受给付对价的限制。但是，所享有的票据权利不得优于其前手的权利。前手是指在票据签章人或者持票人之前签章的其他票据债务人。以欺诈、偷盗或者胁迫等手段取得票据的，或者明知有前列情形，出于恶意取得票据的，不得享有票据权利。

票据丧失，是指票据持有人丧失对票据的占有。票据丧失后，失票人可以及时通知票据的付款人挂失止付，但是，未记载付款人或者无法确定付款人及其代理付款人的票据除外。收到挂失止付通知的付款人，应当暂停支付。失票人应当在通知挂失止付后3日内，也可以在票据丧失后，依法向人民法院申请公示催告，或者向人民法院提起诉讼。

（四）票据的伪造、变造

票据法规定，票据上的记载事项应当真实，不得伪造、变造。伪造、变造票据上的签章和其他记载事项的，应当承担法律责任。

票据上有伪造、变造的签章的，不影响票据上其他真实签章的效力。票据上其他记载事项被变造的，在变造之前签章的人，对原记载事项负责；在变造之后签章的人，对变造之后的记载事项负责；不能辨别是在票据被变造之前或者之后签章的，视同在变造之前签章。

（五）票据的抗辩

票据的抗辩是指票据债务人根据票据法规定对票据债权人拒绝履行义务的行为。

票据法规定，票据债务人不得以自己与出票人或者与持票人的前手之间的抗辩事由，对抗持票人。但是，持票人明知存在抗辩事由而取得票据的除外。票据债务人可以对不履行约定义务的与自己有直接债权债务关系的持票人，进行抗辩。

三、票据行为

票据行为是票据法上规定的、能引起票据上权利义务发生、变更、消灭的要式法律行为，它是引起票据法律关系产生、变更、消灭的法律事实和基础。

票据行为大致可分为主票据行为（基本票据行为）和从票据行为（附属票据行为），前者是指能引起票据关系发生的行为，即出票行为，后者指能引起票据关系变更、消灭的行为，如背书、保证、承兑、付款等。不同的票据涉及的具体票据行为是不同的，有些票据行为是汇票、本票和支票共有的，如出票、背书、付款等，有些票据行为是某一种票据独有的，如承兑是汇票独有的行为，保付是支票独有的行为。票据行为具有要式性、无因性、独立性、文义性、连带性的特征。

票据行为应当符合以下要件：(1) 行为人具有票据能力。(2) 行为人意思表示真实。(3) 必须采用特定的书面形式。票据行为必须以书面形式进行，并且只能使用统一印制的票据用纸。票据凭证的格式由中国人民银行规定。(4) 必须以法定形式记载票据事项。(5) 行为人必须签章。

票据法规定的票据行为一般包括出票、背书、承兑、保证、付款、追索等。

（一）出票

出票是指出票人签发票据并将其交付给收款人的票据行为。

汇票的出票人必须与付款人具有真实的委托付款关系，并且具有支付汇票金额的可靠的资金来源，出票人不得签发无对价的汇票用以骗取银行或者其他票据当事人的资金。汇票必须记载下列事项：表明“汇票”的字样；无条件支付的委托；确定的金额；付款人名称；收款人名称；出票日期；出票人签章。汇票上未记载前款规定事项之一的，汇票无效。出票人签发汇票后，即承担保证该汇票承兑和付款的责任。

本票的出票人必须具有支付本票金额的可靠的资金来源，并保证支付。本票必须记载下列事项：表明“本票”的字样；无条件支付的承诺；确定的金额；收款人名称；出票日期；出票人签章。本票上未记载前款规定事项之一的，本票无效。本票的出票人在持票人提示见票时，必须承担付款的责任。

支票的出票人应当在办理支票存款业务的银行或者其他金融机构开立支票存款账户。开立支票存款账户时，申请人必须使用其本名，并提交证明其身份的合法证件。开立支票存款账户和领用支票，应当有可靠的资信，并存入一定的资金，申请人还应当预留其本名的签名式样和印鉴。支票可以支取现金，也可以转账，用于转账时，应当在支票正面注明。支票必须记载下列事项：表明“支票”的字样；无条件支付的委托；确定的金额；付款人名称；出票日期；出票人签章。支票上未记载前款规定事项之一的，支票无效。支票的出票人所签发的支票金额不得超过其付款时在付款人处实有的存款金额，超过实有的存款金额的，为空头支票，票据法禁止签发空头支票。

（二）背书

背书是指在票据背面或者粘单上记载有关事项并签章的票据行为。背书可分为转让背书、禁止转让背书、委任背书、设质背书等。

背书除要求当事人有背书资格、记载事项的形式合法外，有效背书还应当符合以下要求：(1) 背书应当连续。即在票据转让中，转让的背书人与受让的被背书人在票据上的签章依次前后衔接。(2) 背书中不得记载有关事项。票据法规定，背书不得附条件，背书时附有条件的，所附条件不具有票据法上的效力。将票据金额的一部分转让的背书或者将票据金额分别转让给二人以上的背书无效。(3) 有些票据不得背书转让。比如，汇票被拒绝承兑、被拒绝付款或者超过付款提交期限的，不得背书转让，背书转让的，背书人应当承担汇票责任。

（三）承兑

承兑是指汇票付款人承诺在汇票到期日支付汇票金额的票据行为。承兑行为只存在于汇票关系中，本票关系和支票关系不产生承兑行为。

票据法规定，定日付款或者出票后定期付款的汇票，持票人应当在汇票到期日前向付款人提示承兑。提示承兑是指持票人向付款人出示汇票，并要求付款人承诺付款的行为。见票即付的汇票无需提示承兑。付款人对向其提示承兑的汇票，应当自收到提示承兑的汇票之日起 3 日内承兑或者拒绝承兑。付款人承兑汇票，不得附有条件；承兑附有条件的，视为拒绝承兑。付款人承兑汇票后，应当承担到期付款的责任。

（四）保证

保证是指票据人以外的其他人担保票据债务人履行义务的行为。

票据的保证必须以书面形式作出。保证人必须在票据上或粘单上记载下列事项：表明“保证”的字样；保证人名称和住所；被保证人的名称；保证日期；保证人签章。保证人在汇票或者粘单上未记载“被保证人”的，已承兑的汇票，承兑人为被保证人；未承兑的汇票，出票人为被保证人。保证人未记载“保证日期”的，出票日期为保证日期。保证不得附有条件；附有条件的，不影响对汇票的保证责任。

（五）付款

付款是指票据的付款人支付票据金额的行为。持票人应在合法期间内向付款人作付款提示：（1）见票即付的汇票，自出票日起1个月内，定日付款、出票后定期付款或者见票后定期付款的汇票，自到期日起10日内向承兑人提示付款。本票的持票人应当自出票日起10日内提示付款。汇票和本票持票人未按前述期限提示付款的，在作出说明后，承兑人或者付款人仍应当继续对持票人承担付款责任；支票持票人超过提示付款期限的，付款人可以不予付款；付款人不予付款的，出票人仍应对持票人承担票据责任。

票据法规定，付款人及其代理付款人付款时，应当审查汇票背书的连续，并审查提示付款人的合法身份证明或者有效证件。付款人及其代理付款人以恶意或者有重大过失付款的，应当自行承担责任。

（六）追索

追索是指票据权利到期不获付款或者到期前不获承兑时，持票人可向全体票据债务人请求偿还票据金额、利息及其他费用的行为。

持票人行使追索权必须具备两个前提条件，一是存在追索原因，比如汇票到期被拒绝付款，或者到期日前被拒绝承兑、承兑人或付款人死亡、逃匿、被宣告破产等。二是持票人已作出保全追索权的特定行为，比如已作出过付款提示或者承兑提示的，并且能够提供拒绝的证明的。

持票人在行使追索权之前，应当自收到被拒绝承兑或者被拒绝付款的有关证明之日起3日内，将被拒绝事由书面通知其前手；其前手应当自收到通知之日起3日内书面通知其再前手。持票人也可以同时向各汇票债务人发出书面通知。汇票的出票人、背书人、承兑人和保证人对持票人承担连带责任。持票人可以不按照汇票债务人的先后顺序，对其中任何一人、数人或者全体行使追索权。持票人对汇票债务人中的一人或者数人已经进行追索的，对其他汇票债务人仍可以行使追索权。被追索人清偿债务后，与持票人享有同一权利。持票人为出票人的，对其前手无追索权。持票人为背书人的，对其后手无追索权。持票人行使追索权，可以请求被追索人支付下列金额和费用：汇票金额、依照规定所生之利息、取得有关拒绝证明和发出通知书的费用。

第九章 经济法学

第一节 经济法概说

一、经济法的概念和调整对象

经济法是国家为了克服市场调节的盲目性和局限性而制定的调整全局性的、社会公共性的、需要由国家干预的经济关系的法律规范的总称。简言之，经济法是调整需要由国家干预的经济关系的法律规范的总称。大体来说，它包括对市场进行调控的法律规范、对宏观经济进行调控的法律规范、对国民收入的分配与再分配进行调控的法律规范。而且这些规范具有公法性质，或属于政府相关部门和各种经济组织以及个人必须执行的强制性规定与禁止性规定。

经济法的调整对象是指经济法应当促进、限制、取缔和保护的社会关系，亦指经济法规范效力所及的范围。概括说来，经济法的调整对象是国家需要干预的社会经济关系。具体分为以下几个方面：

(1) 微观经济调控关系。包括两层含义：一层是国家作为一种外部力量对经济组织的调控关系，即国家从整体利益出发，在进行统筹规划、掌握政策、信息指导、组织协调、提供服务和检查监督等活动中与不同性质（国有、集体、私营等）或不同组织形式（有限公司、股份有限公司等）的经济组织所发生的调控关系，另一层是指经济组织内部的调控关系，即经济组织从自身的利益出发，在进行计划、指挥、监督和调节等活动中与自己的组织机构和成员所发生的调控关系。

(2) 市场调控关系。市场调控关系是指国家为了建立社会主义市场经济秩序，维护国家、生产经营者和消费者的合法权益而干预市场所发生的经济关系。当前，培育和发展市场体系的重点在于发展生产要素市场，规范市场行为，打破地区、部门的分割和封锁，反对不正当竞争。与此相适应，左右市场体系的不正当竞争关系、垄断关系、产品质量关系、广告关系、价格关系、消费者利益保护关系等都须纳入法律尤其是经济法的调整范围。经济法主要是从国家介入市场的角度对上述关系进行调整，诸如平抑市场价格，建立现代的流通体制，规范金融、劳务、房地产、技术和信息等要素市场，改善和加强对市场的法制监督等。

(3) 宏观经济调控关系。宏观经济调控关系是指国家从长远利益和社会公共利益出发，对关系国计民生的重大经济因素实行全局性的管理过程中与其他社会组织所发生的具有隶属性或指导性的社会经济关系。主要包括产业调节、计划、国有资产管理、投资、金融、交通、能源及自然资源等关系。

(4) 社会分配关系。社会分配关系是指国家在对国民收入进行初次分配和再分配过程中所发生的经济关系。初次分配是指国民收入在物质生产部门所进行的分配。包括以按劳分配为主体、其他分配方式为补充的分配关系；财政收入关系；企业收入关系等。再分配是国民收入经过初次分配之后在全社会范围内所进行的分配。主要包括预算关系、信贷关系、价格关系、社会保障关系等。

二、经济法与相邻法律部门的区别

考察经济法与相邻法律部门的区别，可以说明经济法的特征及其在我国整个社会主义法律体系中的独立地位。

1. 经济法与民法的区别

经济法与民法的区别主要表现在以下几个方面：(1) 主体的范围和地位不同。民法主体只限于法人和公民，经济法主体除法人和公民外，还包括企业法人的内部机构和既非自然人又非法人的其他经济实体；并且民法主体当事人之间的地位是平等的，而经济法主体在参加经济调控关系时，当事人之间的地位不一定是平等的。(2) 调整对象不同。民法主要是调整流通领域中平等当事人之间的经济关系，而经济法主要是调整生产领域中的经济调控关系。(3) 调整方法不同。民法是采取自愿、平等、等价有偿和诚实信用的原则调整经济关系，而经济法除采取命令与服从的办法调整经济关系以外，还采取命令与平等协商相结合的办法调整经济关系，但经济法总体上还是对"意思自治"的一种限制。(4) 作用不同。民法强调法人和公民的意思自治，体现的是个体本位；而经济法强调的是国家对全局经济生活的干预，因而体现社会本位。(5) 制裁的方法不同。民法只采取民事制裁方法，而经济法则采取经济、行政和刑事相结合的制裁方法。

2. 经济法与行政法的区别

经济法与行政法的区别主要表现在：(1) 主体不同。行政法主体的一方是政府及其非经济主管部门，另一方则是下属或相对的行政机关、企事业单位、社会团体和公民；经济法主体包括国家权力机关、行政机关和司法机关，并且一方是国家经济管理部门，另一方则是社会经济组织以及企业内部的管理机构和生产组织。(2) 调整对象不同。行政法调整的社会关系体现的是一种权力从属关系，同时这种关系在大多数情况下不直接具有经济内容。经济法调整的社会关系具有直接的经济内容。(3) 调整方法不同。行政法是采取单纯的强制性办法调整社会关系，经济法则是采取强制性、指导性和监督性相结合的方法调整社会关系，甚至在条件成熟的时候，把指导性的方法作为主要的调整方法。（4）作用不同。行政法着重巩固和发展政治体制改革的成果，为政治体制改革服务。经济法主要是巩固和发展经济体制改革的成果，为经济体制改革服务。（5）法律适用的程序不同。属于行政法调整范围内的行政纠纷，纯由行政诉讼程序解决，而由经济法调整范围内的经济和行政纠纷，则视问题的不同，分别由民事诉讼和行政诉讼程序解决。

三、我国经济法的基本内容和体系

在我国，经济法不是以综合性法典的形式或以综合性法典为主的形式存在的。由于经济法所调整的社会关系的广泛性和复杂性，不可能制定统一的经济法法典，而只能根据国家调整的不同的经济关系的特点和性质，分别制定单行的经济法律、法规。因此，经济法作为一个独立的法律部门是由众多的经济法律、法规组成的，包括全国人大及其常委会制定的专门经济法律，国务院颁布的有关行政法规和国务院各部委颁布的有关行政规章，还有有关的地方性法规，宪法中的有关条款和其他法律、法规中的有关条款，也是经济法的组成部分。

根据我国经济立法的实践，经济法律、法规的基本内容一般包括：立法宗旨或目的；立法的指导思想；调整特定经济关系的基本原则；有关经济关系的主体及其权利义务；管理体制、程序和方法；检查监督、违法责任及奖惩等。

关于经济法的体系，目前尚未形成一致的看法。按照经济法所调整的具体对象的类别和范围的不同，一般可将经济法划分为如下部门：公司法、国有工业企业法、集体经济组织法、私营企业和个体经济法、外商投资企业法、承包及租赁经营法、企业兼并法、企业破产法、反不正当竞争与反垄断法、消费者权益保护法、产品质量法、价格管理法、计量法、广告法、工业产权法、计划、投资与国有资产管理法、银行法、财政法、税收法、能源法及自然资源法、对外贸易管理法、劳动报酬法、社会保障法等。

本章限于篇幅，只就税法、反不正当竞争法、产品质量法、消费者权益保护法作简要介绍。

第二节 税 法

一、税法概述

税收是国家为了实现其管理职能，凭借政治权力，依照法律规定的标准，参与国民收入分配和再分配，取得财政收入的一种形式，是不同社会制度、不同历史时期的国家普遍采用的财政收入方式。与国家取得财政收入的其他方式相比，税收具有强制性、固定性、无偿性三个明显的特征。

我国的税收是社会主义性质的税收，体现了“取之于民，用之于民”的收入分配关系，具有组织财政收入、调节社会经济收入和均衡分配、强化国家经济监督等方面的作用。

税法是调整国家通过税务机关与纳税人之间产生的税收征纳关系的法律规范的总称。税法的构成要素主要有：纳税主体（又称纳税人或纳税义务人）、征税对象（又称征税客体或计税依据）、税率（即纳税额与征税对象之间的比率）、税种税目、纳税环节、减税免税、纳税期限、违章处理等。其中纳税人、征税对象和税率是三个最基本的构成要素。税率方面，我国现行税法适用的税率包括比例税率、累进税率和定额税率三种。

1993年底到1994年初，我国进行了一次全面的结构性的税制改革，改革的指导思想是，“统一税法，完善税制，公平税负，简化税制，合理分权，理顺分配关系，保障财政收入，建立符合我国社会主义市场经济要求的税制体系”。改革的基本原则是：一要有利于调动中央、地方两个积极性，有利于加强中央的宏观调控能力；二要有利于实现公平税负，促进平等竞争；三要有利于体现国家产业政策，促进经济结构的调整，促进国民经济持续、快速、健康地发展和整体效益的提高；四要有利于税制结构的合理，有利于税种的简化、规范。

经过1994年的税制改革，我国形成的税种主要包括：增值税、消费税、营业税、关税、城市维护建设税、土地增值税、企业所得税、外商投资企业和外国企业所得税、个人所得税、农业税、牧业税、农林特产税、资源税、城镇土地使用税、耕地占用税、城市房地产税、契税、车船使用税、印花税、屠宰税等。这些税种按照征税对象的不同可以分为流转税类、收益税（所得税）类、财产税类、行为税类和自愿税类五大类。按照税收征管权限划分，则可分为中央税、地方税、中央和地方共享税三大类。

二、我国现行主要税种

依不同的标准，可对我国税收进行不同的分类。按征税对象属性不同，可分为流转税类、收益税（所得税）类、财产税类、行为税类和资源税类。其中流转税类主要包括以下税种：增值税、消费税、营业税、关税、农林特产税等。所得税类包括企业所得税、个人所得税和农牧业税。财产税类设有房产税、城市房地产税、契税等税种。行为税由城市维护建设税、固定资产投资方向调节税、土地增值税、印花税、车船使用税、车船使用牌照税、屠宰税、筵席税等税种组成。资源税包括（城镇）土地使用税、耕地占用税及对矿产品和盐征收的资源税。

（一）增值税

增值税是对生产流通和劳务服务各个环节的增值额所征收的一种税。增值是指纳税人在其生产经营和劳务活动中创造的新增价值或商品的附加值。增值税的纳税人是在中国境内销售货物或者提供加工、修理修配劳务以及进口货物的单位和个人。增值税实行价外计税的办法，以不含增值税金的价格为计税依据，其应税额为销项税额减去进项税额的余额，采取凭增值税专用发票注明税款抵扣的办法。增值税设三档税率，即17%的基本税率，适用于大多数销售或者进口货物的增值税纳税人以及提供加工、修理修配劳务的增值税纳税人；13%的抵税率，适用于销售或者出口诸如粮食、自来水、天然气、图书、化肥等货物的纳税人；零税率，即税率为零，只适用于纳税人出口货物。

（二）消费税

消费税是对特定的消费品的流转额课征的一种税。消费税的纳税人是在我国境内从事生产、委托加工和进口应税消费品的单位和个人。其征税范围是有选择地对部分消费品进行课税，包括烟酒、化妆品、护肤护发品、贵重首饰、鞭炮和烟花、汽油、柴油、汽车轮胎、摩托车、小汽车等11类消费品。消费税采用比例税率和定额税率两种形式，前者适用于从价征收的消费品，后者适用于从量征收的消费品。

（三）营业税

营业税是指对我国境内经营交通运输业、建筑业、金融保险业、邮电通信业、文化体育业、娱乐业、服务业或有转让无形资产、销售不动产行为的单位和个人，按其营业额所征收的一种税。凡在我国境内提供规定的应税劳务、转让无形资产或者销售不动产的单位和个人，均为营业税的纳税人。营业税按行业设置税目和税率，其税率采用比例税率。纳税人兼有不同税目应税行为的，应当分别核算不同税目的营业额、转让额、销售额；未分别核算营业额的，从高适用税率。

（四）企业所得税

2007年3月16日中华人民共和国第十届全国人民代表大会第五次会议通过了《中华人民共和国企业所得税法》，该法自2008年1月1日起施行。1991年4月9日第七届全国人民代表大会第四次会议通过的《中华人民共和国外商投资企业和外国企业所得税法》和1993年12月13日国务院发布的《中华人民共和国企业所得税暂行条例》同时废止。这标志着酝酿多年的“两税合一”（即前述两部法律、法规统一成一部企业所得税法）终获实现，内外资企业在税率等方面将一视同仁，内外资企业实行差别税收政策分别立法的做法将成为历史。

1. 纳税企业范围

企业所得税法规定，在中华人民共和国境内，企业和其他取得收入的组织（以下统称企业）为企业所得税的纳税人，依照本法的规定缴纳企业所得税。但个人独资企业、合伙企业不适用本法。

企业可分为居民企业和非居民企业。居民企业，是指依法在中国境内成立，或者依照外国（地区）法律成立但实际管理机构在中国境内的企业。居民企业应当就其来源于中国境内、境外的所得缴纳企业所得税。

非居民企业，是指依照外国（地区）法律成立且实际管理机构不在中国境内，但在中国境内设立机构、场所的，或者在中国境内未设立机构、场所，但有来源于中国境内所得的企业。非居民企业在中国境内设立机构、场所的，应当就其所设机构、场所取得的来源于中国境内的所得，以及发生在中国境外但与其所设机构、场所有实际联系的所得，缴纳企业所得税。非居民企业在中国境内未设立机构、场所的，或者虽设立机构、场所但取得的所得与其所设机构、场所没有实际联系的，应当就其来源于中国境内的所得缴纳企业所得税。

2. 税率

企业所得税法规定，企业所得税的税率为25%。但非居民企业在中国境内未设立机构、场所的，或者虽设立机构、场所但取得的所得与其所设机构、场所没有实际联系的，对其来源于中国境内的所得缴纳的企业所得税，适用税率为20%。

3. 应纳税所得额的确定

企业所得税法规定，企业每一纳税年度的收入总额，减除不征税收入、免税收入、各项扣除以及允许弥补的以前年度亏损后的余额，为应纳税所得额。

(1) 收入总额包括：销售货物收入；提供劳务收入；转让财产收入；股息、红利等权益性投资收益；利息收入；租金收入；特许权使用费收入；接受捐赠收入；其他收入。其表现形式可以是货币形式和非货币形式。

(2) 不征税收入包括：财政拨款；依法收取并纳入财政管理的行政事业性收费、政府性基金；国务院规定的其他不征税收入。

(3) 可以扣除的支出：企业实际发生的与取得收入有关的、合理的支出，包括成本、费用、税金、损失和其他支出；企业发生的公益性捐赠支出，在年度利润总额12%以内的部分。

(4) 不得扣除的支出包括：向投资者支付的股息、红利等权益性投资收益款项；企业所得税税款；税收滞纳金；罚金、罚款和被没收财物的损失；前述规定以外的捐赠支出；赞助支出；未经核定的准备金支出；与取得收入无关的其他支出。此外，企业对外投资期间，投资资产的成本在计算应纳税所得额时不得扣除。

(5) 固定资产折旧扣除。企业所得税法规定，在计算应纳税所得额时，企业按照规定计算的固定资产折旧，准予扣除。但下列固定资产不得计算折旧扣除：房屋、建筑物以外未投入使用的固定资产；以经营租赁方式租入的固定资产；以融资租赁方式租出的固定资产；已足额提取折旧仍继续使用的固定资产；与经营活动无关的固定资产；单独估价作为固定资产入账的土地；其他不得计算折旧扣除的固定资产。

(6) 无形资产摊销费用扣除。企业所得税法规定，在计算应纳税所得额时，企业按照规定计算的无形资产摊销费用，准予扣除。但下列无形资产不得计算摊销费用扣除：自行开发的支出已在计算应纳税所得额时扣除的无形资产；自创商誉；与经营活动无关的无形资产；其他不得计算摊销费用扣除的无形资产。

（7）长期摊销费用扣除。企业所得税法规定，在计算应纳税所得额时，企业发生的下列支出作为长期待摊费用，按照规定摊销的，准予扣除：已足额提取折旧的固定资产的改建支出；租入固定资产的改建支出；固定资产的大修理支出；其他应当作为长期待摊费用的支出。

（8）其他扣除。企业使用或者销售存货，按照规定计算的存货成本，准予在计算应纳税所得额时扣除；企业转让资产，该项资产的净值，准予在计算应纳税所得额时扣除。

此外，为鼓励科学创新和技术进步，企业所得税法规定，企业的下列支出，可以在计算应纳税所得额时加计扣除：开发新技术、新产品、新工艺发生的研究开发费用；安置残疾人员及国家鼓励安置的其他就业人员所支付的工资。

4. 应纳税额的确定

企业所得税法规定，企业的应纳税所得额乘以适用税率，减除依照本法关于税收优惠的规定减免和抵免的税额后的余额，为应纳税额。

企业取得的下列所得已在境外缴纳的所得税税额，可以从其当期应纳税额中抵免，抵免限额为该项所得依照本法规定计算的应纳税额；超过抵免限额的部分，可以在以后5个年度内，用每年度抵免限额抵免当年应抵税额后的余额进行抵补：（1）居民企业来源于中国境外的应税所得；（2）非居民企业在中国境内设立机构、场所，取得发生在中国境外但与该机构、场所有实际联系的应税所得。

5. 税收优惠

企业所得税法规定，国家对重点扶持和鼓励发展的产业和项目，给予企业所得税优惠。税收优惠包括免税、减税等。

（1）免税收入包括：国债利息收入；符合条件的居民企业之间的股息、红利等权益性投资收益；在中国境内设立机构、场所的非居民企业从居民企业取得与该机构、场所有实际联系的股息、红利等权益性投资收益；符合条件的非营利组织的收入。

（2）可以免征、减征企业所得税的企业所得包括：从事农、林、牧、渔业项目的所得；从事国家重点扶持的公共基础设施项目投资经营的所得；从事符合条件的环境保护、节能节水项目的所得；符合条件的技术转让所得等。

（3）其他税收优惠：符合条件的小型微利企业，减按20%的税率征收企业所得税；国家需要重点扶持的高新技术企业，减按15%的税率征收企业所得税；创业投资企业从事国家需要重点扶持和鼓励的创业投资，可以按投资额的一定比例抵扣应纳税所得额；企业综合利用资源，生产符合国家产业政策规定的产品所取得的收入，可以在计算应纳税所得额时减计收入；企业购置用于环境保护、节能节水、安全生产等专用设备的投资额，可以按一定比例实行税额抵免。

（五）个人所得税

个人所得税是对个人（自然人）工资、薪金取得和其他所得征收的一种税。我国的个人所得税法于1980年9月10日第五届全国人民代表大会第三次会议通过，此后，在1993年、1999年、2005年先后进行了三次修订，日臻完善。

凡在中国境内有住所，或者无住所而在境内居住满1年的个人，从中国境内和境外取得的所得，为个人所得税的纳税义务人（称居民纳税人）。在中国境内无住所又不居住或者无住所而在境内居住不满1年的个人，从中国境内取得的所得，也为个人所得税的纳税义务人（称非居民纳税人）。

个人所得税的征税范围包括下列11项：工资、薪金所得；个体工商户的生产、经营所得；对企事业单位的承包经营、承租经营所得；劳务报酬所得；稿酬所得；特许权使用费所得；利息、股息、红利所得；财产租赁所得；财产转让所得；偶然所得；经国务院财政部门确定征税的其他所得。

个人所得税的税率分项目确定，对不同性质的所得采用不同的税率。具体分为：工资、薪金所得，适用超额累进税率，税率为5%~45%；个体工商户的生产、经营所得和对企事业单位的承包经营、承租经营所得，适用5%~35%的超额累进税率；稿酬所得，适用比例税率，税率为20%.. 并按应纳税额减征30%；劳务报酬所得，适用20%的比例税率；特许权使用费所得，利息、股息、红利所得，财产租赁所得，财产转让所得，偶然所得和其他所得，适用20%比例税率。

个人所得税法规定，下列各项个人所得，免纳个人所得税：（1）省级人民政府、国务院部委和中国人民解放军军以上单位，以及外国组织、国际组织颁发的科学、教育、技术、文化、卫生、体育、环境保护等方面的奖金；（2）国债和国家发行的金融债券利息；（3）按照国家统一规定发给的补贴、津贴；（4）福利费、抚恤金、救济金；（5）保险赔款；（6）军人的转业费、复员费；（7）按照国家统一规定发给干部、职工的安家费、退职费、退休工资、离休工资、离休生活补助费；（8）依照我国有关法律规定应予免税的各国驻华使馆、领事馆的外交代表、领事官员和其他人员的所得；（9）中国政府参加的国际公约、签订的协议中规定免税的所得；（10）经国务院财政部门批准免税的所得。有下列情形之一的，经批准可以减征个人所得税：（1）残疾、孤老人员和烈属的所得；（2）因严重自然灾害造成重大损失的；（3）其他经国务院财政部门批准减税的。

个人所得税的计税依据是应纳税所得额，应纳税所得额为个人取得的所得，按税法规定扣除必要的费用。根据个人所得税法的规定，应纳税所得额的计算方式为：（1）工资、薪金所得，以每月收入额减除费用1 600元后的余额，为应纳税所得额；（2）个体工商户的生产、经营所得，以每一纳税年度的收入总额，减除成本、费用以及损失后的余额，为应纳税所得额；（3）对企事业单位的承包经营、承租经营所得，以每一纳税年度的收入总额，减除必要费用后的余额，为应纳税所得额；（4）劳务报酬所得、稿酬所得、特许权使用费所得、财产租赁所得，每次收入不超过4 000元的，减除费用800元；4 000元以上的，减除20%的费用，其余额为应纳税所得额；（5）财产转让所得，以转让财产的收入额减除财产原值和合理费用后的余额，为应纳税所得额；（6）利息、股息、红利所得，偶然所得和其他所得，以每次收入额为应纳税所得额。

三、税收征收管理法律制度

（一）税收征管立法

1993年开始施行的《中华人民共和国税收征收管理法》是我国税收管理方面的基本法，它对我国的税收征收管理工作作了全面的规定。1995年2月第八届全国人大常委会第十二次会议对该法作了修改。2001年4月，第九届全国人大常委会第二十一次会议对税收征管法再次作了修改，原税收征管法共6章62条，新税收征管法为6章94条，修改达90余处，增加了大量新的条款。此次修改的内容主要包括五个方面：（1）增加了加强征管、堵塞漏洞的税源管理措施；（2）进一步明确了税务机关执法主体的地位，强化了执法手段和措施；（3）增加了防范涉税违法行为的措施，加大了打击偷逃骗税的力度；（4）大量增加了保护纳税人合法权益和纳税人依法享有权利的内容和条款；（5）进一步规范税收机关的执法行为，明确了对税务机关和税务人员违法行为的法律责任。

（二）税收征管法的主要内容

1. 税务管理

（1）税务登记。依照税收征管法的规定，企业、企业在外地设立的分支机构和从事生产、经营的场所、个体工商户和从事生产、经营的事业单位，自领取营业执照之日起30日内，应当持有关证件。向税务机关申报办理税务登记，税务机关应当自收到申报之日起30日内审核并发给税务登记证件。工商行政管理机关应当将办理登记注册、核发营业执照的情况，定期向税务机关通报。税务登记证件不得转借、涂改、损毁、买卖或者伪造。

（2）账簿、凭证管理。从事生产、经营的纳税人、扣缴义务人应按照有关法律、行政法规和国务院财政、税务主管部门的规定设置账簿，根据合法、有效凭证记账，进行核算。税务机关是发票的主管机关，负责发票印制、领购、开具、取得、保管、缴销的管理和监督。单位、个人在购销商品、提供或者接受经营服务以及从事其他经营活动中，应当按照规定开具、使用、取得发票。增值税专用发票由国务院税务主管部门指定的企业印制；其他发票，按照国务院主管部门的规定，分别由省、自治区、直辖市国家税务局、地方税务局指定企业印制。未经有权指定的机关指定，不得印制发票。

纳税人、扣缴义务人还必须按照国务院财政、税务主管部门规定的保管期限保管账簿、记账凭证、完税凭证及其他有关资料，不得伪造、变造或者擅自损毁。

(3) 纳税申报。负有纳税义务的单位、个人或扣缴义务人，应当在发生纳税义务后，按期如实向主管机关办理纳税申报或者报送代扣代缴、代收代缴税款报告表，即使享受减免税待遇的，在减免税期间，也应按规定办理纳税申报。纳税人、扣缴义务人可以直接到税务机关办理纳税申报或者报送代扣代缴、代收代缴税款报告表，也可以按照规定采取邮寄、数据电文或者其他方式办理申报、报送事项。

2. 税款征收

按照规定，除税务机关、税务人员以及经税务机关依照法律、行政法规委托的单位和人员外，任何单位和个人不得进行税款征收活动。

纳税人应当按期缴纳或者解缴税款，纳税人有特殊困难不能按期缴纳的，经省、自治区、直辖市国家税务局、地方税务局批准，可以延期缴纳税款，但最长不得超过3个月。纳税人或者扣缴义务人未按规定期限缴纳税款或者解缴税款的，税务机关除责令限期缴纳外，从滞纳税款之日起，按日加收滞纳税款万分之五的滞纳金。税务机关征收税款时，必须给纳税人开具完税凭证。

纳税人有下列情形之一的，税务机关有权核定其应纳税额：(1) 依照法律、行政法规的规定可以不设置账簿的；(2) 依照法律、行政法规的规定应当设置账簿而未设置账簿的；(3) 擅自销毁账簿或者拒不提供纳税资料的；(4) 虽设置账簿，但账目混乱或者成本资料、收入凭证、费用凭证残缺不全，难以查账的；(5) 发生纳税义务，未按照规定的期限办理纳税申报，经税务机关责令限期申报，逾期仍不申报的；(6) 纳税人申报的计税依据明显偏低，又无正当理由的。对未按照规定办理纳税登记的从事生产、经营的纳税人以及临时从事经营的纳税人，由税务机关核定其应纳税额，责令缴纳。

关于税收保全，税收征管法规定，税务机关有根据认为从事生产、经营的纳税人有逃避纳税义务行为的，可以在规定的纳税期之前，责令限期缴纳应纳税款；在限期内发现纳税人有明显的转移、隐匿其应纳税的商品、货物以及其他财产或者应纳税的收入的迹象的，税务机关可以责令纳税人提供纳税担保。纳税人不提供纳税担保的，经县级以上税务局（分局）局长批准，税务机关可以采取以下税收保全措施：(1) 书面通知纳税人开户银行或者其他金融机构冻结纳税人的金额相当于应纳税款的存款；(2) 扣押、查封纳税人的价值相当于应纳税款的商品、货物或者其他财产。但个人及其所抚养家属维持生活必需的住房和用品，不在税收保全措施的范围之内。纳税人在限期期满仍未缴纳税款的，经县以上税务局（分局）局长批准，税务机关可以书面通知纳税人开户银行或者其他金融机构从其冻结的存款中扣缴税款；或者依法拍卖或者变卖所扣押、查封的商品、货物或者其他财产，以拍卖或者变卖所得抵缴税款。

关于税收中的强制执行措施，税收征管法规定，从事生产、经营的纳税人、扣缴义务人未按照规定的期限缴纳或者解缴税款，纳税担保人未按照规定的期限缴纳所担保的税款，由税务机关责令其限期缴纳，逾期仍未缴纳的，经县级以上税务局（分局）局长批准，税务机关可以采取下列强制执行措施：（1）书面通知其开户银行或者其他金融机构从其存款中扣缴税款；（2）扣押、查封、拍卖其价值相当于应纳税款的商品、货物或者其他财产，以拍卖所得抵缴税款。税务机关采取强制措施时，对未缴纳的滞纳金同时强制执行。但个人及其所抚养家属维持生活必需的住房和用品，不在强制执行措施的范围之内。

关于税收优先权问题，税收征管法规定，税务机关征收税款，税收优先于无担保债权，法律另有规定的除外；纳税人欠缴的税款发生在纳税人以其财产设定抵押、质押或者纳税人的财产被留置之前的，税收应当优先于抵押权、质权、留置权执行。纳税人欠缴税款，同时又被行政机关决定处以罚款、没收非法所得的，税收优先于罚款、没收非法所得。纳税人有欠税情形而以其财产设定抵押、质押的，应当向抵押权人、质权人说明其欠税情况。抵押权人、质权人可以请求税务机关提供有关的欠税情况。税务机关应当对纳税人欠缴税款的情况定期予以公告。

税收征管法还规定了税务机关的代位权和撤销权。依照规定，欠缴税款的纳税人因怠于行使到期债权，或者放弃到期债权，或者无偿转让财产，或者以明显不合理的低价转让财产而受让人知道该情形，给国家税收造成损害的，税务机关可以依照合同法的相关规定行使代位权或撤销权。税务机关依照规定行使代位权或撤销权的，不免除欠缴税款的纳税人尚未履行的纳税义务和应承担的法律责任。

3. 税务检查

税务检查的内容，税收征管法规定了六个方面，大致包括：（1）检查纳税人和扣缴义务人的账簿等有关资料；（2）到纳税人的生产、经营场所和货物存放地检查纳税人应纳税的有关财产和扣缴义务人有关的经营情况；（3）责成纳税人、扣缴义务人提供有关的文件、证明材料和有关材料；（4）询问纳税人、扣缴义务人有关的问题和情况；（5）到车站、码头、机场、邮政企业及其分支机构检查纳税人托运、邮寄应纳税商品、货物或其他财产的有关单据、凭证和有关资料；（6）经县级以上税务局（分局）局长批准，凭全国统一格式的检查存款账户许可证明，查核从事生产、经营的纳税人、扣缴义务人在银行或者其他金融机构的存款账户等。税务机关派出的人员进行税务检查时，应当出示税务检查证和税务检查通知书，并有责任为被检查人保守秘密；未出示税务检查证和税务检查通知书的，被检查人有权拒绝检查。

4. 法律责任

税收征收管理法对违反税法应承担的法律后果从行政责任、经济责任和刑事责任三个方面作了较为严格的规定。具体包括：

(1) 违反税收征管程序的法律责任

纳税人有下列行为之一的，由税务机关责令限期改正，可以处2 000元以下的罚款；情节严重的，处2 000元以上1万元以下的罚款：未按照规定的期限申报办理税务登记、变更或者注销登记的；未按规定设置、保管账簿或者保管记账凭证和有关资料的；未按规定将财务、会计制度或者财会处理办法和会计核算软件报送税务机关备查的；未按照规定将其全部银行账号向税务机关报告的。

扣缴义务人未按规定设置、保管代扣代缴、代收代缴税款账簿或者保管代扣代缴、代收代缴税款记账凭证及有关资料的，由税务机关责令限期改正；可以处2 000元以下的罚款；情节严重的，处2 000元以上5 000元以下的罚款。

纳税人、扣缴义务人未按规定的期限办理纳税申报和报送纳税资料的，未向税务机关报送代扣代缴、代收代缴税款报告表和有关资料的，由税务机关责令其限期改正，可以处2 000元以下的罚款，情节严重的，可以处以2 000元以上1万元以下的罚款。

(2) 偷税、抗税的法律责任

偷税是指纳税人伪造、变造、隐匿、擅自销毁账簿、记账凭证，在账簿上多列支出或者不列、少列收入，或者经税务机关通知申报而拒不申报或者进行虚假的纳税申报，不缴或者少缴应纳税款的行为。偷税行为的突出特点是采取欺诈的手段不缴或者少缴税款。按照规定，对于纳税人的偷税行为，由税务机关追缴不缴或者少缴的税款、滞纳金，并处不缴或者少缴的税款50%以上5倍以下的罚款。构成犯罪的，追究刑事责任。扣缴义务人采取偷税手段，不缴或者少缴已扣、已收税款的，按前述办法实施处罚。

抗税是指纳税人以暴力、威胁方法拒不缴纳税款的行为。对于抗税者，除由税务机关追缴其拒缴的税款、滞纳金外，依法追究其刑事责任。情节轻微，未构成犯罪的，由税务机关追缴其拒缴的税款、滞纳金，并处拒缴税款1倍以上5倍以下的罚款。

第三节 反不正当竞争法

一、反不正当竞争法概述

不正当竞争，是指经营者违反反不正当竞争法规定，损害其他经营者的合法权益，扰乱社会经济秩序的行为。反不正当竞争法是调整在制止不正当竞争行为过程中发生的经济关系的法律规范的总称。反不正当竞争与反对限制竞争和反对垄断是联系在一起的。有些国家将上述三方面内容统一立法，也有的国家采取分离立法的模式。但无论采用何种模式，反不正当竞争法均构成各发达国家调节经济、限制不正当竞争的基本手段。有些法学家称之为现代市场经济各国的“经济宪法”，足见其在市场经济法律体系中所占的重要地位。

为保障我国社会主义市场经济健康发展，鼓励和保护正当竞争，制止不正当竞争行为，保护经营者和消费者的合法权益，第八届全国人大常委会第三次会议于1993年9月2日通过了《中华人民共和国反不正当竞争法》，并于同年12月1日起施行。该法共5章33条，主要内容包括立法目的、经营者应当遵循的基本原则、不正当竞争行为的表现及种类、对不正当竞争行为的监督检查以及违反反不正当竞争法的法律责任等。

反不正当竞争法规定，经营者在市场交易中，应当遵循自愿、平等、公平、诚实信用的原则，遵守公认的商业道德。各级人民政府应当采取措施，制止不正当竞争行为，为公平竞争创造良好的环境和条件。国家鼓励、支持和保护一切组织和个人对不正当竞争行为进行社会监督。国家机关工作人员不得支持、包庇不正当竞争行为。

反不正当竞争法调整的对象限于同行业的经营者相互之间的竞争关系。所谓经营者，是指从事商品经营或者营利性服务（以下所称商品包括服务）的法人、其他经济组织和个人。该法仅调整经营者之间与竞争有关的行为，与竞争无关的或者不是经营者之间而是经营者与消费者或经营者与政府机关之间的各种关系均不属于该法调整的范围。

二、不正当竞争行为的种类

不正当竞争有广义和狭义之分，前者包括了垄断、限制竞争的行为以及不正当的竞争行为；后者仅限于不正当的竞争行为。我国现行不正当竞争法主要列举了以下不正当竞争行为的表现方式：

（一）以假冒、仿冒等手段从事市场交易的行为

反不正当竞争法规定，经营者不得采用下列不正当手段从事市场交易，损害竞争对手：假冒他人的注册商标；擅自使用知名商品特有的名称、包装、装潢，或者使用与知名商品近似的名称、包装、装潢，造成和他人的知名商品相混淆，使购买者误认为是该知名商品；擅自使用他人的企业名称或者姓名，引人误认为是他人的商品；在商品上伪造或者冒用认证标志、名优标志等质量标志，伪造产地，对商品质量作引人误解的虚假表示。

（二）限定他人购买指定商品及滥用行政权力限制市场交易的行为

反不正当竞争法规定，公用企业或者其他依法具有独占地位的经营者，不得限定他人购买其指定的经营者的商品，以排挤其他经营者的公平竞争；政府及其所属部门不得滥用行政权力，限定他人购买其指定的经营者的商品，限制其他经营者正当的经营活动；政府及其所属部门不得滥用行政权力，限制外地商品进入本地市场

或者本地商品流向外地市场。

（三）商业贿赂行为

反不正当竞争法规定，经营者不得采用财物或者其他手段进行贿赂以销售或者购买商品。在账外暗中给予对方单位或者个人回扣的，以行贿论处；对方单位或者个人在账外暗中收受回扣的，以受贿论处。经营者销售或者购买商品，可以以明示方式给对方折扣，可以给中间人佣金。经营者给对方折扣、给中间人佣金的，必须如实入账。接受折扣、佣金的经营者必须如实入账。

（四）虚假的广告宣传行为

反不正当竞争法规定，经营者不得利用广告或者其他方法，对商品的质量、制作成分、性能、用途、生产者、有效期限、产地等作引人误解的虚假宣传。广告的经营者不得在明知或者应知的情况下，代理、设计、制作、发布虚假广告。

（五）侵犯商业秘密的行为

此处所称商业秘密，是指不为公众所知悉、能为权利人带来经济利益、具有实用性并经权利人采取保密措施的技术信息和经营信息。反不正当竞争法规定，经营者不得采用下列手段侵犯商业秘密：（1）以盗窃、利诱、胁迫或者其他不正当手段获取权利人的商业秘密；（2）披露、使用或者允许他人使用以前项手段获取的权利人的商业秘密；（3）违反约定或者违反权利人有关保守商业秘密的要求，披露、使用或者允许他人使用其所掌握的商业秘密。第三人明知或者应知前款所列违法行为，获取、使用或者披露他人的商业秘密，视为侵犯商业秘密。

（六）以排挤他人为目的的低价销售行为

反不正当竞争法规定，经营者不得以排挤竞争对手为目的，以低于成本的价格销售商品。但有下列情形之一的，不属于不正当竞争行为：销售鲜活商品；处理有效期限即将到期的商品或者其他积压的商品；季节性降价；因清偿债务、转产、歇业降价销售商品。

（七）附加不合理条件的销售行为

反不正当竞争法规定，经营者销售商品，不得违背购买者的意愿搭售商品或者附加其他不合理的条件。

（八）违反规定的有奖销售行为

反不正当竞争法规定，经营者不得从事下列有奖销售：（1）采用谎称有奖或者故意让内定人员中奖的欺骗方式进行有奖销售；（2）利用有奖销售的手段推销质次价高的商品；（3）抽奖式的有奖销售，最高奖的金额超过 5 000 元。

此外，反不正当竞争法还规定，经营者捏造、散布虚伪事实，损害竞争对手的商业信誉、商品声誉，投标者串通投标，抬高标价或者压低标价，投标者和招标者相互勾结以排挤竞争对手的公平竞争的行为，均属不正当竞争行为，均为法律所禁止。

三、对不正当竞争行为的监督检查

反不正当竞争法规定，县级以上人民政府工商行政管理部门对不正当竞争行为进行监督检查；法律、行政法规规定由其他部门监督检查的，依照其规定。这条规定表明县级以上工商行政管理部门是检查监督的主管机关。

为健全和完善监督检查机构，1994年8月11日，经国务院批准，我国正式成立了国家工商行政管理局公平交易局，它是以监督检查市场主体的交易行为，贯彻实施反不正当竞争法、消费者权益保护法等法律为主要任务的专门机构。

反不正当竞争法规定，监督检查部门在监督检查不正当竞争行为时，有权行使下列职权：(1) 按照规定程序询问被检查的经营者、利害关系人、证明人，并要求提供证明材料或者与不正当竞争行为有关的其他资料；(2) 查询、复制与不正当竞争行为有关的协议、账册、单据、文件、记录、业务函电和其他资料；(3) 检查那些与假冒他人注册商标、擅自使用知名商品特有的名称、包装、装潢，或者使用与知名商品近似的名称、包装、装潢，或者擅自使用他人的企业名称或姓名，以及在商品上伪造或冒用认证标志、名优标志、伪造产地等不正当竞争行为有关的财务，必要时可以责令被检查的经营者说明该商品的来源和数量，暂停销售，听候检查，不得转移、隐匿、销毁该财物。监督检查部门的工作人员监督检查不正当竞争行为时，应当出示检查证件。被检查的经营者、利害关系人和证明人应当如实提供有关资料或者情况。

四、违反反不正当竞争行为法的法律责任

(一) 经营者违法的法律责任

经营者违反反不正当竞争法，给被侵害的经营者造成损害的，应当承担损害赔偿责任，被侵害的经营者的损失难以计算的，赔偿额为侵权人在侵权期间因侵权所获得的利润，并应当承担被侵害的经营者因调查该经营者侵害其合法权益的不正当竞争行为所支付的合理费用。经营者除承担损害赔偿责任外，还应承担其他责任。表现在：

(1) 经营者假冒他人的注册商标，擅自使用他人的企业名称或者姓名，伪造或者冒用认证标志、名优标志等质量标志，伪造产地，对商品质量作引人误解的虚假表示的，依照商标法、产品质量法的规定处罚。经营者擅自使用知名商品特有的名称、包装、装潢，或者使用与知名商品近似的名称、包装、装潢，造成和他人的知名商品相混淆，使购买者误认为是该知名商品的，监督检查部门应当责令停止违法行为，没收违法所得，可以根据情节处以违法所得1倍以上3倍以下的罚款，情节严重的可以吊销营业执照，销售伪劣商品构成犯罪的，依法追究刑事责任。

(2) 经营者采用财物或者其他手段进行贿赂以销售或者购买商品，构成犯罪

的，依法追究刑事责任；不构成犯罪的，监督检查部门可以根据情节处以1万元以上20万元以下的罚款，有违法所得的，予以没收。

(3) 公用企业或者其他依法具有独占地位的经营者，限定他人购买其指定的经营者的商品，以排挤其他经营者的公平竞争的，省级或者设区的市的监督检查部门应当责令停止违法行为，可以根据情节处以5万元以上20万元以下的罚款。被指定的经营者借此销售质次价高商品或者滥收费用的，监督检查部门应当没收违法所得，可以根据情节处以违法所得1倍以上3倍以下的罚款。

(4) 经营者利用广告或者其他方法，对商品作引人误解的虚假宣传的，监督检查部门应当责令停止违法行为，消除影响，可以根据情节处以1万元以上20万元以下的罚款。广告的经营者，在明知或者应知的情况下，代理、设计、制作、发布虚假广告的，监督检查部门应当责令停止违法行为，没收违法所得，并依法处以罚款。

(5) 经营者违反反不正当竞争法规定，侵犯商业秘密的，监督检查部门应当责令停止违法行为，可以根据情节处以1万元以上20万元以下的罚款。

(6) 经营者违反反不正当竞争法规定，进行有奖销售的，监督检查部门应当责令停止违法行为，可以根据情节处以1万元以上10万元以下的罚款。

(7) 投标者串通投标，抬高标价或者压低标价；投标者和招标者相互勾结，以排挤竞争对手的公平竞争的，其中标无效。监督检查部门可以根据情节处以1万元以上20万元以下的罚款。

(8) 经营者有违反被责令暂停销售，不得转移、隐匿、销毁与不正当竞争行为有关的财物的行为的，监督检查部门可以根据情节处以被销售、转移、隐匿、销毁财物的价款的1倍以上3倍以下的罚款。

当事人对上述第2~9种情形所列举的监督检查部门作出的处罚决定不服的，可以自收到处罚决定之日起15日内向上一级主管机关申请复议；对复议决定不服的，可以自收到复议决定书之日起15日内向人民法院提起诉讼；也可以直接向人民法院提起诉讼。

（二）政府及其所属部门违法的法律责任

反不正当竞争法规定，政府及其所属部门滥用行政权力，限定他人购买其指定的经营者的商品、限制其他经营者正当的经营活动，或者限制商品在地区之间正常流通的，由上级机关责令其改正；情节严重的，由同级或者上级机关对直接责任人员给予行政处分。

（三）监督检查机关工作人员的违法责任

监督检查不正当竞争行为的国家机关工作人员滥用职权、玩忽职守，构成犯罪的，依法追究刑事责任；不构成犯罪的，给予行政处分。监督检查不正当竞争行为的国家机关工作人员徇私舞弊，对明知有违反本法规定构成犯罪的经营者故意包庇不使其受追诉的，依法追究刑事责任。

第四节　产品质量法

一、产品质量法概述

产品质量法是调整产品质量监督关系和产品质量责任关系的法律规范的总称。

我国产品质量法是1993年2月第七届全国人大常委会第三十次会议通过的。2000年7月，第九届全国人大常委会第十六次会议通过了《关于修改〈产品质量法〉的决定》，对产品质量法作了全面的修改，此次修改使该法由原来的6章51条，改为现在的6章74条，保留了29条，增加了25条，修改了20条，近2/3的内容都作了修改。新修改的产品质量法强化了涉及健康、安全类产品的监督力度以及执法监督中的行政强制措施，同时加大了监督执法和保护消费者权益的力度。

关于产品质量法调整的产品的范围，除了一般意义上经过加工、制作，用于销售的产品之外，还包括建设工程使用的建筑材料、建筑构配件和设备，但不包括建筑工程；此外，服务业、修理业中用于经营性的产品；还有故意为法律禁止生产的产品提供运输、保管、仓储等便利条件的，或者为以假充真的产品提供制假技术的，也属于产品质量法的调整范围。

二、产品质量的监督

关于我国的产品质量监督管理体制，产品质量法规定，国务院产品质量监督部门主管全国产品质量监督工作，国务院有关部门在各自的职责范围内负责产品质量监督工作。县级以上地方产品质量监督部门主管本行政区域内的产品质量监督工作，县级以上地方人民政府有关部门在各自的职责范围内负责产品质量监督工作。

产品质量监督制度的主要内容包括：

（1）产品质量检验制度。依照规定，产品质量应当检验合格，不得以不合格产品冒充合格产品。

（2）产品标准化制度。依照规定，可能危及人体健康和人身、财产安全的工业产品，必须符合保障人体健康和人身、财产安全的国家标准、行业标准；未指定国家标准、行业标准的，必须符合保障人体健康和人身、财产安全的要求。同时，法律禁止生产、销售不符合保障人体健康和人身、财产安全的标准和要求的工业产品。

（3）推行企业质量体系认证制度。产品质量法规定，国家根据国际通用的质量管理标准，推行企业质量体系认证制度。企业根据自愿原则可以向国务院产品质量监督部门认可的或者国务院产品质量监督部门授权的部门认可的认证机构申请企业质量体系认证。经认证合格的，由认证机构颁发企业质量体系认证证书。

(4) 产品质量认证制度。产品质量法规定，国家参照国际先进的产品标准和技术要求，推行产品质量认证制度。企业根据自愿原则可以向国务院产品质量监督部门认可的或者国务院产品质量监督部门授权的部门认可的认证机构申请产品质量认证。经认证合格的，由认证机构颁发产品质量认证证书，准许企业在产品或者其包装上使用产品质量认证标志。

产品质量认证与企业质量体系认证不同，其认证的对象是企业的产品本身，认证标志可以在产品及包装上使用；而企业质量体系认证的对象是企业生产经营的职权职责、生产过程目标和企业的组织系统，其是对企业的质量体系和质量保证能力的审核，且只能在企业使用而不能在产品及包装上使用。

(5) 以抽查为主要方式的监督检查制度。产品质量法规定，国家对产品质量实行以抽查为主要方式的监督检查制度。抽查主要集中在以下三类产品上：(1)可能危及人体健康和人身、财产安全的产品；(2) 影响国计民生的重要工业产品；(3) 消费者、有关组织反映有质量问题的产品。抽查的样品应当在市场上或者企业成品仓库内的待销产品中随即抽取。国家监督抽查的产品，地方不得另行重复抽查，上级抽查的产品，下级不得另行重复抽查。

另据规定，监督抽查需要对产品进行检验的，可以进行检验，但检验抽取样品的数量不得超过检验的合理需要，并不得向被检查人收取检验费用。监督抽查所需检验费用按照国务院规定列支。生产者、销售者对抽查检验的结果有异议的，可以自收到检验结果之日起15日内向实施监督抽查的产品质量监督部门或者其上级产品质量监督部门申请复验，由受理复验的产品质量监督部门作出复验结论。

产品质量法规定，抽查的产品质量不合格的，由实施监督抽查的产品质量监督部门责令其生产者、销售者限期改正。逾期不改正的，由省级以上人民政府产品质量监督部门予以公告；公告后复查仍不合格的，责令停业，限期整顿；整顿期满后经复查产品质量仍不合格的，吊销营业执照。抽查产品有严重质量问题的，依照规定进行处罚。

产品质量法规定，县级以上产品质量监督部门根据已经取得的违法嫌疑证据或者举报，对涉嫌违法行为进行查处时，可行使以下权力：现场检查权、调查取证权、查阅账簿权和查封扣押权。对专门用于生产危及人身、财产安全和健康的产品，生产国家明令淘汰的产品或者以假充真的产品的原辅材料、包装物、生产工具，可以没收。

关于产品质量检验机构、认证机构的性质和地位，产品质量法规定，产品质量检验机构、认证机构必须依法设立，不得与行政机关和其他国家机关存在隶属关系或者其他利益关系。产品质量检验机构、认证机构必须依法按照有关标准，客观、公正地出具检验结果或者认证证明。

就用户、消费者、有关社会组织对产品质量的监督问题，产品质量法规定，用户、消费者有权就产品质量问题，向产品的生产者、销售者查询；向产品质量监督部门、工商行政管理部门及有关部门申诉，接受申诉的部门应当负责处理。保护消费者权益的社会组织可以就消费者反映的产品质量问题建议有关部门负责处理，支持消费者对因产品质量造成的损害向人民法院起诉。

三、生产者、销售者的产品质量责任和义务

（一）生产者的产品质量责任和义务

由于产品的设计、制造、质量等是导致产品责任产生的重要环节，生产者是决定产品质量好坏的关键，所以，产品质量法对生产者的产品质量责任和义务作了专门规定。主要有：

（1）生产者应当对其生产的产品质量负责。产品质量应当符合下列要求：（1）不存在危及人身、财产安全的不合理的危险，有保障人体健康和人身、财产安全的国家标准、行业标准的，应当符合该标准；（2）具备产品应当具备的使用性能，但是，对产品存在使用性能的瑕疵作出说明的除外；（3）符合在产品或者其包装上注明采用的产品标准，符合以产品说明、实物样品等方式表明的质量状况。

（2）遵守产品质量标识制度。产品或者其包装上的标识必须真实，并符合下列要求：（1）有产品质量检验合格证明；（2）有中文标明的产品名称、生产厂厂名和厂址；（3）根据产品的特点和使用要求，需要标明产品规格、等级、所含主要成分的名称和含量的，用中文相应予以标明；需要事先让消费者知晓的，应当在外包装上标明，或者预先向消费者提供有关资料；（4）限期使用的产品，应当在显著位置清晰地标明生产日期和安全使用期或者失效日期；（5）使用不当，容易造成产品本身损坏或者可能危及人身、财产安全的产品，应当有警示标志或者中文警示说明。裸装的食品和其他根据产品的特点难以附加标识的裸装产品，可以不附加产品标识。

（3）易碎、易燃、易爆、有毒、有腐蚀性、有放射性等危险物品以及储运中不能倒置和其他有特殊要求的产品，其包装质量必须符合相应要求，依照国家有关规定作出警示标志或者中文警示说明，标明储运注意事项。

（4）生产者不得生产国家明令淘汰的产品。

（5）生产者不得伪造产地，不得伪造或者冒用他人的厂名、厂址。生产者不得伪造或者冒用认证标志等质量标志。

（6）生产者生产产品，不得掺杂、掺假，不得以假充真、以次充好，不得以不合格产品冒充合格产品。

（二）销售者的产品质量责任和义务

销售者是联系生产者与用户、消费者从而最终实现生产价值的中介，故而对产

品质量同样负有责任和义务。根据产品质量法规定，销售者的产品质量责任和义务是：

（1）应当建立并执行进货检查验收制度，验明产品合格证明和其他标识。

（2）应当采取措施，保持销售产品的质量。

（3）不得销售国家明令淘汰并停止销售的产品和失效、变质的产品。

（4）销售的产品的标识应当符合法律的规定。

（5）不得伪造产地，不得伪造或者冒用他人的厂名、厂址。

（6）不得伪造或者冒用认证标志、名优标志等质量标志。

（7）不得掺杂、掺假，不得以假充真、以次充好，不得以不合格产品冒充合格产品。

四、违反产品质量法的法律责任

产品质量法分两章规定了违反该法的法律责任，其第四章规定的是“损害赔偿”，第五章规定的是“罚则”。

（一）民事损害赔偿责任

按照产品质量法的规定，销售者售出的产品有下列情形之一的，应当负责修理、更换、退货；给购买产品的消费者造成损失的，销售者应当赔偿损失；（1）不具备产品应当具备的使用性能而事先未作说明的；（2）不符合在产品或者其包装上注明采用的产品标准的；（3）不符合以产品说明、实物样品等方式表明的质量状况的。

销售者依照前述规定负责修理、更换、退货、赔偿损失后，属于生产者的责任或者属于向销售者提供产品的其他销售者（以下简称供货者）的责任的，销售者有权向生产者、供货者追偿。生产者之间，销售者之间，生产者与销售者之间订立的买卖合同、承揽合同有不同约定的，合同当事人按照合同约定执行。

因产品存在缺陷造成人身、缺陷产品以外的其他财产（以下简称他人财产）损害的，生产者应当承担赔偿责任。但生产者能够证明有下列情形之一的，不承担赔偿责任：（1）未将产品投入流通的；（2）产品投入流通时，引起损害的缺陷尚不存在的；（3）将产品投入流通时的科学技术水平尚不能发现缺陷的存在的。由于销售者的过错使产品存在缺陷，造成人身、他人财产损害的，销售者应当承担赔偿责任。销售者不能指明缺陷产品的生产者也不能指明缺陷产品的供货者的，销售者应当承担赔偿责任。

此处所谓缺陷，是指产品存在危及人身、他人财产安全的不合理危险；产品有保障人体健康，人身、财产安全的国家标准、行业标准的，是指不符合该标准。

关于损害赔偿的追索方式及赔偿范围，产品质量法规定，因产品存在缺陷造成人身、财产损害的，受害人可以向产品的生产者要求赔偿，也可以向产品的销售者要求赔偿。属于产品的生产者的责任，产品的销售者赔偿的，产品的销售者有权向产品的生产者追偿。属于产品的销售者的责任，产品的生产者赔偿的，产品的生产者有权向产品的销售者追偿。

因产品存在缺陷造成受害人人身伤害的，侵害人应当赔偿医疗费、治疗期间的护理费、因误工减少的收入等费用；造成残疾的，还应当支付残疾者生活自助具费、生活补助费、残疾赔偿金以及由其扶养的人所必需的生活费等费用；造成受害人死亡的，并应当支付丧葬费、死亡赔偿金以及由死者生前扶养的人所必需的生活费等费用。因产品存在缺陷造成受害人财产损失的，侵害人应当恢复原状或者折价赔偿。受害人因此遭受其他重大损失的，侵害人应当赔偿损失。因产品存在缺陷造成损害要求赔偿的诉讼时效期间为2年，自当事人知道或者应当知道其权益受到损害时起计算。损害赔偿的请求权，在造成损害的缺陷产品交付最初消费者满10年丧失，但尚未超过明示的安全使用期的除外。

（二）行政责任和刑事责任

2000年修改后的产品质量法加大了对制售假冒伪劣产品者的处罚力度，主要体现在三个方面：

一是提高了对制售假冒伪劣产品者的罚款基数。修改前的产品质量法规定，对制售假冒伪劣产品者的罚款基数是“违法所得”，而修改后则将罚款基数改为“销售假冒伪劣产品货值金额”（包括已售出的和未售出的产品货值金额）。

二是销售者只要有销售假冒伪劣产品行为的，无论是否“明知”，都要承担法律责任，受到相应处罚。对有充分证据证明其不知道该产品为假冒伪劣产品的，可以从轻或者减轻处罚。这就改变了过去那种对是否“明知”、“故意”难以判断，不好操作的状况，加大了惩罚力度。

三是增加了对销售假冒产品者的处罚措施。原产品质量法规定，销售者在产品中掺杂、掺假、以假充真、以次充好的，责令停止销售，没收违法所得，并处以罚款和采取其他措施，修改后的产品质量法除了对此情况进行处罚外，又增加了没收违法销售的伪劣产品的处罚措施。此外，修改后的产品质量法在对违法行为进行行政处罚的相关条款中，明确规定了罚款数额的下限（有的是货值金额的30%，有的是50%），增加了执法的严肃性。

按照修改后的产品质量法的规定，生产者和销售者生产、销售不符合保障人体健康和人身、财产安全的国家标准、行业标准的产品的，责令其停止生产、销售，没收违法生产、销售的产品，并处违法生产、销售产品（包括已售出和未售出的产品，下同）货值金额等值以上3倍以下的罚款；有违法所得的，并处没收违法所得；情节严重的，吊销营业执照；构成犯罪的，依法追究刑事责任。在产品中掺杂、掺假，以假充真，以次充好，或者以不合格产品冒充合格产品的，责令停止生产、销售，没收违法生产、销售的产品，并处违法生产、销售产品货值金额50%

以上3倍以下的罚款；有违法所得的，并处没收违法所得；情节严重的，吊销营业执照；构成犯罪的，依法追究刑事责任。

产品质量法规定，生产国家明令淘汰的产品的，销售国家明令淘汰并停止销售的产品的，责令停止生产、销售，没收违法生产、销售的产品，并处违法生产、销售产品货值金额等值以下的罚款；有违法所得的，并处没收违法所得；情节严重的，吊销营业执照。销售失效、变质的产品的，责令停止销售，没收违法销售的产品，并处违法销售产品货值金额二倍以下的罚款；有违法所得的，并处没收违法所得；情节严重的，吊销营业执照；构成犯罪的，依法追究刑事责任。

产品质量法还对产品质量检验机构、认证机构和社会中介机构的违法行为规定了相应的行政、刑事和民事责任。按照规定，（1）产品质量检验机构、认证机构伪造检验结果或者出具虚假证明的，责令改正，对单位处5万元以上10万元以下的罚款，对直接负责的主管人员和其他直接责任人员处1万元以上5万元以下的罚款；有违法所得的，并处没收违法所得；情节严重的，取消其检验资格、认证资格；构成犯罪的，依法追究刑事责任。（2）产品质量检验机构、认证机构出具的检验结果或者证明不实，造成损失的，应当承担相应的赔偿责任；造成重大损失的，撤销其检验资格、认证资格。（3）产品质量认证机构违反法律规定，对不符合认证标准而使用认证标志的产品，未依法要求其改正或者取消其使用认证标志资格的，对因产品不符合认证标准给消费者造成的损失，与产品的生产者、销售者承担连带责任；情节严重的，撤销其认证资格。（4）社会团体、社会中介机构对产品质量作出承诺、保证，而该产品又不符合其承诺、保证的质量要求，给消费者造成损失的，与产品的生产者、销售者承担连带责任。

第五节 消费者权益保护法

一、消费者权益保护法概述

消费者权益保护法，是指调整国家机关、经营者、消费者相互之间因保护消费者利益而产生的经济关系的法律规范的总称。

我国于1993年10月31日由第八届全国人大常委会第四次会议通过了《中华人民共和国消费者权益保护法》，自1994年1月1日起施行。该法共5章55条，主要内容包括：适用范围与立法原则，消费者的权利，经营者的义务，国家对消费者合法权益的保护，消费者组织及其名称、性质和职责，消费者与经营者发生争议时的解决途径及方法，违反消费者权益保护法的法律责任等。除此之外，《食品卫生法》、《产品质量法》以及《反不正当竞争法》中都有一些保护消费者利益的法律规范，也属消费者权益保护法的范畴。

关于《消费者权益保护法》的适用范围，该法第2条规定："消费者为生活消费需要购买、使用商品或者接受服务，其权益受本法保护；本法未作规定的，受其他有关法律、法规保护。"该法第54条同时规定："农民购买、使用直接用于农业生产的生产资料，参照本法执行。"由此可见，消费者权益保护法以消费者在生活消费过程中所发生的社会关系为调整对象，同时，农民的一部分生产消费也可纳入该法的调整范围。

二、消费者的权利和义务

（一）消费者的权利

《消费者权益保护法》第2章专门规定了消费者的权利，其主要内容有：

（1）安全保障权。这是消费者最基本的权利，是指消费者在购买、使用商品和接受服务时享有人身、财产安全不受损害的权利。消费者有权要求经营者提供的商品和服务，符合保障人身、财产安全的要求。

（2）知情权。消费者享有知悉其购买、使用的商品或者接受的服务的真实情况的权利。消费者有权根据商品或者服务的不同情况，要求经营者提供商品的价格、产地、生产者、用途、性能、规格、等级、主要成分、生产日期、有效期限、检验合格证明、使用方法说明书、售后服务，或者服务的内容、规格、费用等有关情况。

（3）自主选择权。消费者享有自主选择商品或者服务的权利。消费者有权自主选择提供商品或者服务的经营者，自主选择商品品种或者服务方式，自主决定购买或者不购买任何一种商品、接受或者不接受任何一项服务。消费者在自主选择商品或者服务时，有权进行比较、鉴别和挑选。

（4）公平交易权。消费者享有公平交易的权利。消费者在购买商品或者接受服务时，有权获得质量保障、价格合理、计量正确等公平交易条件，有权拒绝经营者的强制交易行为。

（5）依法求偿权。消费者因购买、使用商品或者接受服务受到人身、财产损害的，享有依法获得赔偿的权利。

（6）依法结社权。消费者享有依法成立维护自身合法权益的社会团体的权利。

（7）获取相关知识权。消费者享有获得有关消费和消费者权益保护方面的知识的权利。消费者应当努力掌握所需商品或者服务的知识和使用技能，正确使用商品，提高自我保护意识。可见，获知权既是消费者的权利，同时也是消费者的义务。

（8）受尊重权。消费者在购买、使用商品和接受服务时，享有其人格尊严、民族风俗习惯得到尊重的权利。

（9）监督批评权。消费者享有对商品和服务以及保护消费者权益工作进行监督的权利。消费者有权检举、控告侵害消费者权益的行为和国家机关及其工作人员在保护消费者权益工作中的违法失职行为，有权对保护消费者权益工作提出批评、建议。

（二）消费者的义务

《消费者权益保护法》第13条第2款规定，消费者应当努力掌握所需商品或者服务的知识和使用技能，正确使用商品，提高自我保护意识。这是消费者的主要义务。除此之外，消费者应有义务尊重经营者的人格和劳动，在行使权利时，不得损害国家、社会和集体的利益，也不得损害其他消费者的合法的自由和权利。

三、经营者的义务

在消费法律关系中，与消费者相对应的主体是经营者。与消费者权利相对应的，往往是经营者的义务。消费者权益保护法规定，经营者为消费者提供其生产、销售的商品或者提供服务，应当遵守本法；本法未作规定的，应当遵守其他有关法律、法规。根据该法第3章规定，经营者负有以下义务：

（1）履行法定和约定的义务。经营者向消费者提供商品或者服务，应当依照产品质量法和其他有关法律、法规的规定履行义务。经营者和消费者有约定的，应当按照约定履行义务，但双方的约定不得违背法律、法规的规定。

（2）听取意见和接受监督的义务。经营者应当听取消费者对其提供的商品或者服务的意见，接受消费者的监督。

（3）保证消费者安全的义务。经营者应当保证其提供的商品或者服务符合保障人身、财产安全的要求。对可能危及人身、财产安全的商品和服务，应当向消费者作出真实的说明和明确的警示，并说明和标明正确使用商品或者接受服务的方法以及防止危害发生的方法。经营者发现其提供的商品或者服务存在严重缺陷，即使正确使用商品或者接受服务仍然可能对人身、财产安全造成危害的，应当立即向有关行政部门报告和告知消费者，并采取防止危害发生的措施。

（4）提供真实信息，不作虚假宣传的义务。经营者应当向消费者提供有关商品或者服务的真实信息，不得作引人误解的虚假宣传。经营者对消费者就其提供的商品或者服务的质量和使用方法等问题提出的询问，应当作出真实、明确的答复。商店提供商品应当明码标价。

（5）经营者还负有应当标明其真实名称和标记的义务。租赁他人柜台或者场地的经营者，应当标明其真实名称和标记。

（6）出具相应凭证和单据的义务。经营者提供商品或者服务，应当按照国家有关规定或者商业惯例向消费者出具购货凭证或者服务单据；消费者索要购货凭证或者服务单据的，经营者必须出具。

（7）提供符合要求的商品或服务的义务。经营者应当保证在正常使用商品或者接受服务的情况下其提供的商品或者服务应当具有的质量、性能、用途和有效期限；但消费者在购买该商品或者接受该服务前已经知道其存在瑕疵的除外。经营者以广告、产品说明、实物样品或者其他方式表明商品或者服务的质量状况的，应当保证其提供的商品或者服务的实际质量与表明的质量状况相符。

(8) 按照规定或约定实行“三包”的义务。经营者提供商品或者服务，按照国家规定或者与消费者的约定，承担包修、包换、包退或者其他责任的，应当按照国家规定或者约定履行，不得故意拖延或者无理拒绝。

(9) 不得从事不公平、不合理交易或减免自身责任的义务。经营者不得以格式合同、通知、声明、店堂告示等方式作出对消费者不公平、不合理的规定，或者减轻、免除其损害消费者合法权益应当承担的民事责任。格式合同、通知、声明、店堂告示等含有前款所列内容的，其内容无效。

(10) 不得侵犯消费者人身权的义务。经营者不得对消费者进行侮辱、诽谤，不得搜查消费者的身体及其携带的物品，不得侵犯消费者的人身自由。

四、国家与消费者组织对消费者合法权益的保护

(一) 国家对消费者合法权益的保护

国家对消费者合法权益的保护体现在立法机关、行政机关、人民法院及其他有关机关的保护等几个方面。

(1) 国家制定有关消费者权益的法律、法规和政策时，应听取消费者的意见和要求。

(2) 各级人民政府应当加强领导，组织、协调、督促有关行政部门做好保护消费者合法权益的工作。各级人民政府应当加强监督，预防危害消费者人身、财产安全行为的发生，及时制止危害消费者人身、财产安全的行为。各级人民政府工商行政管理部门和其他有关行政部门应当依照法律、法规的规定，在各自的职责范围内，采取措施，保护消费者的合法权益。有关行政部门应当听取消费者及其社会团体对经营者交易行为、商品和服务质量问题的意见，及时调查处理。

(3) 人民法院应当采取措施，方便消费者提起诉讼。对符合《中华人民共和国民事诉讼法》起诉条件的消费者权益争议，必须受理，及时审理。

(4) 有关国家机关应当依照法律、法规的规定，惩处经营者在提供商品和服务中侵害消费者合法权益的违法犯罪行为。

(二) 消费者组织对消费者合法权益的保护

依照《消费者权益保护法》的规定，消费者可以通过消费者协会和其他消费者组织保护自己的合法权益，这些协会和组织是依法成立的对商品和服务进行社会监督的保护消费者合法权益的社会团体。

消费者协会履行下列职能：向消费者提供消费信息和咨询服务；参与有关行政

部门对商品和服务的监督、检查；就有关消费者合法权益的问题，向有关行政部门反映、查询，提出建议；受理消费者的投诉，并对投诉事项进行调查、调解；投诉事项涉及商品和服务质量问题的，可以提请鉴定部门鉴定，鉴定部门应当告知鉴定结论；就损害消费者合法权益的行为，支持受损害的消费者提起诉讼；对损害消费者合法权益的行为，通过大众传播媒介予以揭露、批评。各级人民政府对消费者协会履行职能应当予以支持。

《消费者权益保护法》规定，消费者组织不得从事商品经营和营利性服务，不得以牟利为目的向社会推荐商品和服务。

五、争议的解决与法律责任的确定

（一）争议的解决

消费者权益保护法规定，消费者和经营者发生消费者权益争议的，可以通过下列途径解决：与经营者协商和解；请求消费者协会调解；向有关行政部门申诉；根据与经营者达成的仲裁协议提请仲裁机构仲裁；向人民法院提起诉讼。

根据消费者权益保护法规定，违反消费者权益保护法而应承担损害赔偿责任的责任主体，按以下方法确定：

（1）消费者在购买、使用商品时，其合法权益受到损害的，可以向销售者要求赔偿。销售者赔偿后，属于生产者的责任或者属于向销售者提供商品的其他销售者的责任的，销售者有权向生产者或者其他销售者追偿。消费者或者其他受害人因商品缺陷造成人身、财产损害的，可以向销售者要求赔偿，也可以向生产者要求赔偿。消费者在接受服务时，其合法权益受到损害的，可以向服务者要求赔偿。

（2）消费者在购买、使用商品或者接受服务时，其合法权益受到损害，因原企业分立、合并的，可以向变更后承受其权利义务的企业要求赔偿。

（3）使用他人营业执照的违法经营者提供商品或者服务，损害消费者合法权益的，消费者可以向其要求赔偿，也可以向营业执照的持有人要求赔偿。

（4）消费者在展销会、租赁柜台购买商品或者接受服务，其合法权益受到损害的，可以向销售者或者服务者要求赔偿。展销会结束或者柜台租赁期满后，也可以向展销会的举办者、柜台的出租者要求赔偿。展销会的举办者、柜台的出租者赔偿后，有权向销售者或者服务者追偿。

（5）消费者因经营者利用虚假广告提供商品或者服务，其合法权益受到损害的，可以向经营者要求赔偿。广告的经营者发布虚假广告的，消费者可以请求行政主管部门予以惩处。广告的经营者不能提供经营者的真实名称、地址的，应当承担赔偿责任。

（二）法律责任的确定

1. 经营者承担的民事责任。《消费者权益保护法》规定，除本法另有规定外，应当依照产品质量法和其他有关法律、法规的规定，承担民事责任：(1) 商品存在缺陷的；(2) 不具备商品应当具备的使用性能而出售时未作说明的；(3) 不符合在商品或者其包装上注明采用的商品标准的；(4) 不符合商品说明、实物样品等方式表明的质量状况的；(5) 生产国家明令淘汰的商品或者销售失效、变质的商品的；(6) 销售的商品数量不足的；(7) 服务的内容和费用违反约定的；(8) 对消费者提出的修理、重作、更换、退货、补足商品数量、退还货款和服务费用或者赔偿损失的要求，故意拖延或者无理拒绝的；(9) 法律、法规规定的其他损害消费者权益的情形。

关于承担民事责任的方式以及造成损害之后损害赔偿的范围和标准，主要有如下几种情况：

(1) 经营者提供商品或者服务，造成消费者或者其他受害人人身伤害的，应当支付医疗费、治疗期间的护理费、因误工减少的收入等费用，造成残疾的，还应当支付残疾者生活自助具费、生活补助费、残疾赔偿金以及由其扶养的人所必需的生活费等费用；造成死亡的，应当支付丧葬费、死亡赔偿金以及由死者生前扶养的人所必需的生活费等费用。

(2) 经营者侵害消费者的人格尊严或者侵犯消费者人身自由的，应当停止侵害、恢复名誉、消除影响、赔礼道歉，并赔偿损失。

(3) 经营者提供商品或者服务，造成消费者财产损害的，应当按照消费者的要求，以修理、重作、更换、退货、补足商品数量、退还货款和服务费用或者赔偿损失等方式承担民事责任。消费者与经营者另有约定的，按照约定履行。

(4) 对国家规定或者经营者与消费者约定包修、包换、包退的商品，经营者应当负责修理、更换或者退货。在保修期内两次修理仍不能正常使用的，经营者应当负责更换或者退货。对包修、包换、包退的大件商品，消费者要求经营者修理、更换、退货的，经营者应当承担运输等合理费用。

(5) 经营者以邮购方式提供商品的，应当按照约定提供。未按照约定提供的，应当按照消费者的要求履行约定或者退回货款；并应当承担消费者必须支付的合理费用。

(6) 经营者以预收款方式提供商品或者服务的，应当按照约定提供。未按照约定提供的，应当按照消费者的要求履行约定或者退回预付款；并应当承担预付款的利息、消费者必须支付的合理费用。

(7) 依法经有关行政部门认定为不合格的商品，消费者要求退货的，经营者应当负责退货。

(8) 经营者提供商品或者服务有欺诈行为的，应当按照消费者的要求增加赔偿其受到的损失，增加赔偿的金额为消费者购买商品的价款或者接受服务的费用的1倍。

2. 经营者承担的行政责任。消费者权益保护法规定，经营者有下列情形之一，产品质量法和其他有关法律、法规对处罚机关和处罚方式有规定的，依照法律、法规的规定执行；法律、法规未作规定的，由工商行政管理部门责令改正，可以根据情节单处或者并处警告、没收违法所得、处以违法所得1倍以上5倍以下的罚款，没有违法所得的，处以1万元以下的罚款；情节严重的，责令停业整顿、吊销营业执照：(1) 生产、销售的商品不符合保障人身、财产安全要求的；(2) 在商品中掺杂、掺假，以假充真，以次充好，或者以不合格商品冒充合格商品的；(3) 生产国家明令淘汰的商品或者销售失效、变质的商品的；(4) 伪造商品的产地，伪造或者冒用他人的厂名、厂址，伪造或者冒用认证标志、名优标志等质量标志的；(5) 销售的商品应当检验、检疫而未检验、检疫或者伪造检验、检疫结果的；(6) 对商品或者服务作引人误解的虚假宣传的；(7) 对消费者提出的修理、重作、更换、退货、补足商品数量、退还货款和服务费用或者赔偿损失的要求，故意拖延或者无理拒绝的；(8) 侵害消费者人格尊严或者侵犯消费者人身自由的；(9) 法律、法规规定的对损害消费者权益应当予以处罚的其他情形。

经营者拒绝、阻碍有关行政部门工作人员依法执行职务，未使用暴力、威胁方法的，由公安机关依照《中华人民共和国治安管理处罚法》的规定处罚。经营者对行政处罚决定不服的，可以自收到处罚决定之日起15日内向上一级机关申请复议，对复议决定不服的，可以自收到复议决定书之日起15日内向人民法院提起诉讼；也可以直接向人民法院提起诉讼。

3. 经营者承担的刑事责任。经营者承担刑事责任的情形有：提供商品或服务造成消费者或其他受害人人身伤害或死亡、构成犯罪的；以暴力、威胁等方法阻碍有关行政部门工作人员依法执行任务的。

第十章 刑 法 学

第一节 刑法概说

一、我国刑法的概念、任务和基本原则

（一）刑法的概念

刑法是国家制定的关于什么行为是犯罪和对犯罪者适用何种刑罚的法律规范的总称。

我国的刑法是社会主义类型的刑法。它建立在以生产资料公有制为主体的经济基础之上，反映工人阶级和广大人民群众的意志，保护社会主义制度和广大人民群众的利益。它是打击犯罪，保护人民，保障社会主义建设事业顺利进行的有力武器，是人民民主专政的重要工具。

新中国成立后，先后制定了一些单行刑事法律。新中国第一部统一的刑法是《中华人民共和国刑法》，第五届全国人民代表大会第二次会议1979年7月1日通过，1980年1月1日起施行。此后又陆续制定了一些单行刑事法律。

第八届全国人民代表大会第五次会议于1997年3月14日通过议案对刑法进行了修订。修订后的刑法，由1979年制定时的192条增加到现在的452条，包括总则、分则和附则。刑法总则是关于刑法的任务、基本原则、适用范围及关于犯罪和刑罚的一般原理原则的规范体系；刑法分则是关于具体犯罪和具体法定刑的规范体系。总则规范是定罪量刑必须遵守的共同规则；分则规范是解决具体定罪量刑问题的标准。附则对一些已经纳入本法的法律的适用问题作了规定。

刑法的修订，对进一步完善我国的刑法法律制度，具有重要意义。修订后的刑法自1997年10月1日起施行，它是一部符合我国国情的、统一的、比较完备的刑法典。

在1997年刑法典施行后，为了适应社会发展的需要，我国全国人大常委会对它的个别地方又作了多次修改或补充修改。全国人大常委会和最高人民法院对刑法典中的某些规定还分别作了立法解释和司法解释。在学习刑法典时，对于历次的刑法修正案、立法解释和司法解释，应当一并进行学习。

（二）我国刑法的任务

刑法第2条对我国刑法的任务作了明确的规定："中华人民共和国刑法的任务，是用刑罚同一切犯罪行为作斗争，以保卫国家安全，保卫人民民主专政的政权和社会主义制度，保护国有财产和劳动群众集体所有的财产，保护公民私人所有的财产，保护公民的人身权利、民主权利和其他权利，维护社会秩序、经济秩序，保障社会主义建设事业的顺利进行。"

从刑法的上述规定可以看出，运用刑罚方法惩罚犯罪行为，用以保卫国家和人民的利益，保障社会主义建设事业的顺利进行，是刑法区别于其他法律部门的特殊任务。刑法所具有的惩罚性的任务是显而易见的。但是，刑法并非仅仅具有惩罚性的任务。惩罚犯罪行为，是为了保卫国家和人民的利益，因而刑法同时还具有保卫性的任务。它保卫国家的安全，保卫人民民主专政的政权和社会主义制度，保护国有财产、劳动群众集体所有的财产和公民私人所有的财产，保护公民的人身权利、民主权利和其他权利，维护社会秩序和经济秩序。刑法在实现它的惩罚性的任务的同时，也就有力地实现着它的保卫性的任务。我国刑法的惩罚性任务和保卫性任务是紧密地结合在一起而不可分割的。

（三）我国刑法的基本原则

刑法的基本原则，是刑法的制定、解释和适用必须严格遵守的具有全局性和根本意义的各项准则。我国刑法的基本原则有三，即罪刑法定原则；法律面前人人平等原则；罪刑相当原则。

1. 罪刑法定原则

罪刑法定原则的基本含义是：法律无明文规定者不为罪，法律无明文规定者不受罚。即是说，哪些行为是犯罪，应当处以哪样的刑罚，都应当以事先有明文规定的为限；刑法未规定禁止的行为就不能认为是犯罪，刑法未规定应当使用的刑罚就不能判处。

刑法第3条规定："法律明文规定为犯罪行为的，依照法律定罪处刑；法律没有明文规定为犯罪行为的，不得定罪处刑。"这一规定准确地揭示了罪刑法定原则的基本内涵。从我国刑法的全部内容看，自始至终贯穿着罪刑法定原则的精神。如刑法明确地规定了什么行为是犯罪、哪些行为是犯罪，承担刑事责任应当具备的条件，刑罚的种类、名称和具体运用的原则，各种具体犯罪的构成要件及量刑幅度，并且要求在认定犯罪、区分罪与非罪的界限及处罚犯罪时，必须严格依照刑法的有关规定办理。这些规定都是罪刑法定原则的重要体现。

在刑法理论上，罪刑法定原则从其基本内涵出发，派生出四项有关的要求，即排斥习惯法；反对不定期刑；禁止适用类推；刑法的效力不溯及既往。1997年修订后的刑法，由于取消了类推制度，其内容完全符合上述四项要求。

2. 法律面前人人平等原则

公民在法律面前一律平等，是载入宪法的我国的一项重要的社会主义法制原则。这一原则的基本含义，本书前面已经作了介绍。

刑法第4条规定："对任何人犯罪，在适用法律上一律平等。不允许任何人有超越法律的特权。"这一规定把法律面前人人平等再次确认为我国刑法的一项基本原则，是具有重大实际意义的。

从我国刑法的历史看，旧中国的刑法都是承认特权和保护特权的刑法。充满特权色彩的刑法观念、刑法制度和刑事执法的长期存在，对于我国的社会主义法制建设，至今仍是一种不容忽视的历史阻力，必须认真对待，努力清除。

从我国刑法的现状看，新中国的刑法是社会主义的刑法，反对一切特权。但是由于历史的和社会的各种原因，在刑法的适用中，看地位、重身份、讲关系等因人而异的执法情况仍然时有发生，致使我国社会主义刑法的公正性和严肃性受到不应有的损害。因而，我国刑法有必要重申法律面前人人平等这一基本原则，对任何人犯罪，不论其民族、种族、性别、职业、财产状况、教育程度、居住期限、宗教信仰有何差别，也不论其家庭出身、本人成分、社会地位、政治面貌有何不同，在适用法律进行定罪、量刑和行刑时必须一律平等，决不允许任何人有超越法律的特权。

3. 罪刑相当原则

罪刑相当原则又称罪刑相适应原则，或称罪刑相称原则。刑法第5条规定："刑罚的轻重，应当与犯罪分子所犯罪行和承担的刑事责任相适应。"这一规定准确地揭示了罪刑相当原则的基本内涵。

罪刑相当原则既是刑法的制定所必须遵守的基本准则，也是刑法的适用所必须遵守的基本准则。从刑法的制定看，在刑法总则中，规定了对未成年人犯罪、聋哑盲人犯罪、某些精神病人犯罪的处罚原则，对预备犯、未遂犯、中止犯的处罚原则，对防卫过当和避险过当的处罚原则，对各种共同犯罪人的处罚原则，量刑的一般原则，对累犯、自首和立功、数罪并罚的处罚原则，以及缓刑制度等，都是罪刑相当原则的重要体现；在刑法分则中，根据犯罪行为社会危害性的大小规定轻重不同的法定刑，不同的罪名有不同的法定刑，有的犯罪规定了幅度较大的法定刑，在罪过形式上，故意犯罪的法定刑一般要比过失犯罪为重，等等，都是罪刑相当原则的重要体现。

在刑法的适用中，人民法院办理刑事案件，在定罪量刑时，必须严格贯彻罪刑相当原则，作到定罪准确，量刑适当，不偏不畸。既不能重罪轻判，也不能轻罪重判。只有这样，才能实现刑罚的目的，有效地同犯罪进行斗争。否则，如果轻罪重判，就不能使犯罪分子心服，也不能得到社会舆论对判决的同情和支持；如果重罪轻判，就会失去刑罚的威慑力，使犯罪分子得不到应有的惩罚和教育，使社会上的不稳定分子受不到应有的震慑，并且会挫伤人民群众与犯罪作斗争的积极性。

二、我国刑法的适用范围

刑法的适用范围，亦称刑法的效力范围，是指刑法在什么地方适用（对地域的效力）、对什么人适用（对人的效力）和在什么时间内适用（时间效力）。这是任何一个国家的刑法都会遇到并且必须解决的问题。我国刑法第6条到第12条对此作了明确的规定。

（一）我国刑法对地域的效力

刑法第6条第1款规定：“凡在中华人民共和国领域内犯罪的，除法律有特别规定的以外，都适用本法。”这是维护国家主权和法制统一所必需的。根据这一规定，凡是在我国领域内犯罪的，不论行为人是中国人或外国人，也不论是侵害我国的权益或外国的权益，在法律无特别规定的情况下，都适用我国刑法。同时，根据刑法第6条第2款的规定，在我国船舶内或航空器内犯罪，视为在我国领域内犯罪，也适用我国刑法。

所谓在我国领域内犯罪，根据刑法第6条第3款的规定，包括以下三种情况：(1) 犯罪行为和结果都发生在我国领域以内；(2) 犯罪行为发生在我国领域以内，而犯罪结果发生在我国领域以外；(3) 犯罪行为发生在我国领域以外，而犯罪结果发生在我国领域以内。

刑法第6条第1款中所说的“特别规定”，包括下列三种情况：(1) 对享有外交特权和豁免权的外国人的刑事责任问题的特别规定。在我国享有外交特权和豁免权的外国人，主要有：外交官及他们的配偶、未成年之子与未结婚之女；来我国访问的外国元首、外国政府首脑及其他高级官员；外国派来我国参加国际会议的代表等。按照国际惯例，享有外交特权和豁免权的外国人，享有所在国刑事管辖的豁免。因此，刑法第11条规定：“享有外交特权和豁免权的外国人的刑事责任，通过外交途径解决。”(2) 少数民族地区对刑法进行变通或者补充的特别规定。刑法第90条规定：“民族自治地方不能全部适用本法规定的，可以由自治区或者省的人民代表大会根据当地民族的政治、经济、文化的特点和本法规定的基本原则，制定变通或者补充的规定，报请全国人民代表大会常务委员会批准施行。”因此，在少数民族地区如有对于刑法的变通或补充规定的，适用变通或补充的规定。(3) 香港、澳门基本法中的有关规定。根据港、澳基本法的规定，在港澳回归祖国后，我国的现行法律大部分不适用于香港、澳门特别行政区，其中也包括刑法。

（二）我国刑法对人的效力

我国公民在我国领域内犯罪的，当然一律适用我国刑法。我国公民在我国领域外犯罪的，根据刑法第7条的规定，我国公民在我国领域以外犯我国刑法规定之罪的，适用我国刑法，但是按照我国刑法规定最高刑为3年以下有期徒刑的，可以不予追究；至于我国的国家工作人员和军人在我国领域以外犯我国刑法规定之罪的，则均应适用我国刑法。

外国人在我国领域内犯罪，除了享有外交特权和豁免权者外，一律适用我国刑法。至于外国人在我国领域外对我国国家或我国公民犯罪的问题，根据刑法第 8 条的规定，如果所犯之罪按照我国刑法规定最低刑为 3 年以上有期徒刑，而且按照犯罪地的法律也应当受处罚的，可以适用我国刑法。

刑法第 10 条还规定，不论是我国公民或外国人，凡是在我国领域以外犯罪，依照我国刑法规定应当负刑事责任的，虽然经过外国审判，仍然可以按照我国刑法追究，但是在外国已经受过刑罚处罚的，可以免除或者减轻处罚。这一规定既坚持了国家主权原则，又表现出一定的灵活性。

近年来，我国加入了或者批准了一些旨在加强国际合作，有效地防止和惩处恐怖主义罪行的国际条约，如《关于制止非法劫持航空器的公约》《关于制止危害民用航空安全的非法行为的公约》、《关于防止和惩处侵害应受国际保护人员包括外交代表的罪行的公约》等。为了使我国因加入或者批准这类条约而承担的国际义务同国内法有关刑事管辖权的规定衔接一致，刑法第 9 条规定，对于我国缔结或者参加的国际条约所规定的罪行，我国在所承担的条约义务的范围内行使刑事管辖权的，适用我国刑法。

（三）我国刑法的时间效力

刑法在时间上的效力，一般是始于其生效日，终于其废止日。

关于刑法能否适用于在其施行以前所发生的行为，即刑法是否具有溯及既往的效力的问题，世界各国的刑事立法主要有四种原则：（1）从旧原则。新法（审判时法）的规定不溯及既往，发生在新法施行以前的行为，适用旧法（行为时法）的规定。（2）从新原则。新法的规定溯及既往，发生在新法施行以前的行为，适用新法的规定。（3）从旧兼从轻原则。新法原则上不溯及既往，发生在新法施行以前的行为，一般适用旧法的规定，但如适用新法的规定处罚较轻，则适用新法。（4）从新兼从轻原则。新法原则上溯及既往，发生在新法施行以前的行为，一般适用新法的规定，但如适用旧法的规定处罚较轻，则适用旧法。

我国刑法采用从旧兼从轻原则。根据刑法第 12 条的规定，对于中华人民共和国成立以后刑法施行以前的行为，分别按如下原则处理：如果当时的法律不认为是犯罪的，适用当时的法律（行为时法，旧法）；如果当时的法律认为是犯罪并且依照刑法关于追诉时效的规定应当追诉的，按照当时的法律（行为时法，旧法）追究刑事责任，但是刑法不认为是犯罪或者处理较轻的，适用刑法（审判时法，新法）。

刑法第 12 条还规定，在刑法施行以前，依照当时的法律作出的生效判决，继续有效。

第二节 犯罪的一般理论

一、犯罪的本质和概念

（一）犯罪的本质

犯罪是阶级社会的产物。当原始共产主义社会解体，阶级社会形成，国家出现之后，居于统治地位的阶级，为了维护本阶级的统治，镇压被统治阶级的反抗，便把某些危害本阶级利益的行为，以国家的名义宣布为犯罪，并施以刑罚。犯罪这个概念，从其产生之日起，就同一定阶级的利益紧密地联系在一起，具有强烈的阶级性。

马克思、恩格斯在《德意志意识形态》一书中指出："犯罪——孤立的个人反对统治关系的斗争，和法一样，也不是随心所欲地产生的。相反地，犯罪和现行的统治都产生于相同的条件。"① 马克思、恩格斯对于犯罪的这一论断，科学地揭示出了犯罪的本质和产生的条件。

上述论断中所说的"统治关系"，是指统治阶级为了维护其政治权力和经济利益而建立起来的社会关系和社会秩序。这种统治关系，不仅被统治阶级必须遵守，统治阶级内部的成员也必须遵守。犯罪就是对统治关系的严重破坏。

上述论断中所说的"孤立的个人"，是相对于整个阶级、民族、国家而言的。犯罪不同于一个阶级与另一个阶级的斗争，也不同于国家之间、民族之间的战争，它只是少数个别人的行为。但是，不能把"孤立的个人"理解为犯罪只能由单独的一个人实施而不能由数人共同实施或采取犯罪集团的形式实施。同时，这种孤立的个人反对统治关系的斗争，虽然主要是指被统治阶级的成员对现行统治关系的破坏行为，但也可以指统治阶级内部的个别成员，由于个人利益与整体的统治关系发生冲突，而不惜对现行统治关系进行破坏。

上述论断中所说的"犯罪和现行统治都产生于相同的条件"，是指犯罪和现行统治都是私有制度的产物。在私有制度下，存在着统治与被统治关系的对立，因而必然产生犯罪，即孤立的个人反对统治关系的斗争。

建立在生产资料私有制基础上的剥削制度，是产生犯罪的总根源。要消灭犯罪，就必须消灭剥削制度。列宁指出："产生违反公共生活规则的捣乱行为的社会根源是群众受剥削和群众贫困。这个主要原因一消除，捣乱行为就必然开始'消亡'。"② 在资本主义制度下，由于存在着滋生犯罪的总根源，所以尽管资产阶级国家从各个方面防范犯罪，可是犯罪现象不仅不能消灭，反而与日俱增。

---

① 《马克思恩格斯全集》第3卷，人民出版社1956年版，第379页。

② 《列宁选集》第3卷，人民出版社1972年版，第249页。

社会主义制度要求消灭一切剥削和贫困，从根本上铲除犯罪的根源。我国是社会主义国家，在我国已经消灭了剥削制度。但是，由于我国现在还处在社会主义初级阶段，封建主义、资本主义腐朽思想在社会上还有广泛影响，国际上敌对势力对我国的颠覆和破坏活动，也将是长期的和复杂的。因此，在我国还存在着产生犯罪的社会阶级根源、思想根源和外部根源。

（二）我国刑法中的犯罪概念

刑法第13条规定："一切危害国家主权、领土完整和安全，分裂国家、颠覆人民民主专政的政权和推翻社会主义制度，破坏社会秩序和经济秩序，侵犯国有财产或者劳动群众集体所有的财产，侵犯公民私人所有的财产，侵犯公民的人身权利、民主权利和其他权利，以及其他危害社会的行为，依照法律应当受刑罚处罚的，都是犯罪，但是情节显著轻微危害不大的，不认为是犯罪。"这是刑法对犯罪所下的定义，这一定义阐明了犯罪的阶级实质和基本特征，并且划分了罪与非罪的原则界限。

从上述的犯罪定义可以看出，犯罪具有以下三个基本特征：

第一，犯罪是危害社会的行为，即具有社会危害性。犯罪是一种行为，而不是单纯的思想活动，单纯的思想活动不能构成犯罪。同时，犯罪行为必须具有社会危害性，即对国家和人民造成或可能造成一定的危害。不具有社会危害性的行为，不能认为是犯罪。而且，这种社会危害性还必须达到一定的程度。某种行为虽然具有社会危害性，但是情节轻微危害不大，也不认为是犯罪。行为的社会危害性的有无和大小，是认定犯罪，区分罪与非罪界限的根本依据。因而，这一特征是犯罪的最基本的、具有决定意义的特征。

第二，犯罪是触犯刑法的行为，即具有刑事违法性。行为的社会危害性表现在法律上就是违法性，但是违法行为多种多样，并非都是犯罪，只有触犯刑法的行为才是犯罪。行为的社会危害性是刑事违法性的实质根据，刑事违法性则是行为的社会危害性的法律表现，二者具有密切的联系。行为只有既具有社会危害性，又具有刑事违法性，才能被认定为犯罪。

第三，犯罪是应受刑罚惩罚的行为，即具有应受刑罚惩罚性。各种违法行为，由于其社会危害性程度不同，国家对之采取的强制手段也不相同。刑罚是国家强制手段中最严厉的一种，某一行为只有当它的社会危害性比较严重，需要采用严厉的强制手段加以制裁时，国家才在刑法中定为犯罪，处以刑罚。行为的应受刑罚惩罚性是行为的社会危害性和刑事违法性的法律后果，是前二者派生的特征。

二、犯罪构成

（一）犯罪构成的概念

犯罪构成是指依照刑法的规定，确定某种行为构成犯罪所必须具备的客观要件和主观要件的有机统一。

任何一种犯罪都是具体的，每种具体的犯罪都有其具体的构成要件。把各种具体犯罪的构成要件加以科学的归纳，可以看出，一切犯罪都须具有某些共同性的构成要件，这些共同性的要件，就是犯罪构成。

每一个犯罪构成都包括四个方面的要件，即犯罪客体；犯罪客观方面；犯罪主体；犯罪主观方面。这四个方面的要件必须得到有机的统一，才能确立犯罪构成，如果缺少任何一个方面的要件，就不构成犯罪，也就不能使行为人负刑事责任。所以，犯罪构成是刑事责任的基础。

犯罪构成的概念和犯罪的概念是两个紧密联系的概念。犯罪的概念解决的是犯罪的一般属性问题，即回答什么是犯罪和一切犯罪都具有的基本特征；犯罪构成的概念则是解决犯罪的标准问题，即回答某种行为必须具备哪些必要的条件才能构成犯罪。犯罪概念是犯罪构成的基础，犯罪构成是犯罪概念的具体化。离开了犯罪概念，离开了犯罪的基本特征，就谈不到犯罪构成的问题；离开了犯罪构成，离开了具体的犯罪标准，就无法划清罪与非罪的界限，也无法认定某人行为所构成的犯罪的性质，以及此罪与彼罪的区别。由于犯罪构成与犯罪概念的统一性，犯罪行为必定是符合犯罪构成要件的行为，符合犯罪构成要件的行为也必定是犯罪行为。

(二) 犯罪客体

犯罪客体是指刑法所保护的而为犯罪行为所侵犯的社会主义社会关系。

犯罪客体是一种社会关系。社会关系是人们在社会生产和共同生活的过程中所形成的相互之间的关系。在我国，占主导地位的社会关系是社会主义社会关系。但是，并非所有的社会关系都能成为犯罪客体。能够成为犯罪客体的只是受刑法保护的那一部分社会主义社会关系。刑法之所以要保护这些社会关系，是因为这些社会关系是社会主义社会中的基本的、最重要的社会关系。需要注意的是，不能把受刑法保护的社会主义社会关系与犯罪客体混为一谈。受刑法保护的社会主义社会关系的本身并不是犯罪客体，只有当它受到犯罪行为侵犯时才能成为犯罪客体。

按照犯罪行为所侵犯的社会关系范围的不同，犯罪客体可分为一般客体、同类客体和直接客体。一般客体是指一切犯罪行为所共同具有的客体，它反映一切犯罪的共同本质。同类客体是指某一类的犯罪行为所共同具有的客体，它反映该类犯罪的共同本质。刑法分则把犯罪分为十类，就是根据同类客体划分的。直接客体是各个具体的犯罪行为所特有的客体，它反映该具体犯罪的特殊本质，是区分此罪与彼罪的主要根据之一。一个犯罪行为只有一个直接客体的叫简单客体，有两个以上直接客体的叫复杂客体。

犯罪客体和犯罪对象是两个不同的概念，不应混淆。犯罪对象是犯罪行为侵犯某种社会主义社会关导时直接遭受影响的人或物。它与犯罪客体有如下区别：

(1) 犯罪客体体现犯罪的本质，决定犯罪的性质；犯罪对象不体现犯罪的本质，不决定犯罪的性质。

（2）犯罪客体是任何犯罪构成的必要要件，犯罪对象则并非每一犯罪都具有。

（3）任何犯罪都会使犯罪客体受到侵害，而犯罪对象则不一定受到损害。

（4）同一犯罪客体可以由不同的犯罪对象体现出来；同一犯罪对象也可以体现不同的犯罪客体。

（5）犯罪客体是犯罪分类的基础，犯罪对象则不是。

（三）犯罪客观方面

犯罪客观方面，是指犯罪活动的客观外在表现。表明犯罪活动客观外在表现的事实特征有：危害行为，危害结果，犯罪的时间、地点、方法等。危害行为是任何犯罪构成必须具备的必要要件，其他都是犯罪构成的选择要件，其中危害结果是大多数犯罪构成的必要要件。

危害行为是指人在自己的意识和意志的支配下所实施的危害社会、为刑法所禁止的行为。任何犯罪，必须是一种危害行为，没有危害行为，就没有犯罪可言。我国法律不承认所谓“思想犯罪”，这是因为，仅仅是思想而没有行为，是不可能产生危害社会的结果的。马克思曾经指出：“凡是不以行为本身而以当事人的思想方式作为主要标准的法律，无非是对非法行为的公开认可。”①

根据不同的标准，可以对危害行为进行不同的分类。以危害行为的基本表现形式为标准，可分为作为和不作为。作为是指用积极的行动实施为刑法所禁止的行为。不作为是指负有履行特定行为义务的人，能够履行该种义务而不履行的行为。在刑法中，绝大多数犯罪是由作为构成的，少数犯罪则只能由不作为构成（如遗弃罪）。有些犯罪，既可以由作为的形式实施，也可以由不作为的形式实施（如故意杀人罪）。

危害结果是指危害行为对刑法所保护的社会主义社会关系所造成的实际损害。危害结果是否发生，对于过失犯罪而言，是区分罪与非罪的标准；对于故意犯罪而言，在一般情况下，是区分犯罪既遂和犯罪未遂的标准。但也有一些故意犯罪，只要实施了某种危害行为，就构成犯罪既遂，而不管其结果是否发生，如煽动颠覆国家政权罪、诽谤罪等。

当危害结果发生后，要使某人对这一结果负刑事责任，必须查明某人的行为同这一结果之间具有因果关系。刑法中的因果关系，是指人的危害行为与其所产生的危害结果之间的内在的、合乎规律的联系，它是使行为人承担刑事责任的前提条件。但是还须注意，即使在客观上发生的损害结果同行为人的行为具有因果关系，如果行为人在主观上没有故意或过失，也不能要求行为人对这一结果负刑事责任，否则将导致“客观归罪”的错误。

---

① 《马克思恩格斯全集》第1卷，人民出版社1956年版，第16页。

犯罪的时间、地点和方法，都是犯罪客观方面的选择要件。任何犯罪都是在一定时间、地点并采取一定方法实施的。一般说来，犯罪的时间、地点、方法不是犯罪构成的要件，不影响犯罪的成立。但是，在刑法把特定的时间、地点和方法规定为某些犯罪构成的必备要件时，它们就对某些行为是否构成该种犯罪具有重要意义。例如刑法把“禁渔区”、“禁渔期”、“禁用的工具、方法”等规定为构成非法捕捞罪的必要条件，因而，某种行为是否具有这些要件，是区分罪与非罪的重要条件。

（四）犯罪主体

犯罪主体是指实施犯罪行为，对自己的罪行依法应负刑事责任的人。根据我国刑法的规定，犯罪主体必须具备以下条件：

第一，犯罪主体是实施犯罪行为的人。不曾实施犯罪行为的人，不能成为犯罪主体。这里所说的实施犯罪行为的人，主要是指自然人。但是，公司、企业、事业单位、机关、团体实施的危害社会的行为，法律规定为单位犯罪的，单位是犯罪主体，应负刑事责任。刑法对单位犯罪，实行两罚的原则，即对单位判处罚金，并对其直接负责的主管人员和其他直接责任人员判处刑罚。但是刑法分则和其他法律如另有规定的，从其规定。

第二，自然人作为犯罪主体，必须是达到刑事责任年龄的人。刑事责任年龄是指依照刑法规定，一个人对其危害社会的行为应负刑事责任的年龄。一个人辨认和控制自己行为的能力，是随着年龄的增长而逐渐增长的。刑法对刑事责任年龄作了如下规定：(1) 未满 14 周岁的人，不负刑事责任。(2) 已满 14 周岁不满 16 周岁的人，只对故意杀人、故意伤害致人重伤或者死亡、强奸、抢劫、贩卖毒品、放火、爆炸、投毒罪负刑事责任。(3) 已满 16 周岁的人犯罪应负刑事责任。(4) 已满 14 周岁不满 18 周岁的人犯罪，应当从轻或者减轻处罚。(5) 因不满 16 周岁不予刑事处罚的，责令他的家长或者监护人加以管教；在必要的时候，也可以由政府收容教养。

第三，自然人作为犯罪主体，必须是具有刑事责任能力的人。刑事责任能力简称责任能力，是指一个人辨认和控制自己行为的能力，亦即辨认其行为的性质、意义和后果并自觉地控制其行为的能力。一般说来，一个人在达到一定的年龄后就具有这种能力，因而刑事责任能力和刑事责任年龄有密切关系。但是精神病人由于丧失了这种能力，为无刑事责任能力人。因此，刑法规定，精神病人在不能辨认或者不能控制自己行为的时候造成危害结果，经法定程序鉴定确认的，不负刑事责任，但是应当责令他的家属或者监护人严加看管和医疗；在必要的时候，由政府强制医疗。间歇性的精神病人在精神正常的时候犯罪，应当负刑事责任。尚未完全丧失辨认或者控制自己行为能力的精神病人犯罪的，应当负刑事责任，但是可以从轻或者减轻处罚。

酗酒是一种恶习。在醉酒的情况下，通常并不完全丧失辨认和控制自己行为的能力。所以刑法规定，醉酒的人犯罪，应当负刑事责任。

又聋又哑的人或者盲人，由于并未丧失辨认和控制自己行为的能力，因而对其犯罪行为应负刑事责任，但是由于生理上的缺陷，他们在接受教育时受到很大的限制，所以刑法规定，又聋又哑的人或者盲人犯罪，可以从轻、减轻或者免除处罚。

犯罪主体可分为一般主体和特殊主体。只要求具备上述条件的犯罪主体，就是一般主体。刑法规定，在某些犯罪中，犯罪主体除须具备上述条件外，还须具有特定的身份。只能由具有特定身份的人才能构成的犯罪主体，称为特殊主体，如私放在押人员罪的主体只能是司法工作人员。

（五）犯罪主观方面

犯罪主观方面是指犯罪主体对其行为可能引起的危害社会的结果所抱的表现为故意或者过失的心理状态，以及犯罪的目的和动机。故意或过失（合称罪过）是任何犯罪构成所必须具备的必要要件。犯罪目的只是某些犯罪的必要要件，因而是犯罪主观方面的选择要件。犯罪动机不是犯罪构成的要件，犯罪动机如何，不影响犯罪的成立，但它是确定犯罪情节轻重的一个重要因素。

刑法规定："明知自己的行为会发生危害社会的结果，并且希望或者放任这种结果发生，因而构成犯罪的，是故意犯罪。"这一规定表明，故意犯罪有两种。一种是行为人明知自己的行为会发生危害社会的结果，并且希望这种结果的发生，这种故意在刑法理论上称为直接故意。故意犯罪绝大多数是直接故意。另一种是行为人明知自己的行为会发生危害社会的结果，并且放任这种结果的发生，这种故意在刑法理论上称为间接故意。不论直接故意或间接故意，行为人都明知自己的行为会发生危害社会的结果。所不同的是，前者希望结果的发生，后者则放任结果的发生。由于二者主观心理状态上的这种差别，它们的危害程度也就有所不同。一般说来，直接故意犯罪比间接故意犯罪的危害性要大。

刑法规定，"应当预见自己的行为可能发生危害社会的结果，因为疏忽大意而没有预见，或者已经预见而轻信能够避免，以致发生这种结果的，是过失犯罪。"这一规定表明，过失犯罪有两种。一种是行为人应当预见自己的行为可能发生危害社会的结果，因为疏忽大意而没有预见，以致发生这种结果，这种过失在刑法理论上称为疏忽大意的过失。另一种是行为人已经预见到自己的行为可能发生危害社会的结果，但是轻信能够避免，却又未能避免，以致发生这种结果，这种过失在刑法理论上称为过于自信的过失。过失犯罪虽然也造成危害社会的结果，但是由于过失犯罪人在主观上并无危害社会的意图，因而在追究刑事责任时应当有别于故意犯罪。刑法规定："过失犯罪，法律有规定的才负刑事责任。"

刑法还规定："行为在客观上虽然造成了损害结果，但是不是由于故意或者过失，而是由于不能抗拒或者不能预见的原因所引起的，不是犯罪。"这种情况在刑法理论上称为意外事件。意外事件之所以不是犯罪，是因为行为人主观上没有罪过。

凡是直接故意的犯罪，都有其犯罪目的，但是犯罪目的不是犯罪主观方面的必要要件而是选择要件，这是因为，根据刑法的规定，只有某些犯罪才须把一定的犯罪目的作为其犯罪构成的必要要件，如侵犯著作权罪、走私淫秽物品罪等。

犯罪目的和犯罪动机是两个不同的概念，不应混淆。犯罪目的是指犯罪人通过实施犯罪行为所希望达到的结果，犯罪动机是指犯罪人实施犯罪行为的内心起因。犯罪行为可能目的相同而动机不同，也可能动机相同而目的不同。

三、排除社会危害性的行为

（一）排除社会危害性的行为的概念

排除社会危害性的行为，是指其外表上似乎符合某种犯罪的犯罪构成，实质上则不仅不具有社会危害性，而且是对国家和人民有益的行为。排除社会危害性的行为，不仅实际上不具有社会危害性，而且也不具有刑事违法性，因而实施此种行为的人对于其行为所造成的损害，不负刑事责任。

在实践中，排除社会危害性的行为有：正当防卫行为、紧急避险行为、执行命令的行为、履行职务的行为、经权利人同意的行为等。在刑法中，只规定了正当防卫和紧急避险。

（二）正当防卫

正当防卫是指为了使国家、公共利益、本人或者他人的人身、财产和其他权利免受正在进行的不法侵害，所采取的因制止不法侵害而对不法侵害人造成损害的行为。正当防卫不负刑事责任。

根据刑法的规定，成立正当防卫必须具备以下条件：

第一，必须是对实际存在的不法侵害行为才能实行防卫。所谓不法侵害行为，首先是指犯罪行为，同时也包括其他违法行为，如违反治安管理的行为。不法侵害既包括对防卫人的人身、财产和其他权利的不法侵害，也包括对国家、公共利益或者第三人的人身、财产和其他权利的不法侵害。而且，这种不法侵害必须是实际存在的，而不是出于主观的想象或推测。对于合法的行为，不允许实行防卫。如果双方的行为都是非法的（如互相殴斗），不承认其中的一方有正当防卫的权利。

第二，必须是对正在进行的不法侵害行为才能实行防卫。对尚未开始的侵害行为，对已经结束的侵害行为，都不能实行正当防卫。

第三，必须是对实施不法侵害的人实行防卫，不允许对没有参加侵害行为的第三者（包括不法侵害人的家属）造成损害。

第四，防卫不能过当。所谓防卫过当，是指正当防卫明显超过必要限度而造成重大损害。防卫过当的，应当负刑事责任，但是应当减轻或者免除处罚。至于对正在进行行凶、杀人、抢劫、强奸、绑架以及其他严重危及人身安全的暴力犯罪，采取防卫行为，造成不法侵害人伤亡的，则属于正当防卫而非防卫过当。

（三）紧急避险

紧急避险是指为了使国家、公共利益、本人或者他人的人身、财产和其他权利免受正在发生的危险，不得已而采取的损害另一合法利益的行为。紧急避险不负刑事责任。

根据刑法的规定，成立紧急避险必须具备以下条件：

第一，必须是为了避免国家、公共利益、本人或者他人的人身、财产和其他权利受到危险而采取的。危险的来源，可能是人的不法侵害行为，可能是人的生理病理原因，可能是动物的侵袭，也可能是自然界的自发力量。这种危险必须是实际存在的，而不是出于主观的想象或推测。避免遭受危险的利益，必须是法律所保护的权益。为了保护非法利益，不能成立紧急避险。

第二，必须是正在发生危险的情况下采取的。对于已经过去的危险或者尚未到来的危险，都不能实行紧急避险。

第三，必须是不得已而采取的。就是说，在当时的情况下是唯一能够避免危险的行动。如果尚有其他方法可以避免危险，就不能采取紧急避险的行为。

第四，紧急避险不能过当。所谓紧急避险过当，是指紧急避险超过必要限度而造成不应有的损害。紧急避险过当的，应当负刑事责任，但是应当减轻或者免除处罚。

另外，还需注意，根据刑法的规定，在职务上、业务上负有特定责任的人，不得因避免本人的危险而实行紧急避险。所谓在职务上、业务上负有特定责任的人，是指其所担任的职务或所从事的业务负有同一定的危险作斗争的责任的人员。

（四）其他排除社会危害性的行为

1. 执行命令的行为

执行命令的行为是指根据上级国家工作人员的命令而实施的行为。此种行为能够排除社会危害性的条件是：（1）命令的内容必须是上级国家工作人员职权范围以内的事项；（2）所命令的行为必须属于下级人员的职务范围；（3）命令的内容和形式都必须合法。

2. 履行职务的行为

履行职务的行为是指根据本身所从事的正当职务的要求而实施的行为。此种行为能够排除社会危害性的条件是：（1）所从事的职务必须是正当的职务；（2）所实施的行为必须符合正当职务的要求；（3）所实施的行为没有危害社会的目的。

3. 经权利人同意的行为

经权利人同意的行为是指得到有权处分某种权益的人的同意而实施的行为。此种行为能够排除社会危害性的条件是：（1）对所处分的权益必须具有处分的权利；

(2) 表示同意必须不违背权利人的意志；(3) 权利人必须是在行为前或行为时表示同意；(4) 所实施的行为不具有危害社会的性质，不违背社会主义法律和社会主义道德。

四、故意犯罪过程中的犯罪形态

(一) 故意犯罪过程中的犯罪形态概说

故意犯罪过程是指故意犯罪由犯罪的预备，经犯罪的实行，到犯罪结果发生的发展过程。故意犯罪过程中的犯罪形态，是指故意犯罪在其发展过程的不同阶段所发生的犯罪行为的形态。

在刑法理论上，故意犯罪过程中的犯罪形态表现为两种类型。一是犯罪的完成形态，即犯罪既遂。另一是犯罪的未完成形态，即犯罪预备、犯罪未遂和犯罪中止。

犯罪的未完成形态不是在任何犯罪中都存在的，它受着犯罪构成主客观要件的限制。从主观要件看，过失犯罪和间接故意犯罪都不存在犯罪的未完成形态。从客观要件看，只要着手实行一定的行为其犯罪构成即完全具备的犯罪，不存在犯罪未遂和在实行阶段中的犯罪中止，但可能存在犯罪预备和在预备阶段中的犯罪中止。

故意犯罪过程中的各种犯罪形态，由于主客观要件的不同，其社会危害性的程度很不一致，因而刑法对于不同的犯罪形态规定了不同的刑事责任。

(二) 犯罪既遂

犯罪既遂是指行为人故意实施的行为已经具备了某种犯罪构成的全部要件。刑法分则所规定的各种犯罪的刑事责任，是以犯罪既遂为标准。

根据刑法分则所规定的犯罪构成客观要件的不同情况，犯罪既遂具有以下几种对比形态：

1. 行为犯和结果犯

行为犯是指只要实施了刑法分则所规定的某种危害行为，不论危害结果是否发生都构成既遂的犯罪，如煽动颠覆国家政权罪、伪证罪等。结果犯是指不仅实施了刑法分则所规定的某种危害行为，而且必须发生了法定的危害结果才构成既遂的犯罪，如抢劫罪、贪污罪等。

2. 危险犯和实害犯

危险犯是指只要实施了刑法分则规定的足以造成某种危害后果的危险状态的行为，即使严重后果尚未发生也构成既遂的犯罪，如破坏交通工具罪。实害犯是指所实施的行为必须对刑法所保护的社会关系造成实际的损害才构成既遂的犯罪，如故意杀人罪、故意伤害罪等。

3. 结果加重犯和情节加重犯

结果加重犯是指实施基本的犯罪构成要件的行为，发生了基本的犯罪构成要件的结果之外的严重结果，刑法对它规定加重法定型的犯罪，如故意伤害致人死亡。情节加重犯是指实施基本的犯罪构成要件的行为，由于具有严重情节，刑法对它规定加重法定刑的犯罪，如刑法规定，一般的私放在押人罪，处5年以下有期徒刑或者拘役；情节严重的，处5年以上10年以下有期徒刑；情节特别严重的，处10年以上有期徒刑。

（三）犯罪预备

犯罪预备是指为了犯罪，准备工具或者制造条件的行为。

犯罪预备不同于犯意表示。犯意表示是指以口头、书面或其他方式将其犯罪意图表现于外部，它仅属思想流露而非犯罪行为，因而不能作为犯罪加以处罚。犯罪预备则是应受刑罚处罚的犯罪行为。

行为人已经进行犯罪预备，由于其意志以外的原因而未着手实行犯罪的，是预备犯。构成预备犯必须具备的要件是：

第一，行为人已经进行犯罪预备，即为了犯罪而准备工具或者制造条件。

第二，行为人在犯罪预备阶段停顿下来而尚未着手实行犯罪。

第三，在犯罪预备阶段停顿下来，未能着手实行犯罪，是由于行为人意志以外的原因，即有悖于行为人本意的原因。如果行为人在预备阶段自愿停顿下来，则不再是预备犯，而是预备阶段中的犯罪中止。

刑法规定，对于预备犯，可以比照既遂犯从轻、减轻处罚或者免除处罚。

（四）犯罪未遂

犯罪未遂是指已经着手实行犯罪，由于犯罪分子意志以外的原因而未得逞的行为。

构成犯罪未遂必须具备的要件是：

第一，已经着手实行犯罪。所谓已经着手实行犯罪，是指已经开始实行刑法分则所规定的某种犯罪构成的客观要件的行为。

第二，犯罪没有得逞。所谓没有得逞，是指犯罪行为还没有完全具备刑法分则所规定的某一犯罪构成的要件，亦即犯罪构成要件尚不齐备。

第三，犯罪没有得逞，是由于犯罪分子意志以外的原因。如果是犯罪分子主观上自愿放弃犯罪，则不是犯罪未遂，而是实行阶段中的犯罪中止。

犯罪未遂的行为人是未遂犯。刑法规定，对于未遂犯，可以比照既遂犯从轻或者减轻处罚。

（五）犯罪中止

犯罪中止是指在犯罪过程中自动放弃犯罪或者自动有效地防止犯罪结果发生的行为。

构成犯罪中止必须具备的要件是：

第一，必须是在犯罪过程之中停止犯罪。犯罪中止只能发生在犯罪预备、犯罪实行或者实行终了之后犯罪结果发生之前的过程之中。如果是在犯罪完成以后自动恢复原状或者自愿赔偿损失，则不能认为是犯罪中止，而仍然是犯罪既遂。

第二，必须是自动地放弃犯罪或者自动地防止犯罪结果的发生。所谓自动地放弃犯罪，是指行为人出于自己的意志而停止其可能进行下去的犯罪活动。如果行为人受到阻碍或感到恐惧，认为已不可能完成犯罪而停止犯罪的进行，则不是犯罪中止，而是犯罪预备或犯罪未遂。所谓自动地防止犯罪结果的发生，是指行为人在行为终了之后犯罪既遂之前，出于自己的意志而采取积极行为以防止犯罪结果的发生。行为人自动放弃犯罪或者自动防止犯罪结果发生的动机是多种多样的，但不论动机如何，都不影响犯罪中止的成立。

第三，必须是彻底地放弃犯罪或者有效地防止犯罪结果的发生。所谓彻底地放弃犯罪，是指行为人打消了完成该种犯罪的念头而不再实施该种犯罪。如果行为人感到时机不利，暂时停止进行，等到适当时机再行实施，则是犯罪进行的暂时中断，而不是犯罪中止。在犯罪行为实行终了后犯罪结果尚未发生时，如果行为人采取了积极行动以防止结果的发生，而并未能防止，犯罪结果还是发生了，则不是犯罪中止，而是犯罪既遂。

犯罪中止的行为人是中止犯．刑法规定，对于中止犯，没有造成损害的，应当免除处罚；造成损害的，应当减轻处罚。

五、共同犯罪

（一）共同犯罪的概念

共同犯罪，简称共犯，是指二人以上共同故意犯罪。

构成共同犯罪必须具备的要件是：

第一，犯罪主体必须是两个以上达到刑事责任年龄、具有责任能力的人。一个人实施犯罪不可能构成共同犯罪。共同实施危害社会行为的人虽是二人以上，如果其中只有一人是达到刑事责任年龄、具有责任能力的人，也不能构成共同犯罪。

第二，各个共同犯罪人必须具有共同的犯罪行为。所谓共同的犯罪行为，是指各共同犯罪人的行为都指向同一犯罪，互相联系与配合，成为一个统一的犯罪活动的整体。共同实施的犯罪如果是结果犯，每个共同犯罪人的行为都须与危害结果之间存在因果关系，都须是危害结果发生的原因的一部分。共同犯罪人的共同犯罪行为，可表现为共同的作为或共同的不作为，也可表现为作为与不作为的结合。

第三，各个共同犯罪人必须具有共同的犯罪故意。所谓共同的犯罪故意，是指：（1）每一共同犯罪人都认识到不是一个人单独实施犯罪，而是数个人共同实施犯罪。（2）每一共同犯罪人都认识到共同犯罪行为的性质及其可能引起的危害社会的结果。（3）每一共同犯罪人都希望或者放任其共同犯罪行为所引起的危害社会结果的发生。

正因为构成共同犯罪必须具有共同的犯罪故意，所以下列三种情况不属于共同犯罪：（1）共同过失犯罪，即二人以上共同过失地造成了同一危害社会的结果。刑法规定，二人以上共同过失犯罪，不以共同犯罪论处；应当负刑事责任的，按照他们所犯的罪分别处罚。（2）同时犯罪，即二人以上在同一场合实施同一性质的犯罪，但是每个人是以其各自单独的犯罪故意实施犯罪。（3）单方故意犯罪，即实施犯罪的人是出于故意，而给予帮助的人或引起犯罪意思的人是出于过失；或者实施危害社会行为的人是出于过失，而给予帮助的人或引起犯罪意思的人是出于故意。此外，实施犯罪时故意的内容不同的犯罪，超出共同故意之外的犯罪，都不构成共同犯罪。

（二）共同犯罪的形式

在刑法理论上，可以根据不同的分类标准，将共同犯罪的形式作不同的分类。

1. 任意的共同犯罪和必要的共同犯罪

凡是按照刑法分则的规定，能够由一人单独实施的犯罪，而由数人共同实施的，为任意的共同犯罪；反之，如果刑法分则规定必须二人以上共同实施才能构成犯罪的，为必要的共同犯罪。必要的共同犯罪包括：聚合性共同犯罪，如聚众斗殴罪；集团性共同犯罪，如组织、领导、参加黑社会性质组织罪；对向性共同犯罪，如行贿罪和受贿罪。

2. 事前通谋的共同犯罪和事前无通谋的共同犯罪

凡是共同犯罪人在着手实行犯罪之前，就已形成了共同的犯罪故意的，为事前通谋的共同犯罪，如果共同的犯罪故意是在共同犯罪人刚着手实行犯罪或在实行犯罪的过程中形成的，为事前无通谋的共同犯罪。二者相比，事前通谋的共同犯罪是较为普遍也较为危险的共同犯罪形式。

3. 简单的共同犯罪和复杂的共同犯罪

凡是二人以上共同直接实行犯罪的，为简单的共同犯罪；如果在共同犯罪人之间存在教唆、实行、帮助等分工的，为复杂的共同犯罪。复杂的共同犯罪，由于各共同犯罪人在共同犯罪活动中分工不同，参与程度不同，起的作用不同，需要根据不同情况，区别对待，以正确地解决各人的刑事责任问题。

4. 一般的共同犯罪和犯罪集团

凡是没有特殊组织形式的共同犯罪，为一般的共同犯罪；如果是有组织的共同犯罪，为犯罪集团。犯罪集团是指三人以上为共同实施犯罪而组成的较为固定的犯罪组织。其特征是：（1）人数较多，至少为三人，重要成员固定或基本固定。（2）有明显的首要分子，有一定的组织形式和组织纪律。（3）具有实施某种犯罪的目的性，三人以上的联合是以实施某种或某几种犯罪为目的。（4）具有一定的稳定性，成员在较长时间内纠合在一起进行犯罪活动，而不是偶尔实施犯罪后就散伙。

犯罪集团是一种最危险的共同犯罪形式，历来是刑法打击的重点。

(三) 共同犯罪人的种类及其刑事责任

刑法根据共同犯罪人在共同犯罪中所起的作用，把共同犯罪人分为主犯、从犯、胁从犯、教唆犯四种，并且对之规定了不同的刑事责任。

1. 主犯

凡组织、领导犯罪集团进行犯罪活动的或者在共同犯罪中起主要作用的，是主犯。主犯包括：(1) 首要分子，即在犯罪集团或者聚众犯罪中起组织、领导、策划、指挥作用的犯罪分子。(2) 在犯罪集团或者一般共同犯罪中起主要作用的犯罪分子。主犯可能只有一人，也可能不止一人，是否为主犯，应根据犯罪分子在共同犯罪中所起的实际作用来决定。对于主犯，应当按照其所参与的或者组织、指挥的全部犯罪处罚。对于组织、领导犯罪集团的首要分子，应当按照集团所犯的全部罪行处罚，而不管他是否直接参与或者实施了某项犯罪活动。

2. 从犯

凡在共同犯罪中起次要或者辅助作用的，是从犯。从犯包括：(1) 在共同犯罪中起次要作用的分子。(2) 在共同犯罪中起辅助作用的分子。对于从犯，应当从轻、减轻处罚或者免除处罚。

3. 胁从犯

被胁迫参加犯罪的，是胁从犯。被胁迫者须未完全丧失意志自由，方能构成胁从犯。对于胁从犯，应当按照其犯罪情节，减轻处罚或者免除处罚。

4. 教唆犯

教唆他人犯罪的，即故意引起他人实行犯罪的意图的，是教唆犯。构成教唆犯，在客观方面，必须有教唆他人犯罪的行为；在主观方面，必须有教唆他人犯罪的故意。具备这两个要件的，便构成教唆犯。至于被教唆人是否接受教唆实施所教唆的犯罪，并不影响教唆犯的成立。因而，教唆犯还可以构成单独犯罪。教唆犯的罪名，应按其所教唆的犯罪确定。对于教唆犯，应当按照他在共同犯罪中所起的作用处罚；教唆不满18周岁的人犯罪的，应当从重处罚。如果被教唆的人没有犯被教唆的罪，对教唆犯可以从轻或者减轻处罚。

六、犯罪的种类

(一) 犯罪种类概说

在刑法理论上，根据不同的标准，可以对犯罪作不同的分类。对犯罪进行分类，是为了更好地认识各类犯罪的特殊的本质，为正确处理犯罪案件创造条件。

在刑法总则中，根据不同的分类标准，可以对犯罪分别进行分类。如根据犯罪的主观方面要件，可分为故意犯罪和过失犯罪；根据危害行为的表现形式，可分为作为犯罪和不作为犯罪；根据实现犯罪的程度，可分为预备犯、未遂犯、中止犯、既遂犯；根据犯罪主体的人数，可分为单独犯罪和共同犯罪，等等。

我国刑法分则以犯罪的同类客体的性质为标准，把犯罪分为十类，每类犯罪中都包括若干具体的犯罪。

我国刑法分则对每一具体的犯罪，都规定了罪状和法定刑。所谓罪状，就是对犯罪的名称和犯罪构成特征的表述，它是定罪的法律依据。所谓法定刑，就是对具体犯罪规定的刑种和量刑幅度，它是量刑的法律依据。例如，刑法第258条规定："有配偶而重婚的，或者明知他人有配偶而与之结婚的，处二年以下有期徒刑或者拘役。"本条的罪名是重婚罪；犯罪构成特征是有配偶而重婚或者明知他人有配偶而与之结婚；法定刑是二年以下有期徒刑或者拘役。

（二）我国刑法分则中的十类犯罪

1. *危害国家安全罪*

危害国家安全罪是指故意危害中华人民共和国国家安全的行为。本类犯罪包括：

第一，危害政权、分裂国家的犯罪。包括：背叛国家罪，分裂国家罪，煽动分裂国家罪，武装叛乱、暴乱罪，颠覆国家政权罪，煽动颠覆国家政权罪，资助危害国家安全的犯罪活动罪。

第二，叛变、叛逃的犯罪。包括：投敌叛变罪，叛逃罪。

第三，间谍、资敌的犯罪。包括：间谍罪，为境外窃取、刺探、收买、非法提供国家秘密、情报罪，资敌罪。

2. *危害公共安全罪*

危害公共安全罪是指故意或过失地危害不特定的多数人的生命、健康或者重大公私财产以及社会生产、工作、生活安全的行为。本类犯罪包括：

第一，以危险方法危害公共安全的犯罪。包括：放火罪，决水罪，爆炸罪，投毒罪，以危险方法危害公共安全罪，失火罪，过失决水罪，过失爆炸罪，过失投毒罪，过失以危险方法危害公共安全罪。

第二，危害交通运输、公用设施安全的犯罪。包括：破坏交通工具罪，破坏交通设施罪，破坏电力设备罪，破坏易燃易爆设备罪，过失损坏交通工具罪，过失损坏交通设施罪，过失损坏电力设备罪，过失损坏易燃易爆设备罪，破坏广播电视设施、公用电信设施罪，过失损坏广播电视设施、公用电信设施罪。

第三，实施恐怖危险活动的犯罪。包括：组织、领导、参加恐怖组织罪，劫持航空器罪，劫持船只、汽车罪，暴力危及飞行安全罪。

第四，违反枪支、弹药、爆炸物、核材料管理的犯罪。包括：非法制造、买卖、运输、邮寄、储存枪支、弹药、爆炸物罪，非法买卖、运输核材料罪，违规制造、销售枪支罪，盗窃、抢夺枪支、弹药、爆炸物罪，抢劫枪支、弹药、爆炸物罪，非法持有、私藏枪支、弹药罪，非法出租、出借公务用枪罪，非法出租、出借、配置枪支罪，丢失公务用枪不报罪，非法携带枪支、弹药、管制刀具、危险物品进入公共场所、公共交通工具罪。

第五，重大责任事故的犯罪。包括：重大飞行事故罪，铁路运营安全事故罪，交通肇事罪，重大责任事故罪，重大劳动安全事故罪，危险物品肇事罪，工程重大安全事故罪，教育设施重大安全事故罪，消防责任事故罪。

3. 破坏社会主义市场秩序罪

破坏社会主义市场秩序罪是指违反国家经济管理法规，干扰国家对经济的管理活动，破坏社会主义市场经济秩序，使国民经济发展遭到严重损害的行为。本类犯罪包括：

第一，生产、销售伪劣商品的犯罪。包括：生产、销售伪劣产品罪，生产、销售假药罪，生产、销售劣药罪，生产、销售不符合卫生标准食品罪，生产、销售有毒、有害食品罪，生产、销售不符合标准医疗器材罪，生产、销售不符合安全标准产品罪，生产、销售伪劣农药、兽药、化肥、种子罪，生产、销售不符合卫生标准化妆品罪。

第二，走私犯罪。包括：走私武器、弹药罪，走私核材料罪，走私假币罪，走私文物罪，走私贵重金属罪，走私珍贵动物及其制品罪，走私珍贵植物及其制品罪，走私淫秽物品罪，走私普通货物、物品罪，走私固体废料罪。

第三，妨害对公司、企业管理秩序的犯罪。包括：虚报注册资本罪，虚假出资、抽逃出资罪，欺诈发行股票、债券罪，财务会计报告诈欺罪，妨害清算罪，公司、企业人员受贿罪，对公司、企业人员行贿罪，非法经营同类营业罪，为亲友非法牟利罪，合同失职罪，徇私舞弊造成破产、亏损罪，低价折股、出售国有资产罪。

第四，破坏金融管理秩序的犯罪。包括：伪造货币罪，出售、购买、运输假币罪，金融机构人员购买假币或以假币换取货币罪，持有、使用假币罪，变造货币罪，擅自设立金融机构罪，伪造、变造、转让金融机构经营许可证罪，高利转贷罪，非法吸收公众存款罪，伪造、变造金融票证罪，伪造、变造国家有价证券罪，伪造、变造股票、债券罪，擅自发行股票、债券罪，证券内幕交易罪，泄露证券内幕信息罪，编造并传播证券交易虚假信息罪，诱骗投资者买卖证券罪，操纵证券交易价格罪，违法向关系人发放贷款罪，违法发放贷款罪，用账外客户资金非法拆借、发放贷款罪，非法出具金融信用证明罪，对违法票据承兑、付款、保证罪，逃汇罪，洗钱罪。

第五，金融诈骗的犯罪。包括：集资诈骗罪，贷款诈骗罪，票据诈骗罪，金融凭证诈骗罪，信用证诈骗罪，信用卡诈骗罪，有价证券诈骗罪，保险诈骗罪。

第六，危害税收征管的犯罪。包括：偷税罪，抗税罪，逃避追缴欠税罪，骗取出口退税罪，虚开增值税、骗税专用发票罪，伪造、出售伪造的增值税专用发票罪，非法出售增值税专用发票罪，非法购买增值税专用发票或购买伪造的增值税专用发票罪，制造、出售用于骗税的假发票罪，制造、出售普通假发票罪，非法出售用于骗税的发票罪，非法出售普通发票罪。

第七，侵犯知识产权的犯罪。包括：假冒注册商标罪，销售假冒注册商标的商品罪，制造、销售虚假注册商标标识罪，假冒专利罪，侵犯著作权罪，销售侵权复制品罪，侵犯商业秘密罪。

第八，扰乱市场秩序的犯罪。包括：商业诽谤罪，虚假广造罪，串通投标罪，合同诈骗罪，非法经营罪，强迫交易罪，伪造、倒卖假有价证券罪，倒卖车票船票罪，非法转让、倒卖土地使用证罪，提供虚假证明文件罪，受贿提供虚假证明文件罪，出具重大失实证明文件罪，逃避商检罪。

4. 侵犯公民人身权利、民主权利罪

侵犯公民人身权利、民主权利罪是指故意或过失地侵犯公民的人身和与人身直接有关的权利，以及故意侵犯公民依法享有的参加国家管理和社会政治生活的权利的行为。本类犯罪包括：

第一，侵犯生命、健康权利的犯罪。包括：故意杀人罪，过失致人死亡罪，故意伤害罪，过失致人重伤罪，刑讯逼供罪，暴力取证罪，虐待被监管人罪。

第二，侵犯妇女、儿童身心健康的犯罪。包括：强奸罪，奸淫幼女罪，强制猥亵、侮辱妇女罪，猥亵儿童罪。

第三，侵犯人身自由的犯罪。包括：非法拘禁罪，绑架罪，拐卖妇女、儿童罪，收买被拐卖的妇女、儿童罪，聚众阻碍解救被收买的妇女、儿童罪，诬告陷害罪，强迫职工劳动罪，非法搜查罪，非法侵入住宅罪。

第四，侵犯人格、名誉的犯罪。包括：侮辱罪，诽谤罪。

第五，破坏民族平等、宗教信仰的犯罪。包括：煽动民族仇恨、民族歧视罪，出版歧视、侮辱少数民族作品罪，非法剥夺公民宗教信仰自由罪，侵犯少数民族风俗习惯罪。

第六，侵犯民主权利的犯罪。包括：侵犯通信自由罪，私自开拆、隐匿、毁弃邮件、电报罪，报复陷害罪，打击报复会计、统计人员罪，破坏选举罪。

第七，妨害婚姻家庭权利的犯罪。包括：暴力干涉婚姻自由罪，重婚罪，破坏军婚罪，虐待罪，遗弃罪，拐骗儿童罪。

5. 侵犯财产罪

侵犯财产罪是指以非法占有为目的攫取公私财物，或者故意毁坏公私财物的行为。本类犯罪包括：

第一，暴力、胁迫、抢夺型的侵犯财产罪。包括：抢劫罪，敲诈勒索罪，抢夺罪，聚众哄抢罪。

第二，盗窃、诈骗型的侵犯财产罪。包括：盗窃罪，诈骗罪。

第三，侵占、挪用型的侵犯财产罪。包括：侵占罪，职务侵占罪，挪用资金罪，挪用特定款物罪。

第四，毁坏、破坏型的侵犯财产罪。包括：故意毁坏财物罪，破坏生产经营罪。

6. 妨害社会管理秩序罪

妨害社会管理秩序罪是指故意妨害国家机关对社会的管理活动，破坏社会秩序，情节严重的行为。本类犯罪包括：

第一，扰乱公共秩序的犯罪。包括：妨害公务罪，煽动暴力抗拒法律实施罪，招摇撞骗罪，伪造、变造、买卖国家机关公文、证件、印章罪，盗窃、抢夺、毁灭国家机关公文、证件、印章罪，伪造公司、企业、事业单位、人民团体印章罪，伪造、变造居民身份证罪，非法生产、买卖警用装备罪，非法获取国家秘密罪，非法持有国家绝密、机密文件、资料、物品罪，非法生产、销售间谍专用器材罪，非法使用窃听、窃照专用器材罪，非法侵入计算机信息系统罪，破坏计算机信息系统罪，扰乱无线电通讯管理秩序罪，聚众扰乱社会秩序罪，聚众冲击国家机关罪，聚众扰乱公共场所秩序、交通秩序罪，聚众斗殴罪，寻衅滋事罪，组织、领导、参加黑社会性质组织罪，入境发展黑社会性质组织罪，包庇、纵容黑社会性质组织罪，传授犯罪方法罪，非法集会、游行、示威罪，非法携带武器、管制刀具、爆炸物参加集会、游行、示威罪，破坏集会、游行、示威罪，侮辱国旗、国徽罪，组织、利用会道门、邪教组织、利用迷信破坏法律实施罪，组织、利用会道门、邪教组织、利用迷信致人死亡罪，聚众淫乱罪，引诱未成年人聚众淫乱罪，盗窃、侮辱尸体罪，赌博罪，故意延误投递邮件罪。

第二，妨害司法的犯罪。包括：伪造罪，辩护人、诉讼代理人毁灭证据、伪造证据、妨害作证罪，帮助毁灭、伪造证据罪，打击报复证人罪，扰乱法庭秩序罪，窝藏罪，包庇罪，拒绝提供间谍犯罪证据罪，窝藏、转移、收购、销售赃物罪，拒不执行判决、裁定罪，非法处置查封、扣押、冻结的财产罪，破坏监管秩序罪，脱逃罪，劫夺被押解人员罪，组织越狱罪，暴动越狱罪，聚众持械劫狱罪。

第三，妨害国（边）境管理的犯罪。包括：组织他人偷越国（边）境罪，骗取出境证件罪，提供伪造、变造的出入境证件罪，出售出入境证件罪，运送他人偷越国（边）境罪，偷越国（边）境罪，破坏界碑、界桩罪，破坏永久性测量标志罪。

第四，妨害文物管理的犯罪。包括：故意损毁文物罪，故意损毁名胜古迹罪，过失损毁文物罪，向外国人私售、私送珍贵文物罪，倒卖文物罪，非法出售、私赠文物藏品罪，盗掘古文化遗址、古墓葬罪，盗掘古人类化石、古脊椎动物化石罪，抢夺、窃取国有档案罪，擅自出卖、转让国有档案罪。

第五，危害公共卫生的犯罪。包括：妨害传染病防治罪，传染病菌种、毒种扩散罪，妨害国境卫生检疫罪，非法组织卖血罪，强迫卖血罪，非法采集、供应血液、制作、供应血液制品罪，采集、供应血液、制作、供应血液制品事故罪，医疗事故罪，非法行医罪，非法进行节育手术罪，逃避动植物检疫罪。

第六，破坏环境资源保护的犯罪。包括：重大环境污染事故罪，非法处置进口的固体废物罪，擅自进口固体废物罪，非法捕捞水产品罪，非法猎捕、杀害珍贵、濒危野生动物罪，非法收购、运输、出售珍贵、濒危野生动物、珍贵、濒危野生动物制品罪，非法狩猎罪，非法占用耕地罪，非法采矿罪，破坏性采矿罪，非法采伐、毁坏珍贵树木罪，盗伐林木罪，滥伐林木罪，非法收购盗伐、滥伐的林木罪。

第七，走私、贩卖、运输、制造毒品的犯罪。包括：走私、贩卖、运输、制造毒品罪，非法持有毒品罪，包庇毒品犯罪分子罪，窝藏、转移、隐瞒毒品、毒赃罪，走私制毒物品罪，非法买卖制毒物品罪，非法种植毒品原植物罪，非法买卖、运输、携带、持有毒品原植物种子、幼苗罪，引诱、教唆、欺骗他人吸毒罪，强迫他人吸毒罪，容留他人吸毒罪，非法提供麻醉药品、精神药品罪。

第八，组织、强迫、引诱、容留、介绍卖淫的犯罪。包括：组织卖淫罪，强迫卖淫罪，协助组织卖淫罪，引诱、容留、介绍卖淫罪，引诱幼女卖淫罪，传播性病罪，嫖宿幼女罪。

第九，制作、贩卖、传播淫秽物品的犯罪。包括：制作、复制、出版、贩卖、传播淫秽物品牟利罪，为他人提供书号出版淫秽书刊罪，传播淫秽物品罪，组织播放淫秽音像制品罪，组织淫秽表演罪。

7. 危害国防利益罪

危害国防利益罪是指危害作战和军事行动，危害国防建设，危害国防管理秩序，拒绝或者逃避履行国防义务的行为。本类犯罪包括：

第一，平时和战时均可构成的危害国防利益罪。包括：阻碍军人执行职务罪，阻碍军事行动罪，破坏武器装备、军事设施、军事通信罪，故意提供不合格武器装备、军事设施罪，过失提供不合格武器装备、军事设施罪，聚众冲击军事禁区罪，聚众扰乱军事管理区秩序罪，冒充军人招摇撞骗罪，煽动军人逃离部队罪，雇用逃离部队军人罪，接送不合格兵员罪，伪造、变造、买卖武装部队公文、证件、印章罪、盗窃、抢夺武装部队公文、证件、印章罪，非法生产、买卖军用标志罪。

第二，战时特有的危害国防利益罪。包括：逃避征召、军事训练罪，战时拒绝、逃避服役罪，战时故意提供虚假敌情罪，战时造谣扰乱军心罪，战时窝藏逃离部队军人罪，战时拒绝、故意延误军事订货罪，战时拒绝军事征用罪。

8. 贪污贿赂罪

贪污贿赂罪是指国家工作人员利用职务上的便利贪污、受贿，或者拥有不能说明与其合法收入差额巨大的财产或者支出的合法来源，或者挪用公款、私分国有财产或罚没财物，以及行贿、介绍贿赂的行为。本类犯罪包括：

第一，贪污、挪用的犯罪。包括：贪污罪，挪用公款罪，私分国有资产罪，私分罚没财物罪，巨额财产来源不明罪，隐瞒境外存款罪。

第二，贿赂犯罪。包括：受贿罪，单位受贿罪，行贿罪，对单位行贿罪，单位行贿罪，介绍贿赂罪。

9. 渎职罪

渎职罪是指国家机关工作人员滥用职权、玩忽职守或者徇私舞弊，妨害国家机关的正常活动，致使公共财产或者国家和人民利益遭受重大损失的行为。本类犯罪包括：

第一，一般国家机关工作人员的渎职罪。包括：滥用职权罪，玩忽职守罪，徇私舞弊罪，故意泄露国家秘密罪，过失泄露国家秘密罪，签订、履行合同失职被骗罪，非法批准征用、占用土地罪，非法低价出让国有土地使用权罪，招收公务员、学生徇私舞弊罪，失职造成珍贵文物损毁、流失罪。

第二，司法工作人员的渎职罪。包括：枉法追诉、裁判罪，民事、行政枉法裁判罪，私放在押人员罪，失职致使在押人员脱逃罪，徇私舞弊减刑、假释、暂予监外执行罪。

第三，特定部门工作人员的渎职罪。包括：徇私舞弊不移交刑事案件罪，滥用管理公司、证券职权罪，徇私舞弊不征、少征税款罪，徇私舞弊发售发票、抵扣税款、出口退税罪，违法提供出口退税凭证罪，违法发放林木采伐许可证罪，环境监管失职罪，传染病防治失职罪，放纵走私罪，商检徇私舞弊罪，商检失职罪，动植物检疫徇私舞弊罪，动植物检疫失职罪，放纵制售伪劣商品犯罪行为罪，办理偷越国（边）境人员出入境证件罪，放行偷越国（边）境人员罪，不解救被拐卖、绑架妇女、儿童罪，阻碍解救被拐卖、绑架妇女、儿童罪，帮助犯罪分子逃避处罚罪。

10. 军人违反职责罪

军人违反职责罪是指中国人民解放军的现役军人、执行军事任务的预备役人员以及执行军事任务的其他人员违反职责，危害国家军事利益，依照法律应受刑事处罚的行为。本类犯罪包括：

第一，危害国防安全的犯罪。包括：投降罪，军人叛逃罪，为境外窃取、刺探、收买、非法提供军事秘密罪。

第二，妨害作战秩序的犯罪。包括：战时违抗命令罪，隐瞒、谎报军情罪，拒传、假传军令罪，战时临阵脱逃罪，违令作战消极罪，拒不救援友邻部队罪，战时造谣惑众罪，战时自伤罪，遗弃伤病军人罪，战时拒不救治伤病军人罪，战时残害居民、掠夺居民财物罪，私放俘虏罪，虐待俘虏罪。

第三，危害军事秘密安全的犯罪。包括：非法获取军事秘密罪，故意泄露军事秘密罪，过失泄露军事秘密罪。

第四，危害部队战斗力物质基础的犯罪。包括：武器装备肇事罪，擅自改变武器装备编配用途罪，盗窃、抢夺武器装备、军用物资罪，非法出卖、转让武器装备罪，遗弃武器装备罪，遗失武器装备罪，擅自出卖、转让军队房地产罪。

第五，妨害部队管理秩序的犯罪。包括：擅离、玩忽军事职守罪，阻碍执行军事职务罪，指使部属违反职责罪，逃离部队罪，虐待部属罪。

第三节　刑罚的一般理论

一、刑罚的概念和目的

（一）刑罚的概念

刑罚是审判机关以国家的名义对犯罪分子实行惩罚的一种强制方法。

我国是人民民主专政的社会主义国家，我国的刑罚是人民法院代表国家，依照刑法的规定，对犯罪分子实行惩罚的强制方法。它反映工人阶级和广大人民群众的意志和利益，是打击犯罪，保护人民，保障改革开放和社会主义现代化建设的有力武器。

刑罚作为国家强制方法的一种，同其他各种强制方法，如纪律性的强制方法，行政性的强制方法，诉讼程序中的强制方法等，有着重大区别。刑罚具有下列三个不同于其他强制方法的特征：

第一，刑罚是一种最严厉的强制方法。它不仅可以剥夺被判刑罚人的政治权利、财产权利和人身自由，甚至可以剥夺其生命。刑罚的强制性的严厉程度，是其他任何强制方法所不及的。

第二，刑罚只能对犯罪分子适用。对于只有一般违法行为而没有构成犯罪的人，不能适用刑罚。

第三，刑罚只能由人民法院代表国家依法判处。其他任何国家机关、团体、个人，都无权适用刑罚。

（二）刑罚的目的

刑罚的目的是指人民法院代表国家对犯罪分子适用刑罚所希望收到的效果。刑罚本身虽然具有惩罚的性质，但是社会主义国家对犯罪分子适用刑罚，并非为惩罚而惩罚，而是从无产阶级改造社会、改造人类的历史使命出发，寓教于罚，罚教结合，以达到预防犯罪、减少犯罪并最终消灭犯罪的目的。

预防犯罪包括特殊预防和一般预防两个方面。

特殊预防是指预防犯罪分子本人重新犯罪，亦即通过适用刑罚，对犯罪分子进行教育和改造，使之改恶从善，不再危害社会，至于对极少数罪大恶极不堪改造的犯罪分子适用死刑，使之无法继续危害社会，也是一种特殊预防，不过这在整个的特殊预防中只占极小的比例。

一般预防是指通过惩罚犯罪，警戒社会上的不稳定分子，防止他们走上犯罪的道路。同时，通过适用刑罚，还可以提高人民群众的警惕性和维护社会主义法制的自觉性，鼓舞他们同各种犯罪行为进行斗争，形成预防犯罪的广泛的社会力量。

特殊预防和一般预防是密切结合、相辅相成而不可偏废的。人民法院对每一个犯罪分子适用刑罚，都是既为了达到特殊预防的目的，也为了达到一般预防的目的，忽视或者片面强调其中任何一个方面都是错误的。

二、我国刑罚的体系和种类

（一）我国刑罚的体系

刑罚体系是指刑法所规定的并按一定次序排列起来的各种刑罚方法的总和。刑罚的体系是由国家的性质决定的，不同性质的国家，有着不同的刑罚体系。我国的刑罚体系，是由我国社会主义的国家性质决定的，也是在总结运用刑罚同犯罪进行斗争的经验的基础上确定的。

根据刑法的规定，我国的刑罚分为主刑和附加刑两大类。主刑有管制、拘役、有期徒刑、无期徒刑、死刑五种。附加刑有罚金、剥夺政治权利、没收财产三种。刑法还规定，对于犯罪的外国人，可以独立适用或者附加适用驱逐出境。

（二）主刑

主刑是指对犯罪分子适用的主要刑罚方法。主刑只能独立适用，不能附加适用。对于犯了某一罪行的犯罪分子，只能适用一个主刑，不能同时适用两个主刑，也不能在独立适用附加刑时再附加适用主刑。

1. 管制

管制是对犯罪分子不实行关押，但是限制其一定的自由，交由公安机关管束和监督的刑罚。

管制是我国在同犯罪作斗争中创立的一个独特的刑种，它适用于罪行较轻，不需要关押的犯罪分子。管制由人民法院判决，公安机关执行。管制的期限为 3 个月以上 2 年以下，数罪并罚时最高不能超过 3 年。管制的刑期，从判决执行之日起计算；判决执行以前先行羁押的，羁押 1 日折抵刑期 2 日。

被判处管制的犯罪分子，在执行期间，应当遵守法律、行政法规，服从监督；未经执行机关批准，不得行使言论、出版、集会、结社、游行、示威自由的权利；应当按照执行机关的规定报告自己的活动情况；应当遵守执行机关关于会客的规定；如果离开所居住的市、县或者迁居，应当报经执行机关批准。

对于被判处管制的犯罪分子，在劳动中应当实行同工同酬。执行期满，执行机关应即向本人和其所在单位或者居住地的群众宣布解除管制。

2. 拘役

拘役是剥夺犯罪分子短期的人身自由的刑罚。

拘役适用于罪行较轻而又需要短期关押的犯罪分子。拘役的期限为1个月以上6个月以下，数罪并罚的时候最高不能超过1年。拘役的刑期，从判决执行之日起计算；判决执行以前先行羁押的，羁押1日折抵刑期1日。

被判处拘役的犯罪分子，由公安机关就近执行；在执行期间，每月可以回家1天至2天，参加劳动的，可以酌量发给报酬。

3. 有期徒刑

有期徒刑是剥夺犯罪分子一定期限的人身自由，实行劳动改造的刑罚。

有期徒刑的期限为6个月以上15年以下，数罪并罚的时候最高不能超过20年。有期徒刑的刑期，从判决执行之日起计算；判决执行以前先行羁押的，羁押1日折抵刑期1日。

被判处有期徒刑的犯罪分子，在监狱或者其他执行场所执行，凡有劳动能力的，都应当参加劳动，接受教育和改造。

有期徒刑和拘役虽然都是剥夺犯罪分子人身自由的刑罚，但二者有下列区别：(1)适用对象不同。有期徒刑主要适用于罪行较重的犯罪分子，拘役只能适用于罪行较轻的犯罪分子。(2)期限不同。有期徒刑的刑期长，起点高，幅度大；拘役的刑期短，起点低，幅度小。(3)执行场所不同。有期徒刑在监狱或其他执行场所执行，拘役由公安机关就近执行。(4)执行期间待遇不同。被判处有期徒刑的犯罪分子，凡有劳动能力的，一律实行无偿的劳动改造；被判处拘役的犯罪分子，每月可以回家1至2天，参加劳动的可以酌量发给报酬。(5)法律后果不同。被判处有期徒刑的犯罪分子，刑罚执行完毕或者赦免以后，在5年以内再犯应当判处有期徒刑以上刑罚的罪，可能构成累犯；被判处拘役的犯罪分子，刑罚执行完毕以后再犯新罪，一般不构成累犯（危害国家安全累犯除外）。

4. 无期徒刑

无期徒刑是剥夺犯罪分子终身自由，实行劳动改造的刑罚。

无期徒刑是仅次于死刑的重刑，适用于罪行特别严重但还不需要判处死刑的犯罪分子。对于判处无期徒刑的犯罪分子，均应附加剥夺政治权利终身。

被判处无期徒刑的犯罪分子，在监狱或者其他执行场所执行，凡有劳动能力的，都应当参加劳动，接受教育和改造。在执行期间，犯罪分子如果认罪服法，遵守监规，接受教育和改造，确有悔改或者立功表现，可以依法获得减刑或者假释。在社会主义制度下，给予判处无期徒刑的犯罪分子以自新之路。

5. 死刑

死刑是剥夺犯罪分子生命的刑罚。

死刑是刑罚中最严厉的惩罚方法。从我国的实际情况出发，保留死刑是完全必要的，但是对死刑的适用必须持非常严肃、非常谨慎的态度。我国刑法为了贯彻少杀的政策，对死刑的适用作了严格的限制性规定，其主要表现为：

第一，对适用死刑的法定情节作了严格规定。在我国，死刑只适用于罪行极其严重的犯罪分子。

第二，对适用死刑的犯罪主体作了限制。刑法规定，犯罪的时候不满18周岁的人和审判的时候怀孕的妇女，不适用死刑。

第三，在刑事审判程序中，规定了死刑复核制度。

第四，规定了“死缓”制度。“死缓”是死刑缓期执行的简称，即对于应当判处死刑但非必须立即执行的犯罪分子，可以判处死刑同时宣告缓期2年执行。判处死刑缓期执行的，在死刑缓期执行期间，如果没有故意犯罪，2年期满以后，减为无期徒刑；如果确有重大立功表现，2年期满以后，减为15年以上20年以下有期徒刑。如果故意犯罪，查证属实的，由最高人民法院核准，执行死刑。死缓不是一个独立的刑种，而是执行死刑的一种制度。这一制度鲜明地体现出了社会主义人道主义精神，是我国刑罚制度中的一个创举。

近几年来，一些地方先后发现个别刑事重大冤错案件。为了切实把好死刑案件的事实关、证据关、程序关、适用法律关，最高人民法院、最高人民检察院、公安部、司法部于2007年3月11日联合出台《关于进一步严格依法办案确保办理死刑案件质量的意见》，提出了办理死刑案件应当遵循的五项原则，即做到五个坚持。一是坚持惩办犯罪与保障人权相结合；二是坚持保留死刑，严格控制和慎重适用死刑；三是坚持程序公正与实体公正并重，保障犯罪嫌疑人、被告人的合法权利；四是坚持证据裁判原则，重证据，不轻信口供；五是坚持宽严相济的刑事政策。亦即：既惩犯罪又保护人权；保留死刑慎重适用；保障疑犯诉讼权利；仅凭口供不能定罪；重罪重判轻罪轻判。

（三）附加刑

附加刑是指既能独立适用也能附加于主刑而适用的刑罚方法。在附加适用时，可以同时适用2个以上的附加刑。

1. 罚金

罚金是强制犯罪分子或者犯罪的单位向国家缴纳一定数额金钱的刑罚。

罚金主要适用于贪财图利或者与财产有关的犯罪，但也可以适用于某些妨害社会管理秩序的犯罪，如妨害公务罪、国境卫生检疫罪等。对犯罪分子判处罚金，可以附加适用，也可以单独适用。单独适用只限于罪行较轻，刑法分则规定可以单独判处罚金的犯罪；刑法分则规定附加适用的，不得单独适用。

对犯罪的单位判处罚金，只能单独适用，不能附加适用。但是单位犯罪的，除了对单位判处罚金，还要对其直接负责的主管人员和其他直接责任人员判处刑罚。

判处罚金，应当根据犯罪情节决定罚金数额，在判决指定的期限内一次或者分期缴纳。期满不缴纳的，强制缴纳。对于不能全部缴纳罚金的，人民法院在任何时候发现被执行人有可以执行的财产，应当随时追缴。如果由于遭遇不能抗拒的灾祸缴纳确实有困难的，可以酌情减少或者免除。

由于其犯罪行为使被害人遭受经济损失，应当承担民事赔偿责任的犯罪分子，同时被判处罚金的，应当先承担对被害人的民事赔偿责任。

2. 剥夺政治权利

剥夺政治权利是剥夺犯罪分子参加国家管理和政治活动权利的刑罚。

剥夺政治权利的内容，包括剥夺下列权利：（1）选举权和被选举权；（2）言论、出版、集会、结社、游行、示威自由的权利；（3）担任国家机关职务的权利；（4）担任国有公司、企业、事业单位和人民团体领导职务的权利。

剥夺政治权利可以附加适用，也可以单独适用。对于危害国家安全的犯罪分子以及被判处死刑或无期徒刑的犯罪分子，应当附加剥夺政治权利；对于故意杀人、强奸、放火、爆炸、投毒、抢劫等严重破坏社会秩序的犯罪分子，可以附加剥夺政治权利。单独判处剥夺政治权利，以刑法分则规定该种犯罪可以单独判处剥夺政治权利的为限。

单独判处剥夺政治权利的，或者判处有期徒刑、拘役附加剥夺政治权利的，剥夺政治权利的期限为1年以上5年以下。判处管制附加剥夺政治权利的，剥夺政治权利的期限与管制的期限相等，同时执行。被判处死刑、无期徒刑的犯罪分子，应当剥夺政治权利终身。死刑缓期执行减为有期徒刑的或者无期徒刑减为有期徒刑的，应把附加剥夺政治权利的期限改为3年以上10年以下。判处有期徒刑、拘役附加剥夺政治权利的刑期，从有期徒刑、拘役执行完毕之日或者从假释之日起计算；剥夺政治权利的效力当然施用于主刑执行期间。

被剥夺政治权利的犯罪分子，在执行期间，应当遵守法律、行政法规和国务院公安部门有关监督管理的规定，服从监督；不得行使被剥夺的各项政治权利。

3. 没收财产

没收财产是将犯罪分子个人所有的财产的一部或者全部强制无偿地收归国有的刑罚，主要适用于危害国家安全罪和情节严重的贪财图利的犯罪。

没收财产只限于没收犯罪分子个人所有的财产。属于犯罪分子家属所有或者应有的财产，不得没收。没收犯罪分子全部财产的，应当对犯罪分子个人及其扶养的家属保留必需的生活费用。由于其犯罪行为使被害人遭受经济损失，应当承担民事赔偿责任的犯罪分子，同时被判处没收财产的，应当先承担对被害人的民事赔偿责任。没收财产以前犯罪分子所负的正当债务，需要以没收的财产偿还的，经债权人请求，应当偿还。

没收财产和罚金适用于犯罪分子时，虽然都是对其财产的剥夺，但是二者有下列区别：(1) 罚金是剥夺犯罪分子一定数额的金钱，这些金钱不一定是犯罪分子现实所有；没收财产是剥夺犯罪分子个人现有的财产，如房屋、家具、存款等。(2) 罚金可以分期缴纳。没收财产是一次没收犯罪分子个人所有财产的一部或全部，不存在分期没收的问题。

没收财产不同于没收犯罪物品。没收财产是一种刑罚，没收犯罪物品则是强制措施而非刑罚。

4. 驱逐出境

驱逐出境是强迫犯罪的外国人离开中国国（边）境的刑罚。它只适用于犯罪的外国人，包括具有外国国籍的人和无国籍的人，可以独立适用，也可以附加适用。驱逐出境虽然是附加刑，但其适用并不具有普遍性，因而未被列入我国刑罚体系之中。

刑法中规定的驱逐出境不同于外国人入境出境管理法中规定的驱逐出境，也不同于治安管理处罚法中规定的附加适用限期出境或者驱逐出境。刑法中规定的驱逐出境是一种刑罚，适用于在我国境内犯罪的外国人；外国人入境出境管理法中规定的驱逐出境和治安管理处罚法中规定的限期出境或者驱逐出境则是一种行政处罚，适用于违反入境出境管理规定的外国人或者违反治安管理的外国人。

(四) 非刑罚的处理方法

刑法中所规定的非刑罚的处理方法，包括以下三种：

第一，判处刑事损害赔偿。由于犯罪行为而使被害人遭受经济损失的，对犯罪分子除依法给予刑事处罚外，并应根据情况判处赔偿经济损失。

第二，采取刑事教育措施。对于犯罪情节轻微不需要判处刑罚的，可以免予刑事处罚，但可以根据案件的不同情况，予以训诫或者责令具结悔过、赔礼道歉、赔偿损失。

第三，提出由主管部门予以行政处罚或者行政处分的司法建议。

非刑罚的处理方法是人民法院了结案件的一种处理方法，不是刑种，不具有刑罚的性质。但它又是对刑罚的必要补充，正确使用非刑罚的处理方法，会有助于对犯罪的预防。

三、刑罚的具体运用

(一) 量刑

1. 量刑的概念和一般原则

量刑是指人民法院对犯罪分子依法裁量应当判处的刑罚的审判活动。

正确量刑必须以一定的原则为指导。刑法规定："对于犯罪分子决定刑罚的时候，应当根据犯罪的事实、犯罪的性质、情节和对于社会的危害程度，依照本法的有关规定判处。"这一规定表明，量刑必须遵循以下两项原则：

第一，以犯罪事实为根据。

犯罪事实是指犯罪的一切实际情况，包括犯罪的基本事实、犯罪的性质、犯罪的情节和犯罪对社会的危害程度。犯罪事实是依法定罪量刑的客观基础，如果弄不清犯罪事实，则既谈不上正确定罪，也谈不上正确量刑。

犯罪的基本事实是指犯罪构成要件所包括的事实，它是犯罪事实中最重要的因素。只有查明具有犯罪的基本事实，才能认定构成犯罪，从而才能对构成犯罪的被告人正确地适用刑罚。

犯罪的性质是指犯的是什么罪，具备哪种罪的犯罪构成，应定什么罪名。犯罪的性质不同，法定刑也就不同。如果对案件定性不准，必然导致量刑不当。

犯罪的情节是指犯罪的基本事实以外的对犯罪的社会危害程度有直接影响的各种具体情况。同一性质的犯罪，由于犯罪的情节不同，其社会危害程度也有差异，因而处刑有轻有重。

犯罪对社会的危害程度是指犯罪行为对社会造成或者可能造成损害的大小。社会危害性是犯罪最本质的特征，因而行为的社会危害程度是区分罪与非罪、重罪与轻罪，从而决定是否判刑以及判刑轻重的主要依据。

第二，以刑法为准绳。

审判人员在量刑时必须以刑法为准绳，是社会主义法制对刑事审判工作的要求。

量刑时要作到以刑法为准绳，必须作到以下几点：（1）必须严格遵守刑法的各项基本原则及刑法关于刑事责任和刑罚制度的各种规定。如，刑法没有明文规定为犯罪行为的，不得定罪处刑；对任何人犯罪，在适用刑法上必须一律平等；对于不满 14 周岁的人不得追究刑事责任，对于犯罪时不满 18 周岁的人不得适用死刑等。（2）必须严格遵守刑法关于具体犯罪处刑的规定。除了刑法有特殊规定者外，不得超越法定刑的限度。（3）必须严格遵守刑法关于从重、从轻、减轻以及免除处罚的规定，据以决定刑罚的轻重和是否免除处罚。（4）必须严格遵守刑法关于处理犯罪物品的规定。犯罪分子违法所得的一切财物，应当予以追缴或者责令退赔；对被害人的合法财产，应当及时返还；违禁品和供犯罪所用的本人财物，应当予以没收。没收的财物和罚金，一律上缴国库，不得挪用和自行处理。

2. 量刑的情节

量刑情节是指人民法院在量刑时据以决定处刑轻重或者免除处罚的各种情况。以是否由法律规定为标准，量刑情节可分为法定情节和酌定情节两种。

法定情节是指法律明文规定在量刑时必须予以考虑的情节，包括从重、从轻、减轻和免除处罚等情节。从重处罚是指在法定刑的限度内，适用较重的刑罚（较重的刑种或者较长的刑期）。从轻处罚是指在法定刑的限度内，适用较轻的刑罚（较轻的刑种或者较短的刑期）。减轻处罚是指判处低于法定刑的刑罚，可以是低于法定刑的刑期，也可以是低于法定刑的刑种。免除处罚是指对于犯罪分子宣告有罪而免除其刑罚。在刑法总则和刑法分则中，都有法定情节的规定。

酌定情节是人民法院在量刑时根据不同的案情斟酌予以考虑的情节。由于具体案件的情况千差万别，除了法定的量刑情节之外，还有许多方面的情节是人民法院裁量刑罚时必须考虑的，因而酌定情节是法定情节的必要补充。在审判实践中，常见的酌定情节主要有：犯罪的动机，犯罪的手段，犯罪的时间、地点，犯罪造成的损害结果，犯罪侵害的对象，犯罪分子的一贯表现，犯罪后的态度，等等。人民法院根据酌定情节进行量刑，不得超越法定刑的限度。但是刑法规定，犯罪分子虽然不具有法定的减轻处罚情节，但是根据案件的特殊情况，经最高人民法院核准，也可以在法定刑以下判处刑罚。

3. 累犯、自首和立功

在从重处罚、从轻处罚、减轻处罚、免除处罚等法定情节中，累犯、自首和立功是审判实践中常见的三种情况。

累犯是指因犯罪受过一定刑罚处罚，在刑罚执行完毕或者赦免以后，在法定期限内又犯一定之罪的犯罪分子。

累犯有一般累犯和危害国家安全累犯之分。一般累犯是指因故意犯罪被判处有期徒刑以上刑罚，刑罚执行完毕或者赦免以后，在5年内又出于故意而犯应当判处有期徒刑以上的刑罚的犯罪分子。危害国家安全累犯是指因犯危害国家安全罪被判处刑罚，在刑罚执行完毕或者赦免以后，在任何时候再犯危害国家安全罪的犯罪分子。

累犯的主观恶性较深，对社会的危害性也较大，因而刑法规定，对于累犯，应当从重处罚。

自首是指犯罪以后自动投案并且如实供述自己的罪行。被采取强制措施的犯罪嫌疑人、被告人和正在服刑的罪犯，虽非自动投案，但是他们如果如实地供述了司法机关还未掌握的本人其他罪行，对于此种供述，也视为自首。

自首是犯罪分子改恶从善、悔罪自新的具体表现，因而刑法规定：对于自首的犯罪分子，可以从轻或者减轻处罚；其中，犯罪较轻的，可以免除处罚。

为了鼓励犯罪分子带罪立功，刑法还规定：犯罪分子有揭发他人犯罪行为，查证属实的，或者提供重要线索，从而得以侦破其他案件等立功表现的，可以从轻或者减轻处罚；有重大立功表现的，可以减轻或者免除处罚。犯罪后自首又有重大立功表现的，应当减轻或者免除处罚。

（二）数罪并罚

数罪并罚是指一人犯有数罪，人民法院对其所犯的各罪分别定罪量刑后，依照法定的原则，决定应当执行的刑罚。

一人犯有数罪是数罪并罚的前提。区分一罪与数罪，应当以犯罪构成的个数为标准。行为人出于一个故意或过失，实施了一个犯罪行为，符合一个犯罪构成的，就是一罪。行为人出于数个故意或过失，实施了数个犯罪行为，符合数个犯罪构成的，就是数罪。

根据刑法的规定，数罪并罚有下列三种情况：

第一，判决宣告以前，一人犯数罪的并罚。根据刑法第 69 条的规定，对于判决宣告以前一人犯数罪的，应当分别情况，按照下列原则处理：（1）判处死刑、无期徒刑的数罪并罚，实行吸收原则。即：数罪中判处几个死刑或者几个无期徒刑的，采取一个最重的主刑执行，其他的主刑不再执行。（2）判处有期徒刑、拘役或者管制的数罪并罚，实行限制加重原则。即：在数刑的总和刑期以下、数刑中最高刑期以上，酌情决定执行的刑期，但是管制最高不能超过 3 年，拘役最高不能超过 1 年，有期徒刑最高不能超过 20 年。例如，某犯在判决前犯有三罪，所判刑罚分别为有期徒刑 10 年、8 年、5 年，数刑的总和刑期为 23 年，数刑中的最高刑期为 10 年，人民法院应当在 20 年以下 10 年以上酌情决定执行的刑期。（3）判处附加刑的数罪并罚，实行相加原则。即：除了主刑之外，附加刑都必须执行。

第二，判决宣告以后发现判决前的漏罪的并罚。根据刑法第 70 条的规定，如果在判决宣告以后，刑罚没有执行完毕以前，发现被判刑的犯罪分子在判决宣告以前还有其他罪没有判决的，应当对新发现的罪作出判决，把前后两个判决所判处的刑罚，依照刑法第 69 条的规定，规定执行的刑罚。已经执行的刑期，应当计算在新判决决定的刑期以内。

第三，刑罚执行过程中又犯新罪的并罚。根据刑法第 71 条的规定，如果在判决宣告以后，刑罚还没有执行完毕以前，被判刑的犯罪分子又犯罪的，应当对新犯的罪作出判决，把前罪没有执行的刑罚和后罪所判处的刑罚，依照刑法第 69 条的规定，决定执行的刑罚。

有些犯罪行为，表面上是数罪，而实质上是一罪；或者虽是数罪，但因我国刑法另有规定，不按数罪并罚原则处理。这些情况都不适用数罪并罚。不适用数罪并罚的犯罪主要有：继续犯（犯罪行为在一较长时间内处于继续状态的犯罪）、想像的数罪（一个行为触犯数个罪名的犯罪）、惯犯（以某种犯罪为常业，或者以犯罪所得为其主要生活来源或腐化生活来源）或者犯罪已成习性，在较长时间内反复实施某种危害社会的行为的犯罪）、结合犯（数个独立的犯罪行为，依据我国刑法的规定而结合成为一个犯罪）、连续犯（犯罪分子出于同一的或者概括的犯罪故意，连续实施同一性质的行为并触犯同一罪名）、牵连犯（实施一个犯罪，其犯罪方法或者结果触犯其他罪名）、吸收犯（事实上有数个罪名不同的犯罪行为，其中一个犯罪行为吸收了其他的犯罪行为）等。

（三）缓刑、减刑、假释

缓刑、减刑和假释这三种关于刑罚执行的制度，都是我国惩办与宽大相结合，惩罚与教育相结合的刑事政策的具体体现。正确运用这些制度，对于鼓励犯罪分子悔罪自新，达到刑罚的特殊预防和一般预防的目的，具有积极的作用。

1. 缓刑

缓刑是对罪行较小、处刑较轻并且不是累犯的犯罪分子，在一定条件下暂缓其刑罚的执行，给予一定的考验期限，在此期限内如果无新罪、无漏罪、无情节严重的违法违规行为，就不再执行原判刑罚的制度。

刑法第72条第1款规定："对于被判处拘役、三年以下有期徒刑的犯罪分子，根据犯罪分子的犯罪情节和悔罪表现，适用缓刑确实不致再危害社会的，可以宣告缓刑。"第74条规定："对于累犯，不适用缓刑。"

最高人民法院《关于审理未成年人刑事案件具体应用法律若干问题的解释》（2006年1月23日起施行）中对于我国缓刑制度的适用，作了扩充性的解释，除"可以宣告缓刑"的情形外，还增加了"应当宣告缓刑"的情形。该解释规定："对未成年罪犯符合刑法第72条第1款规定的，可以宣告缓刑。如果同时具有下列情形之一，对其适用缓刑确实不致再危害社会的，应当宣告缓刑：（1）初次犯罪；（2）积极退赃或赔偿被害人经济损失；（3）具备监护、帮教条件。"

人民法院在对犯罪分子宣告缓刑时，必须同时确定缓刑的考验期限。拘役的缓刑考验期限为原判刑期以上1年以下，但是不能少于2个月；有期徒刑的缓刑考验期限为原判刑期以上5年以下，但是不能少于1年。缓刑的考验期限，从判决确定之日起计算。但是，被宣告缓刑的犯罪分子如果被判处有附加刑，附加刑仍须执行。

被宣告缓刑的犯罪分子，应当遵守法律和行政法规，服从监督；应当按照考察机关的规定报告自己的活动情况；应当遵守考察机关关于会客的规定；如果离开所居住的市、县或者迁居，应当报经考察机关批准。

被宣告缓刑的犯罪分子，在缓刑考验期限内，由公安机关考察，所在单位或者基层组织予以配合。在此期限内，如犯新罪或被发现判决宣告以前还有其他罪没有判决的，应当撤销缓刑，对新犯的罪或者新发现的罪作出判决，把前罪和后罪所判处的刑罚，依照刑法第69条的规定，决定执行的刑罚；如有违反法律、行政法规或者国务院公安部门有关缓刑的监督管理规定，情节严重的行为，应当撤销缓刑，执行原判刑罚；如无新罪、漏罪及情节严重的违法违规行为，缓刑考验期满，原判的刑罚就不再执行，并公开予以宣告。

2. 减刑

减刑是对在服刑期间确有悔改或立功表现的犯罪分子，经过法定程序将其原判刑罚予以适当减轻的制度。

依照刑法的规定，适用减刑应当符合以下条件：

第一，减刑适用于被判处管制、拘役、有期徒刑、无期徒刑而在执行期间确有悔改或者立功表现的犯罪分子。犯罪分子在执行期间如果认真遵守监视，接受教育改造，确有悔改表现的，或者有立功表现的，可以减刑；有下列重大立功表现之一的，应当减刑：(1) 阻止他人重大犯罪活动的；(2) 检举监狱内外重大犯罪活动，经查证属实的；(3) 有发明创造或者重大技术革新的；(4) 在日常生产、生活中舍己救人的；(5) 在抗御自然灾害或者排除重大事故中有突出表现的；(6) 对国家和社会有其他重大贡献的。

第二，减刑必须有一定的限度。减刑以后实际执行的刑期，判处管制、拘役、有期徒刑的，不能少于原判刑期的1/2；判处无期徒刑的，不能少于10年。

第三，减刑必须经过法定程序。对于犯罪分子的减刑，由执行机关向中级以上人民法院提出减刑建议书，人民法院应当组成合议庭进行审理，对确有悔改或者立功事实的，裁定予以减刑。非经法定程序不得减刑。

3. 假释

假释是对被判处有期徒刑或者无期徒刑的犯罪分子，在执行一定刑期之后，如果确有悔改表现，假释后不致再危害社会，附有条件地予以提前释放的制度。

依照刑法的规定，适用假释应当符合以下条件：

第一，只适用于被判处有期徒刑或者无期徒刑，已经执行了一定刑期的犯罪分子，被判处有期徒刑的，必须是已经执行了原判刑期的1/2以上；被判处无期徒刑的，必须是已经实际执行了10年以上。但是如有特殊情况，经最高人民法院核准，可以不受上述执行刑期的限制。

第二，只适用于在服刑期间确有悔改表现，假释后不致再危害社会的犯罪分子。

第三，假释必须经过法定程序，非经法定程序不得假释。假释的法定程序与减刑相同。

第四，对累犯以及因杀人、爆炸、抢劫、强奸、绑架等暴力性犯罪被判处10年以上有期徒刑、无期徒刑的犯罪分子，不得假释。

假释是有条件地提前释放，因而在决定假释时必须同时宣布假释的考验期限。有期徒刑的假释考验期限，为没有执行完毕的刑期；无期徒刑的假释考验期限，为10年。假释考验期限从假释之日起计算。被假释的犯罪分子，在假释考验期限内，由公安机关予以监督。

被宣告假释的犯罪分子，应当遵守法律和行政法规，服从监督；应当按照监督机关的规定报告自己的活动情况；应当遵守监督机关关于会客的规定；如果离开所居住的市、县或者迁居，应当报经监督机关批准。

被假释的犯罪分子，在假释考验期限内如犯新罪，应当撤销假释，依照刑法第71条的规定实行数罪并罚；如被发现在判决宣告以前还有其他罪没有判决的，应当撤销假释，依照刑法第70条的规定实行数罪并罚；如有违反法律、行政法规或者国务院公安部门有关假释的监督管理规定的行为而尚未构成新的犯罪的，应当依照法定程序撤销假释，收监执行未执行完毕的刑罚；如无以上三种情形，假释考验期满，就认为原判刑罚已经执行完毕，并公开予以宣告。

（四）时效

在刑法理论上，时效可分为追诉时效和行刑时效。追诉时效是指对犯罪分子追究刑事责任的有效期限，超过法定的追诉期限的，就不再追究犯罪分子的刑事责任。行刑时效又称判决执行时效，是指对被判刑人执行刑罚的有效期限，判处刑罚而未执行，超过法定执行期限的，刑罚就不再执行。在我国，没有行刑时效的规定，我国刑法中的时效，专指追诉时效。

根据刑法第87条的规定，犯罪经过下列期限不再追诉：

第一，法定最高刑为不满5年有期徒刑的，经过5年。

第二，法定最高刑为5年以上不满10年有期徒刑的，经过10年。

第三，法定最高刑为10年以上有期徒刑的，经过15年。

第四，法定最高刑为无期徒刑、死刑的，经过20年。如果20年以后认为必须追诉的，须报请最高人民检察院核准。

上述的追诉期限，都从犯罪之日起计算；犯罪行为有连续或者继续状态的，从犯罪行为终了之日起计算。

上述的追诉期限表明，追诉时效的长短，是同犯罪行为的社会危害性的大小及其法定刑的轻重相适应的。犯罪行为的社会危害性愈大，法定刑愈重，追诉期限就愈长；社会危害性愈小，法定刑愈轻，追诉期限就愈短。

为了防止犯罪分子利用时效制度逃避法律制裁，刑法还规定：在追诉期限以内又犯罪的，前罪追诉的期限从犯后罪之日起计算；在人民检察院、公安机关、国家安全机关立案侦查或者在人民法院受理案件以后，逃避侦查或者审判的，不受追诉期限的限制；被害人在追诉期限内提出控告，人民法院、人民检察院、公安机关应当立案而不予立案的，也不受追诉期限的限制。

对于已经超过追诉时效期限的条件，不应再追究犯罪分子的刑事责任。已经追诉的，应当撤销条件，或者不予起诉，或者终止审判。但是，对于犯罪分子犯罪所得的财物，应当予以追缴或者责令退赔；被害人要求赔偿经济损失的，应按民事法律的有关规定处理。

第四节 几种常见的犯罪及其法定刑

一、故意杀人罪、故意伤害罪

(一) 故意杀人罪

1. 故意杀人罪的概念

故意杀人罪是指故意非法剥夺他人生命的行为。其主要特征是:

第一,侵犯的客体是他人的生命权利。人的生命,始于出生,终于死亡。在我国,脱离母体并能独立呼吸为生命的开始。死亡的标准,是指心跳、脉搏和呼吸的停止;近年来有人主张以大脑机能停止活动即脑死亡为标准,但在司法实践中尚未被普遍采纳。凡是有生命的人,不论其具体情况如何,都受法律保护,都可以成为故意杀人罪的犯罪对象。“溺婴”也是杀人,原则上应构成故意杀人罪,但在处理时应作具体分析。故意堕胎和肢解尸体的行为,不构成故意杀人罪。

第二,在客观方面表现为非法剥夺他人生命的行为。作为的方式和不作为的方式都可以构成本罪。以不作为的方式实施的故意杀人罪,只有对防止他人死亡结果的发生负有特定义务的人才能构成。故意杀人采用什么方法,不影响本罪的构成。但是,如果用放火、爆炸、投毒等危险方法杀人,同时危害公共安全的,应以危害公共安全罪论处。教唆未达刑事责任年龄或者没有刑事责任能力的人去杀害他人的,对教唆犯应当直接以故意杀人罪论处。

第三,主体为一般主体。凡年满 14 周岁的人犯此罪的,都应依法追究刑事责任。

第四,主观方面必须有非法剥夺他人生命的故意,包括直接故意和间接故意,这是本罪区别于过失致人死亡罪、故意伤害致人死亡罪的关键。故意杀人的动机如何,一般不影响定罪,但在量刑时应当适当考虑,区别对待。

2. 认定故意杀人罪应当注意划清的界限

应当注意划清故意杀人与致人自杀的界限。致人自杀的情况比较复杂,应当区别情况,分别处理:(1) 如果行为人的行为并不违法而意外地引起他人自杀,不存在犯罪问题。(2) 如果行为人实施某种犯罪行为从而引起被害人自杀,应当根据其实施的犯罪行为定罪,而将自杀后果作为量刑情节予以考虑。(3) 如果行为人利用暴力、胁迫等手段故意逼使被害人自杀,或者利用被害人的愚昧,故意用封建迷信诱骗被害人自杀,乃是借被害人之手杀死被害人,应当以故意杀人罪论处。

3. 对故意杀人罪的处罚

依照刑法第 232 条的规定,故意杀人的,处死刑、无期徒刑或者 10 年以上有期徒刑;情节较轻的,处 3 年以上 10 年以下有期徒刑。所谓情节较轻,主要是指:

防卫过当的杀人；当场激于义愤的杀人；因受被害人的长期迫害的杀人；基于被害人的请求的杀人，等等。

（二）故意伤害罪

1. 故意伤害罪的概念

故意伤害罪是指故意非法损害他人健康的行为。其主要特征是：

第一，侵犯的客体是他人的健康权利，即他人的身体健康受到损害。这里所说的身体健康受到损害，是指人体组织的完整性受到破坏，或者人体器官的正常机能受到破坏。

第二，在客观方面表现为非法伤害他人身体健康的行为。通常表现为作为的形式，但有时也可以表现为不作为。采用何种方法，不影响本罪的构成。伤害结果呈何种形式（内伤、外伤；肉体伤害、精神伤害等）；对构成本罪没有影响。但是，伤害结果的严重程度，则直接反映伤害行为社会危害性的大小，与量刑有重要关系。根据刑法的规定，伤害行为造成伤害结果的程度分为轻伤、重伤和伤害致人死亡三种情况。

第三，主体一般是已满 16 周岁的人。但是，已满 14 周岁的人故意伤害致人重伤或者死亡的，应当负刑事责任。

第四，主观方面必须有非法伤害他人的故意，包括直接故意和间接故意。这是区别故意伤害致人死亡与故意杀人既遂，故意伤害与故意杀人未遂，故意伤害致人死亡与过失致人死亡，以及故意伤害罪与过失重伤罪的关键。至于出于何种犯罪动机，不影响定罪。

2. 认定故意伤害罪应当注意划清的界限

第一，故意伤害罪与非罪的界限。不使他人人体组织的完整性和人体器官的正常机能受到破坏的一般殴打，或者只是造成轻微伤害的行为，不能定为伤害罪，只能给以批评教育或者行政处罚。

第二，轻伤与重伤的界限。根据刑法第 95 条（即 1979 年刑法第 85 条）的规定，重伤是指有下列情形之一的伤害：（1）使人肢体残废或者毁人容貌的；（2）使人丧失听觉、视觉或者其他器官机能的；（3）其他对于人身健康有重大伤害的。这是对于重伤所定的原则标准，但是内容比较概括。最高人民法院、最高人民检察院、公安部、司法部以本条的规定为根据，1990 年 3 月 29 日联合发布了《人体重伤鉴定标准》，同年 4 月 2 日又联合印发了《人体轻伤鉴定标准（试行）》。这两个标准是我国法医评定轻伤、重伤的统一标准，也是确定伤害程度和适用法律裁量刑罚的基本依据。

第三，故意伤害致人死亡与故意杀人既遂的界限。故意伤害致人死亡是指出于伤害他人的故意，意外地造成了他人死亡，属于故意伤害罪的结果加重犯，与故意杀人罪有原则区别。

第四，故意伤害与故意杀人未遂的界限。二者的区分，应以有无杀人目的为标准。出于杀人的目的，实施杀人的行为，由于犯罪分子意志以外的原因而未造成死亡的，不论是否造成了伤害结果，都应定为故意杀人未遂。

第五，故意伤害致人死亡与过失致人死亡罪的界限。二者的根本区别在于，前者具有伤害他人的故意，而后者完全是由于过失致人死亡，行为人没有任何犯罪的故意。

3. 对故意伤害罪的处罚

依照刑法第234条的规定，故意伤害他人身体的，处3年以下有期徒刑、拘役或者管制；致人重伤的，处3年以上10年以下有期徒刑；致人死亡或者以特别残忍手段致人重伤造成严重残疾的，处10年以上有期徒刑、无期徒刑或者死刑。本法另有规定的，从其规定。

二、抢劫罪、盗窃罪

（一）抢劫罪

1. 抢劫罪的概念

抢劫罪是指以非法占有为目的，以暴力、胁迫或者其他方法，强行劫取公私财物的行为。其主要特征是：

第一，侵犯的客体是复杂客体，即不仅侵犯了公私财产的所有权，同时还侵犯了被害人的人身权利，往往造成人身伤亡。侵犯的对象是属于国家、集体、个人所有的各种财物以及他人的人身。

第二，在客观方面表现为实施对公私财物的所有者、保管者或者守护者当场使用暴力、胁迫或者其他方法，立即抢走财物或者迫使其交出财物的行为。所谓其他方法，是指犯罪分子除了暴力或者胁迫方法之外，采取使被害人不知反抗或者丧失反抗能力的方法（如用酒灌醉等），而当场劫走财物。如果犯罪分子不是使被害人处于不能抗拒的状态，而是利用被害人熟睡或者醉酒的状态而取得其财物，则只能构成盗窃罪，不构成抢劫罪。

第三，主体为一般主体。凡年满14周岁的人犯此罪的，都应依法追究刑事责任。

第四，主观方面必须有直接故意，并且具有将公私财物非法占有的目的。如果行为人只抢回自己被骗走的财物，不具有非法占有他人财物的目的，不构成抢劫罪。

2. 认定抢劫罪应当注意划清的界限

第一，抢劫罪与盗窃罪、诈骗罪、抢夺罪的界限。抢劫罪与后三种罪的主要区别是：就犯罪客体说，抢劫罪的侵犯客体，除了财产所有权外，还有人身权利。在客观方面，采用的犯罪手段不同，侵犯财产的数额要求也不同。盗窃罪是采用秘密窃取的手段，诈骗罪是采用虚构事实或者隐瞒真相的骗取手段，抢夺罪是采用乘人不备公然夺取的手段。这三种罪都要求侵犯的财产“数额较大”作为犯罪构成的必要条件，而刑法没有规定被抢的财物数额作为构成抢劫罪的必要条件。但是，携带凶器抢夺的，应当以抢劫罪论处；犯盗窃、诈骗、抢夺罪，为窝藏赃物、抗拒抓捕或者毁灭罪证而当场使用暴力或者以暴力相威胁的，也应当以抢劫罪论处。

第二，抢劫罪的既遂与未遂的界限。凡是劫取了财物又侵犯了人身权利的，构成既遂。没有劫取财物，也没有造成侵犯人身权利后果的，构成未遂。只抢到了财物而侵犯人身权利轻微，或者没有抢到财物而严重侵犯了公民的人身权利的，都应属于既遂。

3. 对抢劫罪的处罚

依照刑法第 263 条的规定，以暴力、胁迫或者其他方法抢劫公私财物的，处 3 年以上 10 年以下有期徒刑，并处罚金；有下列情形之一的，处 10 年以上有期徒刑、无期徒刑或者死刑，并处罚金或者没收财产：（1）入户抢劫的（入户盗窃，因被发现而当场使用暴力或者以暴力相威胁的行为，应当认定为入户抢劫）；（2）在公共交通工具上抢劫的；（3）抢劫银行或者其他金融机构的；（4）多次抢劫或者抢劫数额巨大的；（5）抢劫致人重伤、死亡的；（6）冒充军警人员抢劫的；（7）持枪抢劫的；（8）抢劫军用物资或者抢险、救灾、救济物资的。

（二）盗窃罪

1. 盗窃罪的概念

盗窃罪是指以非法占有为目的，秘密窃取数额较大的公私财物或者多次窃取公私财物的行为。其主要特征是：

第一，侵犯的客体是公私财物的所有权。侵犯的对象是属于国家、集体或个人所有的各种财物，一般为有体物，但也可以是具有经济价值的可动性的无体物，如电力、煤气等。

第二，在客观方面一般表现为秘密窃取数额较大的公私财物或者多次行窃的行为。所谓秘密窃取，是指行为人采取自以为不被财物所有人、保管人或经手人发觉的方法，暗中非法占有他人财物。所谓数额较大，根据 1991 年 12 月 30 日最高人民法院、最高人民检察院《关于修改盗窃罪数额的通知》，个人盗窃公私财物数额较大，一般可以 300 ~ 500 元为标准；少数经济发展较快的地区，可以 600 元为标准。对于连续盗窃构成犯罪，应依法追诉的，要累计其盗窃数额。

但是，盗窃犯罪行为的表现形式，不以上述为限。根据刑法的规定，以牟利为目的，盗接他人通信线路、复制他人电信码号或者明知是盗接、复制的电信设备、设施而使用的，以盗窃罪论处。

第三，主体为已满 16 周岁的人。

第四，主观方面必须有直接故意，并且具有非法占有的目的。至于是非法占为己有或是非法占为他人所有（包括非法占为集体所有），不影响本罪的成立。因盗接他人通信线路等行为而构成的盗窃罪，须具有牟利的目的。

2. 认定盗窃罪应当注意划清的界限

第一，盗窃罪与非罪的界限。偷窃少量公私财物，尚不够刑事处罚的，属于违反治安管理的行为，不作为犯罪处理。

第二，盗窃罪与盗窃枪支、弹药罪的界限。凡是故意盗窃枪支、弹药的，应按盗窃枪支、弹药罪论处。处果不是故意盗窃枪支、弹药，而是为了偷窃钱财，在偷窃到手的提包内意外地发现了手枪和子弹的，应按盗窃罪论处。如果行为人将此枪、弹隐藏不交，应以私藏枪支、弹药罪论处。

第三，盗窃罪与杀人罪、抢劫罪的界限。在一般情况下，这些界限是清楚的。但是对于偷开汽车的行为应当认定为什么犯罪，则应针对具体情况进行具体分析。以非法占有为目的，将偷开来的汽车变卖或者留用的，应当定为盗窃罪。如果把偷开来的汽车作为杀人或者抢劫的工具，则应认定为杀人罪或抢劫罪。

第四，盗窃既遂与未遂的界限。盗窃行为在什么情况下为既遂，刑法学界主要有六种观点，即：接触说；转移说；藏匿说；控制说；失控说；失控加控制说。诸说之中，以失控加控制说较为恰当。财物已脱离所有人或保管人的控制而为盗窃犯所实际控制，应认为是盗窃既遂。

3. 对盗窃罪的处罚

依照刑法第 264 条的规定，盗窃公私财物，数额较大或者多次盗窃的，处 3 年以下有期徒刑、拘役或者管制，并处或者单处罚金；数额巨大或者有其他严重情节的，处 3 年以上 10 年以下有期徒刑，并处罚金；数额特别巨大或者有其他特别严重情节的，处 10 年以上有期徒刑或者无期徒刑，并处罚金或者没收财产；有下列情形之一的，处无期徒刑或者死刑，并处没收财产：（1）盗窃金融机构，数额特别巨大的；（2）盗窃珍贵文物，情节严重的。

三、贪污罪、贿赂罪

（一）贪污罪

1. 贪污罪的概念

贪污罪是指国家工作人员利用职务上的便利，侵吞、窃取、骗取或者以其他手段非法占有公共财物的行为。受国家机关、国有公司、企业、事业单位、人民团体委托管理、经营国有财产的人员，利用职务上的便利，侵吞、窃取、骗取或者以其他手段非法占有国有财物的，以贪污论。国家工作人员在国内公务活动或者对外交往中接受礼物，依照国家规定应当交公而不交公，数额较大的，也以贪污论。

贪污罪的主要特征是：

第一，侵犯的客体是公共财物的所有权，犯罪对象是公共财物。公共财物包括：国有财产；劳动群众集体所有的财产；用于扶贫和其他公益事业的社会捐助或者专项基金的财产。在国家机关、国有公司、企业、集体企业和人民团体管理、使用或者运输中的私人财产，以公共财产论。因而这种私人财产也可以成为贪污罪的犯罪对象。

第二，在客观方面，一般表现为利用职务上的便利，侵吞、窃取、骗取或者以其他非法手段非法占有公共财物的行为。利用职务上的便利非法占有公共财物，是贪污罪区别于盗窃、诈骗等侵犯财产罪的最重要的特征。所谓职务上的便利，是指利用其职务范围内的权利和地位所形成的有利条件，而不是指利用与其职务无关的熟悉作案环境等有利条件。本罪在客观方面也可以表现为国家工作人员在国内公务活动或者对外交往中接受礼物，依照国家规定应当交公而不交公并且数额较大的行为。

第三，主体是国家工作人员，或者受国家机关、国有公司、企业、事业单位、人民团体委托管理、经营国有财产的人员。国家工作人员是指国家机关中从事公务的人员；国有公司、企业、事业单位、人民团体中从事公务的人员和国家机关、国有公司、企业、事业单位委派到非国有公司、企业、事业单位、社会团体从事公务的人员，以及其他依照法律从事公务的人员，以国家工作人员论。非上述人员而与上述人员勾结，伙同贪污的，以贪污罪的共犯论处。

第四，主观方面必须有直接故意，并且具有非法占有公共财物的目的。过失行为和不具有非法占有公共财物的目的的行为，不能构成贪污罪。

2. 认定贪污罪应当注意划清的界限

（1）贪污罪与非罪的界限。根据刑法第 383 条的规定，个人贪污数额不满5 000元但是情节较重的，构成犯罪；个人贪污数额不满5 000元而情节较轻的，不认为是犯罪，由其所在单位或者上级主管机关酌情给予行政处分。至于利用职权损公肥私，占小便宜和冒领小数额的公共财物的行为，属于一般违法行为，不以贪污罪论处。

（2）贪污罪与挪用公款罪的界限。挪用公款罪是指国家工作人员利用职务上的便利，挪用公款归个人使用，进行非法活动，或者挪用公款数额较大，进行营利活动，或者挪用公款数额较大，超过 3 个月未还的行为。行为人有无将公共财物非法占为己有的目的，是区别贪污罪与挪用公款罪的主要标志。行为人有无上述目的，通常可以从其犯罪手段上看出来。贪污者为了达到非法占有公共财物的目的，并且防止被发现，往往要采取伪造单据、销毁账目等手段，以掩盖贪污的事实；而挪用公款者因为打算以后归还，所以一般不采取上述手段以掩盖公款被挪用的事实。

（3）贪污罪与私分国有资产罪、私分罚没财物罪的界限。私分国有资产罪是指国家机关、国有公司、企业、事业单位、人民团体违反国家规定，以单位名义将国有资产集体私分给个人，数额较大的行为。私分罚没财物罪是指司法机关、行政执法机关违反国家规定，将应当上缴国家的罚没财物，以单位名义集体私分给个人的行为。后两种罪的共同特点是，把国有财产或者应当属于国有的财产以单位的名义非法集体私分给个人，因而其犯罪构成要件不同于由个人的贪污行为所构成的贪污罪。

(4) 贪污罪的既遂与未遂的界限。行为人的贪污过程已经完结，财产已经转移由其占有的，是贪污罪的既遂。如果行为人虽已着手贪污，但是由于本人意志以外的原因，贪污过程未能完结，没有达到非法占有的目的，危害结果还没有发生的，为贪污罪的未遂。

3. 对贪污罪的处罚

依照刑法第 383 条的规定，根据贪污数额和情节轻重，有下列四个量刑标准：

(1) 个人贪污数额在 10 万元以上的，处 10 年以上有期徒刑或者无期徒刑，可以并处没收财产；情节特别严重的，处死刑，并处没收财产。

(2) 个人贪污数额在 5 万元以上不满 10 万元的，处 5 年以上有期徒刑，可以并处没收财产；情节特别严重的，处无期徒刑，并处没收财产。

(3) 个人贪污数额在5 000元以上不满 5 万元的，处 1 年以上 7 年以下有期徒刑；情节严重的，处 7 年以上 10 年以下有期徒刑。个人贪污数额在5 000元以上不满10 000元，犯罪后有悔改表现、积极退赃的，可以减轻处罚或者免予刑事处罚，由其所在单位或者上级主管机关给予行政处分。

(4) 个人贪污数额不满5 000元，情节较重的，处 2 年以下有期徒刑或者拘役；情节较轻的，由其所在单位或者上级主管机关酌情给予行政处分。

刑法第 383 条还规定，对多次贪污未经处理的，按照累计贪污数额处罚。

(二) 贿赂罪

贿赂罪是受贿罪、单位受贿罪、行贿罪、单位行贿罪、向单位行贿罪、介绍贿赂罪的合称。这六种犯罪分别简介如下。

1. 受贿罪

受贿罪是指国家工作人员利用职务上的便利，索取他人财物，或者非法收受他人财物，为他人谋取利益的行为。国家工作人员在经济往来中，违反国家规定，收受各种名义的回扣、手续费，归个人所有的，以受贿论处。国家工作人员利用本人职权或者地位形成的便利条件，通过其他国家工作人员职务上的行为，为请托人谋取不正当利益，索取请托人财物或者收受请托人财物的，也以受贿论处。受贿罪的主体，只能是国家工作人员。对犯受贿罪的，根据受贿所得数额及情节，按照刑法第 383 条对贪污罪的处罚规定进行处罚。索贿的从重处罚。

2. 单位受贿罪

单位受贿罪是指国家机关、国有公司、企业、事业单位、人民团体索取、非法收受他人财物，为他人谋取利益，情节严重的行为。上述单位在经济往来中，在账外暗中收受各种名义的回扣、手续费的，以单位受贿论处。犯单位受贿罪的，对单位判处罚金，并对其直接负责的主管人员和其他直接责任人员处5年以下有期徒刑或者拘役。

3. 行贿罪

行贿罪是指为谋取不正当利益，给予国家工作人员以财物的行为。在经济往来中，违反国家规定，给予国家工作人员以各种名义的回扣、手续费的，以行贿论处。但是，因被勒索给予国家工作人员以财物，没有获得不正当利益的，不是行贿。行贿罪的主体是年满16周岁以上的人。对犯行贿罪的，处5年以下有期徒刑或者拘役；因行贿谋取不正当利益，情节严重的，或者使国家利益遭受重大损失的，处5年以上10年以下有期徒刑；情节特别严重的，处10年以上有期徒刑或者无期徒刑，可以并处没收财产。行贿人在被追诉前主动交待行贿行为的，可以减轻处罚或者免除处罚。

4. 单位行贿罪

单位行贿罪是指单位为谋取不正当利益而行贿，或者违反国家规定，给予国家工作人员以回扣、手续费，情节严重的行为。犯单位行贿罪的，对单位判处罚金，并对其直接负责的主管人员和其他直接责任人员，处5年以下有期徒刑或者拘役。因行贿取得的违法所得归个人所有的，按行贿罪处罚。

5. 向单位行贿罪

向单位行贿罪是指为谋取不正当利益，给予国家机关、国有公司、企业、事业单位、人民团体以财物，或者在经济往来中，违反国家规定，给予上述单位以各种名义的回扣、手续费的行为。向单位行贿罪的主体，可以是个人，也可以是单位。个人犯向单位行贿罪的，处3年以下有期徒刑或者拘役。单位犯向单位行贿罪的，对单位判处罚金，并对其直接负责的主管人员和其他直接责任人员，处3年以下有期徒刑或者拘役。

6. 介绍贿赂罪

介绍贿赂罪是指向国家工作人员介绍贿赂，情节严重的行为。介绍贿赂罪的主体是年满16周岁的人。对犯介绍贿赂罪的，处3年以下有期徒刑或者拘役。介绍贿赂人在被追诉前主动交待介绍贿赂行为的，可以减轻处罚或者免除处罚。

第十一章 诉讼法学

第一节 诉讼法概说

一、诉讼法的概念、渊源和任务

（一）诉讼法的概念和种类

诉讼是指国家司法机关在案件当事人和其他诉讼参与人的参加下，依照法定的方式和程序，处理案件，解决纠纷的活动。诉讼法是指国家制定的关于各种诉讼活动所应遵循的原则、制度和程序的法律。

根据诉讼所要处理的案件的不同性质，诉讼有刑事诉讼、民事诉讼、行政诉讼之分。刑事诉讼是指公安机关、人民检察院和人民法院通过侦查、起诉和审判工作，处理刑事案件，解决被告人是否犯罪、是否应受刑罚处罚以及应当适用何种刑罚等问题的活动。民事诉讼是指人民法院通过审判工作，处理民事案件，解决民事纠纷的活动。民事纠纷是指公民或法人之间关于民事权利义务的争议，如合同纠纷、遗产继承纠纷、婚姻家庭纠纷等。行政诉讼是指人民法院通过审判工作，处理行政案件，解决行政纠纷的活动。行政纠纷是指公民、法人或其他组织认为国家行政机关和国家行政机关工作人员的具体行政行为侵犯其合法益而引起的争议。由于诉讼有刑事诉讼、民事诉讼、行政诉讼之分，因而诉讼法也有刑事诉讼法、民事诉讼法、行政诉讼法之分。

在本章中，对我国各种诉讼法的基本内容，进行简要介绍。另外，我国的律师制度和公证制度其本身虽不属于诉讼制度的范畴，但同诉讼制度都有比较密切的关系，因而本章在介绍我国的诉讼制度之后，对于这两种制度也一并予以介绍。

（二）我国诉讼法的渊源

我国刑事诉讼法的主要渊源是《中华人民共和国刑事诉讼法》（1979 年 7 月 1 日第五届全国人民代表大会第二次会议通过，1980 年 1 月 1 日起施行。第八届全国人民代表大会第四次会议于 1996 年 3 月 17 日通过决议对刑事诉讼法作了修改。修改后的刑事诉讼法自 1997 年 1 月 1 日起施行）。

我国民事诉讼法的主要渊源是《中华人民共和国民事诉讼法》（1991 年 4 月 9

日第七届全国人民代表大会第四次会议通过，同日起施行）。在此之前，1982 年 3 月 8 日第五届全国人大常委会第 22 次会议制定了“民事诉讼法（试行）”。民事诉讼法（试行）已因新的民事诉讼法的公布和实施而废止。

我国行政诉讼法的主要渊源是《中华人民共和国行政诉讼法》（1989 年 4 月 4 日第七届全国人民代表大会第二次会议通过，1990 年 10 月 1 日起施行）。

需要注意的是，上述三部诉讼法虽然是我国诉讼法的主要渊源，但是我国诉讼法的渊源并不以上述三部诉讼法为限。除此之外，我国宪法、人民法院组织法、人民检察院组织法以及其他法律、法规中有关诉讼的原则、制度和程序的规定，也都是我国诉讼法的渊源。

（三）我国诉讼法的任务

诉讼法属于程序法。各种诉讼法同与之相对应的实体法的关系（刑事诉讼法同刑法的关系；民事诉讼法同民事法律的关系；行政诉讼法同行政法的关系）是内容和形式的关系。各种诉讼法的制定，必须同与之相关的实体法相适应，并表现出同样的精神。诉讼法的任务，正是为了保证与之相对应的实体法在社会生活中得到贯彻实施。

我国的三种诉讼法，由于与之相对应的实体法各有不同，因而各自有其具体的任务。

我国刑事诉讼法的任务，是保证准确、及时地查明犯罪事实，正确应用法律，惩罚犯罪分子，保障无罪的人不受刑事追究，教育公民自觉遵守法律，积极同犯罪行为作斗争，以维护社会主义法制，保护公民的人身权利、财产权利、民主权利和其他权利，保障社会主义建设事业的顺利进行。

我国民事诉讼法的任务，是保护当事人行使诉讼权利，保证人民法院查明事实，分清是非，正确适用法律，及时审理民事案件，确认民事权利义务关系，制裁民事违法行为，保护当事人的合法权益，教育公民自觉遵守法律，维护社会秩序、经济秩序，保障社会主义建设事业顺利进行。

我国行政诉讼法的任务，是保证人民法院正确、及时地审理行政案件，保护公民、法人和其他组织的合法权益，维护和监督行政机关依法行使行政职权。

二、诉讼法律关系

（一）诉讼法律关系概说

诉讼法律关系，是指受到诉讼法律规范调整的社会关系。诉讼法律关系包括三个要素，即诉讼主体、诉讼客体、诉讼权利和义务。

诉讼法律关系的发生、变更和消灭，都因有一定的法律事实存在。能够引起诉讼法律关系发生、变更和消灭的法律事实，主要是诉讼主体的诉讼行为。但是，某些事件的存在，也能引起诉讼法律关系的变更或消灭（如民事案件一方当事人丧失诉讼行为能力而未确定法定代理人的，应当中止诉讼；刑事案件被告人死亡的，应当撤销案件等)。

（二）诉讼主体

诉讼主体是指诉讼法律关系的参加者，包括代表国家行使侦查权、检察权、审判权的机关和诉讼当事人。

在刑事诉讼中，诉讼主体是指侦查机关、检察机关、人民法院和刑事诉讼当事人。刑事诉讼当事人包括被害人、自诉人、犯罪嫌疑人、被告人、附带民事诉讼的原告人和被告人。在公诉案件中，公诉人虽是控诉的一方，但由于他是国家法律监督机关的代表，并且同案件没有个人利害关系，不同于自诉案件的原告一方，因而不属于诉讼当事人。

在民事诉讼中，诉讼主体是指人民法院和民事诉讼当事人。在我国，公民、法人和其他组织都可以作为民事诉讼的当事人。法人由其法定代表人进行诉讼，其他组织由其主要负责人进行诉讼。民事诉讼当事人包括原告、被告和第三人。原告是指因民事权益发生争议或受到侵害，以自己的名义要求人民法院保护其合法权益而提出诉讼的人。被告是指因民事权益发生争议或者被原告指控侵害其民事权益，被人民法院传唤应诉的人。第三人是指为了保护自己的合法权益而参加到他人正在进行的民事诉讼中去的人，其中包括有独立请求权的第三人和无独立请求权的第三人。有独立请求权的第三人是指对原告人和被告人所争议的诉讼标的主张有全部的或部分的权利，而参加到正在进行的诉讼中的第三人。无独立请求权的第三人是指对诉讼标的不主张自己的独立权利，而是为了保护自己的权益，申请参加或者由人民法院通知他参加到正在进行的诉讼中的第三人。

在行政诉讼中，诉讼主体是指人民法院和行政诉讼当事人。行政诉讼当事人包括原告、被告和第三人。原告是指认为其合法权益受到行政机关或行政机关工作人员的具体行政行为的侵犯而向人民法院提起行政诉讼的公民、法人或者其他组织。被告是指被原告诉称其具体行政行为违法，侵犯原告的合法权益，由受诉的人民法院通知其应诉的行政机关（包括由法律、法规授予其一定的行政管理权的组织)。公民、法人或其他组织对于行政机关作出的具体行政行为，未经申请行政复议而直接向人民法院提起行政诉讼的，作出具体行政行为的行政机关是被告；经过行政复议的案件，复议机关决定维持原具体行政行为的，作出原具体行政行为的行政机关是被告，复议机关改变原具体行政行为的，复议机关是被告。第三人是指因行政案件的处理结果与其有法律上的利害关系，而申请参加或者由人民法院通知其参加到正在进行的行政诉讼中的公民、法人或者其他组织。

（三）诉讼客体

诉讼客体是指在诉讼中需要通过审判程序予以解决的事项。在民事诉讼和行政诉讼中，诉讼客体又称诉讼标的。诉讼标的所指向的物，称为诉讼标的物。凡是诉讼都必有其诉讼标的，但不一定都有标的物。

刑事诉讼的客体是指需要通过审判程序解决的犯罪嫌疑人、被告人是否犯罪、犯何种罪、是否需要处以刑罚以及如何处罚等问题。

民事诉讼的客体是指需要通过审判或者调解解决的当事人双方之间发生争议的民事法律关系或者民事权益。

行政诉讼的客体是指需要通过审判程序解决的行政机关对提起诉讼的公民、法人或其他组织所作的具体行政行为是否合法以及因此而引起的法律后果。

（四）诉讼权利和义务

诉讼权利和义务是指诉讼主体及其他诉讼参与人（如诉讼代理人、证人、辩护人、鉴定人和翻译人员等）在诉讼活动中依法应当享有的权利和应当履行的义务。

我国诉讼法为了保障正确处理案件和保护当事人及其他诉讼参与人的合法权益，除了规定办案机关分别享有的侦查权、检察权、审判权外，还赋予诉讼当事人和其他诉讼参与人以各种诉讼权利。

在刑事诉讼中，犯罪嫌疑人、被告人享有的诉讼权利主要有：使用本民族语言文字进行诉讼，申请回避，了解诉讼内容，委托辩护人，要求调查证据，进行辩护、答辩，对传唤的证人、鉴定人进行发问，对调查的事实和法律的适用进行辩论，辩论结束后作最后陈述，对第一审法院的判决和裁定表示不服进行上诉，对已经发生法律效力的判决和裁定提出申诉，等等。被害人、自诉人由于其所处的诉讼地位与犯罪嫌疑人、被告人不同，因而所享受的诉讼权利也有所不同，例如，他们不存在委托辩护人的问题，但却享有委托诉讼代理人的权利，等等。

民事诉讼当事人的诉讼权利包括：使用本民族语言文字进行诉讼，委托代理人进行诉讼，申请回避，收集、提供证据，进行辩论，请求调解，自行和解，提起上诉，申请执行，按照有关规定查阅或复制本案的有关材料和法律文书，等等。

行政诉讼当事人的诉讼权利，大体上与民事诉讼当事人的诉讼权利相同，但也有若干区别。例如，双方当事人在诉讼过程中均不得请求调解和自行和解，被告方只有应诉权而无反诉权，等等。

根据我国诉讼法的规定，当事人以外的诉讼参与人，也都享有相应的诉讼权利。

诉讼主体及其他诉讼参与人在依法享有诉讼权利的同时，必须依法履行相应的诉讼义务。办案机关的诉讼义务，包括：严格依法办案，正确行使侦查、检察、审判的职能，保障诉讼参与人依法享有的诉讼权利，等等。诉讼当事人的诉讼义务，包括：进行诉讼活动必须遵守诉讼法的有关规定，行使诉讼权利必须正确和合法，不妨害相对方和其他诉讼参与人行使诉讼权利，遵守诉讼秩序，履行发生法律效力的判决、裁定、调解书，等等。当事人以外的诉讼参与人也须履行各自的诉讼义务。

（五）诉讼行为

诉讼行为是指诉讼主体所进行的能够发生诉讼效果的行为。办案机关的诉讼行为包括：对刑事案件的立案、侦查、起诉、拘留、逮捕、审判、执行等；对民事案件和行政案件的受理、调查、收集证据、调解、审判、执行等（行政案件中不包括调解）。诉讼当事人的诉讼行为包括：起诉、应诉、提供证据、进行辩论或辩护、提起上诉、申请执行，等等。

诉讼行为是一种法律行为，即能引起法律关系的发生、变更和消灭的行为。它除了应当具备一般法律行为所必需的条件之外，还需具备诉讼法所特定的条件，如案件须属于办案机关主管和管辖；提起诉讼的案件，须是未经人民法院裁判确定（对于人民法院的判决或裁定已经发生法律效力的案件，可以进行申诉）；诉讼行为须按法律规定的程序进行，等等。

（六）诉讼代理

诉讼代理是指代理人以当事人即被代理人的名义，在法律规定或被代理人授权的代理权限内，代被代理人进行诉讼的行为。诉讼代理所具有的权限称为诉讼代理权，依法行使诉讼代理权的人称为诉讼代理人。根据我国诉讼法的规定，诉讼代理分为法定代理、指定代理、委托代理三种。

法定代理是指依照法律的规定，无诉讼行为能力的公民，由其法定代理人代为进行诉讼。法定代理人之间互相推诿责任的，由人民法院指定其中一人代为诉讼。

指定代理是指根据人民法院的指定，代无诉讼行为能力的公民进行诉讼。由于人民法院的指定是以法律为根据的，所以指定代理实质上属于法定代理的范畴。

委托代理是指诉讼当事人委托他人代为诉讼。受委托的诉讼代理人在其代理权限内所为的诉讼行为，与当事人自己进行的诉讼行为，有同等效力，诉讼后果直接由被代理人承担。在刑事诉讼中，自诉案件自诉人及其法定代理人、公诉案件被害人及其法定代理人或者近亲属，可以委托诉讼代理人进行诉讼。在民事诉讼和行政诉讼中，诉讼当事人或其法定代理人都可以委托诉讼代理人代为诉讼。可以被委托为诉讼代理人的有：当事人的监护人、近亲属或者亲友、律师，以及经人民法院许可的其他公民等。

第二节 我国诉讼法的基本原则

诉讼法的基本原则，是指指导诉讼主体正确进行诉讼活动的各项基本准则。在我国，有各种诉讼法共同的基本原则，也有每一种诉讼法所特有的基本原则。

一、我国各种诉讼法共同的基本原则

我国各种诉讼法共同的基本原则有：以事实为根据、以法律为准绳原则；对诉讼当事人在适用法律上一律平等原则；保障诉讼参与人依法享有的诉讼权利原则；人民法院依法独立行使审判权、人民检察院依法独立行使检察权原则；人民法院审理案件实行两审终审、公开审判、合议、回避等制度的原则；公民有权用本民族语言文字进行诉讼原则；人民检察院对人民法院的审判活动实行法律监督原则。

二、我国刑事诉讼法所特有的原则

（一）公、检、法依法行使职权

根据我国刑事诉讼法的规定，对刑事案件的侦查、拘留、执行逮捕、预审，由公安机关负责（国家安全机关依照法律规定办理危害国家安全的刑事案件，行使与公安机关相同的职权）；检察、批准逮捕、检察机关直接受理的案件的侦查、提起公诉，由人民检察院负责；审判由人民法院负责。其他任何机关、团体和个人都无权行使这些权力。公检法机关进行刑事诉讼，必须严格遵守法律的规定。

（二）公、检、法在刑事诉讼活动中分工负责，互相配合，互相制约

所谓分工负责，是指公、检、法根据各自的职权，各尽其责，既不应互相推诿，也不应互相代替。所谓互相配合，是指三者在各自的职权范围内互通情况，互相支援和协助。所谓互相制约，是指三者在诉讼活动中依法互相监督和制约，以防止和纠正在办案工作中可能出现或者已经出现的错误。分工负责、互相配合、互相制约是紧密相连而不可分的，不能强调这一面，忽略另一面。

（三）犯罪嫌疑人、被告人有权获得辩护

犯罪嫌疑人、被告人就被指控的犯罪行为是否属实，依法是否应受刑罚处罚，以及情节轻重，定罪量刑是否恰当，有关机关对他采取的追诉措施是否合法等，都有权进行申辩和解释。他们除了自己行使辩护权以外，还可以委托律师、他们的监护人、亲友以及人民团体或者其所在单位推荐的人作为辩护人。

（四）未经人民法院依法判决，对任何人都不得确定有罪

这一原则即“无罪推定”原则。在刑事诉讼中，只有经过人民法院依法审判，才能确定被告人有罪，其他任何机关都不具有此项权力。认定某人有罪，应是在人民法院的有罪判决发生法律效力之后，而不应是在此之前。“被告不等于罪犯”，在人民法院依法判决之前，不能断定犯罪嫌疑人、被告人就是犯罪分子。作为刑事诉讼一方当事人，他们依法享有的诉讼权利和人身权利都应得到充分的尊重和保障。

（五）对不应追究刑事责任的不予追诉

根据我国刑事诉讼法的规定，有下列情形之一的，不追究刑事责任，已经追究的，应当撤销案件，或者不起诉，或者宣告无罪：（1）情节显著轻微，危害不大，不认为是犯罪的；（2）犯罪已过追诉时效期限的；（3）经特赦令免除刑罚的；（4）依照刑法告诉才处理的犯罪，没有告诉或者撤回告诉的；（5）犯罪嫌疑人、被告人死亡的；（6）其他法律规定免予追究刑事责任的。

（六）外国人犯罪应当追究刑事责任的适用我国刑事诉讼法

根据我国刑事诉讼法的规定，对于外国人犯罪应当追究刑事责任的，适用我国刑事诉讼法的规定。但是，对于享有外交特权和豁免权的外国人犯罪应当追究刑事责任的，则应通过外交途径解决。

三、我国民事诉讼法所特有的原则

（一）当事人诉讼权利平等原则

民事诉讼双方当事人处于平等的诉讼地位，享有平等的诉讼权利。在诉讼过程中，原告有起诉的权利，被告有应诉、答辩和提起反诉的权利；原告有变更或放弃诉讼请求的权利，被告有承认或反驳诉讼请求的权利。同时，双方可以平等地行使委托代理人进行诉讼、申请回避、收集和提供证据、进行辩论、请求调解、提起上诉、申请执行等权利。一方当事人不得处于优越于对方当事人的诉讼地位。人民法院审理民事案件，应当保障和便利当事人行使诉讼权利，对当事人在适用法律上一律平等。

（二）辩论原则

在人民法院的主持下，民事诉讼当事人双方有权就案件的事实和争议的问题，陈述事实和理由，提供证据，互相质证、反驳和答辩。人民法院应当保障双方当事人平等地行使辩论权利，并且不得以未经双方当事人辩论的事实和证据作为判决的依据。当事人在诉讼中对案件进行充分的辩论，既是当事人的一项重要的诉讼权利，也是人民法院弄清事实，分清是非，正确审理案件的重要程序。

（三）调解原则

人民法院审理民事案件，应当根据自愿和合法的原则进行调解。用调解的办法解决民间纠纷和民事案件，是我国司法工作的优良传统。但是调解必须根据当事人的自愿，在事实清楚的基础上，分清是非地进行。调解达成的协议，必须双方自愿，不得强迫。调解协议的内容不得违反法律规定。在民事诉讼的任何阶段都可以进行调解，但是除离婚案件外，调解不是民事诉讼的必经程序。当事人不愿调解的，调解未能达成协议的，或者调解书送达前一方反悔的，人民法院应当及时判决。

（四）处分原则

民事诉讼当事人有权在法律规定的范围内处分自己的民事权利和诉讼权利。当事人的民事权益受到侵犯或者发生争议时，是否起诉，由当事人自己决定；诉讼程序开始后，原告可以放弃或者变更诉讼请求，被告可以承认或者反驳诉讼请求；双方可以自行和解；对第一审法院作出的判决、裁定是否提起上诉，对已经发生法律效力的判决、裁定是否申请强制执行，一般也由当事人自己决定。当事人的处分行为，对诉讼程序的发生、变更和消灭，有重要影响。但是，当事人对自己民事权利和诉讼权利的处分，不得损害国家和社会公共利益，必须限于法律允许的范围之内。

（五）社会支持起诉原则

对于损害国家、集体或者个人民事权益的行为，国家机关、社会团体、企业事业单位可以支持受损害的单位或者个人向人民法院起诉。这一原则只适用于侵权案件和追索抚养费、赡养费、扶养费等案件。同时，由于支持者同本案没有直接利害关系，他们只能支持受损害者起诉，而不能以自己的名义代为起诉。受损害者是否起诉，应由其自行决定。

四、我国行政诉讼法所特有的原则

（一）人民法院特定主管原则

人民法院对刑事案件和民事案件有完全的司法审查权，但是行政案件则只能有一部分归人民法院管辖。

根据我国行政诉讼法的规定，人民法院有权受理公民、法人和其他组织对下列具体行政行为不服而提起的诉讼：（1）对拘留、罚款、吊销许可证和执照、责令停产停业、没收财物等行政处罚不服的；（2）对限制人身自由或者对财产的查封、扣押、冻结等行政强制措施不服的；（3）认为行政机关侵犯法律规定的经营自主权的；（4）认为符合法定条件申请行政机关颁发许可证和执照，行政机关拒绝颁发或者不予答复的；（5）申请行政机关履行保护人身权、财产权的法定职责，行政机关拒绝履行或者不予答复的；（6）认为行政机关没有依法发给抚恤金的；（7）认为行政机关违法要求履行义务的；（8）认为行政机关侵犯其他人身权、财产权的。除了以上各项之外，人民法院还受理法律、法规规定可以提起诉讼的其他行政案件。

关于行政诉讼的受案范围，随着形势的发展，最高人民法院于 1991 年和 2000 年曾先后作过两次扩充性解释。根据 2000 年 3 月 10 日发布的《最高人民法院关于执行〈中华人民共和国行政诉讼法〉若干问题的解释》的规定：公民、法人或者其他组织对具有国家行政职权的机关和组织及其工作人员的行政行为不服，依法提起诉讼的，属于人民法院行政诉讼的受案范围。

但是，为了保障行政机关有效地行使行政职权，我国行政诉讼法规定，人民法院不受理公民、法人或者其他组织对下列事项提起的诉讼：（1）国防、外交等国家行为；（2）行政法规、规章或者行政机关制定、发布的具有普遍约束力的决定、命令；（3）行政机关对行政机关工作人员的奖惩、任免等决定；（4）法律规定由行政机关最终裁决的具体行政行为。

除以上所列举的外，根据2000年发布的上述最高人民法院的司法解释，下列行为也不属于行政诉讼法的受案范围：（1）公安、国家安全等机关依照刑事诉讼法的明确授权实施的行为；（2）调解行为以及法律规定的仲裁行为；（3）不具有强制力的行政指导行为；（4）驳回当事人对行政行为提起申诉的重复处理行为；（5）对公民、法人或者其他组织的权利义务不产生实际影响的行为。

（二）行政诉讼权利平等原则

行政诉讼双方当事人处于平等的诉讼地位，享有平等的诉讼权利。行政诉讼的双方当事人在诉前的实体法律关系中，一方是行使国家行政管理权的管理者，另一方是接受行政机关管理的被管理者，双方本来处于管理与被管理的不平等的地位。在行政诉讼中，为了使案件得到公正审理，必须保障双方当事人具有平等的诉讼地位，不允许一方的诉讼地位优越于另一方。

（三）合法性审查原则

人民法院审理行政案件，是要对行政机关的具体行政行为是否合法进行审查，而不是对行政机关在法律、法规规定的范围内作出的具体行政行为是否完全恰当作出裁断。行政机关在法律、法规规定的范围内作出的具体行政行为是否恰当，主要应由行政机关复议处理，人民法院不能代替行政机关作出处理决定。在具体审理每一行政案件时，只有在行政机关作出的行政处罚显失公正的情况下，人民法院才可以判决变更。

（四）行政诉讼期间不停止行政执行原则

当事人因不服行政机关的具体行政行为而向人民法院起诉，在诉讼期间，一般不能停止原具体行政行为的执行。只有在下列三种情况下，才应停止原具体行政行为的执行：（1）被告认为需要停止执行的；（2）原告申请停止执行，人民法院认为该具体行政行为的执行会造成难以弥补的损失，并且停止执行不损害社会公共利益，裁定停止执行的；（3）法律、法规规定停止执行的。

（五）不调解原则

人民法院审理行政案件，一般不适用调解，不得以调解方式结案，而应在查明事实的基础上，依法作出公正的判决或裁定。但是，行政损害赔偿诉讼，即公民、法人或其他组织单独就行政损害赔偿的问题提起的诉讼，由于同时具有解决民事权利义务关系的性质，因而可以适用调解。

（六）行政损害赔偿责任原则

公民、法人或者其他组织的合法权益受到行政机关或者行政机关工作人员作出的具体行政行为侵犯造成损害的，有权请求赔偿。由行政机关造成损害的，由该行政机关负责赔偿；由行政机关工作人员造成损害的，由该行政机关工作人员所在的行政机关负责赔偿，在赔偿损失后，应当责令有故意或者重大过失的行政机关工作人员承担部分或者全部赔偿费用。

第三节 管 辖

一、管辖的概念

诉讼法中的管辖，是指办案机关受理案件权限的分工。

刑事诉讼中的管辖，是指公、检、法受理刑事案件权跟的分工，各级人民法院之间或者不同地区的同级人民法院之间受理刑事案件权限的分工，以及普通人民法院和专门人民法院之间受理刑事案件权限的分工。上述的第一种权限分工称为职能管辖或者部门管辖，第二、三两种权限分工称为审判管辖。

民事诉讼和行政诉讼中的管辖，是指各级人民法院之间或者不同地区的同级人民法院之间审理第一审民事案件或第一审行政案件权限的分工。在民事诉讼和行政诉讼中，只有审判管辖的权限分工，没有职能管辖的权限分工。

二、刑事诉讼的管辖

（一）职能管辖

1. 人民法院直接受理的案件

根据我国刑事诉讼法的规定，自诉案件由人民法院直接受理。自诉案件包括下列案件：（1）告诉才处理的案件；（2）被害人有证据证明的轻微刑事案件；（3）被害人有证据证明对被告人侵犯自己人身、财产权利的行为应当依法追究刑事责任，而公安机关或者人民检察院不予追究被告人刑事责任的案件。

2. 人民检察院受理的案件

根据我国刑事诉讼法的规定，贪污贿赂犯罪，国家工作人员的渎职犯罪，国家机关工作人员利用职权实施的非法拘禁、刑讯逼供、报复陷害、非法搜查的侵犯公民人身权利的犯罪以及侵犯公民民主权利的犯罪，由人民检察院立案侦查。对于国家机关工作人员利用职权实施的其他重大的犯罪案件，需要由人民检察院直接受理的时候，经省级以上人民检察院决定，可以由人民检察院立案侦查。

3. 公安机关受理的案件

根据我国刑事诉讼法的规定，除人民法院和人民检察院直接受理的案件外，其他刑事案件应由公安机关立案侦查。国家安全机关成立后，各种危害国家安全的案件，如特务、间谍案件，由国家安全机关立案、侦查。

（二）审判管辖

刑事诉讼的审判管辖，包括级别管辖、地区管辖和专门管辖。级别管辖是指各级人民法院之间受理刑事案件权限的分工。地区管辖是指不同地区的同级人民法院之间受理刑事案件权限的分工。专门管辖是指普通人民法院和专门人民法院之间受理刑事案件权限的分工。

1. 级别管辖

根据我国刑事诉讼法的规定，基层人民法院管辖第一审普通刑事案件，但是依照本法规定由上级人民法院管辖的除外；中级人民法院管辖的第一审刑事案件包括：危害国家安全案件、可能判处无期徒刑或死刑的普通刑事案件和外国人犯罪的刑事案件；高级人民法院管辖的第一审刑事案件是全省（自治区、直辖市）性的重大刑事案件；最高人民法院管辖的第一审刑事案件是全国性的重大刑事案件。我国刑事诉讼法还规定：上级人民法院在必要的时候，可以审判下级人民法院管辖的第一审刑事案件；下级人民法院认为案情重大、复杂需要由上级人民法院审判的第一审刑事案件，可以请求移送上一级人民法院审判。

2. 地区管辖

根据我国刑事诉讼法的规定，刑事案件由犯罪地的人民法院管辖；如果由被告人居住地的人民法院审判更为适宜的，可以由被告人居住地的人民法院管辖。几个同级人民法院都有权管辖的案件，由最初受理的人民法院审判。在必要的时候，可以移送主要犯罪地的人民法院审判。

3. 专门管辖

专门人民法院案件管辖权，另有法律规定。如军事法院管辖的，主要是现役军人和军内在编职工的犯罪。凡属专门人民法院管辖的第一审刑事案件，除最高人民法院外，地方各级人民法院均无权管辖。

三、民事诉讼的管辖

民事诉讼的审判管辖，包括级别管辖、地域管辖、移送管辖和指定管辖。级别管辖是指各级人民法院之间受理第一审民事案件权限的分工。地域管辖是指不同地区的同级人民法院之间受理第一审民事案件权限的分工。移送管辖是指某一人民法院将已经受理的案件移送另一有管辖权的人民法院审理。指定管辖是指上级人民法院以裁定的方式将某一案件指定由下级人民法院管辖。

（一）级别管辖

在我国，第一审民事案件原则上由基层人民法院管辖，但法律另有规定的除外。

中级人民法院管辖的第一审民事案件为：(1) 重大涉外案件；(2) 在本辖区内有重大影响的案件；(3) 最高人民法院确定由中级人民法院管辖的案件。

高级人民法院管辖在本辖区内有重大影响的第一审民事案件。

最高人民法院管辖的第一审民事案件为：(1) 在全国有重大影响的案件；(2) 认为应当由本院审理的案件。

(二) 地域管辖

民事诉讼的地域管辖，包括普通管辖、特殊管辖、专属管辖、协议管辖和选择管辖。

1. 普通管辖

普通管辖亦称一般地域管辖或一般管辖，是指以诉讼当事人住所所在地为标准确定的管辖。我国民事案件的普通管辖，实行"原告就被告"的原则，但有例外性的规定。"原告就被告"的原则是指：对公民提起的民事诉讼，由被告住所地人民法院管辖；被告住所地与经常居住地不一致的，由经常居住地人民法院管辖；对法人或者其他组织提起的民事诉讼，由被告住所地人民法院管辖。上述原则的例外性规定是指：对不在我国领域内居住的人提起的有关身份关系的诉讼，对下落不明或者宣告失踪的人提起的有关身份关系的诉讼，对被劳动教养的人提起的诉讼，对被监禁的人提起的诉讼，均由原告住所地人民法院管辖，原告住所地与经常居住地不一致的，由原告经常居住地人民法院管辖。

2. 特殊管辖

民事案件以不同于普通管辖的标准即不以或者不专以当事人住所地为标准而确定管辖的，称为特殊管辖。例如，根据我国民事诉讼法的规定，因合同纠纷提起的诉讼，由被告住所地或者合同履行地人民法院管辖；因保险合同纠纷提起的诉讼，由被告住所地或者保险标的物所在地人民法院管辖；因票据纠纷提起的诉讼，由票据支付地或者被告住所地人民法院管辖；因侵权行为提起的诉讼，由侵权行为地或者被告住所地人民法院管辖，等等。

3. 专属管辖

民事案件依照法律规定必须由特定的人民法院管辖的，称为专属管辖。我国民事案件的专属管辖，主要包括下列三种情况：(1) 因不动产纠纷提起的诉讼，由不动产所在地人民法院管辖；(2) 因港口作业中发生纠纷提起的诉讼，由港口所在地人民法院管辖；(3) 因继承遗产纠纷提起的诉讼，由被继承人死亡时住所地或者主要遗产所在地人民法院管辖。除了上述三种情况外，依照特别程序审理的案件，实际上也均为专属管辖。

4. 协议管辖

协议管辖是指当事人可就第一审民事案件，在争议发生前或发生后，通过协议，选择在某一人民法院进行诉讼而产生的管辖。在我国国内民事诉讼中，允许协议管辖的只限于合同纠纷案件，而且仅能在书面合同中，在被告住所地、合同履行地、合同签订地、原告住所地、标的物所在地的人民法院之中，通过协议，决定行使管辖权的人民法院。民事诉讼法规定，这种协议只要不违反有关级别管辖和专属管辖的规定，人民法院应当承认这种协议的效力，受理有关的诉讼。

5. 选择管辖

根据民事诉讼法的规定，某些民事案件，两个以上的同级人民法院可以对同一案件都有管辖权，在这种情况下，原告可以向其中任何一个人民法院起诉。如果原告同时向两个有管辖权的人民法院起诉，由最先立案的人民法院行使管辖权。

（三）移送管辖和指定管辖

移送管辖有两种：一种是同级人民法院之间的移送管辖。人民法院发现受理的案件不属于本院管辖的，应当移送有管辖权的人民法院，受移送的人民法院应当受理。受移送的人民法院认为移送的案件依照规定不属于本院管辖的，应当报请上级人民法院指定管辖，不得再自行移送。另一种是上下级人民法院之间的移送管辖。上级人民法院有权审理下级人民法院管辖的第一审民事案件，也可以把本院管辖的第一审民事案件交下级人民法院审理。下级人民法院对它管辖的第一审民事案件，认为需要由上级人民法院审理的，可以报请上级人民法院审理。

指定管辖主要适用于以下两种情况：第一，有管辖权的人民法院由于特殊原因不能行使管辖权的（如该法院辖区内发生严重自然灾害，或者当事人请求该法院的全部审判人员回避等），由上级人民法院指定管辖。第二，人民法院之间因管辖权发生争议的，由争议双方协商解决；协商解决不了的，报请它们共同的上级人民法院指定管辖。

四、行政诉讼的管辖

行政诉讼的审判管辖，也包括级别管辖、地域管辖、移送管辖和指定管辖。

（一）级别管辖

根据我国行政诉讼法的规定，第一审行政案件原则上由基层人民法院管辖，但法律另有规定的除外。

中级人民法院管辖下列第一审行政案件：（1）确认发明专利权的案件、海关处理的案件；（2）对国务院各部门或者省、自治区、直辖市人民政府所作的具体行政行为提起诉讼的案件；（3）本辖区内重大复杂的案件。

高级人民法院管辖本辖区内重大、复杂的第一审行政案件。

最高人民法院管辖全国范围内重大、复杂的第一审行政案件。

（二）地域管辖

根据我国行政诉讼法的规定，行政案件由最初作出具体行政行为的行政机关所在地人民法院管辖。经行政复议的案件，复议机关改变原具体行政行为的，也可以由复议机关所在地人民法院管辖。对限制人身自由的行政强制措施不服而提起诉讼的，被告所在地人民法院和原告所在地人民法院都可以管辖。因不动产提起的行政诉讼，由不动产所在地人民法院管辖。两个以上人民法院都有管辖权的行政案件，原告可以选择其中一个人民法院提起诉讼。

（三）移送管辖和指定管辖

我国行政诉讼法中关于移送管辖和指定管辖的规定，与我国民事诉讼法中关于移送管辖和指定管辖的规定，大体相同。

第四节 证　　据

一、证据的概念和种类

诉讼中的证据是指用以证明案件真实情况的一切事实。它既须是客观上确实存在的事实，又须是与案件相关，并对证明案件真实情况有实际意义的事实。证据是认定案情的根据，是正确适用法律处理案件的基础，因而在诉讼中证据占有十分重要的地位。

在我国各种诉讼法中，都对证据的种类，即证据的各种表现形式，作出了具体的规定。这是法定的证据种类。只有法定的证据种类，才能在诉讼中具有证据的效力。

我国刑事诉讼中的证据有7种，即（1）物证、书证；（2）证人证言；（3）被害人陈述；（4）犯罪嫌疑人、被告人供述和辩解；（5）鉴定结论；（6）勘验、检查笔录；（7）视听资料。

我国民事诉讼中的证据也有7种，即（1）书证；（2）物证；（3）视听资料；（4）证人证言；（5）当事人的陈述；（6）鉴定结论；（7）勘验笔录。

我国行政诉讼中的证据也有7种。前6种与民事诉讼证据的前6种相同，第7种为勘验笔录、现场笔录。

物证是指对查明案件真实情况有证明作用的有关物品或者物质痕迹。

书证是指能以其内容、含义证明案件真实情况的书面材料，包括文字、符号、图画等。

证人是指了解案件真实情况而被通知到案作证的人。证人就与案件有关的事实、情节所作的陈述，叫做证人证言。

被害人陈述是指犯罪行为的直接受害者就案件事实所作的陈述。

犯罪嫌疑人、被告人供述和辩解是指犯罪嫌疑人、被告人就案件事实所作的陈述。犯罪嫌疑人、被告人供述包括犯罪嫌疑人、被告人承认有罪的供认和检举同案他人犯罪的陈述；犯罪嫌疑人、被告人辩解是指犯罪嫌疑人、被告人关于自己无罪或者罪轻的申辩和解释。

鉴定结论是指鉴定人运用专门知识或技术对案件中需要解决的专门性问题进行鉴定后所作的书面结论。

勘验笔录是指在司法机关的主持下对与案件有关的场所、物品等进行勘验后所作的书面记录。检查笔录是对人身进行检查后所作的笔录。

视听资料是指能够用以证明案件真实情况的录音、录像，以及电子计算机中储存的数据和材料。

当事人的陈述是指在民事案件或者行政案件中诉讼当事人向人民法院所作的关于案件事实情况的叙述。

现场笔录是指客观描述某一事故现场并如实记录现场情况调查和处理经过的书面材料。现场笔录不同于勘验笔录，它形成于诉讼活动之前，一般是由行政机关和行政机关工作人员制作的。

二、证据的收集、判断和保全

（一）证据的收集

依照法定的程序收集证据，是办案机关具有的职权和应尽的职责。

在刑事诉讼中，审判人员、检察人员、侦查人员必须依照法定程序，收集能够证实犯罪嫌疑人、被告人有罪或者无罪、犯罪情节轻重的各种证据。严禁刑讯逼供和以威胁、引诱、欺骗以及其他非法的方法收集证据。必须保证一切与案件有关或者了解案情的公民，有客观地充分地提供证据的条件，除特殊情况外，并且可以吸收他们协助调查。公、检、法机关有权向有关单位和个人收集、调取证据。有关单位和个人应当如实提供。凡是伪造证据、隐匿证据或者毁灭证据的，无论属于何方，必须受法律追究。凡是知道案件情况的人，都有作证的义务。但是，生理上、精神上有缺陷或者年幼，不能辨别是非、不能正确表达的人，不能作证人。

在民事诉讼中，当事人及其诉讼代理人因客观原因不能自行收集证据，或者人民法院认为审理案件需要的证据，人民法院应当调查收集。人民法院有权向有关单位和个人调查取证，有关单位和个人不得拒绝。凡是知道案件情况的单位和个人，都有义务出庭作证。有关单位的负责人应当支持证人作证。证人确有困难不能出庭的，经人民法院许可，可以提交书面证言。但是，不能正确表达意志的人，不能作证。

在行政诉讼中，人民法院依照法定程序收集和调查证据的职权和职责，与民事诉讼中基本相同。人民法院有权要求当事人提供或者补充证据，也有权向有关行政机关以及其他组织、公民调取证据。

（二）证据的判断

办案机关对于案件的各种证据，必须认真进行审查，以断定其真伪。只有经过审查属实的证据，才能作为定案的根据。审查证据是否属实，既要进行个别审查，即从每个证据的本身进行审查，又要对全部证据进行综合审查，分析其彼此之间是否存在矛盾。

在刑事诉讼中，必须遵循重证据，重调查研究，不轻信口供的原则。只有被告人供述，没有其他证据的，不能认定被告人有罪和处以刑罚；没有被告人供述，证据充分确实的，可以认定被告人有罪和处以刑罚。所谓证据充分确实，是指不仅证据属实，而且证据的数量要足以证实被告人有罪，如果收集不到充分的证据证实被告人有罪，应以无罪论处。

作为刑事诉讼的证据的证人证言，必须在法庭上经过公诉人、被害人和被告人、辩护人双方讯问、质证，听取各方证人的证言并且经过查实以后，才能作为定案的根据。法庭查明证人有意作伪证或者隐匿罪证的时候，应当依法处理。

在民事诉讼和行政诉讼中，人民法院对各种证据，都必须按照法定程序，全面地、客观地审查核实。人民法院认为对专门性问题需要鉴定的，应当交由法定鉴定部门鉴定；没有法定鉴定部门的，由人民法院指定的鉴定部门鉴定。

（三）证据的保全

证据的保全是指办案机关依法收存和固定证据资料，以保持其真实性和证据力的措施。证据由于时过境迁或其他原因，有可能灭失、失真或者以后难以取得，为了有效地利用证据认定案情，办案机关应当采取措施对证据加以保全。

在刑事诉讼中，侦查机关和审判机关在侦查、审理的过程中对已发现和收集的证据，应当加以收取和固定。在民事诉讼和行政诉讼中，诉讼参加人可以向人民法院申请保全证据，人民法院也可以主动采取保全措施。

人民法院进行证据保全，可以根据具体情况，采取查封、扣押、拍照、录音、录像、复制、鉴定、勘验、制作笔录等方法。人民法院进行证据保全，可以要求当事人或者诉讼代理人到场。

三、举证责任

举证责任又称证明责任，是指用以证明案件事实的证据，应当由谁负责提出。在我国，由于各种诉讼的性质不同，各种诉讼中的举证责任也因之而异。

在刑事诉讼中，不论是公诉案件还是自诉案件，举证责任主要由控诉一方承担。在公诉案件中，举证责任主要由公诉机关承担。犯罪嫌疑人对侦查人员的提问，应当如实回答，但是犯罪嫌疑人并没有证明自己有罪或者无罪的责任。人民法院在审判阶段，依职权也应主动地调查、收集有关的证据。在自诉案件中，举证责任主要由自诉人承担。人民法院认为自诉人的控诉证据不足时，可要求他补充，如提不出足够的证据，可以驳回自诉。如果被告人提出反诉，反诉人负有举证责任。人民法院审理自诉案件时，当然也应依职权调查、收集有关的证据。

在民事诉讼中，一般是适用“谁提出主张，谁负责证明”的原则。当事人对自己提出的诉讼请求所依据的事实或者反驳对方诉讼请求所依据的事实有责任提供证据加以证明。没有证据或者证据不足以证明当事人的事实主张的，由负有举证责任的当事人承担不利后果。但是，在某些侵权诉讼以及劳动争议纠纷案件中，则实行举证责任倒置的原则。例如，因环境污染引起的损害赔偿诉讼，由加害人就法律规定的免责事由及其行为与损害结果之间不存在因果关系承担举证责任；饲养动物致人损害的侵权诉讼，由动物饲养人或者管理人就受害人有过错或者第三人有过错承担举证责任；因缺陷产品致人损害的侵权诉讼，由产品的生产者就法律规定的免责事由承担举证责任；因医疗行为引起的侵权诉讼，由医疗机构就医疗行为与损害结果之间不存在因果关系及不存在医疗过错承担举证责任。在劳动争议纠纷案件中，因用人单位作出开除、除名、辞退、解除劳动合同、减少劳动报酬、计算劳动者工作年限等决定而发生劳动争议的，由用人单位负举证责任。

在行政诉讼中，举证责任由被告一方承担。被告对其所作出的具体行政行为，应当提供证据和所依据的规范性文件。同时，为了使行政诉讼活动始终在人民法院主持下进行，保障原告和证人的合法权益不受侵犯，在诉讼过程中，被告不得自行向原告和证人收集证据。

第五节　诉讼中的强制措施

我国诉讼法中的强制措施，是指办案机关为了防止或者排除对诉讼活动的干扰与妨害，对特定的人所采取的强制手段。由于各种诉讼的性质不同，各种诉讼中的强制措施也因之而异。

一、刑事诉讼中的强制措施

刑事诉讼中的强制措施，是指公、检、法机关为了保证侦查和审判工作的顺利进行，防止犯罪嫌疑人、被告人逃避侦查、审判，毁灭、伪造证据，转移赃物，继续犯罪，自杀，或进行其他破坏活动，而采取的对他们的人身自由依法加以强制性限制的措施。

根据我国刑事诉讼法的规定，我国刑事诉讼中的强制措施有拘传、取保候审、监视居住、拘留、逮捕5种。

拘传是指公、检、法机关强制犯罪嫌疑人到案接受讯问，主要适用于未被羁押，经合法传唤，无正当理由而拒不到案的犯罪嫌疑人、被告人。但是，根据处理案件的需要，也可以不经传唤而直接拘传。

取保候审是指公、检、法机关责令犯罪嫌疑人、被告人提出与案件没有利害关系的第三人充当保证人，担保犯罪嫌疑人、被告人不逃避侦查和审判并且随传随到的一种强制措施。

监视居住是指公、检、法机关责令犯罪嫌疑人、被告人不得离开指定的区域，并且对其行动加以监视的一种强制措施。

取保候审和监视居住的适用对象是可能判处管制、拘役或独立适用附加刑的犯罪嫌疑人、被告人，或者是可能判处有期徒刑以上刑罚，采取取保候审、监视居住不致发生社会危险性的犯罪嫌疑人、被告人。取保候审和监视居住均由公安机关执行。

拘留是指公安机关对现行犯或者重大嫌疑分子依法采取的临时剥夺其人身自由的一种强制措施。根据我国刑事诉讼法的规定，对于有下列情形之一的现行犯或重大嫌疑分子，可以适用拘留：(1) 正在预备犯罪、实行犯罪或者在犯罪后即时被发觉的；(2) 被害人或者在场亲眼看见的人指认他犯罪的；(3) 在身边或者住所发现有犯罪证据的；(4) 犯罪后企图自杀、逃跑或者在逃的；(5) 有毁灭、伪造证据或者串供可能的；(6) 不讲真实姓名、住址，身份不明的；(7) 有流窜作案、多次作案、结伙作案重大嫌疑的。公安机关拘留人的时候，必须出示拘留证，对于被拘留的人，应当在拘留后的 24 小时以内进行讯问。在发现不应当拘留的时候，必须立即释放，发给释放证明。

逮捕是指以羁押的方式剥夺犯罪嫌疑人、被告人人身自由的一种强制措施。对于有证据证明有犯罪事实，可能判处有期徒刑以上刑罚的犯罪嫌疑人、被告人，采取取保候审、监视居住等方法尚不足以防止发生社会危险性，而有逮捕必要的，应即依法逮捕。逮捕犯罪嫌疑人、被告人，必须经过人民检察院批准或者人民法院、人民检察院决定，由公安机关执行。公安机关要求逮捕犯罪嫌疑人的时候，应当写出提请批准逮捕书，连同案卷材料、证据，一并移送同级人民检察院审查批准。公安机关对被拘留的人，认为需要逮捕的，除特殊情况外，应当在拘留后的 3 日以内，提请人民检察院审查批准。公安机关逮捕人的时候，必须出示逮捕证。人民法院、人民检察院对于各自决定逮捕的人，公安机关对于经人民检察院批准逮捕的人，都必须在24 小时以内进行讯问。在发现不应当逮捕的时候，必须立即释放，发给释放证明。

除了上述 5 种强制措施之外，为了有利于人民群众同犯罪行为进行斗争，我国刑事诉讼法还有关于扭送的规定。对于有下列情形的人，任何公民都可以立即扭送公安机关、人民检察院或者人民法院处理：(1) 正在实行犯罪或者在犯罪后即时被发觉的；(2) 通缉在案的；(3) 越狱逃跑的；(4) 正在被追捕的。

二、民事诉讼中的强制措施

民事诉讼中的强制措施，是指人民法院为了排除对民事诉讼的干扰、破坏，保证民事诉讼的顺利进行，对妨害民事诉讼的人所采取的强制手段。采取这种强制手段，只能是在发生了妨害民事诉讼行为之后，而不能采取预防性的强制手段。

根据我国民事诉讼法的规定，民事诉讼中的强制措施有拘传、训诫、责令退出法庭、罚款、拘留5种。

人民法院对必须到庭的被告，经两次传票传唤，无正当理由拒不到庭的，可以拘传。

人民法院对违反法庭规则的诉讼参与人和其他人，可以予以训诫，责令退出法庭，或者予以罚款、拘留。人民法院对哄闹、冲击法庭，侮辱、诽谤、威胁、殴打审判人员，严重扰乱法庭秩序的人，依法追究刑事责任；情节较轻的，予以罚款、拘留。

诉讼参与人或者其他人有下列行为之一的，人民法院可以根据情节轻重，予以罚款、拘留；构成犯罪的，依法追究刑事责任：

(1) 伪造、毁灭重要证据，妨碍人民法院审理案件的；

(2) 以暴力、威胁、贿买方法阻止证人作证或者指使、贿买、胁迫他人作伪证的；

(3) 隐藏、转移、变卖、毁损已被查封、扣押的财产，或者已被清点并责令其保管的财产，转移已被冻结的财产的；

(4) 对司法工作人员、诉讼参加人、证人、翻译人员、鉴定人、勘验人、协助执行的人，进行侮辱、诽谤、诬陷、殴打或者打击报复的；

(5) 以暴力、威胁或者其他方法阻碍司法工作人员执行职务的；

(6) 拒不履行人民法院已经发生法律效力的判决、裁定的。

人民法院对有上述行为之一的单位，可以对其主要负责人或者直接责任人员予以罚款、拘留；构成犯罪的，依法追究刑事责任。

有义务协助调查、执行的单位有下列行为之一的，人民法院除责令其履行协助义务外，并可予以罚款：

(1) 有关单位拒绝或者妨碍人民法院调查取证的；

(2) 银行、信用合作社和其他有储蓄业务的单位接到人民法院协助执行通知书后，拒不协助查询、冻结或者划拨存款的；

(3) 有关单位接到人民法院协助执行通知书后，拒不协助扣留被执行人的收入、办理有关财产权证照转移手续，转交有关票证、证照或者其他财产的；

(4) 其他拒绝协助执行的。

人民法院对有上述行为的单位，可以对其主要负责人或者直接责任人员予以罚款；还可以向监察机关或者有关机关提出予以纪律处分的司法建议。

对个人的罚款金额为人民币1 000元以下，对单位的罚款金额为人民币1 000元以上3万元以下。拘留的期限为15日以下，被拘留的人由人民法院交公安机关看管。在拘留期间被拘留的人承认并改正错误的，人民法院可以决定提前解除拘留。

三、行政诉讼中的强制措施

行政诉讼中的强制措施有训诫、责令具结悔过、罚款、拘留4种。

在行政诉讼中，诉讼参与人或者其他人有下列行为之一的，人民法院可以根据情节轻重，予以训诫、责令具结悔过或者处1 000元以下的罚款、15日以下的拘留；构成犯罪的，依法追究刑事责任：

(1) 有义务协助执行的人，对人民法院的协助执行通知书无故推脱、拒绝或者妨碍执行的；

(2) 伪造、隐藏、毁灭证据的；

(3) 指使、贿买、胁迫他人作伪证或者威胁、阻止证人作证的；

(4) 隐藏、转移、变卖、毁损已被查封、扣押、冻结的财产的；

(5) 以暴力、威胁或者其他方法阻碍人民法院工作人员执行职务或者扰乱人民法院工作秩序的；

(6) 对人民法院工作人员、诉讼参与人、协助执行人侮辱、诽谤、诬陷、殴打或者打击报复的。

第六节 诉讼程序

一、诉讼程序概述

诉讼程序是指由诉讼法所规定的解决案件的活动过程，亦即办案机关和案件当事人为了解决案件，依照诉讼法的规定而进行的，既分阶段又相连贯的活动过程。

我国的刑事诉讼程序、民事诉讼程序和行政诉讼程序，都包括起诉、审判、执行三个阶段。但是刑事诉讼中的公诉案件，除了包括这三个阶段外，在起诉之前还有立案和侦查两个阶段。

起诉是指向人民法院提起诉讼，即请求人民法院对特定的案件进行审判。刑事案件的起诉有公诉和自诉之分。公诉是指检察机关代表国家为了追究被告人的刑事责任而向人民法院提起诉讼。自诉是指被害人或其法定代理人为了追究被告人的刑事责任而直接向人民法院提起诉讼。根据我国刑事诉讼法的规定，只有属于法定范围的自诉案件，被害人或其法定代理人才能提起自诉。

审判是指人民法院进行审理和判决。审判的主要任务是查清案件事实，分清案件性质，然后根据有关的法律规定，对案件作出处理决定，即判决。审判有刑事审判、民事审判、行政审判之分。由于我国各种诉讼都实行两审终审制原则，因而刑事审判程序、民事审判程序、行政审判程序都包括第一审程序和第二审程序。第一审程序是诉讼案件的最初审级的审判程序。第二审程序又称上诉审程序，是上一级人民法院根据当事人因不服第一审的判决、裁定而提出的上诉或者检察机关提出的抗诉而对第一审案件重新进行审理的程序。第二审人民法院的裁判是终审裁判。但是，在刑事诉讼、民事诉讼、行政诉讼中，第二审程序都不是一切案件的必经程序。民事诉讼中依照特别程序审理的案件，实行一审终审制。各种诉讼中最高人民法院的判决、裁定，以及依法不准上诉或者超过上诉期没有上诉的判决、裁定，都是不经过第二审而发生法律效力的判决、裁定。

人民法院对诉讼案件所作的有拘束力的决定，包括判决和裁定，但二者有所不同。判决是人民法院在审理案件终结时对实体问题所作的处理决定；裁定则是人民法院在审理案件的过程中或者执行判决的过程中对程序问题或者部分实体问题所作的决定。判决和裁定可以合称为裁判。依法准许上诉、抗诉的裁判，如果在法定期间不上诉、抗诉，逾期后即发生法律效力。依法不许上诉、抗诉的裁判，在宣告或者送达判决书时即发生法律效力。

我国各种诉讼的审判程序，除了第一审程序和第二审程序之外，还有一种不属于审级的诉讼程序，即审判监督程序。审判监督程序是指人民法院或人民检察院对于已经发生法律效力的判决和裁定，发现其在认定事实或者适用法律上确有错误时，依职权提起重新审判或要求重新审判予以纠正的程序。另外，在我国刑事诉讼中，为了从制度上保证死刑案件的质量，防止错杀，还设有死刑复核程序。在我国民事诉讼中，为了适应改革开放和市场经济的需要，还设有督促程序、公示催告程序和企业法人破产还债程序。

执行是指依照法定程序，将已经发生法律效力的判决、裁定等法律文书，按照其内容和要求，切实付诸实现的诉讼活动。执行是诉讼程序的最终阶段，能保证人民法院审判任务的彻底实现。

二、刑事诉讼程序

在我国，刑事案件大多数为公诉案件。公诉案件的诉讼程序包括立案、侦查、起诉（提起公诉）、审判、执行五个阶段。自诉案件则在立案后即可进入审判阶段，不需要经过侦查和提起公诉。

（一）立案

刑事案件的立案，是指公、检、法机关发现犯罪事实或犯罪嫌疑人，认为依法应当追究刑事责任，决定作为刑事案件进行侦查或审判的诉讼活动。立案是刑事诉讼的开始。

根据我国刑事诉讼法的规定，任何单位和个人发现有犯罪事实或犯罪嫌疑人，有权利也有义务向公、检、法机关报案或者举报。被害人对侵犯其人身、财产权利的犯罪事实或犯罪嫌疑人，有权向公、检、法机关报案或者控告。公、检、法机关对于报案、控告、举报以及犯罪人的自首，都应当接受。对于不属于自己管辖的，应当移送主管机关处理；如果是不属于自己管辖而又必须采取紧急措施的，应当先采取紧急措施，然后移送主管机关。

对于自诉案件，被害人有权向人民法院直接起诉。被害人死亡或者丧失行为能力的，被害人的法定代理人、近亲属有权向人民法院起诉。人民法院应当依法受理。

（二）侦查

侦查是指公安机关、检察机关在办案过程中依法进行的专门调查工作和有关的强制性措施。侦查是公诉案件的必经程序。

根据我国刑事诉讼法的规定，侦查活动包括：讯问犯罪嫌疑人；询问证人；勘验、检查；搜查；扣押物证、书证；鉴定；通缉。

公安机关对已经立案的刑事案件，应当进行侦查，收集、调取犯罪嫌疑人有罪或者无罪、罪轻或者罪重的证据材料。对现行犯或者重大嫌疑分子可以依法先行拘留，对符合逮捕条件的犯罪嫌疑人，应当依法逮捕。经过侦查，对于有证据证明有犯罪事实的案件，应当进行预审，对收集、调取的证据材料予以核实。侦查终结的案件，应当做到犯罪事实清楚，证据确实、充分，写出起诉意见书，连同案卷材料、证据，一并移送同级人民检察院审查决定。在侦查过程中，发现不应对犯罪嫌疑人追究刑事责任的，应当撤销案件。

人民检察院直接受理的案件，由人民检察院进行侦查。对侦查终结的案件，应当作出提起公诉、不起诉或者撤销案件的决定。

（三）起诉

公诉案件起诉阶段的诉讼活动，包括审查起诉、提起公诉、不起诉等。

审查起诉是指人民检察院对公安机关侦查终结后提出起诉意见书的案件，进行审查，并决定是否向人民法院提起诉讼。凡是需要提起公诉的案件，一律由人民检察院审查决定。人民检察院审查案件时，必须查明：（1）犯罪事实、情节是否清楚，证据是否确实、充分，犯罪性质和罪名的认定是否正确；（2）有无遗漏罪行和其他应当追究刑事责任的人；（3）是否属于不应追究刑事责任的；（4）有无附带民事诉讼；（5）侦查活动是否合法。人民检察院审查案件，可以要求公安机关提供法庭审判所必需的证据材料。对于需要补充侦查的，可以退回公安机关补充侦查，也可以自行侦查。对于补充侦查的案件，仍然认为证据不足，不符合起诉条件的，可以作出不起诉的决定。

人民检察院提起公诉的案件，应具备三个条件：（1）犯罪嫌疑人的犯罪事实已经查清；（2）证据确实、充分；（3）依法应当追究刑事责任。对于符合这三个条件的案件，人民检察院应当作出起诉决定，按照审判管辖的规定，向人民法院提起公诉。

犯罪嫌疑人有我国刑事诉讼法所规定的不应追究刑事责任的情形之一的，人民检察院应当作出不起诉决定。这种不起诉在学理上称为绝对的不起诉。

对于犯罪情节轻微，依照刑法规定不需要判处刑罚或者免除刑罚的，人民检察院可以作出不起诉决定，这种不起诉在学理上称为相对的不起诉。

对于不起诉人，如果需要给予行政处罚、行政处分或者需要没收其违法所得的，人民检察院应当提出意见，移送有关主管机关处理。

（四）审判

1. 第一审程序

我国刑事诉讼法对公诉案件和自诉案件的第一审程序分别作了规定。同时，对于某些公诉案件和自诉案件，还有简易程序的规定。

公诉案件的第一审程序，可分为开庭前的准备和法庭审理两大阶段。

人民法院在开庭前的准备中，应当做好下列工作：确定合议庭组成人员；将起诉书副本送达被告人；将开庭的时间、地点通知人民检察院；传唤、通知有关人员到庭；确定案件是否公开审理；公布案由和开庭的时间、地点。

法庭审理又称开庭审理，是指人民法院的审判人员通过开庭的方式，在公诉人、当事人及其他诉讼参与人的参加下，调查案情，查对核实证据，全面听取诉讼各方对案件事实和适用法律的意见，然后确定被告人是否有罪、罪行轻重以及应当处以何种刑罚的诉讼活动。法庭审理的程序，可分为开庭、法庭调查、法庭辩论、被告人最后陈述、合议庭评议和宣判等步骤。根据已经查明的事实、证据和有关的法律规定，法庭应当分别作出以下判决：（1）案件事实清楚，证据确实、充分，依据法律认定被告人有罪的，作出有罪判决；（2）依据法律认定被告人无罪的，作出无罪判决；（3）证据不足，不能认定被告人有罪的，作出证据不足、指控的犯罪不能成立的无罪判决。

人民法院审判第一审案件应当公开进行。但是，有关国家秘密或者个人隐私的案件，不公开审理；14 周岁以上不满 16 周岁未成年人犯罪的案件，一律不公开审理；16 周岁以上不满 18 周岁未成年人犯罪的案件，一般也不公开审理。但宣告判决一律公开进行。

人民法院对于自诉案件，在进行审查后，对于犯罪事实清楚，有足够证据的案件，应当开庭审判；对于缺乏罪证的自诉案件，如果自诉人提不出补充证据，应当说服自诉人撤回自诉，或者裁定驳回。对于告诉才处理的案件以及被害人有证据证明的轻微刑事案件，人民法院可以进行调解。自诉人在宣告判决前，可以同被告人自行和解或者撤回自诉。

人民法院对于下列案件，可以适用简易程序，由审判员一人独任审判：（1）对依法可能判处 3 年以下有期徒刑、拘役、管制、单处罚金的公诉案件，事实清楚、证据充分，人民检察院建议或者同意适用简易程序的；（2）告诉才处理的案件；（3）被害人起诉的有证据证明的轻微刑事案件。

适用简易程序审理公诉案件，人民检察院可以不派员出席法庭，也可以派员出席法庭。不派员出席法庭的，被告人可以就起诉书指控的犯罪进行陈述和辩护；派员出席法庭的，经审判人员许可，被告人及其辩护人可以同公诉人互相辩论。适用简易程序审理自诉案件，在宣读起诉书后，经审判人员许可，被告人及其辩护人可以同自诉人及其诉讼代理人互相辩论。适用简易程序审理案件，在判决宣告前应当听取被告人的最后陈述意见。

2. 第二审程序

根据我国刑事诉讼法的规定，对第一审的判决、裁定有上诉权的人有两种：一种是案件的被告人、自诉人和他们的法定代理人，这种人是可以独立行使上诉权的人，只要他们依法提出上诉，就引起第二审程序。另一种是征得被告人同意后提出上诉的被告人的辩护人和近亲属，这种人是不能独立行使上诉权的人，他们提出上诉，必须征得被告本人的同意。对于被告人的上诉权，不得以任何借口加以剥夺。

对第一审的判决、裁定行使抗诉权的，是同级人民检察院。地方各级人民检察院认为本级人民法院第一审的判决、裁定确有错误的时候，应当向上一级人民法院提出抗诉。

根据我国刑事诉讼法的规定，不服判决的上诉和抗诉的期限为 10 日，不服裁定的上诉和抗诉的期限为 5 日。

第二审人民法院审理上诉案件，应当就第一审判决认定的事实和适用法律进行全面审查，不受上诉或抗诉范围的限制。共同犯罪的案件，如果只有部分被告人提出上诉，也应对全案进行审查，一并处理。

第二审案件应当开庭审理；合议庭经过阅卷、讯问被告人、听取其他当事人、辩护人、诉讼代理人的意见，对事实清楚的，可以不开庭审理。但是所有的死刑第二审案件都应当实行开庭审理。控辩双方对于关键证人的证言和鉴定结论有异议的，在二审期间证人、鉴定人等应当出庭作证。

第二审人民法院对上诉或抗诉的案件经过审理后，对原判决认定事实和适用法律正确、量刑适当的，应当裁定驳回上诉或抗诉，维持原判；对原判决认定事实没有错误，但适用法律有错误或者量刑不当的，应当改判；原判决事实不清或者证据不足的，可以在查清事实后改判，也可以撤销原判，发回原审人民法院重新审判；发现第一审人民法院违反法定的诉讼程序或者剥夺、限制了当事人的法定诉讼权利，可能影响公正审判的，也应当撤销原判，发回原审人民法院重新审判。

在我国刑事诉讼中，实行上诉不加刑的原则。上诉不加刑的原则是指被告人及其法定代理人、辩护人、近亲属上诉的案件，第二审人民法院审理后，不得加重被告人的刑罚。但是，人民检察院抗诉和自诉人上诉的案件，不在此限。

3. 死刑复核程序

死刑复核程序适用于判处死刑和判处死刑缓期 2 年执行的案件。

根据我国刑事诉讼法的规定，死刑由最高人民法院核准。中级人民法院判处死刑的第一审案件，被告人不上诉的，应当由高级人民法院复核后，报请最高人民法院核准。高级人民法院不同意判处死刑的，可以提审或者发回重新审判。高级人民法院判处死刑的第一审案件被告人不上诉的，以及判处死刑的第二审案件，都应当报请最高人民法院核准。

依照最高人民法院于2007 年 2 月 27 日发布的《关于复核死刑案件若干问题的规定》，对于各地报请复核的死刑案件，最高人民法院原则上只能作出核准死刑或者不核准死刑的裁定；只有在少数特定情况下，可以依法改判。

中级人民法院判处死刑缓期 2 年执行的案件，由高级人民法院核准。

4. 审判监督程序

各级人民法院院长对本院已经发生法律效力的判决和裁定，如果发现在认定事实或适用法律上确有错误，必须提交审判委员会处理。最高人民法院对各级人民法院已经发生法律效力的判决和裁定，上级人民法院对下级人民法院已经发生法律效力的判决和裁定，如果发现确有错误，有权提审或者指令下级人民法院再审。最高人民检察院对各级人民法院已经发生法律效力的判决和裁定，上级人民检察院对下级人民法院已经发生法律效力的判决和裁定，如果发现确有错误，有权按照审判监督程序向同级人民法院提出抗诉。

人民法院按照审判监督程序重新审判的案件，如果原来是第一审案件，应当依照第一审程序进行审判，所作的判决、裁定，可以上诉、抗诉；如果原来是第二审案件，或者是上级人民法院提审的案件，应当依照第二审程序进行审判，所作的判决、裁定，是终审的判决、裁定。

当事人及其法定代理人、近亲属，对已经发生法律效力的判决、裁定，可以向人民法院或者人民检察院提出申诉，但是不能停止判决、裁定的执行。他们的申诉符合下列情形之一的，人民法院应当重新审判：（1）有新的证据证明原判决、裁定认定的事实有错误的；（2）据以定罪量刑的证据不确实、不充分或者证明案件事实的主要证据之间存在矛盾的；（3）原判决、裁定适用法律确有错误的；（4）审判人员在审理该案件的时候，有贪污受贿、徇私舞弊、枉法裁判行为的。

（五）执行

1. 对各种判决、裁定的执行

根据我国刑事诉讼法的规定，各种判决和裁定，均应在发生法律效力后执行。所谓发生法律效力的判决和裁定是指：（1）已过法定期限没有上诉、抗诉的判决和裁定；（2）终审的判决和裁定；（3）最高人民法院核准的死刑的判决和高级人民法院核准的死刑缓期 2 年执行的判决。

第一审人民法院判决被告人无罪、免除刑事处罚的，如果被告人在押，在宣判后应当立即释放。

对于死刑的执行、死刑缓期 2 年执行的执行、其他各种刑罚的执行，以及罪犯的缓刑、减刑、假释的执行，我国刑事诉讼法分别作了具体规定。

2. 人民检察院对执行的监督

人民检察院对执行机关执行刑罚的活动是否合法实行监督。如果发现有违法的情况，应当通知执行机关纠正。

三、民事诉讼程序

（一）第一审普通程序

第一审普通程序是民事审判活动所适用的最基本的法定程序。第一审人民法院审理民事案件，除了依照简易程序进行以外，都应依照第一审普通程序进行。

1. 起诉

民事起诉必须符合 4 个条件：（1）原告是与本案有直接利害关系的公民、法人和其他组织；（2）有明确的被告；（3）有具体的诉讼请求和事实、理由；（4）属于人民法院受理民事诉讼的范围和受诉人民法院管辖。凡是符合以上 4 个条件的起诉，人民法院必须受理。

人民法院对于下列起诉，应当分别情形，予以处理：

（1）依照行政诉讼法的规定，属于行政诉讼受案范围的，告知原告提起行政诉讼；

（2）依照法律规定，双方当事人对合同纠纷自愿达成书面仲裁协议向仲裁机构申请仲裁，不得向人民法院起诉的，告知原告向仲裁机构申请仲裁；

（3）依照法律规定，应当由其他机关处理的争议，告知原告向有关机关申请解决；

（4）对不属于本院管辖的案件，告知原告向有管辖权的人民法院起诉；

（5）对判决、裁定已经发生法律效力的案件，当事人又起诉的，告知原告按照申诉处理，但人民法院准许撤诉的裁定除外；

（6）依照法律规定，在一定期限内不得起诉的案件（如女方在怀孕期间和分娩后一年内，男方不得提起离婚诉讼等），在不得起诉的期限内起诉的，不予受理；

（7）判决不准离婚和调解和好的离婚案件，判决、调解维持收养关系的案件，没有新情况、新理由，原告在 6 个月内又起诉的，不予受理。

人民法院收到起诉状或者口头起诉，经审查，认为符合起诉条件的，应当在 7 日内立案，并通知当事人；认为不符合起诉条件的，应当在 7 日内裁定不予受理。

原告对裁定不服的，可以提起上诉。

2. 审判

人民法院应当在立案之日起5日内将起诉状副本发送被告，被告在收到之日起15日内提出答辩状。被告提出答辩状的，人民法院应当在收到之日起5日内将答辩状副本发送原告；被告不提出答辩状的，不影响人民法院审理。

在开庭审判前，审判人员必须认真审核诉讼材料，调查收集必要的证据。人民法院在必要时可以委托外地人民法院调查。

人民法院审理民事案件，除涉及国家秘密、个人隐私或者法律另有规定的以外，应当公开进行。但是，离婚案件和涉及商业秘密的案件，当事人申请不公开审理的，可以不公开审理。

人民法院审理民事案件，可以根据需要进行巡回审理，就地办案。

民事案件的开庭审理，包括开庭准备、法庭调查、法庭辩论、宣告判决等阶段。法庭辩论终结时，由审判长按原告、被告、第三人的先后顺序，征询各方的最后意见。在法庭辩论终结之后判决之前，能够调解的还可以进行调解，调解不成的应当及时判决。

在开庭审理中，原告经传票传唤，无正当理由拒不到庭的，或者未经法庭许可中途退庭的，可以按撤诉处理；被告反诉的，可以缺席判决。被告经传票传唤，无正当理由拒不到庭的，或者未经法庭许可中途退庭的，可以缺席判决。

在宣判之前，原告申请撤诉的，是否准许，由人民法院裁定。人民法院裁定不准许撤诉的，原告经传票传唤，无正当理由拒不到庭的，可以缺席判决。

人民法院对公开审理或者不公开审理的案件，一律公开宣告判决。当庭宣判的，应当在10日内发送判决书；定期宣判的，宣判后立即发给判决书。宣告判决时，必须告知当事人上诉权利、上诉期限和上诉的法院。宣告离婚判决，必须告知当事人在判决发生效力前不得另行结婚。

3. 财产保全和先予执行

财产保全是指人民法院为使将来的判决得到执行，对与案件有关的财产所采取的强制性的保全措施。财产保全包括诉讼中的财产保全和诉讼前的财产保全。

诉讼中的财产保全又称诉讼保全，是指：人民法院对于可能因诉讼当事人一方的行为或者其他原因，使判决不能执行或者难以执行的案件，在诉讼开始后，可以根据对方当事人的申请，作出财产保全的裁定；当事人没有提出申请的，人民法院在必要时也可以裁定采取财产保全措施。在采取财产保全措施时，可以责令申请人提供担保，申请人不提供担保的，驳回申请。

诉讼前的财产保全又称诉前保全，是指：利害关系人因情况紧急，不立即申请财产保全将会使其合法权益受到难以弥补的损害的，可以在起诉前向人民法院申请采取财产保全措施。申请人应当提供担保，不提供担保的，驳回申请。

财产保全限于诉讼请求的范围，或者与本案有关的财物。财产保全采取查封、扣押、冻结或者法律规定的其他方法。被申请人提供担保的，人民法院应当解除财产保全。申请有错误的，申请人应当赔偿被申请人因财产保全所遭受的损失。

先予执行是指人民法院在作出判决之前，根据当事人的申请，裁定先予执行，以解决申请人生活或生产经营的急需的措施。

人民法院对下列案件，根据当事人的申请，可以裁定先予执行：(1) 追索赡养费、扶养费、抚育费、抚恤金、医疗费用的案件；(2) 追索劳动报酬的案件；(3) 因情况紧急需要先予执行的案件。

人民法院裁定先予执行，应当符合三个条件：(1) 当事人之间权利义务关系明确；(2) 不先予执行将严重影响申请人的生活或者生产经营；(3) 被申请人有履行能力。

人民法院可以责令申请人提供担保，申请人不提供担保的，驳回申请。申请人败诉的，应当赔偿被申请人因先予执行遭受的财产损失。

4. 诉讼中止和终结

诉讼中止是指在诉讼进行中，由于存在或者发生某种特殊情形，而暂时中断诉讼程序的进行。有下列情形之一的，应当中止诉讼：(1) 一方当事人死亡，需要等待继承人表明是否参加诉讼的；(2) 一方当事人丧失诉讼行为能力，尚未确定法定代理人的；(3) 作为一方当事人的法人或者其他组织终止，尚未确定权利义务承受人的；(4) 一方当事人因不可抗拒的事由，不能参加诉讼的；(5) 本案必须以另一案的审理结果为依据，而另一案尚未审结的；(6) 其他应当中止诉讼的情形。中止诉讼的原因消除后，恢复诉讼。

诉讼终结是指在诉讼进行中，由于存在或者发生某种情形，使得诉讼程序不可能继续进行，或者继续进行已无实际意义，而终结诉讼程序。有下列情形之一的，终结诉讼：(1) 原告死亡，没有继承人，或者继承人放弃诉讼权利的；(2) 被告死亡，没有遗产，也没有应当承担义务的人的；(3) 离婚案件一方当事人死亡的；(4) 追索赡养费、扶养费、抚育费以及解除收养关系案件的一方当事人死亡的。

（二）简易程序

简易程序是简化了的第一审普通程序。它适用于基层人民法院和它派出的法庭审理事实清楚、权利义务关系明确、争议不大的简单的民事案件。

对简单的民事案件，原告可以口头起诉，当事人双方可以同时到基层人民法院或者它派出的法庭请求解决纠纷。基层人民法院或者它派出的法庭可以当即审理，也可以另定日期审理。审理时由审判员一人独任审理。

（三）第二审程序

当事人不服地方人民法院第一审判决和裁定的，有权在判决书送达之日起15日内或者裁定书送达之日起10日内，向上一级人民法院提起上诉。

第二审人民法院审理上诉案件一律采取合议制。审理时应当对上诉请求的有关事实和适用法律进行审查。审理中可以进行调解，达成协议的应当制作调解书，调解书送达后，原审人民法院的判决即视为撤销。

第二审人民法院对上诉案件，经过审理，按照下列情形分别处理：（1）原判决认定事实清楚，适用法律正确的，判决驳回上诉，维持原判决；（2）原判决适用法律错误的，依法改判；（3）原判决认定事实错误或者认定事实不清，证据不足，裁定撤销原判决，发回原审人民法院重审，或者查清事实后改判；（4）原判决违反法定程序，可能影响案件正确判决的，裁定撤销原判决，发回原审人民法院重审。当事人对重审案件的判决、裁定，可以上诉。

第二审人民法院判决宣告前，上诉人申请撤回上诉的，是否准许，由第二审人民法院裁定。

（四）特别程序

特别程序是指人民法院审理选民资格案件、宣告失踪或者宣告死亡案件、认定公民无民事行为能力或者限制民事行为能力案件、认定财产无主案件所适用的法定程序。

依照特别程序审理的案件，实行一审终审。对选民资格案件或者重大、疑难案件的审理实行合议制，其他案件由审判员一人独任审理。

人民法院在适用特别程序审理案件的过程中，如果发现本案属于民事权益争议，应当裁定终结特别程序，并告知利害关系人可以另行起诉。

（五）审判监督程序

在民事诉讼中，人民法院或者人民检察院对于已经发生法律效力的判决和裁定，发现其在认定事实或者适用法律上确有错误时，依照审判监督程序提起重新审判予以纠正的，其有关规定与刑事诉讼法中的有关规定大体相同，但是更为具体。

民事诉讼当事人对已经发生法律效力的判决、裁定，除了解除婚姻关系的判决之外，认为有错误的，可以向原审人民法院或者上一级人民法院申请再审，但是不停止判决、裁定的执行。申请再审应当在判决、裁定发生法律效力后2年内提出。

当事人的申请符合下列情形之一的，人民法院应当再审：（1）有新的证据，足以推翻原判决、裁定的；（2）原判决、裁定认定事实的主要证据不足的；（3）原判决、裁定适用法律确有错误的；（4）人民法院违反法定程序，可能影响案件正确判决、裁定的；（5）审判人员在审理该案件时有贪污受贿、徇私舞弊、枉法裁判行为的。人民法院对不符合上列情况的申请，予以驳回。

当事人对已经发生法律效力的调解书，提出证据证明调解违反自愿原则或者调解协议的内容违反法律的，也可以申请再审。经人民法院审查属实的，应当再审。

（六）督促程序、公示催告程序、企业法人破产还债程序

督促程序是指人民法院接受债权债务关系明确、合法的债权人的申请，向债务

人发出支付令，督促债务人向债权人给付金钱或者有价证券所适用的法定程序。

公示催告程序是指人民法院接受可以背书转让的票据的持有人因票据被盗、遗失或者灭失而提出的主张票据权利的申请，通知支付人停止支付，并发出公告催促利害关系人申报权利所适用的法定程序。

企业法人破产还债程序是指人民法院处理集体企业、私营企业、外商投资企业等非全民所有制企业法人破产还债案件所适用的法定程序。全民所有制企业的破产还债程序，仍应适用《中华人民共和国企业破产法》的规定。不是法人的企业、个体工商户、农村承包经营户、个人合伙，不适用企业法人破产还债程序的规定。

（七）执行程序

民事案件的执行程序，是指人民法院对于拒绝履行已经发生法律效力的民事判决、裁定、调解书和其他应当履行的法律文书中所确定的义务的当事人，依法强制其履行义务的法定程序。

作为执行的根据的法律文书有两类：一类是发生法律效力的民事判决、裁定，以及刑事判决、裁定中的财产部分；另一类是其他应当由人民法院执行的法律文书，如调解书、仲裁机构的生效裁决、公证机关依法赋予强制执行效力的债权文书等。前一类由第一审人民法院执行，后一类由被执行人住所地或者被执行的财产所在地人民法院执行。

当事人拒绝履行发生法律效力的民事判决、裁定的，可以由对方当事人向人民法院申请执行，也可以由审判员移送执行员执行。当事人拒绝履行调解书和其他应当由人民法院执行的法律文书的，则只能由对方当事人向人民法院申请执行。

申请执行的期限，双方或者一方当事人是公民的为1年，双方是法人或者其他组织的为6个月。

民事执行的措施有以下9种：

（1）向银行、信用合作社或者其他有储蓄业务的单位查询被执行人的存款情况，冻结、划拨被执行人应当履行义务部分的存款。

（2）扣留、提取被执行人应当履行义务部分的收入，但是应当保留被执行人及其所扶养的家属的生活必需费用。

（3）查封、扣押、冻结、拍卖、变卖被执行人应当履行义务部分的财产，但是应当保留被执行人及其所扶养的家属的生活必需品。

（4）对隐匿财产的被执行人及其住所或者财产隐匿地进行搜查。

（5）强制被执行人交付法律文书所指定交付的财物或者票证。

（6）强制被执行人迁出房屋或者退出土地。

（7）强制被执行人履行法律文书所指定的行为，或者委托有关单位或其他人完成，费用由被执行人承担。

（8）被执行人未按法律文书指定的期间履行给付金钱的义务的，应当加倍支付迟延履行期间的债务利息；未按法律文书指定的期间履行其他义务的，应当支付迟延履行金。

(9) 在人民法院采取上述第1、2、3种强制执行的措施后，被执行人仍然不能偿还债务的，应当继续履行债务；债权人发现被执行人有其他财产的，可以随时请求人民法院执行。

有下列情形之一的，人民法院应当裁定中止执行：(1) 申请人表示可以延期执行的；(2) 案外人对执行标的提出确有理由的异议的；(3) 作为一方当事人的公民死亡，需要等待继承人继承权利或者承担义务的；(4) 作为一方当事人的法人或者其他组织终止，尚未确定权利义务承受人的；(5) 人民法院认为应当中止执行的其他情形。中止的情形消失后，恢复执行。

有下列情形之一的，人民法院裁定终结执行：(1) 申请人撤销申请的；(2) 据以执行的法律文书被撤销的；(3) 作为被执行人的公民死亡，无遗产可供执行，又无义务承担人的；(4) 追索赡养费、扶养费、抚育费案件的权利人死亡的；(5) 作为被执行人的公民因生活困难无力偿还借款，无收入来源，又丧失劳动能力的；(6) 人民法院认为应当终结执行的其他情形。

四、行政诉讼程序

(一) 起诉和受理

根据我国行政诉讼法的规定，当事人提起行政诉讼的程序，可分两种情况：一是先经申请行政复议然后起诉。即是，当事人先向有关的行政复议机关申请复议，对复议决定不服的，再向人民法院起诉。二是不经申请复议而直接起诉。以上两种程序，当事人可选择其一。但是，如果有关的法律、法规规定须以行政复议为起诉的先行程序的，当事人须依照有关法律、法规的规定，先向行政机关申请复议，对复议决定不服再向人民法院起诉。

当事人如果单独就行政损害赔偿提出请求，应当先由行政机关解决。对行政机关的处理不服，可以向人民法院起诉。

当事人提起行政诉讼，应当符合下列条件：(1) 原告是认为具体行政行为侵犯其合法权益的公民、法人或者其他组织；(2) 有明确的被告；(3) 有具体的诉讼请求和事实根据；(4) 属于人民法院受案范围和受诉人民法院管辖。

关于起诉的期限，我国行政诉讼法规定：(1) 申请行政复议的，行政复议机关应当在收到申请书之日起2个月内作出决定；申请人对复议决定如果不服，可以在收到复议决定书之日起15日内向人民法院提起诉讼；行政复议机关如果逾期不作决定，申请人可以在复议期满之日起15日内向人民法院提起诉讼。但是，如果现行法律、法规对上述期限另有规定的，应按现行法律、法规的规定办理。(2) 直接起诉的，应当在知道作出具体行政行为之日起3个月内提出，法律另有规定的除外。(3) 当事人因不可抗力或者其他特殊情况耽误法定期限的，在障碍消除后的10日内，可以申请延长期限，由人民法院决定。

人民法院接到起诉状后，应当在7日内立案或者作出不予受理的裁定。原告对裁定不服的，可以提出上诉。

(二) 审理和判决

1. 第一审程序

人民法院应当在立案之日起5日内，将起诉状副本发送被告。被告应当在收到起诉状副本之日起10日内向人民法院提交作出具体行政行为的有关材料，并提出答辩状。人民法院应当在收到答辩状之日起5日内，将答辩状副本发送原告。被告不提出答辩状的，不影响人民法院审理。

人民法院审理行政案件，以法律和行政法规、地方性法规为依据。地方性法规适用于本行政区域内发生的行政案件。在审理民族自治地方的行政案件时，并以该民族自治地方的自治条例和单行条例为依据。

人民法院审理行政案件时，参照国务院部、委根据法律和国务院的行政法规、决定、命令制定、发布的规章以及省、自治区、直辖市和省、自治区的人民政府所在地的市和经国务院批准的较大的市的人民政府根据法律和国务院的行政法规制定、发布的规章。

人民法院认为地方人民政府制定、发布的规章与国务院部、委制定、发布的规章不一致的，以及国务院部、委制定、发布的规章之间不一致的，由最高人民法院送请国务院作出解释或者裁决。

人民法院对行政案件宣告判决或者裁定之前，原告申请撤诉的，或者被告改变其所作的具体行政行为，原告同意并申请撤诉的，是否准许，由人民法院裁定。

经人民法院两次合法传唤，原告无正当理由拒不到庭的，视为申请撤诉；被告无正当理由拒不到庭的，可以缺席判决。

人民法院经过审理，根据不同情况，分别作出以下判决：

(1) 具体行政行为证据确凿，适用法律、法规正确，符合法定程序的，判决维持。

(2) 具体行政行为有下列情形之一的，判决撤销或者部分撤销，并且可以判决被告重新作出具体行政行为：第一，主要证据不足；第二，适用法律、法规错误；第三，违反法定程序；第四，超越职权；第五，滥用职权。人民法院判决被告重新作出具体行政行为的，被告不得以同一事实和理由作出与原具体行政行为基本相同的具体行政行为。

(3) 被告不履行或者拖延履行法定职责的，判决其在一定期限内履行。

(4) 行政处罚显失公正的，可以判决变更。

当事人不服人民法院第一审判决的，有权在判决书送达之日起15日内向上一级人民法院提起上诉。当事人不服人民法院第一审裁定的，有权在裁定书送达之日起10日内向上一级人民法院提起上诉。逾期不提起上诉的，人民法院的第一审判决或裁定发生法律效力。

2. 第二审程序

人民法院审理上诉案件，按照下列情形，分别处理：

（1）原判决认定事实清楚，适用法律、法规正确的，判决驳回上诉，维持原判。

（2）原判决认定事实清楚，但是适用法律、法规错误的，依法改判。

（3）原判决认定事实不清，证据不足，或者由于违反法定程序可能影响案件正确判决的，裁定撤销原判，发回原审人民法院重审，也可以查清事实后改判。当事人对重审案件的判决、裁定，可以上诉。

3. 审判监督程序

人民法院院长对本院已经发生法律效力的判决、裁定，发现违反法律、法规规定，认为需要再审的，应当提交审判委员会决定是否再审。

上级人民法院对下级人民法院已经发生法律效力的判决、裁定，发现违反法律、法规规定的，有权提审或者指令下级人民法院再审。

人民检察院对人民法院已经发生法律效力的判决、裁定，发现违反法律、法规规定的，有权按照审判监督程序提出抗诉。

当事人对已经发生法律效力的判决、裁定，认为确有错误的，可以向原审人民法院或者上一级人民法院提出申诉，但申诉不能停止判决、裁定的执行。

（三）执行

行政诉讼的当事人，必须履行人民法院发生法律效力的判决、裁定。

公民、法人或者其他组织拒绝履行人民法院发生法律效力的判决、裁定的，行政机关可以向第一审人民法院申请强制执行，或者依法强制执行。

行政机关拒绝履行人民法院发生法律效力的判决、裁定的，第一审人民法院可以行使司法执行权，采取以下强制执行的措施：

（1）对应当归还的罚款或者应当给付的赔偿金，通知银行从该行政机关的账户内划拨。

（2）在规定期限内不履行的，从期满之日起，对该行政机关按日处50元至100元的罚款。

（3）向该行政机关的上一级行政机关或者监察、人事机关提出司法建议。接受司法建议的机关，根据有关规定进行处理，并将处理情况告知人民法院。

（4）拒不履行判决、裁定，情节严重构成犯罪的，依法追究主管人员和直接责任人员的刑事责任。

第七节 我国的律师制度、公证制度

一、我国的律师制度

在我国，律师是指依法取得律师执业证书，为社会提供法律服务的执业人员。

律师制度是我国的一项重要的司法制度。《中华人民共和国律师法》（1996 年 5 月 15 日全国人大常委会通过，1997 年 1 月 1 日起施行。2001 年 12 月 29 日修改，2002 年 1 月 1 日起施行。）对我国律师制度各方面的内容，如律师执业的基本原则、律师执业条件、律师执业机构、律师的业务范围和权利义务、律师协会、法律援助、法律责任等，都作了明确的规定。

（一）律师执业的基本原则

在我国，律师执业的基本原则是：（1）律师执业必须遵守宪法和法律，恪守律师职业道德和执业纪律。（2）律师执业必须以事实为根据，以法律为准绳。（3）律师执业应当接受国家、社会和当事人的监督。（4）律师依法执业受法律保护。

国务院司法行政部门依照律师法的规定，对律师、律师事务所和律师协会进行监督和指导。

（二）律师执业条件

律师执业需要具备两个基本条件，一是取得律师资格，二是取得律师执业证书。

取得律师资格的方式有二：一是因考试合格而取得。取得律师资格应当经过国家统一的司法考试。具有高等院校法律专业本科以上学历，或者高等院校其他专业本科以上学历具有法律专业知识的人员，经国家司法考试合格的，取得律师资格。适用上述学历条件确有困难的地方，经国务院司法行政部门审核确定，在一定期限内，可以将学历条件放宽为高等院校法律专业专科学历。另一是因考核批准而取得。具有高等院校法学本科以上学历，从事法律研究、教学等专业工作并具有高级职称或者具有同等专业水平的人员，申请律师执业的，经国务院司法行政部门按照规定的条件考核批准，授予律师资格。

凡是拥护我国宪法、具有律师资格、在律师事务所实习满一年、品行良好的人，可以申请领取律师执业证书。但是，对于无民事行为能力或限制民事行为能力的人，因故意犯罪而受过刑事处罚的人，被开除公职或被吊销律师执业证书的人，不予颁发律师执业证书。

凡是没有取得律师执业证书的人员，都不得以律师名义执业，不得为谋取经济利益而从事诉讼代理或者辩护业务。

国家机关的现职工作人员不得兼任执业律师。律师担任各级人大常委会组成人员期间，不得执业。

（三）律师事务所

律师事务所是律师的执业机构。律师事务所应具备的条件是：（1）有自己的名称、住所和章程；（2）有10万元以上人民币的资产；（3）有符合律师法规定的律师。

律师事务所包括：（1）国家出资设立的律师事务所。它依法自主开展律师业务，以该律师事务所的全部资产对其债务承担责任。（2）合作律师事务所。它以该律师事务所的全部资产对其债务承担责任。（3）合伙律师事务所。合伙人对该律师事务所的债务承担无限责任和连带责任。

律师承办业务，由律师事务所统一接受委托，与委托人签订书面委托合同，按照国家规定向当事人统一收取费用并如实入账。律师事务所和律师应当依法纳税。

律师应当在一个律师事务所执业，不得同时在两个以上律师事务所执业。但是律师执业不受地域限制。

（四）执业律师的业务范围和权利义务

律师可以从事下列业务：（1）接受公民、法人和其他组织的聘请，担任法律顾问；（2）接受民事案件、行政案件当事人的委托，担任代理人，参加诉讼；（3）接受刑事案件犯罪嫌疑人的聘请，为其提供法律咨询，代理申诉、控告，申请取保候审，接受犯罪嫌疑人、被告人的委托或者人民法院的指定，担任辩护人，接受自诉案件自诉人、公诉案件被害人或其近亲属的委托，担任代理人，参加诉讼；（4）代理各类诉讼案件的申诉；（5）接受当事人的委托，参加调解、仲裁活动；（6）接受非诉讼法律事务当事人的委托，提供法律服务；（7）解答有关法律的询问、代写诉讼文书和有关法律事务的其他文书。

律师不得在同一案件中，为双方当事人担任代理人。

曾担任法官、检察官的律师，从人民法院、人民检察院离任后两年内，不得担任诉讼代理人或辩护人。

执业律师依法享有的权利主要有：（1）律师参加诉讼活动，依照诉讼法律的规定，可以收集、查阅与本案有关的材料，同被限制人身自由的人员会见和通信，出席法庭，参与诉讼，以及享有诉讼法律规定的其他权利。（2）律师担任诉讼代理人或者辩护人的，其辩论或辩护的权利应当依法保障。（3）律师承办法律事务，经有关单位或个人同意，可以向他们调查情况。（4）律师在执业活动中的人身权利不受侵犯。

执业律师应当履行的义务主要有：（1）就其所从事的各项业务，忠实地进行执业活动。如，担任法律顾问的，应当为聘请人就有关法律问题提供意见，草拟、审查法律文书，代理参加诉讼、调解或者仲裁活动，办理聘请人委托的其他法律事务，维护聘请人的合法权益；担任诉讼法律事务代理人或非诉讼法律事务代理人的，应当在受委托的权限内，维护委托人的合法权益；担任刑事辩护人的，应当根据事实和法律，提出证明犯罪嫌疑人、被告人无罪、罪轻或者减轻、免除其刑事责任的材料和意见，维护犯罪嫌疑人、被告人的合法权益，等等。(2) 按照国家规定承担法律援助义务，尽职尽责地为受援人提供法律服务。(3) 保守在执业活动中知悉的国家秘密和当事人的商业秘密，不泄露当事人的隐私。(4) 在执业活动中不得有下列行为：①私自接受委托，私自向委托人收取费用，收受委托人的财物；②利用提供法律服务的便利牟取当事人争议的权益，或者接受对方当事人的财物；③违反规定会见法官、检察官、仲裁员；④向法官、检察官、仲裁员以及其他有关工作人员请客送礼或者行贿，或者指使、诱导当事人行贿；⑤提供虚假证据，隐瞒事实或者威胁、利诱他人提供虚假证据，隐瞒事实以及妨碍对方当事人合法取得证据；⑥扰乱法庭、仲裁庭秩序，干扰诉讼、仲裁活动的正常进行。

(五) 律师协会

律师协会是社会团体法人，是律师的自律性组织。全国设立中华全国律师协会；省、自治区、直辖市设立地方律师协会，设区的市根据需要可以设立地方律师协会。

律师必须加入所在地的地方律师协会。加入地方律师协会的律师，同时是中华全国律师协会的会员。律师协会会员按照律师协会章程，享有章程赋予的权利，履行章程规定的义务。

律师协会按照章程对律师给予奖励或者给予处分。

(六) 法律援助

公民在赡养、工伤、刑事诉讼、请求国家赔偿和请求依法发给抚恤金等方面需要获得律师帮助，但是无力支付律师费用的，可以按照国家规定获得法律帮助。

(七) 法律责任

律师有违反律师法的行为的，冒充律师从事法律服务的，没有取得律师执业证书而为谋取经济利益从事诉讼代理或者辩护业务的，以及律师事务所有违反律师法的行为的，均应按照律师法的规定给予相应的处罚。

律师违法执业或者因过错给当事人造成损失的，由其所在的律师事务所承担赔偿责任。律师事务所赔偿后，可以向有故意或重大过失行为的律师追偿。律师和律师事务所不得免除或限制因违法执业或因过错给当事人造成损失所应承担的民事责任。

二、我国的公证制度

公证是公证机构根据自然人、法人或者其他组织的申请，依照法定程序对民事法律行为、有法律意义的事实和文书的真实性、合法性予以证明的活动。

公证制度是我国的一项重要的司法制度。《中华人民共和国公证法》(2005 年

8月28日第十届全国人大常委会第十七次会议通过，自2006年3月1日起施行）对我国公证制度各方面的内容，如公证机构、公证员、公证程序、公证效力、法律责任等，都作了明确的规定。

（一）公证机构

公证机构是依法设立，不以营利为目的，依法独立行使公证职能，承担民事责任的证明机构。公证机构办理公证，应当遵循法律，坚持客观、公正的原则。

公证机构按照统筹规划、合理布局的原则，可以在县、不设区的市、设区的市、直辖市或者市辖区设立；在设区的市、直辖市可以设立一个或者若干个公证机构。公证机构不按行政区划层层设立。

根据自然人、法人或者其他组织的申请，公证机构办理下列公证事项：（1）合同；（2）继承；（3）委托、声明、赠与、遗嘱；（4）财产分割；（5）招标投标、拍卖；（6）婚姻状况、亲属关系、收养关系；（7）出生、生存、死亡、身份、经历、学历、学位、职务、职称、有无违法犯罪记录；（8）公司章程；（9）保全证据；（10）文书上的签名、印鉴、日期，文书的副本、影印本与原本相符；（11）自然人、法人或者其他组织自愿申请办理的其他公证事项。

根据自然人、法人或者其他组织的申请，公证机构可以办理下列事务：（1）法律、行政法规规定由公证机构登记的事务；（2）提存；（3）保管遗嘱、遗产或者其他与公证事项有关的财产、物品、文书；（4）代写与公证事项有关的法律事务文书；（5）提供公证法律咨询。

公证机构不得有下列行为：（1）为不真实、不合法的事项出具公证书；（2）毁损、篡改公证文书或者公证档案；（3）以诋毁其他公证机构、公证员或者支付回扣、佣金等不正当手段争揽公证业务；（4）泄露在执业活动中知悉的国家秘密、商业秘密或者个人隐私；（5）违反规定的收费标准收取公证费；（6）法律、法规、国务院司法行政部门规定禁止的其他行为。

（二）公证员

公证员是则指符合法定条件，在公证机构从事公证业务的执业人员。担任公证员应当具备的条件是：（1）具有我国国籍；（2）年龄25周岁以上65周岁以下；（3）公道正派，遵纪守法，品行良好；（4）通过国家司法考试；（5）在公证机构实习2年以上或者具有3年以上其他法律职业经历并在公证机构实习1年以上，经考核合格。

从事法学教学、研究工作，具有高级职称的人员，或者具有本科以上学历，从事审判、检察、法制工作、法律服务满10年的公务员、律师，已经离开原工作岗位，经考核合格的，可以担任公证员。

公证员应当遵纪守法，恪守职业道德，依法履行公证职责，保守职业秘密。

公证员不得有下列行为：（1）同时在2个以上公证机构执业；（2）从事有报

酬的其他职业；(3) 为本人及其近亲属办理公证或者办理与本人及近亲属有利害关系的公证；(4) 私自出具公证书；(5) 为不真实、不合法的事项出具公证书；(6) 侵占、挪用公证费或者侵占、盗窃公证专用物品；(7) 毁损、篡改公证文书或者公证档案；(8) 泄露在执业活动中知悉的国家秘密、商业秘密或者个人隐私；(9) 法律、法规、国务院司法行政部门规定禁止的其他行为。

（三）公证程序

自然人、法人或者其他组织申请办理公证，可以向住所地、经常居住地、行为地或者事实发生地的公证机构提出。

申请办理涉及不动产的公证，应当向不动产所在地的公证机构提出，即实行专属管辖。但是申请办理涉及不动产的委托、声明、赠与、遗嘱的公证，则可以向住所地、经常居住地、行为地或者事实发生地的公证机构提出。

自然人、法人或者其他组织可以委托他人办理公证，但是遗嘱、生存、收养关系等应当由本人办理公证的除外。申请办理公证的当事人应当向公证机构如实说明申请公证事项的有关情况，提供真实、合法、充分的证明材料。

公证机构经审查，认为申请提供的证明材料真实、合法、充分，申请公证的事项真实、合法的，应当自受理公证申请之日起15个工作日内向当事人出具公证书。

有下列情形之一的，公证机构不予办理公证：(1) 无民事行为能力人或者限制民事行为能力人没有监护人代理申请办理公证的；(2) 当事人与申请公证的事项没有利害关系的；(3) 申请公证的事项属专业技术鉴定、评估事项的；(4) 当事人之间对申请公证的事项有争议的；(5) 当事人虚构、隐瞒事实，或者提供虚假证明材料的；(6) 当事人提供的证明材料不充分或者拒绝补充证明材料的；(7) 申请公证的事项不真实、不合法的；(8) 申请公证的事项违背社会公德的；(9) 当事人拒绝按照规定支付公证费的。

（四）公证效力

经公证的民事法律行为，有法律意义的事实和文书，应当作为认定事实的根据，但是有相反证据足以推翻该项公证的除外。

对经公证的以给付为内容并载明债务人愿意接受强制执行承诺的债权文书，债务人不履行或者履行不适当的，债权人可以依法向有管辖权的人民法院申请执行。

法律、行政法规规定未经公证的事项不具有法律效力的，依照其规定。

（五）法律责任

公证机构及其公证员有违反公证法的行为的，应当按照公证法的规定受到相应的处罚；构成犯罪的，依法追究刑事责任。

公证机构及其公证员因过错给当事人、公证事项的利害关系人造成损失的，由公证机构承担相应的赔偿责任；公证机构赔偿后，可以向有故意或者重大过失的公证员追偿。

当事人以及其他个人或者组织有下列行为之一，给他人造成损失的，依法承担民事责任；违反治安管理的，依法给予治安管理处罚；构成犯罪的，依法追究刑事责任：(1) 提供虚假证明材料，骗取公证书的；(2) 利用虚假公证书从事欺诈活动的；(3) 伪造、变造或者买卖伪造、变造的公证书、公证机构印章的。

第十二章 国际法学

第一节 国际法概述

一、国际法的概念

国际法有狭义和广义之分。狭义的仅指国际公法，广义的则还包括国际私法和国际经济法。

国际公法是调整国家间关系（包括国家与国际组织间关系）的法律原则、规则和制度的总称。

国际私法是调整涉外民事关系的法律原则、规则和制度的总称。

国际经济法是调整国际经济关系（含涉外经济关系）的法律原则、规则和制度的总称。

严格地说，国际公法、国际私法、国际经济法都是独立的法律部门，国际法仅指国际公法。但由于它们的调整对象有一个共同的特点，即都是超出一国国界的国际关系，也常有人将三者合称为广义的国际法或国际关系法。

本章将主要介绍狭义的国际法（即国际公法）的基本原则、规则和制度，同时也介绍一些国际私法和国际经济法的基本知识。

为防止术语的混淆，以下所称国际法，除加以特别说明外，系专指国际公法。

二、国际法的产生与发展

国际法是随着国家的产生，在国际交往过程中形成起来的。每一个时代，凡属有许多国家并立存在，互相交往，就自然会形成一些对国家有拘束力的法律原则、规则和制度。在这个意义上，古代国际社会就有了国际法。但是，在古代，国家之间的关系尚不密切，交往也不多，调整彼此间关系的规则和制度主要是一些不成文的习惯，尚未形成独立的、完整的法律体系。

现在我们所讨论的具有独立体系的国际法是近代国际社会的产物。它产生的主要条件是16世纪后独立主权国家的兴起，从而形成了一个以领土主权为基础的国家组成的国际社会。1643～1648年的威斯特伐利亚公会是近代国际法产生的主要标志。从此国际法的发展进入了一个新的阶段。

国际法随着国际关系的发展而发展。生产力的提高，科学技术的进步，也对国际法的发展具有重大的影响。

第二次世界大战以来，国际法的调整范围不断扩大，调整对象不断增多，内容日益丰富，体系日趋庞大。国际法的作用亦得到了加强。

三、国际法的性质

1. 国际法的基本特征

国际法和国内法是两个不同的法律体系。国际法的基本特征是：

第一，国际法是国际法主体之间的法律，而不是国际法主体之上的法律，是各国公认的法律，而不是在国家之上有一个高级的权力强加于国家的法律。

第二，国际法调整的对象，主要是作为国际社会成员的国家之间的关系，而不是国家内部的社会关系。

第三，国际法的主体主要是国家。这是由国际法的调整对象所决定的。自然人和法人不是国际法的主体。

第四，国际法的渊源主要是国际条约和国际习惯。

第五，国际法的贯彻和实施，是以国家单独或集体的强制措施为保证的。

2. 国际法的分类

国际法按其适用范围，有一般国际法和特殊国际法之分。一般国际法是对所有国家都有拘束力的国际法；特殊国际法是只对少数几个国家具有拘束力的国际法。从地理上分，有普遍性国际法和区域性国际法。前者即一般国际法；后者则指仅对某一地区的国家有拘束力的国际法。特殊国际法和区域性国际法须受一般国际法或普遍性国际法的制约。

3. 国际法与国内法的关系

国际法与国内法虽然是两个不同的法律体系，但它们之间又有着密切的联系，互相渗透和互相补充。由于国内法的制定者是国家，而国际法也是由国家参与制定的，在原则上，国家在制定国内法时要考虑到国际法的要求，而在参与制定国际法时也要考虑到国内法的立场。

在理论上，国内法与国际法不应发生冲突，但在实践中，冲突是有可能发生的。当一国的国内法与国际法相抵触时，优先执行国际法的规定是一项先进的法律制度。既然国际法是国家在自愿协议的基础上产生的，国家就不应制定与国际法相抵触的国内法，而且有必要使国内法符合它所承担的国际义务，或按照国际法的需要采取措施将国际法在国内付诸实施。

在这方面，我国的实践是，凡我国签订、批准或加入的国际公约、协定与我国法律有不同规定的，适用该国际公约、协定的规定，但是，我国在签订、批准或加入时，声明保留的条款除外。

四、国际法的渊源

所谓国际法的渊源，系指国际法原则、规则和规章、制度的具体表现形式。国际法的渊源主要是国际条约和国际习惯。

国际条约是国家间的明示协议，是国际法的首要渊源。“约定必须遵守”，即条约对于缔约国有拘束力，是国际法的重要原则，因而有拘束力的条约就构成国际法的最重要的渊源。

国际习惯是国际法的另一个主要渊源。国际习惯是国家间的默示协议，是各国重复类似的行为并被认为具有法律拘束力的结果。国际习惯与国际条约不同，习惯是不成文的，并且有一个逐步形成的过程，但习惯和条约又是相互联系的，也可以相互转化。

除国际条约和国际习惯外，各国法律体系中共有的一般法律原则，也被认为是国际法的渊源之一。此外，司法判决、国际组织（如联合国大会）的决议和权威国际法学家的学说，可以成为国际法的间接渊源。

五、国际法的基本原则

所谓国际法的基本原则，指的是各国公认具有普遍意义且构成国际法基础的法律原则。现代国际法的基本原则主要有：互相尊重主权和领土完整、互不侵犯、互不干涉内政、平等互利、和平共处、民族自决等。

互相尊重主权和领土完整是现代国际法的一项最重要的原则。国家主权是国家的重要属性，是国家固有的在国内的最高权力和在国际上的独立权力。主权者有互相尊重对方主权的义务。国家的领土完整是国家主权最重要的内容。互相尊重主权和互相尊重领土完整是不可分割的。

互不侵犯是指各国在其相互关系中，不得以任何借口使用武力或武力威胁侵犯他国的政治独立或领土完整，不得以战争作为解决国际争端的手段。与互不侵犯密切相关的一个问题是侵略的定义。1974 年联合国大会通过的《侵略定义》规定：“侵略是指一个国家使用武力侵犯另一个国家的主权、领土完整和政治独立，或以与本定义所宣示的联合国宪章不符的任何其他方式使用武力。”

互不干涉内政是指任何国家不得以任何借口干涉别国的内部事务，不得把自己的意志强加于别国，包括不得强迫别国采取或不采取某种政治、经济、社会制度，不得协助别国政府镇压人民革命或民族自决，不得制造别国内部民族纠纷，不得在别国制造或扶植傀儡政权，等等。一国的内政还包括该国的外交事务。至于哪些具体事项属于一国的内政则是一个相对的问题。比如，搞种族歧视，就不能算是一国的内政。

平等互利原则包括平等和互利两方面的内容。国家是主权的、独立的，必然意味着是平等的。从国际法的角度来看，国家平等是指国家在法律上的平等，即权利义务的平等。所谓互利，就是各国在其相互关系中，不能以损害对方的利益来满足自己的要求，更不能以牺牲他国或榨取他国为目的。国家交往应以相互为基础，应该对双方都有利。平等和互利是统一而不可分割的。

和平共处原则的基本内容是：各国应和平地同时存在，不应因社会制度或意识形态的不同，而在国际人格上有所差异，也不应因此而可以互相攻击、干涉和颠覆；和平地相处，即在和平的环境和条件下，和平地相互来往、处理和发展友好合作关系；和平解决国际争端，不应诉诸武力或武力威胁或其他不符合国际法的非和平方式解决国家间的争端。

民族自决原则，是民族自决权的体现。根据此项原则，一切被外国奴役或处在殖民统治下的被压迫民族有自由决定自己命运，摆脱殖民统治，建立独立民族国家的权利。《联合国宪章》第 1 条第 2 项宣布，联合国的宗旨之一是“发展国际间以尊重人民平等权利及自决原则为根据之友好关系”。1970 年第 25 届联合国大会通过的《国际法原则宣言》详尽阐述了民族自决原则的含义和内容。

第二节 国际法的主体

一、国际法主体的概念

国际法主体是国际法律关系中权利和义务的承担者。国际法主体在法律上必须具备如下两个要件：

第一，国际法主体必须具有独立参加国际关系的资格。这种资格是一种权利能力。无独立参加国际关系的权利能力，也就谈不上直接承受国际法上的权利和义务。

第二，国际法主体必须具有直接承受国际法上的权利和义务的能力。这种能力是权利能力和行为能力的统一。主要表现为建立外交关系、缔结国际条约、承担国际责任的能力等。

在当今国际社会，具有国际法主体资格的有：国家和正在争取独立的民族以及政府间的国际组织，其中，国家是基本的主体。个人和法人在国际法上不具有主体的资格。

二、国家的要素和种类

国家就其本质而言，“是维护一个阶级对另一个阶级的统治的工具”。然而，国际法上的国家概念与国家的政治概念具有不同的含义。一般说来，从国际法的角度看，国家应具备如下四个要素：(1) 有定居的居民；(2) 有确定的领土；(3) 有一定的政权组织；(4) 具有主权。

国家的种类，按照国家结构的形式可以分为单一国和复合国；按照行使主权的状况，可分为独立国和附属国。

单一国是具有统一主权的国家，在对外关系上只有一个最高权力机关代表国家，所以在国际舞台上，它是作为一个单一的国际法主体出现的。单一国的某些组成部分，可以享有一定的自治权，但不能因此具有独立的国际法律人格。我国是一个统一的多民族国家，属于单一国，是单一的国际法主体。

复合国是两个或两个以上国家的联合体。现今属于复合国的是联邦。在国际法上联邦被认为是一个主权国家，是国际法主体，联邦的各成员邦则一般不具有国际法主体资格。

独立国是行使全部主权的国家。从现代国际法的观点看，凡属国家就是主权的，主权是不可分的。因此所有国家都应是独立国。至于国家结构的形式，独立国既可以采取单一制，也可以采取复合制。

历史上，有些国家由于封建残余或者由于帝国主义、殖民主义的外来压力，对他国居于从属地位。这类国家在国际法上称之为“附属国”，现今已基本上不复存在。

三、国家承认与继承

1. 国家承认

当出现新国家或新政府时，便产生国际承认问题。国际承认，是承认国通过一定形式，确认新国家或新政府已经产生的现实，并准备与之建立正式关系的政治和法律行为。

国际承认分为对国家的承认和对政府的承认。对国家的承认，是对新的国际法主体的承认。这种承认通常发生在国家合并、分裂和原殖民地取得独立而形成新国家的场合。对政府的承认只是对原有国际法主体的新代表的承认。这种承认常发生在国体或政体变更，或不依宪法程序的政权更迭的情况下。对新国家或新政府是否给予承认，以及采取何种承认方式，常常反映承认国的不同立场和外交政策。

国际承认的形式，有法律上的承认和事实上的承认之分。法律上的承认，亦称完全的或正式的承认，它以书面或事实（如直接建交）来表示，其特征是建立稳定的、全面的交往关系。事实上的承认，亦称不完全的或非正式的承认，它以建立某些经济关系来表示，其特征是建立暂时的、非政治性的联系。事实上的承认可以撤销，也可以过渡到法律上的承认。

关于承认的效果，法律上的承认与事实上的承认有一定的区别。法律上的承认将产生全面而广泛的法律效果，主要有：(1) 可导致双方建立正式外交关系和领事关系；（2）双方可以缔结政治、经济、文化等关系的条约；（3）双方彼此承认对方法律的效力，并尊重对方的司法和行政权；（4）双方彼此承认对方国家及其财产的司法豁免权，并有处理在外国的财产的权利。事实上承认的法律效果不如法律上承认那样广泛，不引起正式外交关系的建立。

在国际法上，无论是对新国家还是对新政府的承认，原则上都具有溯及力，其效力可以追溯到新国家或新政府成立之时。

2. 国家继承

新国家产生后，一般都要涉及如何处理前国家在国际上的权利和义务的问题，这就是国家继承问题。

新国家产生的方式不同，有的是基于民族独立，有的是基于国家的分裂或合并，因而关于继承的情况也较为复杂。关于民族独立国家的继承问题，从原则上讲，这些国家的主权和领土以及由此产生的权利，当然不能继续遭受侵犯，应予继承；殖民主义国家在这些国家攫取的特权，强迫缔结的不平等条约，新国家有权废除；殖民主义国家在统治这些国家时与外国缔结的条约，应按国际法的原则和民族独立国家的利益加以审查，按其内容区别对待，或继承或废除。

至于在分裂或合并的情况下产生的新国家的继承问题，一般在分裂或合并的法律文件中都有明确的规定。政治性的条约，如同盟互助条约、友好条约，因原国家已不复存在，当然就失去了意义。至于地方性的权利义务，如与当地河流、交通有关系者，相应国家可以继承；某些多边国际公约，也可继续对新国家有效。

政府更迭，一般不发生继承问题。但如政府更迭起因于政变或社会革命，则产生新政府如何对待旧政府在国际上的权利义务问题。一般说来，旧政府既已被推翻，它的国际权利应由新政府继承；至于旧政府所承担的条约义务，则应分别情况，区别对待。国际实践表明，对那些不损害本国主权或领土完整或有利于国际交往的条约，新政府一般是予以继承的。

四、国家的基本权利和义务

国家的基本权利是国家作为国际法主体所固有的和当然享有的权利。一般认为，国家的基本权利主要包括独立权、平等权、自保权和管辖权。

独立权是国家主权在对外关系上的体现，指的是国家可以按照自己的意志处理本国事务而不受外来控制和干涉的权利。独立权不仅指国家在政治上的独立，也指国家在经济上的独立。

平等权是指各国在国际法上的地位完全平等，其内容包括：在国际组织和国际会议上有同等的代表权和投票权；平等的缔约权；使用本国文字的权利；平等的尊荣权；司法豁免权等。

自保权是指国家为保卫自己的生存和独立而具有的进行国防建设和进行单独或

集体自卫的权利。

管辖权是国家主权的重要表现形式。主权包含着国家对其领土内的一切人和物得行使最高权力，称为“属地管辖权”或“属地优越权”；主权亦包含着国家对所有在国内或国外的本国国民得行使最高权力，称为“属人管辖权”或“属人优越权”。上述两项管辖权是国家管辖权的基本内容。但是，根据国际法，国家管辖权的行使范围有某些例外，如，国家不能对在其领土内的外国国家元首、外交代表、外国军舰和外国军队行使管辖权，这称为外交豁免；国家也不能对他国的国家行为和国家财产行使管辖权，这称为主权豁免。

国家的基本权利与基本义务是相对应的，任何国家在国际法上都既享有权利，又承担义务；而且，一国的权利往往正是别国的义务，反之亦然。因此，国家享有基本权利，另一方面，也负有不侵犯他国基本权利的义务。

五、国家责任

国家责任，又称国家的国际责任，是指国家违反其国际义务须承担的法律责任。其前提是国家的行为违反了国际法上的义务，从而构成国际不法行为或国际侵权行为。

所谓“国际不法行为”，是一国违反其国际法义务而对另一国或国际社会所作的侵害行为。一般将国际不法行为区分为“国际罪行”和“国际侵权行为”。国际罪行指违背对保护国际社会的根本利益至关重要的法律义务的行为，如侵略、武力建立殖民统治、实行奴隶制、灭绝种族等；其他违反国际法的行为属于国际侵权行为。

国家由于犯有国际不法行为，必须承担一定的法律责任。在实践中，按照不法行为的严重程度和发生的具体情况，国家责任可以有不同的表现形式。

（1）限制主权。这是最严重的一种国家责任形式。在一国犯有对他国进行武装侵略等严重破坏国际和平与安全的罪行时，该国必须承担被限制主权的法律责任。但对一般的国际侵权行为，则不得采取这种责任形式。

（2）赔偿。这是最经常和最普遍采取的国家责任形式。赔偿有两种形式：一是复原，即由侵权国将所损害的他国事务恢复原状，例如，归还非法掠夺来的财产；二是物质或金钱赔偿，即给受害国以相应的物质补偿。货币支付是赔偿的一般方式。在恢复原状确实不可能的情况下，往往用赔款来代替。

（3）道歉。道歉是犯有国际不法行为的国家，给予受害国以精神上的满足所采取的一种法律责任形式。道歉可以用口头方式表示，也可以用书面方式或其他适当方式表示。

上述国家责任的各种形式，并不是互相排斥的，根据具体事件，责任国可能只承担一种形式的责任，也可能同时承担多种形式的责任。

六、国际组织

1. 国际组织的概念

国际组织，广义的包括政府间组织与非政府间组织。政府间组织是若干国家为了特定目的以条约建立的一种常设机构，如联合国；非政府间组织是不同国家的个人或民间团体组成的组织，如国际红十字会。狭义的仅指政府间国际组织。在现代国际社会，国际组织已成为国际交往的一种十分重要的组织形式。

当代国际关系的发展，在客观上提出了加强国际合作的要求。于是，旨在促进国际合作的各种国际组织大量涌现，其数目一直在以惊人的速度增长。目前，世界上约有各类国际组织30 000多个。

2. 国际组织的种类

对于众多的国际组织而言，可以依据其宗旨、组成、职能等方面的不同，划为不同的种类：依据组织同政府的关系，分为政府间组织和非政府间组织；依据组织的宗旨和职能，分为一般性国际组织和专门性国际组织；依据成员的组成范围，分为普遍性组织和封闭性组织，等等。

3. 联合国

联合国是当代最重要的普遍性国际组织，正式成立于1945年10月24日，其法律依据是1945年4月至6月在美国旧金山举行的《联合国家关于国际组织的会议》上签订并于同年10月24日生效的《联合国宪章》，总部设在美国纽约，截至2006年6月，共有会员国192个。中国是联合国的四个发起国之一。

依联合国宪章的规定，联合国的宗旨是：维持国际和平及安全；发展国际间以尊重人民平等权利及自决原则为根据之友好关系；促成国际合作，以解决国际间属于经济、社会、文化及人类性质之国际问题，且不分种族、性别、语言或宗教，增进并激励对全体人类之人权及基本自由之尊重；构成一协调各国行动之中心，以达成上述共同目的。

为了实现上述宗旨，宪章规定了联合国及其会员国应遵循的七项原则：(1)联合国以各会员国主权平等之原则为基础；(2)会员国应一秉善意履行宪章义务；(3)会员国应以和平方法解决其国际争端；(4)会员国在其国际关系上不得以武力相威胁或使用武力，或以与联合国宗旨不符的任何方法，侵害任何会员国或国家的领土完整或政治独立；(5)会员国对于联合国依宪章规定而采取的行动，应尽力予以协助；(6)联合国在维持国际和平及安全之必要范围内，应保证非会员国遵行上述原则；(7)联合国不得干涉在本质上属于任何国家国内管辖之事件。

联合国设有六个主要机关：大会、安全理事会、经济及社会理事会、托管理事会、国际法院和秘书处。此外，联合国还设有执行其职务所必需的各种辅助机构。

大会是联合国的主要审议机关，由全体会员国组成。每一会员国在大会享有一个投票权。大会每年举行一届常会，并得在一定条件下召开特别会议或紧急特别会议。大会具有广泛的职权。它可以讨论宪章范围内的任何问题或事项，或有关联合国任何机关的职权的任何问题或事项；除安理会正在处理者外，可向会员国或安理会提出关于这些问题或事项的建议。大会关于重要问题的决议，以出席并参加投票的会员国的 2/3 的多数通过，一般问题的决议以过半数通过。

安全理事会是联合国在维持国际和平及安全方面负主要责任的机关，由五个常任理事国（中国、法国、前苏联①、英国和美国）和十个非常任理事国组成。安理会主席由各理事国按月轮流担任。安理会在和平解决国际争端和维持国际和平及制止侵略方面行使重要的职权。安理会的每个理事国享有一个投票权。安理会关于程序事项的决议，以任何九个理事国的可决票决定，程序事项以外的一切事项的决议，则以包括全体常任理事国在内的九个理事国的可决票决定，此即所谓常任理事国的“否决权”或“五大国一致原则”。安理会的决议对各会员国有拘束力，各会员国依宪章同意接受并履行安理会的决议。

经社理事会、托管理事会、国际法院和秘书处四大主要机关，分别行使联合国宪章赋予的某一方面的职权。随着联合国剩下的最后一个托管领土帕劳于 1994 年 10 月 1 日取得独立，托管理事会于 1994 年 11 月 1 日停止运作。理事会 1994 年 5 月 25 日通过决议，决定修改其议事规则，取消每年举行会议的规定，并同意视需要举行会议——理事会或理事会主席作出决定，或理事会多数成员或大会或安全理事会提出要求。

联合国作为当今国际社会最大的政府间国际组织，具有国际法律人格。联合国组织在各会员国境内享有执行其职务和实现其宗旨所必需的法律行为能力，并享有实现其宗旨所必需的特权和豁免。会员国的代表及联合国的职员，亦享有为行使职务所必需的特权和豁免。不过，联合国在国际法律关系中所具有的权利能力是受宪章的严格限制的。它只享有作为主权国家的各会员国所赋予的那一部分权利，因此，联合国的国际法律人格又是有局限性的。

第三节 国际法的客体——领土、海洋、空间

一、国家领土

国家领土是指处于国家主权支配下的地球表面的特定部分，包括地下及上空。领土是国家赖以存在和发展的自然基础，是国家行使主权的空间。国际法承认国家领土权利的排他性。

---

① 1991 年前苏联解体后，其在安全理事会的常任理事国席位由俄罗斯联邦共和国继承。

国家领土由以下几部分组成：

(1) 领陆。一国领土首先由其疆界内的陆地组成，通称为领陆。领陆是国家领土的基本组成部分。

(2) 领水。位于陆地疆界以内或与陆地疆界相邻接的一定宽度的水域，总称为领水。领水又分为内水和领海。某些国家的领土没有海岸，称为内陆国，其领土无领海这一部分。

(3) 领陆及领水的底土。陆地以下的底土和领水的水床及底土，也是国家领土的组成部分。有的学者称之为地下领土。

(4) 领空。领陆和领水上面一定高度的空间，是国家领土不可分割的一部分，完全受国家主权的支配，称为领空。但领空的最高度，是一个尚未解决的问题。

一国领土的各个部分共同构成一个整体，统一处于国家主权的完全管辖之下。国家对其领土的主权不可侵犯。

二、海洋

1. 领海

领海是沿国家海岸或内水，并处于该国主权管辖下的一定宽度的海域。1994年11月16日生效的《联合国海洋法公约》（我国已于1996年加入）规定，沿海国的主权及于其陆地领土及其内水以外邻接的一带海域，在群岛国的情形下则及于群岛水域以外邻接的一带水域，称为领海。海洋法公约对领海的宽度规定了统一的标准，即各国可以在12海里的范围内确定本国的领海宽度。划分领海的基线，主要有两种：一种是低潮线，另一种是直线基线。各国可依其海岸的不同状况自行择定。领海基线以内的海域为内海水域。

关于领海的法律地位，海洋法公约规定，领海是国家领土的一部分，受国家主权的支配。但是，为了国际航运事业的便利，外国船舶享有无害通过一国领海的权利。所谓“无害”，是指不损害沿海国的和平、安全和良好秩序；通过一般是指横渡外国领海而不进入其内水。除意外情况外，通过应连续不停地迅速进行，中途不得停船或下锚。潜水艇或其他潜水器，通过外国领海时，须在海面上航行，并展示其国旗。外国军用船舶，未经事先通知和核准，不得进入他国领海。对通过其领海的外国商船上发生的犯罪行为，沿海国得行使刑事管辖权。但在实践中，各国一般是从罪行是否关涉到本国的安全和本国人民的利益来决定是否行使管辖权的。

1958年9月4日，我国政府发表了关于领海的声明。1992年2月25日，第七届全国人大常委会通过了《中华人民共和国领海及毗连区法》，根据该法的规定：我国领海宽度为12海里；领海划法采用直线基线法，基线以内的水域和岛屿是我国的内海和内海岛屿；一切外国飞机和军用船舶，未经中国政府许可，不得进入中国领海和领海上空。任何外国船舶在中国领海航行，必须遵守我国政府的有关法令。

2. 毗连区

毗连区是指一国根据其国内立法或条约规定，在与其领海外缘相毗连的一定范围内，为对海关、财政、卫生、移民等类事项行使必要管制而划定的海域。在国际实践中较常见的是“海关区”或“关税执行区”，在这种区域内沿海国得为缉私的目的检查或逮捕有走私嫌疑的船舶。

我国1992年的领海和毗连区法规定，我国的毗连区为领海以外邻接领海的一带海域。毗连区的宽度为12海里。在此毗连区内，为防止和惩处在我国陆地领土、内水或领海内违反有关完全、海关、财政、卫生或者入境出境管理的法律、法规的行为，我国有权行使管制权。

3. 专属经济区

专属经济区是第二次世界大战后广大发展中国家为保护其沿海资源而进行的斗争的一项成果，现已成为一项新的海洋法制度，其中心内容是：沿海国有权在其领海以外划定从领海基线算起不超过200海里的一个区域，并对这个区域内的资源开发、利用、管理、养护享有主权权利，对区域内的人工岛屿、设备和结构的建造和使用、海洋科学研究、海洋环境保护享有专属管辖权。其他国家则在专属经济区内享有船舶航行、飞机飞越和铺设海底电缆和管道的自由，但在行使此项权利时，须遵守沿海国的有关法律规章。据此可以看出，专属经济区既不是公海，也不是领海，它是自成一类的海域。

4. 海峡

海峡是属于两块陆地之间、两端连接海洋的天然狭窄水道。海峡在国际航行方面具有重要意义。有些海峡由于宽度不足24海里而位于沿海国的领海之内，加之它们是世界上的主要水道，因此构成“用于国际航行的海峡”。根据海洋法公约的规定，在用于国际航行的海峡实行过境通行制。过境通行是指为在公海或专属经济区的一个部分和公海或专属经济区的另一部分之间的海峡继续不停和迅速过境的目的而行使航行和飞越自由。

5. 大陆架

在国际法上，大陆架是指邻接一国海岸但在领海以外的一定区域的海床和底土，它是沿海国陆地领土在海底的自然延伸部分。联合国海洋法公约第76条的规定，沿海国的大陆架包括其领海以外依其陆地领土的全部自然延伸，扩展到大陆边外缘的海底区域的海床和底土，如果从测算领海宽度的基线量起到大陆边的外缘的距离不到200海里，则扩展到200海里的距离。但不应超过从测算领海宽度的基线量起350海里，或不应超过连接2 500公尺深度各点的2 500公尺等深线100海里。

关于大陆架的法律地位，海洋法公约明确规定：沿海国为勘探大陆架和开发其自然资源，对大陆架行使主权权利；此项权利系专属性质，任何人、任何国家，未经沿海国明示同意，不得从事开发其大陆架的活动；沿海国对大陆架的权利也不取决于有效或象征性的占领或明文公告；沿海国为勘探大陆架和开发其自然资源，有权在大陆架上建造人工岛屿、设备和其他结构。

另一方面，沿海国对大陆架的权利不影响上覆水域和水域上空的法律地位。沿海国在行使其大陆架权利时，不得对航行和其他国家的权利有所侵害，或造成不当干扰。其他国家有权在沿海国大陆架上铺设海底电缆和管道，但其路线的划定须经沿海国同意。

海岸相向或相邻的国家间大陆架的界限，应按照国际法以协议划定。划界协议应遵守公平原则。

我国沿海有宽阔的大陆架，面积达100万平方公里以上。大陆架上有良好的石油资源的前景。根据大陆架是一国陆地领土的自然延伸的原则，中国对邻接本国陆地领土的广大的大陆架地区，包括东海大陆架和南海大陆架，享有主权权利。

我国于1998年制定了专属经济区和大陆架法。

6. 公海

根据联合国海洋法公约的规定，“公海是不包括在国家的专属经济区、领海或内水或群岛国的群岛水域内的全部海域”。

公海是全人类的共同财产，对所有国家开放，不论其为沿海国或内陆国。此即所谓公海自由原则。公海自由是一项公认的国际法原则。1958年公海公约将公海自由规定为四项，即：航行自由、捕鱼自由、铺设海底电缆和管道自由、公海上空飞行自由。联合国海洋法公约为公海自由增加了两项新内容，即建造国际法所准许的人工岛屿和其他设施的自由，科学研究的自由。

7. 国际海底区域

国际海底区域，简称“区域”，是指国家管辖以外的海床、洋底及其底土。根据联合国海洋法公约的有关规定，国际海底区域及其资源属于“人类的共同继承财产”，任何国家都不应对区域的任何部分及其资源主张或行使主权或主权权利；区域内的一切资源属于全人类，由国际海底管理局代表全人类行使权利；区域内的开发活动应为全人类谋福利，各国不论地理位置如何，也不论是沿海国还是内陆国，均有在不受歧视的基础上公平享受海底资源收益的权利，特别应照顾发展中国家和那些尚未获得独立的国家的利益；国际海底管理局应由联合国海洋法公约的成员国参加，所有缔约国都是国际海底管理局的成员。至于国际海底管理局如何代表全人类安排开发活动，开发收益如何分配等问题，情况相当复杂，对此，海洋法公约都作了相应的规定。

三、空间

在国际法上，空间分为空气空间和外层空间。空气空间和外层空间具有不同的法律地位，受不同的法律制度的支配。

1. 空气空间

在20世纪之前，空气空间还不具有重要意义。随着飞机的发明和广泛应用，便产生了新的法律问题，即国家领土上空的法律地位。最初，人们是在飞机的可飞行高度的范围内来考虑这个问题的。之后，人造地球卫星和宇宙飞船相继出现，从而扩大了这一问题的范围，提出了外层空间与空气空间的划分，以及外层空间的法律地位问题。

不属于国家主权范围的陆地和公海的上空，都是自由的、开放的，这是普遍承认的国际法原则。然而，一国领陆和领海上空的法律地位，在第一次世界大战以前，曾经是一个有争论的问题。1919年签订的第一个国际航空公约——《巴黎航空公约》在国际法上确认了领空主权原则，领空成为一国领土的不可分割的组成部分。

国家的领空主权，表现为国家对其领空行使完全的管辖和控制。它有权禁止外国飞机进入其领空，或依一定条件准许其通过。对于擅自飞越他国领空的外国飞机，领空国有权采取必要的强制措施，以捍卫其领空主权。

国家对其领空行使主权，并不排斥国际航空事业的发展和国际航空法律制度的建立。国家可以通过缔结双边和多边条约的方式，在互惠的基础之上，根据一定的条件，相互给予对方的民用航空器进入或通过其领空的便利。

现有的国际航空公约主要有：1919年巴黎航空公约、1928年哈瓦那公约、1929年华沙公约、1944年芝加哥公约。此外，还有相当数量的双边航空协定。

20世纪40年代以来，随着国际民航事业的发展，“空中劫持”事件时有发生，引起了国际社会的极大关注。为了保障国际民航安全，在各国的共同努力下，已先后缔结了四个有关的国际公约：1963年的东京公约，1970年的海牙公约，1971年的蒙特利尔公约和1988年补充蒙特利尔公约的议定书。批准或加入这些公约的国家已各有100多个。我国于1978年加入东京公约，1980年加入海牙公约和蒙特利尔公约，1998年加入补充蒙特利尔公约的议定书。缔约各国承允对非法劫持民用航空器和其他危害国际民用航空安全的犯罪行为给予严厉惩罚。缔约国若认为情况需要，应对劫机罪犯或嫌疑犯采取拘留措施。上述罪行应被认为是包括在各缔约国间现行引渡条约中的一种可引渡的罪行。空中劫持罪犯是否作为政治犯不予引渡，由有关国家自行规定，但如罪犯所在国拒绝引渡，则不论罪行是否在其境内发生，该国应无例外地将罪犯提交主管当局进行起诉，并应按照其法律以对待严重罪行的同样方式予以判决。

2. 外层空间

所谓外层空间，指的是大气层即空气空间以外的整个空间。

人类探测和利用外层空间的实践，在国际法上提出了外层空间的法律地位和建立外层空间法律制度的问题。各国已就此缔结了一些国际公约和协定，外层空间法随之逐步形成和发展起来。

外层空间的法律地位问题主要涉及国家的领空主权。有的国家曾提出过领空无限的主张，但现今较为普遍的观点是，国家的领空应有一定的限度；外层空间不应属于任何国家的主权管辖范围，所有国家均有在外层空间活动的自由。

1963 年联合国大会通过《各国探测和利用外层空间活动法律原则宣言》，确定了外层空间供一切国家自由探测和使用；以及不得由任何国家据为己有等九条原则。1966 年《外层空间条约》进一步对外层空间的法律地位问题提出了一些重要原则和规则，其中包括：外空的利用应为全人类谋利益；外空和天体供一切国家在平等基础上自由探测和利用；任何国家不得将外空和天体据为己有；探测和利用外空应遵守国际法和维护国际和平与安全；禁止将载有核武器或其他大规模毁灭性武器的人造卫星或航天器放置在地球卫星轨道和外层空间。

可见，外层空间和空气空间具有不同的法律地位。于是就提出了两者的界限如何划分的问题。对此理论上尚存在分歧。

第四节　国际法上的居民

一、国籍

1. 国籍的概念

国籍是指一个人作为某一国家的国民的法律资格。它意味着个人同某一特定国家的固定的法律联系，基于这种联系，个人应服从国家的属人优越权，并对国家负有效忠的义务，而在国际社会则享受本国的外交保护。

一般说来，国籍与公民资格具有同一含义。但是在有些国家，国民与公民在政治地位上是有所差别的，因而国民与公民的含义也就不完全相同。但是从国际法的角度来说，凡具有一国国籍的人，都是该国国民，而不论他在该国是否是公民。

按照现行国际法，国籍问题原则上属于每个国家的主权管辖范围。一国规定其国籍的取得、丧失或变更等问题的法律称为国籍法。

2. 国籍的取得和丧失

国籍的取得，主要有两种方式：一种是因出生而取得；另一种是因入籍（也称归化）而取得。前者通常称为原始国籍，后者称为继有国籍。

一国的国民大都依出生取得国籍。在依出生取得国籍的问题上，各国遵行着不同的原则或标准：

（1）依血统，即以父母的国籍为准，称为血统主义。依这一标准，凡是本国人所生子女，当然为本国国民，而不论其出生于何地。其中，仅以父母亲一方的国籍为准的，称为单系血统主义，以父母双方任一方的国籍为准的，称为双系血统主义。

(2) 依出生地，即以子女的出生地为标准，称为出生地主义。依这一标准，只须子女出生在一国境内，即赋予该国国籍，而不问其父母的国籍如何。

就目前各国的实践来看，趋势是同时采用血统主义和出生地主义，但侧重点有所不同。

入籍是指外国国民和无国籍人取得一国国籍，有自然入籍和申请入籍的区别。自然入籍是因婚姻，收养、认领和领土移转等情况而自然形成的，不必经过其他程序。

具有一定条件的外国人和无国籍人，经过申请和有关国家的许可，可取得该国的国籍。此种入籍的条件和程序，由各国国籍法予以规定。

国籍的丧失指一个人丧失某一特定国家的国民身份。丧失国籍的原因，分为自愿的和非自愿的两类。自愿丧失国籍是以当事人的意志为基础的，如依法声明放弃一国国籍或申请解除一国国籍。非自愿的丧失国籍是不以当事人的意志为转移的，它或者是由于法律规定的当然结果，或者是由于主管机关根据法律规定剥夺当事人国籍的结果。丧失国籍的法律后果是当事人不再具有特定国家国民的资格，他与该国的权利义务关系随之解除。

3. 国籍的抵触

国籍的抵触是指一个人在同一时间内或者具有不止一个国籍，或者根本不具有任何国籍的法律状态。前者称为国籍的积极抵触，后者称为国籍的消极抵触。国籍抵触的发生，主要是由于每个国家都有权按照自己的国家利益规定谁是它的国民，谁不是它的国民的缘故。国籍的积极抵触和消极抵触，对于个人、国家和国际关系都是有害的。国际社会正在努力予以解决。

4. 我国的国籍立法

1980 年 9 月 10 日，第五届全国人大第三次会议通过了新中国成立以来的第一部国籍法，该法在原始国籍的赋予上采取以血统主义为主、出生地主义为辅的混合主义原则，改变了过去只采用血统主义的做法，并在中国历史上第一次宣告不承认中国国民具有双重国籍，从而有利于防止和消除国籍的积极抵触。该法还对中国国籍的取得、丧失和恢复的条件及程序等问题作出了原则规定。

二、外国人的法律地位

外国人是指不具有所在国国籍而具有其他国家国籍的人。无国籍人一般也归入外国人的范畴。具有双重或多重国籍的人，当他们处于所具国籍的任一国家时，就是该国国民，而不是外国人。从法律上说，外国人除自然人外，还包括外国法人。

一国境内的外国人，除了享有外交特权者外，都处于该国的属地管辖权之下，受该国法律的管辖。由于国家对外国人的管辖只是基于属地优越权，因而还需顾及外国人的本国基于属人优越权对他的管辖。

关于外国人待遇的标准，国际法上没有统一的规定，通常有“国民待遇”和“最惠国待遇”两种标准。

“国民待遇”系指一个国家在民事活动方面给予外国人与本国人同等的待遇。原则上，外国人不享有所在国国民所享有的某些特定的政治权利，如选举权和被选举权，不得担任政府职务，相应地也不承担服兵役的义务。但在民事权利义务方面，则大体上享受与所在国国民相同的待遇。

“最惠国待遇”是指一国给予另一国的国民的待遇，不低于现时或将来给予任何第三国国民的待遇。其目的在于防止本国国民或法人在外国或在与外国的经济交往中处于不利地位，即低于第三国的国民或法人在该国的地位。

根据我国法律的规定，在中国境内的外国人的合法权利和利益，包括人身、婚姻家庭和受教育的权利，外国人的合法收入、储蓄、房屋和其他生活资料的所有权等，均得到保护。外国人可以在中国投资，其合法权益给予保障。外国人在中国法院起诉、应诉，享有与中国公民同等的诉讼权利，承担同等的诉讼义务。另一方面，外国人在中国期间，必须遵守和服从我国的法律及有关规定，不得危害中国的国家安全、损害社会公共利益、破坏社会公共秩序。外国人在中国犯罪，除对享有外交特权的刑事责任者须通过外交途径解决外，依中国刑法处罚。

三、引渡和庇护

1. 引渡

引渡是指一国将处于其境内而被他国指控、通缉或判刑的人，依有关国家的请求，移交给请求国审判或处罚。在国际法上，通常只有在承担了专门条约义务的情况下，国家才负有引渡的义务。我国于2000年制定了引渡法。

根据有关引渡的条约和实践，一般情况下，可以提出引渡请求的国家有犯罪发生地国、受害国和罪犯国籍所属国。当有数个国家为同一罪行或不同罪行请求引渡同一人时，原则上被请求国有权决定接受哪一个国家的请求。

引渡的对象可以是请求国的本国国民、第三国国民或被请求国国民，但大多数国家拒绝引渡本国国民。

可以引渡的犯罪，一般是普通刑事犯罪，而且必须是请求国和被请求国法律或引渡条约都认为是犯罪的行为。对于被引渡的罪犯，请求国只能按提出引渡请求时所指控的罪行进行审判。

按照国际惯例，政治犯一般不予引渡。这已成为一项公认的国际法规范。

2. 庇护

庇护是指一国对于因受外国当局迫害而来寻求避难的外国人，许其入境和居留，并给予保护。在国际法上，庇护权属于给予庇护的国家，是国家基于属地优越权对寻求避难的外国人加以庇护的权利。就个人来说，他们只是庇护的对象，而不是庇护的主体。一国依法行使庇护权，其他国家应予以尊重。

享受庇护的外国人的地位，原则上与一般外国侨民相同。给予庇护的国家对于被庇护者的政治活动，有义务加以必要的限制，使他不能在其境内从事危害他国安全及其他违反联合国宗旨与原则的活动。

除条约另有规定，国家只应根据属地优越权在本国领土内行使庇护权，驻外使馆和在外国港口的军舰及商船不得用来作为任何罪犯的庇护所。

根据现代国际法，对犯有灭种罪、破坏和平罪、战争罪和危害人类罪及种族隔离罪的人，不应给予庇护。

四、人权的国际保护

1. 人权的概念与国际人权法

国际人权法是现代国际法的一个正在形成中的新分支，指的是尊重和保护人的基本权利和自由的国际法原则和规则的总和。

人权作为一个法律概念，萌芽于16、17世纪的国际法学者的著作之中，而在资产阶级革命时期成为资产阶级反对封建统治的政治口号，并逐步有了明确的含义，即个人的公民权利和政治权利。第一次世界大战后，人权的保护进入了国际领域。联合国成立之后，经联合国大会通过的《世界人权宣言》发展了人权概念。人权不再仅仅包括个人的公民权利和政治权利，而且还包括个人的经济、社会和文化权利。此后，随着殖民地人民争取民族独立的斗争蓬勃发展，民族自决权逐步得到了国际社会的确认，并被接受为人权的一部分。至此，传统的个人人权概念已发展为包括集体人权在内的新的人权概念。至20世纪60年代以来，人权概念又有了新的发展。联合国大会的一系列决议，把发展中国家的发展权视为人权的一部分。因此，现阶段的人权概念实际上包括三个部分：个人的基本权利；民族自决权；发展权。相应地，国际人权法也分为个人人权法、民族自决权法和发展权法三个组成部分。

2. 国际人权保护公约

国际人权法的主要渊源是有关人权保护的国际公约。此外，联合国大会通过的有关人权保护的决议、宣言、声明等文件，构成国际人权法的渊源的重要辅助资料。目前，主要的国际人权法文件包括：1945年《联合国宪章》、1948年《世界人权宣言》、1948年《防止和惩治灭种罪公约》、1951年《关于难民地位的公约》、1953年《妇女政治权利公约》、1954年《关于无国籍人的地位的公约》、1956年《废止奴隶制、奴隶贩卖及类似奴隶制之制度与习俗补充公约》、1961年《减少无国籍状态公约》、1966年《经济、社会、文化权利国际盟约》和《公民及政治权利国际盟约》、1966年《消除一切形式种族歧视国际公约》、1967年《难民地位议定书》、1973 年《禁止并惩治种族隔离罪行国际公约》、1980 年《消除对妇女一切形式歧视公约》、1984 年《禁止酷刑和其他残忍不人道或有辱人格的待遇或处罚公约》等。中国已经加入了包括《经济、社会、文化权利国际公约》在内的 20 多项公约，同时已经签署了《公民权利和政治权利国际公约》。

根据上述公约，所有人民都有自决权，根据此种权利，自由决定其政治地位及自由从事经济、社会和文化的发展；所有人民得为本身之目的，自由处置其天然财富和资源；无论在何种情形下，民族之生计，不容剥夺。个人在政治生活方面，享有生存权，选举权，人身自由和安全，法律面前人人平等，宗教自由，和平集会和结社自由等项权利和自由。在经济、社会和文化生活方面，享有工作的权利，并有权享受公平与良好之工作条件及社会保障；有权享受其本人及家属所需之适当生活水平，包括适当之衣食住及不断改善之生活环境；有权享受可能达到之最高标准之身体与精神健康；有权受教育；有权参加文化生活，享受科学进步及其应用之惠，对其本人从任何科学、文学或艺术作品所得之精神及物质利益，享受保护之惠；母亲和儿童应受到特别保护和协助。

应该指出的是，国际公约中规定的各项人权权利，并非是直接赋予个人的，均需借助于缔约国的国内法来加以实现。

3. 关于人权问题的认识分歧

人权问题具有强烈的政治色彩，涉及国际关系中一个敏感的领域，各国对于人权问题的认识存在差异，并因此常常引起冲突。

概而言之，发展中国家首先重视集体人权，即民族自决权和发展权。在人权的国际保护方面，它们强调，侵犯民族独立和国家主权构成对基本人权的最严重的侵犯，并强烈要求集体制裁大规模侵犯民族权利的种族主义政权。在涉及外国人待遇的问题上，则坚持国民待遇标准。另一方面，发达的西方国家则偏重传统的西方式人权概念，认为所谓“人权”就是指个人的基本权利和自由，并为本国侨民在所在国谋求所谓的“最低国际标准待遇”。它们还常常以“保护”人权为由，干涉他国内政。这是违反现代国际法的基本原则的。

第五节　外交和领事关系

一、外交关系和领事关系的概念

所谓外交关系，指的是国与国之间进行国际交往，运用谈判、会议和缔约的方法，以及互设常设外交代表机构所形成的国家关系。

外交关系属于国家对外关系的范畴。一国的对外关系涉及多方面的事务，包括政治、经济、文化等关系；外交关系是对外关系的一个特殊方面，它同国家对外关系的其他方面是相互依赖的，因为一般对外关系主要是通过外交关系来实现、发展和调整的，而外交关系则不断受到一般对外关系的影响。因此，可以说，外交关系是服务于一国总的对外关系的一种法律形式。

一国官员根据协议在他国一定地区执行领事职务所形成的国家间的关系，称之为领事关系。调整外交和领事关系的国际法原则、规则和制度，统称为外交和领事关系法。

二、外交代表机关

外交代表机关是代表本国与他国进行外交活动的机关，是执行国家对外政策的重要工具。

一国派出的外交代表机关可以分为两类：一类是常设的外交代表机关，另一类是临时的外交代表机关。

狭义的常设外交代表机关仅指派驻他国行使经常联系和交涉职务的常设使馆。按其馆长的级别分为三级：大使馆、公使馆和代办处。广义的常设外交代表机关，还包括向国际组织如联合国派遣的常驻代表团。

临时的外交代表机关，又称特别使团，指派往国外执行临时性任务的外交代表团。

国家之间互相派驻常设外交代表机关的实践始于15世纪的欧洲，而到17世纪下半叶，发展成为一项外交制度。新中国建立以来，我国已与160多个国家建立了大使级外交关系，互设大使馆。

根据维也纳外交关系公约的规定，使馆的主要职能是：在接受国中代表派遣国；于国际法所许可之限度内，在接受国中保护派遣国及其国民的利益；与接受国政府办理交涉；以一切合法手段调查接受国的状况和发展情形，向派遣国作出报告，促进派遣国与接受国间的友好关系。

为了使外交代表机关及其人员在驻在国能够有效地执行职务，并体现对派遣国的尊重，在国际实践上，各国都根据本国的法律，以及国际条约和国际惯例，给予外交代表机关和外交人员以外交特权和豁免。

根据维也纳外交关系公约的规定，使馆的外交特权与豁免主要有：使馆馆舍、档案和文件不可侵犯；通信自由，但装置和使用无线电发报机须经接受国同意；使馆馆舍和公务用品免纳捐税、关税；可使用本国国旗、国徽。使馆外交人员的外交特权和豁免主要有：人身、寓所、书信、财产不可侵犯；司法管辖豁免；免纳捐税、关税；行李免受查验；免服役务。使馆外交人员的配偶和未成年子女也享受这些特权与豁免。享受外交特权与豁免，通常自进入驻在国国境时开始，至离境时终止。同时，外交人员也有尊重驻在国法律、习惯和不干涉驻在国内政的义务。

我国于1975年11月25日加入《维也纳外交关系公约》，并于1986年9月5

日公布了《中华人民共和国外交特权与豁免条例》。

三、领事代表机关

领事代表机关，是一国根据同另一国的协议，派驻该国的某一城市或地区执行领事职务的机关。分为使馆内的领事部和专设的领事馆两类。绝大多数国家都在外国设立专门的领事馆办理领事事务。

领事机关的设立由国家间的协议决定。根据 1963 年《维也纳领事关系公约》的规定，领事馆的等级依次分为四级：总领事馆、领事馆、副领事馆和领事代理处；相应地，领事人员的级别也分为总领事、领事、副领事和领事代理人四级。在实践中，并非每个国家都实行四级领馆制。设立哪一级的领事馆及其地点和辖区，由派遣国与接受国协商决定。每一个领事馆有一个执行领事职务的区域，称为领事辖区。

领事的职务主要有：在国际法所许可的范围内保护派遣国及其国民在驻在国的利益；协助本国侨民以及入港、入境的本国船舶、飞机及其人员；办理公证、认证及民事登记（如侨民的出生、死亡和婚姻登记）等项法律手续；以及以一切合法手段了解驻在国的商务、经济和文化等方面的情况，向派遣国报告，以促进本国与驻在国经济和文化关系的发展；经第三国委托和驻在国同意，代为照顾和保护第三国的侨民；依双边条约或接受国法律，转送司法文书等。

为了使领事机关及其人员能够正常地行使其职能，驻在国给予领事机关和领事人员一定的特权和豁免，如领馆馆舍在一定限度内不可侵犯；领馆档案及文件不可侵犯；领事执行职务的行为不受驻在国的司法管辖，等等。

我国 1979 年加入《维也纳领事关系公约》。1990 年颁布的《中华人民共和国领事特权与豁免条例》对外国领事人员在我国享有的特权与豁免作了具体规定。

第六节 条 约

一、条约的概念

条约是国际法主体间依据国际法所缔结的据以确定其相互权利与义务的书面协议。

条约有广义和狭义之分。广义的条约除以条约为名称的协议外，还包括公约、宪章、盟约、规约、专约、协定、议定书、换文、联合宣言等名称的协议。条约的这些不同名称，只表现条约在形式上的不同，其法律性质和效力都是一样的。狭义的条约仅指以条约为名称的协议。

条约可按不同的标准进行分类。按缔约者的方面，可分为双边条约和多边条约；按条约的法律性质，可分为造法性条约和契约性条约；按条约的内容，可分为政治、经济、法律、文教、科技等方面的条约。

1969年《维也纳条约法公约》是对条约法的系统和全面编纂。我国于1997年加入该公约。

二、条约的缔结程序

条约的缔结程序，是指缔约者之间签订条约的全部过程。一般包括谈判、签署、批准、交换批准书和登记。

谈判是指缔约双方或各方就条约的内容和有关缔约的事项进行交涉。谈判结果一般要制定成各方同意的条约约文。经各方代表向本国政府请示并获同意后，即可签署。

签署是指授权签约的代表在条约的正式文本上签字，表示缔约者同意接受该项条约的拘束。有的条约规定签署后立即生效，重要的条约通常在签字后尚须经过批准方能生效。

批准是指缔约者对其代表所签署的条约的确认。各国宪法一般都有关于条约批准的规定。条约是否须经批准才能生效，取决于条约本身的规定。

需要批准的双边条约，只有在互换批准书后才正式生效，而多边条约，则要等交存的批准书达到法定生效数目时才能生效。

根据联合国宪章第102条的规定，凡联合国会员国所缔结的条约应在联合国秘书处登记，并公布。

以上是缔结条约的一般程序。此外，某些多边条约允许非缔约国加入，从而成为该条约的缔约国。

多边条约的缔约国如对某些条款不能接受，得在签署、批准或加入时声明保留，从而排除这些条款对该国适用时的法律效力。但遇有下列情形之一者，则不得保留：条约本身禁止保留；所作保留超出允许保留的范围；保留与条约的目的和宗旨不符。

1990年12月28日我国颁布了《中华人民共和国缔结条约程序法》。依据缔约权是国家的一项固有权力，必须由国家统一行使的原则，该法规定国务院同外国缔结条约和协定；全国人大常委会决定同外国缔结的条约和重要协定的批准和废除；国家主席根据全国人大常委会的决定，批准和废除同外国缔结的条约和重要协定；外交部在国务院领导下管理同外国缔结条约和协定的具体事务。中华人民共和国以中华人民共和国、中华人民共和国政府、中华人民共和国政府部门的名义同外国缔结条约和协定。该法还就谈判和签署条约、协定的决定程序，代表的委派程序，条约、协定的签署、批准、互换、登记，以及多边条约的加入和接受等程序，均作有详尽的规定。

三、条约的效力

1. 条约必须信守原则

条约必须信守是国际法的一项重要原则。条约是国际法主体缔结的，只要一个条约是合法的，就对各当事方面具有法律拘束力，应由各当事方面善意履行，不得违反。信守条约是维持正常的国际关系的基础，也是维持国际法律秩序的基础。但不能把"条约必须信守原则"绝对化。帝国主义强迫弱小国家订立的奴役性和不平等的条约，不但不应遵守，而且应予废除。非法的条约是无效的，当然亦不在应履行的条约之列。

除条约另有规定者外，条约的效力应及于当事国的全部领土。缔约国应采取必要措施，保证对其有效的条约在其境内得到履行。

2. 条约对非缔约国的效力

一般地说，条约只对缔约国发生效力，不能拘束第三国。条约如为第三国创设权利或义务，在原则上应得到该第三国的同意。这是国际法上的一项公认的原则。

但是，根据国际习惯法，在某些情况下，不论双边条约还是多边条约，都可能对非缔约国造成一种必须重视的事实，而且会引起某些法律上的权利或义务。例如，非缔约国可能享受某些国际公约赋予的权利，某些国际组织的章程也可能涉及第三国。

3. 条约的无效

根据维也纳条约法公约的规定，在下列情况下缔结的条约，应属无效：对一国代表实施了强迫；违反联合国宪章所含国际法原则，使用了武力威胁或武力；与国际法强制规则相抵触。除上述情形外，如条约系因另一缔约国之诈欺或贿赂其代表而缔结，或因重大错误而缔结，受害国得据此撤销其对该条约的同意。

4. 条约的终止

条约的终止是指由于某种事实或原因使条约对缔约国丧失效力。根据国际实践，条约的终止一般有下列几种情况：条约期满；另订新约代替旧约；缔约各方同意废约；单方废除或退约；条约规定的事项履行完毕。

第七节 国际争端的解决

一、国际争端的概念

所谓国际争端，主要是指国家间基于各自政策和立场的不同而产生的法律上或事实上的意见分歧或利益上的冲突。

按照传统的分类，国际争端一般分为法律性质的争端和政治性质的争端两种。

前者指争端当事国的要求和论据是以国际法所承认的理由为根据的那些争端，这种争端发生于当事国间对权利问题的争执，因此又称为“关于权利的争端”。例如，因条约解释的分歧引起的争端，因违反条约规定引起的违约责任的争端，侵犯国际法所保护的利益，等等。所有其他的争端则都被称为政治性质的争端或“利益的冲突”。

法律性质的争端常被认为是“可裁判的争端”，一般适宜用仲裁或司法程序加以解决；而政治性质的争端则被认为是不可裁判的争端，须寻求比较有弹性的政治的、外交的方法来解决。

二、和平解决国际争端的方法

依联合国宪章第33条的规定，任何争端之当事国，于争端之继续存在足以危及国际和平与安全之维持时，应尽先以谈判、调查、调停、和解、公断（仲裁）、司法解决、区域机关或区域办法之利用，或各该国自行选择之其他和平方法求得解决。联合国安理会认为必要时，应促请各当事国以此项方法，解决其争端。本条列举的方法，常被认为是和平解决国际争端的方法的一览表。

争端当事国直接就争执问题进行谈判，是解决国际争端的最基本和最广泛使用的方法。绝大多数关于和平解决国际争端的条约，都承认谈判是解决国际争端的第一步，并以谈判解决国际争端的失败作为强制仲裁或司法解决的先决条件。20世纪50年代以来，作为外交谈判的一种特殊形式的协商方法，在国际实践中开始得到广泛应用，并日益受到重视。这种方法较之一般外交谈判富有灵活性，更体现和解精神。目前，已成为和平解决国际争端的一种新方法。

在争端当事国不愿意直接进行谈判或者虽经谈判而未能解决彼此间的争端的场合，第三者（国家、国际组织、个人）可以根据自己的好意协助当事国解决，例如，劝说当事各方同意进行谈判，调和对立双方的主张或要求。这就是国际法上的斡旋和调停的方法。

常用的和平解决国际争端的方法还有国际调查、和解和区域解决等。

仲裁和司法解决属于法律的解决方法。前者指经当事各方同意，将争端交付它们自己选任的仲裁员处理，并相互约定接受其裁决；后者一般指将争端，主要是法律性质的争端，提交联合国国际法院解决。

三、国际法院

国际法院是联合国的主要机关之一，也是联合国的主要司法机关，1946年4月3日在荷兰海牙正式成立。国际法院的组织、管辖权以及诉讼程序等，都以《国际法院规约》为依据。

国际法院由联合国大会和安理会分别投票选出的15名不同国籍的独立法官组

成。当选人应品格高尚并在本国具有最高司法职位之任命资格，或是公认的国际法学家。选举结果必须使法院作为一个整体，足以代表世界上各种主要文化和法律体系。法官任期 9 年。法官除由其他法官“一致认为不复适合必要条件外，不得免职”。

国际法院的诉讼当事者仅限于国家，任何组织、团体或个人均不能成为诉讼当事者。国际法院受理法院规约各当事国的诉讼，并在一定条件下受理其他国家的诉讼。联合国会员国是法院规约的当然当事国。

国际法院管辖的案件，主要有以下三类：

（1）各当事国提交的一切案件。法院对此类案件的管辖通称为“自愿管辖”。

（2）《联合国宪章》或现行条约或协定中所特别规定的一切事件。凡规定有因条约的解释或适用而发生的争端，应提交国际法院解决者，国际法院都有权受理。法院对此类案件的管辖，通称为“协定管辖”。

（3）依法院规约的规定，规约各当事国得随时自愿声明，对于接受同样义务的任何其他国家，承认法院对下列事项的管辖为当然而具有强制性：a. 条约之解释；b. 国际法之任何问题；c. 任何事实之存在，如经确定即构成违反国际义务者；d. 因违反国际义务而应予以赔偿之性质及其范围。依据上述声明的管辖，称为“任意或自愿强制管辖”。直到 1996 年 7 月只有 60 个国家声明接受国际法院的“强制管辖”，但其中许多国家附有保留，最常见的保留是将国内管辖事件排除在强制管辖之外。

国际法院的诉讼程序，由国际法院规约和根据规约制定的法院规则规定。法院的正式语言是英语和法语。审讯一般公开进行。判决由出庭法官的过半数作出。判决对于当事国和本案具有拘束力。遇有当事一方不履行依法院判决应负的义务时，他方得向联合国安理会申诉。安理会如认为必要，得作成建议或决定应采取的办法，以执行法院判决。

四、联合国维持和平行动

联合国维持和平行动是指：在解决国际争端时，为了缓和、遏制冲突或争端，防止冲突和争端扩大，以致影响或威胁国际和平与安全，联合国安理会根据《联合国宪章》的有关规定，行使其所担负的维持国际和平与安全的职责，由安理会或大会通过决议建立的、由秘书长指挥的、使用武装或非武装的军事人员、在冲突地区帮助维持或恢复和平的行动。

联合国维持和平行动包括联合国军事观察团、维持和平部队（俗称“蓝盔部队”）的各种维和行动，也包括由联合国派出的安全部队以及监督选举或公民投票的观察团的活动等。它们的任务主要为：观察、报告有关地区的局势；监督该地区的停火、停战；执行脱离接触协议；监督或督促有关方面撤军；监督已达成的军事分界线或隔离区；维持当地治安；保护平民活动及从事人道主义援助，等等。

此外，联合国维和行动一般应当取得行动所在国的同意，并不具有强制力。维和人员不得使用武力，但自卫除外。维和部队应保持中立，不应干涉东道国的内部事务。

总之，联合国维持和平行动在和平解决国际争端中发挥着重要作用，并已有许多成功范例。

第八节 战争法

一、战争与战争法

国与国之间产生争端之后，如果不能和平解决，往往就会诉诸战争。战争，在国际法上主要是指两个或两个以上国家使用武力推行国家政策引起的武装冲突和由此产生的法律状态。国际法意义上的战争具有如下基本特征：（1）战争主要是指国家之间的武装冲突，但也包括被压迫民族反对殖民主义和种族主义统治的武装斗争。(2) 战争主要表现为武装冲突，但并非一切武装冲突都是战争。战争是具有相当规模并持续一定时间的武装冲突。（3）从法律意义上讲，战争不仅是敌对行为的事实，而且是一种法律状态，包括一定的程序，产生相应的法律后果。

战争有正义与非正义、合法与非法之分。根据现代国际法，正义战争是指非掠夺性的、保卫人民抵御外来侵犯的战争，以及殖民地和附属国从帝国主义压迫下解放出来的战争；非正义战争指的是掠夺性的、侵略和奴役别国的国家和人民的战争。正义战争是合法的，非正义战争是非法的。非法的战争为现代国际法所禁止。

战争法是战争或武装冲突中，以条约和惯例为形式的，调整交战国之间和交战国与中立国或非交战国之间关系以及作战方法和手段的原则、规则和制度的总和。它的作用在于保护中立国、非交战国和交战国的合法权益，保护平民，并使交战人员和战争受难者免遭不必要的和非法的伤害。

二、战争状态

1. 战争状态的开始

战争状态是指战争正式开始至正式结束期间交战国之间的法律状态。单纯发生武装敌对行为的事实并不自动产生法律上的战争状态。法律上战争状态的开始和结束通常通过一定的法律程序，并伴随着一系列的法律后果，主要有：（1）外交和领事关系的断绝；(2) 经贸关系的中断；（3）条约关系发生变化；（4）对交战国人民和财产的影响。

通常，当交战一方或双方宣战（或宣布战争状态），或一方使用武力他方确认为战争行为时，战争状态即开始存在。但现实中的战争多为不宣而战。

不存在法律上战争状态的武装冲突，有时称之为武装冲突状态或战斗状态。它没有正式的开始方式，没有宣告或通知，只有实际的战斗行为。

2. 战争状态的结束

战争的终止首先包含停止战争行动，然后是恢复和平。但是，敌对行动的停止不等于法律意义上的战争状态的结束。战争状态通常是通过缔结和约或战胜国单方面或同战败国联合发表声明宣布战争状态结束而终止。和约的内容一般包括：完全停止敌对行动；释放和遣返战俘；部分或全部恢复战前条约的效力、恢复外交、领事和贸易关系等。有的条约还包括赔偿和赔款条款、割让领土条款。

三、战争中立

传统国际法上的“中立”，指战争时期非交战国选择的不参与战争、对交战双方不偏不倚的法律地位，即战时中立。调整中立国与交战国之间关系的法规与惯例，称为中立法。战时中立不同于平时政治意义上的中立和“中立主义”，也不同于“永久中立”。

战时中立作为国际法上的一项制度，是随着资本主义制度和国际贸易的发展而逐渐发展起来的。到19世纪末，战时中立的制度已经确立，其基本内容可概括为：中立国必须不援助、不偏袒任何一方（即不作为的义务）；中立国有权利也有义务防止其领土为交战国任何一方作为战争行动或支援的基地（即防止的义务）；中立国必须默许交战国对中立国和它的国民的活动施加的某些限制，特别是对海上贸易自由的限制（即容忍的义务），而交战国必须尊重中立国的主权，不得在中立国领土内有违反中立的行为。

第一次世界大战后，禁止非法使用武力的原则逐步确立。这就在根本上动摇了以不偏不倚为基础的传统中立制度。依据《国际联盟盟约》、巴黎《非战公约》和《联合国宪章》，缔约国承担了区别对待违约从事战争的国家与被侵犯的国家的义务。它们有责任援助被侵略的国家，而不得援助侵略国，并有义务支持有关国际组织采取的强制措施，以维持或恢复国际和平。在这种情况下，如某一国家未卷入实际的战斗，它就是保留了中立地位。

四、战时国际人道主义保护

战时国际人道主义保护包括战时平民保护、战俘待遇以及伤病员待遇等内容。

1. 战时平民保护

军事行动应限于针对武装部队，不得攻击和杀害平民，这是最古老的战争法规则。许多条约禁止或限制使用波及平民的武器和作战方法，其中最主要的是1949年《关于战时保护平民的日内瓦公约》。该公约对战时平民保护问题作出了详细规定。

2. 战俘待遇

战俘是指在战争或武装冲突中落入敌方权力之下的交战人员。依据1949年《关于战俘待遇的日内瓦公约》，战俘拘留国应对战俘负责，给予他们人道待遇和保护。对他们不应加以惩罚、虐待，更不应加以杀害。

3. 伤、病员待遇

依据1949年《关于改善伤病员待遇的日内瓦公约》，敌我伤病员在一切情况下应无区别地予以人道的待遇和照顾。交战国的伤病员如落入敌手，受日内瓦战俘公约的保护，亦即受双重保护。

五、战争犯罪

战争犯罪是指交战国军队违反战争法规和惯例的行为。

第二次世界大战后，《欧洲国际军事法庭宪章》第6条和《远东国际军事法庭宪章》第5条规定，战争犯罪包括三类：（1）危害和平罪，就是计划、准备、发动或实施侵略战争或违反国际条约、协定或保证之战争，或参与为实现任何上述行为的共同计划或同谋。（2）战争罪，就是违反战争法规与惯例，此种违反应包括但并不限于对属于所占领土或在所占领土内的平民之谋杀、虐待，为使其从事奴隶劳役、或任何其他目的的放逐，对战俘或海上人员之谋杀或虐待，杀害人质，劫掠公私财物，任何破坏城市、集镇或乡村，或从事非根据军事需要之蹂躏。（3）违反人道罪，就是在战争发生前或战争进行中，对任何居民之谋杀、灭绝、奴化、放逐及其他非人道行为；或基于任何政治、种族或信仰的原因，而为执行或关涉本法庭管辖内之任何罪行而为之迫害，不问此种行为是否违反行为地之国内法。

欧洲和远东国际军事法庭宪章还特别规定：被告的官方地位，不问其为国家元首或政府部门之负责官吏，不应视为使彼等免受或减轻惩罚的理由；政府或上级命令，也不应成为免除被告责任的依据。

在当今国际社会，联合国安理会通过决议设立了“前南国际法庭”和“卢旺达国际法庭”，对1991年以来在前南斯拉夫境内和卢旺达境内严重违反国际人道主义法的行为进行审判、制裁。1998年7月联合国在意大利罗马召开外交大会，通过了《国际刑事法院规约》，决定建立常设的国际刑事法院，以审判国际社会关注的最严重的国际罪行，即灭绝种族罪、侵略罪、战争罪和反人道罪。国际刑事法院规约已于2002年7月1日生效。

第十三章　国际私法学

第一节　国际私法概述

一、涉外民事关系

随着国际关系的发展，各国人民往来日趋频繁，引起大量含有外国因素的民事关系，法学术语上称之为“涉外民事关系”。

在实际生活中，凡民事关系中介入下列三方面因素之一的，便成为涉外民事关系：

(1) 民事关系主体中的一方或双方为外国自然人或法人或无国籍人。如一中国公民和一外国侨民要求在中国结婚，一中国公民继承其在外国某亲属的遗产等；有时国家也可成为涉外民事关系的主体，如国家直接参加对外民事活动。

(2) 民事关系的客体是位于外国的财产或需要在外国完成的行为。如一方把在国外的不动产转让给另一方，某一劳务输出合同的标的是要在外国完成的一项工程等。

(3) 民事关系据以确立，变更或消灭的法律事实发生在外国。如婚姻在外国缔结，引起继承关系的死亡在外国发生或宣告，侵权行为在外国实施等。

当某一民事关系介入外国因素后，便会提出依法院地国自己的法律还是依所涉及的外国的法律来进行调整或作出判决的问题。由于各国关于民事关系的法律规定互有歧异，在处理同一问题时，适用不同国家的法律，会得出不同的判决结果，这就产生了法律适用上的冲突，亦即法律冲突，因而需要有相应的法律加以调整。由调整涉外民事关系的法律规范构成的法律部门即国际私法。

二、国际私法的性质

作为上层建筑的国际私法，同样是发展和保护经济基础的法律工具，在这一方面，它是与其他法律部门相一致的。但是，由于它的调整对象和所包含的规范种类的特殊性，使它与邻近几个法律部门在性质上又有重大区别。

国际私法和国内民法，虽都是调整民事关系的法律部门，但国际私法与国内民法却不属于同一法律部门。这首先表现在国际私法所调整的是含有涉外因素的民事关系；其次，国际私法在传统上只是国内民法在涉外关系中的适用法；再次，国际私法的主要规范是冲突规范，它并不像民法那样直接规定当事人的权利义务；最后，国际私法除冲突规范外，还包括一些程序法规则，而民法却几乎全由实体规范所构成。

又如国际私法与国际公法，虽都是调整超出一国范围的社会关系的，但国际私法与国际公法也不属于同一法律部门。这首先是因为国际私法所调整的是不同国家的公民和法人之间的民事关系，属“私法”范畴，而国际公法调整的是国际政治、经济、外交、军事等关系，属公法范畴。其次，国际私法目前主要还是由各个国家的国内法规范（如我国民法通则中所设第八章“涉外民事关系的法律适用”）我国民事诉讼法中所设第四编“涉外民事诉讼程序的特别规定”）所构成，而国际公法却主要是由国际协定和国际习惯法所构成。再次，国际私法案件是由各国国内法院管辖的，而国际争端的司法解决主要是通过国际司法机构进行的。

但是，也必须看到，国际私法目前既然主要还是各国国内民法的适用性，因而它的许多制度都着眼于保证本国民法的基本原则不至于在处理涉外民事关系或适用外国法时被违背和破坏，从而与国内民法有着十分密切的联系。同时，国际私法既然是调整涉外民事关系的，它也必须遵守国际公法的一些最基本的原则和制度，所以，它与国际公法也存在着重要的联系。

三、国际私法的调整方法

对于涉外民事关系的法律冲突，国际私法是通过不同的方法进行调整的。主要的方法有两种，即间接调整的方法和直接调整的方法。

间接调整的方法是通过国际私法中的冲突规范来指定各种涉外民事关系应适用的法律，然后依据这一被指定的法律（准据法）来解决当事人之间的权利义务关系。由于冲突规范只解决法律适用问题，而不直接规定当事人的权利义务，因而只起一种“间接调整”的作用。

直接调整的方法是以国际条约的形式，制定统一的实体规范，直接规定当事人的权利义务，使有关的民商事关系得到调整，从而避免法律适用的冲突。这种方法具有简便、明确、更有利于促进国际经济关系的发展等优点，比较适宜于国际经济贸易领域。

四、国际私法的渊源

国际私法在渊源上，具有国内和国际的两重性。我国国际私法的渊源主要有：

1. 国内立法。这是国际私法的主要渊源，其中包括我国宪法、民法及其他经济或民事立法中的有关外国人在我国的民事法律地位的规范，关于法律适用的规范，以及关于涉外民事诉讼与国际经济贸易和海事仲裁程序规范。

2. 国际条约。根据民法通则的规定，在处理涉外民事关系的法律适用时，如我国缔结或参加的国际条约与我国法律有不同规定的，除我国已声明保留的条款外，应适用国际条约的规定。

3. 国际惯例。民法通则还规定，在中华人民共和国法律和参加或缔结的国际条约中都无规定的，可以适用国际惯例。作为国际私法渊源的国际惯例，大多是一些在长期的国际贸易实践中所形成的商事惯例，其中最常见的是各种“价格条件”或“价格术语”。目前，国际贸易中广泛采用的 CIF（到岸价格，亦即成本加保险费加运费）、FOB（离岸价格），CFR（成本加运费）等价格条件，就是一些消除法律冲突的特殊契约形式，它们规定了在不同条件下买卖双方的权利义务。这些制度都是在民间贸易的基础上逐渐发展起来而为许多国家所接受的。

第二节 冲突规范和准据法的确定

一、冲突规范的概念、结构和类型

1. 冲突规范的概念

冲突规范是国际私法中最基本、最主要的规范，它是在调整或处理涉及两个以上国家（或法域）的法律的民事关系或民事争议时，指定应适用其中哪一个国家（或法域）的法律来确定当事人的权利义务的规则。例如“物权关系依物之所在地法”，“人的能力依当事人的本国法（或住所地法）”；“侵权责任适用侵权行为地法”等，便都是冲突规范。

被冲突规范指定用来判定当事人的权利义务的那一法律，（可能是法院国的法律，也可能是某一外国国家的法律），在国际私法上有一个特殊的名称，就是准据法。

所以，在运用间接调整手段的冲突规范来判决一个民事案件时，必须把有关的冲突规范和被该冲突规范指定的国家的实体规范结合起来，才能作出实体法上的判决结论。

2. 冲突规范的结构

从上面举出的三条冲突规范来看，可以明显地看出它们都是由前后两个部分组成的。如在“物权关系依物之所在地法”中，其前一部分为“物权关系”，其后一部分为应适用的法律“物之所在地法”；在“人的能力依当事人本国法（或住所地法）”中，其前一部分为“人的能力”，其后一部分为应适用的法律“当事人的本国法（或住所地法）”；在“侵权责任适用侵权行为地法”中，其前一部分为“侵权责任”，其后一部分为应适用的法律“侵权行为地法”。在法律术语上，通常把冲突规范的前一部分叫作“范围”（亦可叫“连结的对象”），把后一部分叫作“系属”。系属主要是通过连结点（如上面所讲的“物之所在地”、“当事人的国籍（或住所）”、“侵权行为地”）给“范围”中所规定的不同的法律关系指定各应适用的准据法。可见，连结点在冲突规范中起着重要的作用。

连结点又可称为连结因素。在形式上，它是把特定的民事关系和一定国家的法律（即应适用的国家的法律）联系起来的纽带或媒介；在实质上则表明特定的民事关系应隶属于一定国家的法律管辖。

连结点在早先都用国籍、住所、居所、行为地、物之所在地、法院地这些具有固定的客观场所意义的概念来表示，但后来，如“当事人自主选择”，“对某方当事人更为有利”、“与案件有最密切联系”等或具主观意志色彩或得由法院加以自由裁量的标准或条件，也越来越多地用来指定应适用的法律，以构成有关的比较灵活的冲突规范（有关的例证都将在下面介绍我国“涉外民事关系的法律适用”制度时见到）。

由于在冲突法中，凡双边冲突规范都得借助这些连结点来指引准据法，从而形成了许多以这些连结点来表示的“系属公式”（又可称“准据法表述公式”）。

常用的系属公式有：(1) 当事人的属人法（包括当事人本国法、当事人住所地法及法人本国法等）；(2) 行为地法（包括合同缔结地法、合同履行地法、侵权行为地法、婚姻举行地法、遗嘱作成地法等）；(3) 物之所在地法；(4) 法院地法；(5) 当事人自主选择的法律；(6) 对（特定）当事人更为有利的法律；(7) 与案件有最密切联系的法律，等等。

由于各国的法律概念含义不同或法律观念不同，对于表示同一场所意义的连结点不免有不同的解释。这方面最典型的例子是在两国都规定合同的成立适用合同缔结地法的情况下，对于异地达成的合同，有的国家认为其缔结地在承诺发出地，有的则认为在承诺收到地；在两国都规定侵权行为适用侵权行为地法的情况下，一国认为侵权行为地只指加害行为地，一国认为只指侵害结果发生地；从而依不同的解释，也会导致适用不同的法律，仍会产生相互抵触的判决结果。这就提出了如何对冲突规范中的连结点依什么法律作出解释的问题。

一般地说，对于冲突规范中的连结点作何解释及究竟在何处，只能依法院国的法律概念或法律观念作出。但如一个人是否具有某国国籍，却只能依其国籍发生疑问的国家的国籍法作出判定。再如在承认和执行外国法院的判决时，如该国法院是根据当事人的住所在该国而行使审判管辖权的，则该人的住所是否的确在作出判决的国家，也应依作出判决的国家的住所概念来进行判断。

3. 冲突规范的类型

冲突规范按其指定准据法的方式不同，可以分为单边冲突规范、双边冲突规范、重叠性冲突规范和选择性冲突规范四种基本类型。这也是各国国际私法中四种主要的可以独立适用的冲突规范。

（1）单边冲突规范。这是一种主要用来指定只适用内国法（有时也用来指定只适用外国法）的冲突规范。如法国民法典第3条规定，“不动产，即使属外国人所有，仍适用法国法”，就是一条规定只适用内国法的单边冲突规范。反之，如我国民法通则所规定的“我国公民定居国外的，其民事行为可以适用定居国的法律”，则是一条指定适用外国法的单边冲突规范。

（2）双边冲突规范。这是一种只规定一个有待认定的连结点，表明对于什么问题适用什么地方的法律的冲突规范，根据连结点的所在，应适用的法律，既可能是内国法，也可能是某一外国法。如规定“不动产适用不动产所在地法”。“人的能力适用其本国法”等，便都是双边冲突规范。在使用这种冲突规范的过程中，法院需要对连结点在何处作出解释和认定。如果经认定，连结点在内国，便适用内国法，如果连结点在某一外国，则适用该外国法。正是由于这种冲突规范具有上述双边的性质，在解决法律适用问题上，它显然比单边冲突规范更为完善。

（3）重叠性冲突规范。这是一种规定解决某一法律关系或法律问题必须同时而且重叠地适用两个国家的法律的冲突规范。如1902年关于离婚的海牙公约规定，“夫妻非依其本国法及法院地法均允许以离婚方式解除婚姻时，不得为离婚之请求”，就是一条重叠性冲突规范。

（4）选择性冲突规范。这是一种规定当事人有权在冲突规范所指定的几个法律中选择一个加以适用的冲突规范。它又包括无条件选择性冲突规范和有条件选择性冲突规范两种：前者如“遗嘱方式，凡符合立嘱人立嘱或死亡时的本国法，或符合立嘱或死亡时的住所地或习惯居所地法，均属有效”。因为在它所指的六种法律中，遗嘱方式只要符合其中任何一种，均可认为是有效的立嘱方式。后者如“合同的成立和效力，适用当事人协议选择的法律；在当事人无选择时，则适用与合同有最密切联系的法律”。因为它虽既允许适用当事人自主选择的法律，也允许适用与合同有最密切联系的法律，但有一个先后的顺序，即只有在当事人自己未选择法律时，才允许依最密切联系原则确定合同的准据法。

在许多国家的冲突法中，目前总的趋势是大量采用双边冲突规范和选择性冲突规范来指定各种涉外民事关系的法律适用。其原因是尽可能为某些国际民事法律关系的成立提供宽松、方便的条件。但是，单边冲突规范和重叠性冲突规范亦未失去其存在的价值，仍常为各国采用，其原因则在于欲加强对有关涉外民事法律关系的成立和解除的控制。所以，在许多国家的国际私法立法中，往往同时包含有上述四种类型的冲突规范，无非是因为国家对不同的涉外民事法律关系，常采取不同的法律政策。

二、准据法的确定

准据法的确定，涉及诸多的法律问题，这里只着重介绍识别制度。因为，在运用冲突规范来确定各种涉外民事关系的准据法时，首先需要解决识别问题。

识别是指依据一定的法律观点或法律概念，对有关的事实构成的性质作出"定性"或"分类"，把它归入特定的法律范畴，从而确定应该援用哪一冲突规范的法律认识过程。

如现有一外国人在中国某人民法院提起损害赔偿之诉，人民法院在确定应适用的准据法时，就得首先判定，该损害赔偿的请求，究竟是由违反合同所导致还是由侵权行为所引起：如果根据有关的法律观点对该案事实构成认定属于前者，就应依民法通则第145条关于解决合同争议的冲突规则，去援用双方当事人协议选择的法律；反之，如果对该案事实构成认定属于后者，那就应依民法通则第146条关于解决侵权行为责任的冲突规则，去适用侵权行为地的法律或当事人的共同属人法。

识别对确定法院管辖权也具有重要的意义。如1987年上海高级人民法院驳回瑞士工业资源公司上诉一案，就首先运用识别，认定当事人之间的争议不属于合同履行问题，而属于上诉人的侵权行为所引起的纠纷，作出了侵权行为地既在中国，中国法院有管辖权的结论。

识别主要应依法院地法的观点和概念进行，只有在必要时，才兼顾其他有关国家的法律观点或法律概念，这可以说是目前各国比较一致的实践。

第三节 外国法的适用与排除

一、反致、转致

所谓反致，就是指甲国法院依本国的冲突规范，有关民事关系应适用乙国法，但它认为自己所指引的乙国法应包括乙国的冲突法，而依乙国的冲突规范，应适用甲国的实体法，结果法院适用自己的实体法判决了案件的情况。

转致则是指甲国法院依本国的冲突规范，有关民事关系应适用乙国法，并认为自己所指引的乙国法包括了乙国的冲突法，而依乙国的冲突规范，应适用丙国的实体法，结果法院适用了丙国的实体法判决了案件的情况。

可见，反致、转致的发生，必须具备两个条件：其一是，有关国家的冲突法认为它所指引的外国法是包括外国冲突法在内的；其二是，不同国家对同一民事关系的法律适用采用了不同的连结点。如一住所在甲国的乙国人为自己的行为能力在甲国法院起诉，依甲国的冲突规则"人的行为能力应适用其本国法"，因而本案本应适用乙国的法律，但甲国认为它的冲突规范指引的外国法包括了外国的冲突法，而乙国冲突法规定："人的能力应适用其住所地法。"这就会发生反致。

我国民法通则中既无接受反致，也无反对反致的规定。但最高人民法院在关于适用涉外经济合同法的解答（已失效）中，明确规定，当事人自主选择适用于合同的外国法律，或依最密切联系原则确定应适用外国法律时，都只指它的现行的实体法，不包括它的冲突法，从而排除了反致发生的可能。但在合同这一领域排除反致，也是各国的通例。

二、公共秩序（或公共秩序保留）

目前，各国国际私法的立法和司法实践都认为，如果按本国的冲突规范的指引去适用某一外国法，或根据管辖权原则去承认和执行某一外国判决或裁决，其结果会与本国国家、社会的重大利益或法律的基本原则和制度发生严重抵触时，即可认为与自己的公共秩序相违背而排除该外国法的适用，或拒绝承认和执行该外国判决或裁决，这种制度，就叫做公共秩序或公共秩序保留。

公共秩序既具有排除冲突规范所指定的外国法适用的否定的或防范的作用，也具有直接适用内国法中强制性规范的肯定的作用。

公共秩序保留制度现在还为越来越多的国际私法方面的国际条约所采用。

我国民法通则明确规定，在依该法应适用外国法律时"不得违背中华人民共和国的社会公共利益"。同时，我国民事诉讼法也规定，凡违反中华人民共和国法律的基本原则或者国家主权、安全、社会公共利益的外国判决或裁决，均不得予以承认和执行。我国在与许多国家签订的司法协助协定中，也都订有公共秩序保留条款。

三、法律规避

法律规避是指当事人故意制造另一个连结点，以避开依有关冲突规范指定本应适用的国家的法律中的强制性规范，并得到自己所希望的准据法的适用的脱法行为。如在一些资本主义国家里，为了逃避在本国成立或解除婚姻较为苛刻的条件，许多人常去另一个无此苛刻条件的国家成立或解除婚姻，然后再回本国要求承认这种结婚或离婚的效力，就属这种情况。

法律规避是通过当事人有意或故意改变连结点来实现的，如在采用国籍或住所作连结点时，故意将甲国国籍或住所改变为乙国国籍或住所，以达到规避本应适用的甲国法中不利于自己的强制性规范、改用适用有利于自己的乙国法的目的。其他如采用行为地作连结点时，故意改变行为地；在采用物之所在地作连结点时，故意改变物之所在地等，也都属于这种情况。

在国际私法中，一般认为借法律规避行为所成立的法律关系是无效的。最高人民法院在贯彻执行民法通则的意见中也明确规定，"当事人规避我国强制性或禁止性法律规定的行为，不发生适用外国法的效力”。

四、外国法的查明

在依自己的冲突规范指定应适用某外国法时，如何查明或证明该外国法的内容，也是法院在审理涉外民事案件时，必须解决的一个问题。对此，一些认为在审理涉外民事案件时应把适用的外国法纯粹看作是一种事实的西方国家，根据谁主张权利，谁负责证明的原则，把查明或证明该外国法的存在和内容的责任，完全责令主张该外国法的一方当事人承担，法院则处于消极的地位。另一些认为被自己的冲突规则指引适用的外国法也是法律的国家，则根据“法官知法”的原则，要求由法官依职权查明该外国法。更正确的观点和实践，应是除法院应依职权查明外，还可责令当事人协助和通过其他途径进行。如我国最高人民法院在上述意见和解答中，都规定对于应当适用的外国法律，可通过下列途径查明：(1) 由当事人提供；(2) 由与我国订立有司法协助协定的对方的中央机关提供；(3) 由我国驻该国使领馆提供；(4) 由该国驻我国使馆提供；(5) 由中外法律专家提供。

在外国法通过法律规定的途径不能查明时，有的国家主张驳回有关当事人的请求，有的主张改而适用法院国自己的法律。我国采取后一种主张，即改而适用我国的法律判决案件。

与外国法的查明有一定联系的一个问题是，对外国法的错误适用是否允许通过上诉审加以纠正。外国法的错误适用可分为两种情况。其一是由于错误地适用自己的冲突规则所造成的，如依有关冲突规则本应适用甲外国法而错误地适用了乙外国法，或本应适用外国法而错误地适用了内国法。对于这种情况，等于法院适用自己的冲突法发生了错误，各国多主张允许上诉。其二是对应适用的外国法发生解释上的错误，对此有些国家允许上诉，有些国家不允许上诉。我国理论界多认为人民法院审判活动既应以事实为根据，以法律为准绳，因而如遇有上述两种情况均应允许上诉。

第四节 我国涉外民事关系的法律适用

自我国实行对外开放政策以来，国际交往日益扩大，涉外民事关系大量发生，涉外民事纠纷也随之不断增加，因此，迫切需要对涉外民事关系的法律适用问题作出规定。在这种情况下，我国不但已制定了一系列含有规定外国人实体民事法律地位的单行法规，并在1986年颁布的《中华人民共和国民法通则》中设专章（第八章）比较系统地规定我国涉外民事关系的法律适用。1992年的海商法、1995年的票据法和民用航空法都各用一个专章对涉外民事关系的法律适用作了规定。在我国其他民商单行立法（如1999年合同法）和最高人民法院的有关司法解释中，也有不少法律适用规则。我国还参加了一些有关国际私法的公约。

一、一般规定

依民法通则第142条的规定，凡涉外民事关系的法律适用，均按民法通则第八章的规定确定；我国缔结或参加的国际条约同我国的民事法律有不同规定的，适用国际公约的规定，但我国声明保留的条款除外；我国法律和我国缔结或参加的国际条约没有规定的，可以适用国际惯例。

另依第150条的规定，依照本章规定适用外国法律或国际惯例的，不得违背我国的社会公共利益，否则，人民法院得排除有关的外国法律或国际惯例的适用。

二、几种具体的涉外民事关系的法律适用

民法通则第143条至第149条原则规定了几种具体的涉外民事关系的法律适用，最高人民法院在贯彻执行民法通则的《意见》中作了进一步的规定。此外，一些单行法规也有相关的规定。

(一) 民法通则的有关规定

(1) 人的行为能力。我国公民的行为能力，在一般情况下应依我国的法律确定，但如已在外国定居，则可以适用该定居国法律。至于法人的民事行为能力，应依其本国法确定；外国法人应以其注册登记地国家的法律为其本国法。

(2) 不动产的所有权。涉外不动产的所有权问题，应依不动产所在地法解决，即不动产位于我国境内的，依我国法律，位于外国的，依该外国法律。因此，凡位于我国境内的不动产的所有权、买卖、租赁、抵押、使用等民事关系，概应适用我国法律。

(3) 涉外合同的当事人可以选择处理合同争议所适用的法律，但法律另有规定的除外。如在中国境内履行的中外合资经营企业合同，中外合作经营企业合同，中外合作勘探开发自然资源的合同，依据我国合同法的规定，只应适用中国法律。涉外合同的当事人没有选择的，适用与合同有最密切联系的国家的法律。

(4) 涉外侵权关系。涉外侵权行为的损害赔偿，原则上应适用侵权行为地法；如双方当事人有共同国籍或在同一国家均设有住所，也可以适用该共同国籍国法或共同住所地法。但我国法律不认为在我国领域外发生的行为构成侵权行为的，不得作为侵权行为处理。

(5) 涉外婚姻关系。我国公民和外国人结婚适用婚姻缔结地法，人民法院在处理涉外婚姻案件认定婚姻是否有效时，亦适用婚姻缔结地法；离婚适用受理案件的法院所在地法律。

(6) 涉外扶养关系。扶养关系，包括夫妻之间、父母子女之间和其他亲属之间的扶养关系，应适用与被扶养人有最密切联系的国家的法律。扶养人和被扶养人

的国籍国、住所国及供养被扶养人的财产所在国，均可视为与被扶养人有最密切联系的国家。

(7) 涉外继承。遗产的法定继承，动产适用被继承人死亡时住所地法，不动产适用不动产所在地法。

(8) 诉讼时效问题。涉外民事法律关系的诉讼时效，依冲突规范确定的民事法律关系的准据法确定。

(二) 海商法的有关规定

海商法第14章专门规定了涉外海事关系的法律适用，主要内容有：船舶所有权的取得、转让和消灭，适用船旗国法律；船舶抵押权适用船旗国法律；船舶在光船租赁以前或者光船租赁期间，设立船舶抵押权的，适用原船舶登记国的法律；船舶优先权，适用受理案件的法院所在地法律；船舶碰撞的损害赔偿，适用侵权行为地法律；船舶在公海上发生碰撞的损害赔偿，适用受理案件的法院所在地法律；同一国籍的船舶，不论碰撞发生于何地，碰撞船舶之间的损害赔偿适用船旗国法律；共同海损理算，适用理算地法律；海事赔偿责任限制，适用受理案件的法院所在地法律。

(三) 民用航空法的有关规定

民用航空法第14章对下列涉外关系的法律适用作了规定：民用航空器所有权的取得、转让和消灭，适用民用航空器国籍登记国法律；民用航空器抵押权适用民用航空器国籍登记国法律；民用航空器优先权适用受理案件的法院所在地法律；民用航空器对地面第三人的损害赔偿，适用侵权行为地法律，民用航空器在公海上空对水面第三人的损害赔偿，适用受理案件的法院所在地法律。

(四) 票据法的有关规定

1995年票据法第五章对涉外票据的法律适用作了如下规定：涉外票据的法律适用，依照本章的规定确定。涉外票据，是指出票、背书、承兑、保证、付款等行为中，既有发生在中华人民共和国境内又有发生在中华人民共和国境外的票据；票据债务人的民事行为能力，适用其本国法律；票据债务人的民事行为能力，依照其本国法律为无民事行为能力或者为限制民事行为能力而依照行为地法律为完全民事行为能力的，适用行为地法律；汇票、本票出票时的记载事项，适用出票地法律；支票出票时的记载事项，适用出票地法律，经当事人协议，也可以适用付款地法律；票据的背书、承兑、付款和保证行为，适用行为地法律；票据追索权的行使期限，适用出票地法律；票据的提示期限、有关拒绝证明的方式、出具拒绝证明的期限，适用付款地法律；票据丧失时，失票人请求保全票据权利的程序，适用付款地法律。

第五节 国际民事诉讼程序

一、概述

国际民事诉讼是指含有涉外（国际）因素的民事诉讼。具体说来，民事诉讼中的国际因素主要有：诉讼当事人中有外国人；诉讼客体是涉外民事法律关系；引用的证据具有涉外因素；法院按国际条约或内国冲突法的规定应适用外国法作为案件的准据法；诉讼请求是外国法院或其他机构的判决在内国的承认或执行；诉讼程序涉及国际司法协助问题等。

国际民事诉讼程序是指法院在审理含有涉外因素的民事案件的过程中所专用的程序。一国法院在审理涉外民事案件时，会遇到一些特殊的问题，如外国人在内国的诉讼地位；该国对案件的管辖权；如果一方当事人不在该国境内，如何向他送达法律文书；如果证人和证据在国外，如何进行调查取证；如果法院的判决需要在国外执行，如何取得外国法院对该判决的承认和执行所需的协助。解决这些问题的程序和规则，构成了国际民事诉讼程序的基本内容。

一国法院对涉外民事案件行使管辖权，是国家主权的要求和体现。因此，除该国缔结或者参加的国际条约另有规定者外，法院在审理涉外民事案件时，大多只适用本国的程序法和冲突法。

我国《民事诉讼法》第四篇对我国涉外民事诉讼程序作了专门规定。

二、外国人的民事诉讼地位

外国人的民事诉讼地位是指外国人在内国享有民事诉讼权利、承担民事诉讼义务的状况。在当代，赋予外国人（自然人）与内国公民平等的民事诉讼权利能力，已成为普遍的实践。

我国民事诉讼法对外国自然人和法人在我国的民事诉讼地位作了明确的规定：外国人、无国籍人、外国企业和组织在人民法院起诉、应诉，同中国公民、法人和其他组织有同等的诉讼权利和义务。外国法院对中国公民、法人和其他组织的民事诉讼权利加以限制的，我国人民法院根据对等原则，也可限制在中国的对方自然人或法人的民事诉讼权利。对享有外交特权和豁免的外国人、外国组织或国际组织提起的民事诉讼，人民法院应根据我国有关法律以及我国缔结或参加的国际条约的规定办理。

外国人在我国应承担的民事诉讼义务包括：凡不享有司法豁免权的外国人在我国法院被诉时，经合法传唤和通知，有按照要求提出答辩状和出庭应诉的义务；人民法院审理的案件，只使用我国通用的语言、文字。外国人要求提供翻译的，费用应由该当事人负担；外国人在人民法院起诉、应诉，委托律师代理诉讼的，必须委托中国的律师，不在中国境内居住的外国当事人寄给中国律师或者中国公民的授权委托书，必须经所在国公证机关证明，并经我国驻外使、领馆认证，才具有效力。

三、国际民事诉讼的管辖权

国际民事管辖权是指一国法院依据国际法和国内法对特定的涉外民事案件行使裁判权的资格。它所要解决的主要是不同性质的案件应由哪一国法院审理的问题。

我国关于确定国际民事管辖权的法律依据是：

第一，国际条约。我国已与有关国家缔结了一些载有国际民事管辖权条款的双边条约或协定（如 2001 年我国与老挝关于民事和刑事司法协助的条约），同时，还加入了一些载有国际民事管辖权条款的多边条约或公约（如 1929 年《关于统一国际航空运输某些规则的公约》），在这些双边和多边条约中规定的国际民事管辖权，是我国应予遵守的。

第二，国内法。就国内法而言，涉外民事案件的管辖权应主要根据《民事诉讼法》的有关规定来确定。1999 年《海事诉讼特别程序法》对海事诉讼的管辖作了特别规定。

（1）普通管辖。依据我国民事诉讼法的规定，普通管辖主要适用“原告随被告”的原则，凡被告住所、居所或主事务所在我国境内的涉外民事案件，我国人民法院可行使管辖。但对不在中华人民共和国领域内居住的人提起的有关身份的诉讼，只要原告居住在中国，我国人民法院就有管辖权。

（2）特殊管辖。依我国民事诉讼法的有关规定，对合同纠纷诉讼，被告住所地或合同履行地在我国的；保险合同纠纷诉讼，被告住所地或保险标的物所在地在我国的，票据纠纷诉讼，票据支付地或被告住所地在我国的；侵权诉讼，侵权行为地或被告住所地在我国的；铁路、公路、水上和航空事故损害赔偿诉讼，事故发生地、交通工具最先到达地或降落地，或被告住所地在我国的；船舶碰撞及其他海损事故损害赔偿诉讼，事故发生地、碰撞船舶最初到达地、加害船舶扣留地，或被告住所地在我国的；共同海损诉讼，船舶最初到达地、共同海损理算地、或航程终止地在我国的；海难救助费用诉讼，救助地、被救助船舶最初到达地在我国的，我国法院享有管辖权。此外，因合同纠纷或其他财产权益纠纷，对在中华人民共和国领域内没有住所的被告提起的诉讼，如合同在我国领域内签订或履行，或诉讼标的物在我国领域内，或被告在我国有可供扣押的财产，或被告在我国设有代表机构，我国合同签订地、合同履行地、诉讼标的物所在地、可供扣押的财产所在地、侵权行为地或代表机构住所地的人民法院均可行使管辖。

（3）专属管辖。凡涉及位于我国境内的不动产的诉讼，在我国港口内因港口作业发生的诉讼，被继承人死亡时的住所或主要遗产在我国的继承案件，以及在我国履行的合资经营企业合同、合作经营企业合同、合作勘探开发自然资源合同纠纷诉讼，我国法院有专属管辖权。

(4) 协议管辖。除上述法定管辖外，涉外合同或涉外财产权益纠纷的当事人，可以用书面协议选择与争议有实际联系的地点的法院管辖。同时，涉外民事诉讼的被告人对我国法院的管辖不提出异议，并应诉答辩的，视为承认我国法院的管辖权。

(5) 关于涉外民事案件的级别管辖，我国新的民事诉讼法规定，中级人民法院只管辖重大涉外案件。值得注意的是，为了有利于排除地方干扰，正确审理涉外民商事案件，依法保护中外当事人的合法权益，提高中国法制的权威性和公信力，适应"入世"的需要，根据《民事诉讼法》第19条的规定，最高人民法院于2002年2月25日发布了《关于涉外民商事案件诉讼管辖若干问题的规定》。它规定：(第1条) 第一审涉外民商事案件由下列人民法院管辖：(1) 国务院批准设立的经济技术开发区人民法院；(2) 省会、自治区首府、直辖市所在地的中级人民法院；(3) 经济特区、计划单列市中级人民法院；(4) 最高人民法院指定的其他中级人民法院；(5) 高级人民法院。上述中级人民法院的区域管辖范围由所在地的高级人民法院确定。(第2条) 对国务院批准设立的经济技术开发区人民法院所作的第一审判决、裁定不服的，其第二审由所在地中级人民法院管辖。(第3条) 本规定适用于下列案件：(1) 涉外合同和侵权纠纷案件；(2) 信用证纠纷案件；(3) 申请撤销、承认与强制执行国际仲裁裁决的案件；(4) 审查有关涉外民商事仲裁条款效力的案件；(5) 申请承认和强制执行外国法院民商事判决、裁定的案件。(第4条) 发生在与外国接壤的边境省份的边境贸易纠纷案件，涉外房地产案件和涉外知识产权案件，不适用本规定。(第5条) 涉及香港、澳门特别行政区和台湾地区当事人的民商事纠纷案件的管辖，参照本规定处理。

四、送达、期间、诉讼保全

把诉讼文书依照法律规定的方式送达给当事人或其他诉讼关系人，是有效行使国际民事审判权的一个重要条件。我国民事诉讼法规定，人民法院对住所不在我国境内的当事人送达诉讼文书，可采取下列方式：(1) 通过外交途径送达；(2) 对具有我国国籍的受送达人，可以委托我国在受送达人所在国的使领馆代为送达；(3) 向受送达人委托的有权代其接受送达的诉讼代理人送达；(4) 向受送达人设在我国的代表机构或有权接受送达的分支机构、业务代办人送达；(5) 受送达人所在国允许邮寄送达的，可以邮寄送达；(6) 不能采用以上方式的，公告送达。

民事诉讼法把在中国没有住所的被告或被上诉人提出答辩状和当事人不服一审判决提出上诉的期限均规定为自收起到诉状或上诉状或判决书后的30天。被告或被上诉人申请延期的，是否准许，由人民法院决定。

民事诉讼法还规定，人民法院在审理涉外民事案件时，对第一审和上诉审结的期间，不受第135条所规定的从一审立案之日起的6个月和第159条所规定的从二审立案之日起的3个月的期间的限制。

在涉外民事诉讼中，当事人有权依照民事诉讼法第92条和第93条的规定，申请财产保全或诉前财产保全。在申请诉前财产保全时，在人民法院裁定准许后的30日内，申请人应向有管辖权的人民法院提起诉讼，逾期不起诉的，人民法院应当解除此种保全。人民法院裁定准许财产保全后，被申请人提供担保的，应当解除财产保全。申请有错误的，申请人应当从所提供的担保中赔偿被申请人因财产保全而受到的损失。

五、司法协助

司法协助是指一国法院接受他国法院的委托，代为进行某些诉讼活动，如送达法律文书，询问证人或当事人，鉴定文件内容，搜集或调查证据等。广义的司法协助，还包括两国法院相互委托执行各目的判决和裁决。我国民事诉讼法中所规定的司法协助是广义上的司法协助。

司法权属于国家主权，履行外国法院的委托，一般必须有两国间的司法协助协定，或均受某一司法协助国际公约的约束，或者双方存在互惠。而且，在出现下列情况之一时，受委托国仍可拒绝履行：对委托文件的真实性有怀疑；根据本国法律，委托履行的行为不属于司法机构的职权范围或为内国诉讼法所禁止，或履行时将有损于国家主权与安全。

我国民事诉讼法规定，根据我国缔结或参加的国际条约，或者根据互惠原则，人民法院和外国法院可以互相委托，代为一定的诉讼行为。外国法院委托的事项同我国的主权、安全或社会公共利益不相容的，以及委托事项不属于人民法院职权范围的，不予执行。人民法院与外国法院互为委托的委托书及代办送达或协助执行的法律文书应附有受委托国的文字译本或国际条约规定的其他文字文本。

关于我国和外国法院的判决的相互承认和执行问题，我国民事诉讼法规定，对已发生法律效力的判决或裁定，当事人请求执行的，可由当事人直接向外国有管辖权的法院申请承认和执行，也可以由法院依据共同受约束的国际条约或互惠原则向对方法院提出请求。人民法院对申请或请求承认和执行的外国已生效的判决，均必须依据共同受约束的国际条约或互惠进行审查，认为不违反我国法律的基本原则或国家主权、安全和社会公共利益的，裁定承认其效力，需要执行的，发出执行令，依我国有关规定执行。反之，则不予承认和执行。

最高人民法院1991年《关于中国公民申请承认外国法院离婚判决程序问题的规定》和1999年《关于人民法院受理申请承认外国法院离婚判决案件几个问题的规定》对人民法院受理申请承认外国法院离婚判决案件的有关问题作了特别规定。

我国已与法国、波兰、比利时等30多个国家签订了民事或刑事司法协助协定。

对于区际司法协助，最高人民法院分别与香港特别行政区、澳门特别行政区达成了《关于内地与香港特别行政区法院相互委托送达民商事司法文书的安排》、《关于内地与澳门特别行政区法院就民商事案件相互委托送达司法文书和调取证据的安排》、《内地与澳门特别行政区关于相互认可和执行民商事判决的安排》和《关于内地与香港特别行政区法院相互认可和执行当事人协议管辖的民商事案件判决的安排》。1998年最高人民法院《关于人民法院认可台湾地区有关法院民事判决的规定》对承认和执行台湾地区法院的民事判决和仲裁机构裁决作了规定。同时根据最高人民法院的有关司法解释，台湾地区有关法院出具的民事调解书和支付命令也可得到人民法院的承认和执行。1992年台湾颁布的“台湾地区与大陆地区人民关系条例”对中国内地法院民商事判决和仲裁裁决在台湾地区的承认和执行作了规定。

第六节 国际商事仲裁

一、概述

国际商事仲裁是在国际经济贸易活动中，当事人将其带有国际性的商事争议提交仲裁的制度。

国际商事仲裁不同于国际民事诉讼、国际仲裁和国内仲裁。首先，尽管国际商事仲裁与国际民事诉讼都是解决国际商事争议的有效方法，但前者只是通过民间性质的仲裁机构进行审理，其管辖权基于当事人的合意，是非强制性的；而后者是由法院进行审判，它的管辖权往往是由法律规定的，因而带有强制性。其次，就国际商事仲裁与国际仲裁而言，前者主要解决私人当事方之间的商事争议，而国际仲裁则是和平解决主权国家之间争端的一种方式。最后，就国际商事仲裁与国内仲裁而言，它们的主要区别在于，前者是国际性的，而后者一般只适用于国内当事人之间产生于国内的经济贸易纠纷。

二、仲裁机构与仲裁规则

世界上从事国际商事仲裁的机构很多，主要有：解决投资争议国际中心、国际商会仲裁院、瑞典斯德哥尔摩商会仲裁院，瑞士苏黎世商会仲裁院、英国伦敦国际仲裁院等。它们都制定有自己的仲裁规则。

目前，我国的涉外仲裁机构有两个，一个是中国国际经济贸易仲裁委员会，另一个是中国海事仲裁委员会，二者的总部均在北京。其中，中国国际经济贸易仲裁委员会还在上海、深圳设有分会。这两个涉外仲裁机构所适用的仲裁规则分别为

2005 年和 2004 年通过的新仲裁规则。此外，依据 1994 年仲裁法新组建的仲裁委员会亦可受理涉外争议。

三、国际商事仲裁中的法律适用

在国际商事仲裁中，对于仲裁程序问题，由于仲裁本身固有的自治性质，各国立法与实践大多允许国际商事仲裁的当事人合意选择仲裁程序规则，而在无此合意选择时，则往往适用仲裁机构自身的仲裁规则或仲裁地的仲裁规则，或者由仲裁人或仲裁机构来决定所应适用的仲裁程序规则。实践中，大多数仲裁机构往往作出规定，当事人选择了该机构的同时也就意味着选择了该机构的仲裁规则。

对于国际商事仲裁中实体问题的法律适用，各国的普遍实践是，首先适用双方当事人合意选择的法律；在当事人未作选择时，或者根据仲裁地国家的冲突规则确定准据法，或者由仲裁庭决定所应适用的法律，但更常见的作法是适用各种国际商事惯例，还有的根据公平原则作出裁决。

四、外国仲裁裁决的承认和执行

外国仲裁裁决如果要想在内国得到承认和执行，必须满足一定的条件，同时也必须遵循一定的程序。各国国内立法和有关国际条约大多对此作出了明确规定。当前，各国在外国仲裁裁决的承认与执行问题上普遍适用 1958 年在纽约订立的《承认和执行外国仲裁裁决公约》，简称《纽约公约》（截至 2005 年，共有 130 多个成员）。我国已于 1986 年 12 月 2 日加入了该公约。在加入该公约时，我国作出了两项保留：(1) 我国只在互惠的基础上对在另一缔约国领土内作出的仲裁裁决的承认和执行适用该公约；(2) 我国只对根据我国法律认定为属于契约性和非契约性商事法律关系所引起的争议适用该公约。

对于中国区际仲裁裁决的相互承认与执行，1998 年最高人民法院《关于人民法院认可台湾地区有关法院民事判决的规定》对承认和执行台湾地区仲裁裁决作了规定。此外，1999 年 6 月，中国内地与香港特别行政区达成了《关于内地与香港特别行政区相互执行仲裁裁决的安排》。

第十四章 国际经济法学

第一节 国际经济法概述

国际经济法是随着各国间经济和贸易往来日益增长以及国家对经济生活的干预日益加强而形成和发展起来的一个新兴的法律部门。

关于国际经济法的概念和范围及其与国际法、国际私法的关系，在学理上一直存在着两种对立的观点。一些学者认为，国际经济法是国际法的一个特殊的分支，属于国际法的一部分，它的调整对象是国家间和国家与国际组织间的经济关系，因此，国际贸易、经济交往中涉及的国际私法问题（如货物买卖合同）和国内法问题（如关于进出口管理的国内立法）都不属于国际经济法的范畴。另有一些学者则认为，国际经济法是与国际法、国际私法并行的一个独立的法律部门，泛指调整跨国经济关系的法律，其范围包括一切关于超越国界并涉及任何经济贸易上的交易和交往的法律规范和制度，不论进行交易和交往的主体是国家、国际组织、国际金融机构，还是个人、法人或跨国公司，因而是一个跨国际公法、国际私法和国家的涉外经济立法的一个庞大的独立的法律部门。

这表明实际上存在着两种不同的国际经济法概念。其一是指调整以国家和国际组织为主体的国际经济关系的法律，这一部门法无疑是国际法的一部分，其渊源主要是国际条约；其二是指调整所有跨国经济关系的法律，它包括国际法律渊源和国内法律源渊两部分。这一部门法可以被认为是一个独立的法律体系。

国际经济法调整的国际经济关系十分广泛，主要包括：国际贸易关系、国际投资关系、国际金融关系、国际税收关系和国际经济行政关系。本章只简单介绍其中几种关系的法律调整。

第二节 调整国际经济关系的基本原则

各国间的经济关系，如同政治关系，也受一些基本原则的指导。1974 年第 29 届联合国大会通过的《各国经济权利和义务宪章》（以下简称经济宪章）明确提出了指导国际经济关系的 15 项基本原则，其中大多数是已经确立的国际法基本原则在国际经济关系中的具体适用。以下仅就几项最基本的原则予以简要说明。

(一) 经济主权原则

政治主权和经济主权是不可分割的。没有政治上的独立，就不可能有经济上的独立；而没有经济上的独立，政治上的独立也就不可能巩固。完全可以说，政治独立是经济独立的前提，经济独立是政治独立的基础。

现今，经济主权的内容特别表现为国家对其自然资源的永久主权。联合国大会通过的《关于自然资源永久主权的决议》、《各国经济权利和义务宪章》、《建立新的国际经济秩序宣言》及《行动纲领》等重要文件，都明确宣示：每个国家对其全部财富、自然资源和经济活动，享有充分的永久主权，包括拥有权、使用权和处分权，并得自由行使此项权利。

根据经济宪章的规定，国家对自然资源的永久主权的具体内容还包括由此项权利派生的权利：管理外国投资的权利；管理和监督跨国公司的权利；实行国有化的权利。

(二) 公平互利原则

公平互利原则是作为国际法基本原则之一的平等互利原则的新发展。经济宪章规定："所有国家在法律上一律平等，并作为国际社会的平等成员，有权充分和有效地参加为解决世界经济、金融和货币问题作出国际决定的过程，并公平分享由此而产生的利益。"这项原则的实质在于谋求各国在经济关系上的实质性平等和互利，尤其是解决正日趋严重的贫富悬殊和南北差距，建立起公正合理的新的国际经济秩序。为此，在国际贸易方面，它要求改善发展中国家的贸易条件，逐步消除贸易壁垒，在多边贸易谈判中，给予发展中国家普遍的特惠待遇；在技术转让方面，应制定符合发展中国家的需要和条件的技术转让国际行为准则，扩大发达国家对发展中国家在研究和发展计划以及在创立适用于本国的技术方面的援助；在国际金融方面，应稳定国际货币制度，以维护发展中国家外汇储备的实际价值，改革现行的国际货币决策体系，使发展中国家充分和有效地参加建立公正持久的货币体制的决策，调整国际金融机构的贷款政策，保证发展中国家能够获得发展民族经济所急需的资金。

(三) 国际经济合作与发展原则

国际合作以谋求经济发展是新的国际经济关系的根本思想，其核心是提高发展中国家个别地和集体地进行发展的能力。《建立新的国际经济秩序宣言》明确指出："发达国家的利益同发展中国家的利益不能再互相分割开。发达国家的繁荣和发展中国家的增长和发展是密切地相互关联的，整个国际大家庭的繁荣取决于它的组成部分的繁荣。在发展方面的国际合作是所有国家都应具有的目标和共同责任。"经济宪章更加明确地提出了"国际经济合作与发展原则"。它规定："国际合作以谋发展是所有国家的一致目标和共同义务，每个国家都应对发展中国家的努力给予合作，提供有利的外界条件，给予符合其发展需要和发展目标的积极协助，尊重各国主权平等，不附带任何有损于它们主权的条件，以加速其经济和社会的发展。”各国应进行合作，以促进较为公平合理的国际经济关系的建立，并鼓励世界性的经济结构改革，以符合所有国家的利益。所有国家都有责任在经济、社会、文化、科学和技术领域内进行合作，以促进全球经济发展和社会进步。

第三节 国际贸易关系的法律调整

调整国际贸易关系（有形贸易和无形贸易）以及同国际贸易有关的其他国际经济关系的法律规范，总称为国际贸易法。它主要包括以下三个方面的内容：

关于国际货物买卖（有形贸易）以及与此有关的国际货物运输、国际货物保险、国际贸易支付等关系的法律，如国际货物买卖合同公约、双边贸易协定、各国传统商法中关于买和卖的法律规章等。

关于国际技术贸易及劳务贸易（无形贸易）关系的法律，如知识产权法、技术转让法等。

各国对本国进出口贸易的管理与控制的法律和制度，如对外贸易法、海关法、外汇管理法、关税制度、许可证制度等。

一、国际货物买卖

国际贸易是由一系列相互联系的活动组成的，其中核心的是国际货物买卖。

目前，国际货物买卖活动主要依据有关的国际条约和贸易惯例及各国的国内法进行。在国际货物买卖法方面，最为重要的是1980年《联合国国际货物买卖合同公约》和国际商会编纂的《国际贸易术语解释通则》（目前为2000年版本）。前者是近半个世纪以来国际贸易法统一化运动的产物，对国际货物买卖合同成立的程序和规则以及买卖双方的权利、义务作了比较详细的规定；后者是在实践中得到广泛承认的国际贸易惯例，对于买卖合同的交货地点和价格构成以及买卖双方在交易中的责任划分等问题作出了标准化和规范化的解释。

国际货物买卖合同在国际货物买卖中具有十分重要的地位。其内容一般包括三个部分：约首、主文和结尾。约首部分通常包括买方和卖方的名称、法定地址、通讯地址，订约日期、地点，合同编号。有的合同还载有序言，说明订约的目的和基本原则。主文部分是合同的主要部分，规定当事双方的权利义务关系，一般包括以下内容：商品的品质和数量、商品包装、价格、装运、货物运输保险、支付、商品检验、不可抗力的法律后果、争议的解决及法律适用。结尾是合同的结束部分，包括合同的份数、附件、使用文字及其效力、合同生效日期与双方的签字等。

根据《联合国国际货物买卖合同公约》的规定，卖方应承担下列义务：按照合同规定的地点和时间提交货物及单据；保证所提交的货物在各方面符合合同的规定，包括对货物质量的保证和对所有权的保证。若卖方未履行上述义务，例如，不交付货物或单据或交付迟延；交货不符合合同规定；第三者对交付的货物拥有所有权，买方可视违约的具体情况和严重程度，要求卖方提供适当救济，包括要求卖方实际履行合同义务；减少价金；要求损害赔偿；解除合同，并要求损害赔偿。

而买方则有根据合同规定的地点、时间、方式和程序，履行支付价金的义务和接受商品的义务。若买方不履行义务，卖方可以要求继续履行合同（除非卖方已采取与此要求相抵触的某种补救办法），也可规定一段合理的额外时间，让买方履行义务；还可以在公约规定的情况下，宣告合同无效。

公约还规定了货物风险的转移、损害赔偿、免责和保全货物等内容。

二、国际技术转让

国际技术转让的主要方式是技术贸易，即将技术作为一种商品，通过国际技术市场进行买卖，由技术供方向技术需方转让技术及有关权利，技术需方则按一定的方式向技术供方支付技术使用费；技术一经转让，该项技术及有关的权利便从供方转移到需方，供方一般不承担需方在使用技术过程中的风险和责任。这种转让方式类似于国际货物买卖，所不同的只是，技术作为商品是无形的、专有的，并且在多数情况下不转移所有权。

技术贸易的具体形式有专利许可证贸易、专有技术许可证贸易和技术服务等，并通过当事人之间的协议进行。

为了使国际技术转让更好地为本国的经济发展服务，各技术输入国都在不同程度上加强了对技术输入的干预，通过国内立法对技术输入实行管理和控制，包括建立技术输入审查与登记制度。例如，中国2001年《技术进出口管理条例》第29条就明确规定，技术进口合同中，不得含有下列限制性条款：（1）要求受让人接受并非技术进口必不可少的附带条件，包括购买不必需的技术、原材料、产品、设备或者服务；（2）要求受让人为专利权期限届满或者专利权被宣布为无效的技术支付使用费或者承担相关义务；（3）限制受让人改进让与人提供的技术或者限制受让人使用改进的技术；（4）限制受让人从其他来源获得与让与人提供的技术类似的技术或者与之竞争的技术；（5）不合理地限制受让人购买原材料、零部件、产品或者设备的渠道和来源；（6）不合理地限制受让人产品的生产数量、品种或销售价格；（7）不合理地限制受让人利用进口的技术生产的产品的出口渠道。

另一方面，由于技术输出是直接生产能力的输出，对于输出国来说，既有获利的一面，也有产生竞争对手的一面，因而为了本国的利益，技术输出国一般也对技术输出实行国家管制，规定在一定时期内禁止或限制本国的某些技术（如涉及国家安全的国防技术）出口或向特定国家出口。许多国家的专利法包含了限制本国技术输出的规定。

三、对外贸易管制

所谓对外贸易管制，是指国家为了特定的经济和政治目的（如保护本国经济利益，改善国际收支状况），通过制定国内立法和缔结国际条约的方式，限制外国商品的进口，并在一定程度上限制本国产品的出口。其实质是国家对进出口贸易的直接干预。对外贸易管制可分为进口管制和出口管制两大部分。

进口管制，是指国家通过其国内立法，限制外国商品的进口，以保护本国市场和国内生产厂商的利益。进口管制的主要措施有：关税措施，由海关根据海关法和海关税则对商品的进出口征收关税；非关税措施，如进口配额制、进口许可证制、外汇管制等。

相对于进口管制，出口管制具有更强的政治性。从目前各国的实践来看，它有三个方面的目的，即经济方面、国家安全方面以及外交政策方面的目的。资本主义出口国一般侧重于国家安全和外交政策的考虑，这类出口管制通常称为“基于政治目的出口管制”。出口管制的主要措施包括出口许可制度和多边出口管制等。

1994年我国颁布的《中华人民共和国对外贸易法》规定了我国对外贸易制度及基本原则，明确了外贸经营主体资格及其基本权利和义务，确定了国家管理货物、技术进出口及服务贸易的基本方针、政策，是我国管理对外贸易活动的基本法。此外，我国还制定了《中华人民共和国海关法》、《进出口关税条例》、《海关进出口税则》、《进出口商品检验法》、《外汇管理条例》等多项法律、法规，以加强对外贸易的法律管理。

第四节　国际投资关系的法律调整

一、国际投资与投资保护

国际投资是国际资金流动的一种重要形式，也是国际经济合作的一个重要环节。调整国际私人直接投资关系及有关外国投资保护与鼓励的法律规范的总和称为国际投资法。

国际投资是一种跨国经济活动。由于各国政治、经济情况不同，投资环境各异，外国投资者除面临各种商业风险外，还面临一定的非商业的政治性风险。为了保证国际投资的安全性与稳定性，寻求国际投资的国际法律保护，已成为国际投资的一大课题。

国际投资的法律保护，由资本输入国与资本输出国单独或共同提供。大致有以下几种情况：（1）资本输入国国内法所提供的保护。即以特别立法为根据对外国投资者给予最低限度的保护和特定的优惠待遇。(2) 资本输出国国内法所提供的保护。即对本国国民或企业的海外投资可能遇到的政治风险提供政府担保。(3) 资本输入国与资本输出国之间缔结双边投资保护协定。(4) 缔结多边国际公约，规定由资本输入国给予外国投资者以公正待遇，以及设立国际投资保证机构，制定解决投资争议的程序和规则。

前三种保证，在大多数国家已付诸实践，而多边投资保护制度正在建立之中，已缔结的国际公约有 1965 年《解决国家与他国国民间投资争议公约》、1985 年《多边投资保证机构公约》。我国已加入上述两个公约。

二、国际私人直接投资的形式

国际私人直接投资的形式，主要有三种：合资经营、合作经营、独资经营。此外，还有合作生产或合作开发等形式。

1. 合资经营

指外国投资者同东道国政府、法人、其他经济组织或个人共同投资，兴办企业，共担风险，共负盈亏的一种投资形式。所兴办的企业称为合资经营企业。这是当前国际私人直接投资最常采用的一种形式。

依我国法律规定，外国公司、企业和其他经济组织或个人，按照平等互利的原则，经我国政府批准，得在中国境内同中国的公司、企业或其他经济组织共同举办合资经营企业。中外合营企业是中国法人，受中国法律的管辖和保护。合营企业的组织形式为有限责任公司，合营各方按出资比例，分享利润，分担风险和亏损。合营企业的最高权力机构为企业董事会。董事会处理重大问题，由合营各方根据平等互利原则协商决定。合营企业的业务管理实行董事会领导下的总经理负责制。合营企业有权自主地进行经营管理。合营企业职工的雇用、解雇，依法由合营各方的协议、合同规定。合营企业在税收方面享有一定的优惠待遇。外国合营者分得的利润和其他正当收益，可按合营企业合同规定的货币，按外汇管理规定汇往国外。合营企业的合同期限，可按不同行业、不同情况，由合营各方商定。合营各方发生纠纷，董事会不能协商解决时，由中国仲裁机构进行调解或仲裁，也可由合营各方协议在其他仲裁机构仲裁，还可以向人民法院起诉。

1990 年 4 月 4 日经第七届全国人大第三次会议通过的《关于修改中外合资经营企业法的决定》，对原来的《中外合资企业法》作了多项重要的修改，进一步放宽了若干方面的规定。其中最为重要的是在原来的第 2 条中增加了第 3 款规定："国家对合营企业不实行国有化和征收；在特殊情况下，根据社会公共利益的需要，对合营企业可以依照法律程序实行征收，并给予相应的补偿。"此外，还将原来关于合营期限的规定放宽为"有的行业的合营企业，应当约定合营期限；有的行业的合营企业，可以约定，也可以不约定合营期限；约定合营期限的，合营各方同意延长的，届时还可申请延长”。

为适应加入世界贸易组织的需要，全国人大于2001年3月对中外合资企业法再次进行了修改，在中外合资企业中全面推行“国民待遇”原则。

2. 合作经营

合作经营是一种契约性合营的投资形式。其特点是，由外国投资者提供资金、技术、设备，而东道国合作者（企业或个人）一方则提供基础条件，如场地、现有厂房和劳务等，双方进行合作从事特定项目的经营，在平等互利的原则下，双方按约定的分成比例，分配收益，分担亏损。这种投资形式，较之合资经营，具有投资少、周期短、见效快、形式简便灵活等特点。

1988年制定、2000年修正的《中外合作经营企业法》规定：国家鼓励举办产品出口的或者技术先进的生产型中外合作企业。合作企业可以组成法人，也可以不组成法人。凡是符合中国法律关于法人条件的规定的，依法取得中国法人资格。组成法人的合作企业，应设立董事会；不组成法人的，应设立联合管理机构，决定企业的重大问题。中外双方之任何一方均可担任董事长或联合管理机构主任。合作经营企业的自主经营权不受干涉。国家依法保护中外合作经营企业和中外合作者的合法权益；中外合作企业必须遵守中国法律、法规，不得损害中国的社会公共利益。国家有权对合作企业进行监督。合作企业应依法纳税，并可享受减、免税的优惠待遇。关于合作企业的收益分配和亏损分担的问题，该法规定，中外合作者可以按照合同的约定，分配收益或产品，并承担风险和亏损。中外合作者在合作企业合同中约定合作期满时合作企业的全部固定资产归中国合作者所有的，可以在合作企业合同中约定外国合作者在合作期限内先行回收投资的办法。但外国合作者在合作期限内先行回收投资的，中外合作者应当依照有关法律规定和合作企业合同的约定，对合作企业的债务承担责任。

3. 外资独资经营

指外国投资者在东道国经批准建立独资经营企业。这是国际投资中的一种传统形式，例如，各国跨国公司在东道国设立子公司，独资经营企业，或外国人以自有资金接受或买受东道国的某一企业或公司，就是一种常见的投资形式。

1986年颁布、2000年修正的《外资企业法》，允许外国的企业和其他经济组织或个人在中国境内举办全部资本由外国投资者投资的外资企业。设立外资企业必须有利于我国国民经济的发展。设立外资企业的申请，由国务院对外经济贸易主管部门或者国务院授权的机关审查批准。外资企业符合中国法律关于法人条件的规定的，依法取得中国法人资格。外资企业依照国家有关税收的规定纳税，并可以享受减税、免税的优惠待遇。外资企业依照经批准的章程进行经营活动，不受干涉，国家保障其经营自主权。外资企业应自行解决外汇收支平衡。外资企业雇用中国职工应依法签订合同，并在合同中订明雇用、解雇、报酬、福利、劳动保护、劳动保险

大事项的决议必须以85%以上的特定多数票才能通过，这就使美国掌握了决策控制权，从而可以影响基金组织的方针和业务经营。

根据基金组织章程的规定，成员国享有提款权和特别提款权，即有权按照所缴纳的基金份额的一定比例借用外汇；另一方面，成员国也有义务向基金组织提供本国的有关经济资料，在外汇政策和管理方面接受基金组织的监督。

基金组织向成员国提供的主要贷款有以下几种：普通贷款、出口波动补偿贷款、缓冲库存贷款、中期贷款、补充贷款、结构性调整贷款、追加结构性调整贷款。基金组织对申请各种贷款的成员国，都是以借款国要制定和实施某项经济调整计划为条件，并通过对计划实施进行监督来增强它在调整国际经济生活方面的作用。

（三）世界银行

世界银行的正式名称为国际复兴开发银行，1945年正式成立，其成员只限于参加国际货币基金组织的国家，总部设在华盛顿。我国在该组织的合法权利已于1980年5月恢复，现为理事会理事之一。截至2006年，世界银行共有180多个成员国。

世界银行的宗旨是：促进生产目的的资本投资以协助成员国领土的复兴和开发；促进外国私人投资，促进国际贸易的平衡增长以及国际收支平衡的维护。

世界银行的主要活动有：向成员国政府或政府担保的企业提供中、长期贷款；担保或参加商业银行对成员国的长期贷款；派遣调查团到借款的发展中国家进行考察，并在发展中国家进行考察；在发展中国家派设常驻顾问。

该组织设理事会和执行董事会。理事和执行董事的投票权依认缴的资本多少决定。世界银行有两个附属金融机构：国际开发协会和国际金融公司，均为联合国专门机构。通常将世界银行、国际开发协会、国际金融公司和多边投资担保机构以及解决投资争议国际中心统称为世界银行集团。